高等院校经济学管理学系列教材

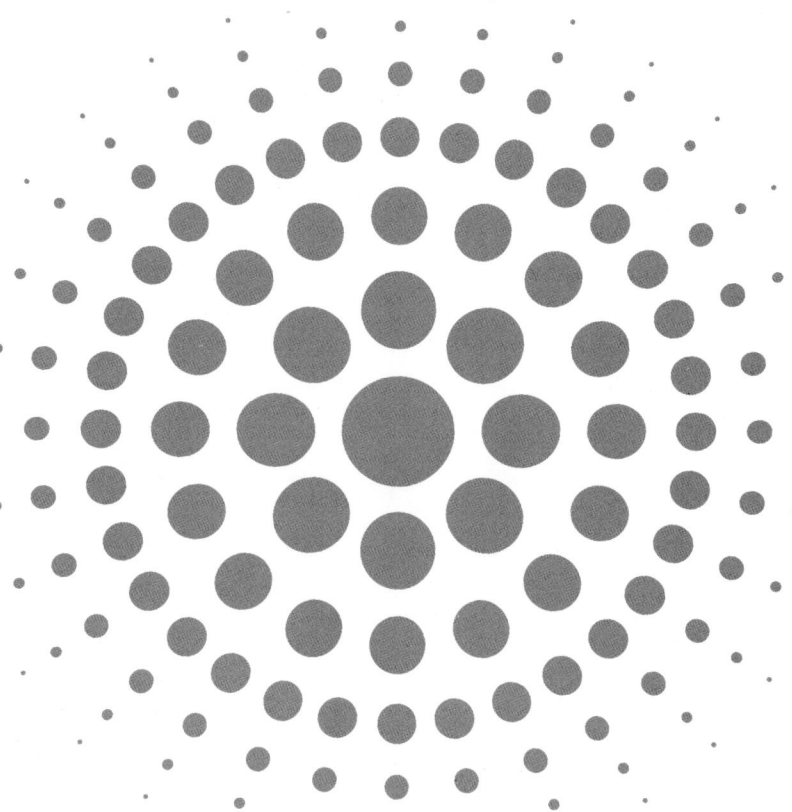

市场营销学
Marketing

薛云建 编著

北京大学出版社
PEKING UNIVERSITY PRESS

图书在版编目(CIP)数据

市场营销学/薛云建编著. —北京：北京大学出版社，2018.3
（高等院校经济学管理学系列教材）
ISBN 978-7-301-29206-8

Ⅰ. ①市… Ⅱ. ①薛… Ⅲ. ①市场营销学—高等学校—教材 Ⅳ. ①F713.50

中国版本图书馆 CIP 数据核字（2018）第 026322 号

书　　　名	市场营销学 SHICHANG YINGXIAOXUE
著作责任者	薛云建　编著
责 任 编 辑	朱梅全　杨丽明　王业龙
标 准 书 号	ISBN 978-7-301-29206-8
出 版 发 行	北京大学出版社
地　　　址	北京市海淀区成府路 205 号　100871
网　　　址	http://www.pup.cn　新浪微博　@北京大学出版社
电 子 信 箱	sdyy_2005@126.com
电　　　话	邮购部 62752015　发行部 62750672　编辑部 021-62071998
印 刷 者	三河市北燕印装有限公司
经 销 者	新华书店
	787 毫米×1092 毫米　16 开本　28 印张　613 千字 2018 年 3 月第 1 版　2018 年 3 月第 1 次印刷
定　　　价	69.00 元

未经许可，不得以任何方式复制或抄袭本书之部分或全部内容。
版权所有，侵权必究
举报电话：010-62752024　电子信箱：fd@pup.pku.edu.cn
图书如有印装质量问题，请与出版部联系，电话：010-62756370

前言

市场营销学是一门与市场营销实践紧密联系的应用型学科。当代世界，社会经济的发展充满不确定性，尤其是金融危机在全球范围的蔓延，恶化了企业的市场营销环境，使得企业的市场营销活动面临更多的挑战和风险。同时，消费者环境意识的强化和消费者自我意识的日益成熟，使企业的市场营销工作又承担了更多的道德要求和社会责任。此外，市场营销的原理和理论也已突破营利性组织的框架，开始被越来越多地应用到非营利组织当中，甚至越来越多的政府部门开始采用市场营销方法来实现自己的目标。市场营销实践的新特点和新趋势，无不牵动着市场营销学者的思考与探索，影响着市场营销学的发展与更新。

本书正是编者及同事们多年市场营销教学经验的积累，是在对我国各类企业、团体以及政府等社会经济结构的市场营销活动进行关注和研究的基础上进行的总结。

针对高校教学的需求和特点，本教材力求内容精炼、逻辑严密，基本概念和基础理论表述规范，同时具有较强的务实性和启发性，能够有效促进学生的学习和思考。

在篇章结构上，本书设5篇，分16章对市场营销基本原理进行深入、全面的论述，既反映了国际学术界流行的篇章布局结构，又在此基础上有所创新和发展。

第1篇"市场营销基础理论"介绍了市场营销学的性质、市场营销管理哲学，以及现代企业的顾客满意战略和营销道德，市场营销管理的实质任务和过程，市场营销组合理论等问题。

第2篇"市场营销环境与市场研究"由"市场营销环境""消费者市场与消费者行为""组织市场与购买者行为""市场营销信息系统和市场营销调研"等章节构成。

第3篇"市场营销战略"由"市场营销战略计划与营销管理过程""目标市场营销战略""竞争性市场营销战略"三个章节构成，分别论述了竞争者分析、市场主导者战略、市场挑战者战略、市场跟随者战略、市场补缺者战略、市场细分、目标市场选择和市场定位等问题。

第4篇"市场营销组合战略"由产品战略、产品生命周期与新产品开发战略、品牌管理、定价战略、分销以及促销战略等内容构成。在论述新产品开发战略的同时，还分析了新产品采用和扩散的差异，阐述了扩散理论在市场营销领域的应用。

第5篇"市场营销组织与创新"论述了市场营销计划、市场营销执行、市场营销组织、市场营销组织的类型、市场营销组织的设计以及市场营销控制、市场营销的创新等问题。

本教材的特色和价值体现在：

1. 知识体系的逻辑结构严密。教材按照经典的市场营销理论的逻辑顺序展开，其主体内容依次为分析营销机会、确定市场营销战略、设计营销组合、管理营销活动。层次清楚、结构合理。

2. 适当的知识深度和广度的结合。教材反映了市场营销学的基本理论和经典内容，由浅入深，分量适中，全面系统地介绍市场营销的基本概念、理论和方法，局部领域进行了较为深入的阐述，同时又注意到市场营销学的最新发展，拓展了市场营销学的知识广度。

3. 国外经典案例和本土知名企业案例相结合。在充分借鉴国内外市场营销学界最新成果的基础上，面对中国企业市场营销实践的现实，全书每章在开篇提供国外著名企业案例，结尾提供国内成功企业的代表案例，不仅可以帮助学生更好地理解教材内容，更拓宽了学生视野，能够有效促进学生课外学习，从而提升教材价值。

本书由薛云建主编并撰稿、统编，崔淑鸿负责遴选和编写全书的案例部分。

本书既可作为高校营销专业、管理专业的本科生、研究生以及 MBA 学员的教材，也可作为关注市场营销问题的经理人、研究人员、咨询培训师的参考读物。

尽管我们付出了努力，但由于编者水平有限，本书难免有疏漏和不当之处，恳请广大读者批评指正。

编　者

第1篇　市场营销基础理论

第1章　导论 ⋯⋯ 3
1.1　市场与市场营销 ⋯⋯ 4
1.2　市场营销学的研究对象、学科特点和研究方法 ⋯⋯ 14
1.3　市场营销学与相关学科 ⋯⋯ 18
1.4　市场营销学的产生和发展 ⋯⋯ 23

第2章　市场营销哲学 ⋯⋯ 29
2.1　市场营销管理哲学的演进 ⋯⋯ 30
2.2　顾客价值与顾客满意 ⋯⋯ 35
2.3　企业营销道德 ⋯⋯ 40

第2篇　市场营销环境与市场研究

第3章　市场营销环境 ⋯⋯ 59
3.1　市场营销环境的概念与特点 ⋯⋯ 60
3.2　市场营销微观环境 ⋯⋯ 62
3.3　市场营销宏观环境 ⋯⋯ 66

第 4 章 消费者市场与消费者行为 …… 83
4.1 消费者市场的概念及特征 …… 84
4.2 消费者购买行为模式 …… 86
4.3 影响消费者购买行为的主要因素 …… 92
4.4 购买者的决策过程 …… 102

第 5 章 组织市场与购买者行为 …… 107
5.1 组织市场的特点与类型 …… 108
5.2 生产者市场及其购买行为 …… 111
5.3 中间商市场及其购买行为 …… 117
5.4 政府机构市场及其购买行为 …… 121

第 6 章 市场营销信息系统和市场营销调研 …… 124
6.1 市场营销信息系统 …… 126
6.2 市场营销调研的步骤 …… 132
6.3 市场调研的方法 …… 135

第 3 篇 市场营销战略

第 7 章 市场营销战略计划与营销管理过程 …… 151
7.1 市场营销战略管理概述 …… 152
7.2 市场营销战略规划 …… 155
7.3 业务战略计划 …… 164
7.4 市场营销管理的实质和任务 …… 168
7.5 市场营销管理的过程 …… 170

第 8 章 目标市场营销战略 …… 179
8.1 市场细分 …… 181
8.2 目标市场的选择 …… 189
8.3 市场定位 …… 195

第 9 章 竞争性市场营销战略 …… 201
9.1 竞争者分析 …… 202
9.2 企业的一般竞争战略 …… 207

9.3　在市场中处于不同地位的企业竞争战略 ………………………………… 212

第 4 篇　市场营销组合策略

第 10 章　市场营销组合策略 ……………………………………………………… 223
　10.1　市场营销组合概述 …………………………………………………… 224
　10.2　市场营销组合的创新与发展 ………………………………………… 228
　10.3　市场营销组合的应用案例 …………………………………………… 236

第 11 章　产品策略 ………………………………………………………………… 241
　11.1　产品整体概念 ………………………………………………………… 243
　11.2　产品组合 ……………………………………………………………… 245
　11.3　产品生命周期 ………………………………………………………… 247
　11.4　新产品开发 …………………………………………………………… 254

第 12 章　品牌策略 ………………………………………………………………… 275
　12.1　品牌的基本概念 ……………………………………………………… 277
　12.2　品牌决策 ……………………………………………………………… 292
　12.3　品牌管理 ……………………………………………………………… 301
　12.4　包装策略 ……………………………………………………………… 310

第 13 章　价格策略 ………………………………………………………………… 316
　13.1　企业定价目标与定价程序 …………………………………………… 317
　13.2　企业定价方法 ………………………………………………………… 321
　13.3　定价策略 ……………………………………………………………… 327
　13.4　价格变动和企业对策 ………………………………………………… 333

第 14 章　分销渠道策略 …………………………………………………………… 340
　14.1　分销渠道综述 ………………………………………………………… 341
　14.2　中间商及其在分销中的作用 ………………………………………… 348
　14.3　现代企业销售渠道的选择与管理 …………………………………… 354

第 15 章　促销策略 ………………………………………………………………… 361
　15.1　促销与促销组合 ……………………………………………………… 362

15.2 人员推销策略 ………………………………………………………… 365
15.3 广告策略 ………………………………………………………………… 371
15.4 营业推广策略 …………………………………………………………… 378
15.5 公共关系策略 …………………………………………………………… 382

第 5 篇　市场营销组织与创新

第 16 章　市场营销组织与管理 ………………………………………………… 393
　　16.1 市场营销计划 …………………………………………………………… 394
　　16.2 市场营销组织 …………………………………………………………… 398
　　16.3 市场营销执行 …………………………………………………………… 404

第 17 章　体验营销 …………………………………………………………………… 412
　　17.1 体验经济时代的到来 …………………………………………………… 413
　　17.2 体验营销的内涵 ………………………………………………………… 414
　　17.3 体验营销战略 …………………………………………………………… 416
　　17.4 体验营销在中国的应用 ………………………………………………… 420

第 18 章　市场营销的新发展 ………………………………………………………… 423
　　18.1 绿色营销 ………………………………………………………………… 424
　　18.2 整合营销 ………………………………………………………………… 429
　　18.3 关系营销 ………………………………………………………………… 434

参考文献 ……………………………………………………………………………… 439

第 1 篇　市场营销基础理论

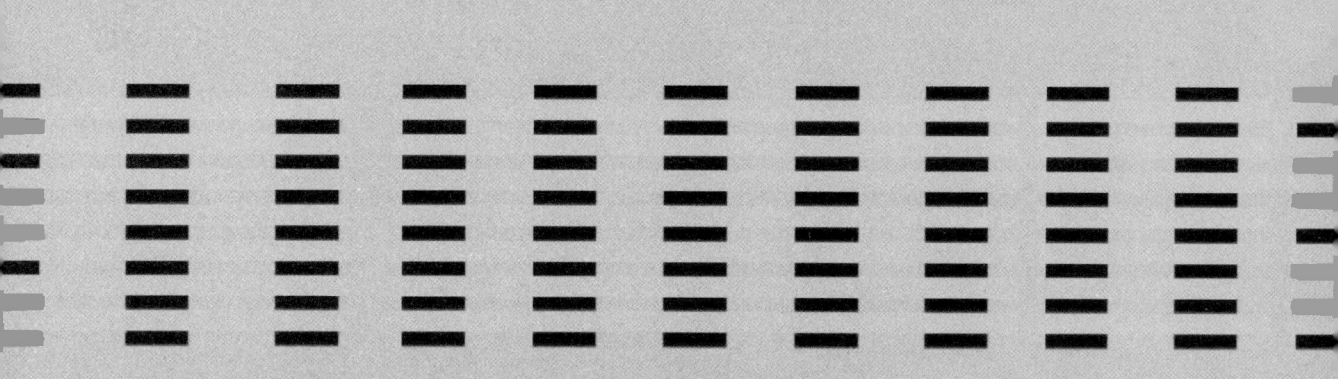

第1章

导　　论

学习目标

通过本章的学习,了解市场营销学相关理论的发展演进与应用,为学习本课程奠定基础。要求学生从理解市场概念出发,掌握市场营销的基本内涵;了解市场营销学的产生与发展及我国引进市场营销学的过程和发展情况;明确市场营销学的研究对象和基本内容。

学习重点

市场及市场营销学的有关概念;市场营销学的产生和发展;市场营销的概念和核心;市场营销学的研究内容与研究对象。

引导案例 优步(Uber)打造的纸箱世界

很多人可能都经历过堵车,因为堵车而上班迟到,错过会议,赶不上航班,等等。Uber研究调查发现,在亚洲的9大城市,司机平均每天因交通拥堵浪费52分钟,因寻找一个停车位花费26分钟。调查还发现,近4成的车主在过去一年中考虑过放弃驾车出行。Uber希望以一种更幽默的方式探讨交通拥挤这个话题。在广告片中,箱子被类化成现实生活中的汽车,人们带着纸箱排队出行,由于出行人数太多,过程当中免不了出现撞箱与争吵等问题。有时,你好不容易找到一个"停箱"位,而下一秒可能就被抢走了;有时,你着急赶时间,一不小心可能就和对面的箱子来了个面对面的亲密接触;有时,你"堵箱"堵到"生无可恋"了,那么啃口早饭,歇会再说……Uber将我们在现实生活中的堵车遭遇,都搬到了这个虚拟的箱子世界,当你看见整个城市被密密麻麻的箱子塞满,是否感觉自己的密集恐惧症要犯了?

Uber亚太地区首席商务官Brooks Entwistle表示:如果亚洲城市的情况继续这样下去,在短短几年里城市交通就会陷入完全停滞的状态。Uber希望通过这个广告片让人们认识到交通拥堵的严重性,呼吁更多的人通过公共交通或者打车出行,缓解城市的交通压力。

资料来源:《Uber造了一个纸箱世界,希望人们能更直观地感受交通拥挤》,http://socialbeta.com/t/the-case-of-uber-2017,2017年10月18日访问。

伴随着经济发展和企业经营管理需要而出现的市场营销学,是20世纪发展最快的管理学科之一。它是一门研究市场营销活动及其规律性的应用科学。20世纪50年代以来,市场营销在企业的经营中发挥着越来越明显的重要作用,许多国内外企业都是由于运用了营销学的原理和方法,才取得今日这样巨大的成就。

1.1 市场与市场营销

1.1.1 市场的含义及功能

市场营销在一般意义上可理解为与市场有关的人类活动。因此,我们首先要了解市场的概念。

1. 市场的含义

(1) 从多角度理解市场。在日常生活中,人们习惯将市场看成是买卖的场所,如集市、商场、商品批发市场等。这是一个时空(时间和空间)市场概念。我国古代有关"日中为市,致天下之民,聚天下之货,交易而退,各得其所"的记载就是对这种在一定时间和地点进行商品交易的市场的描述。

经济学家从揭示经济实质角度提出市场概念。他们认为市场是一个商品经济范畴,是商品内在矛盾的表现,是供求关系,是商品交换关系的总和,是通过交换反映出来的人与人之间的关系。经济学家指出,市场是社会分工和商品生产的产物。在商品生产的条件下,"社会内部分工的前提首先是不同种类劳动相互独立,即它们的产品必须作为商品相互独立,并且通过交换,完成商品的形态变化,作为商品相互发生关系"。因此,"哪里有社会分工和商品生产,哪里就有市场"。市场是为完成商品形态变化,在商品所有者之间进行商品交换的总体表现。这是抽象的市场概念。

管理学家则侧重从具体的交换活动及其运行规律角度去认识市场。在他们看来,市场是供需双方在共同认可的一定条件下所进行的商品或劳务的交换活动。美国学者奥德森(W. Alderson)和科克斯(R. Cox)就认为:"广义的市场概念,包括生产者和消费者之间实现商品和劳务的潜在交换的任何一种活动。"营销学家菲利普·科特勒(Philip Kotler)则进一步指出:"市场由一切具有特定欲望和需求并且愿意和能够以交换来满足这些需求的潜在顾客所组成。"因此,"市场规模的大小,由具有需求、拥有他人所需的资源且愿以这些资源交换其所需的人数而定"。

市场营销学主要研究作为销售者的企业的市场营销活动,即研究企业如何通过整体市场营销活动,适应并满足买方的需求,以实现经营目标。因此,在这里,市场是指某种产品的现实购买者与潜在购买者需求的总和。

(2) 市场的构成要素。从市场营销学的观点来看,这样的市场对卖主来说非常重要,它是一个有现实需求的有效市场,具备人口、购买力和购买欲望三个要素。作为现实有效的市场,这三个要素缺一不可。所以有市场营销学家把市场用简单的公式概括如下:

$$市场 = 人口 + 购买力 + 购买欲望$$

人口是构成市场的基本因素,哪里有人,有消费者群体,哪里就有市场。一个国家或地区的人口多少,是决定市场大小的基本前提。

购买力是指人们支付货币购买商品或劳务的能力。购买力的高低由购买者收入多少决定。一般地说,人们收入多,购买力高,市场和市场需求也大;反之就小。

购买欲望是指消费者购买商品的动机、愿望和要求。它是消费者把潜在的购买愿望变为现实购买行为的重要条件,因而也是构成市场的基本要素。

市场的这三个因素是相互制约、缺一不可的,只有三者结合起来才能构成现实的市场,才能决定市场的规模和容量。例如,一个国家或地区人口众多,但收入很低,购买力有限,则不能构成容量很大的市场;又如,购买力虽然很大,但人口很少,也不能成为很大的市场。只有人口既多,购买力又高,才能成为一个有潜力的大市场。但是,如果产品不适合需要,不能引起人们的购买欲望,对销售者来说,仍然不能成为现实的市场。所以,市场是上述三个因素的统一。

2. 市场的功能

市场功能指市场机体在运行过程中发生的功用或效能。尽管由于社会形态和商品经济发达程度的不同,市场在性质、规模以及发育状况、地位、作用等方面存在着差别,但其基本功能是一切市场所共有的,是市场活动所具有的内在属性。这具体表现在:

(1) 交换功能。交换功能表现为以市场为场所和中介,促进和实现商品交换的活动。在商品经济条件下,商品生产者出售商品,消费者购买商品,以及经营者买进卖出商品的活动,都是通过市场进行的。市场不仅为买卖各方提供交换商品的场所,而且通过等价交换的方式促成商品所有权在各当事人之间让渡和转移,从而实现商品所有权的交换。与此同时,市场通过提供流通渠道,组织商品存储和运输,推动商品实体从生产者手中向消费者手中转移,完成商品实体相交换。这种促成和实现商品所有权交换与实体转移的活动,是市场最基本的功能。尽管随着市场经济的发展,商品的范围已扩展到各种无形产品及生产要素,如服务、信息、技术、资金、房地产、劳动力、产权等,但上述商品仍然是通过市场完成交换和流通的。

(2) 反馈功能。市场把交换活动中产生的经济信息传递、反映给交换当事人,就是市场的反馈功能。商品出售者和购买者在市场上进行交换活动的同时,不断输入有关生产、消费等方面的信息。这些信息经过市场转换,又以新的形式反馈输出。市场信息的形式、内容多种多样,归结起来都是市场上商品供应能力和需求能力的显示,是市场供求变动趋势的预示,实质反映了社会资源在各部门的配置比例。市场的信息反馈功能,可以为国家宏观经济决策和企业生产经营决策提供重要依据:一方面,国家可以根据市场商品总量及其结构的信息反馈,判断国民经济各部门之间的比例关系恰当与否,并据此规划和调整社会资源在各部门的分配比例;另一方面,企业也可以根据商品的市场销售状况的信息反馈,对消费偏好和需求潜力作出判断和预测,从而决定和调整企业的经营方向。随着社会信息化程度的提高,市场的信息反馈功能将日益加强。

(3) 调节功能。调节功能指市场在其内在机制的作用下,能够自动调节社会经济的运行过程和基本比例关系。市场作为商品经济的运行载体和现实表现,本质上是价值规律发生作用的实现形式。价值规律通过价格、供求、竞争等作用形式转化为经济活动的内在机制。市场机制以价格调节、供求调节、竞争调节等方式,对社会生产、分配、交换、消费的全过程进行自动调节。例如,调节社会资源在各部门、行业、企业间的配置与生产产品总量和种类构成;调节各个市场主体之间的利益分配关系;调节市场商品的供求总量与供求结构;调节社会消费水平、消费结构和消费方式等。在上述调节的基础上,最终达到对社会经济基本比例关系的自动调节。调节功能是市场最主要的具有核心意义的功能。

除上述基本功能外,在市场经济条件下,市场作为经济运行的中枢和集中体现,还具有如下重要作用:

第一,市场是社会资源的主要配置者。资源指社会经济活动中人力、物力、财力的总和。资源配置是对相对稀缺的资源在各种可能的生产用途之间作出选择,或者说是各种资源在不同使用方向上的分配,以获得最佳效率的过程。合理配置资源,使其得到充分利用,避免不必要的闲置和浪费,是任何社会经济活动的中心问题。资源配置有自然配置、市场配置和计划配置三种方式。其中,市场配置是市场经济中资源配置的主要方式,即各种资源通过市场调节实现组合和再组合。具体表现为,各种资源通过参与市场交换在全社会范围内自由流动;按照市场价格信号反映的供求比例流向最有利的部门和地区;企业作为资源配置的利益主体通过市场竞争实现各项资源要素的最佳组合。在市场机制自动配置组合资源的基础上,推动实现产业结构和产品结构的合理化。

第二,市场是国家对社会经济实行间接管理的中介、手段和直接作用对象。在我国,国家作为全民利益的代表,担负和行使管理社会经济的职能。但是,按照市场经济的内在要求,国家无权直接干预企业的微观经济活动,而只能采取间接调控方式进行宏观管理。市场作为全社会微观经济活动的场所和总体形式,可以成为连接宏观管理主体与微观经济活动的中介。国家运用各种宏观调控手段,直接调节市场商品供求总量及其结构的平衡关系,通过市场发出信号,间接引导和调节企业的生产经营方向,从而实现对社会经济活动全面、有效的控制。

第三,市场对企业的生产经营活动具有直接导向作用。在社会主义市场经济体制下,企业的生产经营活动直接取决于市场的调节和导向。市场运用供求、价格等调节机制引导企业生产方向,企业也根据市场供求信息决定生产什么,生产多少。企业要遵照公平竞争的市场法则,积极参与竞争,实现优胜劣汰。在营销活动中,同样要依照市场导向制订市场营销战略,选择市场营销组合,以使企业获得最佳市场营销效果。

3. 现代市场体系和类型

在市场经济条件下,构成市场的各种要素以特定的方式相互联结组合,形成若干不同意义上的相对独立的市场。每个相对独立的市场有着各自建立的基础,有各自独特的领域和存在形式,并发挥着不同的作用。同时,这些市场要素和相对独立的市场又相互关联,相互制约,共生共存,形成市场体系。市场体系是多层次、多要素、全方位的有机系统,其实质是各种经济关系的具体体现和综合反映。从不同角度对市场体系进行分析,可以全面了解市场的结构形态及其类型。

(1) 按构成市场交易对象的商品形态,可以分为一般商品、资金、技术、信息、劳动力、房地产、产权、服务、文化、旅游等市场。

① 传统意义的商品市场,通常是指有形的物质产品市场,主要以各种生活消费品、生产投资品(生产资料)为交易对象。商品市场构成市场体系的物质内容和物质基础,也是交易量最大、范围最广、种类最多、交易方式最为复杂多样的一类市场。其中的生活消费品市场还具有终极市场的性质。因此,商品市场在整个市场体系中占有极其重要的地位,属于主体市场。

② 资金市场,又称金融市场,是沟通或协助沟通资金供应者和资金需求者之间的联系,推动资金流通的专业市场。资金市场是现代经济运行的中枢和血脉。它可以加速资金积累,为筹集资金提供有效形式和场所,有利于引导资金合理配置,为社会提供多种投资工具。因此,在我国市场体系建设中,培育和发展资金市场具有十分重要的意义。

③ 技术市场,是指把技术成果作为商品进行交换的场所,是技术流通的领域,也是反映商品化的技术经济关系的总和。技术市场交换的商品一般以知识形态出现,如图纸、技术文件、专利、技术报告、计算机软件等。交易方式包括技术转让、专利买卖、技术引进、有偿技术服务、技术承包、技术咨询、技术培训等。技术市场是科学技术社会化、商品化的必然产物。通过技术市场的交易活动,可以促进科技成果应用渗透于生产过程,实现理论成果向现实生产力的转化,推动科研机构与生产部门的密切联系,提高企业的技术吸纳能力和产品的技术含量,促进技术人才的合理流动。

④ 信息市场,是进行信息商品交换的场所,是促进信息产品在信息生产者、经营者和信息用户之间有偿交流的市场领域。信息是一种特殊的商品资源,具有可转换、可压缩、可共享、与载体不可分、可传递等物质产品所不具有的特性。信息商品要求流通速度更快,以保持其时效性。信息市场的职能就是将信息生产者、经营者和信息用户组织在一起,通过信息服务、信息咨询、信息转让等经营形式,促成信息的有偿交换,推动信息流通,从而减少信息的无向传递,避免信息的盲目流失。信息市场的高度发育也是商品市场、技术市场、金融市场等高效率运转的重要条件。

⑤ 劳动力市场,是劳动力作为商品进行交易的场所。劳动力作为劳动者的劳动能力,是生产要素的重要组成部分,是生产过程中活劳动的直接提供者。因而,劳动力市场是生产要素市场中最重要的市场之一。劳动力市场的发展完善,有助于劳动者素质和价值得到准确公正的评价,企业和劳动者在自愿基础上进行双向选择,从而促进劳动

力资源以及整个社会资源的优化配置。

⑥ 房地产市场,是进行房地产交易的场所。它由房产市场和土地市场两部分组成,是社会主义市场体系的重要组成部分。房地产业是市场经济的支柱产业。房地产市场的发展对加速我国房地产商品化,促进房地产资源的合理配置具有重要意义。

⑦ 服务市场,是利用一定的场所、设备和工具,为消费者提供"在服务形式上存在的消费品"的一种特殊商品市场。广义的服务市场包括旅游服务、交通服务、饮食服务、教育服务、文化娱乐服务、咨询服务、修理服务等,因而又可相应地细分为旅游市场、饮食市场、文化市场等。

(2) 按照市场的地理位置或空间范围,可以分为国内市场、国际市场、区域市场、城市市场、农村市场。

① 国内市场,是指一国范围内商品或劳务发生交换的场所,是一定时期内国内商品交换关系的总和,也是国内企业经营的主要市场。国内市场的商品供求总量和供求结构对本国经济发展状况具有决定性作用。国内市场范围,包括若干个以经济活动地域专业化分工为基础的区域市场。各个区域市场既在局部空间范围内相对独立,又与其他区域市场紧密联系,互为供求关系。

② 国际市场。当商品和劳务在国与国之间流通,构成国际之间的交易行为时,国际市场就随之形成。国际市场是国际经济分工的产物与客观要求。任何国家为求得自身的发展,都必须开放国内市场,加入到国际市场体系之中。国际市场受国际政治、经济等多种因素影响,结构复杂,竞争激烈,变化多端,与国内市场相比更为复杂。

(3) 按照交易方式,可以分为现货市场、期货市场、批发市场、零售市场等。

① 现货市场,指买卖的商品、有价证券及外汇等实物均收取现金并当即实现实物转移的交易市场。它由拥有商品并准备马上交割的卖者和想立刻得到商品的买者组成。在现货市场上,买卖双方可以对任何商品,在任何时间、地点成交,但必须遵照以下规则:

一是成交与交割基本同时进行,即采取"一手交钱,一手交货"的即期一次完成的交易方式。

二是交易对象为实物,即卖方须向买方转移商品实体,没有时滞。

三是在交割时,购买者必须支付现款。

以上规则构成现货交易市场的基本特征。但有时,现货交易也可通过谈判签订远期合同进行,指定数量和等级的商品应根据合同在规定时间内交货。现货市场的交易方式灵活多样,交易方法简单快捷,交易范围覆盖面广,能够灵敏提供供求信息,因而对活跃市场具有重要作用,是市场运行的主体和基础。按照交易对象不同,现货市场可以分为商品现货市场、证券现货市场及外汇现货市场。

② 期货市场,是买卖商品或金融工具的期货或期权合约的场所,主要由交易和清算场所、交易活动当事人及交易对象三部分构成。期货市场是在现货市场基础上发展形成的一种高级形态的市场形式。它是从事期货交易者按照法律所组成的一种非营利性的会员制的有组织的市场,期货市场的特点主要表现在:

一是成交和交割不同步,交割是在成交后的一定时期后进行。

二是期货市场在交割时不一定进行实物交换,而可以对冲了结。

三是交割的商品是标准的、规范化的期货合约,而不是实际货物。

四是期货交易者既有套期保值者,又有投机者。

五是期货市场是高度规范化的市场。现代市场经济条件下,期货市场具有转移风险、价格发现等特殊功能,从而在社会经济生活中发挥着多方面的重要作用。

③ 在商品现货市场中,根据交易方式的不同,还可以进一步划分为批发市场和零售市场。批发市场是指专门从事不改变商品性质,组织商品大批量交易和进一步转售的场所。零售市场是以零星、少量的交易方式将商品直接供应给消费者的场所。批发市场处于商品流通过程的中间环节,是连接生产者和零售商或不同类型经营者的中介。零售市场则处于流通过程的终点,是最终市场。

(4) 按照市场主体地位,可以分为卖方市场和买方市场。

① 卖方市场。在市场经济中,市场主体呈现出二维性,即卖方和买方。由于买卖双方在市场中所处地位不同,即何方处于支配地位,可以构成不同的市场形态。卖方市场,是指卖方处于支配地位,由卖方左右的市场,即市场在具有压倒优势的卖方力量的统治下运行。其表现形式是:市场上商品供应量少于需求量,价格有上升的倾向,交易条件有利于卖方,买方形成竞相购买的态势。

② 买方市场,是买方处于支配地位,由买方左右的市场,即市场在具有压倒优势的买方力量的控制下运行。其表现形式是:市场上商品供应量超过需求量,价格有下降的趋势,买方有更大的挑选商品的范围和机会,卖方则成为积极的营销者并由此展开竞争。

(5) 根据竞争程度,可以分为完全竞争市场、完全垄断市场和垄断竞争市场。

① 完全竞争市场,指竞争行为不受任何阻碍和干扰的市场形态。在这种市场上,没有任何卖者或买者能够通过自己的买卖行为左右市场价格的变动;商品价格完全是在竞争过程中形成的。价值规律通过价格变动自发地调节市场供求。在现实生活中,这一形态的市场除少数农产品外很少存在。

② 完全垄断市场,即市场上只存在独一无二的买主或卖主,其他买者或卖者不可能参加竞争。因此,其价格的制定具有独占性,价值规律的作用受到很大限制。完全垄断市场仅集中于一些公用事业,如水、电、邮政、铁路等。

③ 垄断竞争市场,是介于完全竞争和完全垄断之间的市场形态。这种市场上同时存在众多的买者和卖者,由于市场份额较小,因而厂商之间竞争激烈。又由于各个厂商的产品具有差别性或独特性,因而可以对部分市场作一定程度的垄断。这是现代市场经济中大量存在的市场类型。

(6) 按照购买者需求内容和目的,可以分为消费者市场和生产者市场(或生活资料市场和生产资料市场)。

① 消费者市场,指消费者为满足个人或家庭生活消费需要而购买生活资料或劳务的市场,又称生活资料市场。消费者市场具有市场广阔、人数众多、购买频繁分散、少量

多样、变动性大等特点,属于最终消费市场。

② 生产者市场,是生产者为满足生产活动需要而购买生产资料的市场,又称生产资料市场。生产者市场的用户比较集中,购买次数少而数量大,需求弹性小,技术性较强,通常由专业人员从事购买。

除以上分类外,还可以采用其他标准对市场进行多种区分。例如,按性别、年龄、职业、社会阶层、种族等人文标准,分为妇女市场、儿童市场、知识分子市场、高收入阶层市场等;按商品的耐用性,可分为耐用消费品市场和非耐用消费品市场;按购买习惯,分为日用品市场、选购品市场和特殊品市场;按商品质量和档次,分为精品市场、大众商品市场等。各种分类标准,均从不同角度对市场结构进行了独特的剖析,因而对企业认识了解市场,进而有针对性地开展市场营销活动具有特殊的意义。

企业在进行市场营销活动中,除了要正确掌握上述对整体市场的分类标准外,还要对其主要面向的商品销售市场进行科学的再分类,也就是进行市场细分。

认真研究不同类型的市场特征,有利于寻找市场机会,确定目标市场,掌握市场运行规律,制定正确的市场营销策略。

1.1.2 市场营销的含义

1. 市场营销的概念

"市场营销"一词的英文为 marketing。在本书中,为叙述简便,营销与市场营销具有相同的含义。

市场营销是一种企业在市场环境中从事的经营活动,是在市场营销观念指导下产生的一种现代企业行为。对于这种行为活动的确切含义,国外市场营销界做过多种不同的解释和表述。这些论述反映了不同时期人们对市场营销的认识和发展过程。

早期的认识是比较肤浅的,正如美国市场营销学家史丹顿(W. T. Stanton)所指出的:"一个推销员或销售经理谈到市场营销,他真正讲到的可能是销售;一个广告客户业务员所说的市场营销,可能就是广告活动;百货公司部门经理谈到的可能是零售商品计划。他们都谈到了市场营销,但是,只谈到了整个市场营销活动的一部分。"显然,在上述片面认识的基础上,很难形成较为完整的定义。

1960 年,美国市场营销协会(AMA)定义委员会给市场营销下过如下定义:"市场营销是引导产品及劳务从生产者到达消费者或使用者手中的一切企业经营活动。"十分明显,这一定义以产品制成后作为市场营销的起点,以送达消费者手中为终点,把市场营销仅仅看作是沟通生产环节与消费环节的商业活动过程,因而也存在明显的局限性。

英国市场营销协会曾指出:一个企业如果要生存、发展和盈利,就必须有意识地根据用户和消费者的需要来安排生产。这一论述把市场营销与生产经营决策直接联系起来,对以往的认识有了明显的突破。

日本有关学者认为:市场营销是在满足消费者利益的基础上,适应市场的需要而提供商品和服务的整个企业活动。美国市场营销专家菲利普·科特勒(Philip Kotler)教授则进一步指出:市场营销是经由交易的过程,导致满足需要与欲望的人类活动。上述定义从活动基础和最终目的层面上对市场营销的含义作了更深刻的揭示。

美国哈佛大学教授马尔康·麦克纳尔（Malcolm MacNair）提出了独到的见解：市场营销是给社会创造和传递新的生活标准。这一定义从社会功效的角度表达了市场营销活动的深层内涵和追求的理想境界，颇具哲学意义。

由以上列举的定义可以看出，随着社会经济的发展和人类认识的深化，市场营销的内涵和外延已经极大地丰富和扩展，其过程向前延伸到生产领域和生产前的各种活动，向后延伸到流通过程结束后的消费过程；其内容扩大到市场调研、市场细分、产品开发、确定价格、选择分销渠道、广告、促销、售后服务、信息反馈等诸多方面；其目的上升为保证消费者需要得到全部和真正满足，并为社会创造更高的生活标准；其运行表现为在现代市场营销观念指导下订计划、有组织地自觉加以调节和控制的理性活动。

根据现代市场营销的发展，可以给出如下定义：市场营销是企业在变化的市场环境中，为满足消费者需要和实现企业目标，综合运用各种市场营销手段，把商品和服务整体地销售给消费者的一系列市场经营活动。

2. 市场营销的特点

作为一种综合性市场经营活动，现代市场营销与一般或传统意义上的经营活动相比，有着显著的区别和鲜明的特点。

（1）市场营销是包括市场营销战略决策、生产、销售等阶段在内的总循环过程。这一过程涉及生产、流通和消费各个领域。作为市场营销过程的第一阶段——市场营销战略决策，主要是解决制订或调整经营方向、进行经营规模的合理优化、选择有利的经营时机、评价市场营销战略方案的经济效益等重大战略问题。市场营销战略决定着企业市场营销活动的方向和效果。为保证战略决策的科学正确，必须进行科学的调查和预测，在市场细分的基础上选定目标市场，根据目标市场的需求决定企业的经营方向和经营规模，制订相应的市场营销战略方案。因此，市场是企业开展市场营销活动的起点和制订市场营销战略的根本依据。第二阶段即生产阶段的市场营销活动主要在生产领域进行。这一阶段的重点是根据市场分析与预测的结果，确定产品品种组合决策，制订新产品开发计划，注重产品生产和经营的数量、质量、包装、商标等的设计与实施。同时，加强生产过程中的各项管理，降低生产成本和经营费用，为提高产品的市场竞争力和提高经济效益奠定坚实基础。销售阶段作为市场营销过程的第三阶段，主要在流通领域完成，同时向消费领域延伸。在激烈竞争的市场环境中，产品能否销售出去，直接决定企业市场营销活动的成效与经济效益。因此，在这一阶段需要综合运用价格、促销、渠道、储运、广告、服务等各种市场营销手段和策略，在全面满足消费者需要的基础上，促成产品的最终销售。以上三个阶段在时间上继续，在空间上并存，既紧密联系，又相互制约，从而实现和保证市场营销过程的循环往复，连续不断。

（2）市场营销是以消费者需求为基点和中心的企业经营行为。与传统的经营活动相比，现代市场营销的一个显著特点是以消费者需求为中心，需求成为左右企业一切生产经营活动的出发点。从事市场营销的企业仍以盈利为基本目标，但这一目标的实现，必须以满足消费者需要为基础，获取利润的手段必须有利于消费需求的满足。因此，在营销活动中,企业追求的首先是商品或服务对满足消费需求的功效,然后根据需求的被满足程度来确定企业的盈利,而不是相反。事实上,满足需求与获取盈利并非相互对立,而是彼此依存、相辅相成的。消费者需求被满足的程度越高,企业的盈利随之越多;反之,需求被满足的程度越低,企业的盈利也就越少。基于上述认识,企业在市场营销中,无论从事市场调研、产品开发,还是确定价格、广告宣传,都强调以消费者的需求为出发点,不仅满足已有的现实需求,还要激发、转化各种潜在需求,进而引导和创造新的需求;不仅满足消费者的近期、个别需要,还要顾及消费者的长远需要,维护社会公众的整体利益。

(3)市场营销是以整体营销组合作为运行手段和方法的有机系统。传统的经营活动中,企业往往集中运用一种或几种经营手段达成预定目标,例如,仅借助产品本身来扩大市场,只依靠推销手段来促进销售。与传统方式不同,市场营销不主张采用单一手段从事经营活动,而认为应在产品设计、包装、商标、定价、财务、销售、服务、公关、分销渠道、仓储运输等各个环节和方面都要制订相应的市场营销策略,以综合性的策略组合进行整体营销。这些策略和手段又归结为几个方面,即商品策略、定价策略、分销渠道策略、促销策略,以及近年来迅速发展的公共关系策略和财务控制策略等。整体营销组合即由这些策略组合而成。不仅如此,在每种策略中又包含一系列具体手段,如产品策略中包含产品组合、产品寿命周期、新产品开发、包装、商标等手段。关系策略中包含政府关系、新闻界关系、社区关系、顾客关系、经销商关系等。这些具体手段又构成该策略下一层次的组合。整体营销组合与各个策略组合相互联系,共同作用,构成市场营销手段和方法的完整系统。

1.1.3 市场营销的核心概念

1. 需要、欲望和需求

需要和欲望是市场营销活动的起点。所谓需要,是指人类与生俱来的基本需要。如人类为了生存必然有对吃、穿、住、安全、归属、受人尊重的需要。这些需要存在于人类自身生理和社会之中,市场营销者可用不同方式去满足它,但不能凭空创造。

欲望是指想得到上述需要的具体满足品的愿望,是个人受不同文化及社会环境影响而表现出来的对基本需要的特定追求。如为满足"解渴"生理需要,人们可能选择(追求)喝开水、茶、汽水、果汁、绿豆汤或者蒸馏水。市场营销者无法创造需要,但可以影响欲望,开发及销售特定的产品和服务来满足欲望。

需求是指人们有能力购买并愿意购买某个具体产品的欲望。需求实际上也就是对某特定产品及服务的市场需求。市场营销者总是通过各种营销手段来影响需求,并根据对需求的预测结果决定是否进入某一产品(服务)市场。

2. 产品

在营销学中,产品特指能够满足人的需要和欲望的任何东西。产品的价值不在于拥有它,而在于它给我们带来的对欲望的满足。人们购买小汽车不是为了观赏,而是为了得到它所提供的交通服务。产品实际上只是获得服务的载体。这种载体可以是物,也可以是"服务",如人员、地点、活动、组织和观念等。当我们心情烦闷时,为满足轻松解脱的需要,可以去参加音乐会,听歌手演唱(人员);可以到风景区旅游(地点);可以参加希望工程"百万行"(活动);可以参加消费者假日俱乐部(组织);也可以参加研讨会,接受一种不同的价值观(观念)。市场营销者必须清醒地认识到,其创造的产品不管形态如何,如果不能满足人们的需要和欲望,就必然会失败。

3. 效用、费用和满足

效用是消费者对产品满足其需要的整体能力的评价。消费者通常根据这种对产品价值的主观评价和支付的费用来作出购买决定。例如,某人为解决其每天上班的交通需要,他会对可能满足这种需要的产品选择组合(如自行车、摩托车、公交车、出租车等)和他的需要组合(如速度、安全、方便、舒适、经济等)进行综合评价,以决定哪一种产品能提供最大的总满足。假如他主要对速度和舒适感兴趣,也许会考虑购买汽车。但是,汽车购买与使用的费用要比自行车高许多。若购买汽车,他必须放弃用其有限收入可购置的许多其他产品(服务)。因此,他将全面衡量产品的费用和效用,选择购买能使每一元花费带来最大效用的产品。

4. 交换、交易和关系

交换是指从他人处取得所需之物,而以自己的某种东西作为回报的行为。人们对满足需求或欲望之物的取得,可以有多种方式,如自产自用、强取豪夺、乞讨和交换等。其中,只有交换方式才存在市场营销。交换的发生,必须具备五个条件:至少有交换双方;每一方都有对方需要的有价值的东西;每一方都有沟通和运送货品的能力;每一方都可以自由地接受或拒绝;每一方都认为与对方交易是合适或称心的。

交易是交换的基本组成单位,是交换双方之间的价值交换。交换是一种过程,在这个过程中,如果双方达成一项协议,我们就称之为发生了交易。交易通常有两种方式:一是货币交易,如支付800元给商店而得到一台微波炉;二是非货币交易,包括以物易物、以服务易服务的交易等。一项交易通常要涉及几个方面:至少两件有价值的物品;双方同意的交易条件、时间、地点;有法律制度来维护和迫使交易双方执行承诺。

一些学者将建立在交易基础上的营销称为交易营销。为使企业获得较之交易营销所得到的更多,就需要关系营销。关系营销是市场营销者与顾客、分销商、经销商、供应商等建立、保持并加强合作关系,通过互利交换及共同履行诺言,使各方实现各自目的的营销方式。与顾客建立长期合作关系是关系营销的核心内容。与各方保持良好的关系要靠长期承诺和提供优质产品、良好服务和公平价格,以及加强经济、技术和社会各方面联系来实现。关系营销可以节约交易的时间和成本,使市场营销宗旨从追求每一笔交易利润最大化转向追求各方利益关系的最大化。

5. 市场营销者

在交换双方中,如果一方比另一方更主动、更积极地寻求交换,我们就将前者称为市场营销者,后者称为潜在顾客。换句话说,所谓市场营销者,是指希望从别人那里取得资源并愿意以某种有价值的东西进行交换的人。市场营销者可以是卖方,也可以是买方。当买卖双方都表现积极时,我们就把买卖双方都称为市场营销者,并将这种情况称为相互市场营销。

1.1.4 市场营销与企业职能

迄今为止,市场营销的主要应用领域是企业。在下一节我们将会看到,市场营销学的形成和发展与企业经营在不同时期所面临的问题及其解决方式是紧密联系在一起的。

在市场经济体系中,企业存在的价值在于它能否有效地提供满足他人(顾客)需要的商品。因此,管理学大师彼得·德鲁克(Peter F. Dmcker)指出,顾客是企业得以生存的基础,企业的目的是创造顾客,任何组织若没有营销或营销只是其业务的一部分,则不能称之为企业。"市场营销和创新,这是企业的两个功能。""营销是企业与众不同的独一无二的职能。"这是因为:

(1) 企业作为交换体系中的一个成员,必须以对方(顾客)的存在为前提。没有顾客,就没有企业。

(2) 顾客决定企业的本质。只有顾客愿意花钱购买产品和服务,才能使企业资源变成财富。企业生产什么产品并不是最重要的,顾客对他们所购物品的感觉及价值判断才是最重要的。顾客的这些感觉、判断及购买行为,决定着企业的命运。

(3) 企业最显著、最独特的职能是市场营销。企业的其他职能,如生产职能、财务职能、人事职能,只有在实现市场营销职能的情况下,才是有意义的。因此,市场营销不仅用"创造产品或服务的市场"标准将企业与其他组织区分开来,而且将营销作为企业的核心职能,不断促使企业将营销观念贯彻于每一个部门。

在现实中,许多企业尽管对市场营销及其方法颇为重视,但并未把它作为企业核心职能全面贯彻。例如,一些经理认为营销就是"有组织地执行销售功能"。他们着眼于用"我们的产品",寻求"我们的市场",而不是立足于顾客需求、欲望和价值的满足。事实上,市场营销并不等于销售。市场营销的核心是清楚地了解顾客,并使企业所提供的产品(服务)适合顾客需要。不做好这一工作,即使拼命推销,顾客也不可能积极购买。因此,企业尽管也需要做销售工作,但市场营销的目标却是要减少推销工作,甚至使推销变成多余。

1.2 市场营销学的研究对象、学科特点和研究方法

1.2.1 市场营销学的研究对象

市场营销学的研究对象是随着市场营销学内容体系的发展而逐渐形成的。它是研究与市场有关的人类综合性商业活动及其规律性的科学,是以市场为对象,研究卖方的产品如何转移到消费者手中的全过程。

从以上所述的研究对象中可以得出如下几个结论:第一,市场营销学研究的是一种商业活动。那些与商业无关的活动,如纯粹的生产或制造过程、政党活动、人民团体集

会等均不属此范围;第二,市场营销学研究的是一种商业综合活动的过程,如市场营销组合,人们可以针对不同的市场环境,组合各种市场手段和策略以达到市场营销目标,满足消费者需求;第三,市场营销学研究的主要目的是满足消费者需要,但并不是仅仅到此为止,而是要力求使消费者获得满足并满意,愿意继续购买与使用,或能引起其他潜在消费者的兴趣。

随着人类社会经济的发展,市场营销学的研究已经大大地突破了原来的销售(流通)领域,向前延伸到生产领域和产前的各种活动(包括市场研究、开发、发展等),向后延伸到流通过程结束以后的消费过程(包括售后服务和信息反馈等)。整个市场营销学的研究对象已经扩大到从研究消费者的需求开始,一直到如何保证消费者的需求得到真正和全部的满足为止的全过程,这样,实际上形成了一个由研究市场(消费者)需求开始,最后又以满足市场(消费者)需求为终结的循环往复过程。

1.2.2 市场营销学的学科性质和特点

1. 市场营销学的学科性质

市场营销学是一门以经济科学、行为科学、现代管理理论为基础,研究以满足消费者需求为中心的企业市场营销活动及其规律性的综合性应用科学。

虽然市场营销学是20世纪初从经济学的母体中脱胎出来的,但是,市场营销学不是一门经济科学,而是一门应用科学,属于管理学的范畴。

事实上,市场营销学的发展经历了一个充分吸收相关学科研究成果、博采众家之长的跨学科演变过程,进而逐步形成了具有特定研究对象和研究方法的独立学科。其中,经济学、心理学、社会学以及管理学等相关学科对市场营销思想的贡献最为显著。

2. 市场营销学的特点

由研究对象和学科性质所决定,市场营销学具有微观性、边缘性、实用性三个显著的特点。

微观性是指市场营销学的研究主要是从企业的角度,着重于研究微观市场营销活动的经营策略、方法与技巧。但是,市场是生产和交换的具体实现领域,市场机制的运行,市场结构、市场功能、市场环境的形成,市场作用的发挥都是宏观问题,这就决定了市场营销学也要研究宏观问题。这里的宏观不是从国家的角度研究,而是从企业的角度,研究如何适应具体市场问题。所以,市场营销学研究的侧重点应该是微观。过去,在我国的市场理论研究中,对微观的研究是一个薄弱的环节,特别是对企业进行营销活动的具体策略和方法研究不够。市场营销学就是要以企业为出发点,研究市场营销问题。

边缘性是指当今世界随着社会不断发展,科学技术的日益提高,各门学科从形式上表现为综合性,在本质上表现为科学的整体化和传统科学部门的解体。市场营销学更是这样,它是在经济学、心理学、商业学、社会学、计量经济学、统计学、管理学等基础上建立起来的一门新的学科。它利用了相邻学科的科学成果,把这些科学成果所获得的科学结论和科学概念运用于市场营销的策略方法和技巧的研究之中。

实用性是指市场营销学的一切理论都来源于实践,在实践中不断充实、丰富和发展,反过来,它又能有效地指导实践。市场营销学的任务,就是通过对市场营销活动的研究,为企业实现利润提供有效的营销策略和方法。从这个意义上讲,市场营销学就是研究如何赚钱的学问,是企业的"生意经"。

1.2.3 市场营销学的研究方法

市场营销学的研究方法很多,主要有:

1. 传统研究法

(1) 产品研究法。20世纪初,市场营销研究刚刚开始,营销学者们主要是通过对各种不同产品在市场交易活动中的特征分析来研究企业的营销行为的,即将产品(商品),如农产品、机电产品、纺织品等分门别类的研究方法。其优点是具体实用,缺点是有许多共同的方面造成重复。这一方法的研究结果是形成了各大类产品的市场营销学,如农产品市场营销学。例如,韦尔德最早的市场营销学的著作就是《农产品的市场营销》(1916年);科普兰(Melvin Copeland)在1923年提出了著名的产品分类理论,将所有的消费品分为便利品、选购品和特殊品,并研究了消费者在购买这些不同类别产品时的行为特征;在此之前(1912年),另一位叫帕林(Charls Parlin)的学者就已提出过对"妇女购买的商品"进行分类的思想,他将这些商品分为便利品、急需品和选购品等不同类型;劳德斯(E. L. Rhoades)在1927年还提出过根据产品的使用特征、物理特征(易腐性、体积、价值集中)和生产特征(生产规模、生产地点、生产周期、生产方法、生产集中度)来对产品进行分类的思想。这些理论的提出强调了市场营销对各种不同类型的企业和产品的适应性,基于相当实用性的原则。

(2) 机构研究法。即对分销系统的各个环节(机构),如生产者、代理商、批发商、零售商等进行研究的方法。该方法侧重分析研究流通过程的这些环节或层次的市场营销问题,其研究结果是形成了批发学、零售学等。

机构研究方法主要分析执行营销职能的组织及其相互之间的关系。早期的机构研究主要集中于中间商和分销渠道的组织与效率。韦尔德在他的《农产品市场营销》中指出"要执行营销职能,问题是要发现最经济的职能组合",他针对一些人对中间商的偏见指出"用第一手资料不偏不倚地研究营销系统,将发现总体上已发展的营销系统是胜任的,而不是极端臃肿和浪费的,已发展的组织形式有恰当的实际原因";巴特勒(R. S. Butler)在1923年出版的《营销与经销》一书中强调了中间商和渠道机构所创造的地点效用和时间效用,从理论上肯定了中间商的地位;20世纪30—40年代,加入营销机构研究的人越来越多,美国宾夕法尼亚大学沃顿商学院的教师拉尔夫.布莱耶(Ralph Breyer)撰写了《营销机构》一书,强调了营销机构的重要性,他指出:"完成执行营销职能的相关工作需要建立庞大且高度复杂的商业机构……这个机构的各个部门都涉及与营销有关的各种商业事宜";之后,一些学者又对营销渠道中的"纵向一体化"问题展开了研究,考虑到对生产和分销过程中独立营销机构的总体控制和协调,最后形成了"垂直营销系统"的理论。这实际上已经进入营销管理研究的领域。所以说,从管理角度对市场营销进行研究的营销管理学派,其理论基础仍来源于之前的产品、职能和机构研究学派。

(3) 职能研究法。即研究市场营销的各类职能以及在执行这些职能中所遇到的问题及解决方法。如将营销职能划分为交换职能、供给职能和便利职能三大类,并将之细分为购、销、运、存、金融、信息等内容,分别和综合进行研究。这一方法在西方学术界颇为流行。

从企业营销职能的角度对市场营销学进行研究集中于20世纪30年代之前,肖(Arch Shaw)1912年在《经济学季刊》中第一次提出了职能研究的思想,当时他将中间商在产品分销活动中的职能归结为五个方面:① 风险分担;② 商品运输;③ 资金筹措;④ 沟通与销售;⑤ 装配、分类与转载。韦尔德在1917年对营销职能也进行了研究,提出了装配、储存、风险承担、重新整理、销售和运输等职能分类。至1935年,有一位叫弗兰克林(Franklin Ryan)的学者撰文指出,已有的职能研究提出了52种不同的营销职能,但并未对分销过程中两大隐含的问题作出解释:一是哪些职能能使商品实体增加时间、地点、所有权、占有权等效用;二是企业经营者在分销过程中应当主要承担哪些职能。弗兰克林认为:在第一个问题上,主要有装配、储存、标准化、运输和销售等五项职能;在第二个问题上,企业经营者则主要应履行承担风险和筹集营销资本等两项职能。

2. 历史研究法

这是从发展变化过程来分析阐述市场营销问题的研究方法。如分析市场营销的含义及其变化,工商企业100多年来营销管理哲学(观念)的演变过程,零售机构的生命周期现象等,从中找出其发展变化的原因和规律性。市场营销学者一般都重视研究对象的历史演变过程,但也不把它作为惟一的研究方法。

3. 管理研究法

这是战后西方营销学者和企业界较多采用的一种研究方法:从管理决策角度研究市场营销问题。从20世纪50年代开始,随着国际市场竞争的日益激烈,从企业整体角度进行营销的战略决策变得格外重要。企业要获得营销的成功,绝不能仅依赖于在某一具体部门或个别行为上的努力,而更取决于企业各种营销资源的有效组合和相互支撑,于是市场营销的研究也就自然而然地进入以管理为导向的阶段。其研究框架是,将企业营销决策分为目标市场和营销组合两大部分,研究企业如何根据其"不可控变数"即市场环境因素的要求,结合自身资源条件(企业可控因素),进行合理的目标市场决策和市场营销组合决策。管理研究法广泛采用了现代决策论的理论,将市场营销决策与管理问题具体化、科学化,对营销学科的发展和企业营销管理水平的提高起了重要作用。

尼尔·博登在1950年提出了"市场营销组合"的概念,强调从企业整体营销目标的实现出发,对各种营销要素的统筹和协调,而企业的经理就是"各种要素的组合者",这是从管理的角度提高营销效率的重要思想。这一思想后来被麦卡锡发展为"4P"营销策略组合的著名理论,80年代后出现的"整合营销"理论也包含这方面的思想;1956年,温德尔·史密斯的"市场细分"理论的提出使企业的市场营销真正上升到战略规划的层次,同之后的"目标市场"和"市场定位"的理论一起,共同构成了"STP"的营销战略思想,为从管理角度研究市场营销做出了重要的贡献;1960年,西奥多·莱维特(Theodore Levitt)提出了"市场营销近视症"的问题,强调以顾客需求为导向来制定企业发展战略规划的问题,实际上是进一步明确了市场营销观念在企业管理决策中的重要地位;菲利普·科特勒于1967年出版了《营销管理》的著作,之后不断完善,最终形成了对市场营销进行分析、计划、管理与控制的完整理论体系,使从管理角度研究市场营销的方法成为集各种研究方法之大成的基本研究方法,从而在推动市场营销理论和实践的发展方面发挥了重要的作用。

4. 系统研究法

这是一种将现代系统理论与方法运用于市场营销学研究的方法。在管理导向的营销研究中心,这一方法常常与其他方法结合起来采用。企业市场营销管理系统是一个复杂系统,在这个系统中,包含许多相互影响、相互作用的因素,如企业(供应商)、渠道伙伴(中间商)、目标顾客(买主)、竞争者、社会公众、宏观环境力量等。一个真正面向市场的企业,必须对整个系统进行协调和"整合",使企业"外部系统"和企业"内部系统"步调一致、密切配合,达到系统优化,产生"增效作用",提高经济效益。

1.3 市场营销学与相关学科

市场营销学自20世纪初产生以来,就充分吸收了经济学、心理学和社会学等学科的研究成果,博采众家之所长,逐步形成为一门具有特定研究对象和研究方法的独立学科。

1.3.1 市场营销学与经济学

市场营销学借鉴了许多经济学概念与理论,经济学是其重要的理论基础,而且由于早期市场营销方面的学者基本上都是经济学家,因而其长期被作为经济学的一个分支来看待。

经济学是研究人与社会如何花费时间选择使用稀缺生产资源去生产各种商品并把它们用于消费。消费者的满足是以式样、时间、地点和占有情况这四种经济效用为前提,而市场营销提供了后三种效用。所以说,市场营销是一种很重要的经济活动。因此,市场营销学中许多地方都应用了经济学的概念与理论。

消费者行为分析是市场营销活动的开始,它广泛借用了偏好、无差异曲线、边际效用、机会成本和理性等经济学概念,并以此为基础发展了一些新的研究与分析工具,如多维偏好分析和联合分析等市场研究方法中的偏好排序,就是以经济学中的偏好、无差异曲线等为理论依据。虽然消费者行为研究还应用到心理学等其他学科的知识,但经济学的这些概念是其重要的研究前提。

市场细分、确定目标市场和市场定位是现代营销战略的核心。微观经济学中的垄断竞争理论为其提供了理论支撑。不同的市场中,消费者偏好、收入水平和竞争状况都有差别,形成了不同的需求函数,因此,企业必须对市场进行细分,以满足目标消费者的需求。市场定位应用的经济学原理是,通过产品差异化能制造出缺乏弹性的需求曲线,形成一个"小的垄断"市场,不同的企业就可以定位于不同的目标市场上进行非价格竞争。

产业组织经济学中的一些理论对营销战略的制定也有重要的影响。如波特竞争优势理论认为,厂商如果能够以比竞争对手更低的成本进行生产,或以独特的方式为购买者创造价值,就能获得持续的竞争优势。据此,市场营销学中强调,制定营销战略时不仅要考虑目标消费者的需求,同时也要关注竞争对手的行动,树立真正的"市场导向"的观念。

运用经济学对产品的一系列属性进行分析,认为是一个特征的集合。不同消费者对这些特征的偏好程度有差异。也就是说,消费者对相同产品有不同的反应不是源于对产品的特征有不同的感知,而是由于他们对产品特性有不同的偏好。因此,在市场营销中,将产品看作是"厂商所提供的对需要的满足"。满足目标消费者的需要也就成为产品开发中一条重要的准则。此外,产品策略中的生产线策略、包装策略和品牌策略还应用到经济学中互补品和替代品的概念。

营销定价涉及较多的经济理论。首先,经济学认为,不同的消费者对同一种产品具有不同的需求弹性,营销定价中就采用了差别定位方法,以获取更多的利润。其次,根据信息经济学中"价格—质量"效应原理,即在信息不对称的情况下,消费者往往会认为高质量产品的价格也较高,企业应将创立品牌与高价策略相结合,力求在消费者心目中树立一个高价高质形象。再有,现代经济学的基本分析工具博弈论,为企业价格竞争决策提供了重要的分析工具。该理论在决策中考虑了各利益相关者的行为反应,其分析结果具有较强的现实解释力,最适宜分析企业之间的价格竞争。例如,著名的"囚徒困境"模型能较好地解释恶性价格竞争产生的原因。另外,收入弹性和促销弹性也是营销定位和营销定价中常用的经济学概念。

销售渠道的建立是经济学中劳动分工这一基本原理在市场营销中的反映。渠道中的批发商、零售商或代理商承担着不同的职能,具有制造商所没有的分销技能。他们通过大规模的分销产品获得规模经济效应,同时,其经营的品种较多,范围经济效应也十分明确。这样,通过劳动分工大大降低了执行分销功能的成本,提高了分销的效率。

在建立自己的垂直一体化销售渠道还是借用别人的渠道的决策上,新制度经济学的交易费用理论为其提供了工具。交易费用理论认为,垂直一体化销售渠道会产生内部交易成本,而借用别人的渠道则会形成市场交易成本,企业通过比较这两种成本的大小,选择合适的销售渠道。具体而言,资产专用性和不确定性是渠道选择的重要标准。当资产专用性较高时,需要垂直一体化销售渠道,而当资产专用性较低时,借用别人的渠道更为经济。当不确定性很低时,垂直一体化销售渠道的交易成本可能更高,反之则相反。

促销是营销中最富创造性的活动,也是经济学家关注较多的一个经济现象。经济学家认为,促销不仅能向消费者提供信息,而且还是影响需求、创造产品差异的手段,具有积极的意义。因此,促销成为一种重要的非价格竞争方式,在市场营销中占有重要的地位。但也有经济学家认为,促销,尤其是广告,是一种浪费并影响社会经济福利。

作为促销之一的公共关系也有一定的经济学属性。制度的基本功能是节约交易费用。当关系契约普遍社会化后,一系列人际关系契约联结人际关系网就形成一种制度安排。这种制度安排具有节约交易费用的功能。公共关系是企业与利益相关体保持良好人际关系的制度安排。因此,公共关系是一种降低交易费用的重要制度,一项重要的营销职能。

此外,市场营销学中还用到了一些经济学概念。如恩格尔定律用于市场分析;销售中用到货币理论的信用概念;地租理论用于解释市场营销机构的位置和布局;根据凯恩斯学派的观点提出政府干预市场营销活动理论等。

总之,经济学为市场营销学提供了许多概念和理论,为市场营销学的发展奠定了理论基石。

现在,市场营销学与经济学的结合更加紧密,形成了一些交叉的课程,如"消费经济学""零售经济学""广告经济学"和"市场营销经济学"等。随着经济新理论和新分析工具的出现,经济学将进一步促进市场营销学的发展。

1.3.2 市场营销学与心理学

心理学是研究人们的心理、意识和行为以及个体如何作为一个整体,其研究对象就是人。而人正是市场营销活动的主体,也是市场营销学研究的对象。由于两者研究对象相同,也就逐步形成了一门专门研究营销心理活动的新学科——市场营销心理学。

市场营销心理学早期的研究集中于广告促销心理行为。1903年,美国心理学家斯科特的《广告论》是市场营销心理学最早的著作。进入20世纪60年代后,定价心理研究和消费者心理研究成为市场营销心理学研究的主要内容。此时,英国的大学开始讲授"消费者心理学"。70年代末,以德国学者彼德·萨尔曼的《市场心理学》为代表,市场营销心理学进入完善和成熟期,其研究领域几乎涵盖营销活动的全过程。它不仅仅限于研究营销活动中的广告促销心理和消费者心理,同时也研究市场细分和厂商对中间商、推销人员的心理策略。

比如,消费者购买行为的分析中主要应用了心理学的认知理论和动机理论,分析消费者对产品和服务的知觉、注意、态度、兴趣、体验和记忆等认知过程以及研究消费者购买动机,解释为什么消费者营销学中多处得到体现和应用。

1. 心理学各学派对市场营销学的贡献

与经济学一样,心理学在其发展过程中也出现了不同的思想学派及对行为的不同解释。在市场营销文献中我们可以找到每一学派的概念。最初由威廉·冯特(Wilhelm Wundt)于1879年创立的"结构主义"学派认为,人的心理由感觉、意象和情感三种基本的心理元素构成。市场营销学者利用了该学派的本能、欲望和感觉等术语。

1900年由约翰·杜威(John Dewey)创立的"功能主义"学派,开始了人类心理的第二次探索。杜威研究了个体适应环境时心理与意识的重要性,其研究重点是人的行为而不是意识。

与此同时,奥地利心理学家西格蒙德·弗洛伊德创立了心理学的第三个学派,即"精神分析"学派。弗洛伊德对无意识的心理过程很感兴趣,并通过临床研究来探索精神病产生的原因。他提出的许多概念和方法被市场营销学者采纳,用于研究消费者的潜意识以解释市场行为。

当以上三个学派正在蓬勃发展并吸引了全世界的学者时,约翰·B.华生(John B. Watson)抛弃了诸如感觉、知觉、意象等概念,于1913年提出了"行为主义"的新概念,其基础是行为来自刺激,行为可以学习并习惯化。根据行为主义者的说法,人们可以像动物一样条件反射,并可以有意识地对某种刺激作出反应,消费者对销售刺激也有模式化的反应。但华生的行为主义理论在美国之外没有获得广泛的接受,或许是因为它与占统治地位的理论太格格不入了。

第五个心理学学派是"格式塔学派"。该学派认为,行为是自然、生理和心理等各种因素综合作用的结果。

2. 心理学概念在市场营销领域的应用

纳入市场营销思想的心理学概念可分为以下几类:

第一类是有关动机的,在市场营销学中就是销售吸引力。动机概念本身就说明了加入市场抱有某种目的,并暗示了某些对市场行为产生影响的因素。早期的一些市场营销学著作中讨论了本能、欲望和冲动,并以此作为购买的基础;满意、舒适和方便则被解释为从感觉中产生的动机。市场动机特定地被称为购买动机,分为始发动机和选择动机、理性动机和感性动机、购买动机和惠顾动机以及最终动机(或个人动机)等。刺激的概念可用于解释"销售吸引力",即产品和服务刺激满足欲望的特征,它们能激起购买动机。对刺激的无反应或冷淡被称为"销售阻力",但这可以通过适当的行为刺激来克服。

第二类心理学概念与沟通和教育的心理功能有关。某种想法通过知觉、顿悟和直觉被意识接受,通过思考、推理、联想被理解和发展,通过记忆来保留和回忆,通过判断被应用。这样,功能心理学的概念解释了学习的过程、被营销者对营销者渴望传递的信息如何感兴趣的过程和沟通如何成功的过程。

第三类概念与市场营销信息通过何种方式才能有效地传递到人们心中有关。例如,销售过程分为知晓、兴趣、欲望、确信和行动五个阶段;在某种环境下,个体按照冲动而不是逻辑推理来采取行动。作为心理分析对象的整体的个人,是有个性的人。个性的概念也被用于无生命的市场营销机构。另一个概念是意象,或者可以说仅仅由于心目中对某人的印象而形成的对他的性格特征的认识。意象是由暗示、教育和经历发展而来,意象的存在仅仅是一种心理现象。

3. 心理学研究方法的贡献

市场营销学者不仅借鉴了心理学的概念,还借鉴了心理学的研究方法,如利用观察法、实验法、投射法、问卷调查、深度访谈等方法进行市场调查。

1.3.3 市场营销学与社会学

社会学的观点主要应用于市场分析,其中,消费者行为的主要因素,如参照群体、家庭、社会阶层、文化和亚文化等,都是社会学中重要的概念,它们是消费者行为分析的重要的理论基础。这些因素都会影响到消费者购买行为,也将直接决定企业营销策略的选取。

分析组织市场时,所涉及的组织、权利和地位等概念也是社会学的概念。市场营销学从这些概念出发,根据组织市场的基本特点,形成了一个有别于消费者行为分析的分析模式。

社会学家对未来社会发展的预测常常被市场营销学者借来分析消费的变化趋势。例如,妇女在社会中地位的转换、家庭领导权的转移、儿童消费的增长以及个人和社会价值观的改变等都会引起市场的变迁。市场预测中将其作为一个重点因素来考虑。

在新产品的扩散中,市场营销学应用了社会学的创新传播理论。创新在社会系统中的传播是一个复杂的社会现象。研究表明,创新采用者的数量随时间呈 S 形曲线变化,且不同的创新在整个采用过程的时间范围上可能完全不一样,那些较早采用创新的"创新者"和"先行采纳者"在特质和对信息利用等方面与较晚采用者有明显的不同;较晚的采用者希望得到早期采用者的帮助;大众传媒信息借助人际交往得以在社会上传播。这些社会学的观点是市场营销学中新产品扩散营销策略的理论基础。针对新产品传播的不同阶段制定相应的营销策略,并重视舆论领袖和口头传播的作用也就成为市场营销学中新产品扩散过程管理的基本原则。同时,该理论对营销沟通策略设计、产品定位、产品生命周期"延伸"策略均有重要的影响。

社会学对社会成员之间的冲突进行了深入研究,形成了一些正确对待冲突的观点和方法。这些是解决渠道成员间冲突的重要工具。另外,竞争与合作的概念是社会学用来描述社会成员和社会群体相互联系的方式,同时也被市场营销学用来说明渠道成员之间的关系类型,对于处理渠道成员的关系具有重要的指导意义。

广告通过对商品和服务的宣传,把有关信息传递给目标市场的消费者,以诱发消费者的注意和产生购买动机。广告是否有效率取决于消费者对广告的认同和态度。这种认同和态度与参照群体、社会阶层、文化和亚文化等社会因素密切相关。据此,市场营销学主张,广告策略的制定要充分考虑参照群体和文化等因素,社会学的有关理论应指导广告实践。例如,请目标消费者的参照群体做广告就是利用了社会学中有关参照群体的研究结论。

关系与网络也是社会学的概念,现也已借用到市场营销学当中。现代营销学认为,交换有两种方法,一种是营销组合方法,另一种是关系方法以及扩展的网络方法。营销组合方法主要是从企业的观点考虑营销,而关系方法则是将卖者和买者之间的特定交易看成是发生在以两者之间长期相互依赖和相互作用为特征的交易关系之中,网络方法进而将这种关系看作是相互联结的网络。这种基于关系和网络的交换方法是关系营销的基石。

市场营销学者越来越重视市场营销活动中参与者之间的社会关系,因此,社会学的观点和方法将会在市场营销学中得到更为广泛的应用。

市场营销学的发展是一个兼容并蓄的过程,这些学科都为其发展奠定了坚实的理论基础。

1.3.4 管理学与市场营销学

对市场营销概念体系的发展起到重要作用的另一个学科就是管理学。通过泰勒(Taylor)、甘特(Gantt)、吉尔布雷斯(Gillbreth)的理论,科学管理理论得到了很大发展,它对市场营销的影响早就得到了公认。

从管理学引入市场营销领域的概念有:

(1) 科学管理。工作的形成、员工的挑选和培训、工人和监督者之间的合作、管理者和被管理者之间的责任分配等概念进入市场营销职能和市场营销机构体制的管理。

(2) 任务。逐渐形成的以最少浪费和最高效率完成一项工作的方法和观念被应用于对销售人员的时间和责任的研究,包括出访路线、销售定额分配、培训、补偿、激励、监督和评估销售人员的业绩。

(3) 职能化管理。引入对采购、计划、检查、人力控制和产品保养实行职能化管理的观念。

(4) 科学方法。阐明问题、收集信息、得出结论的步骤经修改用于市场调查,形成形势分析、信息调查、制定方案、收集信息等术语。

(5) 简单化。这是一个管理学概念,即一个既定的量可通过较少的工作获得时,就可以做到人均产出增加、闲置设备减少、监督简化和控制容易。产品线简化这一概念作为一项市场营销技术而被接受。

(6) 多样化。多样化概念在尝试满足消费者的不同需要、保持灵活和获取利润中产生,这一概念预示着产品线的增加。采用此概念减少了劳动力、机器和原材料的浪费。在市场营销实践中,也有相应的概念解决相应的问题。

(7) 标准化。标准化用于市场领域中原材料、工具、设备、方法、检查和时间表的统一化,用于市场营销领域中的连锁店在经营、标准化产品线、陈列、作业程序、控制方法、商品分类等方面的统一,也用于统一的大规模生产和销售。

1.4 市场营销学的产生和发展

市场营销学最早产生于美国,后来迅速传播到西欧和日本等地,成为西方企业从事市场经营的理论基础。市场营销学的发展大致经历了以下几个阶段:

1.4.1 形成阶段

19世纪末20世纪初是市场营销学的形成阶段。20世纪初期,世界各主要资本主义国家先后完成了工业革命,社会生产呈现不断扩大的趋势,而市场变得日益狭小,企业之间的竞争加剧。面对市场上积存商品增多和有效需求相对减少的矛盾,企业不得不更加关心自己商品的销路,使寻求产品销售市场成为企业经营的首要问题。一些有远见的企业家开始寻求加强推销、刺激需求的方法。1902—1903年,美国的密执安、加州和伊利诺斯三所大学相继开设了市场营销学课程,正式把市场开发问题作为一门学科来研究。此后的十年,美国许多高等院校普遍重视研究市场营销问题。1912年,美国哈佛大学赫杰特齐(J. E. Hagerty)出版了世界上第一本以"Marketing"命名的教科书。人们普遍认为这是市场营销学作为一门独立学科问世的里程碑。但是,它的内容与现代市场营销原理、概念相差甚远,实际上只是配销学和广告学。市场营销学初建时期的特点是:(1)着重研究推销方法的实际应用,主要内容仅仅限于产品分销和广告问题,尚未形成完整的市场开发体系;(2)研究活动仅限于大学讲坛,没有参与企业家争夺市场的业务活动,未能引起社会公众的广泛重视。

1.4.2 应用阶段

从20世纪20年代到第二次世界大战结束,是市场营销学的应用阶段。在这一时期,1929—1933年,资本主义世界爆发了严重的经济危机,市场上产品堆积如山,找不到销路,价格暴跌,企业纷纷倒闭,企业家焦虑的首要问题已经不是如何扩大生产和降低成本,而是如何推销自己的产品。为了争夺市场,开拓销路,企业家更加注意市场调研,寻求刺激消费的方法和途径。这就为市场营销学的广泛应用开辟了道路。这一时期,美国的高等院校和工商企业建立的各种市场研究机构,有力地推动了市场营销学的普及和研究。例如,1926年,"全美市场学和广告学教师协会"正式成立。1931年,又建立了"全美市场学协会",开始为企业举办各种形式的讲习班。1937年,全美各种市场研究机构联合成立"美国市场学会"(American Marketing Association)并在全国设立几十个分会。该学会会员不但有经济学家,而且还有工商企业家和其他方面的专家。此外,很多高等院校也组织起市场学研究团体,研究市场营销理论和应用问题,并经常为企业提供各种咨询服务。这个时期市场营销学的主要特点是:(1)市场营销学研究走出大学讲坛,得到了企业界的重视;(2)在更广更深的基础上研究产品推销术和广告术;(3)研究范围仍局限在商品流通领域。

1.4.3 发展阶段

第二次世界大战结束至70年代,是市场营销学的发展阶段。第二次世界大战结束,特别是50年代后,美国原来急剧膨胀的军事工业向民用工业迅速转移。西欧、日本等主要资本主义国家的战后重建工作已经完成。随着西方主要资本主义国家的经济起飞,资本主义制度固有的生产社会化和生产资料私人占有之间的矛盾日趋尖锐,"生产过剩"危机更加频繁。垄断资产阶级及其政府吸取以前经济危机的教训,采取高工资、高福利、高消费和缩短劳动时间的政策,以此刺激消费者增加购买。在这种情况下,消费者的需求和欲望发生了变化,购买行为的选择性加强。企业要在剧烈的市场竞争中取胜,必须善于分析和判断消费者的需求变化,认真做好售前、售中、售后服务。这样,市场营销学的研究范围就突破了流通领域。西方市场营销学者通常把这一变革称为"市场营销革命"。这一"革命",要求企业把市场营销活动的过程颠倒过来,过去市场是生产过程的终点,而现在市场成为生产过程的起点。企业必须充分重视消费对生产的影响,首先要调查研究消费者需求,根据消费者需求来组织生产,其次才是销售。

1.4.4 繁荣阶段

本世纪70年代至今,是市场营销学的繁荣阶段。70年代以来,在第三次科技革命的推动下,许多国家和地区掀起了经济改革的浪潮,工农业生产迅速发展,新兴工业不断涌现和飞跃,加速了生产的科学化、自动化、社会化进程。面对这种形势,市场营销学的研究引进了社会学、心理学、管理学、信息论、系统论、预测学等学科的内容,从而开辟了更加广泛的研究领域,成为一门综合性的经营管理科学。这一时期,市场营销学的主要特点是:(1)进一步确定了50年代形成的以消费者为中心的市场营销观念,并广泛应用于企业的营销实践。(2)强调国家和社会对企业营销活动的监督、控制和协调作用。(3)提出"大市场营销"(magamarketing)概念。这一概念提出如何打进高度保护市场的问题。一个企业可能有一个精湛的优质产品,一个完美的营销方案,但要进入某个特定市场,可能会面临各种政治壁垒和公众舆论方面的障碍。当代的市场营销者越来越需要借助政治手段和公共关系技巧,以便在全球市场上有效地开展工作。"大市场营销"标志着市场营销已从技术性营销转向战略性营销,因而被一些营销学者称为"第二次市场营销革命"。

1986年,加拿大工业市场营销学会主席埃恩·戈登(Ina Corden)又提出了以"竞争观念"取代"市场营销观念"。这一新的提法,在美国学术界引起一定的反响。1987年5月27日,菲利普·科特勒在加拿大蒙特利尔为纪念美国市场营销协会成立50周年而举行的世界市场营销学大会上,作了题为《市场营销思想新领域》的学术报告。他预言,90年代将出现一系列新的市场营销观念,如定制营销(customized marketing)、营销网络(marketing network)、纯粹营销公司(pure marketing companies)等。

市场营销学于20世纪初在美国产生以来,至今不过80多年,但发展迅速,著作浩繁,影响深广,受到各界普遍重视。究其原因,就在于它适应了社会化大生产和市场经济高度发展的客观需要。在西方,每个人都生活在高度发达的市场经济之中,离开市场便无法进行生产和生活。市场成为整个社会经济的主宰者,它指挥和调节着国民经济的发展,影响到每一个人的经济生活,决定着每一个企业的生存和发展、前途和命运。因此,每一个生产者和经营者都不能不关心市场,不能不研究市场营销学。这就是市场营销学在西方国家受到普遍重视和迅速发展的根本原因。

1.4.5 市场营销学在中国

中华人民共和国成立之前,我国学者虽然曾对市场营销学有过一些研究(当时称

"销售学"),但也仅限于几所设有商业或管理专业的高等院校。1949—1978年,除了我国港澳台地区学术界、企业界对这门学科有广泛的研究和应用外,在内地,市场营销学的研究一度中断。在这长达30多年的时间里,国内学术界对国外市场营销学的发展情况知之甚少。十一届三中全会以后,党中央提出了对外开放、对内搞活的总方针,从而为我国重新引进和研究市场营销学创造了有利的环境。1978年,北京、上海、广州的部分学者和专家开始着手市场营销学的引进研究工作。虽然当时还局限在很小的范围内,而且在名称上还称为外国商业概论或销售学原理,但毕竟在市场营销学的引进上迈出了第一步。经过十几年的时间,我国对于市场营销学的研究、应用和发展已取得了可喜的成绩。从整个发展过程来看,大致经历了以下几个阶段:

(1) 引进时期(1978—1982年)。在此期间,通过对国外市场营销学著作、杂志和国外学者讲课的内容进行翻译介绍,选派学者、专家到国外访问、考察和学习,邀请外国专家和学者来国内讲学等方式,系统介绍和引进了国外市场营销理论。因为当时该学科的研究还局限于部分大专院校和研究机构,从事该学科引进和研究工作的人数还很有限,所以对于西方市场营销理论的许多基本观点的认识也比较肤浅,大多数企业对于该学科还比较陌生。但这一时期的努力毕竟为我国市场营销学的进一步发展打下了基础。

(2) 传播时期(1983—1985年)。经过前一时期的努力,全国各地从事市场营销学研究、教学的专家和学者开始意识到,要使市场营销学在中国得到进一步的应用和发展,必须在各地成立市场营销学的研究团体,以便相互交流和切磋研究成果,并利用团体的力量扩大市场营销学的影响,推进市场营销学研究的进一步发展。1984年1月,全国综合大学、财经院校市场学教学研究会成立,在以后的几年时间里,全国各地、各种类型的市场营销学研究团体纷纷成立。各团体在做好学术研究和学术交流的同时,还做了大量的传播工作。例如,广东市场营销学会定期出版了会刊《营销管理》,全国综合大学、财经院校市场学教学研究会在每届年会后都向会员印发了各种类型的简报。这些团体也分别举办了各种类型的培训班、讲习班,有些还通过当地电视台、广播电台举办了市场营销学的电视讲座和广播讲座。通过这些活动,既传播了市场营销学知识,又扩大了学术团体的影响。在此期间,市场营销学在学校教学中也开始受到重视,有关市场营销学的著作、教材、论文在质量和数量上都有很大的提高。

(3) 应用时期(1986—1988年)。1986年以后,我国经济体制改革的步伐进一步加快,市场环境的改善为企业应用现代市场营销原理指导经营管理实践提供了有利条件,但各地区、各行业的应用情况又不尽相同,具体表现为:

① 以生产经营指令性计划产品为主的企业应用得较少;以生产经营指导性计划产品或以市场调节为主的产品的企业应用得较多、较成功。

② 重工业、交通业、原材料工业和以经营生产资料为主的行业所属的企业应用得较少;而轻工业、食品工业、纺织业、服装业等以生产经营消费品为主的行业所属的企业应用得较多、较成功。

③ 经营自主权小、经营机制僵化的企业应用得较少;而经营自主权较大、经营机制

灵活的企业应用得较多、较成功。

④ 商品经济发展较快的地区(尤其是深圳、珠海等经济特区)的企业应用市场营销原理的自觉性较高,应用得也比较好。在此期间,多数企业应用市场营销原理时,偏重于分销渠道、促销、市场细分和市场营销调研部分。

(4) 扩展时期(1989—1994年)。在此期间,无论是市场营销教学研究队伍,还是市场营销教学、研究和应用的内容,都有了极大的扩展。全国各地的市场营销学学术团体,改变了过去只有学术界、教育界人士参加的状况,开始吸收企业界人士参加,其研究重点也由过去的单纯教学研究改为结合企业的市场营销实践进行研究。全国高等综合大学、财经院校市场学教学研究会也于1987年8月更名为"中国高等院校市场学研究会"。学者们已不满足于仅仅对市场营销一般原理的教学研究,对其各分支学科的研究日益深入,并取得了一定的研究成果。在此期间,市场营销理论的国际研讨活动进一步发展,极大地开阔了学者们的眼界。1992年春,邓小平南方谈话以后,学者们还对市场经济体制下的市场营销管理,中国市场营销的现状与未来,跨世纪中国市场营销面临的挑战、机遇与对策等重大理论课题展开了研究,有力地扩展了市场营销学的研究领域。

(5) 国际化时期(1995年至今)。1995年6月,由中国人民大学、加拿大麦吉尔大学和康克迪亚大学联合举办的第五届市场营销与社会发展国际会议在北京召开。中国高等院校市场学研究会等学术组织作为协办单位,为会议的召开做出了重要的贡献。来自46个国家和地区的135名外国学者和142名国内学者出席了会议,25名中国学者的论文被收入《第五届市场营销与社会发展国际会议论文集》(英文版),郭国庆等6名中国学者的论文荣获国际优秀论文奖。从此,中国市场营销学者开始全方位登上国际舞台,与国际学术界、企业界的合作进一步加强。

本章小结

市场是商品经济中生产者与消费者之间的价值交换关系、条件和过程。市场营销则是个人和群体通过创造并同他人交换产品和价值,以满足需求和欲望的一种社会过程和管理过程。其核心概念是交换,基本目标是满足需求和欲望。市场营销是企业最重要的职能,作为一门学科于上世纪初形成于美国,经过漫长的发展道路,不断充实、提高和创新,已经成为具有系统理论、策略和方法论的一门现代管理学科。学习、研究市场营销学,对于迎接新世纪的各种挑战、促进经济快速健康成长、促进企业发展具有重大理论意义和现实意义。

思考题

(1) 试比较经济学家和管理学家对市场认识的异同。
(2) 什么是市场营销?
(3) 试述市场营销学的形成与发展过程。

(4) 结合实际,你是否认为市场营销对我国经济发展及企业成长具有重要意义?

案例分析

智取朋友圈:宝马持续创新源于品牌基因

2015年1月25日晚,微信朋友圈广告上线,宝马出现在首批品牌名单之中。在形式上看,朋友圈第一波广告和普通好友的图文朋友圈接近,都是文字配图片,只是附加了"推广"标识,以及"查看详情"的H5链接,可点击进入。

宝马的广告极为简洁而引人瞩目,用6张图拼成"悦"字,这也是品牌近年来一贯力推的品牌主张。而在宝马的H5页面,内容较为丰富,有便捷的滑动操作,有震撼的音乐元素。后面则是部分宝马车型的展示,包括3系、5系、X1、X5、M3、i8,同时讲述了BMW故事。在H5页面的最后,鼓励用户进行互动和分享。除了紧扣"悦"的主题外,在字体和设计上彰显一种炫酷的感觉。

对于定向投放,宝马中国公司方面给出了解释:分批次的放量投放,对地域、年龄、性别、网络和手机系统设定了定向原则。

宝马的广告上线17小时(1月25日20:45到26日凌晨12时),总曝光量接近4600万,曝光量是直接收到广告的用户数量,不包括转发的用户数量。用户点赞或者评论数量为700万次,宝马微信账号新增粉丝20万。

其广告创意在微博、微信等社交媒体被网友广泛讨论、调侃、模仿,各种段子的涌现也成为微信朋友圈广告引发的现象级事件。网友不但没有对广告产生反感,反而出现了狂热的晒广告热潮,还有用户将微信昵称、头像修改成宝马中国等品牌,来发布朋友圈信息,形成了一次互动"狂欢"。根据宝马中国的数据统计,只有4%的用户对宝马的微信朋友圈广告持负面态度。

借势营销的好手们随即发力,敏锐的营销人很快将这种玩法从民间转到企业传播中,企业纷纷加入,全民营销的热潮被推向顶点。

对此,宝马中国团队一直保持着"开放"的心态。"互联网、移动互联网是开放的平台,自身具备强大的包容性。我们很高兴看到BMW坚持与传递的创新精神在这次营销中,在行业内以及社会中起到的引导效应。我们也愿意将创新尝试的经验与大家分享,让创新成为汽车传统行业注入良性发展的催化剂",宝马(中国)汽车贸易有限公司市场副总裁梅晓群对记者说道。

资料来源:http://www.vmarketing.cn/index.php?mod=news&ac=content&id=8348。

案例思考题

如何评价宝马微信朋友圈广告的营销效果?

第 2 章

市场营销哲学

学习目标

通过本章的学习,熟悉市场营销观念的产生和演变过程;掌握现代市场营销观念的要点;了解在现代市场营销环境下,市场营销观念的新发展,并能结合企业的具体情况运用市场营销观念。认识顾客满意和顾客忠诚对企业的价值,重视企业营销道德的建立。

学习重点

现代市场营销观念;顾客满意与顾客忠诚;营销道德的评价和建立。

引导案例 宜家是如何让更多消费者体验"可持续的居家生活"的?

在2017年11月于杭州举办的亚洲设计管理论坛暨生活创新展(ADM展)上,宜家带来了一个占地近300平方米的展区,在这里他们不是为了宣传新品,而是为了推广绿色生活。这个展区的主题为"设计你的可持续居家生活",没错,"可持续"就是宜家的绿色。

在这个展区,你可以看到由回收木材和PET瓶子制成的橱柜门、可节电85%且使用寿命长达20年的LED灯泡、可帮助减少废弃电池数量的充电电池、碳足迹是普通肉丸1/30的蔬菜丸……

11月12日,在ADM展的现场还发起了一场以"可持续的设计 & 生活 离你有多远?"为主题的论坛,宜家家居产品东亚研发中心设计师David Wahl和宜家中国可持续发展经理刘继伟分别发表各自对"可持续"概念的理解,也让我们更加了解了宜家这个品牌在"可持续发展"这个话题上所作的努力。

早在2012年,宜家就推出了以"益于人类,益于地球"为主题的可持续发展战略。"可持续发展是宜家整个商业运营的一部分,我们去办任何事情的时候,都会把可持续发展放进来",刘继伟在接受SocialBeta的采访时表示:"比如说,当我们讲到商业计划的时候,其实不光是在谈销售,也是在谈应该如何从可持续发展的角度实现这个话题。"

在宜家,"可持续发展"战略的重要目的还在于"启发顾客灵感,让数百万顾客过上更可持续、更健康的居家生活"。在这一点上,宜家不仅仅是"可持续居家生活"解决方案的提供者,更是激发消费者灵感并与消费者共创"可持续居家生活"的发起者。例如,宜家已经连续四年参加由中国连锁经营协会(CCFA)、联合国环境署(UN Environment)和世界自然基金会(WWF)合作举办的"可持续消费周"(SCW)。在2016年的活动期间,宜家商场就曾举办了62项活动,约有3000名顾客参与其中。通过不同的活动形式加强消费者的可持续消费意识,鼓励消费者多留意自身行为对环境的影响,为绿色生活贡献自己的力量。

在此次ADM展上,我们还看到宜家展出了一些不属于家居和家具类的产品,例如,蔬菜丸、自行车等。蔬菜丸可以理解为代表一种可持续的、健康的饮食方式;而自行车则代表着一种可循环的、环保的出行方式……我们也可以看到,宜家在未来的野心,除了更健康的居家生活,他们更希望给消费者带来一种全新的"可持续"生活方式。SocialBeta猜测,从"可持续"的理念出发,宜家还将拓展更多的产品,为消费者提供更多的"可持续生活"解决方案。

资料来源:《2017ADM亚洲设计管理论坛暨生活创新展在杭州举行》,http://socialbeta.com/t/exclusive-interview-with-ikea-about-sustainable-life-2017-11,2017年10月2日访问。

2.1 市场营销管理哲学的演进

2.1.1 市场营销管理哲学的含义

市场营销管理哲学是指企业对其营销活动及管理的基本指导思想。它是一种观念、一种态度或是一种企业思维方式。任何一个现代企业参加市场经营活动,都要受到一定的市场营销观念所支配,而市场营销观念是否符合市场的客观实际,关系到现代企业的经营成败。

市场营销管理哲学的核心是正确处理企业、顾客和社会三者之间的利益关系。随着生产和交换向纵深发展,社会、经济与市场环境的变迁和企业经营经验的积累,市场营销管理观念发生了深刻的变化。这种变化的基本轨迹是由企业利益导向转变为顾客利益导向,再发展到社会利益导向。

在现代企业的市场营销学中,十分强调现代企业要有正确的市场营销观念。这是因为:第一,现代企业的市场营销决策和计划需要企业管理人员去制订、执行、监督和控制,现代企业具体的市场营销工作需要营销人员去从事并完成。而这一系列经营管理活动都要按照一定的市场营销观念去进行。第二,任何现代企业都是在一定的环境下从事营销活动的,当外界环境发生重大变化时,现代企业必须以正确的市场营销观念为指导,及时调整营销策略。第三,现代企业市场营销学实质上就是现代企业以正确的市场营销观念为指导,组织和从事市场营销活动的学科。随着市场经济的发展,现代企业的市场营销观念也要随之发生变化,这就要求建立与之相适应的市场营销理论。因此,了解市场营销观念在实践中的演变、现代企业市场营销观念的基本特征,是摆在现代企业管理者面前的一项重要任务。

2.1.2 市场营销管理哲学的演进

1. 生产观念

生产观念是一种最古老的指导企业市场营销活动的观念。这种观念认为,消费者喜爱那些可以随处买到并且价格低廉的产品,因而生产导向性企业的管理者总是致力于获得高生产率和广泛的销售覆盖面。

生产观念是在卖方市场下产生的。20世纪20年代之前,生产的发展不能满足需求的增长,多数商品都处于供不应求的地位,在这种卖方市场,只要有商品、质量过关、价格便宜,就不愁在市场上找不到销路,有许多商品都是顾客上门求购。于是,生产观念就应运而生,在这种观念指导下,企业以产定销,关注于集中一切力量来扩大生产、降低成本,生产出尽可能多的产品来获取更多利润。这种生产导向性企业提出的口号是"我们会生产什么就卖什么",不讲究市场营销。

显然,企业奉行生产观念是有一定前提的:

(1)以产品供不应求的卖方市场为存在条件,这样消费者最关心的是能否得到产品,而不去注意产品的细小特征,于是企业不愁其产品卖不出去,集中力量想方设法扩大生产。

(2)产品成本很高的企业,为了提高生产率、降低成本来扩大市场,也奉行生产观念。例如,在20世纪初,美国福特汽车公司曾倾全力于汽车的大规模生产,以降低成本,使大多数美国人能买得起汽车,扩大福特汽车的市场;同时因其生产的T型车十分畅销,根本无需推销兜售,以致亨利·福特这位汽车大王曾傲慢地宣称:"不管顾客需要什么颜色的汽车,我只有一种黑色的"。这是当时生产观念的典型表现。

生产观念并非在20年代以后就销声匿迹了,在一些特定的形势下,如日本1945年战败后数年之内,因商品短缺、供不应求,生产观念在工商企业经营管理中曾一度流行,我国在过去较长时间内,因物资短缺、供不应求,许多企业经营管理也奉行生产观念,以产定销,工业生产什么就收购什么,生产多少就收购多少,根本不重视市场营销工作。可见,生产观念在一定条件下是合理的,有指导作用。然而,一旦市场形势发生了变化,比如说不再是卖方市场,而处于买方市场,生产观念就不合时宜,会成为企业经营的严重障碍。因此,企业在新形势下必须以新的观念为指导。

2. 产品观念

产品观念也是一种古老的指导企业市场营销的思想。这种观念认为，消费者最喜欢那些高质量、多功能和有特色的产品，因而产品导向性企业中，管理当局总致力于生产高值产品，并不断地改进，使之日臻完美。

许多经理认为，顾客欣赏精心制造的产品，他们能够鉴别产品的质量和功能，并愿花较多的钱买质量上乘的产品。然而，由于经理们往往会深深地迷恋上自己的产品，对该产品在市场上是否迎合时尚，是否朝着不同的方向发展等关键问题缺乏敏感与关心，所以产品观念容易导致"营销近视症"，即不适当地把注意力放在产品上，而不是放在消费者的需求上。有这样一个故事：一位办公室文具柜制造商认为他的文具柜一定好销，因为它们是世界上最好的柜子。他自豪地说："这些柜子即便从四层楼扔下去也能完好无损。"他的销售经理对此表示赞同，但补充了一句："不过我们的顾客并不打算把它们从四层楼往下扔。"

产品观念的奉行，曾使许多企业患有"营销近视症"。这些企业将自己的注意力集中在现有产品上，集中主要的技术、资源进行产品的研究和大规模生产，他们看不到消费者需求的不断发展变化，以及对产品提出的新要求；看不到新的需求带来了产品的更新换代，看不到在新的市场形势下，营销策略应随市场情况的变化而变化，以为只要有好的产品就不怕顾客不上门，以产品之不变去应市场之万变，因而不能随顾客需求变化以及市场形势的发展去及早地预测和顺应这种变化，树立新的市场营销观念和策略，最终导致企业经营遭遇挫折和失败。

需要特别指出的是，当企业研发制造了一种新产品时，产品观念最容易滋生出来。即使有些企业形式上已放弃了产品观念，但由于管理层过分迷恋产品本身而往往丧失了正确观察事物相互关系的能力。1972年，杜邦公司发明了凯佛拉，它具有钢一般的硬度，重量只有钢的1/5，被认为是继尼龙之后又一最重要的新型纤维。杜邦公司的经理们设想出大量的应用领域和10亿美元的大市场，然而尽管凯佛拉是制造防弹背心的理想纤维，是可以用于造船帆、绳索和轮船的大有前途的纤维，但20多年过去了，杜邦公司仍在等待着致富奇迹的出现。也许凯佛拉最终会被证明是一种神奇的纤维，然而这一时刻的来临肯定比杜邦公司所预料的要迟得多。

3. 推销观念

推销观念(或称销售观念)是被许多现代企业所采用的另一种观念。这种观念认为，消费者通常有一种购买惰性或抗衡心理，如果听其自然的话，消费者就不会足量购买某一产品，因而现代企业必须积极推销和大力促销，以刺激消费者大量购买本企业的产品。其指导思想是："我们卖什么产品，就设法让人们买什么产品"。这种观念使许多现代企业的领导者认识到，现代企业不能只集中力量发展生产，即使有物美价廉的产品，也必须保证这些产品能被人购买，只有这样企业才能生存和发展。

推销观念是在资本主义经济从卖方市场向买方市场转变过程中产生的。它流行于20世纪30年代到50年代之间。在这个时期，科学技术有很大发展，生产的产品迅速增加，供求状况发生了变化，虽然买方市场未最后形成，但企业之间竞争日趋激烈，销售问题暴露出来,在经济危机时表现得更加严重,企业倒闭时有发生,产品的销路问题成了企业生存和发展的关键。这种客观形势的发展,使企业感到仅有物美价廉的产品是不够的,要在竞争中获取更多利润,还必须重视和加强产品的推销工作。于是,现代企业开始重视广告术、推销术和市场调查,逐渐关心产品销售状况,而不像过去那样仅仅关心产品的产量。

与前两种观念一样,推销观念也是建立在以企业为中心,"以产定销",而不是满足消费者真正需要的基础上。

4. 市场营销观念

(1) 市场营销观念的含义。市场营销观念认为,实现企业目标、获取最大利润的关键在于,以市场需求为中心组织企业营销活动,有效地满足消费者的需求和欲望。其指导思想是"顾客需要什么产品,我就生产什么产品"或"生产消费者需要的产品"。

20世纪50年代以后,随着科学技术的飞速进步和生产的不断发展,美国等发达资本主义国家,已经由个别产品供过于求的买方市场,变为总量产品供过于求的买方市场。同时,由于个人收入和消费水平的提高,市场需求瞬息万变,买方优势地位加强,尤其是企业之间竞争加剧。企业生产什么和生产多少的决定权掌握在消费者手里,消费者是决定企业命运的主人。在此形势下,现代企业只有注重产前的市场调研,从消费者需求出发,组织生产经营活动,才能在竞争中立于不败之地。菲利普·科特勒把这种观念的要点解释为:"实现组织目标的关键在于正确确定目标市场的需要和欲望,并且比竞争对手更有效、更有利地传送目标市场所期望满足的东西。"有了这种观念,再加上营销手段的适当配合,才有可能为营销活动的成功铺平道路。

(2) 市场营销观念与传统观念的区别。市场营销作为一种活动虽有悠久的历史,但它作为一种企业营销观念,却是在20世纪50年代产生的。市场营销观念的产生,是市场观念的一种质的飞跃或革命,它不仅改变了传统的生产观念、产品观念和推销观念的逻辑思维方法,而且在经营策略和方法上也有很大突破,表现在:

第一,传统观念以生产为中心,以产品为出发点,而市场营销观念则以消费者为中心,以顾客需要为出发点。

第二,传统观念的手段是销售推广,而市场营销观念则着眼于市场营销手段综合运用。

第三,传统观念以增加生产、提高质量或扩大销售来获取利润,而市场营销观念则从满足消费者的需要中获取利润。

(3) 市场营销观念的支柱。在市场营销观念指导下,企业的营销活动的出发点是市场,工作重点是顾客需求,即以需求为中心,通过综合运用产品、价格、分销和促销等营销工具,从各方面满足和实现消费者需求,进而通过顾客满意获得利润。市场营销观念的四个主要支柱是:目标市场、顾客需要、协调营销和盈利性。

市场营销观念的第一个支柱是目标市场。企业在从事营销活动时,必须选择目标市场,进行目标市场营销。从市场营销发展史考察,企业起初实行大量市场营销,后来随着市场形势变化转为实行产品差异营销,最后发展为目标市场营销。西方国家在工业化初期,由于物质短缺,生产在市场中占有主导地位,企业纷纷实行大量的市场营销,即大量生产某种产品并通过众多的渠道大量推销产品,试图用这一产品来吸引市场上的所有购买者。在当时的经济条件下,企业采用这种营销模式,即提供大量价格低廉的某种产品给所有顾客,取得了丰厚的利润。后来,随着科学技术的进步,科学管理和大规模生产的推广,产品数量迅速增加,卖主之间的竞争日趋激烈。由于同一行业中各个卖主的产品大体相似,因此,在竞争中企业不能控制产品的销售价格,这样,一些卖主开始认识到产品差异的重要性,实行产品差异市场的营销,即企业生产销售多种外观、式样、质量、型号的产品。但是,这时的产品差异策略的制定不是根据消费者需求的差异性,而是仅仅为了区别于竞争者,易于控制销售价格,即不是由市场细分产生的。到 20 世纪 50 年代,处在买方市场形势下的西方企业纷纷接受市场营销观念,开始实行目标市场营销,即企业认识到了整个市场不是同质的,消费者的欲望和购买力是有差异的,因此,企业尤其是现代企业必须对消费者需求进行识别、评价,然后根据消费者需求差异性进行市场细分,在此基础上,选择其中一个或几个细分市场作为目标市场,按照不同细分市场消费者的需求,运用适当的市场营销组合,满足目标市场需要。

  市场营销观念的第二个支柱是顾客需求。市场营销观念认为,顾客需要是企业营销活动的出发点,但是认识顾客的需要和欲望并非是一件容易的事情。营销人员要透过消费者行为洞察消费者的内心世界,仔细分析目标市场消费者的真正需要,以及目标市场中消费者需要的细微差别,从而有针对性地满足这些需要。在分析顾客需要时一要注意从顾客观点出发来确定顾客需要。所有产品的品质、产品的文化品位都取决于消费者认识。真正的营销价值是顾客的心智。要为消费者提供合适的产品,必须调查消费者的内心世界。只有充分与消费者进行沟通,了解其产品知识、品牌网络的知识、产品的效用需求及其评价标准、消费者的个性品位等特征,才能找准顾客心理,赢得消费者。在分析顾客需要时,还要注意顾客需求的变化。消费者的需求是不断发展和改变的,这要求现代企业的营销人员时刻倾听消费者的声音,与消费者时刻保持双向沟通。只有这样,才能留住顾客,形成顾客忠诚。

  市场营销观念的第三个支柱是协调营销。协调营销包括两层含义:第一,现代企业的各种营销工具和营销活动必须密切配合、紧密协调。目标市场选择、市场定位以及各种营销工具的运用必须从顾客需求和顾客观点出发进行彼此协调。如果企业把高收入者作为目标市场,市场定位为高质优价,则产品策略必须在产品质量、产品设计和包装上保持一流,价格策略必须符合消费者身份和地位以及和产品品质保持一致,分销则应考虑产品的定位和高收入者的消费行为,采用选择性分销或独家分销的形式同时选择有声望、专门销售顶级品牌和优质产品的分销商,促销所传达的信息也应符合目标市场和市场定位战略。第二,营销部门必须与其他部门进行协调。市场营销观念认为,只有现代企业所有员工和部门都为顾客需要和满意而工作时,营销工作才能顺利开展。为此,现代企业要进行内部营销。内部营销是指成功地训练和尽可能激励员工很好地为顾客服务,使顾客满意。

  市场营销观念的第四个支柱是盈利性。市场营销观念认为,市场营销活动的立足点不是利润本身,而是把获得利润看成是实现顾客需要的副产品。但这并不是说市场营销观念认为利润不重要,恰恰相反,市场营销观念认为盈利性对现代企业是很重要的,问题的关键是通过调查,了解消费者的需要,发现市场,找到获利机会。

5. 社会营销观念

社会营销观念认为,企业的任务在于确定目标市场的需要、欲望和利益,能够比竞争者更有效地使顾客满意,同时还要满足消费者和社会的长远利益。

社会营销观念产生于20世纪70年代,是对市场营销观念的补充与修正。市场营销观念的中心是满足消费者的需求与愿望,进而实现企业的利润目标。但往往出现这样的现象,即在满足个人需求时,与社会公众的利益发生矛盾,一些企业的营销努力可能不自觉地造成社会损失。例如,在2000年以前,我国绝大多数生产洗涤用品的现代企业都在生产含磷的各种洗涤品,严重地污染了江河湖海,而我们人类又要从江河湖海中得到鱼虾等各种物质,因此,给人类的身心健康带来了很大的问题。又如,软性饮料满足了人们对方便的需求,但大量包装瓶罐的使用实际上是社会财富的浪费。为了克服这些弊端,西方学者提出了社会营销观念。即企业决策者在确定经营目标时,既要考虑市场需求,同时又要注意消费者的长远利益和社会的长远利益。与单纯的市场营销观念比较,社会营销观念多考虑了两个方面:一方面是消费者利益,另一方面是社会的长远利益。可见,社会营销观念弥补了市场营销观念回避消费者需要、消费者利益和长期社会福利之间关系的现实,把目标市场需求、企业优势与社会利益三者有机结合起来,从而确定企业的经营方向与经营行为。

对于市场营销观念的四个支柱(目标市场、顾客需求、协调营销和盈利性),社会营销观念都作了修正。一是以消费者为中心,采取积极措施,例如,提供给消费者更多、更快、更准确的信息,改进广告与包装,增进产品的安全感和减少环境污染,增进并保护消费者的利益。二是协调营销活动,即视企业为一个整体,全部资源统一运用,更有效地满足消费者的需要。三是求得顾客的真正满意,即视利润为顾客满意的一种报酬,视企业的满意利润为顾客满意的副产品,不是把利润摆在首位。上述修正同时要求企业改变决策程序。在市场营销观念指导下,决策程序首先是决定利润目标,然后寻求可行的方法来达到利润目标;社会市场营销观念则要求,决策程序应先考虑消费者与社会的利益,寻求有效地满足与增进消费者利益的方法,然后再考虑利润目标,看看预期的投资报酬率是否值得投资。这种决策程序的改变,并未否定利益目标及其价值,只是将消费者利益放于利润目标之上。

2.2 顾客价值与顾客满意

2.2.1 顾客满意的含义

1. 顾客满意的含义

顾客满意(customer satisfaction, CS)是顾客的一种感觉状态的水平,它来源于对一件产品所设想的绩效或产出与顾客的期望所进行的比较。

顾客满意于20世纪80年代兴起于美国,90年代后成为一种潮流,其中心思想是站在顾客的立场上考虑和解决问题,把顾客的需要和满意放到一切考虑因素之首。

研究表明,顾客满意既是影响顾客本人再购买的基础,也是影响其他顾客购买的要素。顾客的满意水平状态主要有三种:不满意、满意、十分满意。在激烈的市场竞争中,高度的满意能培养顾客对品牌感情上的吸引力。

通过满足需求达到顾客满意,最终实现包括利润在内的企业目标,是现代市场营销的基本精神。这一观念上的变革及其在管理中的运用,曾经带来美国等西方国家20世纪50年代后期和60年代的商业繁荣,以及一批跨国公司的成长。然而,实践证明,现代市场营销管理哲学观念的真正贯彻和全面实施,并不是轻而易举的。对于许多企业来说,尽管以顾客为中心的基本思想是无可争辩的,但是,这个高深理论和企业资源与生产能力之间的联系却很脆弱。"利润是对创造出满意的顾客的回报"这个观点,似乎只是建立在信念之上,而不是建立在牢靠的数据之上。因此,进入20世纪90年代以来,许多学者和经理围绕营销概念的真正贯彻问题,将注意力逐渐集中到两个方面,即通过质量、服务和价值实现顾客满意,通过市场导向的战略奠定竞争基础。顾客购买产品后是否满意,取决于其实际感受到的绩效与期望的差异,是顾客的一种主观感觉状态,是顾客对企业产品和服务满足需要程度的体验和综合评估。研究表明,顾客满意既是顾客本人再购买的基础,也是影响其他顾客购买的要素。对企业来说,前者关系到能否保持老顾客,后者关系到能否吸引新顾客。因此,使顾客满意是企业赢得顾客、占领和扩大市场、提高效益的关键。

有关研究还进一步表明,吸引新顾客要比维系老顾客花费更高的成本。在激烈竞争的市场上,保持老顾客,培养顾客忠诚感具有重大意义。而要有效地保持老顾客,仅仅使其满意还不够,只有使其高度满意,才能有效地做到。一项消费者调研资料显示,44%宣称满意的消费者经常交换其所购买的品牌,而那些十分满意的顾客却很少改变购买意愿。这些情况说明,高度的满意能培养顾客对品牌感情上的吸引力,而不仅仅是一种理性偏好。企业必须十分重视提高顾客的满意程度,争取更多高度满意的顾客,建立起高度的顾客忠诚。

因此,现代企业必须十分了解顾客让渡价值,通过企业的全面变革和全员努力,建立"顾客满意第一"的良性机制,使自己成为真正面向市场的企业。

2. 实施顾客满意战略的途径

(1)开发顾客满意的产品。顾客满意战略要求企业的全部经营活动都要以满足顾客的需要为出发点,所以企业必须熟悉顾客,了解用户,即调查他们的现实和潜在的需求,分析他们购买的动机和行为、能力和水平,研究他们的消费传统和习惯、兴趣和爱好。只有这样,企业才能科学地确定产品的开发方向和生产数量,准确地选择服务的具体内容和重点对象,把顾客需求作为具体内容和重点对象。把顾客需求作为企业开发产品的源头是CS营销战略中较重要的一环。比如,有人总结出吸引老人的商品主要有以下特征:舒适、安全、便于操作、利于交际以及体现传统价值观。夏普电器公司通过调查统计发现,购买该公司微波炉的老年顾客仅占顾客总人数的 1/3,其原因是他们觉得微波炉的操作十分复杂。因此,该公司增设了一块易于操作的控制面板。此后,购买这种微波炉的老年顾客日趋增多。

招揽年轻的消费者,则要注意产品和服务的教育性或娱乐性,同时应是保护地球和人类生存环境的无公害、无污染的"绿色产品"。随着全球经济的发展,地球生态平衡遭到了严重破坏,人们已感到生活在一个不安全、不健康的环境中,故而环境保护意识开始觉醒。大多数人在购买商品时更多地从自身健康、安全和是否有利于环境来加以选择,他们宁愿多付 10% 的价钱购买对环境无害、对自身健康有利的商品。40% 的欧洲人更喜欢购买环保产品而不是传统产品。于是一些颇有眼光的商人开始转变其传统营销战略,在传统营销方式上加上环保因素,即企业从选择生产技术到产品设计、材料选择、包装方式、废弃物的处置方式,直至产品消费过程,都注意对环境的保护。因此,企业要多设计、生产出可回收、易分解、部件或整机可翻新和循环利用的产品,以满足当今年轻人的需要。例如,欧美一些汽车公司正在改变生产方式,设计生产出各种节省燃料、原材料可以回收、噪音较低的汽车。

(2) 提供顾客满意的服务。即不断完善服务系统,最大限度地使顾客感到安心和便利。为此,企业需做好如下工作:① 在价格设定方面,要力求价格公平、明码标价、优质优价和基本稳定;② 在包装方面,一要安全,二要方便,不要让顾客买回商品使用时感到不方便、不称心;③ 经营中要足斤足尺,童叟无欺;④ 在售后服务方面,一要访问,二要帮助安装,三要传授使用技术,四要提供零件、配件、帮助维修。

热情、真诚、为顾客着想的服务给顾客带来满意,而令人满意又是顾客再次上门的主要因素。生意是否成功,就要看顾客是否再上门。美国《哈佛商业评论杂志》发表的一项研究报告指出:"公司利润的 25%—85% 来自于再次光临的顾客,而吸引他们再来的因素,首先是服务质量的好坏,其次是产品本身,最后才是价格。"据美国汽车业的调查,一个满意的顾客会引发 8 笔潜在生意,其中至少有 1 笔成交;而一个不满意的顾客会影响 25 个人的购买意愿。争取一位新顾客所花的成本是保住一位老顾客所花成本的 6 倍。有一位名叫吉拉德的美国汽车经销商,每个月要寄出 13000 张卡片,任何一位从他那里购买汽车的顾客每月都会收到有关购后情况的询问,这一方法,使他生意兴隆。

(3) 进行顾客满意观念教育。即对企业全体员工进行 CS 观念教育,使"顾客第一"的观念深入人心,使全体员工能真正了解和认识到 CS 行动的重要性,并形成与此相适应的企业文化,一种对顾客充满爱心的观念和价值观。

(4) 建立顾客满意分析方法体系。即用科学的方法和手段来检测顾客对企业产品和服务的满意程度,及时反馈给企业管理层,为企业不断改进工作,及时、真正地满足顾客的需要服务。

现代企业活动的基本准则应是使顾客感到满意。因为在信息社会,企业要保持技术上的优势和生产率的领先已经越来越不容易,企业必须把工作重心转移到顾客身上。从某种意义上说,使顾客感到满意的企业才是不可战胜的、永远成功的。

2.2.2 顾客让渡价值

1. 顾客让渡价值的含义

顾客让渡价值是指顾客总价值与顾客总成本之间的差额。顾客总价值是指顾客购买某一产品与服务所期望获得的一组利益；顾客总成本是指顾客为购买某一产品所耗费的时间、精神、体力以及所支付的货币资金等。

由于顾客在购买产品时，总希望把有关成本包括货币、时间、精神和体力等降到最低限度，而同时又希望从中获得更多的实际利益，以使自己的需要得到最大限度的满足，因此，顾客在选购产品时，往往从价值与成本两个方面进行比较分析，从中选择出价值最高、成本最低，即"顾客让渡价值"最大的产品作为优先选购的对象。

现代企业为在竞争中战胜对手，吸引更多的潜在顾客，就必须向顾客提供比竞争对手具有更多"顾客让渡价值"的产品，这样，才能提高顾客满意程度，进而更多地购买企业的产品。为此，现代企业可从两个方面改进自己的工作：一是通过改进产品、服务、人员与形象，提高产品的总价值；二是通过改善服务与促销网络系统，减少顾客购买产品的时间、精神与体力的耗费，从而降低货币与非货币成本。

2. 顾客购买的总价值

使顾客获得更大"顾客让渡价值"的途径之一，是增加顾客购买的总价值。顾客总价值由产品价值、服务价值、人员价值和形象价值构成，其中每一项价值的变化均对总价值产生影响。

(1) 产品价值。产品价值是由产品的功能、特性、品质、品种与式样等所产生的价值。它是顾客需要的中心内容，也是顾客选购企业产品的首要因素。因而一般情况下，它是决定顾客购买总价值大小的关键因素。产品价值是由顾客需要来决定的，在分析现代企业产品价值时应注意：① 在经济发展的不同时期，顾客对产品的需要有不同的要求，构成产品价值的要素以及各种要素的相对重要程度也会有所不同。② 在经济发展的同一时期，不同类型的顾客对产品价值也会有不同的要求，在购买行为上显示出极强的个性特点和明显的需求差异性。因此，这就要求现代企业必须认真分析不同经济发展时期顾客需求的共同特点以及同一发展时期不同类型顾客需求的个性特征，并据此进行产品的开发与设计，增强产品的适应性，从而为顾客创造更大的价值。

(2) 服务价值。服务价值是指伴随产品实体的出售，企业向顾客提供的各种附加服务，包括产品介绍、送货、产品保证等所产生的价值。服务价值是构成顾客总价值的重要因素之一。在现代企业营销实践中，随着消费者收入水平的提高和消费观念的变化，消费者在选购产品时，不仅注意产品本身价值的高低，而且更加重视产品附加价值的大小。特别是在同类产品的质量与性质大体相同或类似的情况下，企业向顾客提供的附加服务越完备，产品的附加价值越大，顾客从中获得的实际利益就越大，从而购买的总价值越大；反之，则越小。因此，在提供优质产品的同时，向消费者提供完善的服务，已成为现代企业市场竞争的新焦点。

(3) 人员价值。人员价值是指企业员工的经营思想、知识水平、业务能力、工作效益与质量、经营作风、应变能力等所产生的价值。企业员工直接决定着企业为顾客提供的产品与服务的质量,决定着顾客购买总价值的大小。一个综合素质较高又具有顾客导向经营思想的工作人员,会比知识水平低、业务能力差、经营思想不端正的工作人员为顾客创造更高的价值,从而创造更多的满意的顾客,进而为企业创造市场。人员价值对现代企业和顾客的影响作用是巨大的,并且这种作用往往是潜移默化、不易度量的。因此,高度重视现代企业人员综合素质与能力的培养,加强对员工日常工作的激励、监督与管理,使其始终保持较高的工作质量与水平就显得至关重要。

(4) 形象价值。形象价值是指企业及其产品在社会公众中形成的总体形象所产生的价值。包括企业的产品、技术、质量、包装、商标、工作场所等所构成的有形形象所产生的价值,员工的职业道德行为、经营行为、服务态度、作风等行为形象所产生的价值,以及企业的价值观念、管理哲学等理念形象所产生的价值等。形象价值与产品价值、服务价值、人员价值密切相关,在很大程度上是上述三个方面价值综合作用的反映和结果。形象对于现代企业来说是宝贵的无形资产,良好的形象会对现代企业的产品产生巨大的支持作用,赋予产品较高的价值,从而带给顾客精神上和心理上的满足感、信任感,使顾客的需要获得更高层次和更大限度的满足,从而增加顾客购买的总价值。因此,现代企业应高度重视自身形象塑造,为企业进而为顾客带来更大的价值。

3. 顾客购买的总成本

使顾客获得更大"顾客让渡价值"的另一途径,是降低顾客购买的总成本。顾客总成本不仅包括货币成本,而且还包括时间成本、精神成本、体力成本等非货币成本。一般情况下,顾客购买产品时首先要考虑货币成本的大小,因此,货币成本是构成顾客总成本大小的主要和基本因素。在货币成本相同的情况下,顾客在购买时还要考虑所花费的时间、精神、体力等,因此这些支出也是构成顾客总成本的重要因素。这里我们主要考察后面几种成本。

(1) 时间成本。在顾客总价值与其他成本一定的情况下,时间成本越低,顾客购买的总成本越小,从而"顾客让渡价值"越大。以餐饮服务企业为例,顾客在购买饭菜时,常常需要等候一段时间才能进入正式购买或消费阶段,特别是在营业高峰期更是如此。在服务质量相同的情况下,顾客等候购买该项服务的时间越长,所花费的时间成本越大,购买的总成本就会越大,同时越容易引起顾客对该企业的不满意感,从而中途放弃购买的可能性亦会增大。因此,努力提高工作效率,在保证产品与服务质量的前提下,尽可能减少顾客的时间支出,降低顾客的购买成本,是为顾客创造更大的"顾客让渡价值"、增强现代企业产品市场竞争能力的重要途径。

(2) 精力成本(精神与体力成本)。精力成本是指顾客购买产品时,在精神、体力方面的耗费与支出。在顾客总价值与其他成本一定的情况下,精神与体力成本越小,顾客为购买产品所支出的总成本就越低,从而顾客让渡价值越大。因为消费者购买产品的过程是一个从产生需求、寻找信息、判断选择、决定购买到实施购买,以及购后感受的全过程。在购买过程的各个阶段,均需付出一定的精神与体力。如当消费者对某种产品产生了购买需求后,就需要搜集这种产品的有关信息。消费者为搜集信息而付出的精神与体力的多少,会因购买情况的复杂程度不同而有所不同。就复杂购买行为而言,消费者一般需要广泛全面地搜集产品信息,因此需要付出较多的精神与体力。对于这类产品,如果企业能够通过多种渠道向潜在顾客提供全面详尽的信息,就可以减少顾客为获取产品情报所花费的精神与体力,从而降低顾客购买的总成本。因此,现代企业应采取有效措施,这对增加顾客购买的实际利益,降低购买的总成本,获得更大的"顾客让渡价值"具有重要意义。

4. 顾客让渡价值的意义

现代企业树立"顾客让渡价值"观念,对于加强市场营销管理、提高现代企业经济效益具有十分重要的意义。

(1)顾客让渡价值的多少受顾客总价值与顾客总成本两方面因素的影响。其中,顾客总价值是产品价值、服务价值、人员价值和形象价值等因素的函数,任何一项价值因素的变化都会影响顾客总价值。顾客总成本是包括货币成本、时间成本、精力成本等因素的函数,其中任何一项成本因素的变化均会影响顾客总成本,进而影响顾客让渡价值的大小。同时,顾客总价值与总成本的各个构成因素的变化及其影响作用不是各自独立的,而是相互作用、相互影响的。某一项价值因素的变化不仅影响其他相关价值因素的增减,从而影响顾客总成本的大小,而且还影响顾客让渡价值的大小;反之,亦然。因此,现代企业在制定各项市场营销决策时,应综合考虑构成顾客总价值与总成本的各项因素之间的这种相互关系,从而用较低的生产与市场营销费用为顾客提供具有更多的顾客让渡价值的产品。

(2)不同的顾客群对产品价值的期望与对各项成本的重视程度是不同的。现代企业应根据不同顾客的需求特点,有针对性地设计和增加顾客总价值,降低顾客总成本,以提高产品的实用价值。例如,对于工作繁忙的消费者而言,时间成本是最为重要的因素,现代企业应尽量缩短消费者从产生需求到具体实施购买的时间,最大限度地满足和适应其求速求便的心理要求。总之,现代企业应根据不同细分市场顾客的不同需要,努力提供实用价值强的产品,这样才能增加其购买的实际利益,减少其购买成本,使顾客的需要获得最大限度的满足。

(3)现代企业为了争取顾客,战胜竞争对手,巩固或提高产品的市场占有率,往往采取顾客让渡价值最大化策略。但追求顾客让渡价值最大化的结果却往往会导致成本增加,利润减少。因此,在市场营销实践中,现代企业应掌握一个合理的度,而不应片面追求顾客让渡价值最大化,以确保实行顾客让渡价值所带来的利益超过因此而增加的成本费用。换言之,现代企业顾客让渡价值的大小应以能够实现现代企业的经营目标为原则。

2.3 企业营销道德

市场营销道德是用来判定市场营销活动正确与否的道德标准,即判断企业营销活动是否符合广大消费者及社会的利益,能否给广大消费者及社会带来最大幸福,这是涉及企业经营活动的价值取向并贯穿于企业营销活动始终的重要问题。

2.3.1 市场营销道德的含义

道德是社会意识形态之一,是一定社会调整人们之间以及个人和社会之间的关系的行为规范的总和。市场营销道德可以界定为调整企业与所有利益相关者之间的关系的行为规范的总和,是客观经济规律及法制以外制约企业行为的另一要素。道德是由一定社会的经济基础所决定,并为一定经济基础服务的,任何道德都具有历史性。市场营销道德在不同的社会制度下和不同的历史时期,评判标准可能有所差异。在市场经济条件下,法制总是体现各个国家统治阶级的意志,法制与反映人们利益的道德标准有时也并不一致。在研究和认定营销道德时,也应有明确的是非、善恶观念。市场营销道德的最根本的准则,应是维护和增进全社会和人民的长远利益。凡有悖于此者,皆属非道德的行为。

美国著名学者福山在其《信任——社会美德与繁荣的创造》一书中,通过对欧美、日本和其他东南亚国家的社会信任度差异的实证研究和分析,揭示了诸如诚信等"社会美德"在这些国家或地区的现代化经济生活中所产生的不同作用和效果。虽然人们还不能精确地证实道德能够给市场经济增加什么,至少已经可以证明道德能够给市场经济活动减少什么,例如,普遍的社会伦理信任可以降低市场的"交易成本"或"额外交易成本"。道德的这种"减少"效应,实际也就是一种经济的"增长"效益。

就我国而言,20年的改革开放历程冲击了旧的伦理价值体系,符合市场经济要求的新的价值观念正在形成,学术界虽早已重视对企业伦理及商业道德的研究,但对市场营销道德的研究尚缺乏深度和系统性,而在现实经济生活中,假冒伪劣之风屡禁不止且有愈演愈烈之势,引发了严重的道德危机和信任危机。道德虽然没有法律的强制性,但它是一种无形的力量,从某种意义上讲,它的调节范围及影响力远大于法律,道德的标准比法律高。人类社会需要用道德来维系,企业的市场营销活动也应该在一定的道德氛围中进行,并遵循一定的商业道德标准,否则,可能得逞于一时,却会严重损伤企业的公众形象,甚至走向自我消亡。因此,无论是从理论还是从实践来讲,都应重视新时期市场营销道德的研究,对传统的营销伦理中义与利、公平与效率、关系与契约等观念重新作出规范,建立并完善适应全面建设小康社会新形势的营销道德体系。

2.3.2 营销道德的评价

关于道德合理性的评价,伦理学家们提出了功利论与道德论两大理论。

1. 功利论

这种理论最有影响的代表人物是英国的杰里米·边沁和约翰·穆勒。功利论主要以行为后果来判断行为的道德合理性,如果某一行为给大多数人带来最大幸福,该行为就是道德的,否则就是不道德的。

如何界定功利?一般都认为,功利是指事物的内在价值或者内在的善,而不是外在价值或道德上的善。内在的善是指健康、快乐等非道德意义上的内在价值。外在的善是一种手段的善。某事物是否具有外在的善,需要通过它能否获取"内在的善"的能力来证明。例如,获得更多的财富是善的,如果它使人们的生活更加幸福、快乐。按照边沁和穆勒的观点,功利完全等于幸福和快乐,幸福和快乐是可以衡量和比较的。边沁认为:"总计所有快乐和痛苦的全部价值,然后加以比较,如果余额在快乐的方面,则表明行为总体上表现为善的倾向;反之,则表现为恶的倾向。"现在许多功利主义者倾向于把"内在的善"扩大到知识、友谊、爱情、美等方面,而不只理解为幸福和快乐。

功利理论强调行为的后果,并以此判断行为的善恶。一种行为在善恶相抵后,净善存在,由于其他行动方案的功利,该项行为才是符合道德的。功利理论对行为后果的看法,主要有两种典型代表,一种是利己功利主义,它是以人性自私为出发点,但并不意味着在道德生活中因为自身利益去损害他人和集体的利益。因为他们深知,自身利益有赖于集体和社会利益的增进,一味追求自身利益而不顾他人利益,最终会损害自己的利益。另一种是以穆勒为代表的普遍功利主义,它抛弃了利己主义原则。普遍功利主义认为,行为道德与否取决于行为是否普遍为大多数人带来最大幸福。同时认为,为了整体的最大利益,必要时个体应不惜牺牲个人利益。当代功利者大多倾向于采用普遍功利主义原则来判断行为的道德性。

2. 道义论

道义论从处理事物的动机来审查是否具有道德,而不是从行动的后果来判断,并且从直觉和经验中归纳出某些人们应当遵守的道德责任和义务,以这些义务履行与否来判断行为的道德性。道义论认为,某些行为是否符合道德不是由行为结果,而是由行为本身的内在特性所决定。也就是说,判断某一行为是否具有道德性,只需要根据本身的特征加以确定,而不一定要根据行为的"善""恶"后果,即符合义务原则的要求时便是道德的。例如,企业之间签订经济合同,它们必须履行合同义务,否则经营活动便会瘫痪。

道义论还强调行为的动机和行为的善恶的道德价值。例如,有三个企业都进行同一工程的投资(如希望工程),甲企业为了树立企业的良好形象以便今后打开其经营之路;乙企业为了捞取政治资本;丙企业为了履行企业的社会责任。很显然,丙企业投资行为是来自尽义务的动机,因而更具有道德性。

道义论从人们在生活中应承担责任与义务的角度出发,根据一些普遍接受的道德义务规则判断行为的正确性,是有现实意义的。事实上,诚实信用、公正公平、不偷窃、不作恶和知恩图报等品行已经被大多数人视为一种基本的道德义务并付诸行动,而且这些义务准则已经被广泛应用于各个国家的法律、公司政策及商业惯例等方面。

西方道义论的道德观,主要有以下几种论点:

1. **显要义务论**(the prirne facia daty framework)

英国的罗斯(W. D. Ross)在1930年出版的《"对"与"善"》一书中,系统提出了"显要义务"或"显要责任"的观念。所谓显要义务,是在一定时间一定环境中人们自认为合适的行为。在多数场合,神志正常的人们往往不用推敲便明确自己应当做什么,并以此作为一种道德义务。

罗斯提出了6条基本的显要义务:

(1) 诚实。要求企业在市场营销中信守诺言,履行合约,避免欺骗和误导性宣传,对过失予以补救,使产品或服务适合消费者的预期要求。

(2) 感恩。要求企业以知恩图报的方式,处理好与自己有长期友好合作关系的供应商、中间商、客户及其他利益相关者的关系,在他们遇到困难时给予适当的支持和帮助。

(3) 公正。要求企业在相同条件下不厚此薄彼,在招标、签约等活动中不以主观好恶或回扣多少作出决定。

(4) 行善。要求企业助人为乐,热心社会公益事业;当公司利益和公众利益发生矛盾时,企业应以后者为重,拒绝作出损害社会公众的行为。

(5) 自我完善。企业应尽其所能生产符合社会需要的产品,使自身潜力和美德得到最大的发挥,实现自身价值。

(6) 不作恶。企业在营销活动中要坚决避免欺行霸市、强买强卖等不道德行为。

罗斯将上述六项显要义务解释为在一定时间、一定环境中人们自认为合适的行为,即在多数场合无须仔细推敲,人们便明白自己应当做什么和怎样做,倘若六项显要义务之间发生冲突,人们凭借其正确的直觉,也会作出优先履行何种显要义务的选择。显要义务理论对于市场营销道德建设的意义在于,它鼓励市场营销人员如实履行凭借直觉意识所应承担的责任和义务,并强调这些责任和义务贯穿在营销活动的全过程,从而避免了单纯功利观点只看结果、不问过程的片面性。但是,这种理论将高层营销中的道德责任和义务完全归结为正常人的直觉和意识的反映,又难免带有主观色彩。在肯定显要义务理论积极意义的同时,也不应忽视它的这一理论缺陷。

2. 相称理论(the proportionality framework)

加勒特(T. Garret)于1966年提出:目的指行为背后的动机与意图。手段指实现目的的过程及所运用的方式、方法。后果指行为引起的后果,包括行为人意欲达到的后果或虽非其所希望但预见可能产生的后果。假如预见行为将引起副作用,则必须有足够或相称的理由来放任这类副作用的发生,否则,行为是不道德的。

加勒特所提出的这一理论认为,应从目的、手段和后果来判断某一行为是否符合道德。作为行为背后动机与意图的目的,本身构成道德的一部分,动机或意图的纯正与否是判断市场营销行为是否道德的重要因素。例如,市场调查的目的究竟是决策前为获得真实、准确的市场信息,还是决策后为已经制定出来的市场营销方案提供佐证,本身就存在着目的是否纯正的问题。作为使目的得以实现所运用的方式方法,手段本身也存在道德与否的问题,如以回扣或贿赂方式获取订单,则所用手段是不道德的。作为行为结果的后果,加勒特认为不能简单地根据后果来判断行为,用后果的合理性来证明手段的可取性,而只能借助行为后果的分析来了解行为本身的内在性质,这是该理论和功利论的显著区别。

相称理论还提出了"大恶""小恶"和"相称理由"的概念,借以对某一行为的道德合理性作出评价。"大恶"是指导致某组织或个人丧失某些重要能力的行为;"小恶"是指虽对他人物质利益造成损害,但这种损害一般不会导致被害方丧失某些重要能力的行为;"相称理由"则指行为人所意欲的善的效果超过可能发生的但不为行为人所希望的恶的效果。

该理论认为,作为行为的目的和手段,倘若旨在给他人造成"大恶"或"小恶",均是不道德的;即使目的和手段均无可挑剔,但如果预见行为将导致"大恶"或"小恶"之类的副作用发生,则行为人应当有足够的"相称理由"来解释这类副作用的发生,否则,行为将是不道德的。

相称理论对市场营销道德建设有着现实的指导意义。首先,围绕意图、手段、结果的综合考察方式为判断市场营销行为的道德合理性提供了一个全方位的思考框架;其次,提出了具有普遍意义的原则,即要求市场营销人员不要从事那些会给他人造成利益损害且又提不出正当理由的市场营销活动;最后,将利益损害区分为"大恶""小恶",会有助于提醒营销人员将道德建设的重点放在那些有可能发生严重不道德行为的活动领域。但也应当承认,相称理论在某些方面仍带有主观臆想的含糊不清的色彩,如"大恶"和"小恶"的边界怎样划分?对具有道德合理性的"相称理由"怎样准确把握?这在实际判断中并非易事,所以,相称理论并没有提供一套标准的伦理判断答案。

3. 罗尔斯的社会公正理论

哈佛大学伦理哲学家罗尔斯(Rawls)于1971年提出社会公正理论。罗尔斯提出的理论试图从一种被称作"起始位置"的状态出发,构建一个理想的社会公正系统。起始位置是指具体到一个社会,社会中的每个人并不知道自己将来在社会上居于哪一层次,处于什么样的地位,只有在不清楚自己是扮演富翁还是贫民的角色时,才能对社会成员的权利与义务作出一种合理安排,这一合理安排应遵循两条基本的原则,即自由原则和差异原则。

自由原则是指在不影响他人行使同样权利的前提下,让社会每一成员尽可能多地享受自由。不仅要求社会保障机会均等、舆论自由、财产权、选举权、人身权等基本权利,而且要在保持社会和谐、稳定的条件下,最大限度地使人们行使同样平等的权利,尽可能让每一成员享受更多的自由。

差异原则又是对自由原则的一种修正和补充,它要求任何社会的制度安排一方面应普遍适合社会每一成员;另一方面又要使社会底层的人们获得最大的利益,不应出现强者剥夺弱者而使弱者更弱的状况。

社会公正理论对营销道德建设具有现实的指导意义,自由原则强调人的权利与责任,任何一个消费者都有权选择安全、可靠的产品和相应的服务,企业的市场营销活动应充分尊重和维护消费者的这些权利。差异原则要求树立道德公正的市场营销观念,重视处于弱者地位的消费者的需求,尤其不能以强欺弱,以牺牲小部分贫困阶层的利益来换取整个社会或大多数人的利益。但这一理论中的自由原则和差异原则有时会相互矛盾,社会公正理论依然不能解决营销活动中的所有道德冲突。

上述三种理论从各自不同的角度,为企业的市场营销道德判断提供了基本线索,但任何一种理论都不能成为解决市场营销道德冲突的万能钥匙。在企业市场营销实践中,必须在道义论和功利论相互融合的基础上,把行为的目的、过程和结果结合起来,以此判断企业市场营销策略的道德性。

4. 相对主义论

相对主义论认为,事物对与错以及某行为恶与善的判断标准,因不同的社会文化背景而有异。在某一国家考虑的道德及道德标准不一定适用于其他国家。不同国家文化的差异使企业伦理教育与伦理原则很不相同。当然,在不同国度,也不排斥存在着共同的道德观,例如,关心社会福利、保护儿童、严惩犯罪分子等,这些既是法律的要求,也是道德的反映。

道德相对主义往往是由文化相对主义做支撑。道德观的不同来源于各国文化之间的差异。文化包括语言、法律、宗教、政治、技术、教育、社会组织、一般价值及道德标准。

上述理论都只能为营销道德判断提供基本的思考线索,并不能成为解决营销道德冲突的万能钥匙。道德冲突在某种意义上反映的是利益冲突,而营销领域利益冲突的解决,很大程度上取决于企业树立什么样的营销思想。

2.3.3 营销道德问题的现状

(一) 营销道德问题的综合表现

据调查资料,我国营销道德问题的状况值得引起重视。主要表现在以下几方面:

1. 不公正现象

(1) 某些企业为牟利不惜侵害消费者的健康与安全,而消费者对有潜在危险性的商品,包括危险的玩具、含过量防腐剂和色素的食品、劣质化妆品等,认识还不够深刻。买卖双方都较多地注重表面的、短期的利益,忽视潜在的、长期的利益。如调查中有71%的人认为在给予用户说明的情况下,可以出售有潜在危险性的玩具;有65%的人认为可以发展烟草工业。

(2) 某些企业为牟利使消费者购物所得利益远低于付出的代价,除假冒伪劣商品外,有些合格商品的价格也远低于消费者付出的代价。这种现象在保健药品与滋补食品中最为明显,如58%的消费者认为购买的保健饮品效用没有达到预期的目的。

(3) 只针对目标市场的消费者或大多数消费者,忽视甚至歧视其他少数或处境不利的消费者。例如,中老年人及低收入者市场,为多数企业忽视,调查中有高达90%的人认为中老年人不易买到满意的服装。

2. 不真实现象

(1) 虚假的"特价""减价"。经常出现的"特价""减价"广告宣传,大多成了欺诈式的推销术。调查中已有75%的消费者表示不相信"特价""减价"广告宣传。

(2) 过分夸张的广告。过分夸大和片面强调优点的广告,误导消费者购买决策。有75%的消费者认为目前广告过于夸大,消费者购买的实际收益小于由广告产生的期望值。

(3) 滥用质量标志。由于滥用"真皮""纯羊毛"标志及"省优""部优""国优"称号现象严重,65%的消费者不相信商品的质量标志。

(4) 夸大量或质的包装。许多食品、化妆品包装显示的商品内容、容量与实质不符。

3. 浪费现象

过分的促销造成资源浪费,最终加重了消费者的负担。调查中,75%的消费者认为华丽的包装只是推销的需要;62%的被调查者认为广告刺激了消费欲望,潜移默化地改变了人的价值观与生活态度,过多地追求物质享受,引起不合理的过量消费。个别产品为争"标王"投入的广告费,远远超过产出,企业效益与社会效益都很差。

4. 强制推销

消费者主要依靠企业与营销人员提供的信息作出购买决策。50%的被调查者依据包装的好坏、标签及说明来了解商品的品质与品牌并决定购买;50%的消费者在直销人员的高超推销技巧下买了未计划购买的商品,其中70%的人在购买后又后悔。

5. 污染环境

工商企业绿色意识普遍淡薄。绿色食品为数较少且价格偏高,工业生产、废弃物品污染环境日趋显著。60%的被调查者认为环保不能只讲自觉,需要法令强制;76%的消费者愿意购买有利于环保和健康的绿色产品,但要求定价合理。

6. 不正当竞争

企业营销中采取不正当竞争手法,如请客、送礼、回扣、赌博、搭售、窃取商业情报、蓄意贬低竞争对手的广告宣传等。43%的营销人员把宴请、娱乐、送礼视作惯例;42%的营销人员认为是增进感情的需要。

(二)营销组合策略中的道德问题

企业的市场营销实践活动始于营销调研与预测,终于顾客的售后服务,自始至终贯穿着市场营销道德问题,以下从营销组合出发逐一加以分析。

1. 产品策略中的道德问题

产品是企业市场营销最重要的可控因素。为消费者提供货真价实的优质产品是企业最基本的社会责任,如果违反这一原则便会产生市场营销道德问题。在现实中某些企业的产品策略往往同道德标准背道而驰。产品策略违背市场营销道德的主要表现,可从功利论与道义论相结合的角度来考察。即从企业设计生产产品的动机看,是否存心欺骗顾客,将假冒伪劣产品充当真货好货出售给消费者;与动机相联系,在手段上是否操纵消费者需要,过度刺激消费者欲望,并刺激社会经济成本的增加;从后果看,消费者从企业所购买的产品能否给自己带来最大的幸福。产品策略中的道德问题还可从企业应承担的社会责任来考察。即企业在产品的生产过程中,对广大职工的工作条件及工作时间能否作出恰当、合理的安排,能否保证职工的人身安全及身心健康;是否造成环境污染及影响附近居民的正常生活;产品的包装及标签是否提供真实的商品信息,产品包装是否过度进而造成社会资源的浪费及环境的污染等。

(1)产品策略中的不道德行为。产品策略中的不道德性主要体现在以下几个方面:

① 产品没有达到应有的质量标准,产品实际提供的利益较少。

② 企业出于自身利益的考虑,未向消费者披露与产品相关的价值、功能、用途或安全,例如,儿童玩具中所含有的有害化学元素或者家用电器在使用时可能发生的危险等。

③ 产品包装不能提供真实信息,包装所注明的内容与包装内物品不相符,或包装过多造成社会资源的浪费。

④ 出于竞争因素,企业采用劣质材料或配件冒充优质材料或配件,或者是企业使用廉价代用品而未告知消费者产品质量已改变等。

(2) 产品策略不道德行为的判别。在有些情形下,产品的不道德性并非是一目了然的,对某一产品策略,人们从不同的角度去分析,可能得出不同的看法和认识。例如,产品的更新换代,根据产品的生命周期理论,企业加快开发新产品,淘汰旧产品,有利于提高竞争能力,保持企业的可持续发展,从企业角度看,这一点无疑是正确的。但从整个社会的角度看,企业在新产品开发上的过度竞争,会导致产品很快过时,鼓励消费者在尚可使用时就丢弃不用,造成产品的人为淘汰。同时,从资源的角度看,人类能投入生产过程的石油、天然气、金、银、煤等都属于非再生资源,新产品开发过度导致资源枯竭,也就是说,一代人需求的满足是以剥夺今后几代人的需求为代价的。从整个社会的可持续发展来看,这种行为是不道德的。所以,应把正常状态下产品的更新换代与产品的人为淘汰两种情况区分开,把企业的新产品开发引导到节约资源、提高质量、改善性能的轨道上来。

2. 价格策略中的道德问题

为消费者提供货真价实的产品,是企业所应履行的社会责任。所谓价实就要求企业必须依据产品成本、消费者的承受能力和竞争对手状况来制定价格,并把真实的价格信息提供给消费者。但在实际的定价活动中,却经常出现掠夺性价格、歧视价格、垄断价格及未披露全部价格信息等一系列违反道德标准的定价行为。

价格策略中的道德问题可从功利论与道义论相结合的角度来考察。从动机看,企业为牟取暴利而欺骗顾客,诸如变相涨价、哄抬物价,掠夺消费者的利益;为了压垮竞争对手而实行差异性歧视价格或实行垄断价格。与动机相联系,在手段上采取欺骗、诱惑及强制方法迫使顾客购买产品。从后果看,顾客购买产品后造成严重的经济损失。价格策略中的道德问题还可从企业应承担的社会责任来考察。企业未按照价值规律进行公平交易,损害了企业及消费者的合法权益。企业未能为用户提供真实价格信息不利于消费者的购买抉择。

(1) 定价策略中的不道德行为。定价策略中的不道德行为具体表现为:

① 某些企业为追求利润而变相涨价或漫天要价,掠夺消费者利益。

② 差异价格不一定都是违法的,但如果企业是为了削弱或伤害竞争对手而实行差异性的歧视价格,就是营销不道德的表现。

③ 有些企业为了掠夺消费者及打击竞争对手而实行垄断价格,有些垄断性行业对产品实行超额加成,也会构成营销中的道德问题。

④ 有些企业利用消费者价格信息的缺乏而不披露真实价格,目的是欺骗及诱惑消费者购买其产品,这也是违背道德的典型表现。

(2) 定价策略中不道德行为的判别。上述定价中的市场营销不道德问题是比较明显的,而有些定价行为中存在的道德性是较模糊的,需加以认真分析。例如,折扣定价,企业经常利用数量折扣或现金折扣的策略来吸引消费者大量购买或提前付款,但对于低收入人群来讲,只能是多次少量地购买;相对于那些能大量购买或购买大包装商品的高薪阶层来讲,低收入消费者付出了更高的成本费用。所以,这一价格策略有利于高收入消费者却不利于低收入消费者,也同样存在着市场营销道德问题。

3. 渠道策略中的道德问题

分销渠道主要涉及生产者、中间商、消费者之间的购销关系,渠道成员要根据各自的利益和条件相互选择,并以合约形式规定双方的权利和义务,如果违背合约规定,损害一方的利益,便会产生道德问题,因此,渠道中的道德问题主要源于企业与中间商之间的关系。

(1) 渠道策略中的不道德行为 渠道策略中的不道德行为具体表现为:

① 合约中规定中间商只能销售某企业的产品,但实际上中间商出于自身利益的考虑,只要是畅销商品就都去经营,由此产生市场营销不道德。

② 按合约规定,中间商在货到后要及时付款给生产者,并及时反馈其库存需求,如若中间商未及时付款,影响了生产者正常的资金营运,便会引发道德问题。

③ 倘若某些零售商避开合法的生产者和批发商,另从非法渠道进货,损害了生产者、批发商和顾客的利益,也是市场营销不道德的表现。

④ 假如生产者凭借其自身的产品优势或经营性垄断地位,采用减少或停止供货的手段来迫使中间商屈服于自己的指挥,对中间商的销售活动施加种种干预,便会产生市场营销不道德问题。因此,无论是生产者对中间商的胁迫,还是中间商对生产者利益的背离,一旦企业与中间商之间的关系处理不当,就可能出现不道德行为。

(2) 渠道策略中不道德行为的判别

在市场营销实践中,有些渠道策略从企业角度看是有利的,是毋庸置疑的,但从社会角度看却并不一定有利,隐含着一定的不道德因素。例如,垂直整合营销渠道系统是指由生产者、批发商和零售商组成的二体化整合营销渠道系统,在该系统中,可能某个成员拥有其他成员的产权,即公司式渠道系统;或者渠道成员之间有一种特约的代营关系,即合同式渠道系统;或者由于某个成员拥有相当的实力,其他成员因此愿意与之合作,即管理式渠道系统。整合渠道系统的形成固然有利于降低产品分销费用,提高渠道系统效率,但这种渠道模式在把生产环节和营销环节连为一体的同时,也提高了市场垄断程度,削弱了竞争力度,从而把那些未参加整合营销渠道系统的生产者和中间商排挤出市场,或者使它们在市场上处于很不利的地位,整合渠道系统的成员便可通过控制产量和垄断价格来谋取自身的最大利润,也就有可能导致损害消费者利益的营销不道德现象的发生。

4. 促销策略中的道德问题

促销活动的社会责任是将产品或服务的真实信息传递给用户,如果违背此原则,这种信息沟通就会经常产生道德问题。

(1) 广告策略中的不道德行为。广告是促销组合中最重要的因素。广告中的不道德行为具体表现为:

① 为搞垮竞争对手,经常制作和播送针对竞争者的攻击性广告,通过含沙射影诋毁同行业竞争对手来提高本企业和产品的地位。

② 为诱惑消费者购买自己的产品而制作过度夸大产品功能效用的广告或隐瞒产品缺陷的广告,这种广告在药品和保健品上表现得尤为明显。

③ 在广告宣传中使用含糊其辞、模棱两可的词句,引起消费者对广告真实含义的误解,使消费者作出错误的购买决策。

(2) 人员推销中的不道德行为。在销售人员的促销活动中也暴露出许多违背营销道德的行为,具体表现为:

① 推销员使用诱惑方式促使消费者购买那些他们既不需要也不想购买的产品。

② 销售人员通过操纵或强迫手段向顾客推销其伪劣产品或积压滞销产品。

③ 推销员通过向对方送礼,甚至行贿的手段来获取销售订单,或者为获得个人回扣而向其他企业购买假冒伪劣产品。

这些行为都存在着较严重的道德问题。从表面看,贿赂似乎给个人或企业带来好处,但它会损害个人或组织的长远利益及根本利益。因此,西方国家某些著名公司为使其员工对经营行为做到自律,制定了市场营销道德标准,其中也包括对贿赂行为的界定及限制。

(3) 推拉策略与市场营销道德。传统的营销观念是通过各种强制性手段把商品强行卖给消费者,体现了一种"推"式促销观念。现代企业促销的本质是信息沟通。通过生产者与消费者之间的信息沟通,以刺激和诱发消费者需求为手段来吸引消费者购买,体现出现代营销中"拉"式促销的营销理念。但从整个社会的角度看,人们对现代促销活动中的道德合理性也提出了质疑。例如,广告策略的应用,从企业角度看,广告能产生传递产品信息、建立消费者忠诚、造成产品差异化市场营销等效用;但广告也经常成为企业传递骗人信息的手段,诸如虚假和误导性广告、操纵或欺骗性广告等。除此之外,大量的广告宣传还会带来其他社会问题,高额广告费用必然会增加产品的销售费用支出和耗费大量社会资源,提高了产品销售价格,很多消费者指责现代商品价格中所包含的广告及促销费用过高。

除广告策略外,对人员推销的社会评价也存在道德问题。广告是一种单向信息沟通,而人员推销是一种双向信息沟通。从这个意义上讲,人员推销比广告更为有效,但人员推销中的推销员都被训练得具有整套的推销谈话技巧,以引诱人们购买。由于在购买时顾客无法确定推销员的真实身份,使人们对推销员的行为缺乏有效的制约,这一不确定性极有可能引发促销不道德行为的产生。

5. 市场营销调研中的不道德行为

市场营销调研往往涉及调研人员同委托者、调研人员同受访者、委托者同调研人员三方面的关系。各方均承担一定的权利与义务,只有履行彼此间的道德责任,方能保证营销调研任务的顺利完成及保证调研资料的真实、可靠。

首先,从调研人员对委托者的道德责任看,委托者有权要求调研人员保守业务秘密,未经委托者许可不能泄密,否则是不道德行为;调研人员必须根据委托者的要求,保证调研工作质量,如问卷设计要认真,访问次数不要偷工减料,调研人员要严格培训,否则不仅浪费了委托者支付的调研费,而且往往使所收集的资料失真而误导委托者的决策;调研人员要向委托者真实反映其调研所采用的方法、调研的时间、调研的对象、调研的地点、访问方式及问卷反馈率等,使委托者据此推断所调研的资料是否可靠。如果调研人员违背与委托者签订的合约,必然会引起道德问题。

其次,从调研人员对受访者的道德责任看,调研人员要尊重受访者的权利,如受访者可拒绝接受调研人员的访问;调研人员要尊重受访者的尊严和隐私权;访问者不要在受访者繁忙或不便时去访问,并对受访者身份进行保密;未经受访者许可,不能随意公布受访者提供的资料。

最后,从委托者对调研人员的道德责任看,委托者必须依约支付调研费;委托者要公正、全面地发表调研成果,不能断章取义从而对读者产生误导。

6. 营销实践中的道德维护

通过对市场营销组合和市场营销调研中不道德行为的分析,我们可以看出这样两个问题:一是在整个市场营销活动过程中,每一环节都有可能出现市场营销道德问题;二是对市场营销道德性的判断必须兼顾企业和社会两个方面,对企业有利的市场营销活动对整个社会来说不一定是有利的活动。

当然,这也不是说对企业有利的市场营销活动必然不利于社会整体的利益,在很多情况下,企业市场营销活动的开展与社会的文明进步是一致的,市场营销活动是一种既有利于企业微观经济利益又有利于社会宏观经济利益的活动。当两个利益发生冲突时,也不能绝对地要求企业市场营销活动完全符合社会整体利益,企业利益和社会整体利益存在局部的善意的差异也是合理的。企业所要避免的是那种恶意的损害,要杜绝严重危害社会整体利益的行为。通过对市场营销不道德行为的防范,促进市场经济秩序的规范,使市场营销在全面建设小康社会中的积极作用得到最充分的体现。

2.3.4 现代企业的社会责任营销和营销道德的建立

任何企业均具有双重身份。首先,企业是"经济人"。作为经济人的企业,势必以追求利润为标准衡量自己的经营成果及决定自身的价值取向。同时,企业又是社会经济细胞,是社会财富最基本的创造者,企业的这种社会性决定了它是"社会人"。企业的生存与发展所需的各种资源(包括人、财、物等)及企业所生产的产品的实现条件都有赖于社会提供,因而企业应当承担一定的社会责任,其市场营销行为应当受到社会的约束和限制。

1. 企业的社会责任

企业的社会责任可概括为三大类:保护消费者权益,保护社会的利益和发展,保护社会自然环境。

(1) 保护消费者权益。1962年,美国时任总统约翰·肯尼迪在对国会的咨文中提出,消费者有安全权、知情权、选择权和表达意见权。美国国会随之对某些行业进行调查并且提出消费者保护法案。之后,消费者至上主义在世界各国逐渐兴起,各种有关保护消费者权益的法律纷纷出台,并且日臻完善,政府及民间的相关组织也应运而生。消费者至上主义是公民和政府一种有组织的活动,其目的是增加买方对卖方的权利和力量。消费者至上主义团体期望通过对公司的劝说和立法,使消费者获得更多的信息、更多的商品知识和更多的保护。有的用户至上主义者还要求企业遴选消费者代表参加企业的董事会会议,以使在企业作出决策时考虑消费者的利益。尽管一些公司认为过细、过严的法规会给企业带来约束和威胁,导致生产及服务成本上升,并最终以提高售价的形式转嫁到消费者头上,然而,今天的大多数公司都已经承认消费者至上主义,精明的经理则在寻找由此所创造的各种积极的机会,以便在满足消费者需要的前提下实现企业的利润。

保护消费者权利和利益是企业的主要社会责任。具体说,要求企业为广大消费者提供花色品种多样的、优质的产品和服务,以满足其各种不同的需求。为此,要求企业树立顾客导向、以人为本的经营理念,并根据市场需求的变化,不断调整市场营销策略,以适应消费者不断变化的需求。随着市场经济的发展,众多企业为广大消费者提供日益丰富及花色品种多样的产品,大大提高了人们的生活质量,并充分考虑了广大消费者的权益。但是,某些企业出于自身利益,追逐利润最大化,生产和销售假冒伪劣产品;哄抬物价或实行垄断价格;进行欺骗性广告宣传;诱惑及操纵、强迫顾客购买他们并不需要的产品;利用过度的包装造成严重的浪费及环境污染,破坏了自然环境生态平衡,破坏了人类生活的环境及生活质量。

为了保护社会及广大消费者的利益,西方国家的消费者自发地掀起了保护消费者权益运动,迫使企业保护消费者的权益。我国则是在全国及各级消费者协会的领导下,有组织地开展保护消费者权益活动,从而推动企业承担有关方面的社会责任。在保护消费者权益运动中,社会关心的焦点是要求企业承担以下社会责任或执行四项基本义务:

① 使消费者获得安全产品与服务的权利。即要求企业保证购入产品或服务的消费者的身体健康及生命安全。为此,要求生产者及经营着对其所生产和出售的产品或服务所产生的后果负责任。

② 使消费者获得有关产品充分信息的权利。即要求企业向消费者提供充分的关于产品优劣、构成成分、使用方法及使用效果等真实信息,以避免误导消费者作错误的购买决策。

③ 使消费者具有自由选择产品的权利。即要求企业在任何时候都能让消费者自由选择自己所需要和所喜爱的产品,反对企业对消费者采取高压推销及垄断政策,反对诱惑消费者购买并不需要的产品。

④ 使消费者具有申诉的权利。企业对消费者因购入的产品或服务不满意而向有关部门进行申诉,应持欢迎及支持态度,并对消费者的损失进行赔偿。

(2) 保护社会利益及社会的发展。保护社会利益及社会发展是企业义不容辞的社会责任。企业从事市场营销活动,一方面为社会创造日益丰富的物质财富;另一方面为国家及各级政府提供一定的税收,即从价值形态上为国家做贡献,以增加国家积累资金,促进国家建设事业迅速发展。此外,企业还应当对社会公益事业进行支持和捐赠,帮助教育、娱乐、贫困地区的发展,这是近年来企业社会责任的延伸。

(3) 保护自然环境及社会生态平衡。保护社会自然环境免遭污染,实现社会生态平衡是企业重要的社会责任。随着市场经济的发展,企业在为社会创造巨大财富、给广大消费者提供物质福利的同时,却严重地破坏了自然生态平衡,污染了环境,严重地威胁着人类生存环境的良性循环。因此保护自然环境,治理环境污染,解决恶劣的社会环境,实施社会可持续发展战略势在必行。通过绿色营销从微观方面实施可持续发展战略是企业的社会责任,通过绿色营销来保证消费者的绿色消费也成为企业的社会责任。

活跃在世界各国的环境保护主义者,把注意力集中在现代市场营销对环境的影响及在满足消费者需求过程中所带来的成本上。他们对市场营销的要求比消费者至上主义更加严厉。他们希望市场营销与消费更能符合生态平衡的原则,市场营销系统不应追求消费者选择或消费者满足的极大化,而应追求最佳的生活质量。他们要求把环境的代价纳入生产者及消费者的决策范围,如主张对恶化环境的行为课税并征收实际社会费用;要求企业投资安装防污染设备;对不可回收的包装物课税,禁止使用高含磷量的洗涤剂和含铅汽油等。

2. 社会责任对企业市场营销的影响

市场营销道德和社会责任两个概念虽然经常互换使用,但二者是存在区别的。道德与个人哲学观(或价值观念)相联系,即在某特定的决策环境中判断是非。社会责任是指某组织有责任扩大其对社会的积极影响和减少对社会的消极作用。因此,社会责任是市场营销策略对社会的整体影响。任何公司都既要履行社会责任,又要支持市场营销道德。

实践证明,社会责任与企业利润二者之间不但不矛盾,而且企业的社会责任感还能为其带来长远的盈利。它会改变人们对企业的看法,间接地促进企业的声誉、形象以及销售等。美国一项对469家不同行业的公司的调查表明:资产、销售、投资回报率均与企业的社会形象有着不同程度的正比关系。

判断某一行为是否道德及负社会责任,主要视企业根据这两种因素及有关条件制定的营销策略是否获得广大消费者的拥护、是否是合法的、是否符合行业的习惯。如果回答是肯定的,那么该策略是符合道德规范的。企业履行社会责任,可以促使企业市场营销策略不仅以顾客需求为出发点,而且以社会责任为出发点,从而使企业经营目标能将企业利益、消费者利益、社会利益三者有机地结合,使企业短期利益同长远利益更好地结合起来。企业通过承担社会责任,可以赢得声誉和组织认同,同时也可以更好地体现自己的文化取向和价值观念,为企业发展营造更佳的社会氛围,使企业得以保持生命力,长期可持续地发展。

事实上,许多企业通过市场营销实践逐渐认识到,要取得竞争优势,要生存和发展,以社会责任心从事企业经营活动带来的长期利益比无社会责任心带来的近期利益更加重要。但是,企业履行社会责任也会面临诸多困难。诸如由于社会存在各种不同的团体,各个团体具有不同的利益。企业要发现整个社会需求是有一定困难的。企业往往在满足某一群体需求的同时,很难满足另一群体的需求,亦即对某一群体履行了社会责任,对另一群体则未能履行社会责任。另外,满足整个社会需求及满足某一群体需求,均需付出成本。例如,社会要求干净的环境、保护野生动植物及生存环境需要支出大量费用,从而使产品成本及价格提高,并将成本的提高转嫁到消费者身上;而消费者则要求低价高质产品。这种企业利益同消费者利益的矛盾,必然会影响企业履行社会责任。因此,企业需要权衡各种利益,作出最佳的社会责任决策。

3. 提升企业道德水准和社会责任感

(1) 影响企业道德水准和社会责任感的因素。企业在市场营销实践中,能否注重市场营销道德,增强社会责任感,作出符合道德规范的营销决策,主要受制于如下因素:

① 个人道德观。个人道德观是指用来指导个人行为的原则或规则。个人道德观,尤其是高层管理者的个人道德观必然会渗入企业营销策略中。个人道德观正确与否及其水平的高低,必然会影响企业营销策略是否符合道德标准及营销策略道德水准的高低。

② 企业价值观。企业价值观是指企业职工拥有共同性的价值观念。它在企业经营哲学指导下构成企业文化的基础与核心,决定企业的经营目标、企业的管理风格及企业的行为规范。因而,它是决定营销策略是否符合道德规范的关键。例如,当企业价值观是"实现利润最大化"时,企业的营销策略往往会忽略甚而无视消费者及社会的利益。反之,如果企业价值观是"为用户提供最优质的产品和服务"时,企业的营销策略就会以消费者利益为立足点。

③ 组织关系。组织关系是指在企业中,领导与员工、上级与下级、同事之间的关系。在这些诸多关系中要保持相互信任、履行相互的责任及义务等。一般说来,高层管理者设计整个市场营销管理的道德性基调,中下层领导干部则根据高层管理者的决策指示,结合自己的个人道德哲学观,去影响市场营销道德性策略的实施。职工在道德性策略中发生相互影响。而职工在市场营销道德性策略中的作用程度取决于个人受道德行为与不道德行为影响相比的程度。如果职工面临越多的不道德经营行为,他就越可能作出不道德的行为;反之,如果职工面临越多的道德经营行为,他就越可能效仿作出道德的市场营销行为。

④ 报酬制度

报酬制度是影响企业市场营销道德性策略的另一个因素。它是指对经营者的一些有利条件,减少障碍或提供报酬,从而影响市场营销策略的道德性。报酬包括来自内部或外部。内部报酬是指为他人做某事后的良好感觉。外部报酬是指在等价交换基础上从他人那里获得自己想得到的有价值的东西,如获得领导者的提升和加薪、同事的赞扬等。但如果某一经营者采用欺骗手段为增加销售额而增加个人提成,获得领导的奖励,这就表明,领导者肯定了其非道德行为,从而为经营者指明了未来努力的方向。可见,领导者为经营者提供的报酬或机遇对企业职工的营销道德从而对企业市场营销道德性策略起着十分重要的作用。

(2) 提升企业道德水准和社会责任感的对策,主要有:

① 优化市场营销环境。一是要创造客观条件,即迅速发展社会生产力,为企业文明营销奠定物质基础;二是转换政府职能,通过宏观间接调控模式引导企业市场营销沿着法制及道德的轨迹运行;三是不断完善立法双强化执法力度,既打击非法市场营销行为,又保护和鼓励合法营销行为。就主观方面看,在企业内部要严格自律。

② 塑造优秀企业文化。在企业经营活动中,渗透着大量的文化因素,它融于企业经营哲学思想、价值观念、群体意识、管理方式、道德规范及行为标准中。随着企业的发展,逐步形成了企业自身的经营管理哲学及精神文化即企业文化。如果每个企业都重视塑造具有创造力、影响力、凝聚力,显示出鲜明个性的高水平的企业文化,将有利于企业领导者及广大职工树立正确的价值观,从而有利于企业作出道德性的营销策略。

③ 制定市场营销道德规范。企业应自觉地建立市场营销道德标准,并将道德标准实施融入控制系统中。西方国家企业对市场营销道德标准的创建及实施,为我国企业市场营销道德的建设提供了有益的借鉴。自 20 世纪 80 年代以来,西方国家许多大企业创立起道德决策及执行机构,并制定了用来约束职工经营行为的道德标准,如美国营销协会制定出协会成员必须遵守的职业道德条例,并规定了相应的惩处办法。又如 IBM 公司、GE 公司和麦当劳公司等均制定出各具特色的营销道德标准,有力地规范了企业的营销行为。

④ 树立社会营销观念。企业不仅要以实现盈利和满足消费者直接需求为目标,而且要切实关心和维护消费者及社会的长期福利。法律、法规只是道德规范的最起码的要求,合法的营销行为不一定合乎道德标准;对消费者的教育只是从客观上提高消费者的认识水平,难以完全避免受骗、上当和不合理消费。建立营销道德最根本的还是确立并实施社会营销观念。企业在营销中要形成一套履行道德与社会责任的行为准则,自觉维护消费者的利益与社会福利。

⑤ 加强法制建设,建立健全维护消费者利益的机构

进一步健全和完善法制、法规,严格依法治市,约束企业的不正当竞争行为,制裁欺骗和损害消费者权利的行为。建立有权威的保护消费者权益及监督、检查、仲裁机构,切实维护消费者利益。

⑥ 认真解决信息不对称问题。不道德营销行为能够得逞,消费者利益受损,往往是由于营销者掌握的信息较多,而消费者了解的情况较少,对有关商品的知识甚为有限,在交易中处于不利地位。要加强对消费者的宣传教育,增强其自我保护意识,积极与违法和不道德的营销行为作斗争;应通过报刊和各种广告为消费者提供更多的商品知识,培养更多的理性消费者。

本章小结

市场营销管理哲学就是企业在开展市场营销管理的过程中,在处理企业、顾客、社会及其他利益相关者之间关系的过程中所持的态度、思想和观念。现代企业的市场营销管理哲学可归纳为六种,即生产观念、产品观念、推销观念、市场营销观念、客户观念

和社会市场营销观念。

道德是社会意识形态之一,是一定社会调整人们之间以及个人和社会之间的关系的行为规范的总和。市场营销道德可以界定为调整企业与所有利益相关者之间的关系的行为规范的总和,是客观经济规律及法制以外制约企业行为的另一要素。西方学术界在道德问题上主要有三种具有代表性的观点:功利论、道义论和相对主义论。界定一种市场营销行为是否道德,可以借鉴三种带有"道义偏向"的西方道德理论:罗斯的显要义务理论、加勒特的相称理论、罗尔斯的社会公正理论。

产品是企业营销最重要的可控因素。为消费者提供货真价实的优质产品是企业最基本的社会责任,如果违反这一原则便会产生营销道德问题。所谓价实就要求企业必须依据产品成本、消费者的承受能力与竞争对手状况来制定价格,并把真实的价格信息提供给消费者。渠道成员要根据各自的利益和条件相互选择,并以合约形式规定双方的权利和义务,如果违背合约规定,损害一方的利益,便会产生道德性问题。促销活动的社会责任是将产品或服务的真实信息传递给用户,如果违背此原则,这种信息沟通就会经常产生道德问题。

企业的社会责任可概括为三大类,即保护消费者权益,保护社会的利益和发展,保护社会自然环境。影响企业道德水准和社会责任感的因素主要有:个人道德观、企业价值观、组织关系、报酬制度。提升企业道德水准和社会责任感的对策包括:优化市场营销环境、塑造优秀企业文化、制定市场营销道德规范、奉行社会营销观念、加强法制建设并认真解决信息不对称问题。

 思考题

1. 企业的营销理念是如何演变的?市场营销观念的核心是什么?
2. 如何认识和理解顾客满意?
3. 什么是顾客让渡价值?它的意义是什么?
4. 什么是市场营销道德?如何评价企业的营销活动是否符合道德要求?
5. 现代企业营销道德问题体现在哪些方面?如何提升现代企业市场营销道德水准?

案例分析

Adobe 对用户体验的重新定义

拉斯维加斯当地时间 3 月 21 日,美国科技巨头 Adobe 公司在 2017 Adobe Summit 重磅推出平台级产品 Adobe 体验云(experience cloud)及广告云(advertising cloud)。在原本的营销云(maketing cloud)、文档云(document cloud)以及创意云(creative cloud)三大产品中,将针对营销领域的营销云进行了升级,把新增的广告云与营销云及分析云(analytics cloud)合并在一起,构建了基于用户体验的体验云服务。

如今,越来越多的行业受到数字化信息的冲击,大量的数据、多样化的分析工具以及用户飞涨的期望值,都迫使各个企业不得不开始反思——如何能让用户的体验变得个性化、更加连贯、足够简洁、覆盖任何地点。当品牌达到这样的要求,才能与顾客建立更紧密的联系,才能提高顾客对品牌的忠诚度,以实现数据的增长。现在,一些前瞻性的企业已经认识到,用户的体验将在未来成为直接影响这个企业成为行业领导者的重要因素。但用户体验的设计其实是需要一个较长的周期来实现的,需要企业与顾客深度的交流,从而制定出一套完整的解决方案。

"在 Adobe,我们相信用户体验是在长期促使用户增长的关键",Adobe 的数字营销执行副总裁 Brad Rencher 表示,"利用海量的用户数据,Adobe 体验云可以给企业定制一个精心设计的计划,可以覆盖到企业链接顾客之间的每个接触点"。

而 Adobe 广告云包括三个组成部分:搜索服务,源自 TubeMogul(TubeMogul 是 Adobe 2016 年 12 月以 5.4 亿美元收购的视频广告技术公司)的 DSP(广告投放平台),以及"动态创意优化",这也意味着用户可以在这个平台上管理和购买数字和电视广告。Adobe 广告云的副总裁 Keith Eadie 说道:"所有的数据,如果不能无缝地衔接到媒体,那它的价值就会减少大半。因此,我们添加了一个规模化的媒体购买平台,能够为这些数据提供解决方案,能够同时满足品牌和代理商的需求,使他们的合作更有效率。"

Adobe 希望自己成为和谷歌、Facebook 一样的角色,能以中立的姿态链接品牌和代理商,为他们创造一个自由的交易平台。另外,广告云在某种程度上类似于他们在 2016 年峰会中提出的"数据合作"(data co-op),这个想法最初是为了给营销人员提供一个机会,让他们将所有数据汇聚在一起,从而制定出更加个性化和准确的内容和目标。

资料来源:http://socialbeta.com/t/case-adobe-launches-adobe-experience-cloud-2017-03,2017 年 8 月 18 日访问。

案例思考题

你认为 Adobe 是如何提升顾客价值的?在大数据时代背景下,你对市场营销有哪些新的思考?

第 2 篇　市场营销环境与市场研究

第3章

市场营销环境

学习目标

通过本章的学习,使学生对市场营销环境特征及其对营销活动的作用有一定的了解和认识,能熟练掌握营销环境的构成要素,能正确运用所学环境分析方法对不同行业和不同企业的营销环境进行基本分析,分析和发现市场机会,并在此基础上研究企业面对市场环境变化应采取的对策。

通过学习了解市场营销环境对市场营销活动的重要影响,熟悉微观环境和宏观环境的主要构成,市场营销宏观环境和微观环境对企业的影响,掌握分析评价市场机会与环境威胁的基本方法。

学习重点

市场营销环境的概念和特征;企业与营销环境的关系;微观营销环境与宏观营销环境对营销活动的影响,宏观和微观环境因素的组成。

引导案例 麦当劳:我的广告你做主

在英国伦敦熙熙攘攘的皮卡迪利大街上,来自世界各地的游客除了可以在这里购物消遣,如今还多了一个娱乐项目——将自己喜欢的卡通形象发送到麦当劳的户外大屏上,并成为"小小皮卡迪利"世界的永久成员。这个"小小皮卡迪利"世界是麦当劳推出的全球首个数字互动广告,与传统广告不同的是,这个户外广告上所有的内容,都由游客自己选择,麦当劳只负责替你展示出来。

当游客出现在麦当劳附近的时候,可以用手机登录LittlePicca.com这个网址,通过选择性别、年龄、服装、配饰、道具、表情等,打造一个自己喜欢的形象。目前根据已有的选项,能够组合出3亿多个完全不同的形象,可以满足游客对独一无二形象的要求。"当然,没有阴暗、不健康的形象",该广告的创意总监马丁表示。

游客将自己的形象提交上去并分享自己的地理位置信息之后,很快就可以看到自己的卡通形象出现在麦当劳的大屏幕上。这个卡通人物通常会做一番表演,如自我介绍、跳舞,表演魔术,还可以与其他已有卡通人物进行互动。如果同时有许多人上传了自己的卡通形象的话,将会以非常有趣的队列组合形式出现。同时,网站还能够根据游客手机中的默认语言来选择一种语言,让卡通人物用这种语言说出欢迎辞。这个 365 天、一天 24 小时不间断的广告屏幕上的背景还会随着时间、季节、气候等变化而相应地发生变化,将来,在这个屏幕上还能玩游戏、发送实时信息等。目前,这个互动屏吸引了来自各地的游客的参与,在麦当劳广告屏前面与自己喜欢的卡通形象合影,几乎成了皮卡迪利大街的又一景观。

据该互动广告的创意小组介绍,这个创意源自于对皮卡迪利广场的长期观察。麦当劳已经在皮卡迪利大街上驻扎了超过 20 年,这二十多年里,它目睹了来自世界各地的游客汇集在这里,这就是一个微观世界。而麦当劳则将这个微观世界投影到一块小小的屏幕上,构建了这个"小小皮卡迪利"世界,让这块屏幕成为皮卡迪利大街的一个地标。

对麦当劳来说,"小小皮卡迪利"世界是它的数字化旅程上的第二步,让人人都可以在这个全球地标性的地方留下自己的符号,这也是它的品牌"民主价值"的一个体现。更为重要的是,麦当劳意识到,互动,已经越来越成为未来户外广告的一个趋势。早在 2011 年,麦当劳就在瑞典推出户外互动屏,消费者无需下载 App,就可以直接将屏幕变成一个个人的游戏屏,如果能在 30 秒内赢得游戏,就可以获得免费的餐券,直接在就近的麦当劳餐厅兑换。

如今,在大多数城市里,户外数字屏越来越多,随着技术的进步,与消费者一对一的广告模式将成为大趋势。对品牌来说,新的年轻一代消费者大多不喜欢被动地接受,而更喜欢自己创造内容,这个屏幕就成为品牌与消费者的一个接触点,品牌为消费者提供一个内容平台,消费者可以利用这个平台呈现自己喜欢的内容,从而实现品牌与消费者的互动。

资料来源:周瑞华:《麦当劳:我的广告你做主》,载《成功营销》2014 年第 5 期。

现代企业的市场营销活动,是在复杂的市场营销环境中进行的。全面、正确地认识市场营销环境,监视、预测和分析企业周围的市场营销环境的发展变化,并使企业的市场营销战略和策略与变化了的环境相适应,是现代企业市场营销活动成败的关键。

3.1 市场营销环境的概念与特点

3.1.1 市场营销环境的概念

现代企业的市场营销活动是在一定的市场营销环境里进行的。各种环境因素与力量的变化,对同一企业来说,既可以带来机会,又可能形成某种威胁。同样的环境变化,会对有的企业产生威胁,也可能为其他企业带来机会。因此应该准确地把握市场营销环境,以便避开威胁,利用机会。环境通常是指影响一事物生存与发展的力量总和。现代企业市场营销环境是指与现代企业市场营销活动紧密相关,营销部门又难以控制的影响现代企业营销的各项因素和力量的总和。市场营销环境是企业的生存空间,是企业市场营销活动的基础和条件,包括市场营销微观环境和市场营销宏观环境。

市场营销微观环境是指直接影响与制约企业市场营销活动的环境因素,主要包括企业、供应者、营销中介、顾客、竞争者和公众。市场营销微观环境因素往往与企业具有或多或少的经济联系。

市场营销宏观环境是指那些给企业造成市场机会和环境威胁的主要社会力量,包括人口环境、经济环境、自然环境、科学技术环境、政治法律环境及社会文化环境。市场营销宏观环境一般以市场营销微观环境为媒介去影响与制约企业的营销活动,在某些场合也可以直接影响企业的营销活动。企业与市场营销宏观环境之间不存在直接的经济联系。

市场营销微观环境与市场营销宏观环境两者之间不是并列关系,一般而言,市场营销微观环境要受制于市场营销宏观环境。

3.1.2 市场营销环境的特点

市场营销环境是现代企业营销活动的基础与条件,具有如下特点:

(1) 客观性。市场营销环境是影响与制约现代企业营销活动的外在、客观存在的因素,它不以企业和人们的主观意志为转移,是事物客观存在的一种状态,反映着事物发展的基本规律。这是市场营销环境的基本特征。

(2) 不可控性。市场营销环境的客观性决定了它的不可控性,即市场营销环境是企业不能控制的。现代企业主要是通过调查与预测的方法来认识市场营销环境变化的趋势及对企业经营的影响,然后调整企业内部营销力量,以与市场营销环境的变化相适应。

(3) 动态性。市场营销环境不是静止不变的,恰恰相反,它是一个不断变动的动态概念。所以,现代企业对市场营销环境的研究不是一劳永逸的,而是要长期不间断地进行,它要求现代企业建立与健全信息网络,在坚持日常对信息的收集、整理、分析的同时,还要有专门力量,能适应突发性的资料搜集工作的需要,预测其发展变化的趋势,以便能够提前计划并有所准备。

(4) 不均衡性。市场营销环境的变动和影响是不均衡的。有利与不利的环境,长期与短期的环境,微观与宏观的环境等交织在一起,对各个地区、各个企业的影响也是不一样的,呈现出明显的不均衡性。

(5) 有限性。现代企业的市场营销环境总是有一定的时空界限,所以市场营销环境的研究总是有一定范围,即表现为一定时间、一定地理区域的市场营销环境。

3.1.3 环境威胁与市场营销机会

环境发展趋势基本上分为两大类：一类是环境威胁；另一类是市场营销机会。所谓环境威胁，是指环境中一种不利的发展趋势形成的挑战，如果不采取果断的市场营销行动，这种不利趋势将损害企业的市场地位。现代企业市场营销经理应善于识别所面临的威胁，并按其严重性和出现的可能性进行分类，之后，为那些严重性大且可能性也大的威胁制订应变计划。

所谓市场营销机会，是指企业市场营销管理富有吸引力的领域。在该领域内，企业将拥有竞争优势。这些机会可以按其吸引力以及每一个机会可能获得成功的概率来加以分类。现代企业在每一特定机会中成功的概率，取决于其业务实力是否与该行为所需要的成功条件相符合。

对现代企业所面临的主要威胁和最好的机会，最高管理层次应当作出什么反应或采取何种对策呢？

(1) 对机会的反应。最高管理层对现代企业所面临的市场机会，必须慎重地评价其质量。美国著名市场营销学者西奥多·莱维特曾警告企业家们，要小心地评价市场机会。他说："这里可能是一种需要，但是没市场；或者这里可能是一个市场，但没有顾客；或者这里可能有顾客，但目前实在不是一个市场。又如，这里对新技术培训是一个市场，但是没有那么多的顾客购买这种产品。那些不懂得这种道理的市场预测者对于某些领域表面上的机会曾作出惊人的错误估计。"

(2) 对威胁的反应。现代企业对所面临的主要威胁有三种可能选择的对策：

① 反抗。即试图限制或扭转不利因素的发展。例如，西方国家的烟草公司可以疏通议员通过一个法令，允许人们在公共场所随意抽烟。

② 减轻。即通过调整市场营销组合等来改善环境适应，以减轻环境威胁的严重性。例如，烟草公司大力宣传在公共场所设单独的吸烟区。

③ 转移。即决定转移到其他盈利更多的行业或市场。例如，烟草公司可以适当减少香烟业务，增加仪器和饮料等业务，实行多元化经营。

3.2 市场营销微观环境

市场营销微观环境对现代企业营销活动的影响，主要体现在企业的具体对外业务往来过程中，企业本身、供应者、营销中介、目标顾客、竞争者、公众是市场营销微观环境的主要构成要素。每个现代企业的基本目标都是在盈利前提下为其所选定的目标顾客服务，满足目标市场的特定要求。要实现这一任务，现代企业要同许多供应者和营销中介联系起来，才能接近目标顾客。供应者—企业—营销中介—顾客形成企业的基本营销系统。此外，现代企业营销的成败还要受到两个因素的影响：一是竞争者；二是公众。

3.2.1 企业

现代企业的市场营销部门不是孤立的,它面对着企业的许多其他职能部门,如高层管理者(董事会、总裁等)、财务、研究与开发、采购、制造和会计等部门。营销部门在制订和实施营销计划时,必须首先取得现代企业决策层的理解和支持,同时还得考虑其他部门的意见,处理好同其他部门的关系。

高层管理者是现代企业的最高领导核心,负责规定企业的任务、目标、战略和政策。营销管理者必须在高层管理者规定的计划范围内进行决策,有些决策甚至必须经过高层管理者的批准才能实施。

营销管理者还必须同其他职能部门密切合作。如在营销计划的实施过程中资金的有效运用、资金在制造和营销之间的合理分配、可能实现的资金回收率、销售预测和营销计划的风险程度等,都同财务管理有关;新产品的设计和生产方法是研究与开发部门集中考虑的问题;生产所需的原材料能否得到充分的供应,是由采购部门负责的;制造部门负责生产指标的完成;会计部门则收集成本与收益的资料,协助营销部门了解其计划目标的实现程度。所有这些部门,都对营销部门计划和活动产生影响。因此,营销部门为实现其营销计划,不仅要善于获得其他部门的配合与支持,而且要会妥善处理可能发生的矛盾。

3.2.2 供应者

供应者是指向现代企业提供进行营销活动所必需的原材料、基础件、零配件、能源、劳动力等资源的个人或组织。供应者作为一种环境力量对企业营销活动的影响主要体现在以下几个方面:

1. 供货的稳定性与及时性

原材料、零部件、能源以及机器设备等货源保证是现代企业营销活动顺利进行的前提。现代企业必须和供货人保持密切的联系,及时了解与掌握供货人的变化与动态,使货源的供应在时间上和连续性上得到切实的保证。

2. 供货的价格变动

毫无疑问,供货的价格直接影响产品的成本。现代企业要注意它们的价格变化趋势,特别是对原材料和主要零部件的价格现状及趋势更要做到心中有数,这样才能使企业应变自如,不致措手不及。

3. 供货的质量水平

供货的质量除了商品本身的内在质量外,还包括各种销售服务水平。所以,供应货物的质量也直接影响到产品的质量。

要使现代企业与供货人相适应,对供货人应进行等级归类,并使之多样化。等级归类应根据所供货物在企业营销活动中的重要地位划分等级,以确保重点,兼顾一般。供货人的多样化在于避免企业过分依赖个别供货人,多个供货人会引起供货人之间进行竞争,企业便处在一个有利的位置,从而使所供货物的质量得到保证并可稳定价格。但要注意的是使供货人多样化,并不排斥与一些主要的供货方保持长期良好的特殊关系,这种特殊关系在某种场合还是非常必要的。比如,在遇到货物短缺时,有了这种特殊关系就可以使企业优先得到照顾。

以农产品加工企业为例,其原材料主要为农产品,保证原料供应的稳定性对维持企业的正常生产和销售非常重要。生产原料的来源有三种方式:一是企业建立自己的原料生产基地,自己生产自己加工,即实现后向一体化。二是通过与生产者签订契约合同的形式,使生产者成为企业的专署供应商,这种形式在农村被称为"农业产业化经营"。三是企业从市场上购买原材料。现代企业采取何种方式采购原材料,是自行生产还是同供应商签合同,或是在开放的原料市场上购买,取决于哪种方式交易成本最低、企业获利最大。

3.2.3 营销中介

所谓营销中介是指为现代企业营销活动提供各种服务的中介机构及人员。具体包括中间商、仓储公司、营销服务机构和金融机构。

1. 中间商

中间商主要包括批发商和零售商两大类。除非现代企业建立自己的分销渠道,否则的话,中间商对现代企业产品从生产领域流向消费领域具有极重要的影响。中间商由于与目标顾客直接打交道,因而它的销售效率、服务质量就直接影响到企业的产品销售。选择中间商并与之共同合作,并不是一件轻松、简单的工作。

2. 仓储公司

仓储公司是帮助现代企业进行产品保管、储存以及运输的专业公司。仓储公司提供的服务可以是针对生产出来的产品,也可以是针对原材料及零部件。一般情况下,现代企业只有在建立自己的分销渠道时,才会主要依靠仓储公司。在委托中间商销售产品的场合,仓储服务往往由中间商去承担。仓储公司的作用在于为企业创造时空效益上提供帮助。

3. 营销服务机构

营销服务机构的范围比较广泛,如市场调研公司、广告公司、营销咨询公司等都在此列。这些机构提供的专业服务也是企业营销活动过程中不可缺少的。当然,有的现代企业本身就有这种机构,或者自己能承担这方面的工作,但是,对于大多数现代企业来说,这些机构是非常必要的。现代企业在利用这些机构时,须审慎选择,因为这些机构在创新、质量、服务与价格方面会有相当大的差异。

4. 金融机构

金融机构包括银行、信贷机构、保险公司等为现代企业营销活动提供融资及保险等的所有业务单位。在现代化的社会里,金融机构是绝对必需的,每一个现代企业都要与金融机构建立一定的联系,开展一定的业务往来。银行的贷款利率上升或保险公司的保险金额上升会使现代企业的营销活动受到影响;信贷来源受到限制会使企业处于困境。诸如此类的情况都将直接影响企业的日常运转。

3.2.4 顾客

顾客是现代企业的服务对象,或者说是现代企业的目标市场。市场营销学通常按顾客及其购买目的不同来划分市场,这样,现代企业的顾客可以形成消费者市场,也可以形成生产者市场或政府市场,甚至是国际市场。顾客对现代企业的重要程度是任何时候都不能忽视的,现代企业的一切营销活动都是围绕满足并引导顾客的需要来进行。顾客的变化意味着现代企业市场的获得与丧失,分析与掌握顾客的变化趋势是现代企业营销工作的出发点和经常性的中心工作。

3.2.5 竞争者

现代企业在目标市场进行营销活动时,不可避免地会遇到竞争对手的挑战。因为一个现代企业垄断整个目标市场的情况是很少出现的。即使一个现代企业已经垄断了整个目标市场,竞争对手仍然有可能参与进来。因为只要存在需求向替代品转移的可能性,潜在的竞争对手就会出现。可见,竞争者是影响现代企业营销活动的一种重要力量。

竞争者泛指所有参与争夺同一事物的对手,对一个现代企业来说,它的竞争者便是所有与它争夺相同的消费者、用户或市场,以及他们手中货币的企业。市场营销观念表明:企业要想在市场竞争中获得成功,就必须能比竞争者更有效地满足消费者的需要与欲望。因此,现代企业所要做的并非仅仅是迎合目标顾客的需要,而是要通过有效的产品定位,使得现代企业产品与竞争者产品在顾客心目中形成明显差异从而取得竞争优势。

从购买者决策过程的角度分析,任何一个现代企业在向目标市场提供服务的同时,都可能遇到愿望竞争者、一般竞争者、产品形式竞争者、品牌竞争者这四种竞争者的困扰。

(1) 愿望竞争者,即消费者想要满足的各种目前愿望的提供者。例如,一个消费者对微波炉和抽油烟机都有购买欲望,但暂时由于购买能力有限只能选择其一。这时,对于微波炉生产厂家和抽油烟机生产厂家来说互为愿望竞争者。如果促使消费者先购买本企业的产品,双方就形成了一种竞争关系。

(2) 一般竞争者,也叫平行竞争者,即能够以各种方法满足购买者某种愿望的产品供应者。例如,啤酒、葡萄酒、威士忌、白酒都能满足消费者对酒类的需求,这四种产品的生产企业之间就形成了平行竞争关系。

(3) 产品形式竞争者,即能满足购买者某种愿望的各种产品型号。例如,乳制品有鲜奶、酸奶和奶粉等;鲜牛奶又有低温灭菌奶和超高温灭菌奶,有袋装、瓶装、纸盒装等不同的产品形式。

(4) 品牌竞争者,即能满足购买者某种愿望的同种产品的各种品牌。例如,同样的乳品市场上就有光明、三鹿、蒙牛、伊利等多个品牌在竞争。

一般来说,现代企业应优先考虑对付品牌竞争者,它构成的威胁最大。然后,再考虑解决产品形式竞争者带来的问题。在这之后,企业与一般竞争者之间的矛盾会成为主要矛盾。最后考虑与欲望竞争者之间的关系。

3.2.6 公众

企业的市场营销微观环境还包括许多不同的公众。公众是指对企业实现营销目标的能力而言有着实际或潜在兴趣和影响的任何群体。具体来说可分为以下七类：

(1) 财务公众,指对现代企业筹集、融通资金有着直接影响的机构和组织,例如,银行、投资公司、保险公司、证券公司、财务公司、大财团等。

(2) 媒体公众,主要是指报社、杂志、广播电台和电视台等大众传播媒体。传播媒体对现代企业声誉具有举足轻重的作用。

(3) 政府公众,指有关的政府部门。营销管理者在制订营销计划时须认真研究考虑政府政策与措施的发展变化。

(4) 社团公众,即各种群众团体,如消费者协会、妇联、工会、环境保护组织等。

(5) 社区公众,每个现代企业都同当地公众团体如邻里居民和社区组织保持联系。企业派专人负责处理社区事务,并对社区的发展做出贡献。

(6) 一般公众,是指上述各种关系之外的公众。现代企业需关注一般公众对企业产品和活动的态度,虽然一般公众并不太会有组织地对企业采取行动,但是一般公众对企业的印象却影响着消费者对该企业及其产品的看法。

(7) 内部公众,现代企业的所有员工,包括各类管理人员和普通工人,都属于内部公众范围。大企业通过发行内部刊物或利用其他沟通方式,增进员工的了解并激励他们。内部公众的态度还会影响企业与外部公众的关系。

3.3 市场营销宏观环境

微观环境中所有的分子都要受宏观环境中各种力量的影响。宏观环境是指那些给企业造成市场机会和环境威胁的主要社会力量,包括人口环境、经济环境、自然环境、技术环境、政治和法律环境以及社会和文化环境。这些主要社会力量代表企业不可控制的变量。

3.3.1 人口环境

人口是构成市场的第一因素。因为市场是由那些想购买商品同时又具有购买力的人构成的。因此,人口的多少直接决定市场的潜在容量,人口越多,市场规模就越大。人口的年龄结构、地理分布、婚姻状况、出生率、死亡率、人口密度、人口流动性及其文化教育等人口特性,会对市场格局产生深刻影响,并直接影响现代企业的市场营销活动和现代企业的经营管理。所以,现代企业必须重视对人口环境的研究,密切注意人口特性及其发展动向,不失时机抓住市场机会,当出现威胁时,应及时、果断调整营销策略以适应人口环境的变化。

1. 人口数量与增长速度对现代企业营销的影响

世界人口正呈现出"爆炸性"的增长。1991 年,世界人口为 54 亿,2000 年则为 60

多亿,2005年已经达到65亿,估计世界人口还将以每年8000万至9000万的速度增长,其中80%的人口属于发展中国家。我国总人口已超过13亿,每年以1000多万的数量迅速增长。世界人口迅速增长的主要原因是:随着世界科学技术进步、生产力发展和人民生活条件改善,世界人民平均寿命大大延长,死亡率大大下降;发展中国家的人口出生率上升,人口迅速增加。众多的人口及人口的进一步增长,给现代企业带来了市场机会,也带来了威胁。

(1) 人口数量是决定市场规模和潜量的一个基本要素,人口越多,如果收入水平不变,则对各种用品的需求量也越多,那么市场也就越大。因此,按人口数目可大略推算出市场规模。我国人口众多,无疑是一个巨大的市场。

(2) 人口的迅速增长促进了市场规模的扩大。因为人口增加,其消费需求也会迅速增加,那么市场的潜力也就会很大。例如,随着我国人口增长,人均耕地减少,粮食供应不足,人们的食物消费模式将发生变化,这就可能对我国的食品加工业产生重要影响;随着人口增长,能源供需矛盾将进一步扩大,因此研制节能产品和技术是企业必须认真考虑的问题。

但是,另一方面,人口的迅速增长,也会给现代企业营销带来不利的影响。比如,人口增长可能导致人均收入下降,限制经济发展,从而使市场吸引力降低。又如,由于房屋紧张引起房价上涨,从而增加企业产品成本。另外,人口增长还会对交通运输产生压力,企业对此应予以关注。

2. 人口结构对现代企业营销的影响

人口结构主要包括人口的年龄结构、性别结构、家庭结构、社会结构以及民族结构。

(1) 年龄结构。不同年龄的消费者对商品的需求不一样。我国人口年龄结构的显著特点是:现阶段,青少年比重约占总人口的一半,反映到市场上,在今后20年内,婴幼儿和少年儿童用品及结婚用品的需求将明显增长。20个世纪,我国人口老化的现象还不十分严重,但进入21世纪后,同世界整体趋势相仿,我国将出现人口老化现象,而且人口老化速度将大大高于西方发达国家。据统计,我国人口的平均寿命1949年以前是30多岁,1957年是57岁,1980年是69岁;1980年60岁以上的人口约占全国总人口的8%,2000年占11%,预计2025年将占20%,有些地区的比例还要高些,如北京和上海等大城市。这种趋势反映到市场上,将使老年人的需求呈现高峰。这样,诸如保健用品、营养品、老年人生活必需品等市场将会兴旺。

(2) 性别结构。人口的性别不同,其市场需求也有明显的差异。据调查,0—62岁年龄组内,男性略多于女性,其中37—53岁的年龄组内,男性多于女性10%左右,但到73岁以上,女性多于男性20%左右。反映到市场上就会出现男性用品市场和女性用品市场。

(3) 家庭结构。家庭是购买、消费的基本单位。家庭的数量直接影响到某些商品的数量。目前,世界上普遍呈现家庭规模缩小的趋势,越是经济发达地区,家庭规模就越小。欧美国家的家庭规模基本上户均3人左右,亚非拉等发展中国家户均5人左右。在我国,"四代同堂"现象已不多见,"三位一体"的小家庭则很普遍,并逐步由城市向乡

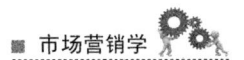

镇发展。家庭数量的剧增必然会引起对各种用品需求的迅速增长。

(4) 社会结构。我国的人口绝大部分在农村,农村人口约占总人口的80%。因此,农村是个广阔的市场,有着巨大的潜力。这一社会结构的客观因素决定了企业在国内市场中应当以农民为主要营销对象,市场开拓的重点也应放在农村。尤其是一些中小现代企业,更应注意开发价廉物美的产品以满足农民的需要。

(5) 民族结构。我国除了汉族以外,还有50多个少数民族。民族不同,其生活习性和文化传统也不相同。反映到市场上,就是各民族的市场需求存在很大的差异。因此,企业营销者要注意民族市场的营销,重视开发适合各民族特性、受其欢迎的产品。

3. 人口的地理分布及区间流动对现代企业营销的影响

地理分布指人口在不同地区的密集程度。由于自然地理条件以及经济发展程度等多方面因素的影响,人口的分布绝不会是均匀的。从我国看,人口主要集中在东南沿海一带,约占总人口的94%,而西北地区人口仅占6%,而且人口密度逐渐由东南向西北递减。另外,城市的人口比较集中,尤其是大城市人口密度很大,在我国就有上海、北京、重庆等好几个城市的人口超过1000万人,而农村人口则相对分散。人口的这种地理分布表现在市场上,就是人口的集中程度不同,则市场大小不同;消费习惯不同,则市场需求特性不同。例如,南方人以大米为主食,北方人以面粉为主食,江浙沪沿海一带的人喜甜食,而川湘鄂一带的人则喜辣食。

随着经济的活跃和发展,人口的区域流动性也越来越大。在发达国家,除了国家之间、地区之间、城市之间的人口流动外,还有一个突出的现象就是城市人口向农村流动。在我国,人口的流动主要表现在农村人口向城市或工矿地区流动;内地人口向沿海经济开放地区流动。另外,经商、观光旅游、学习等使人口流动加速,对于人口流入较多的地方而言,一方面由于劳动力增加,就业问题突出,从而加剧行业竞争;另一方面,人口增加也使当地基本需求量增加,消费结构也发生一定的变化,继而给当地现代企业带来较多的市场份额和营销机会。

3.3.2 经济环境

经济环境指企业营销活动所面临的外部经济条件,其运行状况及发展趋势会直接或间接地对现代企业营销活动产生影响。

1. 直接影响营销活动的经济环境因素

市场不仅是由人口构成的,这些人还必须具备一定的购买力。一定的购买力水平则是市场形成并影响其规模大小的决定因素,也是影响现代企业营销活动的直接经济环境。主要包括:

(1) 消费者收入水平的变化。消费者收入,是指消费者个人从各种来源中所得的全部收入,包括消费者个人的工资、退休金、红利、租金、赠予等收入。消费者的购买力来自消费者的收入,但消费者并不是把全部收入都用来购买商品或劳务,购买力只是收入的一部分。因此,在研究消费收入时,要注意以下几点:

① 国内生产总值(GDP)。它是衡量一个国家经济实力与购买力的重要指标。从国

内生产总值的增长幅度,可以了解一个国家经济发展的状况和速度。一般来说,工业品的营销与这个指标有关,而消费品的营销则与此关系不大。国内生产总值增长越快,对工业品的需求和购买力就越大,反之,就越小。

② 人均国民收入,即用国民收入总量除以总人口的比值。这个指标大体反映了一个国家人民生活水平的高低,也在一定程度上决定商品需求的构成。一般来说,人均收入增长,对消费品的需求和购买力就大,反之就小。

③ 个人可支配收入,即在个人收入中扣除税款和非税性负担后所得余额,它是个人收入中可以用于消费支出或储蓄的部分,构成实际的购买力。

④ 个人可任意支配收入,即在个人可支配收入中减去用于维持个人与家庭生存不可缺少的费用(如房租、水电、食物、燃料、衣着等项开支)后剩余的部分。这部分收入是消费需求变化中最活跃的因素,也是企业开展营销活动时所要考虑的主要对象。因为这部分收入主要用于满足人们基本生活需要之外的开支,一般用于购买高档耐用消费品、旅游、储蓄等,它是影响非生活必需品和劳务销售的主要因素。

⑤ 家庭收入。很多产品是以家庭为基本消费单位的,如冰箱、抽油烟机、空调等。因此,家庭收入的高低会影响很多产品的市场需求。一般来说,家庭收入高,对消费品需求大,购买力也大;反之,需求小,购买力也小。

需要注意的是,企业营销人员在分析消费者收入时,还要区分"货币收入"和"实际收入"。只有"实际收入"才影响"实际购买力"。因为实际收入和货币收入并不完全一致,加上通货膨胀、失业、税收等因素的影响,有时货币收入增加,而实际收入却可能下降。实际收入是扣除物价变动因素后实际购买力的反映。

(2) 消费者支出模式和消费结构的变化。

① 消费支出模式。随着消费者收入的变化,消费者支出模式会发生相应变化,继而使一个国家或地区的消费结构也发生变化。西方一些经济学家常用恩格尔系数来反映这种变化。19 世纪中叶,德国统计学家恩斯特·恩格尔(Ernest Engel,1821—1896 年)根据他对英国、法国、德国、比利时的许多工人家庭收支预算的调查研究,发现了关于工人家庭收入变化与各方面支出之间比例关系的规律,即恩格尔定律。目前,西方经济学对恩格尔定律的表述一般如下:随着家庭收入增加,用于购买食品的支出占家庭收入的比重(即恩格尔系数)就会下降;随着家庭收入增加,用于住宅建筑和家务经营的支出占家庭收入的比重大体不变(燃料、照明、冷藏等支出占家庭收入的比重会下降);随着家庭收入增加,用于其他方面的支出(如服装、交通、娱乐、卫生保健、教育的支出)和储蓄占家庭的比重就会上升。

恩格尔系数是恩格尔定律中最重要的内容。恩格尔系数表明,在一定的条件下,当家庭个人收入增加时,收入中用于食物开支部分的增长速度要小于用于教育、医疗、享受等方面的开支增长速度。食物开支占总消费量的比重越大,恩格尔系数越高,生活水平越低;反之,食物开支所占比重越小,恩格尔系数越小,生活水平越高。

这种消费支出模式不仅与消费者收入有关,而且还受到下面两个因素的影响:一是家庭生命周期阶段的影响。据调查,没有孩子的年轻人家庭,往往把更多的收入用于购买冰箱、电视机、家具、陈设品等耐用消费品上,而有孩子的家庭,则在孩子的娱乐、教育等方面支出较多,而用于购买家庭消费品的支出减少。当孩子长大独立生活后,家庭收支预算又会发生变化,用于保健、旅游、储蓄部分的支出就会增加。二是家庭所在地点的影响。如住在农村与住在城市的消费者相比,前者用于交通方面支出较少,用于住宅方面的支出较多,而后者用于服装、交通、娱乐方面的支出较多。

恩格尔系数是衡量一个国家、地区、城市、家庭生活水平高低的重要参数。根据国家统计局1995年调查资料,按全国居民平均水平计算,我国的恩格尔系数约为54％,2000年,我国城镇居民的"恩格尔系数"达到45％。目前,我国许多地区的恩格尔系数都已经降到40％以下。

按联合国划分富裕程度的标准,"恩格尔系数"在60％以上的国家为绝对贫困化;在50％—60％之间的为温饱;40％—50％之间的为小康;30％—40％的为富裕;低于30％的为高度民主发达水平。按此标准,我国已进入温饱阶段后期,开始逐步向小康阶段迈进,一些地区已经进入富裕阶段。

② 消费结构。消费结构指消费过程中人们所消耗的各种消费资料(包括劳务)的构成,即各种消费支出占总支出的比例关系。优化的消费结构是优化的产业结构和产品结构的客观依据,也是企业开展营销活动的基本立足点。第二次世界大战以来,西方发达国家的消费结构发生了很大变化:一是恩格尔系数显著下降,目前大都下降到20％以下;二是衣着消费比重降低,幅度在20％—30％之间;三是住宅消费支出比重上升;四是劳务消费支出比重上升;五是消费开支占国民生产总值和国民收入的比重上升。从我国的情况看,消费结构还不尽合理。长期以来,由于政府在住房、医疗、交通等方面实行福利政策,从而引起了消费结构的畸形发展,并且决定了我国居民的支出模式以食物、衣物等生活必需品为主。随着我国社会主义市场经济的发展,以及国家在住房、医疗等制度方面改革的深入,人们的消费模式和消费结构都会发生明显的变化。现代企业要重视这些变化,尤其应掌握拟进入的目标市场中支出模式和消费结构的情况,输送适销对路的产品和劳务,以满足消费者不断变化的需求。

(3) 消费者储蓄和信贷情况的变化。消费者的购买力还要受储蓄和信贷的直接影响。

① 消费者的储蓄。消费者个人收入一般不会全部花掉,总有一部分以各种形式储蓄起来,这是一种推迟了的、潜在的购买力。消费者储蓄一般有两种形式:一是银行存款,增加现有银行存款额;二是购买有价证券。当收入一定时,储蓄越多,现实消费量就越小,但潜在消费量越大;反之,储蓄越少,现实消费量就越大,但潜在消费量越小。企业营销人员应当全面了解消费者的储蓄情况,尤其是要了解消费者储蓄目的的差异。储蓄目的的不同,影响潜在需求量、消费模式、消费内容、消费发展方向往往也不同。这就要求企业营销人员在调查、了解储蓄动机与目的的基础上,制定不同的营销策略,为消费者提供有效的产品和劳务。

我国居民素有勤俭持家的传统,长期以来养成了储蓄习惯。近年来,我国居民储蓄额和储蓄增长率均较大。据调查,居民储蓄的目的主要用于供养子女生活及受教育和婚丧嫁娶,但从发展趋势看,用于购买住房和大件用品的储蓄占整个储蓄额的比重将逐步增加。我国居民储蓄增加,显然会使企业目前产品价值的实现比较困难,但另一方面,企业若能调动消费者的潜在需求,就可开发新的目标市场。

② 消费者信贷。西方国家广泛存在的消费者信贷对购买力的影响也很大。所谓消费者信贷,就是消费者凭信用先取得商品使用权,然后按期归还贷款,以购买商品。这实际上就是消费者提前支取未来的收入,提前消费。西方国家盛行的消费者信贷主要有短期赊销、购买住宅分期付款、购买昂贵的消费品分期付款、信用卡信贷等几类。信贷消费允许人们购买超过自己现实购买力的商品,从而创造了更多的就业机会、更多的收入以及更多的需求;同时,消费者信贷还是一种经济杠杆,它可以调节积累与消费、供给与需求的矛盾。当市场供大于求时,可以发放消费者信贷,刺激需求;当市场供不应求时,必须收缩信贷,适当抑制、减少需求。消费者信贷把资金投向需要发展的产业,刺激这些产业的生产,带动相关产业和产品的发展。

2. 间接影响营销活动的经济环境因素

除了上述因素直接影响现代企业的市场营销活动外,还有一些经济环境因素也对现代企业的营销活动产生间接的影响。

(1) 经济发展水平。现代企业的市场营销活动受到一个国家或地区的整个经济发展水平的制约。经济发展阶段不同,居民的收入不同,顾客对产品的需求也不一样,从而会在一定程度上影响现代企业的营销。例如,以消费者市场为例,经济发展水平比较高的地区,在市场营销方面,强调产品的性能及特色,品质竞争多于价格竞争。在经济发展水平低的地区,则较侧重于产品的功能及实用性,价格因素比产品品质更为重要。在生产者市场方面,经济发展水平高的地区着重投资较大但能节省劳动力的先进、精密、自动化程度高、性能好的生产设备。在经济发展水平低的地区,其机器设备大多是一些投资少但消耗劳动力多、简单易操作、较为落后的设备。因此,对于不同经济发展水平的地区,企业应采取不同的市场营销策略。

美国学者罗斯顿(W. W. Rostow)根据他的"经济成长阶段"理论,将世界各国的经济发展归纳为五种类型:① 传统经济社会;② 经济起飞前的准备阶段;③ 经济起飞阶段;④ 迈向经济成熟阶段;⑤ 大量消费阶段。凡属前三个阶段的国家称为发展中国家,而处于后两个阶段的国家则称为发达国家。不同发展阶段的国家在营销策略上也有所不同。以分销渠道为例,国外学者认为:① 经济发展阶段越高的国家,其分销途径越复杂而且广泛;② 进口代理商的地位随经济发展而下降;③ 制造商、批发商与零售商的职能逐渐独立,不再由某一分销路线的成员单独承担;④ 批发商的其他职能增加,只有财务职能下降;⑤ 小型商店的数目下降,商店的平均规模扩大;⑥ 零售商的加成上升。随着经济发展阶段的上升,分销路线的控制权逐渐移至中间商,再至制造商,最后大零售商崛起,控制分销路线。

我国目前正进入经济起飞阶段,市场规模进一步扩大,企业投资机会增多,市场交换成为企业的根本活动,信息竞争将成为市场竞争的焦点。现代企业应当注意经济起飞阶段市场中的变化,把握机会,主动迎接市场的挑战。

（2）经济体制。世界上存在着多种经济体制,有计划经济体制,有市场经济体制,有计划—市场经济体制,也有市场—计划经济体制,等等。不同的经济体制对企业营销活动的制约和影响不同。例如,在计划经济体制下,企业是行政机关的附属物,没有生产经营自主权,企业的产、供、销都由国家计划统一安排,企业生产什么,生产多少,如何销售,都不是企业自己的事情。在这种经济体制下,企业不能独立地开展生产经营活动,因而也就谈不上开展市场营销活动。在市场经济体制下,企业的一切活动都以市场为中心,市场是其价值实现的场所,因而企业必须特别重视营销活动,通过营销,实现自己的利益目标。现阶段,我国的社会主义市场经济体制已初步建立,但是仍然受到计划经济体制的束缚,一些企业的经营机制还没有完全转变过来,政府的直接干预也还比较常见,因而企业的营销活动在一定程度上受到制约。另外,市场发育不完善,市场秩序混乱,行业垄断和地方保护主义盛行,极不利于企业开展营销活动。因此,企业要尽量适应这种局面,注意选择不同的营销策略。例如,可以运用"大营销"策略打破地区封锁,通过横向联合进入对方市场等,从而开拓自己的市场。

（3）地区与行业发展状况。我国地区经济发展很不平衡,逐步形成了东部、中部、西部三大地带和东高西低的发展格局。同时在各个地区的不同省市,还呈现出多极化发展趋势。这种地区经济发展的不平衡,对企业的投资方向、目标市场以及营销战略的制定等都会带来巨大影响。

我国行业与部门的发展也有差异。今后一段时间,我国将重点发展农业、原料和能源等基础产业。这些行业的发展必将带动商业、交通、通信、金融等行业和部门的相应发展,也给市场营销带来一系列影响。因此,企业一方面要处理好与有关部门的关系,加强联系;另一方面,则要根据与本企业联系紧密的行业或部门的发展状况,制定切实可行的营销措施。

（4）城市化程度。城市化程度是指城市人口占全国总人口的百分比,它是一个国家或地区经济活动的重要特征之一。城市化是影响营销的环境因素之一。这是因为,城乡居民之间存在着某种程度的经济和文化上的差别,进而导致不同的消费行为。例如,目前我国大多数农村居民消费的自给自足程度仍然较高,而城市居民则主要通过货币交换来满足需求。此外,城市居民一般受教育水平较高,思想较开放,容易接受新生事物,而农村相对闭塞,农民的消费观念较为保守,故而一些新产品、新技术往往首先被城市所接受。现代企业在开展营销活动时,要充分注意到这些消费行为方面的城乡差别,相应地调整营销策略。

3.3.3 科技环境

众所周知,人类历史上经历了四次科技革命。第一次以蒸汽机技术为标志,第二次以电气技术为标志,第三次以电子技术为标志,第四次以信息技术为标志。

第二次世界大战以后,以物理学革命为先导,以现代宇宙学、分子生物学、系统科学等学科为标志的新科学革命蓬勃兴起,新科学革命又推动着信息技术、能源技术、新材料技术、生物工程技术、海洋工程技术、空间技术等现代技术革命迅猛发展,形成了科学—技术—生产体系,科学技术在现代生产中起着领头和主导的作用。工业发达国家科技进步因素在国民生产总值中所占比重已经从20世纪初的5%—20%,提高到现在的80%以上。我国目前这一比重仅占30%左右,说明我国的科技水平还比较落后。科学技术的发展对于社会的进步、经济的增长和人类社会生活方式的变革都起着巨大的推动作用。现代科学技术是社会生产力中最活跃和具有决定性的因素,它作为重要的营销环境因素,不仅直接影响现代企业内部的生产和经营,而且还同时与其他环境因素相互依赖、相互作用,影响现代企业的营销活动。

1. 科技环境的发展变化对现代企业营销的影响

(1) 科学技术的发展直接影响现代企业的经济活动。在现代,生产率水平的提高,主要依靠设备的技术开发(包括原有设备的革新、改装以及设计、研制效率更高的现代化设备),创造新的生产工艺、新的生产流程。同时,技术开发也扩大和提高了劳动对象的利用广度和深度,不断创造新的原材料和能源。这些不可避免地影响到现代企业的管理程序和市场营销活动。科学技术既为市场营销提供了科学理论和方法,又为市场营销提供了物质手段。

(2) 科学技术的发展和应用影响现代企业的营销决策。科学技术的发展,使得每天都有新品种、新款式、新功能、新材料的产品在市场上推出。因此,科学技术进步所产生的效果,往往通过消费者的需求和市场环境的变化影响现代企业市场营销活动。营销人员在进行决策时,必须考虑科技环境带来的影响。

(3) 科学技术的发明和应用,可以造就一些新的行业、新的市场,同时又使一些旧的行业与市场走向衰落。

(4) 科学技术的发展,使得产品更新换代速度加快,产品的市场寿命缩短。今天,科学技术突飞猛进,新原理、新工艺、新材料等不断涌现,使得刚刚炙手可热的技术和产品转瞬间成了明日黄花。这种情况,要求现代企业不断地进行技术革新,赶上技术进步的浪潮。否则,现代企业的产品如果跟不上更新换代的步伐,跟不上技术发展和消费需求的变化,就会被市场无情地淘汰。

(5) 科学技术的进步,将会使人们的生活方式、消费模式和消费需求结构发生深刻的变化。科学技术是一种"创造性的毁灭力量"。它本身创造出新的东西,同时又淘汰旧的东西。一种新技术的应用,必然导致新的产业部门和新的市场出现,使消费对象的品种不断增加,范围不断扩大,消费结构发生变化。所以,企业在组织市场营销时,必须深刻认识和把握由于科学技术发展而引起的社会生活和消费的变化,看准营销机会,积极采取行动,并且要尽量避免科技发展给企业造成的威胁。

(6) 科学技术的发展为提高营销效率提供了更新更好的物质条件。首先,科学技术的发展,为企业提高营销效率提供了物质条件。例如,新的交通工具的发明或旧的运输工具的改进,使运输的效率大大提高;信息、通信设备的改善,更便于企业组织营销,提高营销效率。现代商业中自动售货、邮购、电话订货、电视购物等方式的发展,既满足了消费者的要求,又使企业的营销效率更高。其次,科学技术的发展,可使促销措施更有效。例如,广播、电视、传真技术等现代信息传媒的发展,可使企业的商品和劳务信息及时准确地传送到全国乃至世界各地,这将大大有利于本国和世界各国消费者了解这方面的信息,并起到刺激消费、促进销售的作用。最后,现代计算技术和手段的发明运用,可使企业及时对消费者的消费需求及动向进行有效的了解,从而使企业营销活动更加切合消费者需求的实际情况。科学技术的发展,推动了消费者需求向高档次、多样化的方向变化,消费者消费的内容更加纷繁复杂。因此,生产什么商品、生产多少商品去满足消费者需要的问题,还得依靠调查研究和综合分析来解决。这种情况,完全依赖传统的计算和分析手段是无能为力的,而现代计算和分析手段的发明运用,提供了解决这些问题的武器。例如,利用高级电子计算机对消费者及其需求的资料进行模拟和计算,分析和预测,就能及时、准确地为企业提供相关资料,以作为企业营销活动的客观依据。

总之,科学技术的进步和发展,必将给社会经济、政治、军事以及社会生活等各个方面带来深刻的变化,这些变化也必将深刻地影响现代企业的营销活动,给现代企业造成有利或不利的影响,甚至关系到现代企业的生存和发展。因此,现代企业应该特别重视科学技术这一重要的环境因素对企业营销活动的影响,以使企业能够抓住机会,避免风险,求得生存和发展。

2. 知识经济带来的机会与挑战

(1) 知识经济的含义。知识经济与传统农业不同,传统农业是以耕地和众多的人口劳力为基础的;知识经济与传统工业不同,传统工业是以大量的矿物能源和矿藏原料冶炼、加工、制造为基础的。这种新的经济,是以不断创新和对这种知识的创造性应用为主要基础而发展起来的。它依靠新的发展、发明、研究、创新的知识,是一种知识密集型、智慧型的新经济。它以不断创新为特色,新的超过旧的,旧的退出市场丧失效用,新的占领市场获得超额价值。而这个创新过程是急速旋转、快捷异常、没有终止的。这种不断创新的知识与智慧和土地、矿藏不同,它不具有惟一性和排他性。一块地你拥有了,他就不能同时拥有;种了玉米就不能同时又种水稻。一座矿为你占用就不能同时为他占用,挖完了就没有了。知识和智慧可以同时为多人所占有,并可一再重复使用。作为人类智慧的成果,它可以与其他知识联结、渗透、组合、交融,从而形成新的有用的知识。知识也有"自然磨损",但直接效用没有了,还可以再开发,成为嫁接、培育新知识的"砧木",成为启发新的智慧的火花。

(2) 知识经济与现代信息技术革命。新知识的爆炸性增长和知识经济的迅猛发展与以数字化、网络化为特征的现代信息技术革命紧密相连。不断革新的计算机与光纤网络通信、卫星远程通信相结合,将知识的编码、储存、传输、扩散速度极大地提高了,方式极大地简化了,成本极大地降低了,从而使数字化的多媒体网络通信成为一种普遍性的大众技术,使不断更新的知识成为全球任何角落里的人群大都可以随时廉价获得。数字化、网络化通信技术革命与现代市场经济制度相结合,与风险投资和现代企业制度相结合,这就极大地促进了新知识的实际使用,促进了发明创新的物化过程,极大地加速了新知识的商品化、市场化、产业化过程。这是人类历史上从未有过的文明大传播和文化大普及。一个人类智慧大开发和经济大发展的高潮已经来到了。正是这样,计算机和网络通信领域首先成为知识经济发展最快的领域,而站在计算机网络通信领域最前列的,开创高科技风险的企业,率先经营知识经济的科技企业家,首先成为企业发展最快、资产膨胀最快的"世界首富",就不是什么"海外奇谈"了。

(3) 知识经济与知识管理。在知识经济时代,企业如果离开了知识管理就不可能有竞争力。所谓知识管理,是对企业知识资源进行管理,使每一个员工都最大限度地贡献其积累的知识,实现知识共享的过程。运用集体和智慧提高企业的应变能力和创新能力,使企业能够对市场需求作出快速反应,并利用所掌握的知识资源预测市场需求的发展趋势,开发适销对路的创新产品,更好地满足市场需要,这正是知识管理的目的所在。

3.3.4 政治法律环境

政治与法律环境是影响现代企业营销活动的重要宏观环境因素。政治因素像一只有形的手,调节着现代企业营销活动的方向,法律则为现代企业规定商贸活动行为准则。政治与法律相互联系,共同对现代企业的市场营销活动产生影响和发挥作用。

1. 政治环境因素

政治环境因素是指有可能对企业市场营销活动带来影响的外部政治形势和状况以及国家方针政策。

(1) 政治局势,是指企业营销所处的国家或地区的政治稳定状况。一个国家的政局稳定与否会给企业营销活动带来重大的影响。如果政局稳定,生产发展,人民安居乐业,就会给现代企业造成良好的营销环境。相反,政局不稳,社会矛盾尖锐,秩序混乱,这不仅会影响经济发展和人民的购买力,而且对现代企业的营销心理也有重大影响。战争、暴乱、罢工、政权更替等政治事件都可能对现代企业营销活动产生不利影响,能迅速改变企业环境。例如,一个国家的政权频繁更替,尤其是通过暴力改变政局,这种政治的不稳定会给企业投资和营销带来极大的风险。因此,社会是否安定对企业的市场营销关系极大,特别是在对外营销活动中,一定要考虑东道国政局变动和社会稳定情况可能造成的影响。像某些地区的一些国家,虽然有较大的市场潜力,但由于政局不稳定,国内经常发生宗教冲突、派系冲突,还有恐怖组织的恐怖活动,国家之间也经常有战事,这样的市场有较大的风险,需要认真评估。

(2) 方针、政策。各个国家都会在不同时期根据不同需要颁布一些经济政策,制定经济发展方针,这些方针、政策不仅会影响本国企业的营销活动,而且还会影响外国企业在本国市场的营销活动。例如,产业政策、人口政策、能源政策、物价政策、财政政策、金融与货币政策等等,都给企业研究经济环境、调整自身的营销目标和产品构成提供了依据。就对本国企业的影响来看,一个国家制定出来的经济与社会发展战略、各种经济政策等,企业都是要执行的,而执行的结果必然会影响市场需求,改变资源的供给,扶持和促进某些行业的发展,同时又限制另外一些行业和产品的发展,那么企业就必须按照国家的规定,生产和经营国家允许的行业和产品。这是一种直接的影响。国家也可以通过方针、政策对企业营销活动施以间接影响。例如,通过征收个人所得税,调节消费者收入,从而影响消费者的购买力,进而影响消费者的需求;国家还可以通过增加消费税来抑制某些产品的需求,如对香烟、酒等课以较重的税收来抑制消费者的消费需求。

这些政策必然影响社会购买力,影响市场需求,从而间接影响企业营销活动。从对国外企业的影响来看,东道国的方针、政策是外国企业营销的重要环境因素,会直接和间接影响到外国企业在东道国的营销活动。例如,改革开放之初,我国的外贸政策还比较谨慎,有关外贸的法律制度既不健全,又缺乏稳定性和连续性,因此,外国资本来华投资很多表现为短期行为,投资期限短,抱着捞一把算一把想法的投资者也不乏其人。随着我国改革的进一步深入和对外开放的进一步扩大,特别是我国加入WTO以后,对外开放政策的进一步透明化和外贸、外商投资法律制度的进一步完善,外商看到了在华投资的前景,因而扩大投资规模,延长投资期限(由最初的1—3年,延长到5年以上,甚至10年、20年、50年),来华投资的外国企业也越来越多。以零售业为例,目前世界50家最大的零售商,已有半数以上进入中国;从1995年到2000年,外资企业的零售额年平均增长速度高达42.7%;到2000年底,实际营业的外资零售企业达到305家,2000年外资企业全部零售额合计526亿元,占社会消费品零售总额的1.54%。这说明东道国的方针、政策对外来投资有非常大的影响。

目前,国际上各国政府采取的对企业营销活动有重要影响的政策和干预措施主要有:

① 进口限制。这指政府所采取的限制进口的各种措施,如许可证制度、外汇管制、关税、配额等。它包括两类:一类是限制进口数量的各项措施;另一类是限制外国产品在本国市场上销售的措施。政府进行进口限制的主要目的在于保护本国企业,确保本国企业在市场上的竞争优势。

② 税收政策。政府在税收方面的政策措施会对企业经营活动产生影响。比如对某些产品征收高额税,则会使这些产品的竞争力减弱,给经营这些产品的企业效益带来一定影响。

③ 价格管制。当一个国家发生了经济问题时,如经济危机、通货膨胀等,政府就会对某些重要物资甚至所有产品采取价格管制措施。政府实行价格管制通常是为了保护公众利益,保障公众的基本生活,但这种价格管制直接干预了企业的定价决策,影响企业的营销活动。

④ 外汇管制,指政府对外汇买卖及一切外汇经营业务所实行的管制。它往往是对外汇的供需与使用采取限制性措施。外汇管制对企业营销活动特别是国际营销活动产生重要影响。例如,实行外汇管制,使企业生产所需的原料、设备和零部件不能自由地从外国进口,企业的利润和资金也不能或不能随意汇回母国。

⑤ 国有化政策,指政府由于政治、经济等原因对企业所有权采取的集中措施。例如,为了保护本国工业避免外国势力阻碍等原因,将外国企业收归国有。不过,国家一般也不会无偿征收,对企业的所有者会给予一定的补偿。

(3) 国际关系。这是国家之间的政治、经济、文化、军事等关系。发展国际经济合作和贸易关系是人类社会发展的必然趋势,企业在其生产经营过程中,都可能或多或少地与其他国家发生往来,开展国际营销的企业更是如此。因此,国家间的关系也就必然会影响企业的营销活动。这种国际关系主要包括两个方面的内容:

① 企业所在国与营销对象国之间的关系。例如,我国在国外经营的企业要受到市场国对于中国外交政策的影响。如果该国与我国关系良好,则对企业在该国经营有利;反之,如果该国对我国政府持敌对态度,那么,我国的企业就会遭到不利的对待,甚至攻击或抵制。

② 国际企业的营销对象国与其他国家之间的关系。国际企业对于市场国来说是外来者,但其营销活动要受到市场国与其他国家关系的影响。例如,中国与伊拉克很早就有贸易往来,后者曾经是我国钟表和精密仪器的较大客户。海湾战争后,联合国对伊拉克的经济制裁,使我国企业有很多贸易往来不能进行。阿拉伯国家也曾经联合起来,抵制与以色列有贸易往来的国际企业。这说明国际企业的营销对象国与其他国家之间的关系,也是影响国际企业营销活动的重要因素。

2. 法律环境因素

法律是体现统治阶级意志、由国家制定或认可,并以国家强制力保证实施的行为规范的总和。对现代企业来说,法律是评判企业营销活动的准则,只有依法进行的各种营销活动,才能受到国家法律的保护。因此,现代企业开展市场营销活动,必须了解并遵守国家或政府颁布的有关经营、贸易、投资等方面的法律、法规。如果从事国际营销活动,现代企业就既要遵守本国的法律制度,还要了解和遵守市场国的法律制度和有关的国际法规、国际惯例、准则。这方面因素对国际企业的营销活动有深刻影响。例如,一些国家对外国企业进入本国经营设定各种限制条件。日本政府曾规定,任何外国公司进入日本市场,必须找一个日本公司同它合伙。也有一些国家利用法律对企业的某些行为作特殊限制。美国《反托拉斯法》规定不允许几个公司共同商定产品价格,一个公司的市场占有率超过 20% 就不能再合并同类企业。除上述特殊限制外,各国法律对营销组合中的各种要素,往往有不同的规定。例如,产品由于其物理和化学特性事关消费者的安全问题,因此,各国法律对产品的纯度、安全性能有详细甚至苛刻的规定,目的在于保护本国的生产者而非消费者。美国曾以安全为由,限制欧洲制造商在美国销售汽车,以致欧洲汽车制造商不得不专门修改其产品,以符合美国法律的要求;英国也曾以法国牛奶计量单位采用的是公制而非英制为借口,将法国牛奶逐出本国市场;而德国以噪音标准为由,将英国的割草机逐出德国市场。各国法律对商标、广告、标签等都有自己特别的规定。比如,加拿大的产品标签要求用英、法两种文字标明;法国产品标签却只使用法文。广告方面,许多国家禁止电视广告,或者对广告播放时间和广告内容进行限制。例如,德国不允许做比较性广告和使用"较好""最好"之类的广告词;许多国家不允许做烟草和酒类广告等。这些特殊的法律规定,是企业特别是进行国际营销的企业必须了解和遵守的。

从当前企业营销活动法制环境的情况来看,有两个明显的特点:

(1) 管制企业的立法增多,法律体系越来越完善。西方国家一贯强调以法治国,对企业营销活动的管理和控制也主要通过法律手段。在这方面的立法主要有三个内容或目的:一是保护企业间的公平竞争,制止不公平竞争;二是保护消费者正当权益,制止企业非法牟利及损害消费者利益的行为;三是保护社会的整体利益和长远利益,防止对环境的污染和生态的破坏。近几年来,我国在发展社会主义市场经济的同时,也加强了市场法制方面的建设,陆续制定、颁布和完善了一系列有关的重要法律法规,如公司法、广告法、商标法、经济合同法、反不正当竞争法、消费者权益保护法、产品质量法、外商投资企业法等。这对规范企业的营销活动起到了重要作用。

(2) 政府机构执法更严。有了法,还必须进行执法,这样法律才能起到应有的作用。各个国家都根据自己不同的情况,建立了相应的执法机关。例如,在美国,就有联邦贸易委员会、联邦药物委员会、环境保护局、消费者事务局等执法机构,日本有公正交易委员会,德国有联邦卡特尔局,瑞典有消费者行政长官处和市场法院,加拿大有市场保护委员会等。这些官方机构对企业的营销活动有很大的影响力,近年来执法更加积极、严格。我国的市场管理机构比较多,主要有工商行政管理局、技术监督局、物价局、药品监督管理局、环境保护局、卫生防疫部门等机构,分别从各个方面对企业的营销活动进行监督和控制,在保护合法经营、取缔非法经营、保护正当交易和公平竞争、维护消费者利益、促进市场有序运行和经济健康发展方面,发挥了重要作用。因此,企业必须知法守法,自觉用法律来规范自己的营销行为并自觉接受执法部门的管理和监督。同时,还要善于运用法律武器维护自己的合法权益。当其他经营者或竞争者侵犯自己正当权益的时候,要勇于用法律手段保护自己的利益。

3.3.5 自然环境

一个国家、一个地区的自然环境包括该地的自然资源、地形地貌和气候条件等,这些因素都会不同程度地影响现代企业的营销活动,有时这种影响对企业的生存和发展起决定性的作用。现代企业要减少由自然环境带来的威胁,最大限度利用环境变化可能带来的市场营销机会,就应不断地分析和认识自然环境变化的趋势,根据不同的环境情况来设计、生产和销售产品。

1. 物质自然环境

物质自然环境是指自然界提供给人类各种形式的物质财富,如矿产资源、森林资源、土地资源、水力资源等。这些资源分为三类:一是"无限"资源,如空气、水等;二是有限但可以更新的资源,如森林、粮食等;三是有限而不可再生资源,如石油、锡、煤、锌等矿物。自然资源是进行商品生产和实现经济繁荣的基础,和人类社会的经济活动息息相关。由于自然资源的分布具有地理的偶然性,分布很不均衡,因此,现代企业到某地投资或从事营销必须了解该地的自然资源情况。如果该地对本企业产品的需求大,但缺乏必要的生产资源,那么,企业就适宜向该地销售产品。但是,如果该地有丰富的生产资源,企业就可以在该地投资建厂,当地生产,当地销售。可见,一个地区的自然资源状况往往是吸引外地企业前来投资建厂的重要因素。

此外,自然环境对现代企业营销的影响还表现在两个方面:

(1) 自然资源短缺的影响。随着工业的发展,自然资源逐渐短缺。例如,我国资源从总体上看是丰富的,但从人均占有量来看又是短缺的。我国水资源名列世界第一,但人均占有量仅为世界人均占有量的1/4。土地超载且水土流失严重,耕地面积逐年减少。水土流失导致作物产量降低,化肥使用量增加,最终导致农产品产量减少和生产成本上升。资源紧张使得一些现代企业陷入困境,但又促使现代企业寻找替代品,降低原材料消耗。

(2)环境的污染与保护。环境污染已经成为举世瞩目的问题。占世界人口总数15%的工业发达国家,其工业废物的排放量占世界废物排放总量的70%。我国虽属于发展中国家,但工业"三废"(废渣、废水、废气)对环境也造成严重污染,其中煤烟型污染最为突出。为此,各个国家(包括我国)政府都采取了一系列措施,对环境污染问题进行控制。这样,一方面限制了某些行业的发展,另一方面也为企业提供了两种营销机会:一是为治理污染的技术和设备提供了一个大市场;二是为不破坏生态环境的新的生产技术和包装方法创造了营销机会。因此,企业经营者要了解政府对资源使用的限制和对污染治理的措施,力争做到既能减少环境污染,又能保证企业发展,提高经济效益。

2. 地理环境

一个国家或地区的地形地貌和气候特征,是现代企业开展市场营销活动所必须考虑的地理环境因素,这些地理特征对市场营销有一系列影响。例如,气候(温度、湿度等)与地形地貌(山地、丘陵等)特点,都会影响产品和设备的性能和使用。在沿海地区运转良好的设备到了内陆沙漠地区就有可能发生性能的急剧变化。有些国家地域辽阔,南北跨度大,各种地形地貌复杂,气候多变,企业必须根据各地的自然地理条件生产与之相适应的产品,才能适应市场的需要。例如,我国北方寒冷与南方炎热的气候,都会对产品提出不同的环境适应性要求。如果从经营成本上考虑,平原地区道路平坦,运输费用比较低,而山区丘陵地带道路崎岖,运费自然就高。可见,气候、地形地貌不仅直接影响企业的经营、运输、通讯、分销等活动,而且还会影响到一个地区的经济、文化和人口分布状况。因此,企业开展营销活动,必须考虑当地的气候与地形地貌,使其营销策略能适应当地的地理环境。

3.3.6 社会文化环境

社会文化是指一个社会的民族特征、价值观念、生活方式、风俗习惯、伦理道德、教育水平、语言文字、社会结构等的总和。它主要由两部分组成:一是全体社会成员所共有的基本核心文化;二是随时间变化和外界因素影响而容易改变的社会次文化或亚文化。人类在某种社会中生活,必然会形成某种特定的文化。不同国家、不同地区的人民,不同的社会与文化,代表着不同的生活模式,对同一产品可能持有不同的态度,直接或间接地影响产品的设计和包装、信息的传递方法、产品被接受的程度、分销和推广措施等。社会文化因素通过影响消费者的思想和行为来影响企业的市场营销活动。因此,企业在从事市场营销活动时,应重视对社会文化的调查研究,并作出适宜的营销决策。社会文化所包含的内容很多,下面仅就与现代企业营销关系较为密切的社会文化因素进行讨论。

1. 教育水平

教育水平是指消费者受教育的程度。一个国家、一个地区的教育水平与经济发展水平往往是一致的。不同的文化修养表现出不同的审美观,购买商品的选择原则和方式也不同。一般来讲,教育水平高的地区,消费者对商品的鉴别力强,容易接受广告宣传和接受新产品,购买的理性程度高。因此,教育水平高低影响着消费者心理、消费结构,影响着现代企业营销策略以及销售推广方式方法的差别的选择。例如,在文盲率高的地区,用文字形式做广告,难以收到好效果,而用电视、广播和现场示范表演形式,更容易为人们所接受。因此,在产品设计和制定产品策略时,应考虑当地的教育水平,使产品的复杂程度、技术性能与之相适应。另外,企业的分销机构和分销人员受教育的程度等,也对现代企业的市场营销产生一定的影响。

2. 语言文字

语言文字是人类交流的工具,是文化的核心组成部分之一。不同国家、不同民族往往都有自己独特的语言文字,即使同一国家,也可能有多种不同的语言文字,即使语言文字相同,表达和交流的方式也可能不同。语言文字的差异对现代企业的营销活动有很重大的影响,现代企业在开展市场营销尤其是国际市场营销时,应尽量了解市场国的文化背景,掌握其语言文字的差异,这样才能使营销活动顺利进行。

3. 价值观念

价值观念是人们对社会生活中各种事物的态度、评价和看法。不同的文化背景下,人们的价值观念差别很大,而消费者对商品的需求和购买行为深受其价值观念的影响。不同的价值观念在很大程度上决定着人们的生活方式,从而也决定着人们的消费行为。因此,对于不同的价值观念,企业营销人员应采取不同的策略。对于乐于变化、喜欢猎奇、富有冒险精神、较激进的消费者,应重点强调产品的新颖和奇特;而对一些注重传统、喜欢沿袭传统消费习惯的消费者,企业在制定促销策略时应把产品与目标市场的文化传统联系起来。例如,东方人将群体、团结放在首位,所以广告宣传往往突出人们对产品的共性认识,而西方人则注重个体和个人的创造精神,所以其产品包装显示出醒目或标新立异的特点。

4. 宗教信仰

不同的宗教信仰有不同的文化倾向和戒律,从而影响人们认识事物的方式、价值观念和行为准则,影响人们的消费行为,带来特殊的市场需求,与现代企业的营销活动有着密切的关系。如基督教的礼拜日即星期天,商店是不允许营业的;穆斯林教徒在整个斋月(伊斯兰历九月)的白天都要禁食;天主教徒在每星期五要大量买鱼,鱼和鱼制品销售商可抓住机会扩大销售,有计划地安排市场的供给;穆斯林禁止饮酒,但不包括各种饮料在内,所以软饮料销售商可以在伊斯兰国家获得广阔的市场;印度教徒是素食主义者,经营果品和蔬菜则会在印度获得很好的销路。这说明,了解和尊重消费者的宗教信仰,对现代企业营销活动具有重要意义。

5. 审美观

审美观通常是指人们对事物的好坏、美丑、善恶的评价。不同的国家、民族、宗教、阶层和个人,往往因社会背景不同,其审美标准也不尽一致。因此,不同的审美观对消费的影响是不同的,现代企业应了解不同的审美观所引起的不同消费需求,特别要把握不同文化背景下的消费者审美观念及其变化趋势,针对性地制定市场营销策略。

6. 风俗习惯

风俗习惯是人们根据自己的生活内容、生活方式和自然环境,在一定的社会物质生产条件下长期形成,并世代相袭而成的一种风尚和由于重复、练习而巩固下来并变成需要的行动方式等的总称。它在饮食、服饰、居住、信仰、节日、人际关系等方面,都表现出独特的心理特征、伦理道德、行为方式和生活习惯。不同的国家、不同的民族有不同的风俗习惯,它对消费者的消费嗜好、消费模式、消费行为等具有重要的影响。

例如,不同的国家、民族对图案、颜色、数字、动植物等都有不同的喜好和不同的使用习惯,像中东地区严禁带六角形的包装;英国忌用大象、山羊做商品装潢图案。

我国是一个多民族国家,各民族都有自己的风俗习惯。如蒙古族人喜欢穿蒙袍、住帐篷、饮奶茶、吃牛羊肉、喝烈性酒;朝鲜族人喜食狗肉、辣椒,穿色彩鲜艳的衣服,食物上偏重素食,群体感强,男子地位较突出。

现代企业营销者应了解和注意不同国家、民族的消费习惯和爱好,做到"入境随俗"。可以说,这是现代企业做好市场营销尤其是国际营销的重要条件,如果不重视各个国家、各个民族之间的文化和风俗习惯的差异,就可能造成难以挽回的损失。

本章小结

市场营销环境是存在于企业营销部门外部不可控制的因素和力量,是影响企业营销活动及其目标实现的外部条件。一般来说,市场营销环境主要包括两方面的构成要素,一是微观环境要素,即指与企业紧密相连,直接影响其营销能力的各种参与者,可称为直接营销环境;二是宏观环境主要以微观营销环境为媒介,间接影响和制约企业的市场营销活动,可称为间接营销环境。两者之间并非并列关系,而是主从关系,即直接营销环境受制于间接营销环境。

企业的宏观环境包括六种主要因素:人口环境、经济环境、自然环境、技术环境、政治法律环境和社会文化环境。企业的微观环境包括五种主要因素:企业本身、市场营销渠道企业、市场、竞争者、公众。

环境对企业营销活动的影响,可分为威胁环境与机会环境,前者指对企业营销活动不利的各项因素的总和,后者指对企业营销活动有利的各项因素的总和,企业需要通过环境分析来评估环境威胁与环境机会,避害趋利,从而有针对性地采取适当措施,消除或减轻威胁、利用市场机会,争取比竞争者利用同一市场机会获得较大的成效。

 思考题

1. 市场营销环境有哪些特点?分析市场营销环境的意义何在?
2. 微观营销环境由哪些方面构成?竞争者、消费者对企业营销活动发生有何影响?
3. 宏观营销环境包括哪些因素?各有何特点?

4. 消费者支出结构变化对企业营销活动有何影响？
5. 结合我国实际说明法律环境对整个营销活动的重要影响。

案例分析

奔跑的银行

智能手机时代，你随便打开一个人的手机，就能发现各种关于股市、理财、银行等的App。不得不承认，这些App大大方便了我们的生活，但手机App也有局限的地方——它们比实体服务少了点给人的安全感与信任感，这一点在银行业表现得格外突出。即便撇开安全感、信任感等心理因素不谈，金融交易中的很多业务项目，比如开户、贷款、领取现金等，还是要求客户亲临现场才能办理。

亲自到银行办理业务手续，对大多数身在市区、交通便利的客户而言，或许不是难题，但对于深处偏远郊区的客户而言，问题可能就有很多了。

几年前，由于受到全球金融海啸的影响，西班牙境内很多银行无法有效产生盈余，也无法负担旗下众多分行同时营运产生的开销。于是，为求生存，西班牙Bankia银行只能关闭多数偏远地区、规模较小且收益较少的分行。

这些地处偏远地区的分行关闭后，客户就只能跋山涉水到较大城镇寻找Bankia分行，或者直接转到其他距离较近的银行。Bankia银行面临着客户流失的挑战。

怎么解决这一问题呢？Bankia想到一个成本不大，但却能巧妙改善偏远地区客户体验的法子——他们将金融服务搬上巴士，并安排巡回路线，为偏远地区民众提供便利的服务。这些巴士主要从市区出发，每个月固定巡回行驶至周围的市郊乡镇数次。此外，"巴士银行"上都配备有存取款设备，以及供客户咨询的服务专员。换言之，在市区银行能做的，在这些"巴士银行"上都能够实现。这样就大幅减少了客户长途交通的困扰，而Bankia在遭遇大困境下，巧妙服务客户的方式，也成功塑造了其亲民、便民的形象。

事实上，在Bankia银行推出此项服务之前，美国波士顿市政府就曾采用过类似概念。因为对于住在市郊的市民来说，为了少部分需要个人亲自办理的业务，在面积约40平方英里的波士顿奔波，是一件相当耗时的事情。

为了方便这些地处偏远的市民，波士顿市政府推出了"会跑的市政厅"(City Hall To Go)，将服务用专车"运送"到偏远地区。为了维持与客户的联系，将设备、人员搬上汽车，这在都市化程度高以及便利商店密集的地区，基本上没什么发展空间，但这样的服务类似于以前穿街走巷的"货郎担"，即方便快捷又亲民，在某些特殊情况下采用，倒也不失为一种有效的品牌宣传手段。

资料来源：http://www.vmarketing.cn/index.php?mod=news&ac=content&id=6514。

案例思考题

尝试分析案例中市场营销环境的具体要素，谈谈该案例对你的启发。

第4章
消费者市场与消费者行为

学习目标

通过本章的学习,了解消费者市场的特点和消费者购买行为的模式,了解市场购买动机的类型及其具体表现;掌握市场购买行为的形成过程以及影响购买行为的因素;掌握市场购买习惯和购买类型、购买程序,明确消费者购买决策过程各阶段的特点,探讨相应的市场营销对策。

学习重点

消费者市场的概念及特点;影响消费者市场购买行为的因素;消费者市场的购买类型和购买决策过程等。

引导案例 宜家的社交时代

对很多人来说,逛宜家已经成为他们的一种休闲方式。

根据消费者定位,宜家目前将新浪微博、豆瓣网、开心网作为主要的社会化媒体传播平台,分别利用这三大平台在传播力、基于兴趣爱好的圈子文化、熟人间的口碑传播方面的特点展开营销。

宜家在豆瓣网举办"电影里的梦想空间"活动,网友只需上传电影、电视、MV等影视作品中自己喜欢的空间装饰风格的截图到活动相册,并添加描述,分享它出自哪里以及喜欢的理由,就有可能获取幸运礼物。宜家这一活动形式虽然简单,但却与豆瓣网的风格相当吻合,让网友发挥其对文艺作品熟知的特长,同时也与品牌理念吻合。短短一个月的时间内,豆瓣宜家小站访问量达5万多次,粉丝数增长到12000人之多,活动参与度非常高。

宜家家居新浪官方微博最初建立时,以发布内容为主,通过提供一些精彩的图片、视频等内容吸引粉丝关注;当粉丝积累到一定程度时,则倾向于提供话题,让他们围绕这些话题去展开讨论。宜家的社会化媒体营销更倾向于播种口碑,通过产品展示和话题引导加深消费者对品牌的认知,这也正是其社会化媒体营销策略。

"为大多数人创造更加美好的日常生活"是宜家的一贯目标。无论是线上还是线下活动,它都没有以高高在上的权威姿态告诉消费者该怎么做,而是站在消费者的角度,让他们告诉品牌自己的需求。因此,即使是全球化采购的品牌,宜家也非常注重品牌的本土化,积极地通过调研了解消费者的居家需求。

中国消费者与欧美国家消费者最大的不同是对于居家装饰的兴趣度。以瑞典为例,每家每户都会非常精心地布置自己的房间,并将自己的创意融入其中;而在中国,消费者热爱宜家,也有装修的意识,但还处于模仿阶段,没有发挥自己的创意,更倾向于一步到位装修好,之后很少去改变。

基于中国的本土化消费市场特点,宜家展开"中国一、二线城市居民家居生活存储与收纳行为习惯调查"。在这一活动中,宜家将线下调研与线上互动相结合,通过收集城市居民对于日常家居生活存储与收纳的态度、习惯及遇到的困扰,同时根据消费者的收纳性格将其分为"粗放型""随性型""吹毛求疵型"等几类,进而提供针对性的解决方案。此次活动中,网友在社会化媒体平台上提出的对于家居的美好愿望和建议,都会被宜家采纳到样板间的设计中。这种人性化的沟通方式,很容易引起消费者共鸣,而品牌与消费者之间的信任感也正是这样一步步建立起来的。

提到与消费者建立信任感,宜家的体验式营销自然不得不说。在宜家商场里,我们经常会看到顾客躺在床上、坐到沙发上、走到地毯上,或者拉开抽屉、打开柜门的情景。正因如此,有人说"宜家卖的是一种体验"。

资料来源:刘晓云:《宜家的社交时代》,载《成功营销》2011年第11期。

4.1 消费者市场的概念及特征

4.1.1 消费者市场的基本概念

消费者市场(consumer market)是指消费者个人或家庭为满足生活需要而购买货物和服务所形成的消费需求和消费者群体。消费品是人类赖以生存和发展的物质资料,人们日常生活中每天都离不开消费品。为满足人们的生活需要,企业就要不断生产、提供适合消费者需求的各种产品。随着市场经济的发展,消费者的需求有了不断的变化和提高。人们对消费品的需要已不仅仅满足于生存的需要,而是提出了舒适、便利、享受的要求。现代市场营销的口号是"消费者至上""消费者是上帝"。因此,一切企业,无论是生产企业还是商业、服务企业,也无论是否直接为消费者服务,都必须研究消费者市场,全面、动态地了解消费者的需求,掌握消费品市场的特征及发展趋势。因为只有消费者市场才是商品的最终归宿,即最终市场。其他市场,如生产者市场、中间商市场等,虽然购买数量很大,常常超过消费者市场,但其最终服务对象还是消费者市场,仍然要以最终消费者的需要和偏好为转移。因此,即使从来不与消费者直接交易的企业,如制造厂商、批发商等,也必须研究消费者市场。在这个意义上,可以说消费者市场是一切市场的基础,是最终起决定作用的市场。

因此,营销者只有深入研究消费者市场需求的特点和消费者行为模式,才能很好地满足消费者需要,从而在激烈的市场竞争中立于不败之地。

4.1.2 消费者市场的特点

消费者需求由于受多种主观和客观因素的影响而呈现出多样性。但从总体上看,各种需求之间又呈现某些共性、某些一般特性即消费者市场需求的特点。这些特点主要表现在如下几个方面:

1. 市场广阔,购买人数多而分散,市场潜力大

世界上所有人,从初生的婴儿到暮年的老人,为了维持生存,都要消费各种产品,无论他是否直接参与购买,都是消费者市场的成员。因此,消费需求无处不在,无时不有,只要有人群的地方,就存在消费需求,存在消费者市场。随着居民收入水平的提高,消费者市场中潜在需求很大,即市场潜力大。

2. 需求的无限扩展性

人类的需求是永无止境的,永远不会停留在某一水准上,随着社会经济技术的进步和消费者收入的增长,消费需求也将不断扩展。例如,过去在我国市场未曾见过的高档产品,现在已开始进入消费者家庭。消费者的一种需求得到满足了,又会产生新的需求,这是一个永无止境的发展过程。因此,营销人员要不断开发新产品、开拓新市场。

3. 需求的多层次性

消费者需求是在一定的购买能力和其他条件下形成的,尽管人们的需求无穷无尽,但不可能同时得到满足,每个人总要按照自己的支付能力和客观条件的许可,依据需求的轻重缓急,有序地实现,这就形成了需求的多层次性。在同一时间、同一市场上,不同消费者群体由于社会地位、收入水平和文化教养等方面的差异,必然表现为多层次的需求,绝不会千篇一律。因此,营销人员要慎重选择目标市场,并准确地为自己的产品定位。

4. 需求的复杂多变性

由于各种因素的影响,消费者对产品的需求不但是复杂多样、千差万别的,而且是经常变化的。因此,营销人员必须注意研究消费者市场需求,并预测其变化趋势,从而提高企业的应变能力和竞争能力。

5. 需求的可诱导性强

消费者需求有些是本能的、生而有之的,但大部分是在外界的刺激诱导下产生的,宏观环境的变动,企业营销活动的影响,社会交往、人际沟通的启发,以及政府的政策导向等,都可使消费者需求发生变化和转移;潜在需求可变为现实需求,微弱的欲望可形成强烈的购买欲望;有害的不良需求和嗜好可得到控制。事实上,消费者多属非专家。他们在购买时往往会凭个人的感情和印象,因此,他们的购买决定容易受广告宣传、商品的包装和装潢、推销方式、服务质量影响。可见,消费者需求是可诱导和可调节的。因此,消费品的推销更应注意研究和运用各种促销策略和手段,改进包装装潢,提高服

务质量,以引起消费者的购买欲望。营销人员不仅要适应和满足需求,而且要通过各种促销手段正确地影响和引导消费。

总之,研究消费者市场需求的这些特点,对一切市场营销管理者都是十分必要和有益的,只有了解它、适应它,才能得到生存和发展。因此,现代企业的营销策划必须以市场为出发点,首先考虑消费者市场的结构和消费者行为的特点,而不是首先考虑产品本身。针对消费者市场的特点,现代企业在市场营销中要注意以下几方面:

第一,深入市场,认真调查研究,把握消费者市场需求。消费者市场需求复杂,人多面广,任何一个现代企业都不可能完全满足全部消费者群的需求,只能选择一个或几个消费者群作为自己营销的目标市场。要正确无误地选择消费者群,营销者必须深入市场,熟悉消费者行为,研究营销宏观环境与企业内部环境。在目标市场选择的基础上,现代企业还应更深入地研究、把握目标市场需求的特征。

第二,搞好新产品开发与老产品改造。现代企业应进行全面质量管理,以优质的产品和服务取得消费者信赖,促使消费者再次购买本企业的产品。现代企业应进行新产品开发,满足消费者求新、求变、求美的要求。

第三,搞好销售促进,调动消费者的购买欲望。消费者的购买欲望往往是基于非理智动机,现代企业应利用广告、公关、营业推广、人员推销手段,声势浩大地宣传本企业产品,强烈地刺激消费者的购买欲望与购买动机,从而促进本企业产品销售。

第四,发挥中间商的作用,广泛分销。消费者市场中,购买者多,购买呈重复性、小型化、多样化,因此,生产厂家自己去广设网点,往往力不从心,只有调动中间商的积极性,商品才能被广泛分销。分销网点设置应以方便消费者购买为原则。

第五,科学合理确定价格。消费者市场需求的价格弹性大于组织市场需求价格弹性,消费者对价格较敏感。现代企业应实现目标顾客定价,把握目标顾客的购买力,确定产品价格。

第六,重视产品的包装、商标。产品的包装、商标是整体产品的重要组成部分,好的包装、商标能刺激销售。现代企业应注意包装及商品新颖性、有美感。

4.2 消费者购买行为模式

4.2.1 消费者购买行为

市场营销学研究消费者市场,核心是研究消费者的购买行为。消费者购买行为是指消费者为满足需要,在一定购买动机驱使下,由购买主体通过支出货币而取得商品或服务的一种活动,即消费者购买商品的活动和与这种活动有关的各种决策过程。

任何一次购买行为都具有6个基本因素,即购买主体(who)、购买对象(what)、购买原因(why)、购买地点(where)、购买时间(when)和购买方式(how)等内容,也就是通常所说的"5W1H"。具体内容如下:

(1) 购买主体(who),即谁是购买者。他是执行购买决策、从事购买的人,也即支出货币换取商品的人。依消费者的年龄、性别、职业、收入可划分为不同的类型。

(2) 购买对象(what),即购买什么。也就是购买者选择哪种规格、式样、包装、价格、商标等的商品,这些商品往往是他喜欢且经常重复购买的商品。

(3) 购买原因(why),即为什么要购买。也就是购买者的主导动机或真正动机的反映。或是消费者的兴趣爱好、生活必需;或是收入增加、商品调价;或是出于新奇;或是馈赠亲友的需要等。消费者动机多种多样,不一而足。

(4) 购买地点(where),即到哪里去购买。也就是消费者喜欢的可信赖的且是经常光顾的商店。也许是专业商店,抑或是百货商店、杂货店;可以去市中心,也可去附近街边的摊点。它与所购商品的性质、消费者居住区、商店的名声、经营商品的品种数、商店橱窗陈列布置、销售方式(自选还是店员服务等)和营业员服务态度及交通便利情况等都有关系。

(5) 购买时间(when),即什么时间购买。也就是为了购买东西是选择早上、中午还是晚上;一周的平日还是周末、假日;一年的春季还是秋季,夏季还是冬季。它与消费者的工作性质和生活习惯有关,还受到商店的季节性、时令性影响。通常是节假日的购买量、购买次数多些。

(6) 购买方式(how),即如何购买,也就是消费者购买商品时的货币支付方式,分为邮购、函购、自己买、托人买、付现金、延期付款、分期付款等。

4.2.2 消费者行为模式

经济学家对消费者购买行为进行分析时,往往把消费者看成是"经济人",把他们的购买行为看作是完全理性的购买,根据充分的市场情报,购买自己最有价值的商品,并追求"最大效用"。但随着市场经济的发展,消费者收入的大幅增加,市场上商品和服务日益繁多,消费者选择余地越来越大,此时,仅仅用经济因素已经很难解释消费者需求选择的多样化了。

事实上,人的行为是受心理活动支配的,消费者的消费行为自然受到消费者心理活动的支配。那么,心理活动是如何起作用的呢?为了研究消费者购买行为,专家们建立了一个"刺激—反应"(S—R)模式来说明外界营销环境刺激与消费者反应之间的关系,见图4-1:

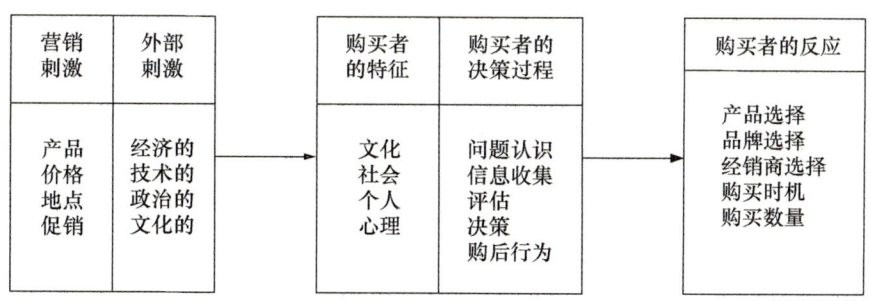

图4-1 消费者购买行为模式

消费者购买行为的发生首先发端于外界的刺激,这种刺激包括两种类型:一类是企业所能控制的各种因素,即"4P's":产品、价格、分销、促销;另一类是企业不能控制的各种宏观环境因素如经济、技术、政治、文化等对消费者的刺激。这些不同类型的刺激进入消费者的意识后,基于不同购买者的不同个人特征,在思想意识领域进行了受这些个人特征影响的复杂的决策过程。外界刺激进入购买者意识最后产生的反应就是购买者作出的购买决策和发生的相应的购买行为。

可见,营销者要了解顾客、懂得其购买行为,关键就是去揭示当外界刺激进入购买者意识后到购买者作出购买决策之间,在购买者意识中究竟发生了什么事情。

4.2.3 购买行为的类型

在购买活动中,可以说没有在任何两个消费者之间的购买行为是不存在某些差异的。研究消费者的购买行为,不可能逐个分析,只能大致进行归类研究。

1. 按消费者购买目标的选定程度区分

(1) 全确定型。此类消费者在进入商店前,已有明确的购买目标,包括产品的名称、商标、规格、样式、颜色,以至价格的幅度都有明确的要求。他们进入商店后,可以毫不迟疑地买下产品。

(2) 半确定型。此类消费者进入商店前,已有大致的购买目标,但具体要求还不甚明确。这类消费者进入商店后,一般不能向营业员明确清晰地提出对所需产品的各项要求,实现其购买目的,需要经过较长时间的比较和评定。

(3) 不确定型。此类消费者在进商店前没有明确的或坚定的购买目标,进入商店一般是漫无目的地看产品,或随便了解一些产品销售情况,碰到感兴趣的产品也会购买。

2. 按消费者购买态度与要求区分

(1) 习惯型。消费者对某种产品的态度,常取决于对产品的信念。信念可以建立在知识的基础上,也可以建立在见解或信任的基础上。属于此类型的消费者,往往根据过去的购买经验和使用习惯采取购买行为,或长期惠顾某商店,或长期使用某个厂牌、商标的产品。

(2) 慎重型。此类型消费者购买行为以理智为主、感情为辅。他们喜欢收集产品的有关信息,了解市场行情,在经过周密的分析和思考后,做到对产品特性心中有数。在购买过程中,他们的主观性较强,不愿意别人介入,受广告宣传及售货员的介绍影响甚少,往往要经过对产品细致的检查、比较,反复衡量各种利弊因素,才作购买决定。

(3) 价格型(即经济型)。此类消费者选购产品多从经济角度考虑,对产品的价格非常敏感。例如,有的从价格的昂贵确认产品为质优,从而选购高价产品;有的从价格的低廉评定产品的便宜,而选购廉价品。

(4) 冲动型。此类消费者的心理反应敏捷,易受产品外部质量和广告宣传的影响,以直观感觉为主,新产品、时尚产品对其吸引力较大,一般能快速作出购买决定。

(5) 感情型。此类消费者兴奋性较强,情感体验深刻,想象力和联想力丰富,审美感觉也比较灵敏,因而在购买行为上容易受感情的影响,也容易受销售宣传的引诱,往往以产品的品质是否符合其感情的需要来确定购买决策。

（6）疑虑型。此类型消费者具有内向性,善于观察细小事物,行动谨慎、迟缓,体验深而疑心大。他们选购产品从不冒失仓促地作出决定,在听取营业员介绍和检查产品时,也往往小心谨慎和疑虑重重;他们挑选产品时动作缓慢,费时较多,还可能因犹豫不决而中断;购买产品需"三思而后行",购买后仍放心不下。

（7）不定型。此类消费者多属于新购买者,这种人由于缺乏经验,购买心理不稳定,往往是随意购买或奉命购买产品。他们在选购产品时大多没有主见,一般都渴望得到营业员的帮助,乐于听取营业员的介绍,并很少亲自再去检验和查证产品的质量。

3. 按消费者在购买现场的情感反应区分

（1）沉稳型。此类消费者由于神经过程平静而灵活性低,反应比较缓慢而沉着,一般不为无所谓的动因而分心。因此,在购买活动中往往沉默寡言,情感不外露,举动不明显,购买态度持重,不愿与营业员谈些离开产品内容的话题。

（2）温顺型。这种人由于神经过程比较薄弱,在生理上不能忍受或大或小的神经紧张,选购产品时往往尊重营业员的介绍和意见,作出购买决定较快,并对营业员的服务比较放心,很少亲自重复检查产品的质量。这类消费者对购买产品本身并不过于考虑,而更注重营业员的服务态度与服务质量。

（3）健谈型。这种人神经过程平衡而灵活性高,能很快适应新的环境,但情感易变,兴趣广泛。在购买产品时,能很快与人们接近,愿意与营业员和其他顾客交换意见,并富有幽默感,喜爱开玩笑,有时甚至谈得忘掉选购产品。

（4）反抗型。此类消费者具有高度的情绪敏感性,对外界环境的细小变化都能有所警觉,显得性情怪僻、多愁善感。在选购中,往往不能接受别人的意见和推荐,对营业员的介绍异常警觉,抱有不信任的态度。

（5）激动型。这种人由于具有强烈的兴奋过程和较弱的抑制过程,因而情绪易于激动,暴躁而有力,在言谈和举止、表情中都有狂热的表现。此类消费者选购产品时表现出不可遏止的劲头,在言语表情上显得傲气十足,甚至用命令口气提出要求,对产品品质和营业员的服务要求极高,稍不如意就可能发脾气。这类消费者虽然为数不多,但营业员要用更多的注意力和精力接待好这类顾客。

4. 按购买者在购买时介入的程度和产品厂牌差异的程度区分

表 4-1　购买行为的四种类型

	高度介入	低度介入
厂牌之间差异极大	复杂的购买行为	要求多样性的购买行为
厂牌之间差异极小	减少失调感的购买行为	习惯性的购买行为

（1）复杂的购买行为。如果消费者属于高度购买介入者,并且了解现有各厂牌之间存在显著的差异,则消费者会产生复杂的购买行为。如果购买属于昂贵的、不常购买的、冒风险的和高度自我表现的,则消费者属高度介入购买。通常这种情况发生在消费者对此类产品知道不多且要了解的地方又很多时。

在上述情况下,这个购买者将经过认知性的学习过程,其特征是首先逐步建立他对此产品的信念,然后转变成态度,最后作出谨慎的购买决定。营销者必须了解高度介入的消费者的信息收集与评估的行为。营销者必须制订各种策略以帮助购买者掌握该类产品的属性、各属性的相对重要性以及其厂牌具有的较重要的属性等。同时,营销者必须使得其厂牌特征与众不同,运用主要的印刷媒体和详细的广告文稿来描述其厂牌的好处,并发动其商店的售货员和购买者的朋友来影响购买者关于厂牌的最终决定。

(2) 减少失调感的购买行为。有时消费者高度介入某项购买,但他看不出各厂牌有何差异,这种高度介入的原因在于该项购买是昂贵的、不经常的和冒风险的这样一个事实。在这种情况下,购买者将四处察看以了解何处可以买到该商品,但由于厂牌差异不明显,故其购买将极为迅速。购买者可能主要因便宜的价格或某时、某地方便而决定购买。但在购买之后,消费者可能会感到购买后的失调,这时该消费者将着手了解更多的东西,并力图证明其原决定是有道理的,以降低失调感。在这种情况下,营销通报的主要作用在于,提供能有助于购买者在购买后对其选择感到心安理得的信念与评价。

(3) 习惯性的购买行为。许多产品是在消费者低度介入和厂牌没有什么差异的情况下被购买的。例如,盐的购买就很能说明该问题,消费者很少介入这类产品,他们走进商店随手拿起一种厂牌就买下了。如果他们一直在寻找某一厂牌,比如说"太湖"牌,这是出于习惯,并没有强烈的厂牌忠诚感。实例证明,消费者对大多数价低且经常购买的产品介入度低。

此情形下的消费者行为并不经过信念—态度—行为正常顺序。消费者并未深入地寻找与该厂牌有关的信息,并评估其特性以及对应该买哪一种厂牌作最后的决定,反而只是被动地接受电视或印刷广告所传递的信息。结果,广告的重复只造成他们对厂牌的熟悉而非被厂牌所说服。对于低度介入且厂牌差异极小的产品而言,营销者发现利用价格与销售促进作为产品试用的诱因是一种很有效的方法。因为购买者并未对任何厂牌有高度的承诺。在为低度介入产品做广告时,我们必须注意许多问题。如广告词只能强调少数几个重要的论点,视觉符号与形象也很重要,因为他们很容易被记住并易与厂牌联系起来。广告的信息应简短有力且不断重复。电视比其他媒体有效,因为它是低度介入的媒体,容易引起他人模仿。广告规划应以古典控制理论为根据,这种理论认为,通过不断重复代表某产品的符号,购买者就能从众多的同类产品中认出该产品。

市场营销者也可尝试将低度介入产品转换成某种较高度介入的产品,如将某些相关论点与产品联系起来,或者通过能引出与个人价值观或自我防卫相关的强烈情绪的广告来吸引消费者,或者可在一种不重要的产品中加入一个重要的特性,例如在一种清淡、好喝的饮料中加入维他命成分。然而,必须指出的是,这些策略最多只能将消费者的介入从低度提高到中度的水平而已,它们无法推动消费者达到复杂的购买行为。

(4) 寻求多样性的购买行为。有些购买情境的特征是低度消费者介入但有着显著的厂牌差异,此时可看到消费者经常转换厂牌。例如购买饼干,消费者有一些信念,不过没有作太多评估便选择了某种厂牌的饼干,然后在消费时才加以评估。但消费者可能在下一次购买时会因为厌倦原有口味或想试试新口味而寻找其他厂牌。换厂牌是因为图多样性而不是有什么不满意之处。

这类产品的市场领导者的营销策略和其他二三流厂牌的营销策略是不同的。市场领导者企图通过占有货架、避免脱销和提供能提醒消费者购买的广告来鼓励习惯的购买行为。反之,欲挑战的企业则以提供较低的价格、折扣、赠券、免费赠送样品和强调试用新东西的广告来鼓励消费者寻求不同种类的产品。

5. 美国市场营销学家赫华德(Howard)和西斯(Sheth)把消费者的购买行为视同解决问题的活动,认为可分为三种类型:

(1) 常规反应行为(routinized response behavior)。这是最简单的购买行为,一般指价值低、次数频的商品的购买行为。购买者已熟知商品特性和各种主要品牌,并在各品牌中有明显的偏好,因此购买决策很简单,如每天买一包香烟,等等。但由于缺货、商店的优惠条件,或受喜新尝鲜心理的影响,有时也会更换品牌。但一般说来,这类购买行为如同日常的例行活动,不需花费太多的时间和精力。营销者在此种情况下的对策是,质量和价格尽量保持稳定,以便保住现有顾客,同时宣传自己的品牌较其他品牌优越的方面,尽量吸引其他品牌的顾客。

(2) 有限解决问题(limited problem solving)。消费者熟悉某一类商品,但不熟悉所有的品牌,要想买一个不熟悉的品牌时,购买行为就较为复杂。对此,营销者应通过各种促销手段,加强信息传递,增强消费者对新品牌的认识和信心。

(3) 广泛解决问题(extensive problem solving)。消费者面对一种从来不了解、不熟悉的商品,购买行为较为复杂。例如,第一次购买微波炉的消费者,对品牌、型号、性能等一无所知,这就需要广泛解决有关该商品的一切问题。营销者必须了解潜在购买者如何搜集信息和评估产品,想方设法介绍产品的各种属性,使消费者对产品增加了解,便于作出购买决策。

消费者购买行为没有固定不变的模式,随着社会经济的发展,人们的消费习惯和购买行为也必然随之变化。近30年来,在一些经济发达国家,消费者购买习惯已有显著变化,这主要有以下三种趋势:

第一,冲动式购买大量增加。冲动式购买即事先没有计划的、在现场临时决定的购买。在个人"可随意支配收入"增加的条件下,由于商品包装和广告的吸引,售货人员的良好服务,以及自选售货等因素的作用,消费者往往在售货现场临时决定购买,这对企业扩大销售是很有意义的。

第二,对便利的要求更高。现代消费者由于收入增加和生活节奏加快,对便利的要求愈来愈高。这就要求产品的形式多样,数量充足,规格品种齐全,售货时间、地点、方式便利以及产品本身的自动化、小型化、组合化等。

第三,闲暇时间的更充分利用。由于工时缩短和休假增多,人们有愈来愈多的闲暇,因此这方面有大量未满足的需求,潜在市场容量很大。

4.3 影响消费者购买行为的主要因素

消费者行为取决于他们的需要和欲望,而人们的需要和欲望以至消费习惯和行为,是在许多因素的影响下形成的。这些因素主要有:文化的、社会的、个人的、心理的因素四大类。这四类因素属于不同的层次,对消费者行为的影响程度是不同的,影响最深远的是一个民族的传统文化,它影响到社会的各个阶层和家庭,进而影响到每个人的心理及行为。影响消费者行为最直接的、决定性的因素,是个人及其心理特征。下面分别阐述这四类因素的具体内容及其与购买者的关系。

4.3.1 文化因素

1. 文化和亚文化

文化是根植在一定的物质、社会、历史传统基础上的特定价值观念、信仰、思维方式、宗教、习俗的综合体。文化因素对消费者的行为有着最广泛而深远的影响,人们的价值观念、风俗习惯、伦理道德和思维方式等,都受传统文化的制约。但传统文化也不是凝固不变的,在各种复杂因素的影响下也会发生变化,但需经过漫长的时间,任何力量想在短期内强行改变几乎是不可能的。在当代发达国家和地区主要有如下变化趋势:

(1) 由于收入的增加和工时的缩短,人们的闲暇增多。于是,消费者需要更多的旅游、观光及各种活动。同时,人们为了得到更多的闲暇时间,需要节省时间的产品和服务,如微波炉、自动洗碗机、快餐店等。

(2) 文化教育水平的提高,必然向传统观念提出挑战。近年来,在西方国家中,宗教和家庭对青年一代的影响日益下降。现在,我国青年一代也有很大变化,愈是教育层次高的,思想愈开放,向某些传统观念的挑战愈强烈,这种倾向必然对消费行为发生影响。

(3) 由于生活水平的提高,人们对健康和仪表更加关注。现在,人们主张少吃多餐,吃自然食物,增加运动,保持健美。

(4) 人们希望生活宽松些,喜欢轻松的生活方式。

(5) 由于交通和通信的发达,相对缩短了地理上的距离,促进了各地区、各民族间的文化交流,从而也势必对传统文化结构产生深远的影响。

以上这些变化目前在我国也已开始显现。

每一种文化中,往往存在许多在一定范围内具有文化同一性的群体,称为亚文化群。这主要有四种:

(1) 民族亚文化群体。如美国有爱尔兰人、犹太人、波兰人、波多黎各人等多种民族,我国除汉族外还有众多的少数民族,他们各自有不同的民族习惯、生活方式和文化传统。

(2) 宗教亚文化群体。一个国家往往同时存在不同宗教信仰的人群,如天主教徒、基督教徒、伊斯兰教徒和佛教徒等,各有其宗教的尊崇和禁忌,形成一定的宗教文化。

(3) 种族亚文化群体。如白种人、黄种人、黑种人等,各有不同的文化传统和生活方式。

(4) 地理区域亚文化群体。例如，美国的南部各州、加州与新英格兰州等地区，均各有不同的生活习惯和口味。我国地广人多，各地区素有不同的习俗与爱好，如在菜肴风味方面，就有四大菜系(川、鲁、粤、苏)，各有特色。

以上这些文化和亚文化因素，都对消费者行为有直接或间接的影响。因为人的行为大部分是后天学习而来的，不像低级动物完全受本能支配，人们从小在一定的文化环境中成长，自然形成了一定的观念和习惯。因此，营销者在选择目标市场和制定营销方案时，必须了解各种不同的文化对于他的产品处于什么样的发展与兴趣阶段。

2. 社会阶层

社会阶层，是由具有相似的社会经济地位、利益、价值观倾向和兴趣的人组成的群体或集团。西方学者划分社会阶层，主要是根据职业、收入、教育和价值倾向等因素。不同阶层的人具有不同的价值观念、生活习惯和消费行为，他们对一些商品、品牌、商店、闲暇活动、大众宣传媒介等都有各自的偏好。

这当然主要是由经济地位的不同所决定的，但有时即使收入水平相同，不同阶层人们的生活方式和消费行为，也仍然有明显差别。在服装、住宅、家具和汽车等能显示地位与身份的产品的购买上，不同阶层消费者的消费差别十分明显。在我国，上层消费者多拥有别墅，住宅区环境优雅，室内装修豪华，家具和服装讲究名牌，档次和品位也很高，拥有高档豪华轿车或者跑车；中层消费者住宅条件也不错，但他们中的一部分人对内部装修不是特别讲究，服装、家具不少但高档的不多，一般拥有家庭轿车；下层消费者的住宅环境较差，在服装与家具上投资较少，买不起家庭轿车。又如，20世纪80年代美国出现一个"雅皮士"阶层，他们收入较高，追求高档消费品及生活享受。一些著名企业的营销人员根据这个目标市场，树立名牌、高档的品牌形象，并运用适当的促销手段，取得了在这个市场的成功。

因此，营销人员可针对不同的社会阶层细分市场，采取针对性的营销策略。

例如，美国社会学家一般把社会划分为七个阶层：

(1) 上上阶层，占美国总人口不到1%，出身豪门望族，靠继承祖上的遗产过着极其奢侈的生活，挥金如土，购物只求满意，最好"唯我独有"，不问贵贱。这个阶层人数虽然很少，但他们的生活方式和消费行为往往被其他阶层的人们竞相效仿。

(2) 上中阶层，约占总人口的12%，是一些虽无显赫家族，也无巨额财产的经理、医师、学者等专业技术人员，但他们有较高的文化素养和专业知识，重视教育，需要文化生活。

(3) 上下阶层，占总人口约2%，主要是一些具有专业知识或经商才干的高薪人士，多数是由中间阶层升上来的。他们喜欢购买能显示自己身份和地位的商品。其中有些暴发户往往故意摆阔，炫耀自己的身份，购物追求新奇、名牌。

(4) 中间阶层，占总人口的31%，是由具有平均薪金的"白领"阶层(职员、小企业主等)和"蓝领贵族"(工头、领班等)所组成。他们是一些从事正当职业的工作者，对子女教育特别关心，在挑选商品上通常趋于保守，讲求实惠，是一般中档商品和少数高档商品的购买者。

（5）劳动阶层，占总人口的38%，主要是具有平均工资的"蓝领"工人，是中低档商品的主要购买者，度假多留在城镇里或近途郊游，这个阶层性别分工鲜明。

（6）下上阶层，占总人口的9%，是较贫困的"蓝领"工人，他们文化水平不高，收入有限，是低档商品的主要市场。由于工作不太稳定并且很少有晋升的机会，所以他们追求的是短期目标，对新潮商品不感兴趣。

（7）下下阶层，占总人口的7%，是社会底层，主要是非熟练工人，教育水平很低，收入很少，失业率很高，生活贫困，购买力很低。

我国社会虽然没有等级之分，然而由于工作职业等各方面条件的不同，阶层的差异是存在的，不同社会阶层和消费群体的购买行为和消费方式也是存在很大差异的。国家统计局在对全国主要城市进行调查后，根据人们的工作、生活、收入、心理等基本概况、产品和品牌的消费习惯、媒体接触以及生活形态、消费观念等因素进行分析后认为，我国城市居民可分为以下八大消费群体：

第一消费群取向现实，心态稳定，注重家庭生活，爱看新闻、综艺节目，爱读生活、健康方面的书刊，他们推崇社会经验，关注社会变迁，注重别人对自己的观感，购物很少"冲动"，对太创新的商品缺乏热情，而日常消费的主要是价格适中的产品。

第二消费群取向前卫、进取，他们大都从事"劳心"工作，由于收入较高，有能力讲求生活享受和消费品位，购物不在乎价钱而注重质量和格调，他们追随流行、奔波忙碌，频繁光顾餐馆，重视朋友和社交。

第三消费群主要由高收入阶层组成。他们追求高品质消费方式，着重能突显财富地位的商品，他们大多经常去餐馆就餐。相对而言，他们的家庭观念较为薄弱，对金钱的评判常是幸福的代名词，这部分居民购买数量不大，但购买力却很强。

第四消费群主要由低收入阶层组成，由于消费能力不强，他们对商品的要求常常是"量"而不是"质"。他们习惯于保守稳定的生活，秉持传统的家庭观念。

第五消费群主要由知识阶层组成。他们喜欢阅读，注重精神享受，休闲活动较为克制，日常生活追求节俭，金钱大多花在文化消费上。这些人思想开放但不偏激，持批判态度但比较宽容。

第六消费群主要由管理层人士、专业人员组成。由于有一定的社会地位，加之收入相对较高，故对现实生活的评价趋向肯定。这个群体对自己的成就寄予很大的期望，重视金钱，愿意接受挑战。

第七消费群主要由传统文化观念较为薄弱的人群组成。他们喜欢运动、炒股，爱看体育节目和外国电影，经常出入餐馆、酒吧，喜爱阅读，不大信任广告，与朋友在一起，很能放纵自己并享受乐趣。

第八消费群主要由中年女性组成。他们负责食品和家庭日用品的购买，承担着主要的家庭事务，奔波忙碌，很少参加运动和休闲活动，买东西惯于货比三家，对电视广告较为信任。

值得营销人员重视的是，划分社会阶层的目的在于区别不同社会阶层的消费需求和购买行为的特点,以便结合企业的能力合理选择目标市场和制定适当的营销组合。不同社会阶层和消费群体的人,对产品和品牌有不同的需求和偏好。因此,一个营销者只能集中力量为某些阶层服务,而不可能同时满足所有各阶层的需求。不同阶层还决定了不同的零售方式以及广告媒体的选择,因为不同阶层的人们在阅读报纸杂志和看电视节目等方面也有很大区别。

不同社会阶层的消费者行为上的差别,不仅由于他们购买能力的不同,而且还由于消费心理上的差异。例如,一个货车司机家庭和一个普通律师家庭,假定他们的年收入相仿,但生活方式和消费行为可能有很大不同。前者在本阶层内可能是较富裕户,并且邻居也多是蓝领工人;而后者由于要购买一些显示身份地位的物品,有各种必要的文化和社交开支,"可随意支配的收入"可能比司机家庭更少,在本阶层内是较困难户。

4.3.2 社会因素

1. 相关群体

群体是指通过一定的社会关系结合起来进行共同活动而产生相互作用的集体。群体规模可以比较大,如几十人组成的班集体;也可以比较小,如经常一起打网球的朋友。群体一般有较经常的接触和互动,从而成为影响消费者购买行为的关键因素,如在生活方式变化的趋势中,在对新潮流的接触和对新产品的使用及采纳等方面,群体影响无所不在。参照群体(reference groups)也称为参考群体、相关群体,是指对一个人的看法、态度和行为起着参考、影响作用的个人或团体。相关群体可以是个人,比如运动员、政要、影视明星,或者也可以由相似的个体组合而成,如运动队、政党、音乐组合。相关群体可分为:成员群体(隶属群体)和非成员群体,直接参照群体和间接参照群体,正面影响群体和负面影响群体。还可细分为:

(1) 主要群体——也称亲近群体,包括家庭成员、亲朋好友、邻居、同事、同学等,虽不是正式组织,但个人交往密切,对个人的影响大、经常、直接。

(2) 次要群体——指个人参加的正式组织,如各种社会团体,对个人的影响小、不经常、间接。

(3) 向往群体——也称渴望、崇拜、仰慕、榜样群体,指各类明星、名人、公众人物,虽同个人无正式交往,但对个人的影响大,是"追星族""偶像迷"(fans)的"意见领袖"、模仿对象,是消费潮流的导向者。

(4) 背离群体——也称厌恶、否定、斥拒、避免群体,指一些同个人无正式交往或者有正式交往,但被人讨厌、反对、拒绝,行为与之保持距离甚至反其道而行之的群体。

(5) 虚拟群体——指在互联网上结识的网友,对个人的影响大。

参照群体对消费者起着示范、比较、诱导、规范,促使人们的购买行为趋于某种"一致化"的作用,从而影响消费者对某些产品和品牌的选择。参照群体对消费者购买行为的影响强度取决于多方面因素:对生活必需品的影响较小,对非必需品的影响较大;对处于导入期、成长期的产品影响大,对处于成熟期的产品在品牌选择上影响大,对处于衰退期的产品影响较小;对与群体功能的实现关系密切的产品影响大;对遵守群体规范的消费者影响大;对在购买中自信程度低的消费者影响大。营销者应注意向参照群体传递信息,充分利用他们对消费者施加影响,扩大产品销售。

相关群体对消费者的影响,通常表现为三种形式,即行为规范上的影响、信息方面的影响、价值表现上的影响。

(1) 规范性影响。当个体为迎合某一特定群体的期望而改变自己的行为或信仰时,群体的规范是影响因素。规范是指在一定社会背景下,群体对其所属成员行为合适性的期待,它是群体为其成员确定的行为标准。无论何时,只要有群体存在,毋需经过任何语言沟通和直接思考,规范就会迅即发挥作用。规范性影响之所以发生和起作用,是由于奖励和惩罚的存在。为了获得赞赏和避免惩罚,个体会按照群体的期待行事。广告商声称,如果使用某种商品,就能得到社会的接受和赞许,利用的就是群体对个体的规范性影响。同样,宣称不使用某种产品就得不到群体的认可,也是运用规范性影响。比如,在一些单位,员工必须穿正式的职业装,而一些单位则鼓励员工穿非常随便的服装(硅谷的一些公司,职员一般穿牛仔裤、T恤衫)。如果个体成为某个机构的成员,机构成员的穿衣等规则会影响其行为。

(2) 价值表现影响。这主要表现为消费者想从心理上加入某一群体,就会自行接受该群体的规范、价值、态度或行为。即使不想成为群体成员之一,但为提高个人形象,得到别人的尊重,消费者也会经常参考他人的意见作为其行为的依据。例如,某位消费者看到那些有艺术气质和素养的人,通常是留长发、蓄络腮胡、不修边幅,于是他也留起了长发,穿着打扮也不拘一格,以反映他所理解的那种艺术家的形象。此时,该消费者就是在价值表现上受到参照群体的影响。个体之所以在毋需外在奖惩的情况下自觉依群体的规范和信念行事,主要是基于两方面力量的驱动:一方面,个体可能利用参照群体来表现自我,提升自我形象;另一方面,个体可能特别喜欢该参照群体,或对该群体非常忠诚,并希望与之建立和保持长期的关系,从而视群体价值观为自身的价值观。

(3) 信息性影响。这是指相关群体将关于消费者本人、他人或物质环境方面(如产品、商店等)的有用信息传达给消费者。当消费者对所购产品缺乏了解,凭眼看手摸又难以对产品品质作出判断时,别人的使用和推荐将被视为非常有用的证据。群体在这一方面对个体的影响,取决于被影响者与群体成员的相似性,以及施加影响的群体成员的专长。例如,某人发现好几位朋友都在使用某种品牌的护肤品,于是她决定试用一下,因为这么多朋友使用它,意味着该品牌一定有其优点和特色。信息可直接获得,也可以通过口头或直接展示获得。例如,一位想要购买电脑或空调的消费者可能要向了解这方面信息的朋友寻求建议。

相关群体影响消费者购买行为的方式表现在三个方面:一是影响消费者的生活方式,进而影响其购买行为;二是引起消费者的购买欲望,从而促成其购买行为;三是影响消费者对产品品牌及商标的选择。因此,企业在市场营销中,首先要识别目标顾客的相关群体,特别是相关群体中的意见领导者,他们是大众市场顾客的模仿对象。意见领导者分散于社会各阶层,某人在某一产品方面可能是意见领导者,但在其他产品方面也许只是意见的追随者。其次要充分利用社会群体的影响,尤其是相关群体的意见领导者的影响,要注意研究意见领导者的特性,提供其喜欢的商品,并针对他们做广告,以发挥其"导向"和"引导"作用。

值得一提的是,并非所有商品都受相关群体同等程度的影响。据研究,相关群体对汽车、服装、啤酒、食品和药品等产品的购买行为影响较大,对收音机、肥皂、洗衣粉等几乎没有影响。同时,在产品生命周期的不同阶段,相关群体的影响力也不同。因此,企业应设法影响相关群体中的意见领导者,再结合产品特点,用活、用好这股影响力。

> **参阅资料** 相关群体的影响
>
> 克莱斯勒公司在LH系列轿车全面上市之前,通过对25个城市数百万名社会杰出人士的调查,从中选择出6000名企业或社会的领导者,并将LH系列轿车免费提供给他们试用。在试用期内,通过遍布全国的营销网络与轿车试用者保持积极接触,及时倾听他们对于新轿车的评价,迅速解决他们遇到的问题。与此同时,向这些试用者提供大量的产品信息,以增进他们对轿车各项性能的了解。在试用结束后的调查中发现:98%的试车者都向他们的朋友推荐了这一新车型。因为市场反应强烈,克莱斯勒公司在新车上市的当年就出色地完成了销售任务。

2. 家庭

家庭是一个基本的消费单位和购买决策单位,也是最重要的一种首要参照群体。家庭对消费者的行为有着重要的影响。一个人的大部分时间都要在家庭中度过,人的一生中一般有两个家庭,一是自己所出生的家庭,每个人从父母那里得到政治、经济、文化的导向和价值观。即使离开这个家庭,其行为也已打上了这个家庭的烙印。另一个家庭是自己所创造的家庭。这是社会中最终的消费者购买单位。这两个家庭对消费者的购买行为都会产生影响,其中,受所出生家庭影响比较间接,受自己创造的家庭影响比较直接。

在不同家庭中,夫妻参与购买决策的程度不同。家庭购买决策大致有三种类型:一人独自作主型;全家参与、一人作主型;全家共同决定型。夫妻参与购买决策的程度又因产品的不同而有很大差异。传统上,食物、日用杂品、日常衣着的购买主要由妻子承担。但随着妇女就业状况的改善,丈夫在这类采购活动中已开始承担责任。在购买价格昂贵的耐用消费品或高档商品时,家庭决策模式比较复杂。一般来说,主要在丈夫影响下决定购买的产品和服务有电视机、摩托车、保险等;主要在妻子影响下决定购买的产品有洗衣机、地毯、厨房用具等;双方影响均等的产品有家具、住房等。丈夫一般在决定是否购买以及何时、何处购买等方面有较大影响,妻子则一般在决定所购商品的外观特征方面影响较大。

下面是一些典型的模式:

(1) 丈夫支配型:人寿保险、汽车、电视机;
(2) 妻子支配型:洗衣机、儿童服装、家具、厨房用品;

(3) 共同支配型:度假、住宅、子女就学;

针对这种状况,营销人员需了解在特定的阶段针对特定的产品,哪个家庭成员是较重要的决策者,以便选择适当的营销策略和促销方式。比如,妻子打算购买一件首饰,丈夫不是物品的使用者,可能会和妻子一起作出决定,但妻子是最终的决定人、购买人。

家庭对消费者购买行为具有较大的影响,主要表现在三个方面:

第一,家庭的消费、购买传统影响当前的购买行为。

第二,家庭的社会地位和经济条件决定了消费者的消费层次,消费结构和购买水平一般呈正比例发展。

第三,家庭结构也左右着消费者的购买行为。家庭结构不同,其购买行为也就体现出一定的差异性。尚无子女的年轻夫妇家庭或是与子女分居的老年夫妇家庭,一般没有其他负担,购买力比较强,业余时间比较多,兴趣和爱好容易得到发挥。他们的消费需求比起其他形式的家庭来说较单纯,消费层次也较高。有子女的双亲家庭和高收入的复代家庭,主要是围绕保证子女的需求和照顾老人的健康为中心开展消费。低收入的复代家庭,消费活动的中心大多集中在满足家庭成员的基本生活需要和幼年成员的教育需要上,消费水平较低,购买力也不高。

4.3.3 个人因素

在社会文化诸因素都相同的情况下,每个消费者的行为仍然会有很大差异,这是由于年龄、职业、收入、个性和生活方式等个人情况的不同造成的。

1. 年龄和家庭生命周期的阶段

不同年龄的人有不同的需要和偏好,这是毫无疑问的。人们在衣、食、住、行各方面的消费需要,都随自然年龄的变化而变化,年龄影响着人们的消费行为。

年龄不仅影响个人的消费行为,而且还关系到婚姻家庭状况,如是否有子女以及子女的年龄等。根据美国学者威尔斯(Wells)和帕屈里克(Patrik)的研究,家庭的生命周期划分成9个时期。

(1) 单身期。离开父母独居的青年。几乎没有经济负担,购买重点以满足个人需要为主,崇尚时代潮流。

(2) 新婚期。新婚的年轻夫妻,无子女。经济情况较有子女时要好,购买重点以组织家庭为主。该阶段是购买耐用消费品最多、购买频率最高的阶段。

(3) "满巢"I期,即养育孩子初期,子女在6岁以下,即学龄前儿童。负担重,购买重点是婴幼儿用品和婴幼儿食品等。

(4) "满巢"II期,即养育孩子中期,子女大于6岁,已入学。经济情况好转,购物喜欢大包装、多容量,以适应孩子成长中日益增加的需要。购买重点除了大量的产品以外,以教育培养孩子为主。

(5) "满巢"III期,也称养育孩子晚期,结婚已久,子女已长大,但仍需抚养。经济情况仍然较好,有的孩子已经参加工作,负担减轻,购物转向档次高、新式雅致的产品。

(6) "空巢"I期。结婚已很久,子女已成人分居,夫妻仍有工作能力。经济情况好,购买的重心是度假、奢侈品等。

(7)"空巢"II 期。已退休的老年夫妻,子女早已离家分居。收入大幅减少,购买的重心是医药保健品。

(8)鳏寡就业期。独居老人,尚有工作能力。

(9)鳏寡退休期。独居老人,已退休养老。

不同阶段的家庭有不同的需求特点,如新婚家庭与子女已成人离家的老年夫妻家庭,肯定有不同需要。营销者只有明确自己的目标市场处于家庭生命周期的什么阶段,并据以发展适销的产品和拟定适当的营销计划,才能取得成功。

除了自然年龄的不同阶段外,还要注意消费者心理生命周期的阶段。有些人心理上的年龄往往与他们的实际年龄不一致,如有些青年人"少年老成",有些中老年人却充满青春的活力,因而他们的消费行为同他们的自然年龄相异。

2. 职业

不同的职业决定着人们的不同需要和兴趣,如蓝领工人与公司总裁的需要肯定不同;大学教授和保育员的需要也会有很大差别。一般说来,营销者应当分析出哪种职业的人们对自己的产品或服务有兴趣。

3. 经济状况

经济状况决定着个人和家庭的购买能力,因此,营销者必须研究个人可支配收入的变化情况,以及人们对消费开支和储蓄的态度等。如果对经济前景预测不佳,则有必要重新设计产品,制定价格,或减少产量和存货,或采取一些其他应变措施。

人们的个人收入和购买能力,同价值观念和审美情趣也有直接的关系。目前,经济发达国家由于人均国民收入达到相当的高度,已经进入价值观个性化和多样化的时代,很难有一种价值观占统治地位。过去的时代,示范效应非常明显,而今,消费者都按照个人爱好和习惯来购买商品,消费者的动向越来越难以把握。有人认为,大众式大批量消费已转变为多样化、个性化的"分众式"消费,因此,应按某一消费层次设计产品。日本伊藤百货公司总裁伊藤雅俊曾指出:"从零售行业的角度观察,人均国民收入达到2500美元左右时,消费者行为开始出现明显的变化。"这些都是营销者不能不认真调查研究的。

4. 生活方式

生活方式对人们消费需求的影响,是显而易见的。有些人虽然出身于同一社会阶层,来自同一文化群体,具有相似的个性,但由于有不同的生活方式,他们的活动、兴趣和见解均不相同。因此了解目标顾客的生活方式,对营销者很有意义。市场营销是向消费者提供各种可能的生活方式的一个过程,使消费者有可能按自己的爱好,选择最适当的生活方式。营销者应尽力了解产品与消费者生活方式的关系,并努力加强产品对消费者生活方式的影响,使消费者的生活更加文明、健康和舒适。

5. 个性和自我观念

个性是指个人的性格特征,如外向、内向、开拓、保守、文静、急躁等。与此相关联的另一个概念是购买者的自我观念(自我形象),它也是影响消费者行为的一个因素。营销者必须了解其目标市场可能存在的个性特征和消费者的自我形象,营销者所设计的品牌形象应当符合目标消费者的个性及自我形象。例如,美国有一家啤酒公司发现,经常饮用啤酒的人大多数是较外向的、积极进取的人,于是,公司决定设计一个能够吸引这种类型消费者的品牌形象;同时,在广告中也选用具有此类个性的人,消费者就会乐于接受这个品牌,感到这是属于他们自己的品牌。但是,个性这一因素的影响,并非在一切产品的营销过程中都能明显表现出来。营销者应了解自己目标市场的消费者属于哪种类型,然后有针对性地开展促销活动。

4.3.4 心理因素

消费者行为除受上述因素影响外,还要受消费者心理因素的影响。要了解消费者行为的起因,就必须研究这些心理过程。

1. 消费者需要

消费活动从根本上讲是满足需要的活动,消费者需要是消费行为的根本源泉和动力。人们的消费活动不纯粹是一种为生存而消费社会产品的过程,还是人们享受生活的乐趣,从消费商品中获得精神满足的过程。因此,学习消费者心理学、行为科学,研究消费者的需要、动机和行为,是每一个营销管理者竞争取胜的必修之课。营销者只有了解消费者的真正需要,有的放矢,才能取胜。

美国著名心理学家马斯洛的"需要层次论"(hierachy of needs)可以帮助市场营销人员理解各种产品如何才能适应消费者的计划、目标和生活。马斯洛在1954年发表的代表作《动机与个性》里提出了这个理论。这个理论的基本观点是:

(1) 人类是有需要和欲望的,随时有待于满足;需要的是什么,要看已满足的是什么,已满足的需要不会形成动机,只有未满足的需要才会形成引起行为的动机。

(2) 人类的需要是从低级到高级具有不同层次的,只有当低一级的需要得到相对满足时,高一级的需要才会起主导作用,成为支配人们行为的动机。一般说来,需要强度的大小和需要层次的高低成反比,即需要的层次越低,其强度越大。

马斯洛按需要强度的顺序,把人类需要分为5个层次:生理的需要、安全的需要、社会的需要、尊重的需要和自我实现的需要。但这种结构不是刚性的,有的人情况特殊,需要层次的顺序不同或无高层次的需要。

对马斯洛的"需要层次理论"的评价,在我国颇有争议。当然,在不同社会制度下,人们的需要具有不同的特性,生理的、本能的需要可能差别不大,社会性的需要却有重大差别。但是,将人类需要分为不同层次这一点,无论在什么社会制度下都有必要,特别是对企业的经营管理都是有用的。按照这一理论,经营者必须了解目标市场上未满足的需要是什么,管理者必须知道被管理者的需要是什么,然后才能有的放矢、对症下药地进行经营管理,才能避免经营管理工作中的盲目性。

2. 感觉和知觉

消费者有了购买需要,产生购买动机以后,就要采取行动。至于怎样采取行动,则受到认识过程的影响。消费者的认识过程是对商品等刺激物的情绪反应过程,他由感性认识和理性认识两个阶段组成。感觉和知觉属于感性认识,是指消费者的感官直接接触刺激物和情境所获得的直观、形象的反应。这种认识由感觉开始。刺激物或情境的信息,如某种商品的形状、大小、颜色、气味等,刺激了人的视、听、触、嗅、味等器官,使消费者感觉到它的个别特性。随着感觉的深入,各种感官信息在头脑中被联系起来进行初步的分析综合,使人形成对刺激物或情境的整体反映,就是知觉。

由于每个人以各自的方式注意、整理、解释感觉到的信息,因此不同消费者对同种刺激物或情境的知觉很可能是不同的。消费者的知觉有以下特点:

(1) 选择性注意。人的一生中时刻面临着许多刺激物,以商业广告来说,在经济发达地区的人平均每天见到的广告超过 1500 条,不可能都引起注意,绝大多数都是一闪即逝,留不下什么印象。人们将有选择地注意哪些刺激物呢?有三种情况较能引起人们的注意:一是与目前需要有关的;二是预期将出现的;三是变化幅度大于一般的、较为特殊的刺激物,如降价 50% 比降价 5% 的广告,会引起人们更大的注意。因此,在激烈的市场竞争中,营销者要开动脑筋,千方百计引起消费者注意。

(2) 选择性曲解。人们面对客观事物,不一定都能正确认识、如实反映,往往是按照自己的偏见或先入之见来曲解客观事物,即人们有一种把外界输入的信息与头脑中原有的信息相结合的倾向。这种按个人信念曲解信息的倾向,叫做选择性曲解。例如,某一名牌产品在消费者心目中早已树起信誉,形成品牌偏好,就不会轻易消失;另一新的品牌即使实际质量已优于前者,消费者也不会轻易认可,总以为原先的那个名牌货更好些。

(3) 选择性记忆。人们对所了解到的信息不可能统统记住,而主要是记住那些符合自己信念的信息。例如,只记住自己所喜欢的品牌的优点,每次需要再购买时,就想起了这个品牌而不是其他,这种心理机制叫做选择性记忆。

上述三种知觉过程告诉我们,营销者只有多次反复使用有吸引力的强刺激,才能加深消费者直观印象,突破其牢固的知觉壁垒。

3. 思维和学习

思维是消费者在感性认识的基础上,对某些刺激物和情境进行分析、综合、判断、推理,从而获得对它们的本质反映的理性认识的过程。消费者经过思维,形成购买意向,作出购买决定。学习,是在行动中由于经验而引起的个人行为的变化,即消费者在购买和使用商品的实践中,逐步获得和积累经验并根据经验调整购买行为的过程。学习论者认为,学习的发生是由于驱策力、刺激物、诱因、反应和强化的交互作用。因此,企业为了扩大对某种商品的需求,可以激发消费者驱策力,反复提供诱发购买该商品的提示刺激,尽量使消费者购买后感到满意,从而强化积极的反应。

4. 信念和态度

通过学习和行动,人们可产生一定的信念和态度,从而影响人们的行为,包括消费行为。信念是指人们对事物所持的认识。人们对商品的信念可以建立在不同的基础上,有的建立在科学的基础上,有的建立在某种见解的基础上,有的建立在信任(如对名牌货)的基础上,有的则可能基于偏见、讹传。不同的信念可导致人们不同的态度、不同的倾向,如消费者对名牌商品争相选购,而对不熟悉的新产品则犹豫观望,疑虑重重,很难作出决策。消费者的态度一旦形成很难改变,企业应设法适应消费者持有的态度,而不要勉强去改变。当然,也可通过各种广告宣传手段,改变人们的信念和态度,但这要付出很大代价,要权衡得失再作出决策。

参阅资料 原产地效应

> 原产地效应是消费者对产品的态度的具体表现形式之一,是指人们基于对原产地的看法,而影响对其产品的态度。人们总是将一些有代表性的商品与原产地联系起来,如日本的汽车和电子产品,美国的软饮料、玩具和牛仔裤,法国的酒、香水和奢侈品。所以,价格相差不多且性能相近的美国汽车和日本汽车相比较,后者销量明显超过前者。这是因为:人们认为日本汽车比同等价格的美国汽车质量更好。
>
> 原产地效应也随着时间的推移而转变,人们对待日本产品的态度正好印证这一点。第二次世界大战结束后,日本人在废墟之上开始发展自己的工业,那时的日本产品在国际市场上被视做地摊货,是"粗糙、性能低劣"的代名词。后来,在松下幸之助、盛田昭夫等一代企业家精英的带领下,日本产品开始精益求精,在国际市场上逐渐站稳脚跟,"Made in Japan"成为质量的保证。
>
> 资料来源:〔美〕保罗·A.郝比格等:《跨文化市场营销》,芮建伟等译,机械工业出版社 2000 年版。

总之,以上文化、社会、个人、心理四个方面的因素,是影响消费者行为的主要因素,营销者为了更有效地为消费者服务,不断开拓市场,必须认真研究这些要素。

4.4 购买者的决策过程

仅仅了解影响消费者行为的主要因素,对于营销者还是不够的,还需要了解目标购买者是谁,他们面临着什么样的决策,谁参与决策,购买者决策过程的主要步骤是什么。

4.4.1 消费者购买决策的参与者

消费通常是以家庭为单位进行的,但购买决策者一般是家庭中的某一个或几个成员。究竟谁是决策者,要依据不同的商品而定。有些产品的购买决策单位只有一个人,如香烟、口红、洗衣粉等。还有些产品如钢琴、摩托车等日用消费品,其决策单位往往包括一个家庭的主要成员甚至所有成员。人们在购买决策过程中可能充当以下角色:

(1) 发起者,即首先提出购买某种产品或劳务的人。
(2) 影响者,即指其看法或建议对最终决策具有一定影响的人。
(3) 决策者,即最后决定购买决策的人。
(4) 购买者,即进行实际购买的人。
(5) 使用者,即消费或使用产品或服务的人。

企业必须识别以上角色,假如在某家庭购买保健品的决策过程中妻子是发起者,首先提出购买补品的意见,这个家庭成员和亲友对购买的最后决定都有一定的影响,丈夫和妻子是决定者和购买者,女儿是使用者。保健品企业应根据以上各种人员的不同作用,采取不同措施,分别去影响他们。

4.4.2 消费者的购买决策过程

企业调查研究和了解消费者购买过程阶段的主要目的是针对消费者在购买过程多个阶段的思想、行为,酌情采取适当措施,影响消费者的购买决策,使消费者的购买决策和购买行为有利于扩大本企业产品的销售。对于不同类型的购买行为,消费者在购买决策上所花费的时间与经历并不一样。对于复杂的购买行为,消费者的购买过程分为五个阶段:唤起需要、收集信息、评估信息、购买决策、购后行为。

1. 唤起需要

消费者的购买过程是从唤起需要开始的。需要是购买行为的原动力。一般地说,消费者需要由两种刺激引起:一种是人体内部的刺激,如饿、冷、渴等的刺激;一种是人体外部的刺激,如周围环境、广告宣传、商品外观等的刺激。唤起需要这一阶段的存在对营销人员有两方面的意义:第一,营销人员必须了解本企业产品实际上或潜在地能引起消费者哪些需要,以作为设计触发诱因的根据。第二,消费者对某种商品的需求强度会随时间的推移而变动,并且被一些诱因所触发。因此,营销人员一方面要掌握引起需要的时机,另一方面要善于安排适当的诱因,促使消费者对本企业所生产经营的产品的需要变得很强烈,并转化为购买行动。

2. 收集信息

在多数情况下,被唤起的需要并不能马上就能满足。通常是"需要"最先进入消费者的记忆中,进而促使消费者四处寻找信息。消费者所需信息有四个来源:(1)个人源,消费者可从家庭、亲友、邻居及其他熟人等处得到信息。(2)商业性来源,即从广告、售货员介绍、商品展览与陈列、商品包装、商品说明书等得到信息。(3)大众来源,即从大众传播媒体如报纸、杂志、电视、广播等获取信息。(4)经验来源,即从操纵、实验、使用商品方面获取信息。营销人员通过了解消费者可能的信息来源及各种来源得到的信息的影响力,向目标市场有效地传递信息。

3. 评估信息

消费者收集到所需要的信息之后,就会对一些资料进行分析对比、综合评价,以作出抉择,即购买哪种品牌的产品最为理想。评价的内容一般包括商品的式样、花色品种、规格、功能等商品属性以及价格、保修条件等项内容。在这一阶段,企业首先要了解消费者评价标准,即"理想产品模式",然后拿实际产品同这种"理想产品"相比较,倘若实际产品与"理想产品"有差距,这时候企业应该:(1)改变现有产品的某些属性,以接近这个消费者群的理想产品,这叫做实际的重新定位;(2)实事求是地宣传该品牌的优点,使这个消费群体在心目中认为该品牌更接近理想的产品,这叫做心理的重新定位;(3)通过比较广告,设法改变这个消费群对其竞争对手的品牌信念,这叫做竞争的定位;(4)设法使这个消费者群改变其理想产品的标准。

4. 购买决策

信息评估阶段使消费者对可供选择的若干种品牌,根据合乎自己心理的程度排出先后的次序,形成购买意图。在正常情况下,消费者通常会购买他们最喜欢的品牌。但在决定购买之前,还可能因他人的意见或以外情况而改变原来的选择。

他人意见或态度对消费者购买决策的影响,取决于两个因素:(1)他人反对消费者品牌选择的强烈程度;(2)反对者与消费者关系密切程度。他人反对的态度越是强烈,与消费者的关系越是密切,消费者越有可能改变原来的品牌选择。

环境的意外变化也可能促使消费者改变品牌的选择,或者导致购买行为的推迟或取消,比如,经济状况恶化、家庭收入剧减等意外变化。

企业在这个阶段的营销重点,一是加强广告宣传活动,增强消费者购买企业产品的信心;二是加强销售地点的促销活动。

5. 购后感受

消费者购买某种产品并使用了一段时间后,必然会产生某种程度的满意或不满意的感受。如果感到满意或很满意,他们下次就很可能购买这种品牌的产品,并且常对他人称赞这种产品。顾客的满意,是最好的广告,对其他消费者具有很大影响力;反之,如果消费者的购后感受是不满意或很不满意,则不但他们自己以后不会去购买这种产品,而且会对别人说该产品不好,使原来想买这种产品的人不再购买。可见,消费者的购后感受和行为,与企业产品销路关系极大。西方学者认为,消费者的满意感或不满意感(以 S 代表)是其预料(以 E 代表)和产品的觉察性能(以 P 代表)的函数,即 $S=f(E,P)$。这就是说,如果产品的觉察性能符合消费者的预料,消费者就满意;如果产品的觉察性能超过消费者的预料,消费者就很满意。反之,如果产品的觉察性能不如消费者预料的好,消费者就不满意。因此,现代企业在营销活动中应注意采取下列措施:

(1)对产品的广告宣传应实事求是,恰如其分。如果过分地吹嘘,或者过多地许诺,消费者一旦发现实际与期望不符,极易产生强烈的反感。

(2)与顾客保持联系,肯定其购买决策的正确性,刊登购后满意的宣传报道,加强消费者的满意感觉。

(3)介绍产品的正确使用方法,避免因使用不当引起的不满;向消费者征求改进意见,提供质量担保与维修服务,尽量减少购后的不满意感觉。

综上所述,消费者在市场上要购买什么东西、怎么买、买多少、在什么时间或什么地方买等一系列购买行为,是经济因素、心理因素和社会因素综合地作用于购买者感官的结果,是一个复杂的系统工程。

本章小结

消费者市场是指所有为了个人消费而购买物品或服务的个人和家庭所构成的市场,它具有分散性、差异性、多变性、替代性和非专业性等特点。

消费者市场的购买对象主要是便利品、选购品和特殊品。消费者购买决策在很大程度上受到文化、社会、个人和心理等因素的影响。

人们在购买决策过程中可能扮演不同的角色,包括:发起者、影响者、决策者、购买者和使用者。消费者购买行为包括习惯型、寻求多样型、协调型、复杂型四种类型。

在复杂购买行为中,消费者购买决策过程由引起需要、收集信息、评价方案、决定购买和买后行为五个阶段构成。

企业营销管理的重点是针对购买决策过程中的不同参与者、消费者购买行为的不同类型以及消费者购买决策过程中的不同阶段,采取不同的市场营销策略。

思考题

1. 消费者市场有哪些特点?
2. 影响消费者购买行为的因素有哪些?它们分别是怎样影响消费者的购买行为的?
3. 阐述消费者的购买决策过程。
4. 什么是参照群体?参照群体在消费者购买行为中的作用是什么?
5. 人们在购买决策过程中可能扮演的角色是什么?对企业进行营销管理的启示有哪些?

案例分析

让车迷做你的设计师

说起个性化购车你会想起什么?选个颜色,挑个轮毂?这样的"个性化"早已满足不了当下年轻人越发纷繁的要求。当前,人们购车理念已然变化,买车不再是挑选合适的交通工具,而是车主们展现个性的手段。而要满足这样的需求,传统的汽车设计流程就需要一场革命。

日产汽车"共同创造"理念正是由此而来,IDx 系列概念车则是这一理想的具体化。"ID"是英文"身份证明"的缩写,代表着 IDx 概念中的个人色彩,而 x 则代表着变量,寓意合作带来的新的可能。通过"共同创造"战略,全世界的驾驶者和车迷都可以与日产公司进行交流,让每一个参与者对汽车的偏好和要求都在设计中有所反映。

2013 年东京国际汽车展,日产公司推出了这一战略下诞生的最初作品——旨在休闲生活的概念车 IDx Freeflow 以及性能至上的超级跑车 IDx NISMO。IDx Freeflow 的设计干净、简单,车内细节兼顾舒适性与功能性,氛围宛如会客厅,反映着那些在日常生活中追求自然与品位的客户的需要。IDxNISMO 则仿佛来自某款赛车游戏,不仅性能出色,外观更是借鉴了历史上多款经典跑车的设计元素,如深红色座椅套,辅之以斯巴达式计量表,增添了赛车般的感受。

两款如此夺人眼球的概念车,却仅仅是 IDx 理念无限可能性的开始。日产汽车与 AKQA 携手,在日产的展台建立起一个身临其境般的虚拟世界。车展参加者们可以通过这里共同合作,参与新车设计。车展期间,超过 1500 人参与活动,有些用户甚至为此排了 70 分钟的队。超过 100 张概念车图片被创造出来并上传到社交网络。其中人气最高的正是极限性能的超级跑车 IDx NISMO,设计独特的 IDx Freeflow 紧随其后。

开始这场汽车设计的虚拟之旅,用户需要戴上 Oculus 公司特制的 3D 眼镜。用户最初看到的是日产 IDx 概念车底盘的虚拟图像,这一基础框架将伴随他们走完全程。此后的旅程中他们将经历多个不同的虚拟关卡,只有当他们对汽车的主要特点作出个性化的选择后,旅程才会继续。

这些选择反映了参与者们对于汽车的真实想法。其中一个关卡,用户被要求在热气球和独木舟之间作出选择。在天空中悠闲飞行的热气球代表了对舒适和优雅的渴望,而在激流中浮沉的独木舟则是冒险和刺激的象征。概念车的设计将根据每一个选择作出调整。不管你是暗夜狂飙的都市车手,还是风轻云淡的休闲一族,不管你是老派的汽油车拥趸,还是新潮的新能源车信徒,日产 IDx 就像是一张空白的画布,任意挥洒。这就是汽车设计的未来,每一个人都被邀请,参与其间。

旅程的终点,一辆量身设计的虚拟 IDx 概念车静候着每一个参与者,他们可以在虚拟世界中细细品味自己作品的每一个细节。整个过程耗时不过五到六分钟,这也带来了一个小挑战:如何在那么短的时间里让用户明白虚拟现实是全方位的,甚至在他们身后? AKQA 设计师的解决方案简单而富有趣味,他们引入了一只横冲直撞的虚拟蜂鸟,让用户在躲避过程中熟悉这个新世界。

资料来源:于海燕:《让车迷做你的设计师》,载《成功营销》2014 年第 1 期。

案例思考题

分析汽车消费者市场发生的变化以及日产汽车对此实施的营销策略。

第 5 章

组织市场与购买者行为

学习目标

通过本章学习,了解组织市场的概念类型和特点;认识关系营销和交易营销的不同,分析关系营销对组织市场的价值,了解生产者市场和中间商市场及其购买行为;了解非营利组织市场、政府市场和购买行为,从而采取相应的营销措施。

学习重点

组织市场的概念及特点;影响组织市场购买行为的因素;组织市场的购买类型和购买决策过程等。

引导案例 沃尔玛的全球采购

沃尔玛公司是全世界零售业销售收入位居第一的巨头企业,素以精确掌握市场、快速传递商品和最好地满足客户需求著称,是著名的"全球500强"排行的冠军。

全球采购办公室是沃尔玛进行全球采购的负责组织,但是这个全球采购办公室并没有采购任何东西。在沃尔玛的全球采购流程中,其作用就是在沃尔玛的全球店铺买家和全球供应商之间架起买卖之间的桥梁。因此,沃尔玛的全球采购活动都必须以其采购的政策、网络为基础,并严格遵循其采购程序。在全世界商品质量相对稳定的情况下,只有紧密有序的采购程序才能保证沃尔玛采购足够的货物。

沃尔玛的商品采购是为保证销售需要,通过等价交换取得商品资源的一系列活动过程,包括搜索信息、确定计划、选择供应商、谈判等活动。

1. 筛选供应商

沃尔玛在采购中对供应商有严格的要求,不仅在提供商品的规格、质量等方面,还对供应商工厂内部的管理有严格要求。

2. 收集产品信息及报价单

沃尔玛通过电子确认系统(EDI),向全世界4000多家供应商发送采购订单及收集产品信息和报价单,并向全球2000多家商场供货。

3. 决定采购的货品

沃尔玛有一个专门的采办会负责采购。经过简单的分类后,采办会会用E-mail的方式和沃尔玛全球主要店面的买手们沟通,这个过程比较长。在世界各大区买手来到中国前(一般一年两到三次),采办会的员工会准备好样品,样品上标明价格和规格,但绝不会出现厂家的名字,由买手决定货品的购买。

4. 与供应商谈判

买手决定了购买的产品后,和采办人员对被看上的产品进行价格方面的内部讨论,定下大致的采购数量和价格,再由采办人员同厂家进行细节和价格的谈判。谈判采取地点统一化和内容标准化的措施。

5. 审核并给予答复

沃尔玛要求供应商集齐所有的产品文献,包括产品目录、价格清单等,选择好样品提交,并在审核后的90天内给予答复。

6. 跟踪检查

在谈判结束后,沃尔玛会随时检查供应商的状况,如果供应商达不到沃尔玛的要求,则根据合同,沃尔玛有理由解除双方的合作。

沃尔玛的全球采购中心总部有一个部门专门负责检测国际贸易领域和全球供应商的新变化对其全球采购的影响,并据以指定和调整公司的全球采购政策。沃尔玛的采购政策为:永远不要买得太多、价廉物美、突出商品采购的重点。

沃尔玛的商品采购的价格决策和品项政策密不可分,它以全面压价的方式从供应商那里争取利润以实现天天低价;还跟供应商建立起直接的伙伴关系以排斥中间商,直接向制造商订货,消除中间商的佣金,在保证商品质量的同时实现利润最大化。

5.1 组织市场的特点与类型

5.1.1 组织市场的概念

在现代市场经济条件下,企业不仅要将货物卖给广大消费者,还要将大量的原材料、机器设备及相应的服务卖给生产企业、中间商、社会团体、政府机关等组织用户,这些用户的消费需求和购买特点有别于消费者市场,也构成了较为庞大的市场,它和消费者市场构成了市场总体系。

组织市场也称"非个人用户市场",即构成组织市场的用户不是个人消费者,而是组织团体,包括:生产企业、中间商和政府机构等。这些组织所购买的商品不是用于个人消费,而是用于社会再生产的一个中间环节,或者是向社会提供其他产品和服务,或者是转售商品,属于生产性消费或公务性消费。因此,组织市场也称"非最终用户市场",以区别于个人最终消费市场。

5.1.2 组织市场的类型

组织市场,其主要划分基础是对购买者的区分,即看商品的买主是谁,因为仅从产品本身特性是难以区别消费者市场和组织市场的,而必须看商品出售的对象。例如,同一商品,当购买者是制造业、农业、矿业、建筑业、医院、机关等时,就认为这种商品是在组织市场上销售,而当这种商品用于个人消费时,就认为是在消费者市场上出售。

组织市场包括以下三种类型:

(1) 生产者市场(industrial market),亦称"产业市场",是由所有这样的个体和组织构成,它们采购产品和劳务的目的是加工生产其他产品或劳务,供出售或出租以从中营利。在美国,产业市场由大约 1300 万个组织构成,每年购买的货物和劳务超过 3 万亿美元。因此,生产者市场是最庞大和多样化的组织市场。

(2) 中间商市场(reseller market),亦称"转卖者市场",是由所有以盈利为目的的从事转卖或租赁业务的个体和组织构成。中间商包括批发商和零售商两个部分。在美国,中间商市场约有 41.6 万家批发商和 192.32 万家零售商,它们的年销售总额约为 2 万亿美元。由于中间商的采购目的是转售,所以他们对顾客而言充当了采购代理人。在较发达的市场经济条件下,大多数商品都是由中间商经营的,只有少数商品由生产者直接卖给消费者。

(3) 机构市场与政府市场(institutional & government market)。机构市场包括学校、医院、疗养院、监狱以及其他类似组织,其采购目的是为本机构所照顾看管的人员提供商品和劳务。由于机构内人员消费的不可选择性及这些机构的慈善性与公益性,这一市场具有许多独有的特点。

政府市场是由需要采购产品和劳务的各级政府机构构成,它们采购的目的是为了执行政府机构的职能。例如,1987 年,美国各级政府机构购买了价值 1 万亿美元的产品和劳务,其中,联邦政府的购买额占政府总购买额的 39%,是最大的政府采购者。政府采购的产品和劳务门类广泛,从炸弹、雕塑、黑板、家具到服装、汽车、燃料,五花八门,应有尽有。对任何一个制造商或中间商来说,政府机构都意味着一个巨大的市场。在西方国家,政府采购者的行为与一般民间采购者有所不同,因此,需要对政府市场作专门的研究。

5.1.3 组织市场的特点

在某种意义上,组织市场同消费者市场具有相似性,二者都由人充当购买者并作出购买决策。但是,它们又有很大区别,组织市场有一些不同于消费者市场的特点,主要在于市场结构和需求特性、购买者的成分,以及购买者决策的类型和决策过程等方面。

1. 市场结构和需求特性

组织市场在其结构和需求方面主要有以下几个特点:

(1) 组织市场通常比消费者市场的购买者数量少得多,而购买规模却大得多。

(2) 组织市场在地理位置上更为集中。在西方国家由于竞争导致生产分布上的集中。

(3) 组织市场的需求具有派生性,即最终取决于消费者市场的需求。

(4) 组织市场的许多需求缺乏弹性。这就是说,一般情况下,价格变动对组织市场的需求影响不大,特别是在短期内。

(5) 组织市场的需求有较明显的波动性。因为组织市场的需求是一种派生的需求,所以,消费者市场需求的小量波动会导致组织市场需求量的巨大波动,如有时消费者市场需求量只有10%的升降,却可能使组织市场的需求量升降200%。

2. 购买者的成分

与消费者市场相比,组织市场上的购买者涉及的人较多,并多为受过专门训练的专业人员。涉及复杂重要的购买决策时,还会有更多的人直至公司最高主管参与决策。这就意味着,在组织市场上,必须由同样受过良好训练的推销人员来与买方的专业人员洽谈生意。

3. 购买者决策的类型和决策过程

组织市场购买者的决策,通常比消费者的购买决策更复杂,涉及更大数额的款项、更复杂的技术和经济问题。因此,往往需要花费更多的时间反复论证。组织购买者的决策行为也远比消费者更规范。组织大规模的购买通常要求详细的产品规格,写成文字的购买清单,对供应者的认真调查,以及正式的审批程序。

4. 买方和卖方的关系

在组织市场上,买卖双方往往倾向于建立长期业务关系,相互依托。在购买者决策过程的各阶段,从帮助客户确定需求,寻找能满足这些需求的产品和劳务,直到售后服务,卖方要始终参与并同客户密切合作。甚至还要经常性地按客户要求的品种、规格定期提供产品和劳务。卖方企业还要通过为客户提供可靠的服务及预测他们眼前和未来的需要,与客户建立持久的买卖关系,开展"关系营销"。

5. 其他特点

除以上几点外,组织市场的特点还包括:

(1) 直接销售。组织市场的购买者通常直接向生产者购买,而不经过中间商。特别是那些技术复杂、价格高的产品,或需要按特定规格制造的产品。

(2) 互购贸易。即购买者和供应者互相购买对方的产品,互相给予优惠。但在有些国家要受到法律的限制。例如,美国法律规定,这种互惠购买只能在符合竞争原则、双方真正自愿的前提下实行。

(3) 租赁业务。产业用户常通过租赁形式取得某些产业用品的使用权,这一般适于价值较高的机器设备、交通工具等。由于节约资金的需要,同时也由于技术更新加快,第二次世界大战后西方国家租赁业务发展很快,这有助于促进生产发展和技术进步。

5.1.4 交易营销和关系营销

在产业用品和贸易品的交易中,存在以下两种不同的销售理念和行为:

1. 交易营销(transaction marketing)

它适合于一笔笔单项交易,其主要对象是着眼于当前或近期利益的客户。他们随时可能转向新的卖主而不受损失,农、矿产品市场上常见这类客户。不同卖主的货物差异很小,顾客只需找到报价最低的卖主就可成交,至于下一次找谁买,他将重新比较后再作决定,即使过去的卖主极力和他发展长期的关系也很难保证他不从别处购买。在此种情形下,卖方企业宜采取交易营销,即在加强价格等成交条件的竞争力上多下工夫。

2. 关系营销(relationship marketing)

相对于交易营销的是关系营销,80年代开始流行于欧美等地的发达国家。关系营销最适用于销售技术性强、特色鲜明的产品。与此相适应,关系营销的对象应是关心长远利益的客户,特别是那些全球性的大客户。他们一般不轻易改换自己的供应商,因为这会带来很高的成本。以办公自动系统的客户为例,为排除购买风险,他们通常花费大量资金和时间调查产品和供货商,发展与选定卖主的关系。显然,弃旧图新是既费钱又冒险之事。对卖方来说,丢失客户也意味着损失。所以,双方都有意争取巩固和发展长期稳定的合作关系。对这一类客户采用关系营销的卖主受益最大。关系营销的具体对象无疑应是对客户未来有影响力的关键人物,营销人员应本着双方互利的目标密切注视和关心买方企业及其关键人物的业务进展,在定价时视数量和促销功能等给予优惠,利益共享。经常通电话、上门问候、请客吃饭、提出有益的建议、帮助排忧解难等,也是发展友谊的具体行动。事实上,对于购买大型、高科技产品的客户来说,做成一笔交易只是买卖双方关系的开始。尽管卖方实施关系营销需要一定的投入,但许多公司的实践已经证明,争取回头客比吸引新客户所得的回报高得多。因此,企业应当尽力同客户建立战略性的合作关系。这种"赢—赢游戏"也适用于发展分销渠道和企业的集团化建设。

5.2 生产者市场及其购买行为

5.2.1 生产者市场的概念

生产者市场,也叫产业市场或企业市场,是指购买产品或劳务以使用于生产其他货物或劳务,进而出售给其他个人或组织的生产企业。在生产者市场上,购买者购买的目的是为生产产品或劳务以出售而获得利润。

生产者市场或产业市场主要包括农业、林业、矿业、水产业、采矿业、建筑业等。它是组织市场内最重要的市场,是其他市场的基础。它包括的范围最广,对商品的需求量也最大。

5.2.2 生产者市场的特点

生产者市场和消费者市场相比,具有许多特点,主要表现在以下几方面:

(1) 生产者市场上的购买者数量相对较少。无论哪个国家,工业企业数量与个人消费者相比,都相对少。这是因为在生产者市场上,购买是以企业为单位而不是以个人或家庭为单位。

(2) 生产者市场上的购买量大。尽管生产者市场购买者数量少,但是属于批量购买,业务量大。随着资本和生产的集中,某种商品主要为几个大公司所购买,其需求量较大。

(3) 生产者市场的购买者在地理上相对集中。这主要取决于生产布局和生产企业的集中程度。一般说来,少量企业生产了绝对比重的产品,同时也购买了市场上的大部分产品。

(4) 生产者市场的需求是派生需求。派生需求也叫"引申需求",即生产购买者对生产用品的需求,是由消费者对消费品的需求引申出来的。也就是说,生产者市场的需求是由原始的需求——消费需求派生出来的。例如,由于人们对汽车的需求,就产生了生产者市场上对钢铁等产品的需求。消费者市场的消费需求扩大,就会引起生产企业对生产资料的消费需求扩大,必然会引起生产者市场消费需求的扩大,从而带动生产的繁荣。因此,对消费者市场的促销,也必然会带动生产者市场的需求增长。营销人员必须抓住这个特点,采用合理的促销手段和策略,鼓励消费者进行消费。

(5) 生产者市场需求缺乏弹性,属"刚性"需求。这是由于,在生产者市场上,产业购买者对生产用品和劳务的需求受价格变动的影响不大,这个现象在短期内表现得尤为明显。因为对某个行业来说,社会对其所生产的产品的需求具有相对稳定性,当该产业所需的设备、零部件和价格发生变化时,社会对该产业的需求一般不会随之变化,除非价格发生较大变动,而影响到最终消费需求。

(6) 生产者市场购买者的购买行为是理智型购买行为。由于生产者市场上的购买者大都是专业技术人员,他们通常都经过训练和培训,对所需购买的物品的技术性能、材料等都比较熟悉,他们不为广告及促销所左右,并且批量性购买,购买数量大。另外,一般企业都有采购计划,从计划到采购都经过比较详细的审批和讨论,故此种购买行为属理智型购买。

(7) 生产者对所购买的商品,一般采用直接渠道。直接渠道也叫"直接购买",即生产者市场所购买的商品一般不通过中间商。这是由许多产品的购买批量大或专业性和技术性强,且供应厂家少而集中的特点所决定的。生产企业购买者大都向生产企业直接购买所需的商品,而不经过中间商。

(8) 互惠性购买。互惠性购买习惯上叫做"你买我的产品,我就买你的产品"。有时候互惠性购买也发展为"三角形"或"多角形"互惠。

(9) 租赁购买。租赁购买,即在生产者由于自己的财力、设备、技术等条件不足,无法进行再生产时,为了生产,往往通过各种租赁形式获得自己所需的机器设备、资金等。

目前,租赁的方式基本上有金融性租赁、服务性租赁、综合租赁等形式。这是目前发达国家普遍采用的形式,我国刚刚开始。

5.2.3 生产者市场的购买对象

生产者市场的购买对象,即在生产者市场上购买的各种产品。根据生产程序和产品价值的转移状况,将生产者市场的购买对象分为以下几类:

(1) 成为成品的物品,如原料或零部件等。原料包括农产品(如棉花、小麦、家禽、家畜、蔬菜等)、天然品(如原油、煤炭等)、经过加工的原材料(如钢材、水泥、砖瓦等)。零部件主要指构成产品成分的物品,如发动机、外壳、铸件等。

(2) 间接进入成品的物品,主要包括固定设备及设施和辅助性设备,如工具、建造物、机器设备等。

(3) 无形产品,即服务或劳务。它既可以与产品实体一起购买,也可单独购买。

以上几类物品由于其特性不同,对生产的重要程度不同,在使用过程中,其损耗和更换周期也不同,因此,其购买方式和要求也就不同。购买者必须根据各类物品和服务的特点和使用要求来进行购买,不可一概而论。

5.2.4 生产者的购买行为分析

生产者购买行为在许多方面和消费者购买行为颇为相似,但由于生产者市场有许多与消费者市场不同的特点,因此,也就表现出生产者的购买行为与消费者购买行为有许多不同之处。这些不同之处具体表现在生产者购买决策的参与者、购买类型、影响购买决策的因素、购买目的和购买过程等方面。

1. 生产者购买决策的主要参与者

生产购买者一般视企业规模大小而定。在小企业,只有几个采购人员即可;而规模较大的企业,特别是生产产品类型较多的大企业,就需有很大的采购部门,即由专门的采购组织来完成对各种生产所需的物品或劳务的采购。这种采购组织直属于副总裁领导,这种采购部门(组织)常被叫做采购中心,或者叫供应站(部)。根据企业生产和供应的规模和特点,供应部门经理的权限也不同。有的采购部经理具有决策供应商的权利,而有的经理只负责把订货单转交给供应商。一般情况下,采购经理对大型设备的采购没有决策权,而只是执行者。

一般说来,参与企业采购决策的人员主要包括五种类型:

(1) 使用者,指企业内具体使用拟购买的某种生产用品的人员。如企业要采购计算机,它的使用者是指财务部门会计、信息部门人员或者办公室秘书等。使用者大都对产品购买起重要作用,一般为购买的倡议者。

(2) 影响者,指在企业内部和外部能直接或间接影响购买决策的人员。他们主要帮助决策人员提供产品信息、确定购买产品的规格、品种等。其中最主要的影响者是企业的技术人员和设计部门的设计人员。使用者、推销员均可成为影响者。

(3) 采购者,指在企业中有组织采购工作的正式职权的人员。他们有权选择供应商,并在拟定采购条件下和供货企业谈判。当采购工作比较复杂时,企业经理有时也会变成采购者而参与采购,以便采购到企业生产所紧缺的原材料和设备等。

(4) 决策者,即在生产企业决定供货商的人。在标准产品的例行采购中,采购者往往又是决策者。而在复杂采购中,企业领导常常是决策者。

(5) 控制者,指可控制信息流的人员。他们可控制外界与采购有关的信息流入企业,也可控制与接近采购中心及成员。他们一般控制市场信息,从而影响到采购员、决策者等。控制者包括信息人员、接线员、技术人员、购买代理商等。

上述五种人在每个企业采购工作中的比重,取决于采购产品的多少。当一个生产企业采购的物品只是简单的办公文具时,采购决策的参与者可能只有采购者和使用者。此时采购中心所包含的成员较少,规模也就相对缩小。当企业采购的物品价值高、技术性强、购买情况较复杂时,所参与购买决策的人员就较多,采购中心规模也较大。所以"采购中心"的规模大小和所包含的成员多少会随着采购产品的不同而不同,它是变化的,而不是固定不变的。

在企业"采购中心"庞大而复杂的情况下,供货单位的营销人员必须首先了解谁是决策参与者,以便采取适当营销手段和措施,达到营销的目的。同时,企业的营销人员必须随时分析生产企业的"采购中心"人员变化,因为同一商品的不同企业或同一企业不同时期,企业"采购中心"的人员是不同的。分析生产企业采购中心,以便发现变化情况,从而改变自己的营销策略。

2. 生产购买者采购业务类型

生产购买者和消费者一样,在购买过程中,须作一系列的购买决策,而不是作单一的购买决策。购买决策的多少和决策的复杂程度,取决于生产购买者和购买状况的复杂性。按生产购买决策的差异,可将生产用户的采购业务大致分成以下三种类型:

(1) 直接重复购买。这种类型也称为连续的再购买类型。当企业存货水准降到一定程度时,采购部门按照过去的供货单位,向他们连续再订购过去采购的同类生产用品,而不作任何修正。即直接重复型购买对供应商、供货产品、供货数量和购买条件都不作改变,也就是人们常说的"定量""定点""定时""定站"。这种购买类型最简单,企业采购部门只需按照惯例进行采购,而供货部门的营销人员面对这种购买情况,就必须做到:"已入选的供货企业"努力保持产品质量和信誉,以保持现有顾客;"未入选的供货企业"要采用多种公关手段和促销手段,先设法取得小额订货,然后逐步扩大订货额。

(2) 修改重复购买。这种购买类型也称为变更购买类型,即企业的采购部门在直接重复购买类型基础上,对供货商、供货数量、供货条件等作适当的修正。可见,这种类型的购买情况较第一种类型复杂,涉及多种决策人员。在这种购买类型下,原有的供货企业受到威胁,也给未被选中的供货企业提供了入选的机会。

(3) 新任务购买,即新购类型。这种购买类型的企业,在采购某种生产用品时尽可能多地收集有关这种产品的信息,以供购买决策。而供货企业就必须利用这个机会,采用有效的促销手段,加深对购买决策人的影响,达到使自己成为供货商的目的。

以上三种购买类型中,直接重复型购买情况下,生产购买者所要作的购买决策最少,而在"新购"情况下,生产购买者所作的决策最多,通常要对产品规格、价格幅度、交货条件和时间、服务和信誉、支付条件、订购数量、可接受的供货商等进行决策。因此,在"新购"条件下,企业采用"协同"战略容易取胜。

3. 影响生产购买决策的主要因素

影响生产购买者的购买决策和行为的因素很多,有内部的,也有外部的。通常,这些因素可以分为以下四类:

(1) 环境因素。环境因素是一个企业所处的外部环境因素,其中包括国家经济状况、市场需求增长状况、通货膨胀、资源供给状况、技术发展状况、国家政策法令改变等。环境因素在宏观上起到调节市场供求的作用,也是影响企业购买决策的最重要的因素。任何一个采购决策者在作出采购决策之前,必须熟知环境因素的变化,以作出正确的购买决策。而供货企业的营销人员必须善于利用环境因素的变化,采取适当的营销策略,达到营销的目的。

(2) 组织因素,即企业内部因素,包括企业目标、企业政策、步骤、组织结构等。组织因素从经营目标和购买政策上指导着采购中心的购买行为和购买决策。企业营销人员必须进行深入调查,了解采购单位的组织因素,从而采取适当措施,影响采购决策者的购买决策和行为。营销人员在收集企业采购组织的资料时,要注意三个问题:一是买方企业的采购部门的升级。由于企业由单个生产企业扩大到企业集团,导致采购部门由过去属于低层次部门,升为高层次的采购部门,此时,企业采购组织就会发生变化,采购组织内人员的权限也有所扩大。二是集中和分散采购。生产企业经常把企业的采购权不断集中和分散,以适应外部市场的变化和企业内部工作的要求。通常,集中采购有利于降低成本,对供应者而言,就意味着推销的难度加大,因为他必须面对较少而职位较高的采购人员。三是要注意对采购工作的奖励。许多企业对采购工作实行奖励政策,促使采购人员致力于寻找对企业最有利的供货条件,从而改变原有订购情况,这就增加了营销人员的压力。对此,营销人员必须利用各种手段和优惠政策,加强服务,努力稳定客户。

(3) 人的因素,即采购中心成员的年龄、学识、个性、爱好等。这些因素会影响采购者对拟采购的产品和供货企业的感觉、看法和倾向,从而影响到他们的采购决策和行为。企业营销人员在营销过程中,必须深入了解和观察采购人员的个人特征和爱好,以掌握他们的偏好,采取适当的营销手段。

(4) 人际关系。企业采购决策的参与者包括使用者、影响者、采购者、决策者和控制者,各人学识、爱好、性格、权利、能力等各不相同。随着"采购中心"规模的扩大,这种人际关系也就越复杂。这种人际关系在"采购中心"内隐蔽而复杂,外人很难直接看出或在调查中了解,但它却影响到购买者的购买决策和购买行为。

4. 生产购买者的购买目的

生产购买者购买商品是为了进行扩大再生产,而不是用于个人消费。扩大再生产必须在盈利基础上才能实现,而盈利的途径之一就是在采购原材料或相应的劳务过程中,设法降低成本,同时还必须在生产的过程中履行社会法律义务。即生产者购买商品的直接动机是生产产品获得盈利,但在考虑盈利的同时,为了履行社会或法律义务,还应购置相应的环保设备等。因此,生产购买者在购买商品时,要在商品成本和质量之间选择,对于同一商品,有的购买者往往注重商品质量,而有的则注重价格,因此,企业人员就必须针对不同用户的特点,采取不同的营销策略,以满足他们各自的需求。

5. 生产购买者的购买决策过程

由于生产购买者所购买的商品批量大、价值高(例如,一套设备少则几万,多则几十万、上百万),因此在购买商品的决策过程中要经过详细计划和市场调研。这中间要经过多个阶段,这取决于生产购买者和购买情况的复杂程度。一般情况下,生产购买决策过程需经过以下八个阶段:

(1) 认识需要。在"新购"和"变更的再购买"条件下,需要通常是企业面对各种机会和挑战而引起的。这种机会和挑战来自于内外部刺激。内部刺激主要是企业的发展新规划、新上项目和新产品、固定设施的更新等,这些因素变化使人们产生对零部件或材料、设备的需要;在企业外部,需要主要是由外部环境的改变或促销手段的作用引起,例如,由于新技术的发展,市场上出现了可以代替原有材料设备的新的廉价物品,或由于外部广告的刺激而产生新的需要。

(2) 确定需求。认识需要后,购买者就要着手调查需求项目的特征和数量。当需求物是一般物品时,采购人员只需作一般决策,当需求物比较复杂时,采购人员就要和采购中心的人一起研究,征求他们的意见。此时,如果供货单位的营销人员能抓住时机帮助采购人员确定所需品种的特征和数量,适时对采购中心的人员施加影响,就能有一个好的推销开端。

(3) 对所需物品进行详细的说明。在广泛征求意见确定需求后,有关专家就对所需物品进行详细的技术说明,即拟定购买产品的规格、技术要求、产品数量、交易条件等,有时还可利用科学方法如价值工程等,对各货物进行综合分析。

(4) 寻找供应商。在详细分析所需的物品后,就可通过查找工商企业名录、电话目录、广告资料等途径,初步筛选一组供应商,特别是在"新购"条件下,所购物品复杂、价值高,就需花较大力气和较多时间物色供应商。此时,供应商应利用这个机会,加强宣传及公关,扩大对购买企业的影响,以增加入选的可能。

(5) 征求供货信息。在初步确定合格的供应商后,企业的采购经理就向他们发出邀请,请求他们提出各自的供货情况及有关建议。此时,采购经理根据自己所需采购物品的复杂程度决定由供应商提供口头或书面建议,然后针对各供应商的建议进行分析,从中挑选最合适的供应商。鉴于此,供应商就需利用这个有利时机,提出与众不同的令采购者感到满意的建议,如此,才能引起采购者的注意和信任,以利成交。

(6) 选择供应商。这是采购中心评价和选择供应商的最后阶段。在这个时期,采购中心必须考虑供应商的供货能力、产品质量、产品价格、企业信誉、交货是否准时、维修服务等项目,选择一家供应商,当然也可以采用选择多家供应商的方法,以达到增加供货渠道、降低产品价格和减少风险的目的。

(7) 选择订货方式。在确定供应商以后,采购中心就需和供应商签订合同。在合同中,要明确供货时间、供货数量、交货形式、服务、价格等。采购中心可以根据自己企业的需要,采用"定期采购交货"形式或者是"一揽子合同"全承包的长期供货合同形式。

（8）检查合同履行情况,评价工作业绩。确定供货关系,签订供货合同后,购买者还必须一方面定期对合同履行情况进行检查,从而发现不按合同履行的行为,及时纠正订货情况,或调整下期订货合同；另一方面向使用者了解情况,了解所购产品是否合适,如发现有不合适之处,也对订货合同作调整。对此,供货企业就必须严格按合同办事,尽量避免因自己的工作失误而导致采购企业的"变更购买"和"新购"。

以上各个环节,对于不同的购买类型是不同的,"新购"情况下要经历全部的购买过程,而直接重复型购买和修改重复购买则可能只需要某些阶段。因此,企业营销人员必须根据不同时期、不同购买类型,确定购买者的阶段,从而采取有效的营销策略,达到营销目的。

参阅资料　AFG 工业公司的拾遗补缺营销

> AFG 工业公司是美国一家生产玻璃的厂商,其资金、资源和生产能力在同行业中均居中下游。开始,它试图向建筑市场推销房屋门窗、普通平板玻璃,由于其实力不足,很难与其他实力雄厚的大玻璃工业公司抗衡去争夺这一大市场,因此它的产品在建筑市场中所占份额极其微小。
>
> 后来,AFG 工业公司的市场营销主管人员改变他们的供应方向,把产品集中供应给那些要用硬化彩色玻璃来生产自己产品的公司,满足它们这种特殊的需要。于是,AFG 工业公司采用了拾遗补缺的营销方法,并制定了针对那些不为大企业所重视的"小市场"的市场营销组合方案。由于该公司对市场进行了仔细的细分,并与它所服务的客户建立了密切的关系,现在 AFG 工业公司销售给微波炉行业用于安装炉门的玻璃已占市场 70% 的份额,销售给其他部门或居民用于淋浴围隔或桌面垫板的玻璃已占市场 75% 的份额。AFG 公司也赢得了同行业中最高的利润额。
>
> 资料来源：王方华主编：《市场营销学》,复旦大学出版社 2001 年版。

5.3　中间商市场及其购买行为

5.3.1　中间商市场的概念和组成

中间商市场也叫转卖者市场,是指购买产品的目的是把产品出卖或出租给别人,以获得利润的组织和个人。

中间商市场包括批发商和零售商两部分。批发商是指以非最终消费者为销售对象的商品转卖者。批发商购买商品并把商品转卖给零售商和其他商人以及产业消费者、机关用户、事业单位（如医院）和商业用户（如饭店）等,而不是直接把商品转卖给最终消费者。零售商是指以最终消费者为转卖对象的转卖者。目前,我国中间商市场上包括商业系统、物资流通系统、供销合作社系统及大量的小摊贩等组成的中间商。由于它包括的范围广、数量多,有时直接和最终消费者接触,使得它既有同生产者市场相似的特征,也有和消费者市场相似的特征。

中间商在市场上购买产品和劳务,并转卖他人,起到沟通产销的媒介作用。在商品经济条件下,生产者生产的产品,一部分通过直销进入生产者市场,一部分直接自销进入消费者市场,还有一部分通过中间商进入中间商市场。因此,生产企业的营销范围很广,渠道也较多。

5.3.2 中间商市场的特点

中间商介于生产者和消费者之间,这就决定了中间商市场的特点有许多与生产者市场相似,也有某些与消费者市场相似。概括起来,中间商市场有以下几个特点:

(1) 市场规模较大。中间商市场规模虽不及消费者市场,但却大于生产者市场,因此,中间商的地位不容忽视。

(2) 购买业务量较大。中间商购买属批量购买。

中间商市场还有和生产者市场相似的特点,如需求缺乏弹性,需求是派生的以及有组织购买等。另外,中间商市场在地理分布上比生产者市场分散,但比消费者市场集中,又由于中间商介于生产者和消费者之间,尽管它们的需求也是派生的,但较生产者市场更容易受消费需求的影响。

5.3.3 中间商市场的购买行为分析

1. 中间商购买决策的参加者

中间商购买决策的参加者主要决定于批发和零售的规模。不同的企业规模,采购参与者人数是不同的。在大型企业中,采购工作往往也是采购组织中的专职人员负责完成的,他们负责收集产品、消费者需求等信息,然后分析市场,决定是否采购,而在小型企业,如个体企业,负责采购工作的人通常是兼职的,有时一个人负责采购、销售到记账等的全部工作,亦即采购参加者就他一个人,负责采购及采购以外的部分工作,这时就有少数其他人还参与采购。

2. 中间商的购买决策和购买类型

中间商在进货时,必须作以下三方面决策:

(1) 决定经营商品的花色和品种,即经营的产品搭配形式。产品搭配形式是最重要的购买决策,因它会影响中间商的"供应商结构""市场营销组合"和"顾客组合"。通常情况下,中间商的产品搭配有四种方式可供选择:

① 独家产品,即中间商只经营一家制造商的产品。

② 专深搭配,即中间商决定经营许多家同类多种规格及型号的商品。

③ 广泛搭配,即中间商经营范围十分广泛但所经营的产品都属行业内经营,没有超越企业既定的类型。

④ 混合搭配，即中间商决定经营无连带关系的产品，经营范围比广泛搭配更广。

(2) 决定向哪个卖主购买货物，即选择什么样的供应商。

(3) 决定以什么价格和其他购买条件购买。

上述三种决策内容会随不同采购业务的类型而变化。

中间商采购业务的类型分为以下三种：

(1) 新品种购买，即购买新产品。当中间商购买他以前从未经营过的产品时，即属新产品购买。中间商的新产品购买和生产者新购不同。生产者对某种新产品非买不可时，只能选择供应商，而中间商对某种新产品则可根据其销路好坏，决定是否购进。因此，生产者新购是一个必须解决的问题，他必须为此而收集资料，同时结合分析，最后选定供应商，而中间商购进新产品只是看购买的机会。

(2) 选择最佳供应商。当中间商决定购进什么商品时，就必须选择最佳的供应商，即中间商根据自己所经营的实际情况和经营战略，决定选择一个最佳供应商。这种行为由两种原因引起：其一，中间商由于自己的经营能力及经营空间有限，仅能选择一部分产品来经营。其二，中间商准备利用自己的品牌销售他所经营的商品，因而必须寻找具有一定水平又愿意合作的供应商。

(3) 选择最佳的交易条件。中间商一般不需要变换自己的供应者，但希望从原有的供应者中获得较为优厚的供应条件，包括服务、信贷条件、价格折扣、广告补贴等。

针对以上不同的购买类型，供应商必须了解自己的供货对象的购买类型，从而采取相应的促销措施，争取用户。

3. 中间商的购买决策

中间商的购买决策过程和生产购买者的决策过程相似，在新购条件下，中间商的购买决策过程大体也包括八个阶段：认识需要、确定需求、说明需求、物色供应商、征求供货信息、选择供应商、选择订货方式和检查核实履行情况，各个阶段的内容前面已经叙述。当中间商采购的商品是标准品时，其采购决策过程就比较简单；当这种商品的库存下降到一定水平时，采购决策者就向原有的供应商发出订货单进行重复连续购买；当经营费用提高、利润较低时，采购决策者就要和供应商重新协商议定成交价格。

在采购决策者进行连续采购决策时，决策的主要内容是确定下期的订货量。一定时期的订货量一般根据预计需求水平和当前库存水平来确定，通常采用"以销定进"的方法。例如，某零售商店某商品本月期末库存量为10，下月预计销售量为150，则下月预计定货量为140。用这种方法确定订货量可以做到适销对路，加速资金周转，提高经营效果。值得注意的是，中间商采购方式一般比较独特，通常有如下两种方式：

(1) 采用订货次数较少、每次订货量较大的方法。这种方法适用于货源比较紧张、产品特性比较稳定的产品。这种订货方法的优点是可以减少采购工作量和采购费用，并能获得数量及资金等方面较大的折扣；缺点是每次采购所占用的资金较多，资金周转慢，商品库存量较大，在储存库存商品的过程中要支付较多的费用。

(2) 采用订货次数较多、每次进货量较小的方法，也叫"勤进快销"。这种方法适用于一般性普通商品，采购条件比较便利，货源比较充足的情况下。这种方法的优点是可以减少商品库存,加速资金周转,降低经营费用;缺点是采购工作量和采购费用会相应增加,进货成本较高,优惠较少。

针对以上两种采购方式,中间商在决策时必须综合比较,权衡利弊,确定适当的"订货点",以降低经营费用,增加盈利,提高经营效果。

随着科学技术的发展和计算机的广泛应用,采购中的许多问题都可逐步借助计算机和通信设备进行处理,如决定合理订货点、库存控制量、处理订单等。发达国家采用"配送中心"的方式,对企业的产品需求数量、需求时间等,实行全方位服务,按时、按量、按点送达,使许多生产企业、批发企业和零售企业对于那些连续再订购的商品实现"无库存采购",使需用产品的企业不需设立自己的仓库便可随时得到供货。这样,大大地降低了中间企业的采购费用,加速了资金周转,提高了企业效益,这也是我国在发展过程中值得借鉴的。

4. 中间商采购人员的类型

中间商的采购同生产用户采购一样,也要受到环境因素、组织因素、人际关系和个人因素的影响,值得注意的是,在其他因素既定的条件下,采购人员的采购风格,也需要考虑。美国的研究人员通过对中间商的采购者进行抽样分析后,得出中间商的采购人员可分为如下七种类型:

(1) 忠实采购者。这种采购者长年忠实于同一货源,不轻易更换供应者及其相关条件。如果采购组织中的采购决策者是属于这一类型的采购者,则这个中转企业的采购大都属于直接重购。

(2) 机会采购者。这种采购者都善于从备选的几个符合其长期利益和发展前途的供应者中,随时选择最有利的货源,而不固定于任何一个。

(3) 最佳交易采购者。这种采购者专门选择一定时间内能给予最佳交易条件的供应者成交。

(4) 创造型采购者。这种采购者向供货商提出他所要求的产品、服务和价格,希望以他的条件成交。

(5) 广告型采购者。这种采购者在每一笔成交的交易中都要求供货者补贴广告费用。

(6) 吝啬型采购者。这种采购者在交易中总是要求供应者给予价格折扣,并且只同给予最大折扣的供应者成交。

(7) 精明干练型采购者。这种采购者所选择的货物都是价廉物美的产品。

上述七种采购者类型中,除第一种以外,其余几种的采购决策人或采购人员都可能导致变更购买和新购。因此,供货企业的推销员在研究各种环境对中间商的采购人员影响的同时,也要对中间商采购人员的特点和风格有所了解,以便因人而异,促成交易,增强促销效果。

5.4 政府机构市场及其购买行为

5.4.1 政府机构市场的概念

政府机构市场是指为执行政府的主要职能而采购或租用货物的各级政府单位。即政府市场由各级政府机关组成,他们在市场上的活动是购买或租用商品,以实现政府的主要职能。

一个国家的政府机关庞大而复杂,我国更是如此,各国政府通过税收、财政预算,掌握了大量的财政收入,这些收入往往要通过预算支出,用来购买维持政府机关运转及实现其职能所需的各种货物和劳务,或者用于建立为国民服务的各种设施,这样就形成了很大的市场。政府机关采购的货物包罗万象,无所不有,因此,它也和生产者市场、中间商市场一样,是一个庞大而复杂的市场。

我国是社会主义国家,大中型企业一般都属国家所有。企业和政府之间许多产权关系尚未厘清。因此,目前对我国政府机构市场很难作系统研究,但随着我国市场经济的建立和逐步完善,政企逐步分开后,政府机构市场会逐步和生产者市场脱钩,形成自己独特的市场,具有自己的购买行为。目前,我国政府消费大约相当于国内国民生产总值的 10%,约有 8000 亿元之巨。国际上公认,实行公开透明的政府采购,能够节约 10% 经费。按此节约率推算,我国实行政府采购制度每天可节约财政支出两亿元。目前,我国财政行政系统已有 23 个省、自治区、直辖市的 273 个地市(县)开展了政府采购工作的试点,用于政府采购的资金累计达到 20 多亿元,共节约资金 2.7 亿元,平均节约率为 13.5%,取得了良好的经济效益和社会效益。

另外,各国政府出于机构设置、权限不同,导致各国政府机构购买行为不同。

5.4.2 政府的采购组织

各级政府都有采购组织,负责采购本政府部门所需的一切物品。在美国,各组织中以美国联邦政府的采购组织最庞大,它分为两大类:

(1) 联邦政府军事部门的采购组织。这个组织负责采购联邦政府所需军用物资,通过国防供应总署和陆、海、空军总部采购。这个组织除采购外,同时负责分配一切军用品。

(2) 联邦政府非军事部门的采购组织。这些非军事部门包括商务部、联邦通讯委员会、服务总局等。这些部门的采购组织在政府市场起着购买代理商的作用,为其他非军事的政府机构采购最常用的物品,如办公设备、车辆、燃料、装饰物等,同时还负责促进其他机构的采购程序标准化。

5.4.3 政府机构采购商品的方式

政府机构作购买决策,除了受组织因素、人际关系和个人因素影响以外,还要受到

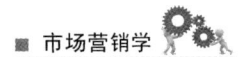

许多大众团体和公民的监督,受到政治、政策变化的影响,同时要考虑政府追求的其他非经济目标。政府机构的采购方式,主要有两种:

(1)公开招标采购。政府在报刊上刊登广告或发出信函,写出具体要采购商品的品种、规格、数量等,要求卖方在规定期限内报出价格或其他服务项目,即进行投标。如果某企业有条件并有意向投标,就在规定期限内填好标书,标书中标明可供商品的名称、品种、规格、数量、交货日期、价格和服务等项目,密封送达政府的采购机构(招标人)。当到达规定日期时,政府就在公开场合开标,选出报价最低、服务最好、最有利的供应商成交。这种采购方式适用于货源比较充足、卖方竞争激烈的商品。政府在采用这种方式采购时,处于主动地位,不需和卖方反复磋商,也可节约采购费用。

(2)议订合同采购。这种采购方式是政府采购机构和一个或几个企业接触,最后只和其中一个企业谈判协商签订合同,进行交易。这种采购方式主要适合于购买风险较大、需复杂计划的物品。若大企业取得合同后,把一部分合同转包给小企业,则会引起产业市场上的"引申需求"。

一般情况下,政府机构的采购业务很复杂。生产供应企业应通过政府发布的各种信息渠道,如"日报""指南""协会"等,和政府取得联系,以获得政府的需求动向和购买程序,从而达到签订合同的目的。

本章小结

组织市场是由各种组织机构形成的对企业产品和服务需求的总和。它可分为三种类型,即产业市场、中间商市场和政府市场。企业采购中心通常包括五种成员:使用者、影响者、采购者、决定者和信息控制者。产业购买者的行为类型大体有三种:直接重购、修正重购和全新采购。产业购买者作购买决策时受到环境因素、组织因素、人际因素和个人因素影响。全新采购的购买过程阶段最多,要经过认识需求、确定需求、说明需求、物色供应商、征求建议、选择供应商、选择订货程序和检查合同履行情况八个阶段。中间商的主要购买决策包括配货决策、供应商组合决策和供货条件决策。政府采购应遵循如下基本原则:公开、公平、公正和效益;勤俭节约;计划。政府采购可以采用招标、竞争性谈判、邀请报价、采购卡、单一来源采购或者其他方式。

思考题

1. 什么是组织市场?组织市场的主要类型有哪些?
2. 生产者用户的购买类型有哪几种?
3. 生产者购买决策的参与者主要有哪些?论述生产者用户完整的购买过程。
4. 中间商的购买类型对购买决策过程产生何种影响?
5. 政府采购的基本原则是什么?分析影响政府购买行为的主要因素。

案例分析

百事公司解散采购部门

百事公司(PepsiCo)正式宣布解散其全球营销采购部门,而采购部的业务今后将由各个品牌部直接负责。此次解散营销采购部,无疑将引起公司人员裁减,其中部分员工将会转岗到公司其他部门工作,但并非在旗下各大子品牌(包括百事可乐、激浪、多力多滋、佳得乐等)继续担任采购工作。

关于此次变革,百事公司发言人表示,"目前这一系列变动和决策都是经过慎重考虑,这也是一项保持今后在商界竞争力的必要之举。也许这些变化会引起一系列职位变动,但我们已经尽力将影响降到最低,也会提供遣散费给被涉及的员工,同时大力支持他们度过职业转换期"。

虽然采购部在成立之初是为了节省开支——包括但不限于代理商费用,从而提高在营销活动方面的投资回报。但近年来营销采购部的存在价值逐渐受到质疑——当市场部在指望代理商能够带来销售额的同时,采购部却希望能用最少的投资换来更大的回报,如此一来,代理商就得面临来自双方的压力。

另外,如今的营销内容更新加快,决策的实效性也越来越强,这就意味着百事公司已经不能再依赖过去的那套方法——事先策划大型电视广告和大量媒体推广。而此次解散采购部,"将采购的责任交予各个品牌部负责可以更好地实现高效与快速,因为他们更加贴近顾客,同时也可以在作决定时更加迅速地掌控营销花费(大小)与回报的平衡",一位百事公司高管如此表示。

当然,采购部门的取消也会带来一定的风险,毕竟各个品牌部之前并没有具体负责过如财务系统、合同法规以及财务调查等方面的事务,这就给各品牌部带来更多的工作与挑战。

资料来源:《百事解散"营销采购部",大变革要开始了吗?》,http://www.prnasia.com/blog/archives/17929,2017年9月29日访问。

案例思考题

试分析百事公司取消采购部对公司的采购活动将会带来哪些影响。

第6章

市场营销信息系统和市场营销调研

学习目标

通过本章学习,掌握市场营销信息系统的概念和构成内容,掌握市场营销调研的相关内容,能对未来的市场需求量及影响需求的因素进行分析和研究,为企业市场营销管理决策提供依据。了解市场调研的含义、特点,掌握市场调研的类型、内容及程序,了解市场调研的程序、市场调研问卷制作的技术、市场调研报告撰写的要求。

学习重点

市场营销信息系统的概念和构成内容;市场营销调研的内容和方法。

引导案例 运动品牌如何打动女性消费者?

运动对女性消费者的吸引之处是什么?运动的竞技性,运动能保持身材,还是运动休闲时尚所代表的风格?

2013年2月底,阿迪达斯为女性消费者推出"以姐妹之名,全倾全力"的全方位市场活动,挖掘友谊这个概念——女人之间通过相似的运动热情相连接,并通过这份共享的热情创造属于她们的团体。

整个活动的焦点都围绕着友谊、姐妹情谊和团体的概念。具体的内容包括:广告推广(户外、纸质媒体、电视以及数字媒体广告)、公关推广、数字推广以及商场促销;全国多地启动线下活动,举办时装表演,展示不同风格的产品。此后两个月,阿迪达斯广告的搜索量达到峰值,多数搜索聚焦于电视广告中出现的产品和新的品牌大使Hebe田馥甄;同时,店铺访问率明显增加,女子运动表现系列产品销量同比增长40%,在高线和低线城市市场都看到了强势的销售表现。

"女子品类是我们最重要的品类之一。在我们推出女子市场活动之后,我们看到了销售的显著增长",阿迪达斯集团大中华区董事总经理Colin Currie(高嘉礼)在接受《成功营销》采访时表示。

除了提升品牌关注度和产品销量,"以姐妹之名,全倾全力"营销传播于阿迪达斯中国团队来说,还有一层更特别且重要的意义——它是阿迪达斯第一个中国本土化的市场活动,第一次聚焦于女性消费者,第一个独立、跨品类的市场活动,此外,它还是2013年阿迪达斯最大的市场活动。

与2009年"Me,Myself"市场活动不同的是,此前的宣传仅针对女子训练产品,现在针对女子运动表现系列中跨品类产品,从时尚的锻炼服装到可以提升运动表现的科技产品,都有涉及。此外,"Me,Myself"这一市场活动概念由全球设计,随后适应当地市场。

2014年,阿迪达斯继续"以姐妹之名,全倾全力",推出以周末约会为主题的运动概念,鼓励热爱生活、热爱运动的女生们带上自己的姐妹,打破传统的周末约会方式,加入阿迪达斯的运动行列,来一场缤纷活力的姐妹周末运动派对。

为推广这一理念,阿迪达斯于3月推出由Hebe主演的新一季女子电视广告,以"姐妹周末运动"为故事主线,为女性消费者带来不同以往的运动魅力,鼓励女性朋友和她们的姐妹在运动中全倾全力、尽情享受运动的快乐。与此同时,推出了"adidas girls"微信公共账号,用户可以玩游戏,获得周末运动新内容、产品资讯、运动小贴士等丰富信息。

新一季的广告中,强调了跑步和室内运动产品,代表了阿迪达斯女子运动表现系列在中国市场的发展重点。

"(跑步和室内)这是两个在中国飞速发展的运动。对于很多刚开始做运动的女性来说,跑步和室内运动是非常有吸引力的,这些运动不需要特殊的训练,容易学习。"

以跑步为例,其在中国的受重视程度与日俱增,这从在中国新增的马拉松赛事数量就可以看出来。2012年,中国举办了超过20个长距离马拉松之类的比赛。而在10年前,每年仅能看到1~2个这样的比赛。

• 这一切的推动因素是什么?在阿迪达斯看来,首先是运动参与度在全国范围内的提升。其次,跑步是一个易于参与的运动,它不像其他需要设备或器械的运动,参与跑步的门槛比较低。"这些趋势使阿迪达斯对中国市场充满了信心",高嘉礼说道。

对阿迪达斯而言,"以姐妹之名,全倾全力"营销活动是成功的,而促成其成功的最重要因素是"努力去了解消费者"。

"我与朋友一同前往健身房,这样我们就可以互相鼓励。"

在针对中国女子运动市场的深度调查中,阿迪达斯团队采访了来自6座城市的126位年龄在15到28岁之间的女性,发现她们对于运动和健身有着特别的情感诉求——并不是将健身与运动的地方单纯视为进行锻炼的场所,也将其视为一个可以与朋友社交的场所。

此外,友谊是一个女孩日常生活的重要部分,与朋友共进晚餐,一起购物,或是看电影将会更有乐趣。同样的道理也适用于运动和健身。对女孩而言,不论是游泳、打羽毛球还是做瑜伽,与朋友共同参与这些活动更有乐趣可言。

虽然传统的做法是将运动作为核心,用强健体魄推广女子运动产品,但在阿迪达斯了解女性消费者的需求、想法和愿望后,决定另辟路径,用"社交"的诉求点来吸引这个细分消费群体。

了解当地市场的消费者,不仅仅是营销创意的基本,同样也适用于开拓细分市场、开设门店或是产品搭配计划。"当我们拓展新的细分市场的时候,花时间去了解当地市场和消费者是很重要的。举例而言,我们在北方户外品类中看到了巨大的增长潜力。基于当地的气候和地理条件,北方比中国其他地方的冬天都要长,更多的消费者喜欢冰上和雪上运动。因此,我们大部分的户外门店位于中国北方的城市",高嘉礼举例说。

在阿迪达斯的品牌组合中,除了运动表现系列,运动时尚系列品牌 NEO 和 Originals 中也有涉及女性消费者的产品,但未来,阿迪达斯暂无计划推出跨品牌的市场活动。

资料来源:谢园:《运动品牌如何打动女性消费者》,载《成功营销》2015年第8期。

为了有效地履行营销职责,成功地开展营销活动,企业营销部门需要大量的信息。然而,企业却得到大量无效、过时、不可信或者零乱无序的信息。越来越多的现代企业意识到了这方面的问题,并采取实际措施建立、改进、加强它们的市场营销信息系统。

市场营销调研,是现代企业获取有用信息的重要途径之一。实际上,在现代企业市场营销决策过程中,每一步都离不开营销调研,因此,掌握进行营销调研的技能十分必要。

6.1 市场营销信息系统

6.1.1 企业营销与信息

从市场营销的角度看,企业与市场的联系包含三种流向:(1)货物或劳务由企业流向买主;(2)货币由买主流向企业;(3)企业与市场、环境之间的信息沟通。企业开展市场营销活动不仅需要人、财、物诸方面的资源要素,而且需要信息。可以认为,信息是营销活动的形成要素之一。

在现代经济生活中,以下三种发展趋势使企业对市场营销信息的需求较以往任何时候都更为强烈:(1)市场地域的扩大。随着国内各地区之间乃至国际之间经济联系的加强,市场不再局限于本地区,市场营销从地区扩展到全国,甚至跨越了国家之间的界限,营销决策人员在不同地区市场或国际市场中面临较为生疏的环境,需要收集、加工许多新的信息。(2)购买者的购买行为复杂化。随着购买者收入水平的明显提高,他们在购买中的挑选性愈来愈强,这使得购买行为复杂化,由此引起对购买者行为研究的相应复杂化。(3) 竞争由价格竞争发展至非价格竞争。在较高收入水准的市场中,购买者对产品价格不再像过去那样敏感,价格高低对最终决定是否购买的影响力度大为削弱,由此品牌、产品差异、广告和销售推广等竞争手段的作用日益突出,但这些非价格手段能否有效运用,前提条件也在于是否能获取正确的信息。

现代信息技术突飞猛进的发展,也为企业大规模收集、处理信息提供了手段。过去30年,计算机、复印机、录音机、传真机、摄像机、放像机、缩微摄影、闭路电视系统和其他设备投入应用,使信息的收集和处理产生了重大的革命,但这并不等于企业就能有效地利用它们,及时获得企业所需的信息。相比之下,企业缺少的往往是与现代信息技术配套的管理信息系统,或根本没有市场营销调研部门,或即便有,工作也仅局限于日常信息收集、销售分析和简单的需求预测。

上述情况表明,为了及时、有效地寻求和发现市场机会,为了对营销过程中可能出现的变化与问题有所预料,为了在日趋激烈的市场竞争中取胜,现代企业需要建立一个有效的营销信息系统,以便及时系统地收集、加工与运用各种有关的信息。

首先,市场营销信息作为广义信息的组成部分,除具有一般信息所具有的属性外,还有自己的特征,它们是:

(1) 时效性强。市场营销活动与市场紧密联系在一起,信息的有效性具有极强的时间要求。这是由于作为国民经济大系统的中心位置的市场,受到错综复杂的要素的影响和制约,处于高频率的不断变化中,信息一旦传递加工不及时,就很难有效地利用。对此,日本的商业情报专家认为:"一个准确程度达到百分之百的情报,其价值还不如一个准确性只有50%,但赢得了时间的情报。特别是在竞争激烈之际,企业采取对策如果慢了一步,就会遭到覆灭的命运。"可见,加强信息的收集能力,提高信息的加工效率,尽可能缩短从收集到投入使用的时间,对于最大限度地发挥营销信息的时效性,十分重要。

(2) 更新性强。市场营销信息随市场的变化与发展处于不断的运动中,这运动客观上存在着新陈代谢。因此,市场活动的周期性并不意味着简单的重复,而必定是在新环境下的新过程。虽然这种过程与原有的过程有着时间上的延续性,但绝不表明可以全部延用原有的信息。信息总是不断地随着环境的变化而变化、更新,这就要求企业营销部门必须不断地、及时地收集分析各种新信息,以便不断掌握新情况,研究新问题,取得营销主动权。

(3) 双向性。在市场商品流通中,商品的实体运动表现为从生产者的单向流动,而市场营销信息的流动则不然,它带有双向性:一面是信息的传递,另一面是信息的反馈。

其次,企业收集信息是为营销决策服务,营销决策对所收集的营销信息有以下要求:

(1) 准确性。来源是否可靠?收集、处理的方法有无偏颇?可信度如何?

(2) 及时。营销信息的时效性极强,因此对获得信息、传递信息和处理信息的速度有严格要求。

（3）恰当。即确为决策所需的信息和传送频度。信息量太少，传递间隔时间过长固然不好，但是量太多造成无用信息过多或庞杂而理不出头绪，报告过频而使管理者疲于应付，同样不行。

（4）系统性。企业在营销活动中受到众多因素的影响和制约，如果仅仅得到一堆杂乱无章的信息是无济于事的。为此，企业必须连续、大量、多方面地收集、加工有关信息，分析他们之间的内在联系，提高它们的有序化程度。只有这样的信息，才是可以运用的信息。

（5）费用代价小。收集、处理信息必然涉及费用支出，一方面，支出水平受企业预算制约；另一方面，支出水平不应超出所获信息可能给企业带来的收益，否则，这一信息收集、处理过程就失去了其存在的价值。

6.1.2　营销信息系统

1. 营销信息系统的基本认识

所谓营销信息系统（marketing information system，MIS），是指由人、设备和程序组成的一个相互作用的连续复合系统，其任务是准确、及时地对所需要的信息进行搜集、分类、分析、评估和传递，供给营销者运用，以便使营销计划、实施、组织和控制具有科学性和准确性。

不同企业，其信息系统的具体构成会有不同，但基本框架大体相同，一般由企业内部报告系统、营销情报系统、营销调研系统和营销分析系统四个子系统构成。

营销信息系统开始和结束于信息使用者。首先由营销管理者确定他所需信息的范围；其次根据需要建立企业市场营销信息系统内的各个子系统，由有关子系统去收集环境提供的信息，再由营销分析评估系统对收到的信息进行处理，使其更具实用价值；最后由营销信息系统以适当形式，在适当时间将信息送至营销管理人员手中。

一个设计合理的营销信息系统，应使以下三个方面达到协调：营销管理者希望得到的信息、真正对他有用的信息和可能提供的信息。信息系统的工作一般是由管理者提出需要开始，但是，管理者提出的需要同他们的实际需要并不总相一致，有时甚至会漏掉他们真正需要的信息，有时信息系统也不能提供他们所需要的全部信息。比如，有关竞争者将推出什么新产品的信息是营销管理者所需要的，但对方究竟有何种具体产品行将问世，他们并不了解，营销信息系统就应当根据对市场情况的调研资料，及时向管理者提供必要信息，供决策时使用。

有时是由于信息系统的局限性，使企业得不到所需要的信息。例如，某一现代企业也许想了解它的竞争对手下个年度的广告预算将有什么变动，以及这一变动对彼此的市场占有率将有何影响。但这一情况很难获得，即便获得也很难准确预测它对市场占有率的影响。

最后，企业还必须确定为获取某项信息所付出的代价是否值得，要避免得不偿失。但实际上，这二者都很难估算，因为信息本身并无固定价值，要看它被怎样利用。

2. 市场营销信息系统的构成

市场营销信息系统一般由以下四个部分组成：

(1) 内部报告系统。内部报告系统提供的数据包括订单、销量、存货水平、费用、应收应付款、生产进度、现金流量等。企业的财务部门提供财务状况和销售、订单、成本、现金流动等详细数据；制造部门提供生产进度、发货、存货数据；销售部门提供中间商的反应、竞争对手的活动情况。这些信息都可供管理者发现营销中的问题和机会。其中的核心是"订单—发货—账单"的循环，即销售人员将顾客的订单送至企业，负责管理订单的机构将有关订单的信息送至企业内的有关部门；有存货的立即备货，无存货的则要马上组织生产；最后，企业将货物及账单送至顾客手中。

大多数营销管理者都利用内部报告系统定期获取各种数据，特别是用于日常的计划、管理和控制。内部报告系统是决策者们利用的最基本的系统。它的最大特点是：其一，信息来自企业内部的财务会计、生产、销售等部门；其二，通常是定期提供，用于日常营销活动的计划、管理和控制。来自企业内部的信息通常比从企业外部获取信息更及时和节省。但这些信息通常是为其他目的搜集的，对营销决策往往不尽适用。例如，会计部门提供的销售和成本数据，原是用于财务分析的，现在却用来评估产品及其推销力量或渠道运行情况。因此，营销信息系统必须对其进行搜集、分类、整理和编目，以便于管理人员的使用。

内部报告系统的任务之一是要提高销售报告的及时性，以便在销售发生意料之外的上升或下降时，决策者能尽早采取应对措施。

在设计内部报告系统时，应避免发生某些容易犯的错误：一是每日发送的信息太多，以致决策者疲于应付；二是过于着重眼前，使决策者对每一微小的变动都急于作出反应。

(2) 营销情报系统。市场营销情报系统的主要功能是向营销部门及时提供有关外部环境发展变化的情报。有的著作称："营销情报系统乃是日常搜取有关企业外部的市场营销资料的一些来源或程序。"营销情报是每日发生的有关营销环境发展情况的信息，如新的法律条令、社会潮流、技术创新、竞争者状况等，这些信息有助于管理人员制订和调整营销计划。比如，在竞争对手向市场投入某种新产品之前汇报给上层管理者，以便及时采取对策保护本企业产品地位，或是发现社会环境的某种动向，及时调整企业战略或采取新策略措施，以顺应环境变化。

营销情报人员通常用以下四种方式对环境进行观察：① 无目的的观察，观察者心中无特定的目的，但希望通过广泛的观察来搜取自己感兴趣的信息；② 条件性观察，观察者心中有特定的目的，但只在一些基本上已认定的范围内非主动地搜取信息；③ 非正式搜寻，营销情报人员为某个特定目的，在某一指定的范围内，作有限度而非系统性的信息搜集；④ 正式搜寻，营销人员依据事前拟订好的计划、程序和方法，以确保获取特定的信息，或与解决某个特定问题有关的信息。

营销决策人员可从各种渠道获得情报，如阅读报刊书籍，与顾客、供应商、分销商等企业外部人员交谈，与本企业内部其他经理和员工交换信息等。一些管理有方的企业往往采取有效措施来增加情报数量和提高情报质量,如训练、激励推销人员,使其注意观察并及时报告市场动态,起到"耳目"的作用;鼓励分销商、零售商等企业外部的合作者向企业传递重要的营销情报。还可通过下述途径获取有关竞争者的情报:购买竞争者的情报、参加贸易展销会、阅读竞争者发表的经营报告,参加其股东大会;向竞争者过去或现在的员工、分销商、供应商和运输代理进行了解,搜集竞争者的广告;阅读行业公会主办的报刊,等等。此外,还可向专门的情报机构,如市场调研公司、咨询公司、广告公司等机构购买情报。有些企业还建立专门小组或办公室,负责情报的收集工作,并负责将有关情报整理、集中起来,帮助决策人员进行分析和评估。

西方营销学学者曾就市场营销情报活动提出"情报循环"理论,可作为企业建立情报系统的一个范例。这种情报循环由五个阶段构成:

第一阶段是情报的定向。主要目的是确定企业营销所需的外部环境情报及其优先次序,并观察这些情报的指标和收集系统的建立。

第二阶段是情报的搜集。主要目的是观察各种环境,以搜集适当的情报。情报的来源通常十分广泛,如政府机构、竞争者、顾客、大众传播媒介、研究机构等。

第三阶段是情报的整理和分析。通常情况下,对于收集到的情报,要分析其是否适用、是否可靠、是否有效。也就是说,收集到的信息需要经过适当的处理才能转变成有用的情报。

第四阶段是将经过处理的情报在最短的时间内传播到适当的人手中。为此,要确定接收人、接收时间和接收方式。工作中,应特别注意经各种途径传播的情报有无失真的情况。

第五阶段是情报的使用。为有效地使用情报,必须建立一种索引系统,帮助营销人员方便地获得存储的情报。同时,还应定期清除过期或失效了的情报。

(3)营销调研系统。营销管理者不能总是被动地等待来自营销情报系统的或多或少的信息,在企业的营销管理过程中,还经常需要通过专门性的调查研究搜集有关信息。譬如,某企业准备生产一种新产品,在作出决策之前,有必要对该产品的市场潜量进行较准确的预测。对此,无论是内部报告系统还是营销情报系统,都难以提供足够的信息并完成这一预测,这就需要组织专门力量或委托企业外部的专业组织,进行营销调研。

概括地说,市场营销调研和营销调研系统的任务就是企业为了实现营销管理和作出营销决策而对有关信息进行系统的搜集、分析和评价,然后对研究结果提出正式报告的过程。

市场营销调研具有这样的功能,它可通过信息把营销者同消费者、客户和公众联结起来,营销者借助这些信息可发现和确定营销机会和问题;开展、改善、评估和监督营销活动,并加深对市场营销过程的认识。营销研究系统与内部报告系统和营销情报系统最本质的区别在于:它的针对性很强,是为解决特定的具体问题而从事信息的收集、整理、分析。企业在营销决策过程中,经常要对某个特定问题或机会进行重点研究,如开发某种新产品之前,或遇到了强有力的竞争对手,或要对广告效果进行研究等。显然,对这些市场问题的研究,无论是内部报告系统还是营销情报系统都难以胜任,而需要专门的组织来承担。

企业可设立自己的调研部门承担营销调研任务,也可部分或全部委托外部专业调研公司完成某项调研任务。一般地说,小型企业多委托专门的咨询公司或市场调研公司进行调研,大企业多自设营销调研部门(如美国73%以上的大公司都设有营销调研部门),其规模大小不等,大者数十人,小者一二人。营销调研部门一般由营销副总裁领导,由市场研究、统计、行为科学等方面的专门人才组成。当然,即使自己有调研部门,也并不排除将一些大型复杂的营销调研项目委托给专业组织。

营销调研的范围很广,根据美国市场营销协会的统计,美国企业中最常见的一些调研项目是:市场特点研究,市场需求的衡量,市场份额分析,销售分析,商业趋势研究,竞争产品研究,短期预测,新产品的市场接受情况及需求量调查,长期预测,定价研究。

(4)信息分析系统。对于营销情报系统和调研系统搜集到的信息,通常还需要作进一步分析。营销分析系统的任务就是对情报系统和营销研究系统收集来的数据资料用数学方法进行分析归纳,从中得出多种有意义的结果。

营销信息分析系统是由一个统计库(statistical bank)和一个模型库(model bank)组成。统计库包括一系列统计程序,这些程序可帮助分析者了解一组数据中彼此之间的关系及其统计上的可靠性;可帮助管理者回答如下一些问题:影响企业销售的主要变量有哪些?其重要程度如何?如果将销价提高10%并同时增加20%的广告费,将会给销售带来哪些影响?哪些指标最能显示顾客可能购买本企业产品而不购买竞争者的产品?对某种产品的市场细分采用哪些变量作为细分依据最好?

模型库包括一系列数学模型,这些模型有助于营销管理者作出更科学的决策。自20世纪60年代中期以来,一些营销专家借助现代数学工具建立了大量的数学模型,用于各种营销决策,如确定销售区域,设计零售网点的配置,选择最佳营销组合,预测新产品销售,等等。

在现代管理中,上述统计方法和决策模型都被编成程序,配置在计算机上,这大大提高了营销管理者作出更佳决策的能力。在我国,目前这方面的工作还有待加强。我们需要更多的管理科学家进入企业,与营销人员加强相互了解和配合,以提高企业科学决策的能力。

信息经分析处理后,相当部分还有重复使用的价值,为日后再用,在初次使用后便进入存储状态。还有一部分信息暂不直接使用而径直进入存储状态。这就提出了营销信息的存储问题。在电子计算机进入信息系统后,将信息进行编码放入计算机的存储系统便成了主要的储存方式。

为使处于存储状态的大量信息能及时、方便地被加以使用,还需建立一套科学的查找方法和手段,这就是信息的检索。目前有多种检索方式,其中尤以计算机检索的效率为高,代表着营销信息检索的发展方向。

在当代,电子计算机作为一种有效的工具已在企业营销管理中得到了广泛的应用。可以认为,直至有了计算机,才有了现代的企业营销信息系统。

计算机在信息处理中的显著特点是:它能够实现大量数据的综合处理,从而提高了信息生成的及时性与准确性;其次是极大的存储容量和高效率的检索系统。从发展过程看,计算机用于信息处理,大体上经历了三个发展阶段:① 单项数据处理阶段。它属于计算机用于信息处理的初级阶段,其特点在于让计算机模仿手工处理程序,局部地代替营销人员手工处理信息,以在一定程度上提高处理效率。② 综合处理阶段。企业人员开始将计算机用于某子系统的信息处理中。这个阶段的特点是,在处理系统功能设计上,应用了信息反馈及控制理论;在计算机系统的资源的利用上,采用了面向终端的计算机网络和实时系统;在数据范围上,则扩展到与该子系统业务有关的各个方面。③ 系统处理阶段。这一阶段的特点是,企业依据决策对信息的需求,运用系统分析的方法,将企业各主要业务所涉及的数据处理工作全面纳入计算机系统,建立先进的企业信息系统。

现在,我国已有相当多的现代企业配备电子计算机,但多数处于发展的第一阶段,少数处于第二阶段,离有效地将计算机用于营销信息处理还有相当距离。因此,重视并掌握将计算机用于营销信息处理的技术,仍是我国企业营销人员面临的重要课题。

市场营销信息只有被营销管理者利用,并制定出更完善的营销决策时,才能实现其价值。因此,由营销情报和调研系统获得的信息,还要在适当时间送到真正需要它的管理人员手里。大多数企业都有一套常规的信息报告制度,但这只能适用于日常的管理工作,同时还需要针对某些特殊情况或现场决策的非常规信息。因为若按常规途径传送信息,很可能因太慢而延误时机。近年来,信息处理技术的发展已在信息传输上引起了一场革命。依靠先进的微机、软件和传输系统,许多公司将其营销信息系统分散开来,管理者们可直接从信息系统中提取所需数据资料,还可利用电脑终端与整个公司的信息系统联结起来。这样,不用离开办公桌,就可获取公司内部报告以及外部信息服务机构所提供的信息。

6.2 市场营销调研的步骤

6.2.1 营销调研的必要性

在企业的市场营销管理过程中,每一步都离不开营销调研。因为在市场营销的分析、计划、实施和控制的每一阶段,营销管理者都需要信息,需要关于顾客、竞争者、中间商及其他方面的信息,而营销调研是取得这些信息的一个最重要的途径。美国曾有人这样说过,管好一个企业,就是要管好它的未来,而管好未来就意味着管理信息。在19世纪,大多数企业对它们的顾客了解很少。但是,在现代,由于市场环境变化多端,企业对信息的需要在数量和质量上都空前增加,从而营销调研的必要性也与日俱增。

这首先是因为市场范围的扩大。当企业的业务从地方市场扩展到全国市场乃至世界市场时,必然需要更大范围和更远距离市场的信息。其次是消费者收入的增加和需求选择性的加强。在这种情况下,营销者更需要获得消费者的反应。再次是竞争的日益激化。当企业在日益激化的竞争环境中应用日益复杂的营销手段时,自然需要了解有关这些营销手段的效果的信息。最后是市场营销环境的变化愈来愈快。现代企业面临迅速变化的营销环境,为增强企业的应变能力和竞争能力,不能不需要大量的最新信息,以便及时作出决策。

总之,通过营销调研及时掌握必要的信息,是保证营销决策准确及时所不可缺少的前提。因此,企业家把信息视为无形财富,其价值往往无法估计。因此,每个企业都需要或多或少地进行市场调研。现在,甚至许多非营利组织也运用市场调研的原理和方法为自己服务。

市场营销调研1910年首先在美国出现,二次大战后逐渐推广于世界各国。现美国企业通常将销售额的0.02%—1%作为营销调研的经费,供企业市场营销研究部门使用或购买外部专业市场营销研究公司的服务。我国近年来随着经济体制改革的深化,无论是面对变幻莫测市场的企业,还是承担日益复杂的宏观调控任务的政府经济管理职能部门,都开始重视市场调研,并建立相应的研究机构。同时,社会上专门提供各种市场调研服务的公司也应运而生。

从最一般的意义上讲,市场营销调研是为营销管理和决策的目的,运用科学方法,对有关信息进行有计划、有步骤、系统地收集、整理、分析和报告的过程。

市场营销调研应用的范围很广,企业中常见的一些调研项目有:宏观环境调研、市场需求分析、销售分析、市场占有率分析、竞争产品研究、价格研究、广告研究、分销渠道研究、消费者购买行为分析等。

6.2.2 营销调研过程

市场营销调研一般由以下几个主要步骤组成:确定问题和调研目标,制订调研计划,收集信息,分析信息,提出研究报告。

1. 确定问题和研究目标

市场营销调研的首要任务,是确定营销过程中存在的问题及营销调研所要达到的目标。营销管理人员最了解营销活动中存在的问题和应作出的决策,因而也最了解哪些信息对营销决策最重要;调研人员则最了解应如何取得这些信息。所以,这一步骤要由二者密切配合,共同完成。

确定问题及调研目标往往是营销调研过程中最困难的一个步骤。管理人员可能已经知道营销活动中存在问题,但找不出发生问题的真正原因。比如,某企业在一个时期内的销售额直线下降,管理人员以为是由于广告做得不好造成的,于是开始营销调研,寻找改进广告的途径。但调研结果表明,原来的广告并没有问题,做到了"在适当的时间将适当的信息传递给适当的受众"。再经仔细了解,才发现导致销售额下降的真正原因是产品质量下降,售后服务也不够好。可见,如果该企业的管理人员能够在调研之前弄清营销中存在的实际问题,就可避免不必要的调研项目所造成的浪费,而把精力集中到必要的调研项目上去。

在确定了营销中存在的问题之后,管理人员和调研人员应共同确定调研目标。一个调研项目可能有3种目标：一是探索性调研（exploratory research）；二是描述性调研（descriptive research）；三是因果分析调研（causal research）。

探索性调研是指企业对需要调研的问题尚不清楚，无法确定应调查哪些内容，因此只能搜集一些有关资料并进行分析，找出症结所在，然后再作进一步调研。描述性调研是指通过调研如实地记录并描述诸如某种产品的市场潜量、顾客态度和偏好等方面的资料。因果分析调研是为了测试假设的因果关系的正确性，如降价10%能否使销售额上升10%。总之，探索性调研所要回答的问题是"是什么"，描述性调研所要回答的主要是"何时"或"如何"，因果关系调研所要回答的主要是"为什么"。一般先进行探索性调研后再进行描述性调研或因果关系调研。

参阅资料　确定问题与调研目标

> 某航空公司在决定进行一项关于在飞机上提供电话服务的调研活动时，首先提出："探求你能够发现的空中旅客所需要的一切。"结果，可能得到大量不需要的信息，而实际需要的信息却得不到。后来又提出："探求是否有足够的乘客在某航线的飞行中愿意使用电话，使这项服务不致亏损。"营销人员可能认为，如果这项服务能增加新乘客，不是可从机票中盈利吗？最后提出："如果这项服务成功了，竞争者的模仿速度是多快？"据此确定以下特定研究目标：乘客在航行期间通电话的主要原因是什么？哪些类型的乘客喜欢在航行中打电话？有多少乘客可能会打电话？各种层次的价格对他有何影响？这一新服务会增加多少新乘客？这项新服务对公司的形象会产生积极影响吗？电话服务和其他因素如航班次数、食物和行李处理等相比，重要性如何？
>
> 资料来源：吴健安等主编：《市场营销学》，高等教育出版社2014年版。

2．制订调研计划

研究计划实际是收集所需的资料信息的计划。要解决研究目标中的有关问题可能需要收集不同的信息，而这些不同的信息从来源渠道、得到的方式等方面可能会有很大的差别。所以需要制订一个有效的收集信息的计划，以保证能够收集到所有需要的信息。在制订研究计划时，主要涉及资料来源、收集资料的方法、收集资料的工具、抽样计划等方面的问题。

3．收集信息

收集信息的过程实际是市场营销研究计划的执行过程。这一过程也是最艰苦、最易出问题并且花费最多的一个环节。因此，对这一过程中的组织实施必须进行认真的管理。

在使用观察法和实验法收集资料时，如果借助于仪器设备，这一过程比较容易管理，将仪器设备安装到所选的地方即可，但是如果使用调查法中的个人访问法收集信息，则要涉及许多方面的管理工作，如访问员的选择、培训、访问工作的管理等。

对访问员的选择，一般要求访问人员必须具备一定的素质，如语言文字能力、社会交往能力等，以保证访问人员能够理解并正确解释所提的问题，并能应付访问工作中出现的其他问题。

所选的访问人员不一定对访问工作都比较熟悉，所以，访问人员选好后还必须进行必要的培训。培训工作的内容一般应包括对访问工作的要求，对问卷的理解与解释，访问的基本技能和程序，访问过程中遇到的特殊问题的处理等。

访问工作的管理是保证访问工作顺流而下进行的条件。对访问工作的管理一般应写出管理的原则，特别是对访问工作中常出现的问题要有明确的处理方案，以保证每个访问人员能按同意的要求去完成访问工作。

4. 分析信息

在收集信息的工作结束以后，就要对所收集的信息进行整理分析，以从中提出相应的研究结果。

分析信息的基础工作是对所收集到的信息进行整理，如对问卷进行进一步审查，剔除不合格的问卷，对合格问卷进行编辑、整理、输入等。当这些工作做完后，就可借助市场营销决策支持系统统计库中的统计分析方法进行统计分析，统计分析结果作出以后，还要求市场营销研究分院对所分析的结果进行综合分析，特别是在问卷调查中使用的开放式问题较多时，根据不能用计算机进行统计分析的问题的信息，对统计分析结果进行进一步的补充分析，以作出更可靠的研究结果显得更重要。

5. 提出研究报告

对收集到的信息进行分析，得出相应的研究结果后，还要根据企业决策人员的需要提出研究报告。所提出的研究报告，一般应包括研究的目标、研究的问题、分析方法、研究的结论等方面内容。但对研究报告的格式，现在存在不同的看法，有的认为研究结论应该在前，有的认为研究结论应该在后，对这个问题，应该根据研究人员的习惯或企业习惯，不应强求完全按一种格式。

不管研究报告以什么格式提出，都必须简明扼要、结论明确，特别是要避免借题发挥，随意进行根据不充分的推论。

6.3 市场调研的方法

选择什么样的调查方法也是取得调查佳效不可忽视的问题。一般而言，市场调查的基本方法可分询问法、观察法、实验法及消费者固定样本连续法四类。

6.3.1 询问调查法

询问调查法，又称直接调查法，是调查者将事先准备好的调查事项向被调查者提出，以获得所需资料的一种方法。这种方法所获得的资料大多为第一手资料。采用询问法调查时，询问的内容一般包括三个方面：其一是事实询问，即要求被调查人用事实来回答问题。例如，"您所使用的电视机是什么牌子?"其二是意见询问，即调查人希望被调查者提出自己对所询问的事项的意见或见解，要求被调查人自己评论。其三是阐述询问,即当调查人想了解被调查人的购买行为或意见的理由及购买动机时采用。例如,"你为什么要选购康佳牌电视机?"

在进行询问时,要注意到两点:一是把所要询问的事项简明扼要地传达给被调查人;二是要创造一个让被调查人愿意回答问题的气氛。

按调查者与被调查者之间接触方式的不同,询问法可分为走访调查、电话调查、信函调查、留置问卷调查等形式。以下对此简要作一介绍。

1. 走访调查

走访询查法也称人员访问法,即根据选出的样本范围及规定的访问程序,由调查人员用当面谈话的方式来发问并记录答案以收集资料的方法。走访调查根据调查者和被调查者人数的多少,可分为个别走访和小组座谈开调查会等形式。

走访调查法具有以下几方面优点:

(1) 真实性。走访调查法采用面对面的交谈,其真实程度高,回答问题也比较多。

(2) 启发性。直接交谈能相互启发和探讨解释某些问题。

(3) 问卷询问形式多样化。面对面交谈可以采用较多的问卷形式,比如笔录、录音等。所以,这种调查方法具有较大的伸缩性和灵活性。

(4) 直观性。走访调查可以直接观察被调查者所回答的问题是否正确。当场核对,有利于判断所得资料的可靠程度。

(5) 激励性。有些被调查者对走访调查甚感兴趣,通过发表个人意见或见解,达到心理和情绪上的满足,因此具有激励效果。

走访调查法的缺点主要表现在:

(1) 调查费用较高。随着调查样本范围的扩大,往返差旅费用增加,加上调查人员的培训费用等更是如此。因此,走访调查只适合在较小的范围内使用。

(2) 调查人员可能受外界影响,而产生偏见,导致错误结论。由于面对面谈话,调查人员一般会受被调查人的态度、心理、情绪、看法的影响,而且,面对面交谈很难得到被调查人对当前敏感问题的看法。

(3) 对调查人员的素质和责任心要求较高。调查人员的工作态度和业务素质会直接影响调查结果。

基于上述优缺点,采用走访调查方法时,调查人员应以平等友好的态度去接近对方,创造一种让被调查人愉快接受调查的环境,而不能将自己的意见强加于人。走访调查一般在调查区域较小、所听取的答复较复杂或所要询问的问题较多时采用。

2. 电话调查法

电话调查法是由调查人员根据事先确定的抽样原则抽取样本,用电话向被调查人询问以收集资料的方法。

电话调查法的优点有:

(1) 及时性。采用电话调查法,可以及时地获取所需要的资料,节省调查时间。

(2) 经济性。电话调查法和走访调查法相比,比较经济,它可以节省大量的差旅费,只须花费很少的电话费。

(3) 深入性。对平时不易见面或不便面谈的敏感性问题,采用电话调查,可能取得成功。同时,可以不受调查人在场的心理拘束,被调查人可以畅所欲言。

电话调查法的缺点主要表现在:

(1) 调查询问时间较短。电话调查问卷或提纲一般较短,问题较少,无法作细致调查。

(2) 资料显示的形式少。电话调查无法显示照片、图表等背景资料,最多只能采用录音形式。

(3) 主动性较差。电话调查不容易获得对方的合作。当某些被调查者不愿意回答时,调查者无法控制和劝说。

电话调查法一般都用于初步调查,初步收集基本资料,或当作筛选样本的调查,以便找出合乎条件的特定样本。

3. 信函调查法

信函调查法也叫邮寄调查法,是调查人将所拟订的调查表通过邮局寄给被调查者,要求被调查者填妥后寄给调查人以收集资料的方法。

信函调查法的优点是:

(1) 调查范围广。被调查人的地区只要能通邮,均可作为调查的样本。

(2) 经济性。信函调查法和走访调查法相比,调查费用比较低,只需付邮资,节省了差旅费。

(3) 被调查者有充裕的时间考虑回答问题,不受时间约束,回答问题的准确性较高。

(4) 被调查者可以不受调查人的影响,消除主观干扰和偏见影响,甚至对某些敏感的问题(如隐私等)也能谈出自己真实的看法。

信函调查法的缺点是:

(1) 时间花费较长。从发出信函到收回调查问卷,所需要的时间较长。

(2) 回收率低。当被调查人对该调查项目不感兴趣或不愿合作时,就会影响回收率。当各调查区回收率不同时,会影响调查的代表性,无法正确估计误差。

(3) 填表者可能不是目标被调查者,致使真实性差。当回答者责任心不强或因工作缠身时,可能会对调查问卷采用应付的方法,忽视问题实质,降低其准确性。

信函调查法只适用于被调查者有一定文化水平、对收集资料的时间要求不强,问卷不长且不太复杂的调查。

4. 留置问卷调查法

留置问卷调查法是走访调查法和信函调查法的结合,即调查者将设计好的问卷送交被调查者,并说明填写的要求,当填好之后,再由调查人员定期回收。

留置问卷调查法的优缺点介于走访调查法和信函调查法之间。其优点有:调查问卷的回收率高;被调查人有比较充裕的时间考虑和回答问卷;当面说明了填写要求,解答了疑问,能提高问卷质量等。缺点是,调查费用较高,调查时间长等。

6.3.2 观察法

1. 观察法的含义及应用

观察法是观察者深入现场或进入一定环境,观察调查对象,获得第一手资料的方法。调查人员直接到调查现场,耳闻目睹顾客对市场的反应或公开言行,或者利用照相机、录音机、监测器等现代化器械间接地进行观察来收集资料等,都属于观察法。

观察法的特点就是从侧面观察被调查者的言行和反应,一般不直接向被调查人提出问题,所以,被调查者往往是在不知情的状况下被调查的。

观察法经常应用于市场调查,主要有以下几种:

第一,顾客行为观察。在销售商品时,可由调查员观察并记录商店内有关事项或用摄像机拍摄顾客在店内活动情况,以此来促进商品的销售。如在某一大型超级市场,商店经理通过录像设备密切注意顾客购买商品情况,据此可以了解顾客对商品的爱好、倾向及购买行为。

第二,商品库存观察。对库存商品直接盘点计数,并观察库存商品的残次变质情况,以便掌握商品的库存量及结构状况,了解哪种商品畅销,哪种商品滞销,以评估现有经营方针。

第三,店铺调查。在零售商店了解和记录销售情况。调查人员从消费者实际购买和询问商品的品种、商标、规格、花色、包装等项目中了解消费者的需求,确定企业的生产或商店的进货,观察顾客流量、客流规律,统计顾客人次,在展览会、展销会、订货会上观察产品销售情况和顾客反应。

第四,行人观察。从观察行人的穿着和携带商品来确定商品流行款式、消费者的偏好,以此作为产品设计的依据。

第五,食品橱观察。采取深入居民家庭察看食品橱的方法,了解食品的消费结构,对某种商标的喜爱程度及食物的储存量,目前这种方法在国外较流行。

第六,替代品的替代程度调查。用于调查消费者对某商品的需求强度以及同类替代品的替代程度。例如,调查者亲临零售商店观察,当顾客需要某一品牌商品时,商店并不按顾客的要求提供,却代之以其他品牌的同类产品,观察顾客的接受程度。将顾客接受替代品的百分比计算出来,即为某一商品的替代程度。

第七,痕迹观察。这种方法不是直接观察被调查对象的行为,而是观察被调查者留下的实际痕迹。如美国市场调查理论创始人之一的查里斯·巴林随机抽取城市各处的垃圾筒,清点被抽中垃圾筒中的罐头汤盒的个数,以此来分析研究蓝领工人的妻子中有多大比例不做汤,而是买罐头汤。

此外,现场观察法还可用于产品质量调查、批发市场调查等。

2. 观察法的类型

根据不同的标准,可以将观察法分为不同的类型。

(1) 参与观察与非参与观察。参与观察是指观察者在一定程度上直接介入被研究的客体,与被观察者发生联系,以内部成员的角色参与他们的活动,在共同生活中观察、搜集有关资料。如售货员向消费者推销一种商品,可主动向他们介绍产品的性质,回答他们感兴趣的问题,并观察消费者的购买意向。由于参与观察身临其境,不仅能了解到一些表面现象,而且能体验到被观察者的感情变化,从中了解产生这种现象的原因,取得深入的调查资料;参与观察还可以更快地掌握事态的发生、发展情况。

非参与观察是指观察者以旁观者的身份,置身于调查对象群体之外进行的观察。在非参与观察中,观察者像新闻记者一样进行现场采访和观察,他们不参与被观察者的任何活动,这种观察方式虽然比较客观,但却不易了解被观察者的内心世界。因此,非参与观察一般用于试查、探索性调查和一般行为调查。

(2) 结构式观察和非结构式观察。结构式观察是事先制订好观察计划并严格按照规定的内容和程序实施的观察。这种方法的最大特点是将观察过程标准化。结构性观察要求对观察的每个问题事先编好几种可能的答案,然后根据观察结果填写,这种方法能够得到比较系统的观察材料,有利于定量分析和对比研究。

非结构性观察是对观察的内容、程序事先不作严格规定,依现场的实际情况灵活决定的观察。这种观察所得材料比较零散,缺乏系统性,难以进行定量分析和对比研究。

结构性观察一般适用于对观察对象有一定了解的调查,非结构性观察适用于对被观察对象不太了解的研究。在实践中,往往通过非结构性观察过渡到结构性观察或其他更深入的调查。结构性观察、非结构性观察在参与观察和非参与观察中都可以运用。

(3) 连续性观察和非连续性观察。连续性观察是指在一定时期内围绕某个目的或某个研究问题对同一对象反复地进行观察。这种观察有两个特点:一是观察的连续性,即对某个问题要通过一段时间的反复观察才能完成。二是观察的同一性,即在反复观察中,观察对象不变。非连续性观察,就是一次性观察。

(4) 直接观察和间接观察。直接观察是指对被观察者的活动直接观测。间接观察是通过一些事物来间接反映被调查者的行为。间接观察中较有特色的是"损蚀物观察"与"累积物观察"两种。损蚀物观察是一种对磨损程度的观测。如我们可以根据超级市场中各类商品的磨损情况、移动情况来推断消费者对某类或某一品牌商品的关注和偏好。累积物观察是观察某些累积物或积聚物。如通过某座城市垃圾堆中的酒瓶进行分类整理来度量城市的酒类消费量。

3. 观察法的实施步骤

第一,制订观察计划和提纲。制订观察计划,以明确观察地点、时间、对象和范围。观察提纲一般包括以下四个方面:一是环境和情景,二是人物活动,三是人际关系,四是目的动机。如要了解商店服务员对待顾客的态度,则首先应确定观察的商店、时间及哪些服务员,观察内容有哪些,顾客与服务员的关系如何等。

第二,进入观察现场。在自然状态下观察,能获得生动的资料,不仅能观察到商店服务员的态度,还能观察到与此有关的顾客的表情。

第三,与被观察者建立良好关系。如要了解服务员的心理状态,则必须与之建立良好关系。

第四,记录。将观察的信息变成文字记录。记录观察信息大致有四种方式,一是同步记录,二是事后追记,三是卡片记录,四是音像记录。

第五,退出观察现场。

4. 观察法的优缺点

观察法是进行市场调查的一个重要方法,它的主要优点是:

第一,可以直接获得资料。观察法无需中间环节,可以获得直接、具体、生动的感性认识,一般较为真实可信。

第二,观察法是收集非语言资料最基本有效的方法。调查方式是观察者单方面的活动,一般不依赖语言交流,有利于排除语言交流中可能发生的误解或干扰。

第三,观察所得结果比较及时。观察是调查者对现象的直接接触,因而具有及时性的特点,减少了记忆偏差。

第四,简便、易行,灵活性大。观察时人员可多可少,时间可长可短,而且可以随时随地进行,是一种使用广泛的调查方法。

观察法的缺点是:

第一,观察法一般只报告事实的发生(包括已经发生和正在发生的)即外在现象,难以观察到内在的因素,如事件发生的原因、动机等。

第二,受时空条件限制。观察法的使用范围有一定局限性,对某种尚未发生的现象、突发性事件或已发生过的现象无法进行观察。

第三,受观察者自身限制。这种限制来自两方面:一方面,来自人的观察器官的限制。人的感官有一定的限度,超过这个限度,观察对象所具有的某些属性就难以观察到,因而使观察常带有表面性的缺点。另一方面,观察结果会受到主观意识的影响,由于观察者的主观素质不同,对同一对象的观察结果往往不同,使观察结果不可避免地产生一定的误差。

第四,观察结果难以推论全局。一般来讲,观察法样本较少,并且一般难以对资料进行量化处理,所以,观察结果也难以推论全局。

6.3.3 实验法

1. 实验法及其特征

实验法是研究者根据一定的研究目的,控制某种市场条件,或在人工环境中使一定的现象产生,通过观察、记录收集资料,以揭示其发生原因或规律的方法,是一种复杂、高级的直接调查方法。

实验法的特点是:

首先,可以控制调查环境。访问法、观察法都不涉及改变调查对象所处的环境,实验法则可以有计划地强化或创造实验对象所处的市场环境,以得到自然条件下难以得到的资料。

其次,可重复性。即可以使某种现象在大致相同的条件下重复发生,便于反复研究,从而较为精确地验证结论或假设。

最后,实验对象具有主观能动性。与自然科学的实验法不同,市场人口学研究中的实验客体是具有主观能动性的人,可以自觉地适应和改变自己存在的条件。

在运用实验调查法时,必须遵循以下两个前提:一是实验的各种条件必须和实验结果所能使用的状态条件一致。在市场调查过程中,诸因素及条件无时无刻不在变化,因而不易把握。另一个前提是正确控制其他因素的可能影响。

实验调查法应用的范围比较广,一般来讲,商品品质、包装、价格、售后服务、广告宣传和商品陈列等,都可以采用实验调查法测试其经济效果。

2. 实验法类型

按照不同的分类标准,可将实验法分为形式不同的实验类型。

(1) 按调查环境不同,实验调查可分为实验室实验和现场实验。实验室实验,是在人工环境下进行的实验,实验者对实验环境可进行严格的有效控制。如在某个特别模拟的商场里,请一些潜在的顾客在观看了相关广告后购买商品,看他们购买哪一种商品,受广告影响的程度,购买决策的变化等。在实验室里,在同样情况下,试验三种电视旋钮的寿命及旋动的难易程度,将每一个旋钮与一个机器相连,每小时开关 30 次,在一个星期内,每个旋钮可开关 5 千余次,相当于正常条件下一个家庭 4 年的使用次数。上述实验仅为内部有效,但不是外部有效的。在实际家庭使用中,电视机将承受不同的温度、湿度和灰尘,而在一个星期里不可能产生这么多外在条件的变化,有可能在实验室表现最好的旋钮在现实情况下是差的。

现场实验,则是在自然情况下进行的实验,实验者只能部分地控制实验环境的变化。现场实验可克服实验室实验的不足,但对于旋钮实验来讲,在时间和价值上又不值得做 4 年的现场实验,因而应该选择何种方式的实验,还应由决策者权衡而定。

(2) 根据实验的组织方式、是否有对照组、对照组的多少和实验组的多少,可分为单一实验组实验(又称连续实验)、实验对照组实验(又称平行实验)。

连续实验,是指只选择一批实验对象作为实验组,根据实验活动前后实验对象的变化作出实验结论。例如,要实验租赁制对企业经济效益的影响,并以资金利税率作为衡量经济效益的主要指标,其具体步骤是:其一,选择实验对象,选甲、乙、丙三企业组成实验组。其二,前检测,计算实行租赁制前一年的资金利税率,假定 1992 年,三个企业均为 5%。其三,实验过程,假设从 1992 年底或 1993 年初起实行租赁制。其四,后检测,计算实行租赁制后一年的资金利税率。假定 1993 年末三个企业平均为 12%。其五,作出实验结论,实验效应=12%(后检测)-5%(前检测)=7%。

应注意的是,只有在实验者能有效排除非实验因素对实验过程的干扰,或者能使非实验因素的影响缩小到可以忽略不计的情况下,连续实验的全部效应才能被看作是实验的结果,否则就不能作出这样的结论。

平行实验,又称对照实验,是指既有实验组又有控制组的一种实验。选择一批实验对象作为实验组,同时选择一批与实验对象相同或相似的对象作为对照组,并努力使实验组和对照组同时处于相类似的实验环境之中;然后只对实验组给予实验激发,对照组不给予实验激发;最后根据实验组和对照组前后检测的变化对比,作出实验结论。实验组与对照组设计的最大优点在于,它能大致离析出实验效应的范围或程度,从而对实验效应的评价更为客观和准确。实验组与对照组设计,可以是一实验组一对照组,也可以是一实验组双对照组或三对照组设计。对照组的数量越多,可离析出来的非实验效应就越多,对实验效应的评价就越准确。但实验对象和实验环境的匹配也越困难。因此,在一般情况下,实验组与对照组设计,多采取一实验组一对照组的设计方法。例如,要了解某商品改变包装后消费者的反应,即可使用平行实验。选择 A、B、C 三个商店作为实验组,再选择条件与之相似的 D、E、F 三商店作为控制组。在 A、B、C 三商店出售新包装商品,D、E、F 三商店出售原包装商品。一个月后,测得 A、B、C 三商店共售出该商品 1500 件,D、E、F 三商店共售出 1200 件。为避免这种差异是由商店的差异所致,在下一个月 6 个商店更换商品,A、B、C 三商店销售原包装商品,D、E、F 三商店销售新包装商品。又一个月后,测得 A、B、C 三商店共售出 1300 件,D、E、F 共售出 1400 件。可以算出,在两个月中,新包装商品共售出 1500＋1400＝2900(件),原包装商品售出 1200＋1300＝2500(件)。由此可知,改变包装后,该商品的销售量在两个月内提高了 400 件,改变包装是有利的。

3. 实验调查法的实施步骤

实验调查法一般按如下步骤进行：

第一,根据调查课题,提出研究假设。如某电器公司欲对某产品进行有奖促销活动,但事先不知道有奖促销活动是否会成功,因而先进行实验,以确定促销活动是否进行。首先假设,有奖促销会促进该电器产品的销售。

第二,进行实验设计,确定实验方法。决定有奖销售实验方法采取对照实验,即一组为实验组,进行有奖销售,另一组为对照组,不加任何控制手段,不进行有奖销售,以便观察两组今后各自销售量的状况,是否能验证假设。

第三,选择实验对象。根据调查课题的特点,用随机抽样或非随机抽样的方法选取实验对象,尽量使实验对象有代表性。因为该电器公司所要进行的有奖销售活动(如果实验成功的话),拟定于在大中城市广泛进行,因而随机抽取了 A、B 两市,并确定 A 市为实验组,B 市为对照组。

第四,进行实验。严格按照实验设计规定的进程进行实验,并对实验结果认真观测和记录,必要时可进行重复实验。A、B 两地在进行有奖销售的前两个月销售量相同,均为 2500 件,经过两个月的实验,A 地的销售量为 4000 件,B 地为 3000 件。将此实验结果记录下来,因为这种实验涉及面较广,没有重复的必要,因而只进行一次。

第五,整理分析资料,得出实验结果。根据实验记录及有关资料,进行统计分析,以揭示市场现象的规律及有关因素的影响,得出结论并写出调查报告。

以上实验可得出有奖促销的绝对值效果及相对值效果：

绝对值效果＝(4000－2500)－(3000－2500)＝1000(件)

相对值效果＝[(4000－2500)/2500－(3000－2500)/2500]×100％＝40％

通过实验结果可知,有奖销售大大促进了销售额的增长,在两个月的实验中,多销售了 1000 件,比平时多销售了 40％。据此,可以向该公司写出建议报告,强调积极开展有奖促销活动的商业意义。

4. 实验法的优缺点

实验调查法是与自然科学研究方法较为接近的一种调查方法,可以通过合理的实验设计降低误差。

实验法的优点是,首先,实验调查法将实验与正常市场活动结合起来,通过实验所取得的数据和资料具有一定的客观性和可靠性,并可以排除部分主观估计的误差,具有一定的科学性。其次,可揭示事物之间的因果关系,实验调查是在实验基础上进行的调查,可以主动地、积极地改变某些市场条件,促使实验对象向预定的方向发展,从而达到实验目的。最后,通过实验,调查者可有意地使要研究的对象在相同条件下重复出现,反复进行研究。因此,可得出准确结论。

实验法最大的缺点是无法排除非实验因素对实验过程的影响。如前述某电器公司举行有奖销售活动,即使不加控制条件,B地的销售量可能也在上升。这种上升可能是季节因素的影响,也可能是因产品知名度的上升,或者不同商场的销售方式不同所致,因而很难对实验过程进行完全有效的控制。

6.3.4 集体访谈法

1. 集体访谈法的含义及特征

集体访谈法是访问调查法的延伸和扩展,是调查者邀请若干被调查者,通过集体座谈的方式了解有关情况或研究市场有关问题的方法。

集体访谈法的特点在于,它不是一个一个地访问被调查者,而是同时访问若干个被调查者;它不是通过与个别被调查者的个别交谈来了解有关情况,而是通过与若干个被调查者集体访谈来了解有关情况。因此,集体访谈过程,不仅是调查者与被调查者之间互相影响、互相作用的过程,而且是若干个被调查者之间互相影响、互相作用的过程。在集体访谈法中,对调查者素质的要求较高,调查者不但要具备熟练的访谈技巧,还要有驾驭调查的能力。

目前,在市场营销学方面,集体访谈法越来越受到重视,一般用以了解产品特性、产品促销、产品质量、广告效果评价、新产品的开发上市、对市场进行预测等方面。

2. 集体访谈法的类型

根据不同的划分标准,集体访谈法可以划分为不同的种类。

首先,按访谈的形式分为两种:一种是互相讨论式的座谈会,如某食品厂讨论如何使本厂食品销路更好,是改换工艺,还是改换原材料,或者是重新开拓市场,彼此之间互相讨论、启发,找出新的对策;另一种是各抒己见的调查会,与会者充分发表自己的意见,但不能批评别人的意见,著名的头脑风暴法就属于这种类型。

其次,按照访谈的方式可分为口头集体访谈和书面集体咨询。口头集体访谈,就是开座谈会,面对面进行调查;书面集体咨询,是属于背靠背的间接式调查,彼此之间互不相干,"德尔菲"法即属于此种类型。

下面简要介绍一下在市场调查、预测当中应用较广、影响较大的头脑风暴法及德尔菲法。

头脑风暴法是鼓励创造性思维的一种座谈形式,其主要规则为:首先,主持人简要说明座谈主题,并规定讨论问题的范围。其次,与会者自由发言,但不得重复或反驳他人的意见,以形成一种自由讨论的气氛。再次,鼓励与会者综合、吸收他人的意见,修改、完善自己的意见,并提出新想法。最后,会议主持人不发表自己的意见,不带有倾向性,也不对别人的意见提出批评,但要激发与会者思维的创造性和积极性。

英国的一位制鞋商采用头脑风暴法来探测人们将来要穿什么样的鞋子,用什么材料制作等问题。会议成员围绕这个问题提出了近400个想法,最不同寻常的一个是使用屠宰场动物眼球制造鞋子的想法。人们并没有将此想法立即否定,而是围绕这个想法产生了制作黑暗中使用的鞋子及使用某种具有像眼睑那样功能的机器等制作鞋子的新想法。可见头脑风暴法是最具有开拓性和艺术性的一种调查方法。

德尔菲(Delphi)是古希腊阿波罗神殿所在地,因为阿波罗神殿的神谕威望很高,该城被认为是预言家们活动的场所。40年代,美国兰德公司的研究人员设计出了一种预测方法,因其较高的准确性而被广泛采用,被称为德尔菲法。

德尔菲法的具体步骤为:首先,预测机构将要预测的问题写成含义明确的调查提纲,分送给选择的专家,请他们书面回答。专家们在背靠背、互不相知的情况下,以无记名的方式将回答反馈给预测机构。其次,预测机构汇总专家们的意见,进行定量分析,再将统计分析结果反馈给专家。再次,专家根据反馈资料,重新考虑原先的预测意见,决定以后,再以书面形式反馈给预测机构。最后,循环反复,经过三、四次反馈后,预测意见逐渐趋向集中,最终形成集体的预测结果。例如,某针织公司为了了解1994年以后运动衣裤的市场需求,需要进行预测,为此,将邀请一批专家采用德尔菲法进行调查。共邀请专家85名,要求专家在品牌、价格、式样、吸汗、耐穿等项目当中,选择影响销售的三个主要原因,并按其重要性排序。评分标准规定为:评为第一的给3分,第二的给2分,第三的给1分。

经过三轮征询后,有82名专家作出了回答,结果如下表所示:

表6-1 专家评分情况(人数)

项目	第一	第二	第三
品牌	61	13	1
价格	6	4	48
式样	12	54	6
吸汗	0	3	1
耐穿	3	7	26

品牌项的总分比重:$(3\times61+2\times13+1\times1)/82(1+2+3)=0.43$
价格项的总分比重:$(3\times6+2\times4+48\times1)/82(1+2+3)=0.15$
式样项的总分比重:$(3\times12+2\times54+1\times6)/82(1+2+3)=0.30$
吸汗项的总分比重:$(3\times0+2\times3+1\times1)/82(1+2+3)=0.02$

耐穿项的总分比重：$(3\times3+2\times7+1\times26)/82(1+2+3)=0.10$

根据总分比重的大小,得出重要性排在前三位的项目依次是品牌、式样及价格,所以该公司将把生产的重点放在式样及价格上,以期提高质量,创造名牌,产生名牌效益,从而促进该公司经济效益的提高。

3. 集体访谈法的实施步骤

首先,做好集体访谈前的准备。(1)明确会议主题,最好一个会议一个主题。(2)准备调查提纲,调查会前,调查者应认真考虑会议的具体内容,拟定出详细的调查纲目。(3)确定会议规模,一般情况下,每次会议的规模以5—7人为宜,人数太多,会出现陪会现象,人数太少,又难以收到集思广益的效果。当访谈性质为背靠背式时,人数可增多,甚至在百人左右。(4)物色与会人员,到会人员应具有代表性,了解情况,敢于发表意见。(5)选好会议场所和时间,地点应适当、方便、安静,时间较充裕,使多数与会者感到合适。

其次,访谈过程的指导和控制。(1)打破短暂的沉默,可事先安排好带头发言人。(2)创造良好的会议气氛。(3)开展民主、平等的讨论,防止会议出现一部人发言,另一部分人陪会的现象。(4)把握会议的主题,一旦跑题,主持人应能迅速引导与会者回到主题。(5)主持人应客观地引导座谈会,主持人不参与讨论,只起协调主持作用。(6)做好会议记录。

最后,做好访谈后的工作。(1)及时整理会议记录,看记录是否完整、准确,调查情况是否真实、可靠。(2)回顾和研究会议情况,分析与会者的态度和表现,对调查结果作出适当评价。(3)进一步查证事实,调查会上的口头信息有时并不精确、具体,会后应对一些关键事实和重要数据进一步查证核实。(4)作必要的补充调查,如问题有遗漏或发现新线索,可进行补充调查。

4. 集体访谈法的优缺点

集体访谈法的优点是：

第一,了解情况快,工作效率高,每次访谈的不是一个被调查者,因而节约人力、时间。

第二,人多见识广,集体访谈法参加的人员相对较多,提供的信息广,而且可以互相启发、互相补充、互相核对、互相修正。

第三,将调查与研究结合起来,把认识问题与探索解决问题结合起来,能更加全面、深刻地认识事物的本质及其发展规律,更有利于共同探寻解决市场供应与消费者需求诸多问题的途径和方法。

第四,简便易行,适合于各种调查对象。

集体访谈法的缺点是：

第一,无法完全排除被调查者之间心理因素的影响,职业地位较高、权威性较大、口辩性较强的人往往垄断会场,他们的意见往往左右会议的倾向,以致影响调查结果。

第二,有些问题不宜在会议上当众讨论,如保密性问题、敏感性问题、隐私性问题。

第三,讨论往往难以深入,一般受时间所限制,很难深入、细致地进行交谈。

第四,调查的质量和结论在很大程度上受调查者素质的影响。

6.3.5 消费者固定样本连续调查法

消费者固定样本连续调查法是首先采用随机抽样法确定调查对象,然后对同一调查对象每隔一定时期反复进行调查的调查方法。这种方法的调查周期一般为5年,有时也可采用一次性大样本调查后,再选用固定样本连续调查。

在采用消费者固定样本连续调查法进行市场调查时,一般由样本消费者逐日如实地记录所购商品的品牌、数量、单价、购物场所、各种服务支出等,由调查人员将记录按期收回进行统计。由于调查者要坚持逐日记账,长期会形成一种负担而中断,影响调查结果。因此,国内外通常采用每两星期更换一个子样本,或者请求住户单位或居委会帮助完成。这样,既有效地使调查样本具有连续性和稳定性,又能减轻被调查者长期记账负担,确保调查资料有较高的质量。

消费者固定样本连续调查法具有抽样调查的优点,从总体上避免了变动样本带来的误差,且调查比较稳定,记账水平能逐步提高,调查资料比较真实可靠,可比性强。其缺点是,被调查者难以长期坚持如实作记录,使调查样本难以长期固定不变。

消费者固定样本连续调查法主要用于城乡居民家庭收支、消费水平和消费结构变化状况以及季节需求变动等的调查。

本章小结

所谓营销信息系统,是指一个由人员、机器和程序所构成的相互作用的复合体,企业借以收集、挑选、分析、评估和分配适当的、及时的和准确的信息,为营销管理人员改进营销计划、执行和控制工作提供依据。营销信息系统由四个子系统构成:内部报告系统、营销情报系统、营销调研系统、营销分析系统。**市场营销调研是一个包括认识收集信息的必要性、明确调查目的和信息需求、决定数据来源和取得数据的方法、设计调查表格和数据收集形式、设计样本、数据收集与核算、统计与分析、报告研究结果等在内的复杂过程。在此过程中,既有定量研究又有定性研究。**

审查与评估二手数据的标准有三个:公正性、有效性和可靠性。收集原始数据的主要方法有四种,即观察法、实验法、调查法和专家估计法。整个调查研究过程由四个主要步骤组成,即确定研究目的、制定研究战略、收集数据、分析数据。

思考题

1. 什么是市场营销信息系统?它的构成有哪些内容?
2. 我国现代企业应如何改进市场营销信息工作?
3. 加强营销调研工作对参与市场竞争有何意义?

4. 市场调研的方法和步骤是什么？

案例分析

东风日产的数据管理

2016年，东风日产对外宣布，正式与营销数据技术公司AdMaster签署包括多渠道跨设备数字广告监测、营销数据管理和数据创新应用等全方位合作业务。AdMaster凭借中国最为成熟的"品牌自有DMP数据管理平台"搭建技术和服务经验优势，以及汽车领域丰富的实践及服务经验成功击败秒针、国双等多家竞争对手，脱颖而出。

2011年起，AdMaster连续5年为东风日产旗下全部品牌及车型提供数字营销全流程监测评估服务，积累了全方位广告互动、网站转化及公关社交互动数据，建立了高质量数据模型；帮助东风日产建立自有标签体系，实现与BAT等多方第三方数据平台的对接。同时，帮助品牌和车型实现历史营销数据和CRM数据的整合应用。5年的合作，AdMaster不断革新技术，持续助力东风日产引领汽车行业数字营销领域的竞争优势，获得了客户的高度认可。

新的合作中，AdMaster将为东风日产旗下所有品牌和车型提供数字营销领域技术革新的数据管理整合服务，主要范围包括：

（1）数据整合管理和应用：整合广告及网站数据，并结合全网舆情及社交媒体数据，打造品牌自有第一方数据管理体系，帮助东风日产与行业内主流数据提供方进行数据连接；

（2）SmartServing第三方广告智能推送：针对汽车垂直类优质流量（CPD模式买断）及视频优质流量，结合基于Ad Serving的程序化技术帮助品牌优化已采购广告资源，实现基于人群标签的多创意轮播控制、跨媒体频次控制、结合第一方网站数据重定向、针对视频优选目标TA以及与垂直类媒体创意联动；

（3）提升整体营销ROI：通过第一方数据的积累进行品牌自主投放，利用到达自有活动网站、自有电商平台的数据，进行精准投放，通过个人化动态创意，帮助品牌量化销售转化情况；

（4）潜在用户挖掘及获取：以高质量留资用户作为种子，进行Lookalike，触达更多潜在消费者；并结合长期监测的东风日产H5项目，挖掘和发现微信、微博中有影响力的高质量用户进行积累；通过连接线上、线下成单数据，建立「高质量用户模型」，获取更多潜在用户；

（5）广告流量反作弊：通过系统化的反作弊技术，帮助品牌发现和找回由异常流量导致的费用损失；

（6）技术创新：与东风日产内部系统完成API对接，实现广告自动加码，并通过接口提供整合报告，实现连接线下CRM数据进行整体评估。

东风日产沟通传播部项目负责人表示:"过去 5 年的合作中,AdMaster 助力东风日产实现了多次技术创新,高效完成了多方线上及线下数据整合打通应用、用户找回及潜在用户挖掘和获取、建立东风日产自有的'高质量用车模型',并获得亚洲知名 AMES 数据创新奖。此次,东风日产和 AdMaster 的合作将进入一个新的高度,进一步利用 AdMaster DMP 数据管理平台、广告流量质量甄别、SmartServing 广告智能推送等行业领先技术,支持东风日产未来营销革新需求。"

资料来源:《AdMaster 斩获东风日产 DMP 数据管理系统搭建业务》,http://www.sohu.com/a/83726449_117753,2017 年 2 月 26 日访问。

案例思考题

根据案例内容,分析此次合作将对东风日产的市场营销活动带来哪些影响。

第 3 篇　市场营销战略

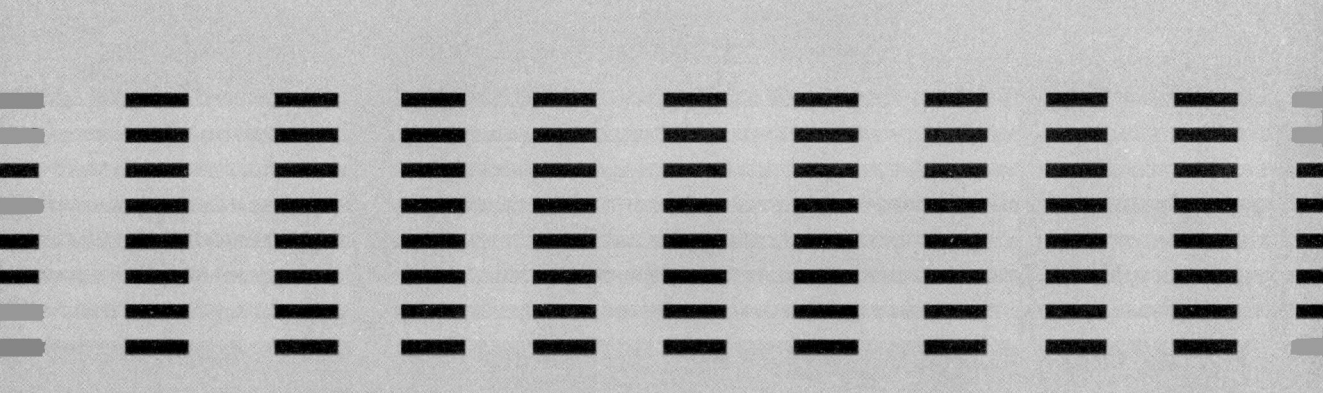

第7章

市场营销战略计划与营销管理过程

学习目标

通过本章的学习,掌握市场营销战略的内涵,了解市场营销战略在企业营销中的地位与作用,并熟悉市场营销战略的分类,从而进行市场营销战略的选择。识别影响战略实施的各要素,掌握营销战略有效实施的原则,选择适当的战略实施模式。了解营销管理的实质和任务,掌握一般的营销管理过程。

学习重点

战略业务单位的确定;新业务战略的发展及实施;市场营销战略的分类及选择;营销管理的实质和任务以及一般过程。

引导案例 拆解迪士尼营销战略:男孩系列加本土系列

从迪士尼消费品部18年前进驻中国市场开始,受制于中国的电视管制政策与外国电影进口配额,原本处于迪士尼产业链末端的消费品业务在中国成为关键部门。通过对迪士尼人物系列的品牌授权,再借助快消品渠道拓展中国市场,增强大众对品牌的认知,将发展重心放在消费品业务成了其在华"曲线救国"的方法。

在迪士尼旗下五大业务中,产业链前端的媒体网络、电影娱乐、互动娱乐业务负责生产内容和创意,而迪士尼主题乐园、度假村及消费品部则成为内容的衍生产品。多年来,迪士尼的传统商业模式一直都是先通过电影、电视制作娱乐内容,再将影视内容拓展为衍生品的主题乐园、消费品等,内容生产为迪士尼衍生产品的贩卖提供源源不断的动力。

在中国市场,版权并不能得到有效的保护,迪士尼电视频道也暂时无法落地。迪士尼大中华区消费品部高级副总裁韩刚则表示,他更关注中国市场与其他市场的"相同点",他认为,中国观众同样需要高品质的产品。所有的市场限制只是需要迪士尼在市场推广上更加"灵活应变"。

韩刚说，为了让一个卡通形象持续几十年，让几代人都成为它的粉丝，最大限度地创造商业价值，迪士尼消费品部创造了"系列形象人物"(franchise)的商业策略。迪士尼消费品业务全球总裁安迪·穆尼(Andy Mooney)8年前将当时6个独立的、零散的迪士尼公主整合起来，促成了"公主"(princess)系列。这一做法促成了迪士尼全球核心策略"系列人物形象"的形成。至今，创立8年的公主系列已经为迪士尼全球贡献了40亿美元的收入。据韩刚介绍，要成为"系列形象人物"，必须同时符合6个条件：具有成为商品的机会；能扩展至不同业务类别；与迪士尼品牌及其所有品牌价值紧密相连；能引起全球观众共鸣；拥有一个由内容支持的长久计划；具有长期增长潜力。

在迪士尼，"系列人物形象"专指那些能跨业务、跨地区，长时间内不断创造价值的系列人物，不是所有故事的主人公都能成为系列人物和形象。目前，迪士尼知名系列人物形象包括米奇老鼠、维尼熊、迪士尼公主等。

中国的市场规划是男孩系列加本土系列。

韩刚说，当2年前迪士尼作未来5年规划的时候，就意识到现有中国市场有两个增长的空间：男孩系列和本土系列。现在男孩系列是针对6—11岁男孩的漫威(Marvel)、3—6岁男孩的赛车总动员(Cars)，本土系列就是喜羊羊的加入。2010年，迪士尼已获得了喜羊羊衍生品全球授权业务的总代理权。当迪士尼发现男孩长大以后喜欢迪士尼原有品牌不能提供的"打斗"时，他们买下了拥有蜘蛛侠、雷神索尔、绿巨人等形象的漫威。2010年，迪士尼消费品部以286亿美元零售额继续成为全球最大的授权方，在2000年左右，这一数字为120亿美元。

资料来源：《东方早报》2011年7月4日。

在动态的环境中生存和发展，企业不但要善于创造顾客需求并满足其欲望，还必须积极、主动地适应不断变化的市场。战略管理是企业面对激烈变化、严峻挑战的环境，为长期生存和发展而进行的谋划和思考，是事关企业大局的科学规划，是市场营销管理的指导方针，也是现代市场营销理论与实践的显著特征。

7.1 市场营销战略管理概述

"战略"一词源于希腊语"strategos"，意为"将军的艺术"，当时引申为指挥军队的艺术和科学。在现代社会和经济生活中，这一术语主要用来陈述一个组织打算如何实现其目标和使命，已广泛应用于社会、经济、管理等各个领域。

7.1.1 市场营销战略管理的含义

市场营销战略管理是指企业从整体利益和长远利益出发，为适应环境变化，对市场营销活动中带有方向性、全局性问题的长期谋划和决策，并依靠企业自身能力将这些谋划和决策付诸实施的动态过程。企业市场营销战略管理包括营销目标、规模、范围、方式、技术发展、产品开发、组织与人事等重大战略问题。这些战略决策在现代企业营销管理中占有十分重要的地位。

7.1.2 现代企业市场营销战略管理的特征

随着社会主义市场经济体制的确立,许多现代企业相应成为具有独立经济利益的法人,自主经营、自负盈亏、自我发展、自我约束的运行机制逐步建立,那种依赖国家包供原料、包销产品的时代已经一去不复返了。如果现代企业缺乏营销战略管理,没有长期发展的战略目标,势必处于"盲人骑瞎马、泥牛闯大海"的危险境地。从市场营销战略管理特征的分析中,不难看出市场营销战略管理的重要性,没有正确的战略管理,现代企业就失去了立足之本。

1. 决定性

战略管理与一般日常事务管理的根本区别在于,它是关系现代企业盛衰兴亡和决定现代企业整体利益的管理,而不是一般的、局部利益的管理。作为一种高级决策,它是最大限度地实现现代企业整体利益的根本保证。

2. 长期性

现代企业总是在一定的市场环境中从事营销活动的。市场环境由多种因素构成,而现代企业很难通过自己的努力改变这些因素。因此,现代企业必须研究市场营销环境变化趋势以及如何适应这种变化,从总体上规划市场营销目标和实施方法,这就是战略管理的实质。战略管理是一种长期性的目标管理,它要求决策者具有长期发展的战略眼光,高瞻远瞩,不因一时一事的利益而损害企业长期发展的总体利益。

英国军事理论家利德尔·哈特在他所著的《间接路线战略》一书中指出:"在战略上,最漫长的迂回之路,常常是达到目的的最短途径。"以迂为直的长期经营战略的核心是不求急功近利,不为短期高额利润所惑,不搞短期行为,着眼于企业长期经营目标和效果。

3. 全局性

现代企业市场营销战略是一种全局性的战略管理。它是以现代企业大局为对象,根据企业整体发展的需要而制定的。它规定的是现代企业的整体行动,所追求的是现代企业的整体效果。在市场营销活动中,现代企业遇到各种各样、错综复杂的矛盾,然而这些矛盾对现代企业运行产生的作用不尽相同,其中必有一种主要矛盾对现代企业营销活动的方向、规模、速度产生制约作用。现代企业在全面市场调查和预测的基础上,找出主要矛盾和解决主要矛盾的方法,才能以纲带目,纲举目张。如果现代企业解决好市场营销行为中带有全面性、方向性的问题,其他矛盾就能迎刃而解。

4. 抗争性

市场营销战略是关于企业在激烈的竞争中如何与对手抗衡的行动方案,也是针对来自各方的冲击、压力、威胁和困难,迎接这些挑战的基本安排。与那些不考虑竞争、挑战,单纯为了改善企业现状、增加经济效益、提高管理水平等的计划、打算不同,只有这些工作与强化现代企业竞争能力和迎接挑战直接相关、具有战略意义时,才构成市场营销战略管理的内容。

5. 纲领性

市场营销战略所规定的是企业整体的长远目标、发展方向和重点,应当采取的基本方针、重大措施和基本步骤。这些都是原则性的、概括性的规划,具有行动纲领的意义,必须通过展开、分解和落实等过程,才能变为具体的行动计划。

6. 创新性

市场营销战略有别于年度计划或长期计划的一个重要方面就是它的创新性。现代企业为了生存和发展,就必须不断地强调开辟新业务或新市场。只有"创造性的毁灭"贯穿于战略管理的全过程,现代企业才能在激烈的市场竞争中不断地重塑自己的未来。

7. 应变性

市场营销战略是对未来环境作出的一种应对。首先,要在战略中设计多种应变对策;其次,企业可能影响未来的环境,甚至以自身的创新在某种程度上引领环境的变化。这也需要现代企业在战略制定和实施过程中认真予以考虑。

7.1.3 制定现代企业市场营销战略的原则

1. 公众原则

所谓公众原则是指企业制定营销战略必须符合国家和消费者利益的要求,也有利于企业自身的生存和发展。在任何社会制度下,现代企业的生存和发展都要受到国家宏观政策和消费者市场需求这两个重要条件的制约。现代企业的营销战略若与国家宏观政策相悖,不仅无法享受国家政策上的优惠,还会受到国家在税收、资源等方面的限制,从而使他们长远发展受到抑制;若现代企业的战略不能满足公众利益的需求,不符合消费者的需求,或对社会其他公众的利益造成损害,就会导致其产品没有市场,或引起消费者对该产品乃至对整个企业的反感,这对现代企业的进一步发展是致命的打击。

2. 趋利原则

所谓趋利原则是指企业制定营销战略时要最大限度地节约资源,冒最小的风险,取得最佳的投入产出关系,实现企业投资收益最大化。趋利原则与公众原则是对立统一的有机组合,公众原则是实现趋利原则的前提和条件,趋利原则是实现公众原则的具体化和必然结果,二者共同作用于营销战略的制定和实施。如果违背了公众原则,营销战略就失去了赖以实施的基础和条件;如果违背了趋利原则,营销战略就失去了存在的价值和意义。在贯彻趋利原则时,一旦出现与公众原则严重的冲突,应放弃眼前利益和局部利益,使趋利原则服从公众原则,立足现代企业长期和总体利益的最大化。

3. 全局原则

所谓全局原则是指企业制定营销战略必须从全局考虑,树立整体意识和全局观念,分清主次,区别轻重缓急,抓住主要矛盾以及矛盾的主要方面,统筹兼顾,关照全局。现代企业伴随现代科技的发展而发展,大大超越了手工作坊管理的阶段,处在一种复杂多变、对外开放的新格局中。面临市场需求的变化,竞争对手激烈的挑战,以及政治、法律、经济、技术、社会文化等因素的影响,必须纵观全局,谋求企业的整体利益和长期发展。否则,任何一个环节的疏漏,都有可能导致现代企业营销活动的失败,甚至陷入灭顶之灾。

4. 长期原则

所谓长期原则是指企业制定营销战略必须立足现实,着眼未来,远期规划,长期发展,体现出未来意识和超前意识。现代企业营销战略关系企业生死存亡之大计,绝非一时一事之利的举措。现代企业要想在竞争中始终立于不败之地,长期保持主动和领先地位,把握现实机遇,赢得未来挑战,不断创新和发展,就必须在对未来进行科学预测分析的基础上,制定出长期适应内外部环境变化的营销策略,而不是追求一时一事之利的短期行为。

5. 危机原则

所谓危机原则是指企业制定营销战略必须树立风险意识和危机意识。根据人、财、物、供、产、销、科、工、贸的变化发展,审时度势,机动灵活地确定现代企业发展方向,在营销战略中体现出强烈的进取、开拓、创新、发展精神。如果现代企业决策者在制定营销战略时,缺乏风险意识和危机感,对本企业的原有优势盲目乐观,不思进取和开拓,则很容易被竞争对手淘汰出局。

上述五个原则不是互不关联的,而是相互依存、相互制约的整体。它们不是一种机械的教条,而是一种思考问题的观念或意识。现代企业决策者依据上述原则制定市场营销战略,是确保营销战略科学性、合理性的重要条件。

7.2 市场营销战略规划

市场营销战略规划过程是指企业的最高管理层通过制定企业的任务、目标、业务组合规划和新业务规划,在企业的目标和资源(或能力)与迅速变化的经营环境之间发展和保持一种切实可行的战略适应的管理过程。也就是企业及其各业务单位为生存和发展而制定长期总战略所采取的一系列重大步骤。

7.2.1 规定现代企业任务

1. 规定现代企业任务需考虑的因素

现代企业在规定其任务时,可向股东、顾客、经销商等有关方面广泛征求意见,并且需考虑以下主要因素:

(1) 现代企业过去的历史突出特征。例如,浙江吉利汽车有限公司过去一向生产经济性轿车,其最高管理层规定任务时应当尊重其过去的历史。

(2) 现代企业的业主和最高管理层的意图。例如,华龙集团在最初建立时,管理层的意图是为中低收入的消费者群服务,那么,这种意图不能不影响企业的任务。

(3) 现代企业周围环境的发展变化。现代企业周围环境的发展变化会给企业造成一些环境威胁或市场机会。例如,近几年,食品污染、农药残留等问题日益受到社会的关注,无污染的绿色食品日益受到消费者的欢迎。

(4) 现代企业的资源情况。这个因素决定现代企业可能经营什么业务。例如,纳爱斯集团利用原来生产合成洗衣粉的现代设备工艺,生产返璞归真的天然肥皂粉,借以满足人们提高生活质量和追求天然的需求。

(5) 现代企业的特有能力。例如,某快餐公司也许能进入太阳能行业,但是其特长是经营为大众服务的廉价快餐。这就是说,现代企业在规定其任务时要扬长避短,这样才能干得最出色,取得最好的经营效益。

2. 任务报告书应具备的条件

为了指引现代企业的全体工作人员都朝着同一方向前进,最高管理层要写出一份正式的任务报告书。而一份有效的任务报告书应具备如下条件:

(1) 市场导向。现代企业的任务或目的是回答本企业的业务是什么,那么在任务报告书中如何表述该企业经营的业务范围呢?过去,表述企业任务的传统方式是以所生产的产品来表述,例如"本企业生产化妆品";或者以所应用的技术来表示,如"本企业是家电工业企业"。现在,许多现代企业在市场营销观念指导下,通过千方百计满足目标顾客的需要来扩大销售,取得利润,实现企业的目标,因此,现代企业的最高管理层需要写一份市场导向的任务报告书。这就是说,现代企业的最高管理层在任务报告书中要按照其目标顾客的需要来规定和表述企业任务,例如,一家生产空调器的企业,其任务应该是:"我们要为房间提供舒适的温度。"

(2) 切实可行。即任务报告书中要根据现代企业的资源特长来规定和表述其业务范围,不要把其业务范围规定得太窄或者太宽,也不要说得太笼统,因为这样都是不切合实际的,也是不能实现的,而且会使现代企业的工作人员感到方向不明。例如,北京金葡萄食品有限公司在推出其生产的"绿一"葡萄饮品时曾这样明确地规定和表述其任务:本企业的任务是"尊重每一颗葡萄"。因为他们生产的葡萄汁不是碎果肉,而是一颗颗完整的葡萄,且这种葡萄粒无皮无核、粒粒饱满丰盈,是用很名贵的康贝尔葡萄加工而成,也是惟一在加工后不变形的葡萄。品尝样品,果然是甜而不腻、爽滑可口。

(3) 富鼓动性。在任务报告书中,现代企业应提出富有鼓动性的任务,例如,一家快餐企业可以这样规定和表述其任务:本企业的任务是提供物美价廉的快餐,创造清洁卫生的环境,保证人民身体健康。

(4) 具体明确。即现代企业最高管理层在任务报告书中要规定明确的方向和指导路线,以缩小每个工作人员的自由处理权限和范围。例如,在任务报告书中要明确规定有关工作人员如何对待供应商、顾客、经销商和竞争者,使全体工作人员在处理一些重大问题上有一个统一的准则可以遵循。

现代企业的任务一旦被规定,在未来的一段时间内就成为该企业努力的焦点。一般地说,现代企业的任务不能随着环境变化或无关的新机会出现而很快地变更。然而,有时候在短短几年之内就需改写其任务报告书,因为它不再有效或者不能为现代企业规定一个最好的行动方向。环境变化越快,现代企业就越需要经常检查其任务的规定和表述是否适当。

7.2.2 确定现代企业目标

现代企业的最高管理层规定了该企业的任务之后,还要把该企业的任务具体化为一系列的各级组织层次的目标。各级经理应当对其目标心中有数,并对其目标的实现完全负责,这种制度叫做目标管理。现代企业的常用目标有:投资收益率(ROI=利润额/投资总额)、销售增长率、市场占有率、产品创新等。

为了使现代企业的目标切实可行,企业的最高管理层所规定的目标必须符合以下要求:

1. 层次化

一个现代企业通常有许多目标,但是这些目标的重要性不一样,应当按照各种目标的重要性来排列,显示出哪些是主要的,哪些是派生的。现以某保健品企业为例说明之。假设该企业的任务是"提供有亲切感、有人情味、比较温馨的产品,满足顾客滋补身体的需要"。为了实现这个任务,该企业的最高管理层规定主要目标之一是到2020年底企业的投资收益率提高到8%。根据企业的这个目标派生出一系列目标。提高投资收益率的方法有两种:第一种方法是增加总收益;第二种方法是减少投资。假设该企业只采用第一种方法,那么,它可以通过以下方法来增加其总收益:增加营业额,或者降低成本,或者既增加营业额又降低成本。现代企业除了把增加营业额作为市场营销的目标之外,还在销售人员、广告、宣传等方面定出具体的附属目标。例如,该企业把增加营业额分配给各个销售区;各个销售区再把本地区的销售配额分配给各个推销员。这样,就可以把企业的任务和目标具体化为一系列的各级目标,等级分明,一环扣一环,而且落实到人,以加强目标管理,确保企业任务和目标的实现。

2. 数量化

上面该现代企业的主要目标之一是:"到2020年底企业的投资收益率提到8%",这就是以数量来表示企业的目标。这样,现代企业的最高管理层就便于管理计划、执行和控制过程。

3. 现实性

即现代企业的最高管理层不能根据其主观愿望来规定目标水平,而应当根据对市场机会和资源条件的调查研究和分析来规定适当的目标水平。这样,规定的目标水平才能实现。

4. 协调一致性

有些现代企业的最高管理层提出的各种目标往往是互相矛盾的,例如"最大限度地增加销售额和利润"。实际上,现代企业不可能既最大限度地增加销售额,同时又最大限度地增加利润。因为有些现代企业可能通过降低价格、提高产品质量、加强广告促销等途径来增加销售额,但是当这些市场营销措施超过一定限度,利润就可能降低,所以,各种目标必须是一致的,否则就会失去指导作用。

7.2.3 安排现代企业业务组合

在现代企业的最高管理层规定了该企业的任务和目标之后,就需要安排业务组合。这是现代企业市场营销战略管理过程的第三个主要步骤。大多数现代企业一般都有许多业务部门,经营各种产品大类、产品、品牌等。过去,许多现代企业都拨给其各业务单位较多资金,以鼓励各业务单位扩大销售,增加盈利。近几年,这些现代企业的最高管理层认识到,企业的资金有限,各个业务单位的增长机会、经营效益大不相同。因此,必须对现有的各种业务加以分析、评价,看看哪些应当发展,哪些应当维持,哪些应当减少,哪些应当淘汰。这就是说,必须安排业务组合,把企业有限的资金用于经营效益最高的业务。这是现代企业市场营销战略管理工作的一个主要任务。

1. 战略业务单位的划分

现代企业的最高管理层在安排业务组合时,首先要把所有业务分成若干"战略业务单位"。一个战略业务单位具有如下特征:

(1) 它是单独的业务或一组有关的业务;
(2) 它有不同的任务;
(3) 它有其竞争者;
(4) 它有认真负责的经理;
(5) 它掌握一定的资源;
(6) 它能从战略管理得到好处;
(7) 它可以独立计划其他业务。

一个战略业务单位可能包括一个或几个部门,或者是某部门的某类产品,或者是某种产品或品牌。

2. 战略业务单位的评价

现代企业的最高管理层在安排业务组合的过程中还要对各个战略业务单位的经营效益加以分析、评价,以便确定哪些单位应当发展、维持、减少或淘汰。一些学者曾提出对企业的战略业务单位加以分类和评价的方法,其中最著名的分类和评价方法是美国波士顿咨询集团的方法和通用电气公司的方法。

(1) 波士顿咨询集团法(BCG法)。波士顿咨询集团是美国第一流的管理咨询企业,它建议企业用"市场增长率—相对市场占有率矩阵"来对其战略业务单位加以分类和评价。这种方法同样适用于现代企业。(见图7-1)

矩阵图中的纵坐标代表市场增长率,表示现代企业的各战略业务单位的年市场增长率。假设以10%为分界线,10%以上为高增长率,10%以下为低增长率。

矩阵图中,横坐标代表相对市场占有率,表示现代企业各战略业务单位的市场占有率与同行业最大的竞争者(即市场上的领导者或"大头")的市场占有率之比。假设以1.0为分界线,则高于1.0为高增长率,低于1.0则为低增长率。如果某个现代企业的战略经营单位的相对市场占有率为0.4,说明它的市场占有率为最大竞争者的市场占有率的40%;如果某个现代企业的战略经营单位的相对市场占有率为2.0,说明比最大竞

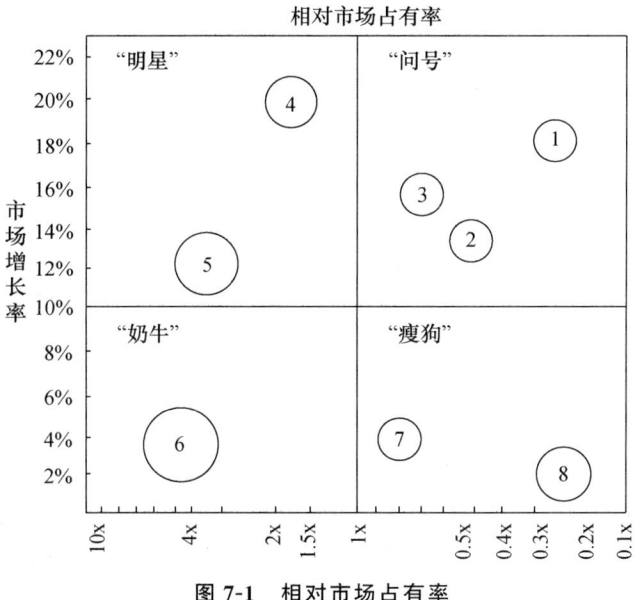

图 7-1 相对市场占有率

争者的市场占有率多一倍,自己才是市场上的"大头"。相对市场占有率比绝对市场占有率更能说明竞争情况。

矩阵中的圆圈,代表现代企业所有的战略经营单位。圆圈的位置表示各单位在市场增长率及相对占有率方面的现状。圆圈的面积,表示各单位销售额的大小。

该矩阵有四个象限,战略经营单位因而可划分为不同类型:

① 问号类。有较高增长率、较低相对市场占有率的战略经营单位或业务。大多数经营单位最初都处于这一象限。这一类经营单位需要较多的资源投入,需要大量的现金,因为企业需提高其相对市场占有率,使之赶上最大竞争者,而且必须增添一些工厂、设备和人员,才能适应迅速增长的市场,但同时它们又都前程未卜,难以确定远景。企业必须考虑,是继续增加投入还是维持现状,或减少投入,采取精简、淘汰措施。图中企业有三个问号单位,这似乎太多。如果集中向一二个单位投入资源,情况或许好些。

② 明星类。问号类的战略业务单位如果经营成功,就会转入明星类。它的市场增长率和相对市场占有率都很高,这类单位因为增长迅速,同时要击退竞争对手的进攻,需要投入大量资源,以保证跟上市场的扩大,并击退竞争者,因此短时期内未必给企业带来可观的收益。但是,它们是企业未来的"财源"。图中企业有两个明星类单位。如果一个没有,则将是危险的信号。

③ 奶牛类。明星类的战略业务单位的市场增长率下降到 10% 以下,就转入奶牛类。这类战略业务单位具有较低的市场增长率和较高的相对市场占有率,由于市场增长率降低,不再需要大量投入资源,又由于相对市场占有率较高,这些经营单位可以产生较高的收益,支援需要现金的问号类、明星类及瘦狗类单位。图中的企业只有一个奶牛类单位,说明它的财务状况比较脆弱。如果该单位的市场占有率突然下降,企业就不得不从其他单位抽回资源,以帮助其巩固市场领先地位;要是把它的收益全部用于支持

其他单位,这个强壮的"奶牛"就会日趋虚弱。

④ 瘦狗类。即市场增长率和相对市场占有率都较低的经营单位。它们也许还能提供一些收益,但盈利甚少或有亏损,一般难以再度成为"财源"。图中企业有两个瘦狗类单位,情况显然不妙。

如果一个现代企业中瘦狗类或问号类战略业务单位多,明星类和现金牛类战略业务单位少,则是不合理的,应当加以适当调整。

战略业务单位分类以后,现代企业要评价其业务组合是否恰当。一般来说,市场占有率越高,这个单位的盈利能力越强,利润水平似乎与市场占有率同向增长;另一方面,市场增长率越高,业务单位的资源需要量也越大,因为要继续发展和巩固市场地位。同时,各单位所处的情况也会变化。最初的"问号",可能就是未来的"明星","瘦狗"经营得法,也未必不能转变为"问号"或"奶牛"。企业既要看到现状,又要分析前景,将目前的矩阵与未来的矩阵两相比较,考虑主要的战略行动,并依据资源有效分配的原则,决定各单位将来应该扮演的角色,从整体角度规划投入的适当比例和数量。

① 发展,以提高业务单位的相对市场占有率为目标,为了达到这个目标,甚至不会放弃短期收益。比如,对问号类单位,使其尽快成为"明星",就要增加投入。

② 保持,以维持经营单位的相对市场占有率为目标。比如,对奶牛类单位,尤其是较大的"奶牛"。以此为目标,可使它们提供更多的收益。

③ 收割,以获取短期效益为目标,不顾长期效益。比如,较弱小的奶牛类单位,因其很快要由成熟期进入衰退期,前景暗淡,企业又需要较多的收益。此外,也可用于"问号"及"瘦狗"。

④ 放弃。目标是清理、撤销某些经营单位,减轻负担,以便把有限的资源用于效益较高的业务。这种战略尤其适合于没有前途或妨碍企业增加盈利的单位。

(2) "多因素投资组合"矩阵法(GE法)。"多因素投资组合"矩阵法较波士顿咨询集团法有所发展。依据这种方法,现代企业对每个战略业务单位,都从市场吸引力和竞争能力两个方面进行评估。只有进入既有吸引力又拥有相对竞争优势的市场,业务才能成功。市场吸引力取决于市场大小、年市场增长率、历史的利润率等一系列因素,竞争能力由该单位的市场占有率、产品质量、分销能力等一系列因素决定。对每个因素,分别依据等级打分(最低分为1分,最高分为5分),并依据权数计算其加权值。将加权值累计起来,得出该单位的市场吸引力及竞争能力总分。每个战略经营单位,都可以两个分数提供的坐标为圆心,画出与其市场成正比的圆圈,并勾出其市场占有率。(见图7-2)

多因素投资组合矩阵依据市场吸引力的大、中、小,竞争能力的强、中、弱,分为九个区域。它们组成了三种战略地带:

① "绿色地带",由左上角的大强、大中、中强三个区域组成。这个地带的市场吸引力和经营单位的竞争能力都最为有利。要"开绿灯",采取增加资源投入和发展扩大的战略。

② "黄色地带",由左下角至右上角对角线贯穿的三个区域,即由小强、中中、大弱组

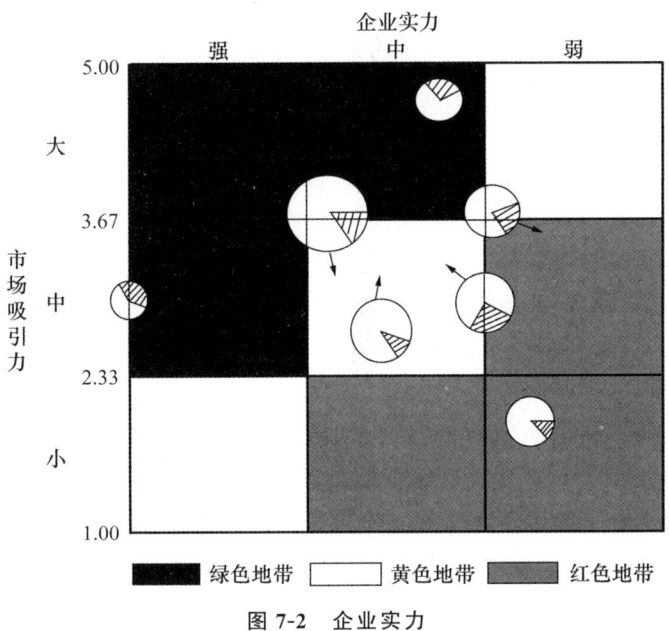

图 7-2　企业实力

成。这个地带的市场吸引力和经营单位的竞争能力总的说来都是中等水平。一般来说,对这个地带的经营单位应当"开黄灯",即采取维持原投入水平和市场占有率的战略。

③ "红色地带",由右下角的小弱、小中、中弱三个区域组成。这里的市场吸引力偏小,经营单位的竞争能力偏弱。因此,企业多是"开红灯",采用收割或放弃战略。

值得注意的是,现代企业应对各个经营单位在今后几年的发展趋势进行预测。有的现在看好,以后可能急剧下降,有的可能急剧上升。掌握这些情况以后,可为各个区域的经营单位决定其最后政策。

7.2.4　制定现代企业新业务规划

现代企业所采取的投资组合战略决定的是哪些业务单位需要发展、扩大,哪些应当收割、放弃。因此,现代企业需要建立一些新的业务,代替被淘汰的旧业务,否则不能实现预定的利润目标。

可以遵循这样一种系统的思路来制订新业务规划。首先,在现有业务范围内,寻找进一步发展的机会;然后,考虑分别建立和从事某些与目前业务有关的新业务的可能性;最后,考虑开发与目前业务无关但是有较强吸引力的业务。这样,就形成了以下三种成长战略。

1. 密集式成长战略

如果现代企业尚未完全开发潜伏在其现有产品和市场的机会,则可采取密集式成长战略。通过产品与市场的对应关系,可将这一战略分为以下三种:

(1) 市场渗透。现代企业通过改进广告、宣传和推销工作,在某些地区增设商业网点,借助多渠道将同一产品送达同一市场、短期销价等措施,在现有市场上扩大现有产品的销售。包括:千方百计促使现有顾客增加购买次数、购买数量;把竞争者的顾客吸引过来,使之购买本企业的现有产品;吸引新顾客——使更多的潜在顾客、从未使用过该产品的顾客购买。

(2) 市场开发。现代企业通过在新地区或国外增设新商业网点或利用新分销渠道,加强广告促销等措施,在新市场上扩大现有产品的销售。例如,某产品只在城市市场销售,现决定扩大到农村市场。

(3) 产品开发。现代企业通过增加花色、品种、规格、型号等,向现有市场提供新产品或改进产品,满足现有市场上的不同需求。

2. 一体化成长战略

如果所在行业有发展前途,在供产、产销方面实行合并更有效益,便可考虑采用一体化成长战略增加新业务。这种战略包括以下三种:

(1) 后向一体化。现代企业通过收购、兼并原材料供应商,拥有或控制其市场供应系统,实行供产一体化。如果供应商方面盈利高,或发展机会好,一体化可以争取更多收益;同时,还可避免原材料短缺、成本受制于供应商的危险。如双汇集团计划(已部分建成)在全国五大片销售区域建立20个现代化全封闭养殖场,每年出产商品猪50万头,并建立配套的15万吨的饲料厂。

(2) 前向一体化。现代企业通过收购、兼并批发商、零售商,自办商业贸易公司等分销系统,实行产销一体化。也就是通过增强销售力量来求发展,或将自己的产品向前延伸,从事原由用户经营的业务。如双汇集团在北京已建有30余家连锁店。

(3) 水平一体化。现代企业收购、兼并竞争者的同种类型的企业,争取对他们的所有权或控制权,或者在国内外与其他同类企业合资生产经营等,这样可以扩大经营规模和实力,或取长补短,共同利用某些机会。如双汇集团通过合资、兼并等形式在四川、辽宁、内蒙古等地建立了18个加工基地,扩大了企业的经营规模和实力。

3. 多元化成长战略

多元化成长战略又叫多角化或多样化成长战略。现代企业尽量增加产品种类,跨行业生产经营多种产品,扩大企业的生产经营范围和市场范围,使企业的特长得到充分发挥,人力、物力、财力等资源得到充分利用,从而提高经营效益。

(1) 现代企业实现多元化成长的必要性,主要体现为:

① 原有产品或服务需求规模与经营规模的有限性。虽然现代企业可以在一定范围内引导消费需求,但某一产品或服务的市场需求容量总是有限的,这是现代企业无法抗拒和改变的。任何一种产品或服务的市场竞争发展到一定阶段,现代企业便难以通过扩大生产规模来扩大企业规模。因为经过前期弱肉强食的残酷竞争,实现了优胜劣汰,竞争的获胜者们势均力敌,在市场上各占一方,这种几方鼎立的格局在一定时间内是不易改变的,任何一方扩大产销规模的企图都会引起竞争对手强有力的反击。强强相争,往往两败俱伤。因此,寡头们往往能够达成妥协与默契,维持各自相对稳定的生产规模。此外,政府对垄断倾向的干预也使企业在原有产品或服务项目上的垄断性扩展难

以实现。

② 外界环境与市场需求的变化性。随着时代的变迁、科学技术的发展、社会思潮的变化,新的市场需求不断出现,这就为现代企业向其他产品或服务方向发展提供了现实可能性。适应外界环境变化,是现代企业发展的新增长点。既然原有产品或服务的市场需求是有限的,原有产品或服务的生产经营是没有发展前途的,那么增加新的产品或服务项目以满足尚未满足的市场需求,才是现代企业长远发展的方向。

③ 单一经营的风险性与多种经营的安全性。任何产品或服务的生产经营既有高潮也有低潮。单一经营情况下,当处于低潮时现代企业难以渡过难关。多种经营则可以利用不同产品或服务高低潮的时间差,以丰补歉,抗御经营风险。从产品市场生命周期看,固守某种产品的单一经营,当产品的市场生命周期接近终点时,现代企业的生命周期也就到了终点。多种经营则可以利用不同产品市场生命周期的时间差与空间差,避免现代企业生命随产品生命的终结而终结,使现代企业生命得以延续。

(2) 多元化成长的主要方式,主要包括：

① 同心多元化。即现代企业利用原有的技术、特长、经验等发展新产品,增加产品种类,从同一圆心向外扩大业务经营范围。同心多元化的特点是原产品与新产品的基本用途不同,但有着较强的技术关联性。例如,某食品公司以"饮"为圆心开发出的儿童营养液、八宝粥、纯净水等,某家电企业生产电冰箱、冰柜、展示柜、空调机等基于制冷技术的产品,这些都属于同心多元化。

② 水平多元化。即现代企业利用原有市场,采用不同的技术来发展新产品,增加产品种类。水平多元化的特点是原产品与新产品的基本用途不同,但存在较强的市场关联性,可以利用原来的分销渠道销售新产品。例如,某食品公司开发方便面、饮料、饼干、休闲小食品等就属于水平多元化。

③ 集团多元化。即一些现代企业收购、兼并其他行业的企业,或者在其他行业投资,把业务扩展到其他行业中去,新产品、新业务与企业的现有产品、技术、市场毫无关系。也就是说,企业既不以原有技术也不以原有市场为依托,向技术和市场完全不同的产品或服务项目发展。它是实力较为雄厚的现代企业采用的一种经营战略。例如,从事服装业务的雅戈尔开始投资房地产业务,以空调机为主业的春兰造起了汽车,等等。

(3) 运用多元化成长战略的注意事项。运用多元化成长战略,要求现代企业自身具有拓展经营项目的实力和管理更大规模企业的能力;具有足够的资金支持;具备相关专业人才作为技术保证;具备关系密切的分销渠道作为后盾或拥有迅速组建分销渠道的能力;企业的知名度高;企业综合管理能力强,等等。显然,并不是所有具备一定规模的现代企业都拥有上述优势。若现代企业运用多元化成长战略条件还不成熟,不如稳扎稳打。具备足够实力和条件的现代企业在运用多元化成长战略时,也不可盲目追求经营范围的全面、经营规模的宏大。规模和收益的关系既对立又统一,没有规模固然没有好的收益,但也不是规模越大,收益就一定越大。随着规模的扩大,收益的变化一般有三个阶段:规模扩大,收益增加,收益增加的幅度大于规模扩大的幅度,这是规模收益递增阶段;收益增加的幅度与规模扩大的幅度相等,这是一个短暂的过渡阶段;收益增加的幅度小于规模扩大的幅度,甚至收益绝对减少,这是规模收益递减阶段。因此,盲目追求规模是不可取的。

应该说,多元化成长战略是现代企业发展的重要战略选择。在美国,特别是 20 世纪 60 年代以后,多元化成长战略越来越得到普遍应用,成为现代企业发展壮大的一种典型方式。

7.3 业务战略计划

业务战略计划是企业各具体业务单位根据企业的总体战略而制订的具体的战略计划,是直接指导企业各项业务开展的指导性文件。业务战略计划的制订不仅是一个工作程序的安排,而且具有很强的谋略性,所以实际上是企业开展某项业务的策划过程,一般包含以下七个步骤,见图 7-3:

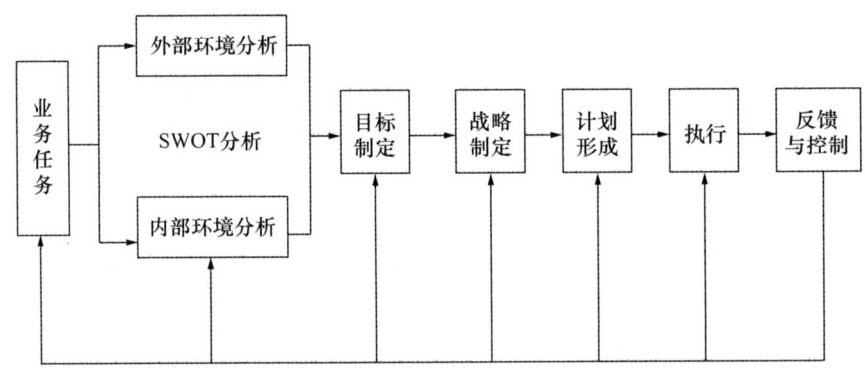

图 7-3 业务战略计划过程

1. 业务描述(业务单位任务书)

业务描述是具体业务单位对于其将要开展的某项业务的一种界定和认识过程,通常会以业务单位任务书的形式进行描述。任务书必须明确说明本单位所开展的具体业务以及同企业总体战略之间的关系。如一个药业公司将其战略定位锁定在中老年市场时,其保健部门的业务单位任务书就可能会将"开发适合中老年人群的高钙类保健品"界定为具体的战略任务。

2. SWOT 分析

SWOT 分析是业务单位对其将开展的具体业务所进行的一种环境分析,并会依此决定其所采用的基本战略及战略目标,包括开展此项业务的外部环境分析,即机会(opportunities)和威胁(threats)的分析;以及内部环境分析,即优势(strengths)和劣势(weaknesses)分析。

业务外部环境的分析(O/T 分析)主要是通过对影响该业务的各种宏观和微观环境因素的分析,来认识开展此项业务的发展前景、市场潜力、盈利空间以及潜在风险等方面的问题。如对中老年保健品市场的分析,就可能会涉及人口的老龄化程度及其发展趋势、常见病、多发病的种类及其主要原因，人们收入水平变化及在各种人群中的结构分布，人们生活习惯和消费习惯的变化及其影响因素，以及本土文化与外来文化的冲突与交融等各方面的问题。通过对这些问题的梳理和分析，才可能找出最有发展前景的市场机会和最佳业务。

同时，通过外部环境的分析还可能发现业务开展过程中所面临的风险，如原材料供应的短缺、竞争产品或替代产品的出现、市场需求状况的变化、政策的限制、突发事件的产生，甚至自然环境的变迁等都可能会对业务的发展带来影响。所以在进行业务的评价和选择时，一定要对机会和风险进行比较分析，然后才可能作出正确的决策。

内部环境分析(S/W 分析)主要是通过同竞争对手(或行业平均水平)的比较，了解业务单位自身的优势和劣势，以便在业务战略计划制订中扬长避短，突出自身的优势和特色，避免在竞争中遭到失败。如在中老年保健产品的开发中，产品的功能、系列化程度、服用的便利性、品牌声誉或是成本价格，都可能成为超越竞争对手的某一因素。业务单位若能发现自己在某一因素方面所具有的优势，就可能在战略计划中将其列为发展的重点和主要方向，从而形成自身的特色和核心竞争力。

通过内部环境分析还能够发现业务单位所存在的一些弱点，以便在业务战略计划中有相应的措施补救和克服。因为这些弱点往往可能成为竞争对手攻击的主要目标，若不能及时发现，有所防范，往往可能成为导致业务最终失败的致命伤。

外部环境分析同内部环境分析必须结合起来，这样才能使得业务战略目标和手段变得更为清晰，因为业务单位的优势和劣势都是基于一定的环境条件而言的，环境条件发生变化，业务单位的优劣势也会发生变化。

将优劣势分析同机会、威胁分析相结合，就能为业务的发展提供四种基本的战略选择：

（1）SO 战略，为积极进取战略。即以企业的优势去把握与之相应的市场机会。在企业的优势同所出现的市场机会相一致的情况下，SO 战略的胜算把握会较大；

（2）ST 战略，为积极防御战略。即以企业的优势去面对可能出现的市场风险。在这种风险出现时，其他企业有可能无力承受，而被淘汰。企业如果在这方面具有优势，则可能因此而获得成功。

（3）WO 战略，为谨慎进入战略。面对某种市场机会，企业可能并不具有相应的竞争优势。但如果机会的吸引力足够大，企业依然要去把握。只不过通过 SWOT 分析，了解自身在面对机会时所存在的弱点，就能够对此给予足够重视，并能以适当的策略予以防护。只要准备充分，策略得当，就可能取得成功。

（4）WT 战略，即谨慎防御战略。企业高度重视在业务发展中可能出现的各种风险，并注意到在面对风险时所存在的不足之处，从而使企业在事先就作好充分的应对准备，在风险出现时，能从容面对。

企业的各业务单位通过 SWOT 分析，在四种基本战略中有所选择，就能根据基本战略去制订其业务战略计划。

3. 目标设定

在业务战略计划中必须有明确的战略目标。它同企业的总体目标相一致,但处于不同的层次。企业总体目标的实现是建立在各业务单位目标实现的基础上的,而业务目标比企业的总体目标更明确、更具体,从而也更具有直接指导意义。如企业的总体目标可能表现为:目标市场的定位、销售额的增长、利润的增长等。而业务单位的目标则必须反映为目标市场提供什么样的产品和服务,在计划期内提供多少,提供哪几种类型,销售的单位数量(而不仅是销售额)以及成本水平,单位毛利率及利润总额等,这些都是同具体的业务项目相对应的,可度量、可操作的目标体系。

目标设定的原则同企业总体目标的制定一样,也必须体现层次化、数量化、现实性、协调性等基本原则,这些原则在"企业目标描述"中已作论述,这里就不再重复。

有时,业务战略目标的设定还必须有竞争性的描述,即在同样的业务领域,同其他企业相比,企业争取达到怎样的地位,如市场占有率的大小、销售和利润的排名、品牌声誉的比较等。在市场竞争比较激烈的业务领域,这种市场竞争地位的改变对企业是至关重要的,应当将其列为重要的战略目标之一。

4. 战略选择

业务目标设定之后,必须要对采取何种业务战略进行必要的选择。目标设定是解决向什么方向发展的问题,战略选择则是解决用何种方式去实现的问题。实现目标的战略是多方面的,主要包括:

(1) 基本战略。这是通过SWOT分析后得出的业务单位的总体战略,对其他战略具有指导意义。

(2) 竞争战略。这是针对不同的竞争对手和竞争环境而确定的业务单位的竞争指导思想。根据迈克波特的理论,可分为成本领先战略、差别化战略和集中化战略等。

(3) 开发战略。在市场开发,特别是市场进入初期,企业可采用不同的战略如造势型、渐近型、渗透型、依附型等,这些战略指导思想的确定,对整个业务计划的制订具有重要影响。

(4) 布局战略。业务单位所开展的业务将会在哪些市场上进行覆盖,会进入哪些区域,进入的顺序和方式是怎样的?这也是一个战略层面上的问题。如企业可以选择对市场的全方位覆盖战略,也可以选择重点覆盖或分片覆盖战略;可以采用跳跃式布局战略(即在各重要的战略目标市场,先行进入一些单位,然后再逐步扩展),也可以采用梯次推进战略(即以重点或已有的市场为基础,逐步向周边滚动发展)。这对于业务计划中的资源配置具有重要影响,也必须事先予以确定。

(5) 战略联盟。在目前市场普遍处于寡头垄断的环境条件下,越来越多的企业认识到,要想在竞争中击垮对手难度是很大的,有时甚至会导致"两败俱伤"的结局。而要在市场上保持稳定的份额和长远的利益,更可取的方式是开展企业间的合作和联盟,利用资源、市场、信息等方面的共享,来争取各企业利益的共同提升。于是在业务战略计划中,发展战略联盟也就成为业务战略的重要方面,如我国各商业银行正在发展的"银联卡"业务计划,就是力图形成各银行信用卡的互通性。这样就可以使信用卡的用户感到更加便利,从而使信用卡市场的总量能够迅速扩大,而参与联盟的各商业银行都能从中受益。战略联盟的前提是企业在各种经营要素方面的互补性。而目标则能使市场的总量得以扩大。因为只有把"蛋糕"做大了,参与联盟的企业才可能得到利益上的增量。

从目前的情况看,企业间的战略联盟可有多种类型,其中包括:

(1) 产品与服务的联盟,即不同的企业各自生产具有互补性的产品和服务,共同满足目标市场的需要。

(2) 促销或渠道的联盟,即为合作企业的产品进行促销,如在"肯德基"快餐店进行"百事可乐"的宣传和推广;利用合作企业的渠道销售产品,如上海正广和网络销售公司可为其联盟企业提供网上销售的服务等。

(3) 后勤和物流的联盟,即利用合作伙伴的后勤和物流设施分销或配送企业的产品,在不同的地点分别为对方进行储存或转运等。

(4) 价格联盟,多家企业共同介入某种特定的价格合作体系,如旅行社、航空公司和宾馆共同制订针对旅游者的价格折扣计划。但价格联盟并不是指同行业的企业实行价格串通来操纵市场,那是违法行为,而不是合理的价格联盟。

5. 计划制订

业务单位在确定其业务战略之后,就应当制订具体的业务计划来实现其战略。业务计划的制订必须是具体、明确和可靠的。一般应包含:计划阶段、阶段目标、重点工作、成本核算和评价标准等。

(1) 计划阶段,是指将实现某一业务战略目标的过程划分为几个相互衔接的执行阶段。这样就能使业务的开展具有明确的步骤和可操作性。

(2) 阶段目标,是指对每一阶段的工作都必须设立相应的目标。阶段目标是业务战略目标的分解,各阶段的目标必须相互衔接,递次推进,最后使业务战略目标能顺利实现。

(3) 重点工作,是指在每个阶段中起核心作用的活动和任务。这是支撑业务战略目标得以实现的具体行为,也是反映各阶段特征的主要标志,是实现业务战略的基本抓手,必须在业务计划中予以明确。

(4) 成本预算。在业务计划中,由于已经涉及各项具体的业务活动,成本和费用也就能得到反映。所以,在业务计划中必须对每项活动乃至整个业务战略计划的成本费用进行预算,以判断开展业务的最后成效。若成本过高,就必须对业务计划加以修正,以保证业务活动取得理想的效益。

(5) 评价标准。在业务计划中,还应当对业务的成效提出适当的评价标准,以作为最终检验业务计划执行效果的衡量尺度,评价标准应当根据业务战略目标来制定,必须有明确的、可测量的量化指标体系,同时还应当明确评价的方法,以使评价的结果科学合理。

6. 计划执行

业务战略计划的执行也是业务战略计划过程的一个重要组成部分。因为战略计划的制订并不能保证战略计划的成功,在计划执行的过程中,还需要依靠有效的组织体系、高素质的人员队伍、共同的价值认知,以及良好的工作作风,这样才能使业务战略计划得到顺利实施。若计划的执行人员的利益目标或价值认知同计划的制订者不一致,就有可能导致行为与计划的偏离,使计划的效果下降,甚至导致整个业务战略计划的流产。如当战略计划的制订者期望通过一次附带问卷的产品促销活动来搜集市场信息,为进一步的市场营销活动作准备时,具体执行人员因怕麻烦,而不能督促顾客将问卷答全,或在统计数据时出现重大差错,就可能使整个业务战略计划的实施效果受到很大影响。

因此,在业务战略计划的执行过程中,必须抓好动员、培训和激励三个环节。通过动员让执行者了解具体行动方案的意义和实现战略目标的价值;通过培训使执行者掌握落实计划的主要措施和行为原则;通过激励来调动执行者执行计划的主动性和积极性,从而保证计划能够得到完满的落实。

7. 反馈与控制

业务战略计划在执行过程中应当受到及时的控制,这主要依靠对各阶段执行情况的检查和反馈,以了解与所设定的目标之间是否出现偏离。若发现偏离,就应当及时检查原因,并予以纠正。这是保证业务战略计划能够顺利执行的重要一环。

同时,还必须对计划执行期间所发生的各种环境因素的变化进行了解,并及时反馈;要分析环境因素变化对计划目标实现是否产生影响及其影响程度,并在产生影响的情况下采取有效的应对措施,以保证计划目标的实现。有时还应当根据新的环境状况对业务战略计划进行必要的修订,以增强其对环境的适应性。因为对于企业而言,效益目标是首要的,如果计划同环境不适应,就有可能使企业的效益下降。正如彼得·德鲁克曾指出的:"做恰当的事(效益优先)比恰当地做事(效率优先)更为重要。"

7.4 市场营销管理的实质和任务

7.4.1 市场营销管理的含义

从事交换活动需要相当多的工作和技巧。营销管理乃是发生在当一桩潜在交易中至少有一方正考虑着如何从另一方获得所渴求的反应时而形成的那些目的和手段的过程。我们引用美国市场营销协会1985年认可的对营销管理所下的定义:营销(管理)是计划和执行关于商品、服务和主意的观念、定价、促销和分销,以创造符合个人和组织目标的交换的一种过程。

这个定义的含义是:营销管理是一个过程,包括分析、计划、执行和控制;它覆盖商品、服务和主意;它建立在交换的基础上,其目的是产生对有关各方的满足。

7.4.2 市场营销管理的任务

营销管理的任务是按照一种帮助企业以达到自己目标的方式来影响需求的水平、

时机和构成。简单地讲,营销管理实质上就是需求管理。

一个组织可以设想一个在目标市场上预期要达到的交易水平。同时,实际的需求水平则可能低于、等于或者高于这个预期的需求水平。这就是说,可能没有需求、需求很小、需求很大,或者超量需求,营销管理就是要对付这些不同的需求情况。

根据需求水平、时间和性质的不同,可以归纳出八种不同的需求状况,在不同的需求状况下,营销管理的任务有所不同。

(1) 负需求:如果绝大多数人都对某个产品感到厌恶,甚至愿意出钱回避它,那么这个产品市场便处于一种负需求的状态。例如,人们对种牛痘、拔牙、输精管切除和胆囊开刀都有一种负需求;雇主们对不讲理和嗜酒成性的雇员也感到是一种负需求。营销者的任务是分析市场为什么不喜欢这种产品,以及是否可以通过产品重新设计、降低价格和更积极的营销方案来改变市场的信念和态度。

(2) 无需求:目标消费者可能对产品毫无兴趣或者漠不关心。如农场主可能对一件新式农具无动于衷,大学生可能觉得学外语索然无味。营销者的任务就是设法把产品的好处与人的自然需要和兴趣联系起来。

(3) 潜在需求:有相当一部分消费者可能对某物有一种强烈的渴求,而现成的产品或服务却又无法满足这种需求。如人们对于无害香烟、安全的居住区,以及节油汽车等有一种强烈的潜在需求。营销任务便是衡量潜在市场的范围,开发有效的商品和服务来满足这些需求。

(4) 下降需求:每个组织或迟或早都会面临市场对一个或几个产品的需求下降的情况。如教会发现它的教徒越来越少,私立大学收到的入学申请书寥寥无几。营销者必须分析需求衰退的原因,决定能否通过开辟新的目标市场,改变产品特色,或者采用更有效的沟通手段来重新刺激需求。营销任务便是通过创造性的产品再营销来扭转需求下降的趋势。

(5) 不规则需求:许多组织面临着每季、每天甚至每小时都在变化的需求。这种情况往往导致生产能力不足或过剩的问题。如在大规模的交通系统中,大量的设备在交通低潮中常常闲置不用,而在高峰时又不够用;平时博物馆参观的人很少,但一到周末,博物馆却门庭若市。营销任务则可以通过灵活订价、推销和其他刺激手段来改变需求的时间模式。

(6) 充分需求:当组织对其业务量感到满意时,就达到充分需求。营销任务是在面临消费者偏好发生变化和竞争日益激烈时,努力维持现有的需求水平;各组织必须保证产品质量,不断地衡量消费者的满意程度,以确保企业的工作效率。

(7) 超饱和需求:有些组织面临的需求水平会高于其能够或者想要达到的水平。如金门大桥所承受的交通负担超过了安全载量,黄石公园在夏季拥挤不堪。营销的任务就是设法暂时地或者永久地降低需求水平,这就是低营销。一般的低营销就是不鼓励需求,它包括下列步骤:提高价格,减少推销活动和服务。有选择的低营销则采用尽量降低来自盈利较少和服务需要不大的市场的需求量。低营销并不是杜绝需求,而是降低其需求水平。

(8)不健康的需求:不健康的产品将引起有组织的抵制消费的活动。如对烟、酒、毒品、手枪、暴力色情电影和老鼠会都曾举行过抵制运动。在这里,营销的任务是劝说喜欢这些产品的消费者放弃这种爱好,采用的手段有传递其为有害产品的信息,大幅度提价,以及减少供应。

营销经理通过营销研究、营销计划、营销执行和营销控制来贯彻这些任务。在营销计划中,营销者必须进行有关目标市场、市场定位、产品开发、价格制定、分销渠道、实体分配、信息沟通和促进销售等各项决策。

7.5 市场营销管理的过程

市场营销管理是人们规划并执行理念,对创意、产品和劳务进行定价、促销和分销,借此满足顾客需要和实现组织目标而产生交换行为的过程。市场营销管理过程指在企业的战略计划下制订和实施市场营销计划的过程,是企业为实现任务和目标而发现、分析、选择和利用市场机会的管理过程,它包括:企业战略、市场营销计划、营销计划的实施等,如下图所示:

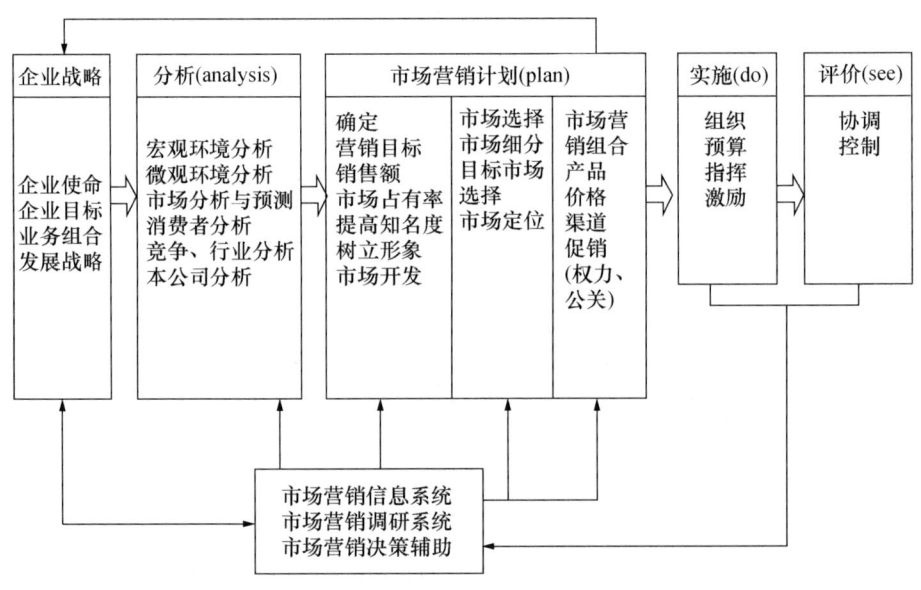

图 7-4 市场营销管理过程

一般说来,市场营销的计划与管理也必须在企业战略计划的指导下进行,并同企业的战略计划保持一致。当企业接受了市场营销观念之后,其全部的经营活动就会纳入以市场为导向的运行轨道,从而对企业整个经营过程也会产生不同的认识,如从传统经营观念的角度,企业的经营活动主要表现为:制造产品和销售产品;而从市场营销观念的角度,企业的经营观念就可以理解为选择价值、提供价值和传播价值的过程。

从这样的角度出发,营销活动在产品生产之前就开始了。即首先要通过对市场需求的分析、市场机会的发现以及目标市场的选择,来对所提供的产品或服务进行价值定位;而产品和服务的开发、定价、制造和分销的过程则是在价值定位指导下的价值提供过程;依附于产品和服务上的价值能否为市场所接受,还依赖于人员推销、营业推广和广告等价值传播过程。所以,应当认识到市场营销是贯穿于企业经营过程始终的,营销管理也就涉及对贯穿其中的市场营销活动的全过程和全方位管理。

因此,营销管理应当包含:分析市场机会、选择目标市场、策划营销战略、设计营销方案和实施营销努力五个方面。

7.5.1 分析市场机会

1. 正确认识市场机会

分析、评价和掌握市场机会是营销管理的首要任务,因为企业只有捕捉到适当的市场机会才能使其业务有新的发展,只有在收益较大的市场机会上进行投入,才能获取较高的经济效益。成功的企业往往是由于其善于发现和捕捉各种市场机会,从而才能不断地创造新的产品,开辟新的市场。

要很好地掌握市场机会,关键是对市场机会要有正确的认识。市场机会应当是一种消费者尚未得到满足的潜在需要。有些企业总是把暂时供不应求的产品作为一种市场机会,而等到它把产品生产出来以后,该产品却已经从供不应求转为供大于求。所以企业更应当关注的是市场中尚未有适当产品予以满足的那些需要,这样才能使企业在市场上居于领先地位并获得较大的收益。

从市场机会的产生和存在形式来看,大体上可以分为以下四种:

(1) 显在的市场机会。即已经存在于市场上的,所有企业都能看到的那部分潜在需要。大多表现为一些已有产品的供不应求。如果其存在着较大的供需缺口,那么企业可以将其作为一种市场机会去利用和开发。一般情况下,显在市场机会的开发成本相对比较低。但由于其能为大多数企业所发现,所以竞争也会十分激烈,企业很难在显在机会的开发上获得很高的经济效益。

(2) 前兆型市场机会,即可通过市场上所存在的某些迹象预示到的未来可能产生的某些潜在需要。如收入水平的变化会导致一些新的消费需要的产生;流行消费的各种诱导因素会预示一些时尚消费需求的出现;政治、经济、文化、自然等各种环境因素的变化都会对消费的发展趋势产生重要的影响。把握前兆机会的关键在于了解有关迹象同其所预示的潜在需要之间的必然联系和影响规律,这样才有可能进行准确预测和把握。

(3) 突发型市场机会,即由于某种环境因素突然变化而引发的潜在需要。社会上的某些突发事件,如战争、灾害、流行疾病等都会使一些意想不到的潜在需要随之产生。如果企业能及时发现,并迅速予以把握,就可能带来很大的收益。而突发机会能否被捕捉,关键取决于营销者的敏感性。若缺乏对环境突发因素的密切关注和高度敏感,往往会使一些蕴藏巨大商机的突发机会擦肩而过。

(4) 诱发型市场机会,即消费者本身不能自觉意识,而必须通过营销者加以启发诱导才能发现潜在需要。如只有当微波炉出现以后,人们才知道不生火也能煮饭。只能当一种消费观念被人们接受,人们才会采取相应的消费行为。所以,当企业从技术开发或经验借鉴等角度已经形成了产品开发的创意,却发现市场上相应的消费观念和消费需要尚未产生的时候,就应当主动地对潜在的消费需要加以诱导,并使其形成现实的、可利用的市场机会。

企业要准确、及时地把握和利用市场机会,一般应具备以下三个基本条件:

一是对自身资源和能力的正确估价。市场上的潜在需要,并不是企业都能加以利用的。企业只有对自身的资源和能力有了清醒的认识才可能知道,应当把哪些市场机会纳入自己的视野;

二是对市场情报资料的广泛收集。市场上的潜在需要存在于大量的社会和经济活动中,只有对社会和经济活动的各种影响要素有全面的了解,才能从中分析出可能存在和发展的潜在需要。所以,对市场情报资料及时全面的掌握是发现市场机会的必要前提。

三是具有强烈的进取心和高度的敏感性。能否发现和把握有利的市场机会还取决于营销者的积极进取精神。所谓"有心处处是生意"。若没有主动寻找市场机会的强烈欲望,是很难把握住有利的市场机会的。敏感性产生于对市场机会及其变化因素的敏捷反应,而这种敏感性也是建立在把握市场机会的主动进取精神之上的。

2. 发现和识别市场机会

企业可采取以下方法来发现和识别市场机会:

(1) 收集市场信息。营销人员可通过经常阅读报纸、参加展销会、研究竞争者的产品、召开献计献策会、调查研究消费者的需要等来寻找、发现或识别未满足的需要和新的市场机会。

(2) 分析产品/市场矩阵。营销人员也可利用产品/市场分析矩阵来寻找、发现增长机会。

表 7-1 产品/市场分析矩阵

市场 \ 产品	现有产品	新产品
现有市场	市场渗透Ⅰ	产品开发Ⅱ
新市场	市场开发Ⅲ	多角化Ⅳ

区域Ⅰ对应状态为现有市场、现有产品,企业分析的重点是消费者对现有产品的需求及满足程度,并由此决定市场渗透的程度。若消费者对现有产品需求较旺,则可对现有市场渗透扩张,否则,就进行适度收缩。

区域Ⅱ对应的状态为现有市场、新产品,企业分析的重点是现有市场上是否仍有其他未被满足的相关需求存在。若有,则说明现有市场中存在机会,企业可以通过开发新产品来满足这种市场需求。

区域Ⅲ对应的状态为新市场、现有产品,企业分析的重点是新市场是否存在对企业现有产品的需求,若存在,则说明企业营销中存在机会,企业可以扩大生产满足新市场对产品的需求。

区域Ⅳ对应的状态为新市场、新产品,企业分析的重点是新市场中是否存在未被满足的消费者需求,若存在,则采取多角化经营战略。

(3) 进行市场细分。营销人员还可通过市场细分来寻找、发现最好的市场机会,拾遗补缺。营销人员不仅要善于寻找、发现有吸引力的市场机会,而且要善于对所发现的各种市场机会加以评估,决定哪些市场机会能成为本企业有利可图的企业机会。

3. 评估市场机会

在现代市场经济条件下,某些市场机会能否成为某企业的企业机会,不仅要看利用这种市场机会是否与该企业的任务和目标相一致,而且取决于该企业是否具备利用这种市场机会、经营这种业务的条件,取决于该企业利用这种市场机会、经营这种业务是否比其潜在的竞争者有更大的优势,因而能享有更大的"差别优势"。

此外,还要进一步对每种有吸引力的企业机会进行评价。也就是说,还要进一步调查研究:谁购买这些产品?他们愿意花多少钱?他们要买多少?顾客在何处?谁是竞争对手?需要什么分销渠道?通过调查研究这些问题,营销人员要分析研究营销环境、消费者市场、生产者市场、中间商市场和政府市场。此外,企业的财务部门和制造部门还要估算成本,以确定这些市场机会能否转变成给企业带来利润的企业机会。

7.5.2 选择目标市场

市场机会的发现使企业知道了它应当去满足什么样的需要,但要建立起企业在其将要进入的市场中的相对优势,还必须知道它应当满足哪些人的需要。这是因为对同样需要的满足,不同人群所要求的满足形式、程度和成本等是不一样的,企业只有认识了这些需要满足方式所存在的差异,才能提供最受欢迎的满足方式,去满足一个或几个消费群体的特定需要,从而在市场中建立起自己的相对优势。这就需要对市场进行细分(segmenting)、选择目标市场(targeting)和进行市场定位(positioning)。

7.5.3 策划营销战略

企业进行了市场的选择和定位后,就必须对有关的营销战略问题作出安排,以使自己在市场营销过程中有明确的指导思想。营销战略直接受公司的业务战略计划所指导。只是在具体产品的开发上,要进行更为具体的策划和落实。对于新产品的开发、品牌的管理与经营、市场的进入、市场的布局以及市场的促销等方面都要作出具有新意和实效的战略策划,以保证企业的营销目标能够顺利实现。

同业务战略的制定一样,针对某一个具体产品和具体市场的营销战略也可以分为几个阶段,抓住几个重点,相互衔接,递次推进,最终达到将产品打入市场,并占领市场之目的。

营销战略的选择还必须从企业实际的市场地位和竞争实力出发。因为在一个寡头垄断的市场上,企业通常会处于不同的市场地位,如领导者、挑战者、追随者和弥缺者等,企业只有从实际的市场地位出发去选择相应的营销战略,才可能取得成功。

7.5.4　设计营销方案

营销战略的实施必须转化为具体的营销方案。营销方案规定了营销活动的每一个步骤和每一个细节,从而可付诸实施。营销方案中一般至少应包括以下三项内容:

(1) 确定市场营销组合。市场营销组合是为了满足目标市场的需求,企业对自身可以控制的各种市场营销要素如质量、包装、价格、广告、销售渠道等的优化组合。

企业可控制的市场营销要素有很多,最流行的分类方法是美国的 E. J. 麦卡锡教授提出的分类方法。他把各种市场营销要素归纳为四大类:产品(product)、价格(price)、地点(place)、促销(promotion),简称"4P's"。所谓市场营销组合就是这四个"P"的搭配与组合。它体现了现代市场营销观念指导下的整体营销思想。

产品是表示有关企业提供给目标市场的"货物和劳务"的一个总概念,包括产品质量、外观、款式、品牌、规格、型号、包装以及各种服务保障,譬如送货、退货、安装、维修等。

价格是表示有关顾客购买产品时所支付价钱的一个总概念,包括价目表上所列出的价格、折扣、支付期限、信用条件等。

分销地点即渠道是表示有关企业协调渠道系统中其他成员,使其产品接近和到达目标顾客的活动的总概念,包括渠道选择、销售模式、商品储存、运输等。

促销是表示有关企业宣传其产品并且说服目标顾客购买其产品所进行的一系列活动的总概念,包括广告、人员推销、营业推广、宣传报道等。

(2) 营销的费用预算。对所要达到的营销目标,必然需要相应的营销费用的投入。营销费用的提取与控制,可依据销售额比率,也可依据达到营销目标的实际需要,有时甚至要根据竞争对手的营销费用水平,以求在竞争实力上能保持均衡。在进行营销费用预算时,要避免过于考虑同已有的业绩挂钩,因为有时在销售业绩不好的情况下,更需要加大营销的力度,营销费用的预算可能反而要求更高。

(3) 营销资源的分配。在具体的营销计划中,应当对营销资源(包括营销费用)在各项具体的营销中进行合理的分配,以形成整合营销的效果,营销资源的分配不仅要考虑在各种策略工具(如产品、定价、分销、促销)中形成合理结构,而且要考虑在不同区域市场(如北方、南方、东部、西部)中的合理分配;有时还要考虑在不同的阶段和时期中的适量投入,以形成营销活动的节奏感和持续性。

7.5.5　实施营销努力

营销计划的实施是营销目标实现的最终努力,再好的营销计划也只有在得到充分的实施之后才能显示出它的效果。而营销计划的成功实施则取决于一个高效的营销组织系统和一套完备的营销控制程序。

企业的营销组织可以根据企业的性质、任务的不同而有所不同。但从一般管理原理的角度讲,都会由一个处于公司决策层次的分管领导(如营销副总经理)、一个专门的职能部门(如营销部或市场部)以及一支从事营销活动的工作人员队伍所组成。营销副总经理负责公司营销职能同其他职能乃至公司决策层面的沟通与协调;营销部负责公司营销活动的策划、组织与实施;营销队伍则是开展具体营销活动的基本力量。

营销控制是保证营销计划顺利实施的重要环节,一般主要抓好三个方面的控制:年度计划的控制,即从数量和进度上保证营销计划的实施;盈利能力的控制,即从营销的质量上进行检验和提高;战略控制则是注意营销计划同环境的适应性,以及保证营销活动能促使企业总体战略目标的实现。

本章小结

战略是指企业为了实现预定目标所作的全盘考虑和统筹安排。战略计划是企业根据外部营销环境和内部资源条件而制定的涉及企业管理各方面的带有全局性的重大计划。战略计划过程,又称战略管理过程,是指企业的最高管理层通过制定企业的任务、目标、业务组合计划和新业务计划,在企业的目标和资源与迅速变化的经营环境之间发展和保持一种切实可行的战略适应的管理过程。战略计划过程是企业及其各业务单位为生存和发展而制定长期总战略所采取的一系列重大步骤,包括规定企业任务、确定企业目标、安排业务组合、制订新业务计划。

市场营销管理的实质是需求管理,它的任务是针对八种基本的需求状况采取相应的营销策略。

市场营销管理过程是指企业为实现其任务和目标而发现、分析、选择和利用市场机会的管理过程。市场营销战略是指企业根据对市场机会的预测、分析和判断,选择目标市场,并为目标市场安排行之有效的营销组合。市场营销管理过程包括的步骤是:分析市场机会、选择目标市场、设计市场营销组合和管理市场营销活动。

思考题

1. 什么是市场营销战略?其制定原则有哪些?
2. 怎样用波士顿咨询集团法对企业的战略业务单位进行评价?
3. 营销管理的实质和任务是什么?
4. 具体的市场营销管理过程应该包括哪些内容?

案例分析

营养快线凭什么卖过百亿?

2009 年,娃哈哈营养快线卖了 120 亿元人民币,赶超"中国第一罐"王老吉,成为销量最大的饮料单品之一。在中国饮料帝国娃哈哈 400 多亿的销售额中,营养快线占据了 1/4 之多。在娃哈哈产品绝大多数都是面对二三线,甚至乡镇市场的情况下,在城市市场独领风骚的营养快线,显得特别瞩目。

营养快线成功的背后,隐藏着怎样的营销战略和心智拉力,造就了过百亿的销售额?营养快线如何持续"快"成长下去?

一、心智空缺:最营养的饮料

以"牛奶＋水果＋营养素"混合形态出现的营养快线,并非简单以混搭的概念而获得消费者的青睐。在消费者的认知中,牛奶是营养价值很高的动物蛋白营养饮品,果汁是含有维生素最丰富的营养饮品。这些认知是乳业品牌蒙牛、伊利们和果汁品牌康师傅、统一、汇源们的教育贡献。"最营养的蛋白饮品＋含维生素最丰富的果汁饮品＝最营养的饮料",这一心智认同很快在消费者心中落地。

在现实中,偏爱牛奶的消费者不会选择营养快线,钟情于果汁的消费者也不会选择营养快线。营养快线最终吸引的顾客也不是以上两类消费群,而是希望喝到"最营养的饮料"的消费者。它的广告语"早餐喝果汁,不够;早餐喝牛奶,也不够"很好地体现了这一点。

所以,消费者认同的并非是"牛奶＋果汁＋营养素"的混搭概念,而是"最营养的饮料","15种营养素一步到位"就是购买营养快线的理由。

二、品牌命名吻合定位

品牌命名的最佳方向是,能启动战略定位,让消费者听到、看到品牌命名,就能认知到产品的定位。"最营养的饮料"的命名有两点很关键:一是突出"营养",二是在消费者的心智中找到最佳的购买理由。

突出"营养"的方法很简单,就是直接用"营养"这个词汇。第二点就应该结合目标消费者的生活形态,找到最佳的切入点。现代都市白领生活节奏很快,为了获得一天的营养,他们需要快速地补充全面的营养素,所以"快线"便成为娃哈哈的选择。

在消费者没有看过广告的情况下,只要看到这个命名,就能很快理解营养快线是"快速补充营养素的营养饮料"的定位。

三、大瓶口PET:把果乳装进运动饮料瓶里卖

曾几何时,在运动饮料的带动下,"大瓶口"PET成为运动饮料的重要视觉体现。它能成为运动饮料的重要品类特征的原因是,大瓶口对消费者意味着饮用更畅快、更能大口大口地快速解渴,更适合"快速"的表达。佳得乐、脉动均是。

营养快线开创性地采用了乳饮料、果汁饮料并未使用过的"大瓶口"PET是在包装层面对定位"快速补充营养素的营养饮料"的体现。现在"大瓶口"PET俨然成为营养快线定位的独特视觉载体。

营养快线不仅品牌命名、包装采取了正确的战略配称,而且价格比一般饮料贵1—2元的高价策略,也突显了"最营养的饮料"这一产品定位。

要使产品的市场份额有显著的提升,就要借力心智,引导消费者更广泛地接受,提高需求的频次和数量,所以,将特种饮品向功能饮品、餐桌饮品方向引导,就显得很有必要。

营养快线通过强化自己的"营养特性"(不但拥有来自牛奶的丰富营养和钙质,而且

还有来自果汁的丰富维生素;还有人体所需的维生素A、D、E、B3、B6、B12、钾、钙、钠、镁等15种营养素一步到位),而不强调自身"牛奶+水果+营养素"的独特性、开创性、新奇性、时尚性,顺利成为"快速补充营养素"的功能认知,并通过"早餐来一瓶"的500 ml早餐定位和"营养全家"的1.5L佐餐定位,再次顺利地将自身转移引导到饮料大市场上——餐桌饮品。

两次心智归类的转移引导,将营养快线的市场扩大了N倍。在心智营销上,我们认为这是营养快线成功的关键性策略。

四、动态营销,自我升级

营养快线自2005年上市以来,推出了两代升级新产品:营养快线升级版(果汁+酸奶,18种营养素)、营养快线幸福牵线(果汁+酸奶,益生菌发酵)。它实现了从调配乳到发酵乳的升级,也为跟进企业设置了在产品研发、制造层面的障碍。针对夏天诉求的"冰冻更好喝"也是一种动态营销的体现。

更重要的是,不断的自我更新、自我攻击,使营养快线向动态营销的良性势头发展,一方面引领了消费趋势;另一方面使跟随的竞争对手丧失了跟随超越的契机,自身始终在引领竞争。

现在,在各大乳业品牌对发酵酸奶的教育之下,升级新一代的营养快线"益生菌发酵"新品,也是很符合消费者对乳饮料健康需求升级的。营养快线快人一步占据领先优势是娃哈哈正确的战略举措。

五、渠道力量的推动

拥有强大的心智力量,但如果没有地面的推动,营销战役的胜败也很难断定。娃哈哈率先在全国建立起庞大的营销网络是娃哈哈饮料帝国的基础,这个深入到中国乡镇级别的,像毛细血管一样的庞大组织,使娃哈哈的新品在最短的时间内能通畅地和消费者见面。再加上,娃哈哈分布全国的以300公里辐射圈为标准的150个分厂的建设,大大降低了运输成本,提升了整个销售链条成员的利润。

六、从开创战到防御战

当果乳饮料做成中国明星饮料品项的时候,众多的竞争对手都在摩拳擦掌,试图分得一杯羹。

面临可口可乐美之源果粒奶优、旺旺饮养速补分化出的新市场,以及一些二三线饮料品牌推出的低价模仿产品,品类开创者面临的竞争课题是:如何维护老大地位。营养快线下一阶段面临的就是,从"品类开创战"转移为"品牌防御战"。

七、弥补"关门策略"的缺失

成功品牌通常不是在竞争发生的情况下作出必要的反应,而是事前就已经做了打防御战的基础工作,我们把这样的策略称为——品类领导品牌的"关门策略"。例如,王老吉的"凉茶始祖王老吉"、九龙斋的"酸梅汤以九龙斋为京都第一"、养元六个核桃的"核桃饮品领军者六个核桃"等。这样简单直白地占据"品类老大"的认知,是为了防止后面品牌在追随成长的过程中实现反超。显然,娃哈哈营养快线并没有做这样的防御工作。

如今，娃哈哈的营养快线面对加了椰果粒的低价策略进攻的可口可乐美之源果粒奶优的进攻，以及加了膳食纤维、口袋便利装、针对儿童的旺旺饮养速补的分化，应该及时采取正确的策略，以弥补关门策略的缺失。

八、采取正确的战术配称

在影响心智选择的战术配称上，从"品类第一"的角度切入，来加强对品类的占据，成为有心智力量的"营养饮料第一品牌"是基本的作战原则。在此原则之下，采取正确的战术配称，以全面提升营养快线在心智中的力量，捍卫属于自己的品类领导地位。

首先，强化热销感。营养快线应针对国内消费者羊群效应明显的特征，推出有别于其他诉求"销量""热销""青睐"的广告，以此来强化自身受欢迎的程度和销量领先地位，夯实在消费者心智中的主导地位。

其次，升级公信力营销。营养快线既然诉求最营养、最适合中国人的营养饮料，就必须在高层面有强有力的支撑，自卖自夸不容易被消费者所信任。获得"中国营养学会"的认证或与之进行项目的战略合作，才是营养快线定位最有力的公信力支持。

最后，加强势能渠道的渗透和维护。紧密围绕定位，针对白领、学生群体等目标消费群，加强城市CBD区域的便利店、学校周边的士多店的重点维护和推广工作，将其建设成核心势能渠道。

九、给予足够的关注和投入

最重要的是，营养快线要有足够的企业关注和资金投入。娃哈哈庞大的经销系统，使它更像一只吃不饱的巨兽。所以，一年要消化掉很多新品，渠道也呼唤更多的新品推出。在这样的模式下，娃哈哈更倾向于将资源投入到新品推广上，而对老产品的继续推进就显得力度不足。未来，娃哈哈还会受到四面攻击，这是大企业通常要面对的。聚焦与分散的智慧，娃哈哈应该尽快掌握。

十、视为一个独立品牌来运作

无论是单品牌，还是多品牌，都是企业的品牌战略所需，企业在不同的发展阶段，可适时采用不同的品牌战略。在笔者看来，娃哈哈下一阶段应该将"营养快线"视为一个独立品牌来运作，将其打造成一个长青品牌，而不是众多产品群中的一个产品系列而已。

资料来源：http://money.163.com/10/1022/11/6JJJ7OFS00253VNC.html，2017年10月22日访问。

案例思考题

营养快线是如何成功的，谈谈你对其营销战略及管理的理解。

第8章

目标市场营销战略

学习目标

通过本章的学习,明确市场细分的概念和作用、细分的依据及标准与程序;理解目标市场的概念,选择目标市场的条件和范围;掌握目标市场战略步骤、目标市场选择和策略;弄清市场定位的问题;能应用市场细分原理、目标市场选择策略及市场定位方法,分析企业目标市场营销中存在的各种问题。

学习重点

企业计划实施目标市场营销战略管理过程,包括以下几个方面:市场细分、目标市场、市场定位。

引导案例 资生堂的市场细分与目标市场策略

日本的化妆品,首推资生堂。近年来,它连续名列日本各化妆品公司榜首。资生堂之所以长盛不衰,与其独具特色的营销策略密不可分。

资生堂对其公司品牌的管理采取所谓品牌分生策略,以主要品牌为准,对每一品牌设立一个独立的子公司。这样,每个子公司可以针对这一品牌目标顾客的不同情况,制定独立的产品价格、促销策略;同时,公司内部品牌与品牌之间,子公司与子公司之间也要进行激烈竞争。例如,20世纪90年代初,该公司推出了以年龄在20岁左右、购买能力较低、对知名品牌敬而远之、对默默无闻的品牌能自主选择的女性为目标顾客,推出"ettusais"系列化妆品。该品牌的营销管理就比较特别。它们在东京银座一楼专卖"ettusais"系列品的商店中,陈列的品种达30多种,顾客可以当场试用,且价格也较低。考虑到目标顾客的思想行为特点,他们在"ettusais"系列化妆品包装上一律不写资生堂的名字,让人不易觉察这是大名鼎鼎的资生堂产品。

20世纪80年代以前,资生堂实行的是一种不对顾客进行细分的大众营销策略,即希望自己的每种化妆品对所有的顾客都适用。80年代中期,资生堂因此遭到重大挫折,市场占有率下降。1987年,公司经过认真反省以后,决定由原来的无差异的大众营销转向个别营销,即对不同顾客采取不同营销策略,资生堂提出的口号便是"体贴不同岁月的脸"。他们对不同年龄阶段的顾客提供不同品牌的化妆品。为十几岁少女提供的是RECIENTE系列,20岁左右的是ETTUSAIS系列,四五十岁的中年妇女则有长生不老ELIXIR系列,50岁以上的妇女则可以用防止肌肤老化的资生堂返老还童RIVITAL系列。

资生堂不像一般的化妆品公司那样,对零售商有较大的依赖,它有自己独立的销售渠道,旗下专卖店(柜)达25000多家。为配合产品销售,资生堂又推行了"品牌店铺"策略,即结合各品牌的具体情况,在每一专卖店(柜)中只集中销售一种或几种品牌。例如,在学校、游乐场、电影院附近年轻人较多的地方,设立RECIENTE系列专卖店,在老年人出入较多的地方则设立RIVITAL系列专卖店。为使其对市场的细分达到最彻底的程度,资生堂制定的战略是,未来旗下的每一家店铺只出售一种品牌的资生堂产品。

资生堂还对化妆品市场进行了调查和研究,发现一般消费者不仅需要化妆品公司提供高质量的产品,更需要他们提供高水平的美容咨询服务,于是提出了CL店构想。资生堂强调其旗下各专卖店(柜)的销售人员必须有较强的咨询能力(counseling,即CL),能把化妆品店变成美容咨询室,为入店顾客提供各种咨询服务。为此,资生堂积极对其员工进行培训,目标是使每个销售人员都成为"美容专家"。每年资生堂要举行六期美容CL的研讨会,以传授商店美容咨询的秘诀。

资料来源:http://www.marketing110.com/html/show-10-1487-2.html,2017年2月15日访问。

任何现代企业在开展营销活动时都会意识到,在通常情况下,它们不可能或至少不能以同一种方式吸引市场上所有的购买者。这不仅是受企业的有限资源和竞争能力的限制,而且因为购买者为数众多、分布广泛而且都有着不同的购买习惯与要求。因此,为了充分利用本身可获得的有限资金和资源,充分发挥自己的经营优势,提供适合顾客需要的产品和服务,大多数现代企业都实行目标市场营销,即选择与本企业经营目标相适应的、最有吸引力的、本企业可以提供最有效服务的那一部分市场作为自己的目标市场,采取相应的市场营销手段,打入和占领这个市场。

图8-1表示目标市场营销中的三个主要步骤:第一步是市场细分(market segmentation)——把市场细分为具有不同需要、特点或行为的购买者群体,并描绘细分市场的

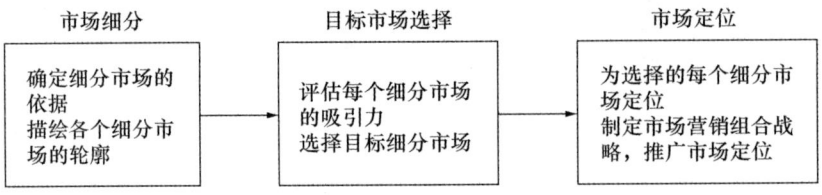

图8-1 实施目标市场营销的步骤

轮廓。第二步是选择目标市场(market targeting)——估计每个细分市场的吸引程度，选择进入一个或若干个细分市场。第三步是市场定位(market positioning)——对产品进行竞争性定位并制定市场营销组合战略以有效传播市场定位。市场细分、目标市场选择和市场定位这三者构成了现代策略营销的核心。

8.1 市场细分

市场细分的概念是由美国市场学家温德尔·史密斯在1956年发表于美国《市场营销杂志》的《市场营销策略中的产品差异化与市场细分》一文中提出来的，这个概念一经提出，就受到企业经营管理者的重视，并迅速地广为利用。

8.1.1 市场细分的概念与作用

1. 市场细分的概念

所谓市场细分是指根据消费者需求的差异性，把整体市场划分为若干个由相似需求的消费者组成的消费者群，即子市场。

对这个概念可以从以下几个方面加深理解：

(1) 细分市场是细分消费者，而不是细分商品。市场细分不是产品分类，而是同种产品的消费者分类。市场细分不是把市场分为服装市场、食品市场等，而是把同一产品分为由具有不同特性的消费者所组成的子市场，如"黄金搭档"保健品将目标市场细分为中老年、青年、儿童市场。

(2) 市场细分的基础和理论依据是消费需求的异质性理论。产品属性是影响消费者购买行为的重要因素，顾客对产品不同属性的重视程度不同，形成不同的需求偏好，这种需求偏好差异的存在是市场细分的客观依据。一般而言，消费者对一种产品的偏好分布有三种类型：同质偏好、分散偏好和集群偏好。

假设我们向奶制品购买者询问蛋白质含量和钙含量两个产品属性，则由此产生三种不同的偏好模式。(见图8-2)

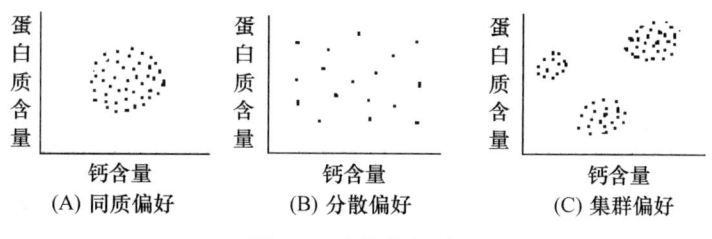

图8-2 市场偏好模式

同质偏好(见图8-2(A))指所有消费者对产品各属性都有大致相同的偏好。企业不能对这种偏好分布的市场进行细分，所有品牌都将是类似的，并且都处在蛋白质含量和钙含量两者偏好的中心。

分散偏好（见图8-2（B））是指市场中的所有消费者对产品各属性都有着不同的偏好，即不同消费者对产品属性的要求存在较大差异。进入该市场的第一品牌可能定位在市场的中心，以迎合最多的消费者。同时，可使所有消费者总的不满为最小。新进入市场的竞争者，可能把他的品牌定位在第一品牌附近，与其抢夺市场份额；也可以远离市场中心，形成有鲜明特征的定位，以吸引对第一品牌不满的消费者群体。如果这个市场中有好几个品牌，则它们可能被定位于整个空间的各处，显示与其他竞争品牌的差异性，来迎合消费者偏好的差异。

集群偏好（见图8-2（C））是指市场中存在具有独特偏好的密集群体，这些密集群体可称为常见细分市场。第一个进入此市场的公司有三种选择：可将产品定位于中心，以迎合所有的顾客群体（无差异营销）；也可以将产品定位在最大的细分市场内（集中营销）；还可以推出好几种品牌，分别定位于不同的细分市场内（差异营销）。显而易见，如果公司只发展一种品牌，那么竞争者就会进入其他细分市场，并在那里引进许多品牌。

在营销活动中，通常把一个产品的市场分为同质市场和异质市场两种类型。在同质市场，顾客对同一产品的要求基本一致，对厂商营销活动的反应基本一致。异质市场是指组成这一市场的顾客对同一产品的要求是多样化的，对厂商的促销活动的反应是不一致的。严格来讲，同质市场只能是一个个的个体消费者，因为任何两个消费者都不可能有完全一致的产品要求和营销反应。因而，同质市场是相对的，异质市场才是绝对的。

（3）消费者对产品需求的特征并非一成不变，它随着社会、文化和经济的发展而处于不断发展变化之中，它也不仅仅是一个自然过程，企业可以通过营销努力影响它。所以，市场细分是一个经常性的、反复的过程。

（4）市场细分是企业选择目标市场和制定市场营销策略的基础。

企业细分市场的目的在于根据各个细分市场的特点，采取相应的对策，进行有效的市场营销活动。

2. 市场细分对现代企业的作用

市场细分是现代企业从事市场营销的重要手段，因此它对于企业的营销实践也有着重要的意义。

（1）市场细分有利于发掘市场机会。通过市场细分，现代企业可以寻找目前市场上的空白点，即了解现有市场上有哪些消费者需求没有得到满足，如果现代企业能够满足这些消费者的需求，则可以以此作为现代企业的目标市场，这就是市场给予现代企业的机会。例如，日本对美国市场的手表需求作了调查：23%的消费者要求价格低廉，能计时就行；46%的消费者要求准确耐用、价格适中；31%的消费者要求象征价值、华丽贵重，瑞士只着重于后一种消费者。日本人发掘这近70%不能得到满足的前两类消费者群，生产物美价廉的机械表和电子表，满足供应，不到10年，日本手表在美国达到60%以上的市场占有率。

（2）市场细分有利于现代企业充分、合理利用现有资源，提高市场竞争能力。这一点对于现代企业特别重要。企业发展史说明，在全球企业日趋大型化的时代，仍然有众多的现代企业得到生存和发展,原因就在于这些现代企业通过细分发现了大企业所留下的市场空隙,最大限度地利用自身资源,在特定市场上确立自己的经营优势。事实上,当今许多著名的大型企业,都是从经营某一独特的产品起步,在满足市场空隙地带的需求过程中成长起来的。在科学技术高度发达、人民生活水平普遍提高的今天,消费者的需求日趋多样化,这就给广大的现代企业提供了更多的机会。

(3) 有利于掌握目标市场的特点,正确制定营销策略。不进行市场细分,企业选择目标市场必定是盲目的,不认真地鉴别各个细分市场的特点,就不能进行有针对性的市场营销。例如,我国某公司向日本出口冻鸡,原先的目标市场主要是消费者市场,以超级市场、专业食品商店为主要销售渠道。随着市场竞争的加剧,销售量呈下降趋势。为此,该公司对日本冻鸡市场作了进一步的调查分析,以掌握不同细分市场的需求特点。冻鸡购买者一般有三种类型:一是饮食业用户,二是团体用户,三是家庭主妇。这三个细分市场对冻鸡的品种、规格、包装和价格等要求不尽相同。饮食业对鸡的品质要求较高,但对价格的敏感度低于零售市场的家庭主妇;家庭主妇对冻鸡的品质、外观、包装均有较高的要求,同时要求价格合理,购买时挑选性较强。根据这些特点,该公司重新选择了目标市场,以饮食业和团体用户为主要顾客,并据此调整了产品、渠道等营销组合策略,出口量大幅度增长。

8.1.2 市场细分的标准

我们已经知道,市场细分的实质就是对某种商品的购买者,按照某种标准加以分类使之划分为具有不同特点的一系列群体的过程。细分的基础是消费需求的差异性,引起需求发生差异的原因有很多,而且对消费者市场和生产者市场的购买者而言又有所区别。下面分别从消费者市场和生产者市场两个角度分析市场细分的标准。

1. 消费者市场的细分标准

由于消费者为数众多,需求各异,所以消费者市场是一个复杂多变的市场。不过,总有一些消费者有某些类似的特征。以这些特征为标准,就可以把整个消费者市场细分成不同的子市场,并据此选定企业的目标市场。

消费者市场的细分标准有很多,通常可以分成四大类,即人口因素、地理因素、心理因素、行为因素,上述各个因素中包括许多具体变数。(见表8-1)

(1) 地理因素,指现代企业以消费者所在的不同地理位置以及其他地理变量(如城市、农村、地形气候、人口密度等)作为细分消费者市场的标准。这是一种传统的划分方法。相对于其他标准,这种划分标准比较稳定,容易分析,因为一般来说,处在同一地理条件下的消费者,他们的需求有一定的相似性,对企业的产品、价格、分销、促销等营销措施也会产生类似的反应。现代企业在不同地理区域开展业务时,要注意地区之间消费者对某一类产品的需求差异性。例如,亚都加湿器的经营者在推出产品时,首先选择北京市场,因北方冬季寒冷干燥,室内供暖使空气干燥的矛盾更为突出。加湿器的功能正好能缓解这一矛盾。此外,北京居民收入水平较高,对新颖小家电产品的接受能力强,也是个重要因素。美国雷诺兹公司向北海岸地区推广它的低焦油品牌,因为那里的居住者受过良好的教育和注意保重身体。而对于蓝领者居住的东南地区,雷诺兹公司则推广温斯顿牌香烟,因为这个地区比较保守。在黑人居住的南方,雷诺兹公司大量使用黑人出版的报刊和广告向该地区推广有强烈薄荷味的沙龙牌香烟。

(2)人口因素,是指各种人口统计变量。包括年龄、家庭人数、家庭生命周期、性别、收入、职业、教育、宗教、民族、国籍和社会阶层等。人口统计变量是区分消费者群体最常用的标准,这主要是因为人口统计变量比大部分其他类型的变量更容易衡量,并且消费者的需求偏好和购买行为往往与人口统计变量有密切的联系。

下面,我们详细说明一些常用的人口统计变量。

表8-1 消费者市场的主要细分标准

类型	变量	具体细分标准
地理	地区	东北、华北、华中、华东、华南、西北、山区、平原、高原地区等
	城市规模	大城市、中小城市、城镇
	气候	北方、南方
	人口密度	都市、郊区、乡村
人文	年龄	6岁以下、6—11岁、12—19岁、20—34岁、35—49岁、50—64岁、65岁以上
	性别	男、女
	家庭人口	1—2口、3—5口、6口以上
	年收入(元)	5000元以下、5000—10000元、10000—20000元、20000—30000元、30000—50000元、50000—100000元、100000元以上
	职业	工人、农民、军人、机关干部、职员、教师、科技人员、学生、个体经营者
	教育程度	文盲、小学、中学、大学
	家庭寿命周期	未婚期、新婚期、满巢期、空巢期、孤独期
	宗教	佛教、天主教、基督教、伊斯兰教等
	民族	汉族、回族、满族、蒙古族、藏族、壮族、苗族、朝鲜族等
心理	生活方式	简朴型、时髦型、高雅型、奢靡型、社交型等
	个性	被动、独立、爱交际的、独裁的、狂妄的等
行为	使用时机	一般时机、特殊时机
	追求的利益	经济、质量、服务、声望等
	使用者状况	未使用者、潜在使用者、过去使用者、初次使用者、经常使用者等
	使用率	经常使用、不常使用、一般使用
	准备程度	不知道、知道、有兴趣、有购买意向等
	品牌忠诚情况	绝对品牌忠诚者、多种品牌忠诚者、变换型忠诚者、非忠诚者等
	对产品的态度等	热情、肯定、无所谓、否定、敌视等

① 年龄。年龄是服装、杂志、娱乐、化妆品、玩具等商品市场最重要的市场细分变量。按年龄因素,可分为婴儿、儿童、青少年、成人、老年等市场。消费者的欲望和能力随年龄而变化。如日本资生堂化妆品公司,根据年龄把女性化妆品市场划分为15岁以下、15—18岁、18—24岁、25—35岁、35岁以上,并推出与不同年龄阶段相适应的化妆品,以满足人们的不同需要。

② 性别。性别细分在服装、美容、化妆品和杂志等领域早已普遍采用。一般来说,

男性和女性消费者在购买动机和购买行为上存在着较大的差异,因此,企业产品设计和经营方式上应考虑到男女有别。

男性购物的特点:较干脆、讲求效率;较少斤斤计较或精打细算;不大愿意挤一个小时公共汽车去抢购打八折的商品;乐意购买新包装、新商品;不重价格,重产品特性和属性;广告的内容与展示频率较容易使男性认识该产品的特性。

女性购物的特点:把买东西看成是巡视商店的机会,显示出无穷的乐趣;接待女顾客要耐心地多作说明,当购货后应附带说一句"你真有眼力"或"你的审美眼光真高"等,她们绝不会反对,而是觉得中听;妇女对商品的特点、价格等更心中有数,往往反复挑选;女顾客喜欢表现出自己的优越感,喜欢受到诚实店员的接待,对于无知或充作无所不知的店员,一旦发现会牢记很长时间,尽量不到这里购买东西;容易产生不安感和受冷落感;若无意识发现一件价廉物美的商品会向友人津津乐道其奇遇;乐意购买廉价品。

③ 收入。收入细分是另一种长期习惯做法,运用于诸如汽车、游船、服装、化妆品、旅游等产品和服务行业。按照当前的平均收入水平,可以分为高收入、中等收入、低收入三类。收入水平的高低,不仅决定其购买各项商品的支出总额,而且也决定其购买商品的种类。如冰激凌等市场常用收入来细分。哈根达斯、和路雪、光明代表了三种不同的冰激凌档次,适应不同的消费群体的需要。

④ 社会阶层。社会阶层是划分一国市场的重要依据,现代企业必须对此十分重视。一般来讲,每一个社会阶层内的成员基本上具有相似的购买力,实际上在一国市场上,社会阶层比购买力(人均收入)更能决定消费者购买商品数额的大小,社会阶层还影响着企业分销渠道的选择和促销手段的运用。人们要到他们感到舒适自由的地方购买货物,要向那些广告宣传和产品供货都向着他们的地方去购买,这就要求现代企业必须精心为不同阶层设计广告和产品或提供服务,选择各阶层都愿意接受的销售渠道。例如,在美国市场上,有的企业就把美国社会划分为老牌富有家族(0.5%),新致富的后来者(1.5%),成功的企业经理和教授(10%);商人、小企业所有者、教师和办公室职员(33%),有技术的工厂工人(40%)和没有技术的工厂工人(15%),前三者构成等级市场,后三者是大量市场,也有的企业把美国社会分为上上层、上下层、中上层、中下层、下上层、下下层共6个层次,不管如何划分社会阶层,目的都是以此为依据来划分一国市场,发现扩大市场份额的机会。像大多数其他细分变量一样,社会阶层的品位也会随着时间变化。例如,80年代的上层社会是贪婪和铺张的,但90年代的上层社会是有价值观和自我满足的,而现在富裕的人偏向实用功利主义。

再如,中国某企业生产的矿泉水在美国的销售量一直不高,每年约5万瓶,占该企业世界销售量的一小部分,后来,企业一改过去那种不分对象、一种产品打天下的营销方式,采用分层次的营销战略。首先,将矿泉水价格提高,50%的产品仍沿用过去那种适中价格,另外生产50%价格较昂贵的高档产品;其次,改变过去那种只在饮料商店销售矿泉水的做法,精心选择那些作为分销地点的超级市场和小商店;最后,根据人口数量的分布,制定广告宣传决策,每年花费数万美元的广告费用在商业电视和高级时装杂志上刊登广告。所有这些策略都取得了成功,该企业在美国的销售量比以前增加了10倍(50万瓶),创汇100万美元。这个实例说明按社会阶层划分一国市场是每一个国际市场营销企业都值得考虑的方法。

(3)心理因素。在心理细分中,根据购买者的生活方式或个性特点,将购买者划分成不同的群体。在同一人口统计群体中的消费者,由于其生活方式、个性或价值取向的不同,往往会表现出差异极大的心理特性,对同一种产品的需求和购买动机存在很大差异。例如,在招待外商时,不知对方情况,往往会闹出笑话,如日本人认为是很珍贵的美龙爪,南美人却认为是便宜货。中国企业总想端出满桌的山珍海味,觉得这样才够意思,殊不知,有时简单的工作餐对双方的成交更有帮助。

① 生活方式。生活方式是指一个人或群体对消费、工作和娱乐的特定习惯和倾向性的方式。人们对各种商品的兴趣爱好受到他们的生活方式的影响。事实上,他们消费的商品也反映了他们的生活方式。例如,对时间态度的不同,就使速溶咖啡在美国很畅销,在英国则不怎么受欢迎,因为英国人把能否煮一杯好咖啡看作是自己修养高低的一种标志;现在,越来越多的企业也注意在生活方式细分中寻求良机。国外已趋向按人们的生活方式设计产品,如德国福斯公司设计的交通用车,讲究经济、安全和生态学观念,设计的一种玩车强调操作机动和运动性能。

② 个性。个性是指个人特性的组合,通过自信、支配、自主、顺从、交际、保守和适应等性格特征来表现出一个人对其所处的环境相对持续稳定的反应。企业可使用个性变量来细分市场,他们给其生产出来的产品赋予品牌个性,以吸引相对应个性的消费者。在20世纪50年代后期,福特与雪佛莱汽车是按不同的个性来促销的。福特汽车的购买者被认为是"独立的、感情容易冲动的、男子汉气质的、留心改变以及具有自信心的人",而雪佛莱汽车的拥有者则为"保守的、节俭的、关心声誉的、较少男子气质的以及力求避免极端的人"。

现在,个性产品越来越多,个性方面常常考虑消费者的角色倾向、社交倾向、表现倾向等。在当前社会中,人们所扮演的角色日趋多样化,于是服装、饰品、化妆品等都出现了中性化。最先走向中性化的服装是牛仔裤、运动服和旅游鞋。中性化的衣着,适应了社会的潮流和开放形势。

(4)行为因素。在行为细分中,根据购买者对产品的认识程度、态度、使用情况与反应等因素,将市场细分为不同的群体。行为因素包括购买时机、追求的利益、使用者状况、使用率、忠诚程度、购买者准备阶段和态度7个方面。许多营销人员认为行为因素是进行市场细分的最佳出发点。

① 购买时机。购买者产生购买需要、购买产品或使用产品的时机,可作为细分市场的基础。时机细分可以帮助公司开拓产品的使用范围。例如,由于商务、度假或探亲等有关时机需要,引起了乘飞机旅行。航空公司可以在这些时机中选择为人们的特定目的服务。比如为集体度假的顾客提供包机出租服务。随着"五一""十一"等法定节假日的增加,"假日经济"浪潮的兴起,很多商家把目光放在了"黄金周"的消费上。

② 追求的利益。按购买者对产品追求的不同利益,将其归入各群体,这是一种卓有

成效的市场细分方式。这种方法首先要断定消费者对有关产品所追求的主要利益是什么,追求各种利益的都是什么类型的人,各种品牌的商品提供了什么利益,然后根据这些信息来采取相应的市场营销策略。例如,对牙膏,根据人们所追求利益的不同,就可以分为4个利益细分市场,即追求经济利益、医用利益、美容化妆利益和味觉利益。每个追求利益的群体都有其特定的人口统计方面的、行为和心理方面的特点。见表8-2。例如,防止龋齿的追求者,都属大家庭,都是大量牙膏的使用者,并且是因循守旧的。在每个细分市场也有一些受偏爱的品牌,如宝洁公司推出的佳洁士牙膏就具有"防蛀"功效,在市场上形成了鲜明的个性,取得了极大的成功。

表8-2 牙膏市场的利益细分

利益细分市场	人口统计	行为	心理	偏好的品牌
经济(低价)	低收入者	大量使用者	着重价值	低价品牌
医用(防蛀牙)	大家庭	大量使用者	保守	佳洁士
化妆(洁白牙齿)	年轻人,成年人	抽烟者	爱好交际	高露洁等
味觉(气味好)	儿童	水果香味	享乐主义	小白兔牙膏等

③ 使用率。使用率是指消费者购买产品或服务的数量,消费者有的可能使用很少,有的使用一些,有的大量使用。由此,市场也相应地被细分成少量使用者、中量使用者和大量使用者群体。大量使用者的人数通常只占总市场人数的一小部分,但是他们在总消费中所占的比重却很大。如调查表明,整个人口中的60%基本不喝啤酒,而占喝啤酒人口的20%的大量饮用者喝掉了全部啤酒的近80%。企业通常偏好吸引对他们产品或服务的重度使用者群体,而不是少量用户。但企业在致力于为大量使用者细分市场服务时,也不要忽视少量使用者,因为有时少量使用者会转变为重度使用者,也可能从未使用者中产生出新的使用者。

④ 使用者状况。许多市场都可被细分为某一产品的未使用者、曾经使用者、潜在使用者、初次使用者和经常使用者。市场占有率高的公司特别重视将潜在使用者转变为实际使用者,而小公司则努力将使用竞争者品牌的顾客转向使用本公司的品牌。对潜在使用者和经常使用者应分别采用不同的营销方法。

⑤ 品牌忠诚程度。品牌忠诚程度是指购买者对某一品牌商品的一种持续信仰和约束。企业必须辨别它的忠诚顾客,以便更好地为他们服务,并给品牌忠诚者某种形式的回报或鼓励。例如,一些饭店设有金卡、银卡,针对金卡、银卡顾客,分别给予不同的折扣。

⑥ 购买准备阶段。消费者对于某种产品总是处于不同的准备阶段。有些人还不知道,有些人了解了一些,有些人知之甚详;有些人已产生购买兴趣,有些人正打算购买。对于处在不同购买准备阶段的消费者,企业应采取不同的营销组合策略。如对产品毫无了解的消费者,要设计简单、易被接受的广告信息,使消费者产生初步的认识与需求,如脑白金的广告"今年过节不收礼,收礼就收脑白金",一开始就给人一种很明确的概念,脑白金是过年过节送礼的佳品。对于有购买欲望或打算购买的消费者,广告重点应

转为宣传产品的好处、销售地点及服务项目。如脑白金广告的诉求重点转为"脑白金，年轻态健康品"，更有专家的论证，增强了产品的说服力，起到了很好的广告效应。

⑦ 对产品的态度。消费者对某种产品的态度一般有热情、肯定、无所谓、否定、敌视5种。企业对持有不同态度的消费者应当分别采取不同的营销对策。对热情、肯定者，应给予回报，使他们成为企业产品的忠实拥护者；对无所谓者应通过适当的广告媒体，加大宣传力度，设法提高他们的兴趣；对否定和敌视者，也应进行必要的宣传，以缓和他们的态度。

2. 生产者市场的细分标准

细分消费者市场的标准，有些同样适用于生产者市场。但由于生产者市场细分的对象是用户，具有不同于消费者市场的特点，因此有必要对生产者市场的细分变量作些补充说明。

(1) 产品的最终用途。制造商可以根据产品的最终用途不同将市场细分为军用买主市场、工业买主市场、商业买主市场。不同的市场具有不同的要求。一般来说，军用买主市场属于质量型市场；工业买主市场属于质量服务型市场；商业买主市场属于价格交货型市场。企业应根据最终用户的不同制定不同的营销组合策略，以促进产品的销售。

(2) 用户规模。很多企业也根据用户规模的大小来细分市场。用户的购买能力、购买习惯等往往取决于用户的规模。在西方国家，很多企业把用户划分为大用户和小用户，并建立适当的制度与之打交道。大用户数目少，但购货量大，企业往往采用更加直接的方式与之进行业务往来，这样可以相对减少企业的推销成本；小用户则相反，数目众多但单位购货量较少，企业可以更多地采用其他的方式，如中间商推销等，利用中间商的网络来进行产品的推销工作。

(3) 用户的地理位置。很多国家和地区，由于自然资源和历史的原因，形成了若干工业区，如美国的钢铁业集中于匹兹堡，汽车业集中于底特律。用户的地理位置对于企业的营销工作，特别是产品的上门推销、运输、仓储等活动有非常大的影响。地理位置相对集中，有利于企业营销工作的运筹、开展。

8.1.3 有效市场细分的条件

从企业市场营销角度看，无论是消费者市场还是生产者市场，并非所有的细分市场都有意义。有效的市场细分必须具备以下条件：

(1) 可衡量性：这是指划分后的细分市场，其规模大小、购买能力和需求量等，应该是能够加以测定的。假如根据某种标准划分出来的市场，顾客分散而且偏远，这样的细分就很难进行衡量。没有顾客的详细资料，企业也就难以制定有针对性的营销策略。

(2) 可进入性：这是指企业有能力进入并服务于所选定的细分市场。企业细分出来的市场，应该能使企业的资源得到充分的利用，而且企业能够满足这个消费市场的需求。

(3) 可盈利性：这是指企业要进入的细分市场应该有一定的规模和市场潜力，使企业有利可图，或者说是值得为之设计一套营销方案，并能获得预期利润。

企业在选择市场细分标准时还需要注意以下几点：

(1) 细分变数具有动态性。如收入增减、职业去留、年龄增大、经验积累、城镇发展等。

(2) 细分变数要进行交叉结合。如人口因素通常与心理因素相结合，人口因素中有关经济文化方面的变数与地理因素结合等。又如年龄因素，有的老年人希望表现自己年轻，有的年轻人却要表现自己成熟老练。再如，福特汽车公司在开发野马牌汽车的目标市场时，就是利用购买者的年龄来划分的；该车是专为迎合那些希望拥有一辆价格不贵但外观华丽的汽车的年轻人而设计。可是，福特汽车公司发现，野马牌汽车的买主各种年龄群体的人都有，中老年人也喜欢购买，他们觉得自己年轻了许多。于是，福特汽车公司认识到它的目标市场并非年龄上年轻的人，而是心理上年轻的人。

(3) 反对市场过细划分。所谓"反市场细分化策略"，是指企业在细分市场时，并非把市场分得越细越好，反对市场过细划分。如年龄按一岁一岁细分，职业按各种职业分等，这样做不仅烦琐，而且也无实际意义。

8.2 目标市场的选择

市场细分的目的在于有效地选择并进入目标市场。所谓目标市场，就是企业要进入的那个市场部分，即企业拟投其所好或为之服务的、有颇为相似需要的顾客群。任何企业在市场细分的基础上，都要从众多的细分子市场中选择那些有营销价值、符合企业经营目标的子市场作为企业的目标市场，然后根据目标市场的特点与企业的资源，实施企业的营销战略与策略。

8.2.1 细分市场的评估

目标市场的选择是指在细分市场的基础上，根据企业的内外条件，选择对企业最有利的市场。企业要选择目标市场，首先要确定有哪些细分市场是可供选择的，因为并不是所有的细分市场都是适合本企业的。因此，在确定目标市场之前，要对细分出来的子市场进行分析评估。评估细分市场，主要从以下四方面进行：

(1) 市场潜量分析，指通过研究细分市场的消费者特性来了解该市场的规模大小。市场规模主要由消费者的数量和购买力所决定，同时也受当地的消费习惯及消费者对企业市场营销策略的反应敏感程度的影响。分析市场规模既要考虑现有的水平，更要考虑其潜在的发展趋势，如果细分市场现有规模较大，但没有发展潜力，企业进入一段时间后就会缺乏发展的后劲，从而影响企业的长期利益。因此，企业选定的目标市场应该有足够的需求量、一定的购买力以及一定的发展潜力。

(2) 企业特征分析，指分析企业的资源条件和经营目标是否能与细分市场的需求相吻合。有时候，即使细分市场有相当的规模，但与企业的经营目标不符，企业的资源条件也无法保证，那企业将不得不放弃这个市场。因此，企业应该明确自身的经营目标，明了现有的资源状况及资源潜力,如企业的经营规模、技术水平、管理能力、资金来源、人员素质等,只有这样,才能进入并服务于相应的细分市场,既避免资源不足造成的市场机会损失,也避免资源过剩造成的浪费。

(3)竞争优势分析,指分析细分市场上的竞争状况对企业进入市场的影响。如果细分市场上竞争者很少,而且进入障碍不多,则对企业而言这是进入该市场的一个好机会,但要防止其他竞争者也看中这一市场。如果市场上已有了竞争者,但对手实力较弱,竞争不激烈,企业也可以选择该市场作为目标市场。需要慎重考虑的是竞争非常激烈,且对手实力十分雄厚的细分市场,企业要想进入并获得发展就要付出一定的代价。当然,假如企业有一定的实力,而且该市场的前景及规模十分看好,则企业也不妨放手一搏,毕竟,一旦成功,这种市场是很诱人的,但企业必须要有足够的准备。

(4)获利状况分析。细分市场能给企业带来的利润可以说是最后的但又是最为重要的因素。企业经营的目的最终要落实在利润上,只有有了利润,企业才能生存和发展。因此,细分的子市场应能使企业获得预期的或合理的利润,这样企业才会选择其为目标市场。

8.2.2 目标市场覆盖模式

企业在选择目标市场时,有五种可供考虑的目标市场覆盖模式,见图 8-3。

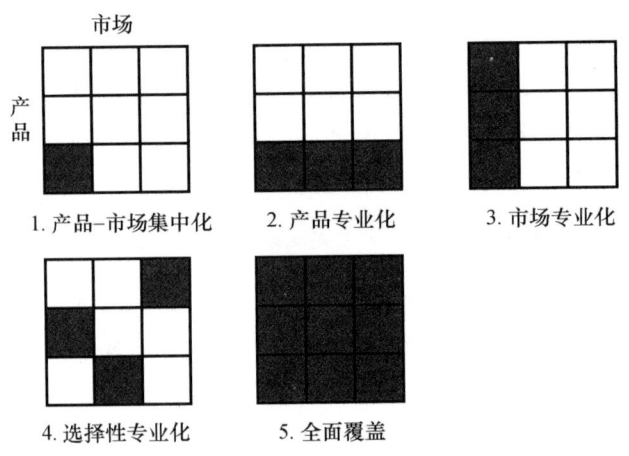

图 8-3 目标市场覆盖模式

(1)产品—市场集中化。这是一种最简单的目标市场覆盖模式。即企业只选取一个细分市场,只生产一类产品,供应某一单一的顾客群体,进行集中营销。这种目标市场覆盖模式,尤为适用于现代企业。如娃哈哈、乐百氏公司在开始的时候都是专一生产软饮料,目标市场是儿童市场。选择产品—市场集中化模式一般基于以下考虑:现代企业具备在该细分市场上从事专业化经营或获胜的优势条件;现代企业资金有限,只能经营一个细分市场;该细分市场可能没有竞争对手;立足该细分市场,获得成功后,再向更多的细分市场扩展。

现代企业通过密集营销,可以更加了解本市场的需要,并树立特别的声誉,在该细分市场建立牢固的市场地位。另外,通过生产、销售和促销的专业化分工,也可以获得相当的经济效益。但是,这一方式毕竟市场过于狭小,长此以往,企业很难获得大规模的发展。所以,这是一种容易进入市场的方式,但不是一种长期发展方式,它只能是现代企业长期发展战略的一部分,或者是现代企业整体发展战略的一部分。

(2) 产品专业化。即企业集中生产一种产品并向各类顾客销售这种产品。如一家显微镜生产商向大学实验室、政府实验室和企业实验室销售显微镜,即公司准备向不同的顾客群体销售不同种类的显微镜,而不去生产这些实验室可能需要的其他仪器。这一方式通常能使企业比较容易地在某一产品领域树立起很高的声誉,而且也有很大的发展余地。这种目标市场覆盖模式,同样适用于现代企业。

例如,海尔公司专心做冰箱整整 7 年;长虹公司一直到 1996 年以后才向彩电以外的项目发展,它们在这之前都执行了产品专业化策略;福特汽车公司在 20 世纪初也是靠着这一策略赢得最初的成功,可口可乐公司至今尚被许多人认为采用的是产品专业化策略。

(3) 市场专业化。即企业专门经营满足某一顾客群体需求的各种产品。如企业为实验室生产一系列产品,包括显微镜、示波器、拉力器、化学烧瓶等。这种方式的好处是企业专门为某一顾客群服务,可以在这一顾客群中建立相当广泛的信誉和知名度。市场专业化经营的产品类型众多,能有效地分散经营风险。但由于集中于某类顾客群,当这类顾客的需求下降时,企业也会遇到收益下降的风险。这种目标市场覆盖模式,同样适用于现代企业。

(4) 选择性专业化。即现代企业选取若干个有良好的盈利潜力和结构吸引力且符合企业的目标和资源的细分市场作为目标市场,分别针对每个细分市场的需求开展营销活动。其中每个细分市场之间很少有或者根本没有联系。既然每个细分市场都有吸引力,即每个细分市场都可能盈利,那么这种目标市场选择相对于上述几种方式的优点更是分散风险。因为即使在某个细分市场失去吸引力,企业仍然可以在其他市场盈利。采用选择性专业化这一模式的企业应具有相当规模资源和较强营销能力。

(5) 全面覆盖。即企业生产多种产品去满足各种顾客群体的需求。只有大公司才能采用全面市场覆盖战略。例如,国际商用机器公司(计算机市场)、通用汽车公司(汽车市场)和可口可乐公司(饮料市场)。

8.2.3 目标市场营销策略

大公司或现代企业都可能就无差异性市场营销、差异性市场营销、集中性市场营销三种目标市场策略作出进一步选择。但现代企业在实施上述策略的范围、程度和形式上,与大企业应当有所不同。

1. 无差异性市场营销策略

无差异性市场营销策略(zero difference marketing strategy)就是指企业把整个市场看作一个大的目标市场,不进行细分,以单一的营销组合手段,推出一种产品,以试图吸引所有的购买者的策略,见图 8-4。

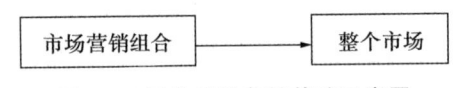

图 8-4 无差异性营销策略示意图

这种市场策略认为,所有消费者对这类商品有共同的需求,可以采用同一价格,同一包装,通过同一分销渠道来推销商品。这种策略比较适合于差别不大的商品和服务。实行无差异性营销策略的典型代表是早期的可口可乐公司。早期的可口可乐公司面向所有的购买者,只生产一种口味的可乐,采用标准的瓶装和统一的广告宣传。这种策略的优点是有利于大规模生产,可以降低生产、储存和运输成本,节省广告宣传、促销、市场调研等费用。其缺点是不能适应复杂多变的市场需要,忽略了市场需求的差异性,丧失了潜在的市场机会。

无差异性市场营销策略在大多数情况下适用于实力雄厚的大企业,要求企业具有产品专利权、规模生产能力、资源优势、广泛的销售渠道、强大的营销能力。但在现实中也不乏现代企业实施无差异性市场营销策略取得成功的例子。如一家生产金属垫圈的小企业凭借着低成本优势几乎独占国内金属垫圈市场。

2. 差异性市场营销策略

差异性市场营销策略(variety marketing strategy)是指企业在将整体市场细分后,根据消费者需求的多样性和差异性,生产和销售各种产品,并运用不同的营销组合策略,以满足各类消费者不同需求的一种策略,见图 8-5。例如,烟台"北极星"牌木钟远销世界 40 多个国家或地区,除质量优良外,还根据用户需要设计新产品,为国外某些城镇用户提供淡雅浅钟壳;为农村用户提供红漆圆头座钟和金色云涛、骏马的雕花铜座钟;为欧美用户提供复古味浓的座钟;为华侨用户提供很有民族气派的木钟;此外,还根据用户需要,设计了连续走时 33 天的月钟、长型深色大挂钟、双音响座钟、双历挂钟、落地钟等 9 个品种,56 个花色式样的木钟。

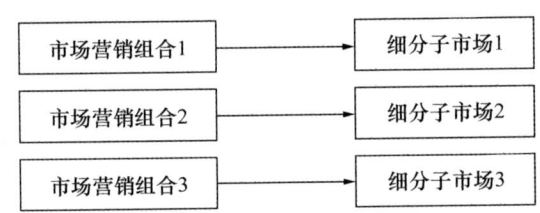

图 8-5 差异性营销策略示意图

这种策略的优点是能有效地满足不同消费者的不同需求,增强企业对市场的渗透能力和控制能力,有利于提高企业的市场占有率和竞争力,赢得更多忠诚的顾客群;具有较大的灵活性,有利于降低经营风险。其缺点是这种策略使生产组织和营销管理复杂化,增加生产成本、管理费用和销售费用;要求企业拥有高素质的营销人员、雄厚的财力和技术力量。

差异性市场营销策略在多数情况下适用于那些有较强开发能力和营销能力的实力

雄厚的大企业。从今后的趋势看,随着生产的发展,人民生活水平的提高,消费者的需求将呈现多样化的特征。为了充分满足各方面的需要,同时也为了提高企业的市场占有率和竞争力,企业将越来越多地实行差异性市场营销策略。如现代企业选择差异性市场营销策略时,应注意将市场范围限制于某个特定行业或区域市场内,以便同自己的有限资源相匹配。企业选择多个细分市场时,应分析各个细分市场的关联性。关联性较强,有利于降低生产、存货、分销和促销成本,提高效率和竞争力。制定有效的进入多个细分市场的阶段性计划,有助于提高现代企业进入市场的成功率。

3. 集中性市场营销策略

集中性市场营销策略(concentration marketing strategy),又称为密集性市场营销策略,是指现代企业在市场细分的基础上,选择一个或少数几个细分市场作为目标市场,并以某种市场营销组合集中满足其消费者需求所采取的营销策略,见图 8-6：

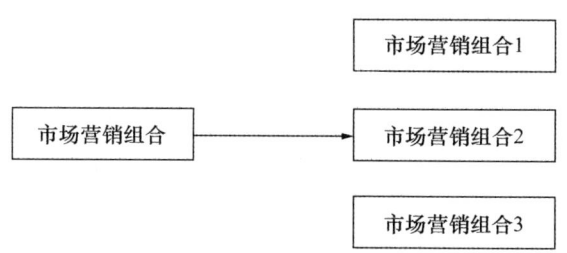

图 8-6　集中性营销策略示意图

集中性市场营销策略对现代企业来说尤其重要。其意义在于现代企业能够高度集中人力、物力、财力于自己最为有利的某个市场,不求在整体市场上取得较低的市场占有率,而着眼于在某个特定的细分市场上取得较高的占有率。这种策略的优点是:有利于准确把握顾客需求,有针对性地开展营销活动;有利于降低生产成本和营销费用,提高投资收益率。其缺点是:经营风险较大。企业把全部优势力量投入在比较单一或几个狭窄的目标市场上,一旦市场发生重大变化,企业可能陷入困境。所以,现代企业在运用这一策略时,一要慎重,二要留有回旋的余地。例如,德国福斯公司全力发展小型"小金龟"汽车。

这里要解释一下"市场占有率"这个概念。市场占有率指本企业某一时期某种产品的销售量占该产品市场总销售量的百分率,一般来说,该产品的市场占有率越高,说明该产品在市场上的地位就越重要。

然而,美国爱默生公司规定,公司所生产的 100 多种产品中,每种产品的销售量不得超过总销售额的 10%,产品销售给多类用户,每类用户占有的销售额不得超过总销售额的 10%(即采取产品多样化策略和用户多样化策略),这种做法有无道理？在激烈的市场竞争中,该公司规定不超过 10%,可理解为控制每种产品在全部产品中的比重和每类用户在全部用户中的比重,其意义在于避开风险,使经营稳定,"东方不亮西方亮",所以,既要考虑市场地位,也要考虑经营稳定性。

参阅资料 海尔巧做"大蛋糕"

> 有谁会想到,如今,越来越多的美国消费者开始青睐来自中国的海尔冷柜。仅在纽约,海尔冷柜两个月就销售了一万多台。经销海尔冷柜的美国代理商鲍博先生百思不得其解:美国的惠而浦、GE等大家电企业几乎垄断了整个美国的冷柜市场,海尔冷柜为何这样热销呢?
>
> 海尔冷柜总经理杨传新说:"我们是按照海尔的市场开发理念,重做了一块可以自己享用的'蛋糕'。"他认为,如果把市场比作一块蛋糕,海尔不能过分地"蚕食"现有的蛋糕,而是要另做一块蛋糕独自享用。
>
> 通过对美国市场状况的调查,海尔人清醒地认识到:要在美国形如"铁板"的大型冷柜市场分一杯羹,显然难度非常大。而在小型冷柜市场,美国产品价格高、款式旧的劣势,正是海尔的优势——价格适宜、设计新颖、质量高超。他们首先提前做好了各种准备,先后通过了ISO9001国际认证等项可进入世界市场的"通行证"。接着,他们根据美国市场的特点,研究开发了从60立升到160立升大小不等的各种小型冷柜,在外观设计上注重美感,在功能设计上注重与高科技相结合,在产品质量上精益求精,不但达到全无氟的技术要求,而且节能技术指标超过了意大利、丹麦等世界制冷王国的水平。如今,一批又一批的海尔冷柜投放到美国市场,使海尔冷柜知名度日隆。惠而浦、GE等美国家电企业就此专门召开会议研究对策。可以想见,不久的将来,海尔冷柜做的这块"新蛋糕",可能又会有"八国联军"前来争夺。对此,杨传新说:"一方面我们会'寸步不让',另一方面我们会继续去做'新蛋糕'。市场无止境,创造市场也会无止境的。"

8.2.4 选择目标市场策略要考虑的因素

(1) 企业实力,主要指企业的资金、技术、设备、竞争能力、管理水平、员工素质等。如果企业实力雄厚,管理水平较高,根据产品的不同特性,可以考虑采用无差异性市场营销策略或差异性市场营销策略。如果实力有限,适宜采用集中性市场营销策略。多数情况下,现代企业选择集中性市场营销策略或小范围的差异性市场营销策略容易取得成功。而大企业选择大范围的差异性市场营销策略或较大市场的集中营销更容易获利。

(2) 产品性质,主要指产品是否具有同样的品质或性能。对于同质性产品,如汽油、大米、钢铁等,比较适宜采用无差异性市场营销策略。而对于规格复杂,消费者感觉差异较大的产品,如服装、家用电器等,适宜采用差异性市场营销策略或集中性市场营销策略。

(3) 市场特点,主要指市场上消费者的需要和对企业营销策略的反应。如果现代企业拟进入的市场,消费者的需求、爱好、购买行为相似,市场具有同质性,企业适宜采用无差异性市场营销策略。反之,则采取差异性市场营销策略或集中性市场营销策略。

（4）产品生命周期，指企业随着产品生命周期的发展而变更目标市场策略。一般来说，当新产品刚刚进入市场，处于投入期时，企业适宜采用无差异性市场营销策略或集中性市场营销策略；当产品进入成长期和成熟期之后，竞争者纷纷加入，市场需求向深层次发展，企业应增加产品品种，采用差异性市场营销策略，以开辟新的市场，延长产品生命周期。而产品进入衰退期时，企业适宜采用集中性市场营销策略。

（5）竞争对手的市场策略。差异营销常常是战胜无差异营销的有效策略，集中营销则可能使企业从某个细分市场击败竞争对手。一般来说，当竞争对手实行无差异性市场营销策略时，企业适宜采用差异性市场营销策略或集中性市场营销策略，抢先向市场深度进军，占领更深层次的细分市场。相反，当竞争对手实行差异性市场营销策略时，企业应当在进一步细分的基础上，试制更多的新产品，采用差异性市场营销策略或集中性市场营销策略。

8.3 市 场 定 位

选定了目标市场以后，现代企业便应考虑如何使自己的产品在市场上树立某种独特的形象，以与竞争者产品相区别，这就是目标市场营销最后成功的关键——市场定位。

8.3.1 市场定位的含义

市场定位（marketing positioning），也被称为产品定位或竞争定位，是行销专家们的热门话题，它是由美国的两位广告经理艾尔里斯（AiRies）和杰克·特劳特（Jack Trout）于1972年在《广告时代》杂志上发表的题为《定位时代》文章中提出来的。所谓产品定位是指在企业选定的目标市场上，为了适应消费者心目中某一位置而设计产品和营销组合的行为，即确立产品在市场上的形象。从根本上来讲，产品定位的目的是影响消费者心理，使消费者对企业产品形成一种特殊的偏爱。例如，日本索尼公司在电器方面追求高、精、尖的第一流产品；日立、东芝公司则向着大、洋、全的方向发展；三洋的目标旨在薄利多销，以价廉物美吸引顾客，松下的战略却是以消费者的潜在需要作为开发新产品的主要方向。上述这几家日本公司在消费者的心目中都有着独特的形象，其电器产品在市场上也各有不同的位置。福特公司把它的汽车定为"静悄悄的福特"，这一定位既风趣，又耐人寻味，其广告宣传就围绕着"静悄悄"三个字做文章，使人感到乘坐福特汽车安静、舒适，不会受到噪音的干扰，从而增加消费者对福特汽车的好感和购买欲望。此外，福特汽车在不同的国家进行不同的产品定位。在美国，强调其经济性、耐久性、安全性；在法国，强调其身份与休闲；在德国，强调其实用性；在瑞士，强调其安全性。

8.3.2 市场定位的方式

产品在市场上如何定位，如何塑造形象，可以从以下几个方面进行选择：

1. 特色定位

这是指根据具体产品的特色来定位。特色是对产品基本功能以外的增补,而与众不同是对特色的基本要求。例如,丰田节能,大众价廉,沃尔沃安全耐用;德国拜尔发动机强调其性能可靠,被称为"最后仍在行驶的机械"。

2. 利益定位

这是指根据产品所能满足的需求或所提供的利益、解决问题的程度来定位。包括顾客购买本企业产品时追求的利益和购买本企业产品所能获得的附加利益。如"傻瓜"相机的出现使摄影大大简单化,并进入寻常百姓家,此定位就属于利益定位。沃尔玛的天天低价即是对持续为顾客提供低价利益的一种定位明示。

3. 使用者类型定位

这是指根据使用者类型来定位,通过赋予产品与使用者特性相似的特定形象,吸引该类型的使用者注意,并使用本企业的产品。如化妆品,职业妇女定位于"自然",时髦妇女定位于"浓烈",户外活动的妇女定位于"淡雅"。宝洁牙膏在丹麦、德国、荷兰强调防止龋齿的效果,而在英、法、意大利,人们对含氟牙膏不感兴趣,而对牙齿的美容感兴趣,所以强调对牙齿的美容作用。

4. 质量—价格定位

这是指结合对照质量和价格来定位。产品的这两种属性通常是消费者在作出购买决策时最直观和最关注的要素,而且往往是结合起来综合考虑的,但这种考虑,不同的消费者会各有侧重,通常强调物有所值或物美价廉。如海尔产品定高价以显示其高质量,树立海尔产品"国内第一流产品"的地位。

5. "高级俱乐部"定位

这是指企业把自己视作行业最大的几家公司之一。公司如果不能取得第一名和某种很有意义的属性,便可以宣传说自己是三大公司之一。"三大公司"的概念是由美国第三大汽车公司——克莱斯勒汽车公司提出的(市场上最大的企业不会提出这种概念),其含义是俱乐部的成员都是"最佳"的。如阿文斯公司推出阿文斯小汽车,针对当时独占鳌头的福特公司,宣传"我们是第2名,我们正在努力"。它巧妙地排除了众多的竞争对手,而又不至于激化与福特公司的矛盾。

6. 竞争定位

这是指根据与竞争有关的不同属性或利益进行定位。如"七喜"汽水强调其不含咖啡因,针对可口可乐定位于"非可乐的软饮料",新鲜解渴,以区别于可乐型饮料。

下面分析一些饮料企业的市场定位:

(1) 酷儿:角色营销,本土味甚浓。酷儿是可口可乐公司针对6—14岁年龄段儿童推出的一种果汁饮料,含丰富的维生素C和钙,有口感极好的香橙和苹果口味及多种包装。针对产品销售对象的特点,可口可乐公司以浪漫童话的形式赋予"酷儿"丰富的性格:酷儿(Qoo)是"头重脚轻"的卡通形象,据说他来自森林,被一对好心的夫妇收养,年龄是个秘密,有点可爱,有点容易自我陶醉,善良而有点笨拙……它在开怀畅饮后的那一声"酷——"成为其标志性语言。这是可口可乐成功实施本土化战略的又一成功案例、一个角色营销的典范之作。可口可乐凭 Qoo 在中国果汁饮料市场开辟出一个儿童细分市场。

实际上,可口可乐推出小阿福时就很好地运用了这一策略。比如,它曾推出"龙腾吉祥到,马跃欢乐多"贺岁广告。在剪纸广告中,小阿福和其"家人"一起贴对联欢度春节。广告主角小阿福实际上是根据民俗泥娃娃设计出来的动画。

(2)统一鲜橙多:"多喝多漂亮",诱惑挡不住。统一鲜橙多 2000 年上市。其目标消费群为年轻女性,利益点为漂亮、时尚。为此,它推出口号:"统一鲜橙多,多喝多漂亮"(现改为"统一鲜橙多,多 C 多漂亮"),并通过举办充满青春活力的广告和活动(如 TV-Girl 选拔赛、闪亮 DJ 大挑战、统一鲜橙多阳光女孩等)来表现其立意诉求。统一从市场细分角度入手,很快立足市场,并发展迅速,取得成功。

(3)康师傅每日 C:跳健康舞,"自然健康每一天"。顶新集团 2002 年初推出鲜橙、苹果、葡萄等口味的每日 C 系列果汁饮料,并在国内首次采用长瓶套标,锁定的消费群为 15—24 岁的青少年,产品富含维他命 C,因此"为你补充每日流失的维他命 C,自然健康每一天"。它以梁咏琪为代言人,传达的品牌个性是健康、时尚与活力。梁咏琪的"Daily Daily Dance"舞景别出心裁,给受众深刻印象。康师傅还举办了以舞蹈为表现载体的系列健康舞活动,比如在各大城市举办的"鲜的每日 C 城市健康舞大赛"等,制造出流行,让人感受每日 C 的与众不同。

(4)娃哈哈:给你情感让你醉。情感营销路线是娃哈哈的一贯营销策略。现在,娃哈哈的果汁饮料与其纯净水进行搭配传播,通过一对美女俊男来演绎情感诉求"各有各的味,天生是一对"的消费意境。娃哈哈一直在坚持这种情感策略。比如,推出非常可乐时大打民族牌——"中国人自己的可乐",或推出一些具有浓厚民族色彩的活动,如"喝非常可乐,送财神到家"、开发"福禄寿喜"节日包装等。不过,在沉稳的情感意境表现中也不忘"炫"出个性。

(5)健力宝:我酷,我怕谁。健力宝借世界杯之机在央视投入 3100 万元巨额广告,由一群酷哥辣妹大吼一声"现在流行第 5 季"而告知世人:我健力宝依然健在。尽管业内褒贬不一,但健力宝制造 4 季之外的"第 5 季"概念绝对是超出常人思维,并以个性鲜明与活力深深地感染着受众,酷得实在让受众也想跟着酷。真是我酷(哪怕只是心里感觉),我怕谁! 2003 年,又推出"爆果汽"加汽果汁饮料,"让你一次爆个够"! 聘任明星滨崎步做形象代言人,延续的精神理念依然是那酷劲,充满着异类个性和青春活力。

(6)农夫果园:"喝前摇一摇",感觉不错。农夫果园是农夫山泉推出的混合果汁饮料。其口号是"三种水果在里边,喝前摇一摇"。摇的理由当然不言而喻,但更重要的是让消费者去摇,让消费者去参与、去体验,让消费者在娱乐中感受喝农夫果园的快乐。这就是娱乐营销的魅力。这与其推出的"农夫山泉,有点甜"有异曲同工之妙。"农夫山泉,有点甜"也是一个相当成功的定位,它既没有渲染产品的功效,也没有讲产品的制作过程,"甜"其实也未必。但它却向消费者传递着一种温馨与浪漫,极具亲和力。

(7)茹梦:让你在"渴望"中入怀。茹梦果汁用社会营销的方式靠近消费者,培养品牌忠诚度。它重视社会公益事业,关爱少年儿童的健康,成功举办"喝一杯茹梦,解两种渴望"大型公益活动,消费者每购买一桶茹梦果汁,茹梦就提取一部分利润通过宋庆龄基金会捐助给贫困地区儿童购买教科书等。

此外,百事可乐推出纯品康纳和都乐100%系列鲜榨果汁,在健康理念的基础上加入时尚气息,瞄准的是高端消费群体。华邦在传播上概念新颖,不忘"请你喝果汁",在媒介运作方面采用易货方式。百万庄园做快餐食品起家,介入果汁饮料市场生产大包装果汁,作为一个区域性品牌,还是比较成功的。

8.3.3 市场定位的策略

(1) 迎头定位。这是选择与竞争者相同的市场面,与其一比高低的定位策略。采用这一定位策略要具备以下条件:
① 该市场位置最符合企业的业务实力;
② 本企业的资源和产品比竞争者有更多的优势;
③ 该市场有足够的市场潜量。

(2) 避强定位。这是一种避开强有力竞争对手的市场定位策略。即将企业产品定位在目标市场的空缺处,这样可以避开市场的激烈竞争,使企业有一个从容发展的机会。如美国的"七喜"汽水定位为"非可乐"型饮料,吸引了相当部分的"两乐"品牌转换者。采用这一定位策略要具备以下条件:① 技术上可行,即有能力生产出符合该市场需要的产品或服务;② 有足够数量的潜在顾客。

(3) 转移定位,又叫重新定位。即指已经初次定位的企业根据市场需求和竞争状况的变化而改变目标市场或扩展目标市场的定位策略。采用转移定位策略的企业可能有两种情况:① 因初次定位失误而不得不重新定位;② 因企业实力增强而扩展目标市场。

例如,西方某企业向市场投放调味品,浓度高,但反应不佳。因为浓度高,从瓶子里倒出来淌得慢,由此企业重新定位,定位在浓度高、淌得慢上,广告宣传其特色,结果销量大增。

现以日本手表市场为例说明市场定位策略(见图8-7)。精工和西铁城均为日本的

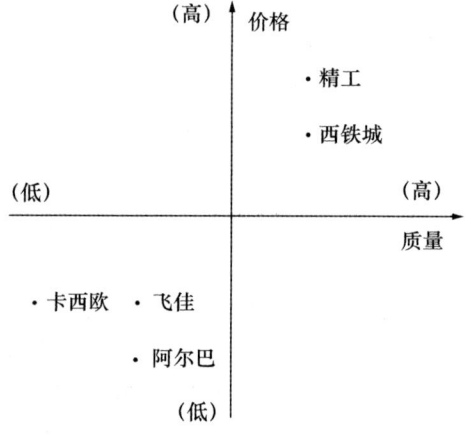

图8-7 产品定位示意图

名牌手表,质量好,价格高。为了提高市场占有率,扩大销售,双方都尽力改进手表的特征,增加手表的功能,把市场定位在高收入阶层。这时,两大名牌手表商采用的是迎头定位。在精工和西铁城激烈竞争之际,卡西欧手表商发现低档手表市场的空白,于是推出卡西欧手表。该表的质量比精工、西铁城差,但价格低,满足了低收入阶层的消费需求。卡西欧手表商采用的是避强定位。西铁城手表商见卡西欧手表商薄利多销,利润大,于是推出低档的飞佳表;精工手表商见状,也随即推出低档的阿尔巴表,将市场竞争拉向低档手表市场。这时,精工手表商和西铁城手表商采用的就是转移定位。

本章小结

本章讨论的主要是企业如何计划实施目标市场营销战略管理过程,包括以下几个方面内容:市场细分、目标市场、市场定位。在市场细分方面,介绍了市场细分的概念、市场细分的作用、市场细分的依据和方法;在目标市场方面,介绍了选择目标市场的原则、选择目标市场的策略和影响目标市场选择的因素;在市场定位方面,介绍了市场定位的含义、市场定位的方式及市场定位的步骤。

思考题

1. 现代企业为什么要进行市场细分?
2. 如何进行市场细分?
3. 可供企业选择的目标市场覆盖模式有哪几种?
4. 目标市场策略的类型和特点有哪些?
5. 选择目标市场要考虑哪些因素?
6. 如何进行目标市场产品定位?

案例分析

屈臣氏推花香淡味水,开创新品类市场

春天,各大品牌纷纷推出少女心的粉色系列产品。最近,京东和全家便利店里也上架了一款特别的粉色饮料——屈臣氏花物,一款只含淡淡蜂蜜和清淡花香的淡味水,包括蜂蜜玫瑰和蜂蜜橙花两个口味。

据中国饮料工业协会的调查显示,2015年1至8月包装饮用水发展迅速,生产量从2012年的25.7%提升至2015年的49.11%,其中矿泉水、饮用水平均提升为17%,其余提升均由轻口味饮料带动,清淡饮料市场前景广阔。

近年来,作为"重口味"饮料消费主力的年轻人,越来越重视健康,日常偏好多喝水。

但是年轻消费者喝水喝多了，又容易觉得寡淡，因此轻口味饮料日益受到他们的欢迎，导致碳酸饮料这类"重口味"饮料销售受到冲击。为寻求新增长点，越来越多品牌加入了轻口味饮料战局。

在国内，虽然轻口味饮料还只能算是新兴、尚未成熟的品类，但已有不少品牌在当中混战。作为后来者，怎么在这场战局中抢占一席之地仍是个挑战。

纵观国内饮料市场上的轻口味饮料，多为水果味，且口味稍甜，并非真正清淡的饮料，屈臣氏发现这个类型空缺的市场机遇，基于屈臣氏一直以来在蒸馏水产品上建立的清淡形象，她推出淡花香味道的水——花物，只带着淡淡花香和清淡蜂蜜的水，开创花香淡味水市场。

屈臣氏花物风味饮料选择了粉色作为主色调，采用水彩插画描绘瓶身，在包装上突显"清淡"感。两款花物均没有添加糖，只添加了少量天然蜂蜜，让产品带着极淡的甜。花物首发的两款新品面向的是拥有少女心的群体，屈臣氏洞察消费者的心理状态，通过描绘与闺蜜聚会、一个人放空、工作期间休憩等饮用场景，以获得消费者的集体共鸣。在上市之初，屈臣氏使用了时尚达人黎贝卡的异想世界塑造品牌形象，并传播品牌"花物主义"理念。

花物在京东上架后，屈臣氏即与京东举行发布会，并围绕不同维度内容进行了多次直播，有围绕热门话题捆绑其他产品推荐分享，也有结合花物饮用场景，邀请达人传授相关的实用生活技巧。屈臣氏还和鲜花电商爱尚鲜花跨界合作，希望籍着相同的目标消费人群、花物"花物主义"与爱尚鲜花"让喜欢成为习惯"这两个相似的品牌理念，让花物及其代表的"花物主义"品牌理念进入更多消费者的生活场景。之后，花物逐渐出现在全家便利店显眼的货架上。据全家便利店店员反映，花物上架后，经常出现中午入货下午即卖完的状况。

抢先占领消费者心智，确立区隔式定位，是心智营销的冷酷规则。屈臣氏作为蒸馏水、苏打水品类中的大品牌，深谙此理。当满足了健康、时尚、丰富口感、解渴诉求的轻口味饮料，逐渐成为一种流行品时，屈臣氏把握时机推出花物，以国内未曾有的花香淡味水定位，抢占消费者心智，为品牌寻找到了销售的增长点，也为饮料市场开辟了一块全新阵地。

资料来源：《屈臣氏推花香淡味水，开创新品类市场》，http://socialbeta.com/t/brand-case-of-watsons-20170525。

案例思考题

屈臣氏推出花物的过程对你有何启发？

第9章

竞争性市场营销战略

学习目标

通过本章的学习,明确对竞争者分析的重要性,掌握分析方法,懂得如何根据企业在市场上的竞争地位,制定相应的竞争战略和策略。掌握竞争者分析、竞争战略的三种基本形式以及处于不同市场地位的企业所可能采取的竞争战略的相关知识,并且具备为企业制定竞争战略和对竞争对手攻击性行为制定反击战略的能力。熟练掌握竞争者识别范畴的相关知识,了解竞争者的四种分类方法,掌握迈克尔·波特的五力模型,熟练掌握三种基本的竞争战略。

学习重点

企业识别竞争者并制定竞争战略方面的知识,市场领导者、市场追随者、市场挑战者和市场补缺者等不同竞争地位的企业选择竞争战略的相关知识。

引导案例 百事可乐和可口可乐的百年之争

长达一个世纪的对决中,可口可乐面临着百事可乐越来越大的冲击,采取了一系列措施使得自己仍然稳稳地坐在可乐行业的"头把交椅"。

首先是相互打击的广告。这是在中国市场不容易看到的情况。两个品牌互为主要竞争对手,打压对手成了提升自己市场份额最直接的手段。这样的营销手段只是适合于同一个领域的两个巨头之间。

其次是在传播的口号上。可口可乐是可乐的鼻祖,所以有"先入为主"的优势。百事想在品牌、功能、口味、包装千差万别的饮料市场脱颖而出,和可口可乐一较高下,就必须提出不同于其他品牌的诉求。可乐的消费人群大部分是年轻人,新奇、个性是他们所追求的元素。谁也不愿意被指为落后,赶不上潮流。所以百事用"新一代的选择"这样的广告语迅速提升了自己的市场份额,还有暗指喝可口可乐的是"老一代消费品"的意味。百事正是抓住了年轻人这样的心理,一场时尚的蓝色风暴让可口

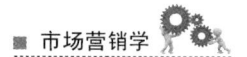

可乐也感受到了危机。针对这种情况,可口可乐则用"要爽由自己"的口号,来应对百事的挑战。以不羁和爽朗的性格,重新争取到一大批年轻人的市场。

再次是颜色文化。百事的蓝色是永恒的象征,它是最冷的色彩。纯净的蓝色表现出一种美丽、文静、理智、安详与洁净,配合年轻人偶像,是时尚、活力的代表。可口可乐用的红色是热烈、冲动、强有力的色彩,它能使肌肉的机能和血液循环加快。由于红色容易引起注意,所以在各种媒体中也被广泛地利用,除了具有较佳的明视效果之外,更被用来传达有活力、积极、热诚、温暖、前进等含义的企业形象与精神。更为重要的是,红色对于中国这个庞大的市场有着先天的优势。因为中国的国旗是红色的,中国人喜欢"红红火火"的元素。可以说红色就是中国的颜色。可口可乐用"中国人红起来"的广告,把自己的红色元素和中国红很好地结合在一起。

最后是在代言人的选择上。正如文章开始所说的姚明代言可口可乐。其实最开始,姚明是为百事代言,然而效果不佳。姚明和百事的合约一到期,可口可乐就立刻与他签约。随着姚明人气的上涨,可口可乐走体育动感的路线也基本确定。借助北京奥运会,和众多中国的运动明星,如刘翔、郭晶晶等人合作。配合年轻偶像 S. H. E 和潘玮柏等,取得了很好的广告效果。可口可乐的代言人策略是十分成功的。比起百事单一的"时尚蓝色风",可口可乐更兼备沉稳与第一品牌的气质。

可口可乐的成功不是一朝一夕的。这期间需要准确把握市场,了解受众,洞悉对手,为品牌的成长不断输入动力。面对强大对手的挑战,只有不断创新,与时俱进,才能真正"稳坐钓鱼台"。

资料来源:李光斗:《插位与反插位:百事可乐和可口可乐的百年之争》,载《连锁特许》2009 年第 Z1 期。

竞争是市场经济的基本特性。市场竞争所形成的优胜劣汰,是推动市场经济运行的强制力量,它迫使企业不断研究市场,开发新产品,改进生产技术,更新设备,降低经营成本,提高经营效率和管理水平,获取最佳效益并推动社会的进步。在发达的市场经济条件下,任何企业都处于竞争者的重重包围之中,竞争者的一举一动对企业的营销活动和效果具有决定性的影响。现代企业必须认真研究竞争者的优势与劣势、战略和策略,明确自己在竞争中的地位,有的放矢地制定竞争战略,才能在激烈竞争中求得生存和发展。

9.1 竞争者分析

"知己知彼,百战不殆"。现代企业要制定正确的竞争战略和策略,就要深入地了解竞争者,主要方面有:谁是我们的竞争者,他们的战略和目标是什么,他们的优势与劣势是什么,他们的反应模式是什么,我们应当攻击谁、回避谁。

9.1.1 识别竞争者

识别竞争者似乎是一件很容易的事,但是,现代企业的现实和潜在竞争者的范围是极其广泛的,如果不能正确地识别,就会患上"竞争者近视症"。企业被潜在竞争者击败的可能性往往大于现实的竞争者。现代企业应当有长远的眼光,从行业结构和业务范围的角度识别竞争者。

1. 从行业竞争角度识别竞争者

行业是一组提供一种或一类密切替代产品的相互竞争的公司。密切替代产品指具有高度需求交叉弹性的产品。

经济学家认为,行业动态首先决定于需求与供应的基本状况,供求会影响行业结构,行业结构又影响行业的行为,比如食品开发、定价和广告战略等,行业的行为决定着行业的绩效,如行业的效率、成长和就业。这里主要讨论决定行业结构的主要因素。

(1) 销售商数量及产品差异程度。这两个特点产生了 5 种行业结构类型。

① 完全垄断,指在一定地理范围内某一行业只有一家公司供应产品或服务。完全垄断可能由规章法令、专利权、许可证、规模经济或其他因素造成。在西方国家,完全垄断可分为"政府垄断"和"私人垄断"两种。在私人垄断条件下,追求最大利润的垄断者会抬高商品价格,少做或不做广告,并提供最低限度的服务。如果该行业内出现替代品或紧急竞争危机,垄断者会改善产品和服务作为阻止新竞争者进入的障碍。

② 完全寡头垄断,是寡头垄断的一种类型。寡头垄断指某一行业内少数几家公司提供的产品或服务占据绝大部分市场并相互竞争,分为完全寡头垄断和不完全寡头垄断。完全寡头垄断也称为无差别寡头垄断,指某一行业内少数几家公司提供的产品或服务占据绝大部分市场并且顾客认为各公司产品没有差别,对不同品牌无特殊偏好。寡头企业之间的相互牵制导致每一企业只能按照行业的现行价格水平定价,不能随意变动,竞争的主要手段是改进管理、降低成本、增加服务。

③ 不完全寡头垄断,也称为差别寡头垄断,指某一行业内少数几家公司提供的产品或服务占据绝大部分市场且顾客认为各公司的产品存在差异,对某些品牌形成特殊偏好,其他品牌不能替代。顾客愿意以高于同类产品的价格购买自己所喜爱的品牌,寡头垄断企业对自己经营的受顾客喜爱的名牌产品具有垄断性,可以制定较高价格以增加盈利。竞争的焦点不是价格,而是产品特色。

④ 垄断竞争,指某一行业内有许多卖主且相互之间的产品有差别,顾客对某些品牌有特殊偏好,不同的卖主以产品的差异性吸引顾客,开展竞争。企业竞争的焦点是扩大本企业品牌与竞争品牌的差异,突出特色。应当注意,产品的差异性有些是客观上存在的,易于用客观手段检测或直观感觉证实;有些则是购买者主观心理上存在的,不易用客观或主观方法加以检测。对于客观上不易造成差别的同质产品或不易用客观和主观手段检测的产品,企业可以运用有效的营销手段如款式、商标、包装、价格和广告等在购买者中造成本品牌与竞争品牌的心理差别,强化特色,夺取竞争优势。

⑤ 完全竞争,指某一行业内有许多卖主且相互之间的产品没有差别。完全竞争大

多存在于均质产品市场,如食盐、农产品等。买卖双方都只能按照供求关系确定的现行市场价格来买卖商品,都是"价格的接受者"而不是"价格的决定者"。企业竞争战略的焦点是降低成本,增加服务并争取扩大与竞争品牌的差别。

(2) 进入与流动障碍。一般而言,如果某个行业具有高度的利润吸引力,其他企业会设法进入。但是,进入一个行业会遇到许多障碍,主要有:缺乏足够的资本、未实现规模经济、无专利和许可证、无场地、原料供应不充分、难以找到愿意合作的分销商、产品的市场信誉不易建立等。其中一些障碍是行业本身固有的,另外一些障碍是先期进入并已经垄断市场的企业单独或联合设置的,以维护其市场地位和利益。即使企业进入某一行业,在向更有吸引力的细分市场流动时,也会遇到流动障碍。各个行业的进入与流动障碍不同,比如,进入食品制造业十分容易,进入飞机制造业则极其困难。某个行业的进入与流动障碍高,先期进入的企业就能够获取高于正常水平的利润率,其他企业只能望洋兴叹;某个行业的进入与流动障碍低,其他企业就会纷纷进入,使该行业的平均利润率降低。

(3) 退出与收缩障碍。如果某个行业利润水平低下甚至亏损,已进入的企业会主动退出,并将人力、物力和财力转向更有吸引力的行业。但是退出一个行业也会遇到退出障碍,主要有:对顾客、债权人或雇员的法律和道义上的义务,政府限制,过分专业化或设备陈旧造成的资产利用价值低,未发现更有利的市场机会,高度的纵向一体化,感情障碍等。即使不完全退出该行业,仅仅是缩小经营规模,也会遇到收缩障碍。由于存在退出与收缩障碍,许多企业在已经无利可图的时候,只要能够收回可变成本和部分收回固定成本,就会在一个行业内维持经营。它们的存在降低了行业的平均利润率,打算在该行业内继续经营的企业出于自身的利益考虑应设法减少它们的退出障碍,如买下退出者的资产、帮助承担顾客义务等。

(4) 成本结构。在每个行业里从事业务经营所需的成本及成本结构不同。比如,日用品行业所需成本小,而所需分销和促销成本大。企业应把注意力放在最大成本上,在不影响业务发展的前提下减少这些成本。日用品制造商将主要成本用于建立广泛分销渠道和广告宣传可能比投入生产更有利。

(5) 纵向一体化。在许多行业中,实行前向或后向一体化有利于取得竞争优势。农工商联合体从事农产品的生产、加工和销售业务,可以降低成本,控制增值流,还能在各个细分市场中控制价格和成本,使无法实现纵向一体化的企业处于劣势。

(6) 全球经营。有些行业局限于地方经营,有些行业则适宜发展全球经营,可称为全球性行业。在全球性行业从事业务经营,必须开展以全球为基础的竞争,以实现规模经济和赶上最先进的技术。

2. 从业务范围来识别竞争者

每个现代企业都要根据内部和外部条件确定自身的业务范围并随着实力的增加而扩大业务范围。企业在确定和扩大业务范围时都自觉或不自觉地受一定导向支配,导向不同,竞争者识别和竞争战略就不同。

(1) 产品导向与竞争者识别。产品导向指企业业务范围限定为经营某种定型产品,在不从事或很少从事产品更新的前提下设法寻找和扩大该产品的市场。

现代企业的每项业务包括4个方面的内容：① 要服务的顾客群；② 要迎合的顾客需求；③ 满足这些需求的技术；④ 运用这些技术生产出的产品。根据这些内容可知，产品导向指现代企业的产品和技术都是既定的，而购买这种产品的顾客群体和所要迎合的顾客需求却是未定的，有待于寻找和发掘。在产品导向下，现代企业业务范围扩大指市场扩大，即顾客增多和所迎合的需求增多，而不是指产品种类或花色品种增多。

（2）技术导向与竞争者识别。技术导向指企业业务范围限定为经营用现有设备或技术生产出来的产品。业务范围扩大指运用现有设备和技术或对现有设备和技术加以改进而生产出新的花色品种。对照现代企业业务的4项内容看，技术导向指现代企业的生产技术类型是确定的，而用这种技术生产出何种产品、服务于哪些顾客群体、满足顾客的何种需求却是未定的，有待于根据市场变化去寻找和发掘。

（3）需要导向与竞争者识别。需要导向指企业业务范围确定为满足顾客的某一需求，并运用可能互不相关的多种技术生产出分属不同大类的产品去满足这一需求。对照现代企业业务范围的4项内容来看，需要导向指所迎合的需要是既定的，而满足这种需要的技术、产品和所服务的顾客群体却随着技术的发展和市场的变化而变化。根据需要导向确定业务范围时，应考虑市场需求和企业实力，避免过窄或过宽。过窄则市场太小，无利可图；过宽则力不能及。

（4）顾客导向和多元导向。顾客导向指企业业务范围确定为满足某一群体的需要。业务范围扩大则指发展与原顾客群体有关但与原有产品、技术和需要可能无关的新业务。对照现代企业业务的4项内容看，顾客导向指现代企业要服务的顾客群体是既定的，但此一群体的需要有哪些，满足这些需要的技术和产品是什么，则要根据内部和外部条件加以确定。

多元导向指企业通过对各类产品市场需求趋势和获利状况的动态分析确定业务范围，新发展业务可能与原有产品、技术、需要和顾客群体都没有关系。

9.1.2 判定竞争者的战略和目标

1. 判定竞争者的战略

公司最直接的竞争者是那些处于同一行业同一战略群体的公司。战略群体指在某特定行业内推行相同战略的一组企业。战略的差别表现在目标市场、产品档次、性能、技术水平、价格、销售范围等方面。区分战略群体有助于认识以下3个问题：

（1）不同战略群体的进入与流动障碍不同。比如，某现代企业在产品质量、声誉等方面缺乏优势，则进入低价格、中等成本的战略群体较为容易，而进入高价格、高质量、低成本的战略群体较为困难。

（2）同一战略群体内的竞争最为激烈。处于同一战略群体的现代企业在目标市场、产品类型、质量、功能、价格、分销渠道和促销战略等方面几乎无差别，任何企业的竞争战略都会受到其他企业的高度关注并在必要时作出强烈反应。

（3）不同战略群体之间存在现实或潜在的竞争。① 不同战略群体的顾客会有交叉。② 每个战略群体都试图扩大自己的市场,涉足其他战略群体的领地,在企业实力相当和流动障碍小的情况下尤其如此。

2. 判定竞争者的目标

竞争者的最终目标当然是追逐利润,但是每个现代企业对长期利润和短期利润的重视程度不同,对利润满意水平的看法不同。有的现代企业追求利润"最大化"目标,不达最大,决不罢休;有的现代企业追求利润"满足"目标,达到预期水平就不会再付出更多努力。具体的战略目标多种多样,如获利能力强、市场占有率大、现金流量充足、成本降低、技术领先、服务领先等,每个现代企业有不同的侧重点和目标组合。了解竞争者的战略目标及其组合可以判断他们对不同竞争行为的反应。比如,一个以低成本领先为目标的现代企业对竞争企业在制造过程中的技术突破会作出强烈反应,而对竞争企业增加广告投入则不太在意。美国企业多数按照最大限度扩大短期利润的模式经营,因为当前经营绩效决定着股东满意度和股票价值。日本企业则主要按照最大限度扩大市场占有率的模式经营,由于贷款利率低,资金成本低,所以对利润的要求也较低,在市场渗透方面显示出更大的耐心。竞争者的目标由多种因素确定,包括企业的规模、历史、经营管理状况、经济状况等。

9.1.3 评估竞争者的实力和反应

1. 评估竞争者的优势与劣势

竞争者能否执行和实现战略目标,取决于资源和能力。评估竞争者可分为3步:

(1) 收集信息,即收集竞争者业务上最新的关键数据,主要有:销售量、市场份额、心理份额、情感份额、毛利、投资报酬率、现金流量、新投资、设备能力利用等。其中,"心理份额"是指回答"举出这个行业中你首先想到的一家公司"这个问题时,提名竞争者的顾客在全部顾客中的比例。"情感份额"是指回答"举出你最喜欢购买其产品的一家公司"这一问题时,提名竞争者的顾客在全部顾客中的比例。收集信息的方法是查找第二手资料和向顾客、供应商及中间商调研得到第一手资料。

(2) 分析评价,即根据所得资料综合分析竞争者的优势与劣势。

(3) 优胜基准,指找出竞争者在管理和营销方面的最好做法作为基准,然后加以模仿、组合和改进,力争超过竞争者。优胜基准的步骤为:① 确定优胜基准项目;② 确定衡量关键绩效的变量;③ 确定最佳级别的竞争者;④ 衡量最佳级别竞争者的绩效;⑤ 衡量公司绩效;⑥ 制定缩小差距的计划和行动;⑦ 执行和监测结果。

2. 评估竞争者的反应模式

了解竞争者的经营哲学、内在文化、主导信念和心理状态可以预测其对各种竞争行为的反应。竞争中常见的反应类型有以下4种:

(1) 从容型竞争者,指对某些特定的攻击行为没有迅速反应或强烈反应。可能原因是:认为顾客忠诚度高,不会转移购买;认为该行为不会产生大的效果;缺乏作出反应所必需的资金条件等。

(2) 选择型竞争者,指只对某些类型的攻击作出反应,而对其他类型的攻击无动于衷。比如,对降价行为作出针锋相对的回击,而对增加广告费用则不作反应。了解竞争者会在哪些方面作出反应,有利于现代企业选择最为可行的攻击类型。

(3) 凶狠型竞争者,指对所有的攻击行为都作出迅速而强烈的反应。这类竞争者意在警告其他企业最好停止任何攻击。

(4) 随机型竞争者,指对竞争攻击的反应具有随机性,有无反应和反应强弱无法根据其以往的情况加以预测。许多小企业往往是随机型的竞争者。

9.2　企业的一般竞争战略

9.2.1　企业的一般竞争战略概述

制定竞争战略的本质在于把某企业与其所处的环境联系起来,而厂商环境的关键方面在于某企业的相关行业、行业结构,它们对竞争者战略的选择有强烈影响。所谓行业是指生产彼此可密切替代的产品的厂商群。行业内部的竞争状态取决于五种基本的竞争势力,即新参加竞争的厂商、替代产品的威胁、买方的讨价还价能力、供应方的讨价还价能力以及行业现有竞争者之间的抗衡。

(1) 细分市场内激烈竞争的威胁:如果某个细分市场已经有了众多的、强大的或者竞争意识强烈的竞争者,那么该细分市场就会失去吸引力。如果该细分市场处于稳定或者衰退状态,生产能力不断大幅度扩大,固定成本过高,撤出市场的壁垒过高,竞争者投资很大,那么情况就会更糟。这些情况常常会导致价格战、广告争夺战、新产品推出,并使企业要参与竞争就必须付出高昂的代价。

(2) 新竞争者的威胁:某个细分市场的吸引力随其进退难易的程度而有所区别。根据行业利润的观点,最有吸引力的细分市场应该是进入的壁垒高、退出的壁垒低。在这样的细分市场里,新的企业很难打入,但经营不善的企业可以安然撤退。如果细分市场进入和退出的壁垒都高,那里的利润潜量就大,但也往往伴随较大的风险,因为经营不善的企业难以撤退,必须坚持到底。如果细分市场进入和退出的壁垒都较低,企业便可以进退自如,获得的报酬虽然稳定,但不高。最坏的情况是进入细分市场的壁垒较低,而退出的壁垒却很高。于是在经济良好时,大家蜂拥而入,但在经济萧条时,却很难退出。其结果是大家都生产能力过剩,收入下降。

(3) 替代产品的威胁:如果某个细分市场存在着替代产品或者有潜在替代产品,那么该细分市场就失去吸引力。替代产品会限制细分市场内价格和利润的增长。企业应密切关注替代产品的价格趋向。如果在这些替代产品行业中技术有所发展,或者竞争日趋激烈,这个细分市场的价格和利润就可能会下降。

(4) 购买者讨价还价能力加强的威胁:如果某个细分市场中购买者的讨价还价能力很强或正在加强,该细分市场就没有吸引力。购买者便会设法压低价格,对产品质量和服务提出更高的要求,并且使竞争者互相斗争,所有这些都会使销售商的利润受到损失。如果购买者比较集中或者有组织,或者该产品在购买者的成本中占较大比重,或者产品无法实行差别化,或者顾客的转换成本较低,或者由于购买者的利益较低而对价格敏感,或者顾客能够向后实行联合,购买者的讨价还价能力就会加强。销售商为了保护自己,可选择议价能力最弱或者转换销售商能力最弱的购买者。较好的防卫方法是提供顾客无法拒绝的优质产品供应市场。

（5）供应商讨价还价能力加强的威胁：如果企业的供应商——原材料和设备供应商、公用事业、银行、公会等,能够提价或者降低产品和服务的质量,或减少供应数量,那么该企业所在的细分市场就会没有吸引力。如果供应商集中或有组织,或者替代产品少,或者供应的产品是重要的投入要素,或者转换成本高,或者供应商可以向前实行联合,那么供应商的讨价还价能力就会较强大。因此,与供应商建立良好关系和开拓多种供应渠道才是防御上策。

为了长期形成与这五种竞争势力相抗衡的防御地位,而且能在行业中超过所有的竞争者,企业可选择以下三种有内在联系的一般竞争战略,即成本领先战略、差异化战略和集中性战略。

9.2.2 成本领先战略

1. 成本领先战略的含义

成本领先战略是指通过有效途径,使企业的全部成本低于竞争对手的成本,以获得同行业平均水平以上的利润。实现成本领先战略需要有一整套具体政策,即要有高效率的设备,积极降低成本,紧缩成本和控制间接费用以及降低研究开发、服务、销售、广告等方面的成本。要达到这些目的,必须在成本控制上进行大量的管理工作,即不能忽视质量、服务及其他一些领域的工作,尤其要重视与竞争对手有关的低成本的任务。

2. 成本领先战略的优点

只要成本低,企业尽管面临着强大的竞争力量,仍可以在本行业中获得竞争优势。这是因为:(1)在与竞争对手的斗争中,企业由于处于低成本地位,具有进行价格战的良好条件,即使竞争对手在竞争中处于不能获得利润、只能保本的情况下,本企业仍可获利。(2)面对强有力的购买者要求降低产品价格的压力,处于低成本地位的企业仍可以有较好的收益。(3)在争取供应商的斗争中,由于企业的低成本,相对于竞争对手具有较大的对原材料、零部件价格上涨的承受能力,能够在较大的边际利润范围内承受各种不稳定经济因素所带来的影响;同时,由于低成本企业对原材料或零部件的需求量一般较大,因而为获得廉价的原材料或零部件提供了可能,同时也便于和供应商建立稳定的协作关系。(4)在与潜在进入者的斗争中,那些形成低成本地位的因素常常使企业在规模经济或成本优势方面形成进入障碍,削弱新进入者对低成本者的进入威胁。(5)在与替代品的斗争中,低成本企业可用削减价格的办法稳定现有顾客的需求,使之不被替代产品所替代。当然,如果企业要较长时间地巩固企业现有竞争地位,还必须在产品及市场上有所创新。

3. 成本领先战略的缺点

（1）投资较大。企业必须具备先进的生产设备,才能高效率地进行生产,以保持较高的劳动生产率。同时，在进攻型定价以及为提高市场占有率而形成的投产亏损等方面也需进行大量的预先投资。(2)技术变革会导致生产工艺和技术的突破，使企业过去大量投资和由此产生的高效率一下子丧失优势，并给竞争对手造成以更低成本进入的机会。(3)将过多的注意力集中在生产成本上，可能导致企业忽视顾客需求特性和需求趋势的变化，忽视顾客对产品差异的兴趣。(4)由于企业将大量投资集中于现有技术及现有设备，提高了退出障碍，因而对新技术的采用以及技术创新反应迟钝，甚至采取排斥态度。

4. 成本领先战略的适用条件

低成本战略是一种重要的竞争战略，但是，它也有一定的适用范围。当具备以下条件时，采用成本领先战略会更有效力：(1)市场需求具有较大的价格弹性。(2)本行业的企业大多生产标准化产品，从而使价格竞争决定企业的市场地位。(3)实现产品差异化的途径很少。(4)多数客户以相同的方式使用产品。(5)用户从一个销售商改变为另一个销售商时，不会发生转换成本，因而特别倾向于购买价格最优惠的产品。

9.2.3 差异化战略

1. 差异化战略的含义

所谓差异化战略，是指为使企业产品与对手产品有明显的区别、形成与众不同的特点而采取的战略。这种战略的重点是创造被全行业和顾客都视为独特的产品和服务以及企业形象。差异化有利于扩大企业品牌和产品的知名度，强化顾客的品牌忠诚度。企业如果要有效地实行差异化战略，必须达到以下目标：(1)品牌知名度的扩大有利于促使老顾客重复购买，并且可以促使潜在顾客使用本企业的产品；(2)品牌知名度的提升有利于企业降低推广新产品的成本，或者减小新产品推广失败所带来的对品牌的损伤；(3)差异化要能够促使顾客更加关注产品的个性和特色，而忽视价格的重要性；(4)差异化要有利于提升企业形象；(5)差异化战略要有利于企业强化创新，从而有利于培养和提升企业的核心能力。

实现差异的途径多种多样，主要有以下几种方法：

(1)产品差异化。企业可以使自己的产品区别于其他产品。产品差异化主要包括：工作质量差异化、产品特色差异化、产品设计差异化。工作质量必须以顾客的需求为起点，以顾客的知觉为终点，如果顾客要求较高的可靠性、耐用性或者高性能，那么这些要素就构成了顾客眼中的质量。这也就是说，企业设计产品必须以顾客的需求为起点，在这一阶段，企业必须多听取顾客的意见。产品质量的优劣必须以顾客的评价为标准。产品特色是指产品基本功能之外的一些增补，它也是产品差异化的一个很重要的工具。产品设计是一个综合的因素。它决定了产品的特色、性能、稳定性、耐用性等。好的设计要求外表美观、操作简单、使用方便、经久耐用等。

(2)服务差异化，是指企业向顾客提供别具一格的良好服务。服务差异化主要表现在订货方便、交货、安装、客户培训、客户咨询、维修和多种服务上。订货方便是指企业必须使顾客能够方便地向公司订货。例如，许多企业都设置了800免费电话以及网上订购服务。交货是指企业必须保证货物准确及时地送达顾客,它包括:送货的及时性、准确性和文明送货。安装是为确保产品在预定地点正常使用而需要做的工作。客户培训是指企业有义务向顾客提供必要的培训,以使其能够方便地使用购买的产品。客户咨询是指卖方无偿或有偿地向买方提供有关资料、信息系统或提出建议等服务。维修是指企业在产品出现故障的时候,能够向顾客提供必要的修理服务。多种服务是企业可以为顾客提供的其他方面的服务。例如,企业可以向顾客提供一个比竞争者更好的产品担保和保修合同。

(3)人员差异化,是指企业比竞争者拥有更为优秀的员工而形成的差异化。只有满意的员工才能创造满意的顾客,一位受过良好训练的工作人员应具有下面六种特性:① 称职:员工应具有圆满完成份内工作所需要的各种知识和技能;② 诚实:健康是人的第一生命,诚信是人的第二生命,这是对员工的基本要求;③ 可靠:员工应该能够始终如一、准确无误地完成本职工作;④ 负责:员工应该及时对顾客的困难和要求作出反应;⑤ 沟通:员工应该具有良好的沟通能力,及时了解顾客的需要,并将企业的营销信息准确地传达给顾客;⑥ 谦恭:友好、能尊重人并善于体谅别人。

(4)形象差异化,是指企业通过各种不同的途径创造性地树立企业独一无二的形象。例如,人们一看到"M"标志,就会想到麦当劳。

2. 差异化战略的优点

只要条件允许,产品差异化便是一种可行的战略。企业奉行这种战略,可以很好地防御五种竞争力量,获得竞争优势:(1)实行差异化战略是利用了顾客对其特色的偏爱和忠诚,由此可以降低对产品的价格敏感性,使企业避开价格竞争,在特定领域形成独家经营的市场,保持领先。(2)顾客对企业(或产品)的忠诚性形成强有力的进入障碍,进入者要进入该行业则需花很大气力去克服这种忠诚性。(3)产品差异可以产生较高的边际收益,增强企业对付供应者讨价还价的能力。(4)由于购买者别无选择,对价格的敏感度又低,企业可以运用产品差异战略来削弱购买者的讨价还价能力。(5)由于企业具有特色,又赢得了顾客的信任,在特定领域形成独家经营的市场,便可在与代用品的较量中,比其他同类企业处于更有利的地位。

3. 差异化战略的缺点

(1)保持产品的差异化往往以高成本为代价,因为企业需要进行广泛的研究开发、产品设计、采用高质量原料和争取顾客支持等工作。(2)并非所有的顾客都愿意或能够支付产品差异所形成的较高价格。同时,买主对差异化所支付的额外费用是有一定支付极限的,若超过这一极限,低成本、低价格的企业与高价格、差异化产品的企业相比就显示出竞争力。(3)企业要想取得产品差异,有时要放弃获得较高市场占有率的目标,因为它的排他性与高市场占有率是矛盾的。

4. 差异化战略的适用条件

(1)有多种使产品或服务差异化的途径,而且这些差异化是被某些用户视为有价值的。(2)消费者对产品的需求是不同的。(3)奉行差异化战略的竞争对手不多。

以上我们讨论了成本领先战略和产品差异化战略,那么,这两者之间存在什么关系？在这两种战略中如何作出选择呢？通过对许多成功的企业进行调查研究，结果表明，许多成功的企业有一个共同的特点，就是在确定企业竞争战略时都是根据企业内外环境条件，在产品差异化、成本领先战略中选择一个，从而确定具体目标，采取相应措施而取得成功。当然，也有一些企业同时采取两种竞争战略而成功，如经营卷烟业的菲利浦·莫里斯公司，依靠高度自动化的生产设备，取得了世界上生产成本最低的好成绩，同时它又在商标、销售促进方面进行巨额投资，在产品差异化方面取得成功。但一般来说，不能同时采用这两种战略，因为这两种战略有着不同的管理方式和开发重点，有着不同的企业经营结构，反映了不同的市场观念。

在同一市场的演进中，常会出现这两种竞争战略循环变换的现象。一般来讲，为了竞争及生存的需要，企业往往以产品差异化战略打头，使整个市场的需求动向发生变化，随后其他企业纷纷效仿跟进，使差异化产品逐渐丧失了差异化优势，最后变为标准产品，此时企业只有采用成本领先战略，努力降低成本，使产品产量达到规模经济，提高市场占有率来获得利润。这时，市场也发育成熟，企业之间竞争趋于激烈。企业要维持竞争优势，就必须通过新产品开发等途径寻求产品差异化，以开始新一轮战略循环。

9.2.4 集中战略

1. 集中战略的含义

集中战略是指企业把经营的重点目标放在某一特定购买者集团，或某种特殊用途的产品，或某一特定地区，来建立企业的竞争优势及其市场地位。由于资源有限，一个企业很难在其产品市场展开全面的竞争，因而需要瞄准一定的重点，以期产生巨大而有效的市场力量。此外，一个企业所具备的不败的竞争优势，也只能在产品市场的一定范围内发挥作用。

集中战略所依据的前提是，厂商能比正在更广泛进行竞争的竞争对手更有效或效率更高地为其狭隘的战略目标服务，结果，厂商或由于更好地满足其特定目标的需要而取得产品差异，或在为该目标的服务中降低了成本，或两者兼而有之。尽管集中战略往往采取成本领先和差异化这两种变化形式，但三者之间仍存在区别。后两者的目的都在于达到其全行业范围内的目标，但整个集中战略却是围绕着为一个特定目标服务而建立起来的。

2. 集中战略的优点

实行集中战略具有以下几个方面的优势：(1) 经营目标集中，可以集中企业所有资源于一特定战略目标之上。(2) 熟悉产品的市场、用户及同行业竞争情况，可以全面把握市场，获取竞争优势。(3) 由于生产高度专业化，在制造、科研方面可以实现规模效益。这种战略尤其适用于现代企业，即小企业可以以小补大，以专补缺，以精取胜，在小市场做成大生意，成为"小型巨人"。

3. 集中战略的风险

集中战略也存在风险，主要是注意防止来自三方面的威胁，并采取相应措施维护企业的竞争优势：

(1) 以广泛市场为目标的竞争对手,很可能将该目标细分市场纳入其竞争范围,甚至已经在该目标细分市场中竞争,构成对企业的威胁。这时,企业要在产品及市场营销各方面保持和加大其差异性,产品的差异性愈大,集中战略的维持力愈强;需求者差异性愈大,集中战略的维持力也愈强。

(2) 该行业的其他企业也采用集中战略,或者以更小的细分市场为目标,构成了对企业的威胁。这时选用集中战略的企业要建立防止被模仿的障碍,当然其障碍的高低取决于特定的市场细分结构。另外,目标细分市场的规模也会造成对集中战略的威胁,如果细分市场较小,竞争者可能不感兴趣,但如果是在一个新兴的、利润不断增长的较大的目标细分市场上也采用集中战略,开发出更为专业化的产品,就会剥夺原选用集中战略的企业的竞争优势。

(3) 如果由于社会政治、经济、法律、文化等环境的变化,技术的突破和创新等多方面原因引起替代品出现或消费者偏好发生变化,导致市场结构性变化,此时集中战略的优势也将随之消失。

9.3 在市场中处于不同地位的企业竞争战略

每个现代企业都要依据自己的目标、资源和环境,以及在目标市场上的地位,来制定竞争战略。即使在同一现代企业中,不同的业务、不同的产品也有不同要求,不可强求一律。因此,现代企业应当先确定自己在目标市场上的竞争地位,然后根据自己的市场定位选择适当的营销战略和策略。企业在市场中的竞争地位有多种分类方法。根据企业在目标市场上所起的领导、挑战、跟随或拾遗补缺的作用,可以将企业分为以下四种类型:市场领导者、市场挑战者、市场跟随者和市场利基者。

9.3.1 市场领导者战略

1. 市场领导者的含义

所谓市场领导者,是指相关产品的市场上市场占有率最高的企业。一般说来,大多数行业都有一家企业被公认为市场领导者,它在价格调整、新产品开发、配销覆盖和促销力量方面处于主导地位。它是市场竞争的导向者,也是竞争者挑战、效仿或回避的对象。这些市场领导者的地位是在竞争中自然形成的,但不是固定不变的。如果它没有获得法定的特许权,必然会面临着竞争者的无情挑战。因此,企业必须随时保持警惕并采取适当的措施。

2. 市场领导者的战略

一般来说,市场领导者为了维护自己的优势,保持自己的领导地位,通常可采取三种战略:一是设法扩大整个市场需求;二是采取有效的防守措施和攻击战术,保护现有的市场占有率;三是在市场规模保持不变的情况下,进一步扩大市场占有率。

(1) 扩大市场需求总量。一般来说,当一种产品的市场需求总量扩大时,受益最大的是处于市场领导地位的企业。因此,市场领导者应努力从以下三个方面扩大市场需求量：

① 发掘新的使用者。每一种产品都有吸引顾客的潜力，因为有些顾客或者不知道这种产品，或者因为其价格不合适或缺乏某些特点等而不想购买这种产品，这样，企业可以采取市场渗透策略、新市场策略、地理扩张策略来发掘新的使用者。

② 寻找新用途，指设法找出产品的新用法和新用途以增加销售。比如，食品生产者常常在包装上印制多种食用或烹制方法，有冷食、热食、浸泡、炸炒、干食等。产品的许多新用途往往是顾客在使用中发现的，企业应及时了解和推广这些发现。美国的小苏打制造厂阿哈默公司发现有些顾客把小苏打当作冰箱除臭剂使用，就开展了大规模的广告活动宣传这种用途，使得美国1/2的家庭把装有小苏打的开口盒子放进了冰箱。

③ 增加使用量。一是劝告消费者提高使用频率。企业应设法使顾客更频繁地使用产品，例如，果汁营销人员应说服人们不仅在待客时饮用果汁，平时也要饮用果汁以增加维生素。二是促使消费者增加每次使用量，例如，有的调味品制造商将调味品瓶盖上的小孔略微扩大，销售量就明显增加。

（2）保护市场占有率。处于市场领导地位的企业，在努力扩大整个市场规模时，必须注意保护自己现有的业务，防备竞争者的攻击。市场领导者如何防御竞争者的进攻呢？最有建设意义的答案是不断创新。领导者不应满足于现状，必须在产品创新、提高服务水平和降低成本等方面，真正处于该行业的领先地位，同时，应该在不断提高服务质量的同时，抓住对方的弱点主动出击，此所谓"进攻是最好的防御"。

市场领导者即使不发动进攻，至少也应保护其所有阵地，不能有任何疏漏。堵塞漏洞要付出很高的代价，随便放弃一个产品或细分市场，"机会损失"可能更大。由于资源有限，领导者不可能保持它在整个市场上的所有阵地，因此，它必须善于准确地辨认哪些是值得耗资防守的阵地，哪些是可以放弃而不会招致风险的阵地，以便集中使用防御力量。防御策略的目标是要减少受到攻击的可能性，将攻击转移到威胁较小的地带，并削弱其攻势。具体来说，有六种防御策略可供市场领导者选择：

① 阵地防御，指围绕企业目前的主要产品和业务建立牢固的防线，根据竞争者在产品、价格、渠道和促销方面可能采取的进攻战略制定自己的预防性营销战略，并在竞争者发起进攻时坚守原有的产品和业务阵地。阵地防御是防御的基本形式，是静态的防御，在许多情况下是有效的、必要的，但是单纯依赖这种防御则是一种"市场营销近视症"。企业更重要的任务是技术更新、新产品开发和扩展业务领域。

② 侧翼防御，指企业在自己主阵地的侧翼建立辅助阵地以保卫自己的周边和前沿，并在必要时作为反攻基地。超级市场在食品和日用品市场占据统治地位，但是在食品方面受到以快捷、方便为特征的快餐业的蚕食，在日用品方面受到以廉价为特征的折扣商店的攻击。为此，超级市场提供广泛的、货源充足的冷冻食品和速食品以抵御快餐业的蚕食，推广廉价的无品牌商品并在城郊和居民区开设新店以击退折扣商店的进攻。

③ 以攻为守，指竞争对手尚未构成严重威胁或在向本企业采取进攻行动前抢先发起攻击以削弱或挫败竞争对手。这是一种先发制人的防御，公司应正确地判断何时发起进攻效果最佳以免贻误战机。有的公司在竞争对手的市场份额接近于某一水平而

危及自己市场地位时发起进攻,有的公司在竞争对手推出新产品或推出重大促销活动前抢先发动进攻,如推出自己的新产品、宣布新产品开发计划或大张旗鼓地开展促销活动,压倒竞争者。公司先发制人的方式多种多样:可以运用游击战,这儿打击一个对手,那儿打击一个对手,使各个对手疲于奔命,忙于招架;可以展开全面进攻;也可以持续性地打价格战,使未取得规模效益的竞争者陷于困境;还可以开展心理战,警告对手自己将采取某种打击措施而实际上并未付诸实施。

④ 反击防御,指市场领导者受到竞争者攻击后采取反击措施。要注意选择反击的时机,可以迅速反击,也可以延迟反击。如果竞争者的攻击行动并未造成本公司市场份额迅速下降,可采取延迟反击,弄清竞争者发动攻击的意图、战略、效果和其薄弱环节后再实施反击,不打无把握之仗。反击战略主要有:第一,正面反击。即与对手采取相同的竞争措施,迎击对方的正面进攻。如果对手开展大幅度降价和大规模促销等活动,市场领导者凭借雄厚的资金实力和卓著的品牌声誉以牙还牙地采取降价和促销活动可以有效地击退对手。第二,攻击侧翼。即选择对手的薄弱环节加以攻击。第三,钳形攻势。即同时实施正面攻击和侧翼攻击。第四,退却反击。即在竞争者发动进攻时,我方先从市场退却,避免正面交锋的损失,待竞争者放松进攻或麻痹大意时再发动进攻,收复市场,以较小的代价取得较大的战果。第五,围魏救赵。即在对方攻击我方主要市场区域时攻击对方的主要市场区域,迫使对方撤销进攻以保卫自己的大本营。

⑤ 运动防御。运动防御要求领导者不但要积极防守现有阵地,还要扩展到可作为未来防御和进攻中心的新阵地,它可以使企业在战略上有较多的回旋余地。市场扩展可通过两种方式实现:第一,市场扩大化。这是企业将注意力从目前的产品转移到有关该产品的基本需要上,并全面研究与开发有关该需要的科学技术。但是市场扩大化必须有一个适当的限度,否则就违背了两条基本的军事原则,即目标原则(确定明确可行的目标)和优势集中原则(集中优势兵力打击敌军薄弱环节)。第二,市场多角化。这是向彼此不相关联的其他行业扩展,实行多角化经营。

⑥ 收缩防御,指企业主动从实力较弱的领域撤出,将力量集中于实力较强的领域。当企业无法坚守所有的市场领域,并且由于力量过于分散而降低资源效益的时候,可采取这种战略。其优点是在关键领域集中优势力量,增强竞争力。

(3) 扩大市场份额。一般而言,如果单位产品价格不降低且经营成本不增加,企业利润会随着市场份额的扩大而提高。但是,切不可认为市场份额提高就会自动增加利润,还应考虑以下三个因素:

① 经营成本。许多产品往往有这种现象:当市场份额持续增加而未超出某一限度的时候,企业利润会随着市场份额的提高而提高;当市场份额超过某一限度仍然继续增加时,经营成本的增加速度就大于利润的增加速度,企业利润会随着市场份额的提高而降低,主要原因是用于提高市场份额的费用增加。如果出现这种情况,则市场份额应保持在该限度以内,市场领导者的战略目标应是扩大市场份额而不是提高市场占有率。

② 营销组合。如果企业实行了错误的营销组合战略,比如过分地降低商品价格,过高地支出公关费、广告费、渠道拓展费、销售员和营业员奖励费等促销费用,承诺过多的

服务项目导致服务费大量增加等,则市场份额的提高反而会造成利润下降。

③ 反垄断法。为了保护自由竞争,防止出现市场垄断,许多国家的法律规定,当某一公司的市场份额超出某一限度时,就要强行地分解为若干个相互竞争的小公司。西方国家的许多著名公司都曾经因为触犯这条法律而被分解。如果占据市场领导者地位的公司不想被分解,就要在自己的市场份额接近于临界点时主动加以控制。

9.3.2 市场挑战者战略

在行业中名列第二的企业称为亚军公司或者追赶公司。例如,软饮料行业的百事可乐公司。这些亚军公司对待当前的竞争形势有两种态度:一种是向市场领导者和其他竞争者发动进攻,以夺取更大的市场占有率,这时可称它们为市场挑战者;另一种是维持现状,避免与市场领导者和其他竞争者产生争端,这时称它们为市场追随者。市场挑战者如果要向市场领导者和其他竞争者挑战,首先必须确定自己的战略目标和挑战对象,然后再选择适当的进攻策略。

1. 明确战略目标和挑战对象

战略目标同进攻对象密切相关,针对不同的对象存在不同的目标。一般说来,挑战者可以选择以下三种公司作为攻击对象。

（1）攻击市场领导者。这一战略风险很大,但是潜在的收益可能很高。为取得进攻的成功,挑战者要认真调查研究顾客的需要及其不满之处,这些就是市场领导者的弱点和失误。如美国米勒啤酒之所以获得成功,就是因为该公司瞄准了那些想喝"低度"啤酒的消费者为开发重点,而这一市场在以前却被忽视了。此外,通过产品创新,以更好的产品来夺取市场也是可供选择的策略。

（2）攻击规模相当者。挑战者对一些与自己势均力敌的企业,可选择其中经营不善而发生危机者作为攻击对象,以夺取它们的市场。

（3）攻击区域性小型企业。一些地方性小企业中经营不善而发生财务困难者,可作为挑战者的攻击对象。例如,美国几家主要的啤酒公司能成长到目前的规模,就是靠吞并一些小啤酒公司,蚕食小块市场而得来的。

2. 选择进攻战略

在确定战略目标和进攻对象之后,集中优势兵力于关键的时刻和地方。总的来说,挑战者可选择以下五种战略:

（1）正面进攻,就是集中兵力向对手的主要市场发动攻击,打击的目标是敌人的强项而不是弱点。这样,胜负便取决于谁的实力更强,谁的耐力更持久,进攻者必须在产品、广告、价格等主要方面大大领先对手,方有可能成功。

进攻者如果不采取完全正面的进攻策略,则可采取一种变通形式,最常用的方法是针对竞争对手实行削价。通过在研究开发方面大量投资,降低生产成本,从而在低价格上向竞争对手发动进攻,是持续实行正面进攻策略最可靠的基础之一。日本企业是实践这一策略的典范。

（2）侧翼进攻,就是集中优势力量攻击对手的弱点,有时也可正面进攻,牵制其防守兵力,再向其侧翼或背面发动猛攻,采取"声东击西"的策略。侧翼进攻可以分为两种:一种是地理性的侧翼进攻,即在全国或全世界寻找对手相对薄弱的地区发动攻击。另一种是细分性侧翼进攻,即寻找市场领导企业尚未很好满足的细分市场。侧翼进攻不是指在两个或更多的公司之间浴血奋战来争夺同一市场,而是要在整个市场上更广泛地满足不同的需求。因此,它最能体现现代市场营销观念,即"发现需求并且满足它们"。同时,侧翼进攻也是一种最有效和最经济的策略,较正面进攻有更多的成功机会。

(3) 围堵进攻,是一种全方位、大规模的进攻,在几个战线发动全面攻击,迫使对手在正面、侧翼和后方同时全面防御。进攻者可向市场提供竞争者能供应的一切,甚至比对方还多,使自己提供的产品无法拒绝。当挑战者拥有优于对手的资源,并确信围堵计划的完成足以打垮对手时,这种策略才能奏效。

(4) 迂回进攻,是一种最间接的进攻策略,它避开了对手的现有阵地而迂回进攻。具体办法有三种:① 发展无关的产品,实行产品多元化经营。② 以现有产品进入新市场,实现市场多元化。③ 通过技术创新和产品开发,以替换现有产品。例如,美国高露洁公司在面对强大的宝洁公司竞争压力下,就采取了这种策略,即加强高露洁公司在海外的领先地位,在国内实行多元化经营,向宝洁没有占领的市场发展,迂回包抄宝洁公司。该公司不断收购纺织品、医药产品、化妆品及运动器材和食品公司,结果获得了极大的成功。

(5) 游击进攻,主要适用于规模较小、力量较弱的企业,目的在于通过向对方不同地区发动小规模的、间断性的攻击来骚扰对方,使之疲于奔命,最终巩固永久性据点。游击进攻可采取多种方法,包括有选择的降价、突袭式的促销行动等。应该指出的是,尽管游击进攻可能比正面围堵或侧翼进攻节省开支,但如果想打倒对手,光靠游击战不可能达到目的,还需要发动更强大的攻势。

综上,市场挑战者的进攻策略是多样的。一个挑战者不可能同时运用所有这些策略,但也很难单靠某一种策略取得成功,通常是设计出一套策略组合,从而改善自己的市场地位。

9.3.3 市场追随者战略

市场追随者指那些在产品、技术、价格、渠道和促销等大多数营销战略上模仿或跟随市场领导者的公司。在很多情况下,追随者可让市场领导者和挑战者承担新产品开发、信息收集和市场开发所需的大量经费,自己坐享其成,减少支出和风险,并避免向市场领导者挑战可能带来的重大损失。许多居第二位及以后位次的公司往往选择追随而不是挑战。当然,追随者也应当制定有利于自身发展而不会引起竞争者报复的战略,可分为三类:

(1) 紧密跟随,指在各个细分市场和产品、价格、广告等营销组合战略方面模仿市场领导者,完全不进行任何创新的公司。由于他们是利用市场领导者的投资和营销组合策略去开拓市场,自己跟在后面分一杯羹,故被看做依赖市场领导者而生存的寄生者。有些紧密跟随者甚至发展成为"伪造者",专门制造赝品。国内外许多著名公司都受到赝品的困扰,应寻找行之有效的打击办法。

(2) 有距离跟随,指在基本方面模仿领导者,但是在包装、广告和价格上又保持一定差异的公司。如果模仿者不对领导者发起挑战,领导者不会介意。在同质产品行业,不同公司的产品相同,服务相近,不易实行差异化战略,价格几乎是吸引购买的惟一手段,价格敏感性高,随时可能爆发价格大战。正因如此,各公司常常模仿市场领导者,采取较为一致的产品、价格、服务和促销战略,市场份额保持着高度的稳定性。

(3) 选择跟随,指在某些方面紧跟市场领导者,在某些方面又自行其是的公司。他们会有选择地改进领导者的产品、服务和营销战略,避免与领导者正面交锋,选择其他市场销售产品。这种跟随者通过改进并在别的市场壮大实力后有可能成长为挑战者。

虽然追随战略不冒风险,但是也存在明显缺陷。研究表明,市场份额处于第二、第三和以后位次的公司与第一位的公司在投资报酬率方面有较大的差距。

9.3.4 市场利基者战略

1. 市场利基者的含义与利基市场的特征

几乎每个行业都有些小企业,它们专心致力于市场中被大企业忽略的某些细分市场,在这些小市场上通过专业化经营来获取最大限度的收益。这种有利的市场位置就称为"利基"(niche),而所谓市场利基者,就是指占据这种位置的企业。所以,市场利基者是指专门为规模较小的或大公司不感兴趣的细分市场提供产品和服务的公司。市场利基者的作用是拾遗补缺,见缝插针,虽然在整体市场上仅占有很小的份额,但是比其他公司更充分地了解和满足某一细分市场的需求,能够通过提供高附加值而得到高利润和快速增长。

有利的市场位置(利基)不仅对于小企业有意义,而且对某些大企业中的较小业务部门也有意义,它们也常设法寻找一个或多个既安全又有利的利基。一般来说,一个理想的利基市场具有以下几个特征:(1) 具有一定的规模和购买力,能够盈利。(2) 具备发展潜力。(3) 强大的公司对这一市场不感兴趣。(4) 本公司具备向这一市场提供优质产品和服务的资源和能力。(5) 本公司在顾客中建立了良好的声誉,能够抵御竞争者入侵。

2. 市场利基者竞争战略选择

市场利基者发展的关键是实现专业化,主要途径有:(1) 最终用户专业化。公司可以专门为某一类型的最终用户提供服务。例如,航空食品公司专门为民航公司生产提供给飞机乘客的航空食品。(2) 垂直专业化。公司可以专门为处于生产与分销循环周期的某些垂直层次提供服务。(3) 顾客规模专业化。公司可以专门为某一规模(大、中、小)的顾客群服务。市场利基者专门为大公司不重视的小规模顾客群服务。(4) 特殊顾客专业化。公司可以专门向一个或几个大客户销售产品。许多小公司只向一家大公司提供其全部产品。(5) 地理市场专业化。公司只在某一地点、地区或范围内经营业务。(6) 产品或产品线专业化。公司只经营某一种产品或某一类产品线。(7) 产品特色专业化。公司专门经营某一种类型的产品或者特色产品。(8) 客户订单专业化。公司专门按客户订单生产特制产品。(9)质量—价格专业化。公司只在市场的底层或上层经营。(10)服务专业化。公司向大众提供一种或数种其他公司所没有的服务。(11)销售渠道专业化。公司只为某类销售渠道提供服务。例如,某家软饮料公司决定只生产大容器包装的软饮料,并且只在加油站出售。

市场利基者是弱小者,面临的主要风险是当竞争者入侵或目标市场的消费习惯变化时有可能陷入绝境。因此,它的主要任务有三项:创造利基市场,扩大利基市场,保护利基市场。

企业在密切注意竞争者的同时不应忽视对顾客的关注,不能单纯强调以竞争者为中心而损害更为重要的以顾客为中心。以竞争者为中心指企业行为完全受竞争者行为支配,逐个跟踪竞争者的行动并迅速作出反应。这种模式的优点是使营销人员保持警惕,注意竞争者的动向;缺点是被竞争者牵着走,缺乏事先规划和明确的目标。以顾客为中心指企业以顾客需求为依据制定营销战略。其优点是能够更好地辨别市场机会,确定目标市场,根据自身条件建立具有长远意义的战略规划;缺点是有可能忽视竞争者的动向和对竞争者的分析。在现代市场中,企业在营销战略的制定过程中既要注意竞争者,也要注意顾客。

本章小结

在市场经济条件下,企业时刻面临激烈的市场竞争。多少优秀的企业在残酷的市场竞争和急遽变化的市场形势面前轰然坍塌。要使企业实现从优秀到卓越的跨越,就必须为企业制定一个正确的竞争战略。这个过程包括:对竞争者的分析、在三种可能的竞争战略中作出取舍以及评估竞争对手的反应。对竞争对手的分析包括对竞争对手的战略和目标的分析。三种可能的竞争战略包括成本领先战略、差异化战略和集中化战略。竞争对手的可能反应包括主动攻击和防御。总之,知己知彼,百战不殆,企业竞争战略的制定必须建立在对竞争者深入的分析基础之上。

思考题

1. 从行业竞争角度怎样识别竞争者?
2. 成本领先的优缺点各是什么?
3. 试述市场领导者可采取的防御战略。
4. 试述市场挑战者可采用的进攻战略。
5. 市场追随者可分为哪些类型?
6. 理想的利基市场具备哪些特征?

案例分析

亚马逊与黑色星期五

作为老牌 B2C 电商品牌，亚马逊可以说是全球 B2C 的标杆，尤其是国内自营 B2C 老大哥京东的学习典范。自建物流体系，由单点突破的 3C 品类（亚马逊是图书品类）扩充至全品类，完善供应商渠道等等。但尴尬的是，亚马逊在国内的市场份额却未与它的品牌知名度相匹配。根据《艾瑞 2014 年中国 B2C 在线零售商 Top 50 研究报告》提供市场占有率（app 装机量）来看，亚马逊远在 top 5 之外，落后于小米科技在线商城。自然地，在全年销售总额上也远落后于天猫、京东、苏宁、小米等品牌。2013 年的天猫全年销售总额 4410 亿元、京东 1255 亿元、苏宁易购 284 亿元……而排在第 7 的亚马逊中国只有 149 亿元。

这些数据对于用户来说可能一点意义都没有，但对于亚马逊却是进军国内 B2C 市场后的残酷事实。从侧面来看，亚马逊的品牌溢价能力在国内并没有得到体现，反而被拥有同样丰富品类，便捷支付及快速物流体验的国内 B2C 品牌吞食。加之，这些国内 B2C 品牌的用户体验日渐得到好评，已获得了更多用户的支持。老实说，亚马逊的网站是时候改了，不美观，也不友好。因而，亚马逊若不想被国内用户遗忘，就不得不构建品牌符号以区隔其他电商品牌。

黑色星期五便是这样一个天然的品牌符号。与国内天猫双十一，京东 618 等电商品牌造节相比，亚马逊搭乘黑色星期五这一传统购物日的顺风车显得更加理所当然。另外，这个符号比任何电商节日符号更具大范围的侵略性。尽管天猫双十一打出全球狂欢日的口号，但大家都知道声音仍是在国内扩散。

尽管黑色星期五先于亚马逊，但在亚马逊品牌体系下，黑色星期五其实是亚马逊品牌的一部分。一是国内电商品牌都通过自造品牌节日来囊括用户，让其在每年特定的时候甚至是长期的购物中记住有这么个品牌，曾经"邀请"他参与到品牌节日中，成为他们当中的一员，让用户时刻记住谁才是他们购物时的首选。天猫就是最好的例子，尽管双十一群鹿角逐，但人们自然认为主角是天猫。二是多年演变的黑色星期五已成为在线购物的符号，而对于国内用户来说，黑色星期五就是海购。在国内，"海购"是被诟病的一个词。在人们日益追求高品质的物质体验时，人们更加希望通过正宗、真实、高质量的渠道获取海外产品。而黑色星期五，在人们眼里是获取海外高质量产品的正宗渠道，那么谁能帮助他们获得呢？亚马逊无疑是最好的选择。

亚马逊是国际电商品牌，因而人们会自然地联想到亚马逊能提供更多优质、正宗的海外品牌产品。事实上，亚马逊早已作好了准备，依托在美国本土及全球站点布局的优势，亚马逊已与 CK、Marc by Marc Jacobs、Vivienne Westwood、Stuart Weitzman、Loeffler Randall、Diane von Furstenberg、Rebecca Minkoff 等国际时尚潮牌达成合作，并整合全球资源，将他们并入亚马逊海外购的品类当中，只需等待黑色星期五的来临。除了丰富的品类外,亚马逊基于自身强大的物流体系,以直邮的方式来免掉人们对税点和产品运输安全的担忧。没错,人们购物买的还是安全。而亚马逊拥有正宗的、高质量的海外品牌供应渠道,拥有安全便捷的运输服务,并提供同步价格的优惠,人们更加优先选择亚马逊进行海购。虽然天猫、京东、网易等都开通海购服务,但是在人们固有的认知里,亚马逊才是正宗的海购渠道。当然,亚马逊也兑现了自己品牌的承诺。

所以,和双十一一样。双十一就是是天猫的双十一,黑色星期五也理所当然是亚马逊的黑色星期五,其他电商若加入进来,则是为其加深人们对黑色星期五就是亚马逊这个符号的认知。而对于亚马逊来说,这也是区隔其他电商品牌的重要符号。

资料来源:《黑色星期五是亚马逊的盖章运动》,http://www.sohu.com/a/45198244_247506,2017年9月26日访问。

案例思考题

如何看待黑色星期五对亚马逊实施竞争战略的意义?

第 4 篇　市场营销组合策略

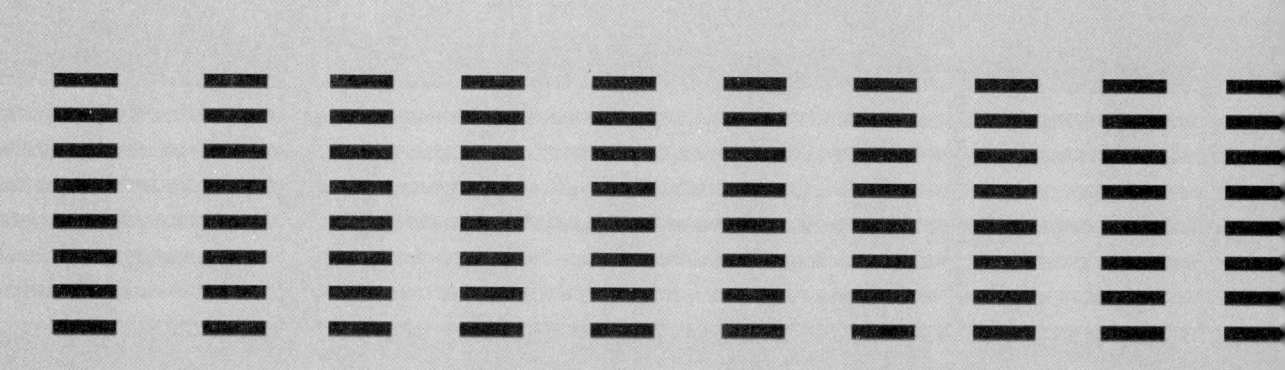

第 10 章

市场营销组合策略

学习目标

通过本章的学习,弄清作为市场营销理论中最重要的基础理论市场营销组合的概念及意义;掌握市场营销组合的构成特点;了解市场营销组合理论的新发展。学会如何应用营销组合理论为企业制定完善的市场营销策略。

学习重点

市场营销组合的概念、内容、特点及实践意义;营销组合的最新发展。

引导案例 宝马的市场营销组合

宝马是驰名世界的汽车企业,也被认为是高档汽车生产业的先导。宝马公司创建于1916年,总部设在德国慕尼黑,它由最初的一家飞机引擎生产厂发展成为今天以高级轿车为主导,并生产享誉全球的飞机引擎、越野车和摩托车的企业集团,名列世界汽车公司前20名。

宝马集团拥有BMW(宝马)、MINI和2003年开始的Rolls-Royce(劳斯莱斯)三大品牌。宝马集团是当今世界唯一全面执行高档品牌策略的汽车厂商,从小型到顶级车型的每个细分市场中,宝马集团的产品都定位于高端。

2006年,公司销售收入为490亿欧元,全年利润估计达到40亿欧元,创历史新高。由于新宝马3系轿车以及SUVX3市场热销,宝马公司在豪华车市场继续领先奔驰,居市场首位。2007年,宝马三大品牌汽车总销量增长了3.3%。

"最完美的驾驶工具"是宝马别出心裁的厂牌定位。这个诉求结合三大要素:设计、动力与科技,从而树立了宝马"尊贵、年轻、活力"的形象,这一形象与传统名牌平治/宾士汽车的"尊贵、传统、豪华"区分开来。宝马的汽车种类繁多,分别以不同系列来设定它们的等级。从较小型、时髦的三系列,到提供安全舒适空间的五系列,再发展适合高级人员的七系列,直到独特优雅的八系列双门跑车,所有车系都具备了宝马汽车惯有的优雅风格、潜在的动力、高品质的做工,以及无与伦比的安全标准,从而进一步稳固宝马"成功的新形象"。

宝马的目标在追求成功的高价政策,以高于其他大众车厂牌的价格出现。这一定位是基于宝马优于其他厂牌的产品及具备完善的服务特性,以及宝马品牌象征的价值。作为宝马汽车品质的指标,价格也传达了品牌象征与声望的特质;相对于竞争厂牌的专用性与独特性,消费者的社会成就可以在他的生活里得到反映。这从价位角度再次折射出宝马"成功的新形象"。

当与豪华汽车市场潜在顾客沟通时,宝马首先确立了沟通战略目标:成功地把宝马的品牌定位融入潜在车主中;加强车主与宝马之间的感性联结;在宝马的整体象征之下,一致地勾勒宝马产品与服务的组合;针对宝马的产品提供详尽的信息。

为了能够有效地接触到自己的顾客群,宝马采用不同的沟通管道,包括广告、直销、项目策划,以及公共关系的建立。综合各种不同渠道使宝马创造和顾客直接接触的机会,传达许多不同的信息,这项策略反过来又帮助宝马建立起正面的形象。

此外,宝马还对一些特别锁定的目标客户开展了一些特别项目策划,如每月定期和某些主要的新闻记者聚会;和一些媒介代表探讨车子的功能;和特别目标客户群尝试七系列的宝马,进口商主动提供一些社交及文化活动;资助一些现有和固定的活动,如运动、社交和文化等。

资料来源:http://www.marketing110.com/html/show-10-1493-1.html,2017年4月26日访问。

10.1 市场营销组合概述

10.1.1 市场营销组合概述

所谓市场营销组合是指企业针对目标市场的需要,综合考虑环境、能力、竞争状况,对自己可控制的各种营销因素(产品、价格、分销、促销等)进行优化组合和综合运用,使之协调配合,扬长避短,发挥优势,以取得更好的经济效益和社会效益。

市场营销组合是现代市场营销理论的一个重要概念,1953年,美国哈佛大学教授尼尔·博登(Neil Borden)在美国市场营销学会的就职演说中创造了"市场营销组合"(marketing mix)这一术语,其意是指市场需求或多或少的在某种程度上受到所谓"营销变量"或"营销要素"的影响。为了寻求一定的市场反应,企业要对这些要素进行有效的组合,从而满足市场需求,获得最大利润。

市场营销组合是制定企业营销战略的基础,做好市场营销组合工作可以保证企业从整体上满足消费者的需求。市场营销组合是企业对付竞争者强有力的手段,是合理分配企业营销预算费用的依据。

10.1.2 市场营销组合理论的产生

从企业营销职能角度对市场营销学的研究直接导致了对营销策略组合的研究。尼尔·博登的"市场营销组合",强调从企业整体营销目标的实现出发,对各种营销要素的统筹和协调,而企业的经理就是"各种要素的组合者",这是从管理的角度提高营销效率的重要思想。他将企业的营销活动的相关因素归结为 12 个方面,包括产品、品牌、包装、定价、调研分析、分销渠道、人员推销、广告、营业推广、售点展示、售后服务以及物流等;之后,弗利又将这些因素归纳为同提供物有关的"基本因素"和同销售活动有关的"工具因素"。以后又有一些营销学者对营销策略提出过不同的组合方式,如佛利(Albert. W. Frey)的二元组合:一为供应物因素,即同购买者关系较为密切的因素,如产品、包装、品牌、价格、服务等;二为方法与工具,即同企业关系较为密切的因素,如分销渠道、人员推销、广告、营业推广和公共关系等。再如,拉扎和柯利(Lazer & Kelly)的三元组合:一为产品和服务的组合;二为分销渠道的组合;三为信息和促销手段的组合等。直至 1960 年美国密西根大学教授杰罗姆·麦卡锡(E. Jerome McCarthy)提出著名的"4P's"组合。

1967 年,菲利普·科特勒在其畅销书《营销管理:分析、规划与控制》(第一版)中进一步确认了以 4P's 为核心的营销组合方法。

10.1.3 市场营销组合策略

从管理决策的角度看,影响企业市场营销活动的各种因素(变数)可以分为两大类:一是企业不可控因素,即营销者本身不可控制的市场;营销环境,包括微观环境和宏观环境;二是可控因素,即营销者自己可以控制的产品、商标、品牌、价格、广告、渠道等,而4P's 理论就是对各种可控因素的归纳:

其一,产品策略(product strategy),主要是指企业以向目标市场提供各种适合消费者需求的有形和无形产品的方式来实现其营销目标。其中包括对同产品有关的品种、规格、式样、质量、包装、特色、商标、品牌以及各种服务措施等可控因素的组合和运用。

其二,定价策略(pricing strategy),主要是指企业以按照市场规律制定价格和变动价格等方式来实现其营销目标,其中包括对同定价有关的基本价格、折扣价格、津贴、付款期限、商业信用以及各种定价方法和定价技巧等可控因素的组合和运用。

其三,分销策略(placing strategy),主要是指企业以合理地选择分销渠道和组织商品实体流通的方式来实现其营销目标,其中包括对同分销有关的渠道覆盖面、商品流转环节、中间商、网点设置以及储存运输等可控因素的组合和运用。

其四,促销策略(promotioning strategy),主要是指企业以利用各种信息传播手段刺激消费者购买欲望,促进产品销售的方式来实现其营销目标,其中包括对同促销有关的广告、人员推销、营业推广、公共关系等可控因素的组合和运用。

上述四个方面的策略组合起来总称为市场营销组合策略。市场营销组合策略的基本思想在于:从制定产品策略入手,同时制定价格、分销渠道及促销策略,组合成策略总体,以便达到以合适的商品、合适的价格、合适的促销方式,把产品送到合适地点的目的。企业经营的成败,在很大程度上取决于这些组合策略的选择和它们的综合运用效果。

10.1.4 市场营销组合的特点

市场营销组合作为企业一个非常重要的营销管理方法,具有以下特点:

1. 市场营销组合是一个变量组合

构成营销组合的"4P's"的各个自变量,是最终影响和决定市场营销效益的决定性要素,而营销组合的最终结果就是这些变量的函数,即因变量。从这个关系看,市场营销组合是一个动态组合。只要改变其中的一个要素,就会出现一个新的组合,产生不同的营销效果。

2. 营销组合的层次

市场营销组合由许多层次组成,就整体而言,"4P's"是一个大组合,其中每一个P又包括若干层次的要素。这样,企业在确定营销组合时,不仅更为具体和实用,而且相当灵活;不但可以选择四个要素之间的最佳组合,而且可以恰当安排每个要素内部的组合。

3. 市场营销组合的整体协同作用

企业必须在准确地分析、判断特定的市场营销环境、企业资源及目标市场需求特点的基础上,才能制定出最佳的营销组合。所以,最佳的市场营销组合的作用,绝不是产品、价格、渠道、促销四个营销要素的简单数字相加,即 $4Ps \neq P+P+P+P$,而是使他们产生一种整体协同作用。就像中医开出的重要处方,四种草药各有不同的效力,治疗效果不同,所治疗的病症也相异,而且这四种中药配合在一起的治疗作用大于原来每一种药物的作用之和。市场营销组合也是如此,只有它们的最佳组合,才能产生一种整体协同作用。正是从这个意义上讲,市场营销组合又是一种经营的艺术和技巧。

4. 市场营销组合必须具有充分的应变能力

市场营销组合作为企业营销管理的可控要素,一般来说,企业具有充分的决策权。例如,企业可以根据市场需求来选择确定产品结构,制定具有竞争力的价格,选择最恰当的销售渠道和促销媒体。但是,企业并不是在真空中制定市场营销组合。随着市场竞争和顾客需求特点及外界环境的变化,必须对营销组合随时纠正、调整,使其保持竞争力。总之,市场营销组合对外界环境必须具有充分的适应力和灵敏的应变能力。

10.1.5 市场营销组合的意义和作用

1. 市场营销组合的理论意义

(1)市场营销组合的出现,意味着市场经营完成了新旧观念的转变,即发展到了新观念——市场营销观念。市场营销观念的核心是以目标顾客的需要为中心,实行市场营销组合,着眼于总体市场,从而取得利润,实现企业营销目标。在这里,市场营销组合作为营销手段至关重要。

（2）市场营销组合体现了现代市场营销学的一个重要特点，那就是具有鲜明的"管理导向"，即着重从市场营销管理决策的角度，着眼于买方行为，重点研究企业市场营销管理工作中的各项战略和策略，从而使决策研究法在诸多研究方法中显示出其概括性强、适应面广的优点，并成为研究市场营销问题普遍采用的重要方法。

（3）市场营销组合的理论基础是系统理论。它以系统理论为指导，向企业决策者提供了为达到企业营销整体效果而科学地分析和应用各种营销手段的思路和方法。

① 运用系统论的观点，对系统进行结构分析。可以从系统的开放与闭合、系统的层次结构、系统的构成要素等方面深入分析。

② 运用系统论的观点，对系统与外部环境联系方式进行分析，根据系统具有处理和转换功能，系统与外部环境是通过将物质、能量、信息输入系统进行转换后再将其输出系统的方式进行联系的。企业作为一个开放系统，一方面，从外部环境输入信息、能源、原材料，这是企业开展营销活动的基础，体现了外部环境对企业营销活动的制约性，企业须对此表示出较强的适应性，随时依据其变化，制定调整营销战略和策略。另一方面，企业通过主动性和创造性营销，向外部环境提供产品或劳务，传播信息，从而影响外部环境，使外部环境朝着有利于企业营销目标的方向发展。

③ 系统论的整体观强调整体的功能大于各要素功能之和，且具有各要素都不具备的新的属性和特点。这对于理解一个系统的性质特别重要，而研究系统内部要素的交互作用和整体功能比注意个别要素的功能更重要。根据这一原理，市场营销组合意味着将各种手段进行最佳组合，使其相互协调，综合地发挥尽可能大的作用。因此，企业营销之成败，在很大程度上取决于上述四方面策略的选择和它们的综合运用效果，市场营销组合的神奇魅力在于此。

2. 市场营销组合的实践意义

对于企业来说，营销因素组合在企业实际工作中的意义表现在以下几个方面：

（1）制定营销战略的基础。营销战略本质上就是企业经营管理的战略，而营销战略主要是由企业目标和营销因素协调组成的。由于制定市场营销战略的出发点是完成企业的任务与目标，以投资收益率、市场占有率或其他目标为依据进行营销组合是比较符合实际的。

作为企业营销的战略基础，营销因素组合既可以四个因素综合运用，也可以根据产品与市场的特点，分别重点使用其中某一个或某两个因素，设计成相应的销售策略，这是一个细致复杂的工作。

（2）应付竞争的有力手段。企业在运用营销因素组合时，必须分析自己的优势和劣势是什么，以便扬长避短。

在使用营销因素组合作为竞争手段时，要特别注意两个问题：

第一，不同行业不同产品，侧重使用的营销因素应当不同。

第二，企业在重点使用某一营销因素时，要重视其他因素的配合作用，才能取得理想的效果。

（3）为企业提供系统管理思路。在实践中，人们认识到，如果以市场营销组合为核心进行企业的战略计划和工作安排,可以形成一种比较系统的从点到面、简明扼要的经营管理思路。许多企业根据市场营销组合的各个策略方向去设置职能部门和经理岗位,明确部门之间的分工关系,划分市场调研的重点项目,确定企业内部和外部的信息流程等。企业的财务部门也会在完成财务报表的同时,按照4P's数据列表,为企业分析资金运用、固定成本与变动成本支出等情况提供信息。运用营销因素组合,可以较好地协调各部门工作。

3. 市场营销组合的作用

企业营销管理者正确安排营销组合对企业营销的成败有重要作用:

(1) 可扬长避短,充分发挥企业的竞争优势,实现企业战略决策的要求;

(2) 可加强企业的竞争能力和应变能力,使企业立于不败之地;

(3) 可使企业内部各部门紧密配合,分工协作,成为协调的营销系统(整体营销),灵活、有效地适应营销环境的变化。

10.2 市场营销组合的创新与发展

10.2.1 大市场营销:6P

20世纪80年代以来,世界经济走向滞缓发展,市场竞争日益激烈,政治和社会因素对市场营销的影响和制约越来越大。这就是说,一般营销策略组合的4P不仅要受到企业本身资源及目标的影响,而且更受企业外部不可控因素的影响和制约。一般市场营销理论只看到外部环境对市场营销活动的影响和制约,而忽视了企业经营活动也可以影响外部环境,因而,为克服一般营销观念的局限,大市场营销策略应运而生。

1986年,菲利普·科特勒在《哈佛商业评论》(3—4月号)发表了《论大市场营销》一文,提出了"大市场营销"概念,即在原来4P组合的基础上,增加两个P:一是政治力量(political power),就是说,公司必须懂得怎样与其他国家打交道,必须了解其他国家的政治状况,才能有效地向其他国家推销产品;二是公共关系(public relations),营销人员必须懂得公共关系,知道如何在公众中树立产品的良好形象。此即6P,这一概念的提出,是80年代市场营销战略思想的新发展。用菲利普·科特勒自己的话说,这是"第四次浪潮"。1984年夏,他在美国西北大学说:"我目前正在研究一种新观念,我称之为'大市场营销':第四次浪潮。我认为,我们学科的导向已经从分配演变到销售,继而演变到市场营销,现在演变到'大市场营销'"。

科特勒给大市场营销下的定义为:为了成功地进入特定市场,在策略上必须协调地施用经济心理、政治和公共关系等手段,以取得外国或地方有关方面的合作和支持。此处所指特定的市场,主要是指壁垒森严的封闭型或保护型的市场。贸易保护主义的回潮和政府干预的加强,是国际、国内贸易中大市场营销存在的客观基础。要打入这样的特定市场,除了作出较多的让步外,还必须运用大市场营销策略即6P组合。大市场营销概念的要点在于当代营销者需要借助政治力量和公共关系技巧去排除产品通往目标市场的各种障碍,取得有关方面的支持与合作,实现企业营销目标。

市场营销学在理论研究的深度上和学科体系的完善上得到了极大的发展,市场营销学的概念有了新的突破。大市场营销理论与常规的营销理论即 4P's 相比,有两个明显的特点:(1) 十分注重调和企业与外部各方面的关系,以排除来自人为的(主要是政治方面的)障碍,打通产品的市场通道。这就要求企业在分析满足目标顾客需要的同时,必须研究来自各方面的阻力,制定对策,这在相当程度上依赖于公共关系工作去完成。(2) 打破了传统的关于环境因素之间的分界线。也就是突破了市场营销环境是不可控因素,重新认识市场营销环境及其作用,某些环境因素可以通过企业的各种活动施加影响或运用权力疏通关系来加以改变。除此之外,大市场营销具有以下特点:

其一,大市场营销的目的是打开市场之门,进入市场。在一般市场营销活动中,对于某一产品来说,市场已经存在,面临的首要问题是了解市场对这种产品的需求特点,以便根据市场需求特点开展有针对性的营销活动,满足市场需要,实现企业经营目标。在大市场营销条件下,企业面临的首要问题是如何进入市场,影响和改变社会公众、顾客、中间商等企业营销活动对象的态度和习惯,使企业营销活动能顺利开展。

其二,大市场营销的涉及面比较广泛。在一般市场营销活动中,企业营销主要与顾客、经销商、广告代理商、资源供应者、市场研究机构发生联系。在大市场营销条件下,企业营销活动除了与上述方面发生联系外,还涉及更为广泛的社会集团和个人,如立法机构、政府部门、政党、社会团体、工会、宗教机构等,企业必须争取各方面的支持与合作。

其三,大市场营销的手段较为复杂。在一般市场营销活动中,企业市场营销的基本手段是 4P 及其组合;在大市场营销条件下,企业的营销组合是 6P 因素的组合。就权力而言,在开展大市场营销时,为了进入特定市场,必须找到有权打开市场之门的人,这些人可能是具有影响力的企业高级管理人员、立法部门或政府部门的官员等。营销人员要有高超的游说本领和谈判技巧,以便能使这些"守门人"采取积极合作的态度,达到预期目的。然而,单纯靠权力,有时难以使企业进入市场并巩固其在市场中的地位,而通过各种公共关系活动,逐渐在公众中树立起良好的企业形象和产品形象,往往能收到更广泛、更持久的效果。

其四,大市场营销既采用积极的诱导方式,也采用消极的诱导方式。在一般市场营销活动中,交易各方遵循自愿、互利的原则,通常以积极的诱导方式促成交易。在大市场营销条件下,对方可能提出超出合理范围的要求,或者根本不接受积极的诱导方式。因此,有时要采用消极的诱导方式,"软硬兼施",促成交易。但消极的诱导方式有悖于职业道德,有可能引起对方的反感,因此要慎用或不用。

其五,大市场营销投入的资本、人力、时间较多。在大市场营销条件下,由于要与多个方面打交道,逐步消除或减少各种壁垒,企业必须投入较多的人力和时间,花费较大的资本。

10.2.2 战略营销组合:11P

随着对营销战略计划过程的重视,1986年,美国著名市场营销学家菲利浦·科特勒教授又提出了战略营销计划过程的新观点,指出战略营销计划过程必须优先于战术营销组合(即4P组合)的制定,战略营销计划过程也可以用4P来表示,分别是:探查(probing)、分割(partitioning)、优先(prioritizing)和定位(positioning)。将产品、定价、渠道、促销称为"战术4P",将探查、分割、优先、定位称为"战略4P"。该理论认为,企业在"战术4P"和"战略4P"的支撑下,运用"权力"和"公共关系"这2P,可以排除通往目标市场的各种障碍。

第一个"P"是"探查",包括市场由哪些人组成,市场是如何细分的,都需要些什么,竞争对手是谁以及怎样才能使竞争更有成效。真正的市场营销人员所采取的第一个步骤,就是要调查研究,即市场营销调研(marketing research)。"探查"指的是市场营销调研,是在市场营销观念的指导下,以满足消费者需求为中心,用科学的方法,系统地收集、记录、整理与分析有关市场营销的情报资料,从而提出解决问题的建议,确保营销活动顺利进行。市场营销调研是市场营销的出发点。

第二个"P"是"分割",即把市场分成若干部分。根据消费者需要的差异性,运用系统的方法,把整体市场划分为若干个消费者群的过程。每一个市场上都有各种不同的人(顾客群体),人们有许多不同的生活方式。比如,有些顾客要买汽车,有的要买机床,有的希望质量高,有的希望服务好,有的希望价格低。分割的含义就是要区分不同类型的买主,即进行市场细分,识别差异性顾客群。

你不能满足所有买主的需要,必须选择那些你能在最大程度上满足其需要的买主,这就需要第三个"P"即"优先"。哪些顾客对你最重要?哪些顾客应成为你推销产品的目标?假定你到美国去推销丝绸女装,你必须了解美国市场,必须分出各种不同类型的买主,即各类女顾客,必须优先考虑或选择你能够满足其需要的那类顾客。"优先"就是指对目标市场的选择,即在市场细分的基础上,企业选择所要进入的那部分市场,或要优先最大限度地满足的那部分消费者。

第四个"P"是定位。"定位"即是指市场定位,其含义是根据竞争者在市场上所处的位置,针对消费者对产品的重视程度,强有力地塑造出本企业产品与众不同的、给人印象深刻的个性或形象,从而使产品在市场上,企业在行业中确定适当的位置。定位就是,你必须在顾客心目中树立某种形象。大家都知道某些产品的声誉,如果你认为"奔驰"牌汽车声誉极好,那就是说,这个牌子的市场地位很高;而另一种汽车声誉不好,就是说它的市场地位较低。因此,公司都必须决定,你打算在顾客心目中为自己的产品树立什么样的形象。产品一旦经过定位后,便可以运用上面提到的战术4P。如果某公司想生产出世界市场上最好的机床,那么该公司就应该知道,他的产品质量要最高,价格也要高,他的渠道应该是最好的经销商,促销要在最适当的媒体上做广告,还要印制最精美的产品目录等。如果我不把这种机床定在最佳机床的位置上,而只是定为一种经济型机床,那么我就采用与此不同的营销组合。因此,关键是怎样决定你的产品在国内或国际上的地位。

科特勒认为,只有在搞好战略营销计划过程的基础上,战术性营销组合的制定才能顺利进行。因此,企业首先必须做好探查、分割、优先和定位四项营销战略计划,并精通产品、渠道、价格和促销四种营销战术。此外,企业还要善于运用公共关系和政治权力两种营销技巧。这样一个包含10P要素的全面的市场营销战略分析框架就清晰可见了。

在科特勒的理解中,应该还有第11个"P",他称之为"人"(people),同时又是指员工和顾客。"只有发现需求,才能满足需求",这个过程要靠员工实现。因此,企业就想方设法调动员工的积极性。顾客是企业营销过程的一部分,比如网上银行,客户参与性就很强。这个P贯穿于市场营销活动的全过程,是实现前面10个P的成功保证。该P将企业内部营销理论纳入市场营销组合理论之中,主张经营管理者了解和掌握职工需求动向和规律,解决职工的实际困难,适当满足职工物质和精神需求,以此来激励职工的工作积极性。

由上可见,"11P"包括大市场营销组合即6P组合,这6P组合称为市场营销的策略,其确定得是否恰当,取决于市场营销的战略4P。最后一个P(员工)贯穿于企业营销活动的全过程,也是实施前面10个P的成功保证。

市场营销策略组合作为现代市场营销理论中的一个重要概念,在其发展过程中,营销组合因素即P的数目有增加的趋势,但应当看到,传统的4P理论仍然是基础。

10.2.3　服务市场营销组合:7P

随着20世纪70年代以来服务业的迅速发展,越来越多的证据显示,产品营销组合要素构成并不完全适用于服务营销。与有形产品的营销一样,在确定了合适的目标市场后,服务营销工作的重点同样是采用正确的营销组合策略,满足目标市场顾客的需求,占领目标市场。但是,服务及服务市场具有若干特殊性,从而决定了服务营销组合策略的特殊性。美国服务营销学家布姆斯(Booms)和比特内(Bitner)针对服务的特殊性提出了扩展营销组合,又称"服务营销组合",即7P's理论。"服务营销组合"的7P分别是:产品(product)、定价(price)、渠道(place)、促销(pro-motion)、人员(people)、有形展示(physical evidence)和服务过程(process)。7P's理论在传统的4P's的基础上,根据服务业的特点,新增加了有形展示、人员和服务过程三个组合因素。

(1) 产品。服务产品所必须考虑的是提供服务的范围、服务质量、服务水平、品牌、保证以及售后服务等。服务产品的这些因素组合的差异相当大,例如一家供应数样菜肴的小餐馆和一家供应各色大餐的五星级大饭店的因素组合就存在着明显差异。

(2) 定价。价格方面要考虑的因素包括:价格水平、折让和佣金、付款方式和信用。在区别一项服务和另一项服务时,价格是一种识别方式,顾客可从一项服务的价格感受到其价值的高低。而价格与质量间的相互关系,也是服务定价的重要考虑因素。

(3) 渠道。服务提供者的所在地以及其地缘的便利性都是影响服务营销效益的重要因素。地缘的便利性不仅是指实体意义上的便利,还包括传导和接触的其他方式。

所以,分销渠道的类型及其涵盖的地区范围都与服务便利性密切相关。

(4) 促销。促销包括广告、推销、销售促进、公共关系等各种市场营销沟通方式。

(5) 人员。在服务企业担任生产或操作性角色的人员,在顾客看来其实就是服务产品的一部分,其贡献也和其他销售人员相同。大多数服务企业的特点是操作人员可能承担服务表现和服务销售的双重任务。因此,市场营销管理者必须和作业管理者协调合作。企业工作人员的任务极为重要,尤其是那些经营"高接触度"服务业务的企业,所以,营销管理者还必须重视雇员的挑选、培训、激励和控制。此外,对某些服务而言,顾客与顾客间的关系也应引起重视。因为某顾客对一项服务产品质量的认知,很可能要受到其他顾客的影响。

(6) 有形展示。有形展示会影响消费者和顾客对于一家服务企业的评价。有形展示包含的因素有:实体环境(装潢、颜色、陈设、声音),服务提供时所需用的装备实体(比如汽车租赁公司所需要的汽车),以及其他实体性信息标志,如航空公司所使用的标识。

(7) 过程。在服务企业,人员的行为很重要,而过程,即服务的传递过程也同样重要。表情愉悦、专注和关切的工作人员,可以减轻必须排队等待服务的顾客的不耐烦感,还可以平息技术上出问题时的怨言或不满。整个系统的运作政策和程序方法的采用、服务供应中的器械化程度、员工决断权的适用范围、顾客参与服务操作过程的程度、咨询与服务的流动等,都是市场营销管理者需特别关注的问题。

4P's 与 7P's 之间的差别主要体现在 7P's 的后三个 P 上,从总体上来看,4P's 侧重于早期营销对产品的关注,是实物营销的基础,而 7P's 则侧重于后来所提倡的服务营销对于除了产品之外服务的关注,是服务营销的基础。

从营销过程上来讲,4P's 注重的是宏观层面上的过程,即从产品的诞生到价格的制定,然后通过营销渠道和促销手段使产品最终到达消费者手中,这样的过程是粗略的,并没有考虑到营销过程中的细节。相比较而言,7P's 则是在这些宏观的层面上,增加了微观的元素,开始注重营销过程中的一些细节,因此它比 4P's 更加细致,也更加具体。它考虑到了顾客在购买时的等待、顾客本身的消费知识,以及顾客对于消费过程中所接触的人员的要求。

可以说,4P's 是站在企业者的角度所提出的,而 7P's 则更倾向于消费者的一面。站在企业者角度,往往会忽略顾客的一些需求,有时候这种忽略是致命的。7P's 给了企业者一个提醒:顾客的需求是不容忽视的。

从营销对象来讲,4P's 侧重于对产品的推销,而 7P's 则侧重于对顾客的说服。4P's 讲究推的营销策略,而 7P's 则更加注重拉的策略。

10.2.4 4C 与 4R 组合

在以消费者为核心的商业世界中,厂商所面临的挑战之一便是:这是一个充满"个性化"的社会,消费者的形态差异太大,随着这一"以消费者为中心"时代的来临,传统的营销组合 4P 似乎已无法完全顺应时代的要求,于是营销学者提出了新的营销要素。

1. 4C 组合

20 世纪 90 年代,美国营销专家劳特朋先生 1990 年在《广告时代》期刊上对传统的 4P's 提出了新的观点:"营销的 4C"。它强调企业首先应该把追求顾客满意放在第一位,产品必须满足顾客需求,同时降低顾客的购买成本,产品和服务在研发时就要充分考虑客户的购买力,然后要充分注意到顾客购买过程中的便利性,最后还应以消费者为中心实施有效的营销沟通。4C 即:

(1) 消费者的需要与欲望(customer's needs and wants);

(2) 消费者获取满足的成本(cost and value to satisfy consumer's needs and wants);

(3) 用户购买的方便性(convenience to buy);

(4) 与用户沟通(communication with consumer)。

其主要内容包括:

(1) 顾客(customer)。4C 组合认为,消费者是企业一切经营活动的核心,企业重视顾客要甚于重视产品,这体现在两个方面:① 创造顾客比开发产品更重要;② 消费者需求和欲望的满足比产品功能更重要。

(2) 成本(cost)。4C 组合将营销价格因素延伸为生产经营全过程的成本,包括:一是企业生产成本,即企业生产适合消费者需要的产品成本。价格是企业营销中值得重视的,但价格归根结底由生产成本决定,再低的价格也不可能低于成本。二是消费者购物成本。它不单是指购物的货币支出,还包括购物的时间耗费、体力和精力耗费以及风险承担(指消费者可能承担的因购买到质价不符或假冒伪劣产品而带来的损失)。值得注意的是,近年来出现了一种定价的新思维,以往企业对于产品价格的思维模式是"成本+适当利润=适当价格",新的模式则是"消费者接受的价格-适当的利润=成本上限"。也就是说,企业界对于产品的价格定义,已从过去由厂商的"指示"价格,转换成消费者的"接受"价格,这可以被看作一场定价思维的革命。新的定价模式将消费者接受价格列为决定性因素,企业要想不断追求更高利润,就必须想方设法降低成本,从而推动生产技术、营销手段进入一个新的水平。

(3) 便利(convenience)。4C 组合强调企业提供给消费者的便利比营销渠道更重要。便利,就是方便顾客,维护顾客利益,为顾客提供全方位的服务。便利原则应贯穿于营销的全过程:在产品销售前,企业应及时向消费者提供充分的关于产品性能、质量、使用方法及使用效果的准确信息;顾客前来购买商品,企业应给顾客以最大的购物方便,如自由挑选、方便停车、免费送货等;产品售完以后,企业更应重视信息反馈,及时答复、处理顾客意见,对有问题的商品要主动包退包换,对产品使用故障要积极提供维修方便,对大件商品甚至要终身保修。目前,国外经营成功的企业,无不在服务上下大功夫,很多企业为方便顾客,还开办了热线电话服务,提供咨询导购、代购代送,遇到顾客投诉及时答复,并根据情况及时为顾客安排专人维修和排除故障。与传统的渠道战略相比,新的 4C 组合更重视服务环节,强调企业既出售产品,也出售服务;消费者既购买到商品,也购买到便利。

(4) 沟通(communication)。4C组合用沟通取代促销,强调企业应重视与顾客的双向沟通,以积极的方式适应顾客的情感,建立基于共同利益之上的新型企业、顾客关系。如格朗普斯认为,企业营销不仅仅是企业提出承诺,单向劝导顾客,更重要的是追求企业与顾客的共同利益,"互利的交换与承诺的实现是同等重要的"。同时,强调双向沟通,应有利于协调矛盾,融合感情,培养忠诚的顾客,而忠诚的顾客既是企业稳固的消费者,也是企业最理想的推销者。

4C组合是站在消费者的立场上重新反思营销活动的诸要素,是对传统4P's理论的发展和深化。显然,4C组合有助于营销者更加主动、积极地适应市场变化,有助于营销者与顾客达成更有效的沟通。

有人甚至认为,在新时期的营销活动中,应当用"4C's"来取代"4P's"。但许多学者仍然认为,"4C's"的提出只是进一步明确了企业营销策略的基本前提和指导思想,从操作层面上讲,仍然必须通过"4P"为代表的营销活动来具体运作。所以"4C's"只是深化了"4P's",而不是取代"4P's"。"4P's"仍然是目前为止对营销策略组合最为简洁明了的诠释。

其实,4P's与4C's是互补而非替代关系。如customer,是指用"客户"取代"产品",要先研究顾客的需求与欲望,然后再去生产、经营和销售顾客确定想要买的服务产品;cost,是指用"成本"取代"价格",了解顾客要满足其需要与欲求所愿意付出的成本,再去制定定价策略;convenience,是指用"便利"取代"地点",意味着制定分销策略时要尽可能让顾客方便;communication,是指用"沟通"取代"促销","沟通"是双向的,"促销"无论是推动策略还是拉动战略,都是线性传播方式。4P's与4C's二者之间的关系参见下表:

表10-1 4P's与4C's的相互关系对照表

类别		4Ps		4Cs	
阐释	产品(product)	服务范围、项目,服务产品定位和服务品牌等	客户(customer)	研究客户需求欲望,并提供相应产品或服务
	价格(price)	基本价格、支付方式、佣金折扣等	成本(cost)	考虑客户愿意付出的成本、代价是多少
	渠道(place)	直接渠道和间接渠道	便利(convenience)	考虑让客户享受第三方物流带来的便利
	促销(promotion)	广告、人员推销、营业推广和公共关系等	沟通(communication)	积极主动与客户沟通,寻找双赢的认同感
时间	20世纪	60年代中期(麦卡锡)	20世纪	90年代初期(劳特朗)

从企业的营销实践和市场发展的趋势看,4C's仍然存在以下不足:

(1) 4C是顾客导向,而市场经济要求的是竞争导向。顾客导向与市场竞争导向的本质区别是:前者看到的是顾客需求并以此作为营销工作的核心;而后者不仅看到了需求,更注意到了竞争对手,客观分析自身在竞争中的优劣势并采取相应的策略,在竞争中求发展。

（2）4C组合融入营销策略和行为中，虽然推动了营销实践的发展和进步，但企业营销又会在新的层次上同一化，不能形成个性化的营销优势，保证企业市场份额的稳定性、积累性和发展性。

（3）4C以顾客需求为导向，但顾客需求有个合理性问题。顾客总是希望质量好、价格低，特别是在价格上的要求是无底限的。只看到满足顾客需求的一面，企业必然付出更大的成本，久而久之，会影响企业的发展。所以从长远看，企业经营要遵循双赢的原则，这是4C组合需要进一步解决的问题。

（4）4C仍然没有体现既赢得客户又长期拥有客户的关系营销思想，没有解决满足顾客需求的操作性问题，如提供集成解决方案、快速作出反应等。

（5）4C总体上虽是4P的转化和发展，但被动适应顾客需求的色彩较浓。根据市场营销实践的发展，需要从更高层次以更有效的方式在企业与顾客之间建立起有别于传统的新型的主动性关系，如互动关系、双赢关系、关联关系等。

2. 4R组合

近年来，美国学者唐·舒尔茨（Don Shultz）教授提出了基于关系营销的4R组合，受到了广泛的关注。4R阐述了一个全新的市场营销四要素，即关联（rel-evance）、反应（response）、关系（relationships）和回报（returns）。

（1）与顾客建立关联。在竞争性市场中，顾客具有动态性。顾客忠诚度是变化的，他们会转向其他企业。要提高顾客的忠诚度，赢得长期而稳定的市场，重要的营销策略是通过某些有效的方式在业务、需求等方面与顾客建立关联，形成一种互助、互求、互需的关系。

（2）提高市场反应速度。在今天相互影响的市场中，对经营者来说最现实的问题不在于如何控制、制订和实施计划，而在于如何站在顾客的角度及时地倾听顾客的希望、渴望和需求，并及时答复和迅速作出反应，满足顾客的需求。

（3）关系营销越来越重要了。在企业与客户关系发生根本性变化的市场环境中，抢占市场的关键已转变为与顾客建立长期而稳固的关系，从交易变成责任，从顾客变成朋友，从管理营销组合变成管理和顾客的互动关系。

（4）回报是营销的源泉。对企业来说，市场营销的真正价值在于其为企业带来短期或长期收入和利润的能力。

总之，4R理论以竞争为导向，在新的层次上概括了营销的新框架，体现并落实了关系营销的思想。即通过关联、反应和关系，提出了如何建立关系、长期拥有客户、保证长期利益的具体操作方式，这是一个具有里程碑意义的进步。反应机制为互动与双赢、建立关联提供了基础和保证，同时也延伸和升华了便利性。而回报则兼顾了成本和双赢两方面的内容。这样，企业为顾客提供价值和追求回报相辅相成、相互促进，客观上达到了一种双赢的效果。

这里需要说明的是，从4P、4C到4R，反映出营销观念在融合和碰撞中不断深入、不断整合的趋势。因此，这三者不是简单的取代关系而是发展和完善的关系。由于企业情况千差万别，企业环境和营销还处于发展之中，所以至少在一个时期内，4P还是营销的一个基础要素框架,4C 也是很有价值的理论和思路。4R 不是取代 4P 和 4C,而是在 4P、4C 基础上的创新与发展,所以不可把三者割裂开来甚至对立起来。根据企业的实际,把三者结合起来指导营销实践,有助于取得更好的效果。

10.3　市场营销组合的应用案例

以日本企业的营销组合为例。许多获得成功的日本企业,都花费许多时间、精力和资金去分析市场机遇,并对目标市场作深入的了解,研究消费者心理,摸清组织市场营销的活动规律。例如,索尼公司在进入美国市场之前,就先派出由设计人员、工程师以及其他人员组成的专家组先去美国,考察、研究如何设计其产品以适应美国消费者的爱好。然后,招聘美国工业专家、顾问和经理等人员,帮助"索尼"分析如何进入市场。

在仔细地研究分析市场机遇,确定目标市场后,日本的企业将着手制定以产品、价格、分销、促销、公共关系和政治权力运用等为内容的市场营销组合策略:

1. 产品策略

日本产品首先碰到的就是来自美国和欧洲国家强大竞争者的对抗,因为那时世界市场主要由美国和欧洲国家霸占。其次,就当时的日本产品而论,无论是技术上,还是在全球性销售网络上,都比不上美国和欧洲的产品。此外,日本还要努力消除人们二次世界大战前对日本产品质量低劣的印象。但是,日本的企业寄希望于利用其劳动力价格便宜的优势,在产品的价格上与欧、美相抗衡。为此,在 50 年代后期和 60 年代,为了打入世界市场,日本各企业特别强调产品的设计具有低成本、高质量和创新性三个特点。从目前日本进入国际市场情况来看,也可以证明它们仍然着重突出这三点。

日本企业以产品开发战略和市场开发战略为重点,进行目标市场渗透,一旦在某国市场取得了立足点,就努力扩大其产品的生产线,以便增加产量,扩大销售额,日益增加对整个市场的控制范围。以丰田公司向美国市场渗透为例,即表现为产品推出的连续性和不断扩大生产线。

日本的许多企业,一向是以增加产品的花色品种进行市场开发。它们根据消费者的不同要求、爱好和收入水平,不断地变换产品的型号、花色和品种。例如,坝农公司以生产 AE—135 单镜反光照相机为基础机型,生产出种类繁多且特点功能不同的照相机,使其销售额猛增。坝农公司这种向市场纵深不断猛烈推进的策略,是日本许多企业的共同特点。每当一种新产品投入市场时,另一种新产品便处于正在研制之中。此外,日本各企业的产品更新换代非常快,其速度几乎是德国(德国是产品更新换代较快的国家之一)的两倍。例如,在 70 年代,丰田汽车制造公司可以同时向美国汽车市场提供 82 种产品,而其他国家则只能提供 48 种或 31 种型号的汽车。

不断地改进产品质量,是日本企业获取成功的又一大特征。日本企业对不断改进产品的质量倾注了大量心血,它们经常与消费者保持联系,甚至不惜花费大量钱财和许多宝贵时间,通过各种渠道,不断地了解和虚心听取顾客对产品提出的改进质量的意见;把质量当做企业的生命,已成为日本企业全体员工的群体意识。一项研究表明,日本产品质量已胜过美国产品。70年代中期,美国执世界计算机工业之牛耳时,日本尚属无名之辈。但近几年,日本却成为美国在计算机工业发展上的主要威胁者。

2. 价格策略

日本企业在进入国际市场时,一直采用一种所谓的"市场份额"价格策略。这种策略就是采用较低的进入市场价格,以便取得一部分市场,进而长期控制该市场。为此,日本人总是将价格定得比竞争者低。他们乐于在最初几年里受点损失,把这种损失视为对长远市场发展的一种投资。这样做使日本在过去几年中被指责为"产品倾销"。此情形在美国的小汽车等产品市场上表现得尤为明显。日本的小汽车以省油、低价等优点大量涌进美国市场,1990年已占美国小汽车市场约30％份额,使美国的汽车工业招架不住。最后,美日双方都以官方身份进入"对抗阶段",对簿于公堂,美国作出了对日小汽车限量进口的决定。

3. 分销策略

日本企业想打进美国市场,但当初日本的产品质量形象低劣,声誉不佳。同时,许多企业没有产品销售渠道。何况,即使了解美国的销售渠道,也不能公开地加以利用。为此,日本企业采取了以下几种措施:

① 集中全力选好进入市场的突破口。它们不是采取全线出击,一下子占领全部市场,而是选中该市场的某一地区、某个批发商或某种类型的消费者,先打进去,站稳脚跟后再逐步扩大,如丰田汽车公司首先选择加利福尼亚市场,通过该地区了解到美国市场的特点、消费者的爱好以及美国批发商和经销商打交道的经验。在"突破口"取得成功,而后全面进入美国市场。日本电视机进入中国市场的步骤为:先找经销商销售12吋、16吋黑白电视机,而后销售彩色电视机,最后在中国合资建厂。

② 精心挑选有效的销售渠道和能干的批发商。

③ 对某些特殊产品,直接与用户联系,建立独立的销售机构。

④ 利用竞争者的销售网络进行销售,即在打入某国市场后,利用该国中间商或生产者的牌号或商标销售日本的产品。当其产品打入市场并占有一定地位时,就逐步建立自己的品牌形象,形成自己的销售渠道,最后取而代之。

4. 促销策略

日本企业在进入某个市场时,十分注意与批发商的友好合作,向他们提供各种帮助,付给较优厚的酬金,激发中间商经营日本产品的积极性。日本企业坚持"经销者利益第一,本企业利益第二"的原则,始终与中间商保持友好商务关系。日本企业还大量投入金钱和精力,开展广告宣传,推进和提高产品的市场声誉,扩大销售额。

5. 公共关系策略

日本企业的公共关系开展得颇具风格,有力地扩大了企业的知名度。例如,日本汽车公司在进入美国市场后,所有的公司都积极地致力于美国的社会服务,抽出人力、物力和资金,从事那些看起来和本职工作毫不相干的社会服务工作,并与当地社区建立了亲密关系。日产汽车公司在田纳西州自建立工厂的第一天起,便成立了义务活动小组和研究西方问题的捐款委员会,经常向当地的慈善机构捐赠钱物,还组织当地的居民到工厂参观和组织当地中学生每学期到工厂体验一天的工厂生活等。这许许多多的活动和亲善态度颇得当地社区居民的好感。这也是日本企业打入美国市场的竞争策略的重要因素。美惊呼日汽车商竞争有方,而美国的汽车公司却对此无能为力!

6. 政治权力

历史记录表明,日本的企业在打进美国市场初期,很少与美国的公司进行正面冲突,而是寻找薄弱环节,甚至从美国公司尚未到达的市场先行突破,求得一席之地。然后,它们就像"滚雪球"一样,进行战略推进,建立它们的产品基地和巩固市场阵地,以便在将来某时与美国竞争者进行正面对抗或直接竞争。随着正面进攻"猛烈战斗"的日益加剧,必然遭到美国公司的强烈反击,于是就产生了"贸易摩擦"。日本企业或是周旋于当地社团、政府;或是吸引大量本来属于美国企业的零售网及小型企业,或是改善工厂中美国员工的待遇等,采用各种方式和途径,以减弱美国竞争者的反击力量,减少乃至消除摩擦。有时也通过种种骚扰,使对手士气低落,最后迫使对手作出让步。当"贸易摩擦"激烈到企业无法运用自己的力量来消除时,只有通过政府的外交手段来解决。近两年来,日美进行的"东京回合"谈判就是有力的佐证。

综上,日本的许多企业在国际市场上具有很强的竞争力。日本的著名家用电器、汽车等产品打入欧洲、美洲的许多国家,占领市场,取得成功。近几年来,日本的产品充斥中国市场,日本的零售企业集团"八佰伴"等也进入中国市场。日本的企业和产品为什么能打入各国市场,有什么秘诀?这是值得我们探讨和研究的一个重要课题。例如,日本企业采取什么营销策略打入世界市场?日本企业产品策略的主要特点是什么?日本企业的促销手段和公共关系又有什么特点?等等。

从这个案例中可以看出:在产品与价格策略上,它们的做法是注重"低成本、高质量和创新性";在分销策略上,集中力量选好进入市场的突破口,占领市场;在促销手段与公关方面,特别注意与批发商友好合作,做好服务,赢得消费者的好感,等等。

■ 本章小结

市场营销组合是现代市场营销理论的一个重要概念,意思是说市场需求在某种程度上会受到"营销变量(营销要素)"的影响,为了达到既定的市场营销目标,企业需要对这些要素进行有效的组合。市场营销组合中所包含的可控变量很多,而迄今为止影响最大的关于市场营销组合要素的概括是 4P 组合。此后,市场营销组合在多个情境下被扩充成 6P、10P 或者 7P。另外,也有学者认为传统的 4P 组合已经越来越不能够适应新的情况,于是他们分别提出 4C、4R 这样新的市场营销组合来变革 4P 组合。

思考题

1. 什么是市场营销组合?它的基本构成内容有哪些?
2. 市场营销组合的特点有什么?

3. 市场营销组合有什么理论意义和实践意义？
4. 市场营销组合有哪些发展和创新？

案例分析

海信并购东芝

东芝彩电在欧洲的品牌认知至少60%以上，局部地区或达80%左右；东芝彩电在全球100多个国家和地区有很好的渠道建设；雄厚的技术实力与海信深度融合，对于海信用核心技术在全球占位会起到事半功倍的效果。这三个筹码，正是海信并购东芝彩电的底气。11月14日，当海信并购东芝消息甫一出台，旋即在全球家电行业引爆，成为2017年底家电圈收官之战的一大"吸睛"事件。

然而，市场对这一并购并不全是赞同，基本有三种观点代表着不同立场。赞扬者，认为海信的全球化将会加速，手握海信、东芝和夏普（北美地区品牌使用权）三个品牌，形成品牌集团军优势，将会进一步坐实海信全球销量第三的位置；反对者，认为东芝是一个江河日下的日本品牌，未必能给海信的国际化加分，原因是在全球很多国家，东芝彩电已经撤出该地区。海信收购之后，东芝卷土重来能否复活，是个未知数，而且海信需要投入更大的财力、物力和精力。

中立者则对海信持观望态度。根据蓝科技分析，并购东芝对海信是一个利好，而不会是烫手山芋。无论是从渠道建设、品牌认知还是消费者对东芝彩电技术的认可，东芝对于海信，都是一个强加分项；海信对于东芝的强加分项，则是肩负东芝品牌在全球重新复盘，上演强者归来的重任。

以欧洲市场为例，通过分析东芝在欧洲市场以往的成就，可以猜想，上述三个筹码，将是海信依托于东芝通往全球的增量路径。

一、东芝品牌认知高于中国现有品牌

东芝衰败，这是事实，但品牌底蕴依然存在。对于欧洲消费者来说，他们对东芝的记忆还没有忘得一干二净。11月14日，蓝科技在英国、法国、德国、比利时和匈牙利派出5位记者在SATURN、Media Markt等家电卖场进行随机访问时了解到，超过60%的欧洲消费者对东芝品牌印象深刻，在英国和德国一些规模较大的家电卖场，消费者对东芝品牌认知度达到80%左右。

公允地说，即使东芝电视销量早已经被中国品牌超过，但在欧洲市场的认知度方面，中国品牌和东芝还不具有可比性。蓝科技在采访中获悉，以英国市场为例，2015年东芝彩电的市场占有率为6.2%。仅就品牌认知而言，中国品牌还有很长的距离才能达到今天东芝的知名度。

海信并购东芝，在全球具有一定的轰动效应。将海信与东芝品牌一起借势世界杯，将会有积极的作用。所以，从品牌认知而言，东芝还是有一定市场基础的。

海信在公告中称,东芝品牌历史悠久,是全球知名品牌,并且曾经是电视行业领导者;海信则正在实施国际化战略,目前海信电视市场占有率已经进入全球前三,收购后将进一步加速海信电视的国际化进程。

二、借力东芝渠道,海信或将提速

辉煌时期的东芝,在全球100多个国家和地区都有销售。如今,东芝彩电的身影正在这些国家和地区逐渐退去,但并不意味着多年辛苦建立渠道关系的终结。

在海信国际化加快的背景下,渠道建设是重中之重。相较而言,目前的海信渠道建设处于相对弱势格局时,借势并修复东芝原有的渠道关系,对海信的作用不言而喻。

11月14日晚间,日本家电行业内一位资深人士对蓝科技表示,尽管东芝彩电早已失去了往日的光芒,但对于苦心经营140多年的品牌,东芝仍然希望这个品牌持续发展下去,他们对海信寄予厚望。尤其是东芝过去在全球建立的渠道关系非常好,维护老客户比开拓新客户要容易得多,海信一定会明白这个道理。

三、技术占位与海信深度融合

大多数日本人或许都想不到,在1960年生产了日本第一台彩电显像管电视机的东芝,在诞生140多年之后终于还是易主。卸下"彩电之父"的盛名,除了希望海信激活东芝品牌以外,它们还会在技术上与海信共享。

双方的技术融合还是有基础的。比如东芝电视在图像处理、画质芯片、音响等方面有深厚的技术积累,海信电视在智能化技术及内容运营服务,以及激光电视等新型显示产品和技术方面具有领先优势,收购后可以实现双方在电视技术、产品方面的互相补充与提升,同时有利于缩短东芝电视产品上市的周期和降低开发成本。

除此以外,海信电视拥有采购和制造的成本优势和规模效应,收购后通过与东芝电视共享供应链资源,可以提高东芝电视产品的市场竞争力和盈利能力。

曾经,90年代的东芝与索尼、夏普、松下、日立、三洋曾号称日本彩电六巨头称霸全球市场。甚至在2010年时,东芝彩电在全球的销量还达到1400万台。如今,这一页已经翻篇,而且成为永远的历史。

自并购之日起,东芝已经烙上了海信的标签。对海信来说,国际化的征途又平添了许多增量渠道,意义非凡;对东芝来说,重新复盘东芝品牌,指日可待。

资料来源:《并购东芝彩电绝不是烫手山芋 海信全球化再添三个筹码》,http://tech.sina.com.cn/roll/2017—11—18/doc—ifynwnty4139606.shtml。

案例思考题

通过本案例,谈谈并购东芝对于海信市场营销组合相关策略的影响。

第 11 章

产 品 策 略

学习目标

通过本章的学习,了解产品的整体概念、产品组合及其相关概念和常见的几种产品策略;掌握产品寿命周期的概念及其在不同寿命周期阶段的营销策略和新产品开发的重要意义及程序,掌握新产品开发的基本策略和思路。

学习重点

产品整体概念;产品寿命周期各阶段特征及营销策略;新产品的基本认识和开发策略。

引导案例 宜家的数字化体验新产品

工作,工作,还是工作。现在的人们整天谈论的都是工作,而宜家想做出点改变,给我们忙碌的生活中注入点游戏元素。

为了更好地为人们提供玩的灵感,宜家最近推出了 LATTJO 拉特奥系列新产品。这个系列灵感来源于各种动植物,适用于角色扮演、音乐演奏、室内游戏和跑跳游戏。

宜家官方对 LATTJO 是这样介绍的:"我们设计 LATTJO 系列只有一个目标:让人们有更多的机会一起玩耍。玩耍并不仅仅意味着获得快乐,它还能减轻压力,激活创造力,唤醒好奇心,让你产生各种美妙的感觉。独乐乐不如众乐乐。我们希望通过这种方式让更多人成为朋友,互相交流,一起玩耍。"

为了让每一个产品都更加生动,宜家还和迪士尼梦工厂合作推出一系列将这些小玩具拟人化的小短片,例如恐高的鹰,活泼的木乃伊。

"迪士尼相信好故事能够带来力量。我们接受这个充满创意的挑战,把宜家的产品拟人化的形象展现给它全球的顾客,这个过程中我们也不断产生新的灵感。"迪士尼梦工厂的创意设计与发展部全球负责人 Brian Robinson 说："和我们这里世界顶级水平的故事创造者们合作,这个系列的短片充满了想象力和好玩的元素。我希望这些短片里的每一个角色,都能给观众带来很多惊喜。"

根据 Creativity-Online.com 的报道,这个系列共计 25 个原创小短片会于明年第一季度在 YouTube 上发布。LATTJO 系列还会有配套的 APP,到时候不仅可以在手机上看这些小短片,还可以玩相关的游戏。这些小短片中的卡通形象都是用一张硬纸板就可以拼出的造型,这些形象拼凑成了一个活生生的 LATTJO 世界。

正如宜家描述 LATTJO 系列的数字化延伸一样:"作为 LATTJO 系列活动的一部分,宜家儿童部将开展第一次数字化行动。根据'玩耍报告'的调研,我们发现家长和孩子都非常希望能有更多的时间待在一起玩。但是出于工作日程、生活环境,以及空间距离的限制,他们能待在一起的时间非常少。于是我们意识到,宜家如果能设计一些游戏,弥补想在一起玩耍却经常不得不分开的人们的遗憾,那会是一件非常了不起的事。即使你们人不在一处,但是你们可以身处同一个游戏房间,玩一样的游戏。我们设计的 APP 由各种各样的游戏房间组成,以可以任意选择讲故事,弹奏音乐,或者给其他人布置一个小任务等等方式,一起度过快乐时光。"

这并不意味着你是一个人玩游戏。相反,每一个游戏都非常强调团结合作,你们一起玩的次数越多,团结分值越高。我们希望这个 APP 能让各种无聊的等待时光,变成欢乐的游戏时光,战胜空间距离。为了孩子,也为了大人,实现"天涯若比邻"的愿景。

为配合 LATTJO 系列产品的推广,宜家还在瑞典首都斯德哥尔摩的地铁站放置了互动广告牌。整个广告牌由一长串的多米诺骨牌组成,行人只要触动其中的一块多米诺骨牌,后面的多米诺骨牌也都会一个个倒下去,并发出仿真的骨牌倒下的声音。这样的小游戏很容易就会吸引正在等地铁的乘客们的注意力,并跟着一起玩。孩子们自然会觉得这样的广告牌很有趣,而成人们喜欢玩的天性,也会被触发。

随着智能手机的盛行,越来越多的人哀叹现在人与人之间的交流越来越少,即使人待在一起,心也是沉浸在手机网络中。宜家这次正好利用现在的智能手机技术,创造人与人之间相互陪伴的机会,构建温暖的家庭氛围。LATTJO 原本可能只是宜家很普通的一个系列,但是当把产品和功能出众 APP 结合起来,它的意义就被无限放大了。它代表的不仅仅是放下工作,多一些玩耍的时间,更重要的是和家人、朋友交心的宝贵机会。让广告打温情牌,体现人文关怀,就是让广告成为打开人心的万能钥匙。

资料来源:《宜家为 LATTJO 系列新产品打造数字化体验,想要鼓励家长和孩子一起玩耍》,http://socialbeta.com/t/case-study-ikea-disney-lattjo-play-it-forward。

产品是市场营销因素组合中最重要的因素。市场营销因素组合(marketing mix)是由美国哈佛大学教授鲍敦于 1964 年首先提出的。它是指企业以系统方法对自身可以控制的各种营销手段的综合运用,它包括四个方面:产品、价格、分销渠道、促销,简称"4P'S",其中产品是市场营销因素组合的首要因素。产品策略是企业市场营销战略的核心,也是制定其他市场营销策略的基础。

11.1 产品整体概念

11.1.1 市场营销学对产品的理解——产品整体概念

我们研究产品,首先要明确什么是产品,通常人们对产品的理解,是指某种具有特定物质形状和用途的劳动生产物。这是产品的狭义概念。从市场营销角度来看,产品是指能够提供给市场以满足人们某种需要和欲望的任何东西。它不仅包括产品实体,还包括产品的品质、特色、款式、商标、包装、商誉以及给购买者提供的利益和服务等。这是新观念,称为现代产品的概念或产品的整体概念。

现代市场营销理论认为,产品整体概念包含五个层次,如图11-1所示:

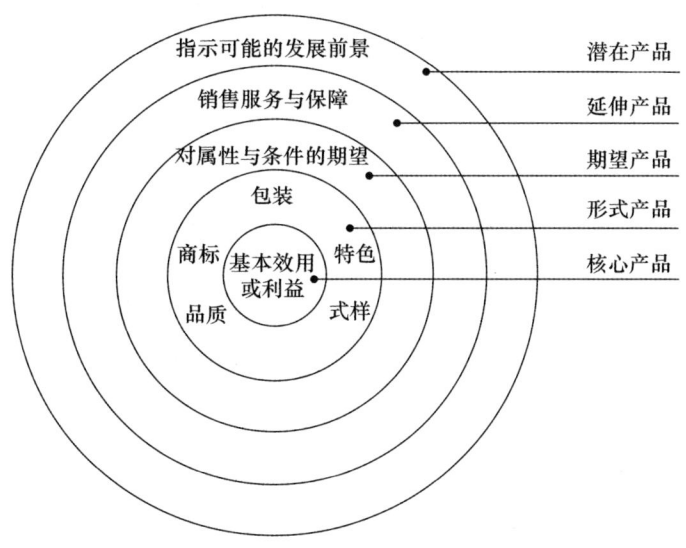

图 11-1 产品整体概念示意图

1. 核心产品

核心产品是指产品提供给消费者的基本效用和利益。其目的或满足需要,或追求美感,或达到期望。顾客购买某种产品并不是购买产品本身,而是购买产品所具有的使用价值(功能和效用)以及这种使用价值给他们带来的消费利益。例如,女性顾客购买"青春宝"美容胶囊是为了使肌肤更白、更细、更光洁,是"希望"。这是产品整体概念中最基本、最主要的部分。由此可见,某一产品能否被市场接受,不仅取决于能否提供这一产品,更重要的是取决于它能否给购买者带来某种实实在在的利益,使其需求得到满足。

2. 形式产品

形式产品是产品在市场上出售时的具体形态,通常表现为产品的品质、特色、式样、品牌、包装五个方面。如电视机的画面、音质的好坏、款式的新颖、品牌的知名度等。形式产品是核心产品的载体。由于形式产品更为直观和形象,更易为消费者所理解,因而也是企业和顾客沟通、表现核心产品的有效工具。企业极其重视对其产品包装、造型、商标的设计和营销组合策略的运用,道理也在于此。

3. 期望产品

期望产品是指消费者购买产品时通常希望和默认的一组属性和条件。这种属性和条件一般是消费者获得产品效用的基本保证。脱离了期望产品,企业将无法完美地将产品效用给予消费者。例如,消费者住旅店大多希望能够获得干净的床上用品、淋浴设备和安静的环境,这是该产品本身所蕴含的要求,营销人员的工作必须建立在消费者的期望产品得到提供的基础之上。

4. 附加产品

附加产品是指生产者或销售者为了创造产品的差异化而给消费者增加的服务和利益。例如,大部分商家都为顾客提供送货上门、安装等服务。附加产品有转化为期望产品的趋势,当产业内所有的企业都对消费者提供了相同的附加产品之后,附加产品就会被消费者当作理所当然的期望产品看待。例如,消费者很自然地认为家电专卖超市应该提供送货上门服务,事实也如此。

5. 潜在产品

潜在产品是指产品最终可能会带给消费者的全部附加产品和将来会转换的部分。潜在产品能够带给产品足够的差异化形象,给企业的产品带来竞争优势地位。这主要通过提高顾客的满意度来实现。美国营销学者西奥多·李维特认为,未来竞争的关键不在于企业能生产什么产品,而在于其产品所提供的附加价值:包装、服务、广告、用户咨询、融资、送货安排、仓储和人们所重视的其他价值。

随着科技的发展,大多数现代企业产品的更新换代能力逐步接近、产品之间的差异缩小,服务竞争的地位将越来越重要。因此,现代企业如果能向顾客提供完善的产品附加利益,必将在市场竞争中赢得主动。

11.1.2 产品整体概念的意义

以上三个层次的结合构成了产品整体概念,充分体现了以顾客为中心的现代营销观念,这一概念的内涵和外延都是以消费者需求为标准,由消费者的需求来决定的。"整体产品概念"是市场营销理论的重大发展,在现代企业的市场营销活动中有着极其广泛的应用。随着生产力的发展和科学技术的进步,人们的需求日益多样化,产品的整体概念不断扩大,企业不但要提供适应消费者需要的形式产品和核心产品,而且还要提供更多的延伸产品。现代企业只有从产品的整体概念出发来研究产品策略,创造自身产品的特色,才能在市场竞争中立于不败之地。

11.2 产品组合

11.2.1 产品组合及其相关概念

产品组合(product composition)是指企业生产经营的全部产品线和产品项目的组合。产品组合由多条产品线组成,每条产品线由若干个产品项目组成。例如,我国第二汽车厂生产的某种卡车,是该企业许多产品中的一个产品项目,不同载重量的卡车组成了卡车的产品线,包括载重卡车、越野车、消防车和小汽车等在内的所有产品,则构成了企业的产品组合。

产品线(product line)是指产品组合中的某一产品大类,是一组密切相关的产品。这些产品或者都能满足某种需要,或者卖给相同的顾客群,或者经由同种商业网点销售,或者同属于一个价格幅度。如宝洁公司的产品大类有:洗涤剂、牙膏、肥皂、除臭剂、尿布、咖啡等。雅芳的产品组合包括四条主要产品线:化妆品、珠宝首饰、时装、家常用品。每个产品系列还包括几个亚产品系列。例如,化妆品可细分为口红、眼线笔、粉饼等。

产品项目(product item)是指产品目录上所列出的每一种产品。一种型号、品种、规格、价格、外观等的产品就是一个产品项目。如杭州娃哈哈集团有限公司生产的碳酸饮料系列包括非常可乐、维C可乐、非常柠檬、非常甜橙、非常苹果、儿童可乐、娃哈哈爽系列、锐舞派对盐水、锐舞派对矿化汽水等产品。

11.2.2 产品组合的测量尺度

产品组合的测量尺度有宽度、长度、深度和关联性。

(1) 产品组合的宽度,又称为广度,是指一个企业拥有产品线的数目。产品线多,它的产品组合的广度就宽,反之就窄。如目前海尔有电冰箱、空调器、彩电、洗衣机、电脑、药品6条产品线。

(2) 产品组合的长度,是指产品组合中产品项目的总数。如雅芳的产品组合总共包含1300种产品;通用电气生产约250000种产品。产品组合的长度能够反映企业产品在整个市场中覆盖面的大小。

(3) 产品组合的深度,是指一个企业的每条产品线的产品项目的数目,同一产品线中的品种规格多,它的产品组合的深度就较大,反之,则较小。例如,乐百氏牛奶系列包括乐百氏纯牛奶、甜牛奶、朱古力奶、草莓奶、高钙牛奶、学生牛奶6个产品。乐百氏乳酸奶系列包括乐百氏奶、AD钙奶、健康快车AD钙+双歧因子奶饮料等产品。产品组合的深度通常反映某个产品线的专业化程度。

产品组合的关联性,又称为密度,是指各条产品线在最终用途、生产条件、销售方式或其他条件方面相互关联的程度。如通用电器公司产品组合的产品线很多,但是各种产品线都与电气有关,所以它的产品组合关联性大;而同时生产机械设备与木工家具的企业产品组合的关联性就小。

11.2.3 产品组合在市场营销战略上的重要意义

(1) 现代企业增加产品组合的宽度,可以使企业的资源得到充分利用,同时,实行多元化经营还可以减少经营风险。

(2) 现代企业增加产品组合的深度,可以迎合广大消费者的不同需要和爱好,以招徕、吸引更多顾客。

(3) 现代企业增加产品组合的关联性,可以提高企业在市场上的地位,提高企业在有关行业的声誉。

11.2.4 产品组合策略

产品组合策略是指企业根据市场需求特点和企业资源特征,对产品组合的宽度、深度和关联性实行不同的有机组合。现代企业在调整和优化产品组合时,可采取的产品组合策略有如下几种类型:

1. 扩大产品组合

这种策略包括扩大产品组合的宽度和深度,即增加产品线和产品项目,扩展经营范围。当现代企业预测现有产品线的销售额和利润额在未来一段时间可能下降时,就应考虑在现行产品组合中增加新的产品线,或加强其中有发展潜力的产品线;当现代企业拟增加产品特色,或为更多的细分市场提供产品时,则可选择在原产品线内增加新的产品项目。一般来说,扩大产品组合,可使企业充分地利用人、财、物资源,分散经营风险,满足顾客多方面的需要,提高综合竞争能力。

2. 缩减产品组合

这种策略与上述策略相反,也就是缩减产品组合的宽度和深度,即减少产品线和产品项目。当市场繁荣时,较长、较宽的产品组合会为企业带来较多的盈利机会,但当市场不景气或原料、能源供应紧张时,减少一些销售困难、获利小甚至亏损的产品线或产品项目,集中力量生产经营市场需求较大、能为企业获取预期利润的产品,反而能使总利润上升。在以下情况下,现代企业应考虑适当减少产品项目:已进入衰退期的亏损的产品项目;无力兼顾现有产品项目时,放弃无发展前途的产品项目;当出现市场疲软时,删减一部分次要的产品项目。但这种策略风险性较大,一旦企业生产经营的产品在市场上失利,企业遭受的损失较大。

3. 产品线延伸策略

产品线延伸是针对产品的档次而言,在原有档次的基础上向上、向下或双向延伸,都是产品线的延伸。

(1) 产品线向下延伸策略,是指企业在高档产品的产品线中增加低档产品项目。企业采用这一策略可反击竞争对手的进攻,弥补高档产品减销的空缺,防止竞争对手乘虚而入。如瑞士钟表商将电子晶片产品、激光技术、机器人、石黄英测试系统等高新技术引入低档表生产,生产出口低成本高质量的 Swatch 低档表,战胜了日本。实行这种策略也有一定的风险,如处理不慎,会影响原有产品特别是名牌产品的形象,可能给人以"走下坡路"的不良印象,也可能刺激竞争对手向高档产品领域渗透,还可能形成内部竞争的局面。为此,企业应在权衡利弊后作出决策。

(2) 产品线向上延伸策略,是指企业在低档产品的产品线中增加高档产品项目。现代企业在原来生产中、低档或低档产品的基础上,推出高档的同类品,这就是产品线向上延伸策略。如精工公司开发价值 5000 美元的高档手表,满足高收入层次的消费者的需要。这一策略具有明显的优点:可获取更丰厚的利润;可作为正面进攻的竞争手段;可提高企业的形象;可完善产品线,满足不同层次消费者的需要。但采用这一策略应具备一定的条件:企业原有的声誉比较高;企业具有向上伸延的足够能力;市场存在对较高档次产品的需求;能应付竞争对手的反击。采用这种策略的企业往往面临激烈的竞争,促使企业营销费用增加,同时需在消费者中扭转对企业的原有印象。

(3) 产品线双向延伸策略。原来生产中档产品的企业同时扩大生产高档和低档的同类产品,则是产品线双向延伸策略。采用这种策略的现代企业主要是为了扩大市场范围,开拓新市场,为更多的顾客服务,增强企业的竞争能力。但应注意,只有在原有中档产品已取得市场优势,而且有足够资源和能力时,才可选择产品线双向延伸的策略。

11.3 产品生命周期

11.3.1 产品生命周期概述

1. 产品生命周期的概念

产品生命周期(product life cycle,PLC)是指产品从投入市场开始到最终退出市场的全过程。简言之就是产品在市场上的寿命。

"产品生命周期"原理是 1957 年由波兹、阿隆在《新产品管理》一书中提出的。这一原理,市场学称之为商品循环理论。它认为,产品像生物一样也有产生、发展和衰落的过程,消费者对产品也有一个从认识、接受到放弃的过程,这是产品更新换代、推陈出新的客观过程,也是商品市场活动的必然规律。产品生命周期主要是由生产力的发展水平、产品更新换代的速度、消费者的需求状况以及生产经营者之间的竞争状况等因素决定的。在当今时代,科学技术和生产力飞速发展,产品日新月异,产品的生命周期也越来越短。在这种环境下,企业研究产品生命周期有着十分重要的意义。

产品生命周期可分为四个阶段:引入期、成长期、成熟期、衰退期。产品生命周期是通过在一定时间内销售量的变化来衡量的,如果以时间为横坐标、以销售量为纵坐标,则产品生命周期曲线如下图所示:

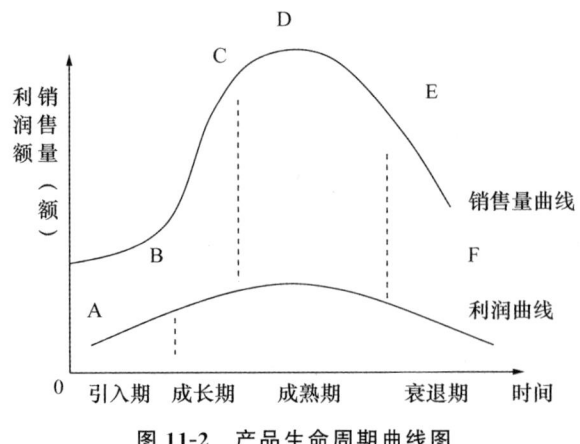

图 11-2 产品生命周期曲线图

A—B 为引入期(介绍期或导入期),即产品投入市场的初期阶段。这一阶段销售量缓慢上升,利润是负数或利润很少。

B—C 为成长期,是产品的销售量和利润迅速增长的时期。

C—E 为成熟期,即销售量和利润额最大的时期。在 D 点,销售量和利润额达到最高峰;通过 D 点,销售量和利润额的增长速度放慢。

E—F 为衰退期,表明产品已陈旧过时,销售量下降,利润减少或出现亏损。

2. 产品种类、产品形式和品牌的生命周期

产品生命周期的内容,由于考察的产品标准不同而不同,它可以是一个产品种类、一种产品形式或一种品牌。产品种类是指具有相同功能及用途的所有产品;产品形式是指同一种类产品中,辅助功能、用途或实体销售有差别的不同产品;产品品牌是指企业生产与销售的特定产品。例如,分析冰箱的生命周期,可以是以产品种类来分析,也可以产品形式即单门或双门来分析,或是以品牌即海尔、松下、西门子等来分析。

(1) 产品种类的生命周期最长。许多产品种类的销售在成熟期是没有期限的,这是因为它们与人口因素变化直接相关。如汽车、冰箱、钢铁等。

(2) 产品形式比产品种类更能准确地体现标准的产品生命周期,如纯牛奶和甜牛奶、液态奶与奶粉、纯净水和矿泉水等,它们一般都有规律地经过引入期、成长期、成熟期和衰退期四个阶段。所以,我们研究产品生命周期,通常是研究产品形式的生命周期。

(3) 产品品牌的生命周期最短,其销售往往表现出不规则的变化。这是因为某种竞争品牌战略和战术的改变,会导致本品牌的销售额和市场占有率上下波动,甚至处于成熟期的品牌出现成长期的情况。

3. 产品生命周期的其他形态

典型的产品生命周期曲线呈 S 形,它是一条经验曲线,只概括表明产品在市场上的一般趋势。同时,它又是一条典型曲线,表示产品在市场上的一般形态。在实际的经济生活中,并非所有的产品生命周期曲线都呈 S 形,不同的产品,其寿命周期曲线也不尽

相同。有的产品可能刚投入市场就急速增长;有的产品可能刚投入市场就夭折了;有的产品可能迟迟进不了成长期;有的产品可能未老先衰;有的产品可能处在衰退期还在苟延残喘,没有新产品及时接替它等。以下是几种比较常见的产品生命周期类型,如图11-3 所示:

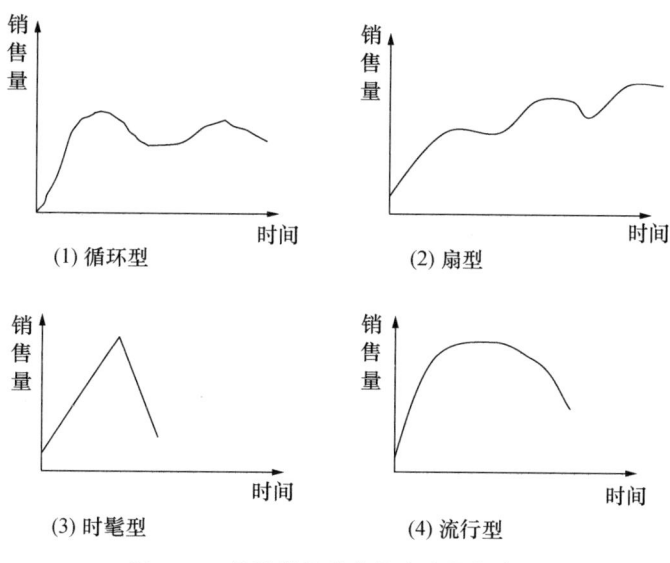

图 11-3　几种常见的产品生命周期类型

（1）循环型。又称"循环—再循环"型。如保健产品。某一种保健品推出时,企业通过大力推销,使产品销售出现第一个高峰,然后销售量下降,于是企业再次发起推销,使产品销售出现第二个高峰。一般地说,第二次高峰的规模和持续时间都小于第一次。

（2）流行型。流行品刚上市时只有少数消费者感兴趣,然后随着少数消费者的使用和消费,其他消费者也发生兴趣,纷纷模仿这种流行的领先者。终于产品被大众广为接受,进入全面流行阶段。最后,产品缓慢衰退,消费者向另一些吸引他们的流行品转移。因此,流行型的特征是成长缓慢,流行后保持一段时间,然后又缓慢下降。

（3）时潮型。时潮型产品的生命周期则是快速成长又快速衰退,其时间较短,如跳跳糖等。原因在于时潮型产品只是满足人们一时的好奇心或标新立异,并非人们的必需需求。

（4）扇型。这种产品生命周期的特征是不断延伸再延伸。原因是产品不断创新或发现新的用途、新的市场,因此有连续不断的生命周期。尼龙的寿命周期就呈扇型,因为尼龙不仅可作降落伞,还可用来做袜子、衬衫、地毯等,从而使其生命周期一再延伸。

尽管不同产品的生命周期不尽相同,但为了方便起见,这里讨论的仅是有代表性的 S 型产品生命周期曲线。

> **参阅资料** 服装的"死灰复燃"循环论
>
> 一个英国学者曾对服装的兴衰进行研究,并得出结论:如果一个人提前穿上离时兴还有 5 年的服装,就会被人认为是怪物;提前 3 年穿,会被人认为是招摇过市;提前 1 年穿,会被人认为是大胆的行为;在正时兴的当年穿,会被人认为是很得体;一年后穿,就显得过时;5 年后穿上,就成了老古董;10 年后穿上,就只能招来耻笑;可是,过了 30 年穿它,人们又会认为新奇,具有独创精神。这种服装的"死灰复燃"循环论似乎在旗袍上得到验证了。

4. 产品生命周期各阶段的划分方法

企业在营销过程中,必须经常了解自己的商品正处于生命周期的哪个阶段,以确定相应的营销策略。企业常用的划分方法有三种:

(1) 类比法。类比方法是根据类似产品的发展情况来对比分析,进行判断。如参照黑白电视机的发展资料来判断彩色电视机的发展趋向。使用这种方法应注意相互类比的产品要有可比性,在各自投入市场后的情况要有相似之处。

(2) 销售增长率法。这是以某一时期的销售增长率与时间的增长率的比值来划分产品生命周期各个阶段的方法。

以 $\triangle Y$ 表示销售量的增长率,$\triangle X$ 表示时间的增加量,通常按年计算。

① 当 $\triangle Y/\triangle X < 10\%$,产品属于引入期;

② 当 $\triangle Y/\triangle X > 10\%$,产品属于成长期;

③ 当 $\triangle Y/\triangle X$ 在 $0.1\%—10\%$ 之间,产品属于成熟期;

④ 当 $\triangle Y/\triangle X < 0$,产品属于衰退期。

(3) 产品普及率法,即按人口平均普及率或家庭平均普及率来分析产品生命周期所处的阶段。

① 当产品普及率 $< 5\%$,产品属于引入期;

② 当产品普及率在 $5\%—50\%$ 之间,产品属于成长期;

③ 当产品普及率在 $50\%—90\%$ 之间,产品属于成熟期;

④ 当产品普及率在 90% 以上,产品属于衰退期。

11.3.2 产品生命周期各个时期的特点与策略

1. 引入期(introduction phase)

在引入期,由于新产品刚进入市场,消费者对新产品不了解,要进行广告宣传,促销费用高;销售量低,销售增长缓慢,利润少甚至亏本;产品设计未定型,工艺不成熟,批量小,成本高。

企业在引入期的主要营销目标是扩大产品知名度,吸引消费者试用,尽量缩短引入期。引入期的策略重点是抓一个"准"字。就价格和促销费用来看,现代企业有四种策

略可供选择,如图11-4所示:

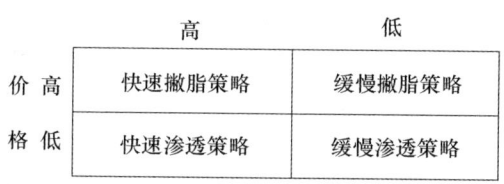

图 11-4 四种引入期的营销策略

(1) 快速撇脂策略(rapid-skimming strategy),即采用高价格、高促销费用,以求迅速扩大销售量,取得较高的市场占有率。采取这种策略必须具备的条件是:大多数潜在消费者不了解该产品;已经了解这种新产品的人急于求购且愿意按高价购买;企业面临潜在竞争者的威胁,急需使消费者建立对自己产品的品牌偏好。

(2) 缓慢撇脂策略(slow-skimming strategy),即以高价格、低促销费用推出新产品,以求得到更多的利润。采取这种策略必须具备的条件是:市场规模有限;市场上大多数消费者已熟悉该产品;购买者愿意出高价;潜在竞争威胁不大。

(3) 快速渗透策略(rapid-penetration strategy),即以低价格、高促销费用推出新产品,迅速打入市场,以求取得尽可能多的市场份额。采取这种策略必须具备的条件是:市场容量很大;消费者对这种产品不熟悉,但对价格很敏感;潜在竞争激烈;企业随着生产规模的扩大可以降低单位产品的制造成本。

(4) 缓慢渗透策略(slow-penetration strategy),即以低价格、低促销费用来推出新产品,以达到在市场竞争中以廉取胜、稳步前进的目的。采取这种策略必须具备的条件是:市场容量很大;消费者对该产品已经熟悉,但对价格相当敏感;存在一些潜在竞争者。

2. 成长期(growth phase)

在成长期,销售迅速增长,企业利润大量增加;企业生产规模也逐步扩大,产品成本逐步降低;新的竞争者会投入竞争;新的产品特性开始出现,产品市场开始细分,销售渠道增加;企业为维持市场的继续成长,需要保持或稍微增加促销费用,但由于销售的增加,平均促销费用有所下降。

企业在成长期的主要营销目标是提高市场占有率。在成长期,现代企业的策略重点是抓一个"好"字。具体说来,可采取以下营销策略:

(1) 改进产品质量,增加特色和式样,在创名牌上下功夫。消费者在购买产品时,往往对名牌产品比较敏感。

(2) 积极开拓新的细分市场,扩展分销网络,保持老顾客,争取新顾客。

(3) 改变广告宣传的重点,由介绍产品转为建立产品形象,培养消费者对产品的信赖与偏爱。

(4) 在适当时机,可以采取降价策略或其他有效的定价策略,以吸引一批对价格较敏感的顾客。

3. 成熟期(maturity phase)

在成熟期,产品销量增长缓慢,逐步达到最高峰,然后缓慢下降。市场已趋于饱和,市场竞争非常激烈,各种品牌、各种款式的同类产品不断出现,推销费用增加,成本开始回升,企业利润逐步下降。

企业在成熟期的主要营销目标是维持市场占有率。在成熟期,现代企业的策略重点是抓一个"改"字。具体说来,可采取以下营销策略:

(1) 市场改进策略。即开发新市场,寻求新用户。这种策略通常有三种形式:

① 进入新的细分市场,从广度和深度上进一步拓展市场。从广度上,开拓新市场,扩充老市场,可以由城市市场向农村市场、国内市场向国外市场拓展。如江苏曾组织黑白电视机出口到美国、日本、德国等地,获得了成功,这种峰回路转实质上是一种经营机遇,是一种稳妥的、间接的经营机遇,应及时抓住。从深度上,扩大产品的使用面,使原来产品只适应某类消费者转向适应各类消费者使用。例如,强生公司把婴儿使用的洗发精和爽身粉扩大到成年人市场。P&G公司追随处于战后生育高峰的一代人的成长过程,先专门生产婴儿洗发膏,在市场上颇为畅销,而后重新树立该产品形象,进入年轻妇女市场,使销售出现再循环。

② 刺激现有顾客,增加产品使用频率。例如,在食品行业,经常采用的方法之一,就是在包装上加印多种烹调方法说明来提高消费者对此食品的兴趣,增加购买数量,以通过不同的烹调方法来得到不同的口味。

③ 市场重新定位,寻找有潜在需求的新顾客。如葡萄酒原来只被不常饮酒的顾客所饮用,通过宣传葡萄酒对健康的好处,一部分嗜酒的顾客也饮用了葡萄酒,扩大了市场面。

任何产品的生产和销售都会随着时间的推移而进入饱和阶段,但是,由于地理位置的差别,信息的传播,或者运输以及消费心理、购买条件的限制,造成许多产品的成熟和饱和往往是相对的。因而,寻找新的市场,无论是开拓国内市场还是国际市场,都是现代企业在产品进入成熟期以后经常采用的成功而有效的方法。

(2) 产品改进策略,也称为"产品再推出",整体产品概念的任何一个层次的改良都可视为产品再推出,包括提高产品质量、改进产品特性、为顾客提供新的服务内容等。

① 品质改进策略,主要侧重于增加产品现有功能的效果,如产品的耐用性、可靠性、速度、口味等。

② 特性改进策略,主要侧重于增加产品的新特性,尤其是扩大产品的多功能性、安全性和方便性。如洗衣机厂商把普通洗衣机改进为具有漂洗、甩干、烘干等多功能的全自动洗衣机。

③ 式样改进策略,这主要是指产品款式、外观的改变,以提高产品对顾客的吸引力。如美国一家公司了解到日本人喜欢短柄牙刷,毛要硬一些,柄上要有洞,便于悬挂,改进后投入日本市场,很受消费者欢迎,市场占有率从10%上升到11%。

在发达国家,家用电器已经成了日常的消费品,所以人们对于"款式"和"颜色"更为敏感。美国沃尔玛的直接采购副总裁 Tim Yatsko 在广交会上告诉记者,美国每年有

20%左右的零售增长的拉动力来自创新,包括颜色的创新和款式的创新。而当家电产品功能发展到一定程度难以有大的突破时,新的款式和设计就成为一种新的附加值。例如,"美的"以前是每年出几个新产品,而现在是 3 天出一个新产品。原价 3000 多元的一款手机,在机壳上镶上一颗钻石,身价陡然上涨到 8000 多元,这个设计仅在 2000 年 12 月就为 TCL 移动通信带来 1 个亿的销售收入。

④ 服务改进策略。对于许多现代企业来说,良好的服务会促进产品的购买,提高产品的竞争能力。

总之,在产品进入成熟期以后,从总体上说,市场需求已趋于饱和。在这种情况下,只有对产品进行不断的改进,使之具有新的功能和新的用途才能赢得更多的顾客。

(3) 市场营销组合改进策略,是指通过改进定价、分销渠道及促销方式来刺激销售,延长产品成熟期。

① 通过降低价格来吸引顾客,提高竞争能力。

② 扩大分销渠道,增加销售网点,促进销售。

③ 提高促销水平,有效利用广告等宣传工具。

营销组合改进的主要问题是它们容易被竞争者模仿,尤其是减价、附加服务和大量分销渗透等方法。这样,企业不大可能获得预期的利润。因此,现代企业在营销组合措施上,应采取差异性的策略,给处于成熟期的产品以新的创意,使产品重新获得成长的机会。

4. 衰退期(decline phase)

在衰退期,产品销量急剧下降,产品已经老化,市场上已有新一代产品来接替老产品,消费者的消费习惯已发生转变。降价、促销手段已不起作用,企业从这种产品中获得的利润很低甚至为零,大量竞争者退出市场。

企业在衰退期的主要营销目标是榨取品牌剩余价值。在衰退期,现代企业的策略重点是抓一个"转"字。具体说来,可采取以下营销策略:

(1) 集中策略。即企业把人力、财力、物力集中到最有利的细分市场和分销渠道上,缩短经营战线,以最有利的市场赢得尽可能多的利润。

(2) 持续策略。即保持原有的细分市场,沿用过去的营销组合策略,把销售维持在一个低水平上,待到适当时机,便停止该产品的经营,退出市场。

(3) 榨取策略。也称为紧缩策略,即大大降低销售费用,如广告费用削减为零、大幅度精简推销人员等。这样做,销售量有可能会迅速下降,但是可以增加眼前的利润,因而,通常作为停产前的过渡策略。

(4) 放弃策略。如果企业决定停止生产经营衰退期的产品,应在立即停产还是缓慢停产问题上慎重决策。同时,它必须决定为从前的顾客保留多少零部件库存量和维修服务,使企业有秩序地转向新产品经营。

产品衰退期策略运用的总原则是,极力维持局面,积极发展新产品,同时有步骤地撤出老产品,使之顺利接替,最大限度地减少企业的损失。

11.3.3 产品生命周期理论的总结和应用

1. 产品生命周期四个阶段的特点归纳(见表11-1)

表11-1 产品生命周期的四个阶段的特点

阶段特点	介绍期	成长期	成熟期	衰退期
销售量	低	剧增	达到最大,开始下降	下降
成本	高	下降	低	低
利润	低或亏损	增长	高	降低
顾客	创新者	早期使用者	大众	落后者
竞争者	极少	逐渐增多	数量稳定,开始减少	减少

2. 产品生命周期的市场营销策略归纳(见表11-2)

表11-2 产品生命周期的市场营销策略

目标策略	介绍期	成长期	成熟期	衰退期
营销目标	提高产品知晓率	提高市场占有率	维持市场占有率	榨取品牌剩余价值
产品策略	确保产品的基本利益	提高质量、增加服务、扩大产品延伸利益	改进工艺、降低成本、扩大用途	逐步淘汰滞销品种
价格策略	撇脂定价或渗透定价	适当调价	价格竞争	削价或大幅度削价
分销策略	建立选择性分销渠道	建立密集广泛的分销渠道	建立更密集广泛的分销渠道	逐步淘汰无盈利的分销网点
促销重点	介绍产品	宣传品牌	突出企业形象	维护声誉

3. 应用产品生命周期理论要注意的几个问题

(1)产品生命周期主要以销售量和获利额的变化进行分析,运用时要结合考虑其他因素,如政策、经济、科技、供求、竞争等。

(2)产品生命周期曲线是一条经验曲线,只概括表明产品在市场上的一般趋势。

(3)产品生命周期曲线是一条典型曲线,只表示产品在市场上的一般形态。

(4)产品生命周期是有区域性的。

(5)产品使用寿命与产品生命周期是两个不同概念,使用寿命是产品的自然属性,产品生命周期是产品的经济寿命。

11.4 新产品开发

在科技发展日新月异的今天,现代企业不能以一成不变的产品参与瞬息万变的市场竞争,而必须适时推出新产品,以满足消费者不断变化的消费需求。竞争的加剧以及模仿产品和替代产品的迅速涌现,使得产品的生命周期日益缩短。在这种严峻的态势下,保持现代企业生存和发展的唯一方法就是进行有效的产品开发。

11.4.1 新产品的概念与分类

所谓新产品,是指在原理、用途、性能、结构、材质等某一方面或几个方面具有创新或改进的产品。市场营销学所说的新产品,是从产品的整体概念来理解的。任何产品只要能给顾客带来某种新的利益,就都可以看作是新产品。因此,新产品不一定都是新发明的、从未出现过的产品。

根据产品的创新程度,一般可以把新产品分成以下四类:

(1) 全新产品,指新发明创造的产品。不论对于市场还是对于企业来说,它都属于新产品。比如第一次出现的飞机、汽车、电话等。它是由于存在市场需要或由于科技进步而开发出来的。在科技高度发达的现代社会,全新产品开发的难度最大,不但需要大量的资金和先进的技术,而且存在很大的风险。一般的企业都不能从事全新产品的开发工作。全新产品大都是发达国家的大企业开发出来的。如日本索尼公司以其革命性产品——TR55型笔记本型摄录机一举夺得大部分欧美市场,该产品被认为是日本厂商发展"幻想"产品的最好例子。

(2) 换代新产品,指在原有产品的基础上,部分采用新技术、新材料制成的性能有显著提高的产品。如从 VCD 到 DVD、黑白电视机改成彩色电视机等。换代新产品的开发难度较全新产品小,是企业新产品开发的重要形式。

(3) 改进新产品,指在原有产品基础上采用各种改进技术,对产品的性能、材料、结构、型号等方面进行改进而制成的产品。如在普通牙膏中加入不同物质制成的各种功能的牙膏;在牛奶中加入钙、铁、锌、维生素等不同营养物质制成的各种功能的牛奶。这种新产品的开发难度较小,是企业常用的新产品开发方式。

(4) 仿制新产品,又称新牌子产品,是指企业仿造市场上已出现的新产品,标上自己的品牌所形成的产品。从市场竞争和企业经营上看,仿制在新产品开发中是不可避免的。如电冰箱厂、电视机厂从国外引进生产线和技术所生产的仿制产品。由于其仿制难度小,投资少,也易为消费者接受,很多现代企业往往会采取仿制这一方式。但这样做会使市场竞争更加激烈。

这四种类型新产品的创新程度由高到低,其中全新产品的创新程度最高,仿制新产品的创新程度最低。一般来说,创新程度越高,其所需要投入的资源就越多,开发的风险也就越大。由于全新产品包含非常高的成本和风险,因此大多数现代企业实际上都着力于改进现有产品而不是创造一个全新产品。

11.4.2 新产品开发的意义与障碍

1. 新产品开发的意义

新产品的研制和开发,无论对国家还是对一个企业来说,都具有重要意义。对于现代企业来说,开发新产品有以下几个方面的作用:

(1) 开发新产品是企业生存和发展的关键。近二三十年来,由于原子能、电子计算机、系统工程等新兴科学的发展以及它们在生产中的应用,使科学技术和生产力飞速发展,产品日新月异,产品生命周期出现缩短的趋势,这给某些行业或行业里的企业造成严重威胁。现代企业必须利用科技新成果不断进行新产品开发,才能在市场上有立足之地。因此,新产品开发已成为现代企业生存和发展的支柱。

(2) 开发新产品是适应市场竞争的需要。没有产品开发能力,企业也就没有竞争能力。不断地创新,不断地开发新产品,是增强企业竞争能力的必要条件。在激烈的商战中,谁拥有新产品,谁就占据市场竞争的有利地位。市场争夺战是一个无休止的过程。弱肉强食、优胜劣汰是市场竞争的基本法则。现代企业要想在竞争中立于不败之地,就必须根据市场需求和竞争对手的变化,不断推陈出新,给市场注入"新鲜血液",及时填补市场空白,抢占市场制高点,控制生产、流通和消费的导向权。

(3) 开发新产品是企业利润增长的动力。新产品开发成功与否,直接关系到实现企业的业绩与利润目标。美国三位学者对美国企业所做的一份调查报告显示,许多主管预期公司未来五年的利润有40%必须来自于新产品。换言之,公司既有的产品在未来五年内对公司利润目标的贡献只有60%左右。新产品上市成功与否是实现利润目标与否的重要变量。

经营企业如逆水行舟,不进则退。没有新产品的企业如同失去往上划的动力,也就等于无视消费者的新需要,失去了长足发展的生命动力。

2. 新产品开发的障碍

在市场营销中,开发新产品对现代企业来说,既是一项具有重大战略意义的工作,又是一项耗资多、难度大、风险高的工作。因此,分析新产品开发失败的原因,尤其是分析新产品开发过程中可能出现的种种障碍,并有针对性地通过新产品开发策划,去寻求克服这些障碍的办法,对减少新产品开发风险,提高新产品开发成功率,非常重要。

从国内市场看,新产品开发的障碍主要来自以下几个方面:

(1) 科学技术发展水平的制约。新产品开发以科学技术的重大突破为前提,特别是对全新产品而言,如果没有科学技术质的飞跃绝非易事。根据美国汉弥尔顿公司的统计,1979—1984年美国700家公司投入市场中的新产品分布情况如表11-3所示:

表11-3 1979—1984年美国700家公司投入市场中的新产品分布情况

世界范围的全新产品	10%
企业的新产品线	19%
现有产品线的新品种	26%
现有产品改进或变型	26%
现有产品成本降低	11%
成熟后期产品的新生	8%

上述资料显示,上市的新产品中只有10%属于全新产品,大约有3/4是对现有产品的组合和改进。科技发展速度已成为新产品开发最主要的制约因素。

此外,计算机技术的应用缩短了新产品开发的时间,那些不能及时将设想变成现实产品的企业面对反应敏捷、行动迅速的竞争者,遭到失败在所难免。由于竞争者能够很容易地模仿企业的新产品,缩短了新产品的生命周期,也缩短了企业开发新产品的时间。

(2) 市场需求的复杂多变性,大大增加了新产品开发的难度。一方面,随着社会经济文化的发展,市场需求朝着多元化、多层次、多结构方向发展,复杂多变,"众口难调";另一方面,在新产品的开发研制过程中,对产品的经济性、功效性、安全性、便利性、环保性等提出了更高的要求,这给企业新产品的开发增加了难度,使新产品问世的成功率大大降低。

美国一家市场研究公司对80家公司新产品开发资料进行分析,发现每40个新产品构思中,通过企业目标与资源能力筛选、商业分析、试验、发展阶段,最后能够实现商品化成功的只有一个产品,如图11-5所示:

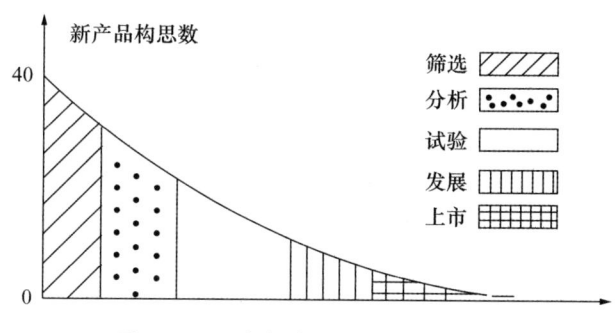

图11-5 开发新产品构思衰退曲线图

(3) 新产品开发费用高、风险大,普通企业难以承受。开发新产品需要进行较多的设想、研究和试制,耗资巨大。国际权威机构认为,新产品研发经费占销售收入的比重要达到5%,企业才有竞争力。我国企业研发经费占销售收入的比重只有1.35%,低于勉强维持水平2%。一般,国际著名企业研发投入比例在15%。

此外,新产品开发的失败率很高。美国营销权威Kotler教授认为,新产品开发的失败率情况分别为:消费品约为40%,工业品为20%,服务业约为18%(包括金融产品创新)。美国有关部门曾对700家企业进行调查,结果也发现,开发新产品的失败率高达65%。

导致新产品开发失败的原因很多,瑞士的勃兰姆教授根据自己担任23年工程师的经验,对新产品开发失败的原因进行了全面的总结,如表11-4所示:

表11-4 开发新产品失败的原因

新产品失败原因	百分比(%)
对市场判断错误	30
对技术发展判断错误	20
对生产制造费用判断错误	20
组织管理不善	15
研制失败	5
生产失败	5
销售失败	5
合计	100

另外,美国对企业开发新产品失败的原因也进行了分析,归纳为12种,并提出了防制措施,如表11-5所示:

表11-5 开发新产品失败的原因

失败原因	如何防制
1. 市场太小	选定目标市场后,应在产品设计阶段预测市场需求大小
2. 新产品非公司本行	机会点必须与公司经营策略、竞争优势相吻合
3. 产品无新意	让消费者参与创意评分,力求创新
4. 没有真正利益	在产品设计阶段,应测试实际产品的利益
5. 产品定位错误	利用定位图与消费者偏好分析,创造成功的产品定位
6. 渠道不佳	在测试阶段,就应评估店头反应
7. 预测错误	通过市场测试,预估消费者的接受程度
8. 竞争品牌反应	以杰出设计与恰当定位,建立领先优势,尽快回应竞争者
9. 消费者喜好改变	在新产品设计与上市阶段,均需了解消费者喜好的变化
10. 商标不合法	在产品命名之前,应先查证是否与现有商标雷同
11. 投资报酬率太低	慎选目标市场,并仔细分析销售预估与成本结构
12. 组织问题	组成新产品开发委员会,协调部门间的沟通

参阅资料 ▶ 洗碗机市场为什么红火不起来?

洗碗是许多人讨厌的家务活,有个洗碗机会使饭后工作变得方便省事。于是,洗碗机被称为继洗衣机之后"人手的第二次解放",在国外很受欢迎,美、德、法等国的普及率高达60%—70%。但在我国,自20世纪80年代末第一台台式洗碗机问世以来,洗碗机市场便陷入两难境地,几经努力至今仍未能有长足发展。

到许多城市商场的家电柜台转一转就会发现,洗碗机的销售远比不上彩电、冰箱、洗衣机等。销售人员介绍说,购买洗碗机的都是有一定文化层次、收入较高的白领和追求时尚的青年夫妇,普通人家购买的很少。

据业内人士分析,造成这种情况的原因比较复杂。从客观方面来说,洗碗机自身有许多不足之处。首先是售价高。由于其技术水平和先期投入较高,目前国内又没有一个洗碗机生产企业形成足够的市场规模,因此导致洗碗机价格居高不下。例如,西门子柜式洗碗机价格约为6000元、台式机约为4000元,惠而浦柜式机高达8000元,就连最便宜的海尔、澳柯玛台式机也要1000多元。这种价格对于消费者来说,买彩电、冰箱可以,但对洗碗机则太贵。其次是洗碗时间长、耗电大。洗碗机要经过一清二洗三消毒的工序。机洗一次碗要一个多小时,而手洗只需十来分钟。洗碗机功率从950W到2300W不等,加上其他家电一起运作,令一般住宅的电表承受不起。洗一次碗近一度电,一个月下来,电费相当可观,再加上专用洗涤剂等,总费用令普通收入者不敢问津。第三是设计有缺陷。台式洗碗机多为塑料内胆,时间一长,内胆就会变得油腻,不易清洗,出现"洗碗机洗碗,人洗洗碗机"的烦恼。柜式洗碗机多为不锈钢内胆,可加热洗涤、烘干,彻底清洁餐具,但又比台式占空间。同时,外国人饮食清淡、用油少,盘子容易清洗,而中国人的食物要经过煎、炸、烹、炒,使餐具变得更加油腻。再有,欧美国家以盘子为主要餐具,适合放在洗碗机的架子上。现在国内大多数洗碗机生产线是从国外引进的,没有考虑到其架子不适合放碗的特殊情况,冲刷式水流难以将碗深凹处和油腻处洗净。在卫生习惯上,中国人喜欢在饭后就把碗洗了,还无法接受洗碗机一天就洗一次碗的方式。更深层的原因是,现在我国消费者受住房条件限制,厨房面积狭小,给洗碗机腾出一块空"地"实在不易,而且洗碗机对水源还有要求,这都限制了洗碗机进入普通家庭。

许多家电生产厂家都承认洗碗机市场潜力巨大,是家电领域的最后一次革命,但令人头疼的是如何将这场革命进行到底?

11.4.3 新产品开发的原则与方式

1. 新产品开发原则

企业的生命力在于它的创新能力。创新是企业的生命源泉。企业一旦离开了创新活动,便失去了存在的基础。但是,对企业而言,新产品的开发绝非易事。随着科学技术的高速发展和市场需求的复杂多变,产品的开发呈现方便化、工程化、功能化、专用化和国际化、环保化等发展趋势。这就要求企业在开发新产品时从适应国民经济发展和人民生活水平提高的需要出发,把握科学技术的发展趋势,努力做到市场上需要,技术上适宜,生产上可行,经济上合理,时间上及时。具体而言,新产品的开发应遵循以下原则:

(1) 要有需要。即新产品的开发必须以满足社会需要为出发点,适应目标市场的消费习惯、社会心理、产品价值观以及地域差异等,在充分利用资源优势的前提下,顺应科学技术发展的趋势,开发符合市场需求的新产品。例如,广东、福建地区由于发射功率弱,用户对电视机要求灵敏度高,因而,企业生产的电视机的高频头质量要好;四川重庆气候条件潮湿,要求电源、变压器防潮性能要好,否则就不适销。再如,日本精工公司适应伊斯兰教徒的需求,发明了一种新式、新功能的"穆斯林"手表。这种手表能把世界各地 140 个城市的当地时间自动转换成伊斯兰教圣地——麦加的时间,还能每天鸣叫 5 次,提醒按时祈祷,并确保他们在世界任何角落都能面朝圣地,这种手表受到穆斯林世界 8 亿人的欢迎。

(2) 要有特色。即要有独创性、时尚性和适应性,能满足消费者新的需求和欲望。新产品的效用能激发和创造新需求,引导新的消费潮流。

(3) 要有效益。即能充分利用企业的生产能力,综合利用原材料,形成适度的规模生产和经营,努力降低成本,制定合理价格,在提高社会效益的前提下,较大幅度地增加经济效益。

(4) 要有能力。即具备开发新产品的资金实力、技术能力、生产设备、原材料资源和人才优势,为新产品开发提供较充足的物质保证。

(5) 要达标准。即新产品的开发必须采用国际标准。这是我国产品进入国际市场的通行证,使我国新产品的开发与国际接轨。

(6) 要环保化。即开发新产品必须注意环保,提高产品的绿色含量。现代企业要注重开发绿色产品,引导健康生活的潮流。

2. 新产品开发的方式

针对不同的新产品以及企业的研究开发能力,可以选择不同的开发方式,一般有以下三种可供选择的开发方式:

(1) 独立研制方式。这种方式通常分为三种情况:

① 企业进行基础理论研究、应用技术研究和产品开发研究。

② 企业利用社会上的基础理论研究成果,进行应用技术研究和产品开发研究。

③ 企业利用社会上应用技术的研究成果,只进行产品开发研究。

一般来说,基础理论研究<10%,应用技术研究在20%—30%,产品开发研究在60%—70%。

这种独立研制方式常用于开发全新产品或换代新产品。这种独立研制方式的优点是企业拥有自主的知识产权,有较大的利润空间。缺点是投资多、时间长、风险大。一般适用于具备较强的科研能力和技术力量的企业。

(2) 技术引进方式。这是企业经常采用的一种重要的开发新产品的方式,也是企业使产品迅速投放市场的一种行之有效的方式。企业通过这种开发方式,引进国内外先进技术,购买专利或购买关键设备等来发展新产品,投资少、见效快,可使企业较快地掌握新的科技成果,在较短的时间内缩小与竞争者的差距,使企业有一个跳跃性的发展。日本在二次世界大战后,通过技术引进方式,赶超世界先进水平,成为一个世界经济强国,这一事例值得我们借鉴。据有关资料表明,日本在20世纪60年代只用了新技术研制费的1/30,就获得了这些成果。在战后的15年间,日本工业产值增长值中,从引进技术中获得的增值约占72%。日本引进先进技术后,不是简单地利用,而是还要对它进行研究、改进和提高,生产出具有日本特点的超过原来技术水平的新产品,从而增强了国际竞争力,扩大了国际市场。

但是,企业在采用这种方式时要注意引进适用技术,要进行技术引进的可行性分析,并要消化引进的技术,使其发挥应有的效果。这种方式特别适用于产品开发研究能力较弱而制造能力较强的企业。

(3) 技术协作方式。这是指企业与社会团体、大专院校、科研单位或与竞争者联合开发新产品。这种开发方式有利于充分利用社会的科研力量,弥补企业力量的不足;有利于把科技成果迅速转化为生产力,并使其商品化;有利于发挥各方面的长处和力量,加速新产品的开发进程。因此,这种方式目前在企业中得到了广泛重视和运用。

合作开发方式,不仅对于缺乏科研实力的企业而且对于一些大企业来说,都是很有成效的。在1982—1992年,日本国内大型企业推出的新产品的70%、小企业推出的新产品的90%以上都是和外界联合开发成功的。在工业蛋白质方面,日本比美国起步晚

20年,但三菱化工等五家企业会同科研部门共同开发,只用3年时间便取得十余项重要成果,使产品不仅进入国际市场,而且具有极大的竞争能力。要认识到,企业之间不但存在技术竞争的一面,也存在技术互补的一面。在高投入的产品开发领域,企业只有联合起来,才能减少开发失败的风险,增加成功的可能性。如日本东芝公司在1994年就和IBM公司、西门子公司联合开发64兆位存储芯片,因为开发资金需要10亿美元,超出了东芝公司的承受能力。

以上三种产品开发方式各有其独自的特点,现代企业在选择时,可根据企业自身的条件和实力进行考虑,一个企业可以侧重选用一种方式来进行产品开发,也可以利用其组合形式开发,如研制与引进相结合。

11.4.4 新产品开发组织

为使新产品在开发过程中减少风险,获得成功,现代企业必须建立一个行之有效的新产品开发组织,对新产品开发的多个环节进行管理。通常有以下五种组织形式可供选择:

(1) 产品经理负责。采取这种形式的优点是,产品经理对市场和竞争状况较熟悉,他们很适合发现并开发新产品的机会。其缺点是产品经理常常忙于管理现有产品线,很少有时间考虑新产品开发;同时,他们一般也缺乏开发新产品所需的专业知识与技能。

(2) 设立新产品经理。这种形式的优点是使新产品开发专业化,新产品经理具有开发新产品的专业技术知识;缺点是新产品经理的开发工作常局限在一定的范围内。

(3) 设立新产品开发委员会。该委员会由技术、质量、生产、销售、财务、供应等部门的负责人或代表组成,其职责主要是讨论确定新产品开发方案和计划,组织并审批成立新产品开发小组,核算新产品开发预算,组织鉴定、验收等,不直接从事新产品开发的设计、研制、生产、销售等工作。这种形式便于协调各部门意见,使各部门构想和经验融为一体,而且该委员会还可以根据新产品开发工作的需要而变化,但有时因各自职责不清等问题也会产生不利影响。

(4) 设立新产品部。该部的主管拥有较大的自主权,直接受公司最高管理层领导。其职责是全面负责新产品开发的各项工作,不断地为企业开发新产品。

(5) 设立新产品开发小组。它是根据某种新产品开发的需要而成立的专门从事某种新产品开发各项工作的组织。小组通常由技术、生产销售、质量检验等部门的人员组成,制定新产品开发预算、工作任务、期限和市场投放策略并组织实施。这种组织是临时性的,一旦这种新产品开发成功,转入正常生产,新产品开发小组即行解散。

11.4.5 新产品开发程序

新产品开发的过程是指从新产品的构思创意到正式投产上市所经历的阶段。由于新产品的种类、行业类别和企业生产类型等的不同,尤其是新产品开发方式不同,新产品开发的过程不可能完全一样,但一般来说,新产品的开发可分为八个阶段,即构思、筛选、产品概念的形成和测试、制定营销战略规划、商业分析、产品研制、市场试销和批量上市。

1. 新产品构思

构思是新产品开发的第一个步骤,一个新产品的形成开始于构思,所谓构思就是对满足一种新需求的设想。如傻瓜照相机,就是源于"快门一按就可完成"的创意开发出来的。新产品构思的来源很多,一般包括以下几个方面:

(1) 消费者。消费者的需求不仅代表潜在的利益市场,消费者的建议也是创意的重要来源。新产品开发主要是为了满足消费者的需要。通过对消费者使用现有产品状况的调查,企业可以了解消费者对产品的意见和建议,并进一步预测和了解消费者的潜在需求,从而得到对原产品进行改进或直接开发新产品的创意。根据美国的一项统计,60%以上的成功科技新产品来自于顾客的需求,而不是"纯粹的发现和发明"。另外,因市场需求而开发成功的新产品,往往成功率较高,投资报酬率也较高。例如,可口可乐公司通过调研发现,若开发一种保健饮料将很好地满足墨西哥消费者希望增进健康的要求。于是,该公司开发了一种高蛋白饮料"Samson"。墨西哥政府和消费者都认为这种饮料有助于国民健康,因此很快就接受了这种新产品。

(2) 科研机构及科研人员。科学技术的进步是新产品开发的动力。新的科技突破和新发明,代表有机会满足消费者过去没有满足的需求。例如,美国电报电话公司的贝尔实验室,在20世纪20年代一直想要发明一种可以同时传输声音与影像的技术,1927年他们公开展示了初步研究成果,虽然离他们想要的结果仍有距离,但此项技术却为日后发明电视机奠定了重要基础。因此,积极跟踪科技的最新成果,将会给企业带来源源不断的新产品创意。

(3) 竞争者。通过对竞争者现有产品的分析,可以知道其产品的成功与失败之处,给企业有益的借鉴。例如,美国福特汽车公司在研制一种新型汽车时,拆开了50多辆竞争者的新车进行参照。它仿制了奥迪车的油门踏板、本田车的油量表、宝马车的备用轮胎和千斤顶装置等,像这样明显的仿造特征多达400余处。

(4) 企业内部。企业的高层管理人员、科研机构、工程与生产部门、销售部门以及其他部门的员工提出的设想、建议等也是产生新产品创意的重要来源。企业通常将新产品开发的重心放在营销部门与开发部门,可能忽略工程与生产部门。但美国最近的一项研究表明:20%的科技创新,是由生产部门提出的。如果生产部门能运用解决问题的技巧来了解和创造市场需求,会更有利于发挥创新产品的功能。企业的销售人员以及其他员工也常会有令人意想不到的创意。例如,在3M公司,曾经有一位被革职的研究人员,离职后仍然不断潜回公司实验室,去研究改善沥青碎石的方法,最后,他被公司晋升为副总裁。企业的高层管理人员的新产品创意也是一个重要的来源。例如,海尔既具有双缸洗衣机的全部功能又能洗红薯、水果、蛤蜊等动植物的洗衣机的构思,就是公司总裁张瑞敏在四川农村考察后提出来的。据国外资料统计,来源于外部的新产品设想占60%,出自内部的新产品设想占40%。

此外,中间商、咨询公司、各种传播媒体、专利机构等,往往也能提供有价值的信息而成为新产品的创意。

2. 构思的筛选

好的新产品构思和设想对于开发新产品非常重要,但有了构想并不一定都能付诸实施,因此还需要对这些构思进行筛选,选择出可行性较高的构思来进行下一步的开发,及时剔除不可行的或可行性较低的构思,以免造成企业资源的浪费。特普斯特拉提出了筛选新产品构思的四项标准,即企业的技术力量、生产能力、营销能力和市场前景。首先,企业应该选择与自身技术力量或可以获得的技术力量相适应的新产品构思,因为整个新产品开发,从构思到实体研制、实体测试乃至市场试销后的实体改进,都需要一定的技术力量作为保证。如果新产品的构思超过企业现有的技术力量,那么,就应当筛选掉这样的构思,否则,按这样的构思进行的研制将很难成功。所以,企业对自身技术力量的评估很重要,评估过高,容易选择一些不切实际的新产品构思,而评估过低,又容易放弃一些好的、合乎实际的构思。其次,企业应该选择与自身生产能力和营销能力相适应的新产品构思。最后,企业应选择市场潜力大,市场前景良好的新产品构思。对市场前景的判断很重要,判断失误,是新产品开发失败的主要原因。

总而言之,在筛选构思时,既要考虑新产品是否有潜力,有发展前途,又要考虑企业的生产、技术以及市场经营能力能否适应。

对新产品构思进行筛选的方法很多,有专家评定法、决策选择法、多因素加权评定法等。这里,我们介绍一种企业常用的加权评定方法,见表11-6:

表 11-6 新产品构思评价表

评定新产品成功的因素(A)	权数(B)	企业实际能力水平(C)										评分(B*C)
		0.1	0.2	0.3	0.4	0.5	0.6	0.7	0.8	0.9	1.0	
1. 企业目标	0.20									√		0.18
2. 营销能力	0.20						√					0.12
3. 技术水平	0.20								√			0.16
4. 市场需求	0.15								√			0.12
5. 生产能力	0.10							√				0.07
6. 资金来源	0.10								√			0.08
7. 原料供应	0.05						√					0.03
总计	1.00											0.76

新产品构思评价表是因企业而异的。不同的企业,评定新产品成功的因素是不相同的,每一个因素的相对重要程度也不一样。如表11-6所列的企业认为评定新产品成功的因素有七个,根据这七个因素,企业考察了自身的实际能力水平,最后得出总分值是0.76。一般来说,总分在0—0.40为差,0.40—0.75为较好,0.76—1.00为好,而且根据经验,总分在0.70以下的构思应予淘汰。本项新产品构思评价得分是0.76,属于可进一步开发的范畴。

3. 产品概念的形成和测试

新产品构思经上述筛选后,需进一步发展成更具体、明确的产品概念。产品概念是指已经成型的产品构想,即用文字、图像、模型等予以清晰阐述,在消费者心目中形成一种潜在的产品形象。任何一个新产品构思都可以形成若干个产品概念。对发展出来的产品概念,企业要根据它们对顾客的吸引力、预计销售量、预计收益率和生产能力等标准进行评价,选出最佳的产品概念。

例如,一家国际产品公司得到信息:厄瓜多尔市场对低价高蛋白的儿童营养产品有大量需求,于是公司组织开发这种儿童营养产品。这种产品既要有较高的蛋白质营养,又要求价格低廉,这是一种豆奶粉产品构思。为了形成鲜明的产品形象,需要把这种产品构思转化为产品概念。为此,公司必须考虑以下问题:

(1) 目标市场消费者是儿童。

(2) 使用者从产品中得到的主要益处是高营养、口味好、方便以及低价。

根据这些问题,该公司形成了明确的产品概念:豆奶粉状冲剂,提供充分的蛋白质营养,而且采用草莓、苹果、橘子、柠檬四种水果口味,以适应儿童的需要。

产品概念形成之后,还需将产品概念提交目标市场有代表性的消费者群进行测试、评估,可通过问卷方式进行。如上述问卷可以包括以下问题:你认为这种豆奶饮品与一般奶制品相比有什么优点?你认为这种产品能否满足儿童的需求?你能否对产品属性提供某些改进的建议?你认为价格是否合理?产品投入市场,你是否会购买(肯定买、可能买、可能不买、肯定不买)?问卷调查可帮助企业确立吸引力最强的产品概念。

4. 制定营销战略规划

企业选择了最佳的产品概念之后,必须制定一个把这种产品引入市场的初步营销战略规划,并在未来的发展阶段中不断完善。初拟的营销战略规划通常包括三个部分:

(1) 目标市场的规模与结构、消费者的购买行为、头几年的销售额、市场占有率、利润目标等。

(2) 新产品第一年的预期价格、分销渠道及促销预算。

(3) 长期销售量、利润目标以及不同时期的市场营销组合策略。

5. 商业分析

商业分析实际上是经济效益分析。其任务是在初步拟定营销规划的基础上,对新产品概念从财务上进一步判断它是否符合企业的经营目标。如果符合企业的经营目标,企业可以进入下一步的产品研究开发阶段。否则,就需要对原方案进行修正或放弃这个方案。

通常,商业分析包括两个具体步骤:预测销售额和推算成本与利润。预测新产品销售额可参照市场上类似产品的销售发展历史,并考虑消费者的接受程度、科技发展、竞争者的反应、环境因素等。在完成一定时期内新产品销售额的预测之后,接下来可以推算出这个时期的产品成本和利润收益。成本预算主要通过市场营销部门和财务部门综合预测一定时期的营销费用及各项开支,如新产品研制开发费用、销售推广费用、市场调研费用,等等。根据成本预测和销售额预测,企业即可以预测出各年度的销售额和净利润。审核该项产品的财务收益,可以采用盈亏平衡分析法、投资回收率分析法、资金利润率分析法等。

6. 新产品研制

新产品概念一旦通过商业分析,就可以进行产品的研究试制。企业的研究开发部门和工程技术部门将原来用文字、图像表示的产品概念变成具体的产品。同时进行包装的研制和品牌的设计。这是新产品开发的一个重要步骤。企业在研制产品时,必须注意:产品特性是否与所预定的利益诉求相符。企业要保证研制出来的产品完全具备产品概念中所提出的各项主要指标,安全可靠,同时通过价值工程分析,争取以尽量低的成本生产出具有更高使用价值的产品。这是决定产品长期竞争优劣的关键。

这里还需强调一点:对于国际企业来说,最好在国外(包括目标市场国)设立研究开发机构,进行产品开发研究工作。例如,海尔集团在东京、里昂、蒙特利尔、洛杉矶、阿姆斯特丹设立了 5 个设计分部,并在汉城、香港、悉尼、东京、里昂、蒙特利尔、洛杉矶、阿姆斯特丹建立了 8 个信息站,平均每天申报 1.8 个专利,1.5 天出 1 个新产品。据对 180 家日本大企业的调查,已在海外设立研究开发机构的有 75 家,计划设立的有 25 家,正在研究设立的有 28 家,打算将来设立的有 65 家。由此表明,日本企业大多数都有在海外设立研究开发机构的意向。在国外设立研究开发机构有许多好处:

(1) 可以及时、大量搜集国外科学技术情报,便于在国外取得专利,使产品开发研究与国际先进开发水平接轨,尤其是能够加速自己薄弱的高技术的发展。日本企业在海外建立的研究开发机构多以电子计算机软件、人工智能、新材料、生物技术为研究对象。海外研究开发机构集中设在美国和西欧国家。

(2) 有利于研究开发适应国际市场需要的新产品,对于一些必须适合各国特殊喜好及不同使用状况的消费品,企业最好是在国外研制,研制出样品,就可以直接在当地征询顾客意见。对于中国企业来说,由于在国外设立工厂的企业很少,所以一般都在国内研制。但现在已有一些企业开始在国外设立开发研究中心,与国际先进开发水平接轨。如海尔公司、小天鹅公司等。

(3) 符合当地政府的要求,得到当地政府的支持。因为国际企业若能够在当地从事产品开发研究工作,可以提高当地的科技水平。例如,德国的 Hoechst 公司在印度成立了一个相当大的开发研究中心,因为此举有助于提高印度的研究水平,印度政府给予该公司极为优惠的待遇作为回报。

(4) 可以缩短经营者与消费者之间的距离。研究开发工作的当地化,可以让公众觉得该企业与当地企业没有太大差别,消除其拒外心理。

雀巢公司开发国际新产品的主要经验之一,是将研究与开发部门设置在世界各地。该公司在瑞士本土,只设立了一个从事基础研究的单位,而其他 18 个从事新产品研制的研究中心全都设在国外,分布在世界各地,这样,雀巢公司研制的新产品可以及时地反映世界各地市场的变化趋势,提高新产品的市场成功率。

研制出样品后,还需要对产品进行功能测试和消费者测试。功能测试通常在实验室进行,测试新产品是否安全可靠,性能质量是否达到规定的标准,制造工艺是否先进合理等。消费者测试则可通过让消费者试用样品等方式，获取消费者的意见，称之为消费试验，这也涉及地点的问题。如果产品是要销往国际市场，那么，产品测试最好是在当地进行，这样能够更直接地了解当地消费者对产品的反馈意见，以便企业及时改进产品，提高产品的适销率。例如，日本一家工厂生产了一种新设备，准备向美国市场出口，产品测试是在日本国内进行的，测试结果也令人满意，但是销往美国市场后，美国顾客对这种设备并不满意。原因是美国人身材高大，而日本人身材矮小，可是这家工厂在设备规格的设计中忽视了这一因素，使得美国人在使用这种设备时很不方便。

7. 市场试销

即使产品测试效果令人满意，也不能保证产品在市场上的销路一定很好。因为市场情况很复杂，所以产品必须投入市场进行试销。企业可以选择有代表性的小范围市场进行销售，并且辅之以广告、折价券等宣传促销，观察新产品的市场反应，以避免大批量上市所带来的惨重代价。市场试销的目的主要是收集市场的反映，以便具体估计消费者的喜爱程度、意见、购买力状况、预期利润等有关结论的准确性如何，还可以了解竞争对手的情况，作为日后大量投产的决策依据。如果企业只根据产品测试情况就决定投产，一旦进入市场后，产品滞销，后果是很严重的。如美国通用汽车公司曾研制出一种耐用性很高的车辆，准备向非洲和拉丁美洲国家出口，公司在当地进行产品测试，顾客对产品的各种功能都十分满意，但公司没有经过市场试销，就直接出口了，结果产品在市场上的销路并不好，原因是受到了竞争对手的干扰。

企业要进行新产品试销，应该事先制订一个试销计划，主要包括试销地点、范围、时间长短、准备收集哪些资料、试销经费预算等等。

（1）选择好试销地点。要根据新产品服务对象选择有代表性的试销地点。试销点的数目不宜过多，可根据产品销售需要和企业的人财物情况而定。

（2）确定试销时间。试销时间长短的确定，要考虑：能否反映产品销售动态；产品竞争情况；试销费用和经济收入。

（3）确定试销所要收集的资料。一般包括：销售量、试用率和再购率、顾客的结构、顾客对产品各方面的反映等。

（4）做好试销经费预算。

试销规模的大小，一般取决于两个方面：一是投资成本和风险的大小，二是试销成本的大小和时间的长短。投资费用和风险越大的新产品，试销规模应更大一些；投资费用和风险较小的新产品，可小规模试销；企业有相当把握并存在较大市场潜力的新产品，可不经过试销，直接进入市场正式销售。营销人员可以在不同的地区，用不同的广告、价格、包装、销售渠道等策略来进行实验，以了解某项营销组合的变化对于品牌认知、品牌转化和重复购买的影响。一般以试用率和重复购买率高低来判断是全面投产上市还是重新设计，或是完全放弃，见表11-7：

表 11-7 试销结果及其策略

试用率	重复购买率	试销结果及其策略
高	高	成功产品,全面投产上市
高	低	重新设计或放弃
低	高	加强广告宣传和促销活动
低	低	失败产品,放弃

8．正式上市

新产品试销成功后,就可以大批量投产上市。此时,企业需要投入大量资金,用来购置设备和原材料,组织生产;支付大量的促销费用等。这些都使得企业在新产品投放市场的初期往往利润很小,甚至亏损。如江苏维维集团在向市场推出"维维"豆奶时,每年广告支出都在亿元以上。过硬的质量和有力的促销相结合,使维维集团在短短的几年内便占领了国内豆奶市场近一半的份额。

企业在决定新产品批量上市时,必须做好以下四项重要决策:

(1) 推出时机。新产品上市要选择最佳时机。如果新产品会影响本企业的其他产品,一般应延缓上市,直到原有产品库存较少时;如果新产品仍可继续改进,一般应该待其完善后上市;如果是季节性产品,应在最恰当的季节投放,以便立即引起消费者的注意。大多数产品具有相当强的季节性,很少有企业会在冬季推出饮料新品,一般来说,都是在消费旺季即将到来时,开始大张旗鼓地做新产品的促销工作。

如果竞争者也将向市场推出类似的新产品,并且竞争者的新产品的开发进度和企业相近,那么企业在推出时机上有三种选择:

① 抢先进入。这是先发制人,以使新产品取得先入为主的优势。但不能为了抢先进入市场而推出有缺陷的产品。阿尔·赖斯和杰克·特劳特认为,市场营销中最重要的一点是创造一类成为市场"第一"的产品,因为"第一"胜过最好。创造一种新产品,在人们心目中先入为主,比起努力使人们相信企业能够比产品首创者提供更好的产品要容易得多。抢先进入市场创造了一种"第一",但只有当它有助于使企业及其产品深入人心时才是最重要的。抢先进入潜在顾客和中间商的心目中要胜过抢先进入市场。他们认为,第一个进入人们心目中便是市场营销的一切。

② 同时进入。采用这种方式,企业和竞争者可以分享成为市场"第一"带来的好处,并使竞争者与企业共同分担促销费用。

③ 推迟进入。这是采取后发制人的策略。它可以减少企业开拓市场的促销费用,可以了解竞争者产品暴露出的缺陷并进行产品改进工作,可以了解市场的规模。采取这种策略,企业必须确信竞争者会出现可击之处,企业具有更强大的竞争实力,否则,强有力的无懈可击的竞争者抢先占领了市场,对于企业将是一场灾难。

(2) 推出地点。新产品上市地区应决定是在城市还是在农村,是一个地区还是几个地区,是国内市场还是国际市场。一般情况下,小企业可能选择一个或几个有吸引力的城市推出新产品;大企业往往会采取长期和有计划的市场扩展策略,先在某一地区推出新产品,取得一定的市场占有率后,再向其他地区市场扩展;而一些具有雄厚实力,并有完备的全国或国际销售网络的大企业,也可在全国或国际市场上同时推出新产品。如柯达公司在1963年发明的自动式照相机,同时在28个国家投放市场。

企业选择推出地点时,应该对不同市场的吸引力、影响力、辐射力等方面进行评价,可以从市场潜量、企业在该地区的声誉、销售渠道费用、调研资料质量、该市场对其他地区的影响力及竞争者的市场渗透能力等方面进行考察,确定最佳推出地点和制订市场扩展计划。

(3) 目标顾客。企业应针对最佳的顾客群推出新产品,利用他们的影响力,使产品迅速扩散。从市场试销及更前面的几个阶段所得的资料,可以了解主要目标顾客到底有什么样的特征。理想的目标顾客应具有下列几个特征:是产品的早期接受者;是产品的经常使用者;具有影响力并对产品评价较高;是用最少的促销费用可争取到的消费者。

(4) 营销策略。企业在新产品正式上市前,要制定尽可能完备的营销策略方案,要在市场营销组合各因素之间分配营销预算,确定各项营销活动的先后次序,有计划地开展营销活动。一般来说,新产品在抵达经销商的前几周,先要有一次大的宣传报道活动,到达之后紧接着就要有广告活动,同时可提供赠品以吸引更多的人到产品展示中心去参观,使新产品很快在消费者心目中留下深刻的印象。

以上所述的是新产品开发的一般步骤,但在实际开发过程中,有的新产品的开发并没有遵循上述程序,这称为非程序性开发。

11.4.6 新产品开发策略

产品应具有垄断市场的能力,而实现这种要求的技术基础就是产品设计与开发。新产品开发绝非易事,不仅要投入大量资金,而且具有很大的风险,因为并不是任何新产品都能取得成功的。所以,现代企业除了要按照一定的程序进行新产品的开发外,还需要制定正确的新产品开发策略,这是现代企业成功开发新产品的关键。

1. 新产品开发的战略

通常,开发新产品的战略有两类:

(1) 引导式开发战略。即独立创新,技术领先,开拓新的消费领域,形成新的消费潮流。创新是企业的生命源泉。实力雄厚的企业,能够开展独创性的研究,创造出经济技术性能一流的新产品,取得技术上的领先地位,掌握市场竞争的主动权,以新取胜,以快取胜。

实行创新开发战略的企业,只有具备雄厚的资金实力、一流的科技人才、先进的技术设备、广泛的信息渠道和较强的承担风险能力,才能独上高楼、抢占市场制高点,真正做到你无我有,你有我优,你优我廉,你廉我新,你新我转。

(2) 追踪式开发战略。即追踪国际先进技术与产品,跟随超越,后来居上。这是一种引进与改进相结合开发新产品的战略。先引进、后改进、再创新,往往会产生"青出于蓝而胜于蓝"的奇效。因为跟随超越战略具有大大缩短新产品研制周期,节约研制费用,降低研制风险,提高新产品经济效益等优点。据有关资料记载,日本企业产品改良费用占技术开发费总额的近80%。从1945年至1960年,引进国外技术投资60亿美元,而这些新技术研制费用高达2000亿美元,日本所付出的代价不到研制费用的1/30;日本掌握国外先进技术只需2至3年,而研究开发这些新技术需要12至15年,仅相当于原研制时间的15%—25%,大大提高了新技术的利用率。

2. 新产品开发的策略

（1）产品组合策略,就是将两种以上产品的功能、效用巧妙地组合在一件产品上,使得产品的功能向纵横两方面延伸和扩大,这样可以大大地增加产品的附加值和吸引力。这是一种增值组合经营方式,它带来的不是1+1＞2的效应,而是几倍甚至几十倍的效应。它可以是性能组合、用途组合、配套组合等多种形式。如新春佳节之时,徐福记将不同糖果组合在一起形成新年糖、吉利糖、合家欢等多种产品,从而增加产品的附加值,吸引消费者购买。

（2）产品延伸策略,就是以某种产品及其生产技术工艺为基础,上下延伸、左右扩展的产品开发策略。它可以是品种延伸、功能延伸、材料延伸等多种形式。这种策略投资少、见效快、收益高,特别是以某一名牌产品为龙头开发系列产品时,可扩大企业产品阵容,增强市场渗透能力和竞争力,在整个市场中获取更多的市场份额。如20世纪80年代,戴维·勉兹推出了"豆腐冰淇淋"新产品,这种既有豆制品营养,又保留冰淇淋口味的新产品,很受美国消费者的喜爱,一时风靡市场。戴维借势而为,在一年里推出了一系列新产品,如豆腐面包、豆腐酸奶、豆腐调味汁、豆腐猫狗产品等,使豆制品家族兴盛不绝。

（3）产品搅拌策略,即通过"搅拌",将若干种产品不同的技术、构造综合在一起,演变出成千上百种形式的新产品,并很快推向市场。这种策略不仅极快地推出新产品,而且撤销也非常之快,这种做法常让竞争对手捉摸不透。产品搅拌开发策略还可以达到另外的目的:由于"搅拌"出来的产品具有不同的"个性",因而能适应不同的国家、不同的市场和不同的顾客。例如,日本精工钟表公司就是一个典型。该公司常年生产1000多种不同型号、款式的手表,但所有的这些手表都是在四五种手表的基本构造的基础上"搅拌"出来的。设计人员将机件、表壳、表面以及表带按照不同销售对象进行多样化搭配之后,就推出一种又一种"新产品"。这样,精工钟表公司每6个月就将100多种新品种手表推向市场。

（4）产品还旧策略,即开发传统产品、复古产品、祖传秘方产品。如中国传统服装旗袍的流行、红木雕刻家具的复兴、中国宫廷秘方营养产品的开发、满汉全席的推出、万年青饼干的复苏等,适应了现代人"返璞归真"的流行趋势。

（5）产品模仿策略及模仿改进策略。模仿策略是指在市场领导者推出新产品之际,市场追随者立刻制造出类似的产品,与市场领导者争夺市场的策略。这是一种"跟踪"策略,在营销学中也被称为"NO.2战略"。也就是指第一让别人去做,风险也转给其他公司,企业甘做第二号,据说这是犹太人做生意的诀窍之一。日本很多现代企业专门组织一批人到市场上去搜集新产品,然后查看究竟,再组装仿制。模仿策略常见于产品不断推陈出新的行业,如服装业等。名牌服装上市不到一星期,就有相同款式的设计,出现在一般服饰店的橱窗里。从市场竞争和企业经营角度看,在新产品开发中,模仿策略不失为一种重要的策略。但有一点必须指出,从企业的长远发展看,这种策略并不是企业的一项最终策略。模仿是为了使自己有一个更高的起点,不能总跟在别人后面跑,这样就失去了主动。就像长跑一样,有经验的选手先是跟着别的选手跑,但这不是他最终的目的,他的目的是在最后的赛程中超过对手。

模仿改进策略与完全模仿不同,通常是等竞争厂商的新产品一进入市场,立即加以模仿并予以改进,这种做法,可以节省大量的产品开发费用,而且具有灵活性与效率,更适合市场的需求。日本松下电器公司是这种开发策略的典范。人们称它为"模仿别人"的公司,而松下公司毫不介意,因为它从中发挥"后发优势",收到了极大的益处。松下公司有一个很有名的公式:引进+改进=创新。松下公司注重的是对现有新技术进行革新和完善。松下公司有23个实验室,专门分析竞争对手的新产品,发现不足,加以革新改进,生产出更低成本、更高质量和更完善性能的新产品,从而达到超越对方、占领市场的目的。索尼公司首创的"具塔迈克斯"牌录像机在当时市场上是无可匹敌的,但松下公司通过调查发现,索尼录像机存在着容量小、放映时间短的缺陷。于是,在索尼录像机技术基础上,开发出容量大、放映时间更长、价格比"具塔迈克斯"牌录像机低15%的"乐声"牌录像机,后来者居上,其国际市场占有率大大超过了索尼录像机。而意大利的派克德公司更有自己的绝招:凡是别的公司新产品问世,他们的工程师在用户那里检查本公司的设备时,就向用户探询那种新产品的优缺点以及用户还有哪些其他要求。没过多久,派克德公司的推销员就登门推销完全符合用户要求的自己公司生产的新产品了。

(6) 产品变身策略,是指在新产品的开发中,企业对原有产品从大小、色彩、形状、功能、品名、美丑等方面进行改变,使之适应不同消费者的需求,如开发不同包装、不同色彩的休闲产品。例如,乐事推出带有小抽屉新包装的薯片,取用更方便,吸引了消费者购买;有些服装厂商推出带有各种不同颜色补丁的牛仔裤,以满足年轻人追求个性的要求。

(7) 产品剔弊策略,是指在新产品的开发中,企业以现存产品为对象,找出其缺陷与不足,按照需要加以改进,开发出优于现存产品的新产品。在日用产品的开发上,如果经营者能以商品的缺陷做文章,往往也能寻找到许多产品的生意眼。如20世纪50年代,有一个叫鬼冢嘉八郎的日本人,得知体育运动会有更大的发展,便想从生产运动鞋上发财致富。他走访了许多优秀篮球运动员,与他们一起打球,终于亲自验证了篮球鞋的缺点:容易打滑,止步不稳,影响了投篮准确性。怎么克服这一缺陷?他日思夜想,终于从鱿鱼触beam长着的一个吸盘上受到启发,决定把球鞋的平底改成凹凸底,以防止打滑。产品投放市场后,人们争相购买,这种新型球鞋排挤了当时所有厂家的同类产品而在市场上独占鳌头。

这个例子充分说明,从现有产品上找问题,找出缺陷,再设法补足,也是一条开发新产品的途径。

（8）产品拾遗补缺策略，是指企业开发别人不愿意生产的冷僻产品和市场遗漏产品。一方面，企业可以开发"垦荒型"产品。如苏北一个乡镇企业得知美国人喜欢养狗，意大利人喜欢养猫，他们就利用当地丰富的柳条资源加工成多种风格各异的狗窝、猫窝、鸟笼子等，销路很好。另一方面，企业也可以开发"冷门型"产品。如海门市秀山微型灯泡厂生产别人不愿生产的 1.5V/0.75A 和 1.5V/0.85A 两种微型灯泡，并把这种产品投向香港市场，获利甚丰，产品还供不应求。再如，香港一家手表厂在市场趋向于轻薄短小的情况下，推出有两块手表那么大的电子表，液晶显示的数字也很大，很受近视与老年顾客的欢迎。

（9）产品奇特策略。新产品应尽量适应消费者特殊的心理，满足其好奇心，在产品的用途、功效、造型、包装、色彩、品名等方面力求新颖奇特。如品名奇特的产品：王麻子剪刀、狗不离包子、懒汉茶炉等；功能奇特的产品：不用线的缝纫机、不用牙膏的牙刷、不用洗涤剂的洗衣机等。此外，企业也可以将不同行业交叉结合起来开发奇特的新产品。如日本的陶瓷业与造纸业结合，生产出一种"陶纸"具有能剪、能折、能编、能贴、轻薄、防燃烧等特点。

（10）产品仿生开发策略，即模仿自然生物的形态和功能设计制造出各种产品，如模仿蝙蝠的声波发明了雷达；模仿鲸鱼发明了潜艇；根据乌龟的防护功能设计出了坦克；依据蛇的生理功能创造出洗衣机、淋浴器中的蛇皮管；仿照企鹅的性能设计制造了在雪地上行走的无轮子汽车。大家知道，企鹅是南极最古老的动物，通常在陆地上蹒跚而行，但遇到紧急情况时，它们却能以 30 公里/小时的速度在雪地上飞跑。原来，它们的运动方式极其特殊，扑倒在地，用肚子贴在雪表面，蹬动双脚，便可在雪地上快速滑行。在企鹅的启示下，人们就设计了无轮子汽车，这种汽车用宽阔的底部贴在雪面上，用轮勺推动着前进，它重达 1300 公斤，行驶速度却可达 50 公里/小时，它不仅解决了雪地的汽车运输打滑问题，还可以在泥泞地带行驶。

■ 本章小结

产品并不是一个简单的概念，它包含五个层次。每个层次上都可以创造出企业产品的差异化。企业需要拥有的产品线和产品项目的数量会给予其不同的竞争优势和劣势。任何一种产品都不可能永远在市场上存在，它必然受到产品市场生命周期的制约。进入衰退期的老产品需要新产品来替代，这就需要企业建立一个新产品开发战略。新产品的开发需要一系列步骤和方法。

思考题

1. 如何理解产品整体概念？
2. 产品组合的概念包括哪些？
3. 试述企业产品组合策略。

4. 简述产品生命周期各阶段的特征与营销策略。
5. 简述新产品开发的原则与程序。

案例分析

万科创新产品策略"蝴蝶模式"

深圳市万科房地产有限公司成立于1994年,是万科集团全资子公司,核心利润企业。公司前身为1988年成立的万科集团房地产经营管理本部,是万科房地产业务的发源地。20年来,公司专注于房地产市场的开发,以不断的创新和超越铸造了引领市场的优秀项目品牌,经营业绩实现持续增长。在持续发展的过程中,深圳万科地产凭借一贯的创新精神及专业开发优势,秉承"规范透明、心态开放、尊重他人和健康丰盛"的文化,成就客户居住梦想。

2010年6月9日,深圳万科"智·享·悦变"新品暨产品策略发布会在万科中心举行。会上,顺应深圳人居需求升级的趋势,深圳万科一举推出了"CITY城市主流""NATURE养生度假"和"TOP高端尊享"三大产品系列共10个项目,并首次发布了全新的产品策略——一体两翼生活解决方案"蝴蝶模式"。

万科集团副总裁、万科深圳公司总经理杜晶先生表示:"为满足多样化人居需求,在经营战略上,深圳万科已从住宅产品升级为'明星住宅开发+配套物业经营'的多元化业态经营,以住宅为核心通过多元化业态经营来全面提升人居生活品质。在这一经营战略的背后,是万科全新的产品策略——一体两翼生活解决方案'蝴蝶模式。'"本次盛大亮相的深圳万科"蝴蝶模式"以持续优化的产品为主体,包括定制精装、大师设计及工业化三个组成部分;左翼为持续升级的服务"3W万维社区",右翼为持续领先的技术"光合建筑"。该一体两翼生活解决方案"蝴蝶模式"针对新时代人居生活需求提出了创新的解决方案。

一、"第一居所"渐显多样化,深万科步入多元业态经营

据国家统计局数据显示,深圳居民人均GDP已达近1.3万美元。同时,万科针对市场的常年跟踪研究发现,深圳城市住宅人居正随生活水平的提升而显现出多样化的需求趋势,而深圳人对"第一居所"的期望表现出一定的差异性。"这一发现是针对自住型市场需求分析得出的",深圳万科相关负责人认为,"一直以来,我们的研究团队坚持从复杂的市场中聚焦自住型需求。本次三大产品系列的推出正是为市场度身定制"。

该三大产品系列包含全年的10款产品,不仅消费价值鲜明,更带有明晰的万科烙印。其中,包括万科华府、万科第五园、惠州金域华庭、金色沁园以及新品金色半山和金色领域在内的CITY城市主流是城市经典系列,旨在满足主流人群三大核心需求:核心生活区位、多样化的户型和配套社区。该系列不仅创新多元化居住模式,更致力于打造独特的人文居住标签。NATURE养生度假系列则重在满足都市人对于自然人居的两

大核心需求：自然山水资源与主题式养生度假体验，包含棠樾及清林径两大作品。TOP高端尊享作为万科最高端的系列，独拥"稀缺资源和大师级限量珍品"两大特色，包括万科中心和天琴湾两大代表作品。2010年下半年，天琴湾亮相，其中获得"世界十大豪宅"奖项的美国"线与空间设计事务所"莱斯先生的设计作品也首度公开。

随着需求的多样化，纯住宅产品已经不足以满足市场。万科集团副总裁、万科深圳公司总经理杜晶先生表示："在经营战略上，深圳万科从住宅产品升级为'明星住宅开发＋配套物业经营'的多元化业态经营，以住宅为核心，通过多元化业态经营来全面提升人居生活品质。"据介绍，2010年6月，深圳万科将签约威培斯酒店管理集团，管理旗下万科中心酒店项目。据悉，威培斯酒店管理集团是一家极为重视建筑设计和服务品质的六星级酒店管理集团，而该万科中心酒店项目集度假与商务功能于一身，预计于2011年内开业。同期，深圳万科还将与第六感觉度假酒店集团签约管理大甲岛酒店。该集团非常重视生态环保以及客户体验。每一家六感酒店，都是在尽最大可能保护生态原始风貌的前提下，去营造视觉、听觉、嗅觉、触觉、味觉以及心灵感觉上的丰富体验。大甲岛六感酒店预计于2012年内投入运营。深圳万科首个城市综合体龙岗中心区项目也在紧锣密鼓的筹备中，未来该项目将包括商业、写字楼、产权式酒店、住宅等多种业态，提升了城市级商业配套的便利性。与此同时，万科正积极布局深圳的多个城市综合体项目。

继2000年以来，万科已7年蝉联深圳市场榜首。骄人业绩背后，正是万科不间断的自住需求研究与产品更新的过程。恰逢国务院批复深圳经济特区扩容利好，2010年，万科的多个项目将直接受惠于此。深圳万科相关负责人认为，"我们在享受政策惠利的同时，一方面将为消费者带来更多的生活附加值，另一方面也希望能为片区的居住品质提升添砖加瓦"。

二、解决三大难题，创新方案开启"蝴蝶时代"

如何在确保产品品质的同时，享受个性化和领先设计的住宅？如何让家中的每一位成员都获得量身定制的社区生活享受？如何更健康自然地舒适生活？深圳万科相关人员介绍，跨过80年代的"住宅即住房"和90年代的"住宅＋物业服务"模式，现如今，深圳万科已经在致力于解决新时代人居背景下的三大品质生活难题。

成果便存在于破茧而出的蝴蝶和一体两翼的架构中。这一生动的形象不仅是对深圳人美好生活期待的表达，更架构出深圳万科未来的产品策略。事实上，"蝴蝶模式"是一个既广泛覆盖日常生活体验，又包含深层创新成果的产品力组合。

蝴蝶模式主体——持续优化的产品：基于对客户需求的深入洞察，深圳万科一方面为客户提供多样化的定制精装方案，全面整合户型设计、项目施工、装修及景观规划等系统环节，打造出贴心、舒适、个性的精致生活享受。为此，深圳万科创新研发四级精装修标准：北欧风情、流金岁月、温馨家居、现代简约，满足不同客户的多样需求。另一方面，万科在行业率先采用领先的工业化技术，不仅降低建筑消耗，更提升产品品质。而在产品设计方面，深圳万科联手扎哈·哈迪德、史蒂文·霍尔、莱斯·沃里克、谢尔曼等一批世界顶尖建筑大师设计艺术作品，不仅让住宅焕发无穷生机，更将生活提升至艺术的精神层次。

蝴蝶模式左翼——持续升级的服务：在颇有口碑的物业品牌基础上，深圳万科创新打造"3W万维社区"，包含"社区级商业＋区域级商业＋城市级商业"组合的无缝商业配套享受、"社区节日＋社区义工联＋社区俱乐部"组合的无忧缤纷生活社区以及万科酒店管理公司所提供的无微不至尊享服务。"万科社区不仅生活便利，在上班的同时也无须担心家人的生活安排。孩子放学可先去'四点半乐园'，老人也有自己的俱乐部。同时，酒店式服务让人感觉十分贴心"，深圳万科相关人员如是描述。

蝴蝶模式右翼——持续领先的技术：万科聚焦生活中的健康问题，提出了绿色解决方案"光合建筑"。事实上，绿色概念已经风靡中国房地产界。"但我们发现由于气候及城市发达程度的差异，消费者在绿色方面的需求有一定的差别"，深圳万科相关负责人表示，"光合作用作为绿色技术的应用，更多的是基于客户需求本身"。万科通过长期研究发现，南方客户对生活品质的关注集中于西晒、噪音及隔音、空气质量、水质、儿童安全及节能七个方面，归纳起来可以分为"阳光、空气、水"。受"光合作用"的灵感启发，万科创造出智慧运用"阳光、空气、水"三大生命要素的"光合建筑"，通过"阳光能量管理"，调节居住微环境的"空气体系"、"中水、雨水的综合利用"及增强的儿童安全保障系统提升客户的生活品质。据介绍，伴随"光合建筑"技术的成熟，"光合园林"和"光合会所"也将引入万科的社区中，为客户创造真正的"光合空间"。

行业资深人士分析，以一体两翼生活解决方案"蝴蝶模式"支撑"智·享·悦变"的品牌主张，显然，深圳万科已经由2009年的"幸福悦变"理念落实到了2010年的产品体验层面。在新政调节市场回归居住本质的大势之下，深圳万科率先推出的"蝴蝶模式"则新颖地引领市场进入"价值战"阶段，或将掀起一股产品成熟升级的"蝴蝶效应"。

资料来源：搜狐焦点网，2017年6月10日访问。

案例思考题

你如何看待万科的产品策略？

第 12 章

品 牌 策 略

学习目标

通过本章的学习,了解品牌的概念、内涵及种类,要求认识品牌、名牌、商标及包装作为产品整体概念组成部分的重要性;掌握品牌商标决策及如何进行品牌经营;熟悉品牌决策的基本流程,掌握品牌定位、设计及品牌管理的基本内容,正确了解包装的作用及包装策略。

学习重点

品牌的概念、内涵;品牌设计、品牌管理的基本内容和策略;包装的基本策略。

引导案例 小熊电器的品牌策略

在 2017 年 8 月的北京 noob 市集上,智巧小家电小熊电器携手黄小厨推出两大品牌第二套联名产品"熊暖暖",新品一经发布即受现场观众热捧。不仅如此,在市集期间,相关微博话题阅读量达近千万,线上传播覆盖人数总量更是超六千万人次。究其原因,不难发现小熊电器始终坚持以消费者为核心,高举优质产品和创新营销两面大旗,通过产品输出抢占市场份额,并将"幸福厨房的美好日常"的品牌理念送进千家万户。

8月25—27号,小熊携手黄小厨在北京大开 noob 市集,开启三天两夜的美食狂欢之旅。继 4 月 noob 市集推出元气早餐包"熊醒醒"后,此次市集小熊电器与黄小厨再次推出了联名产品——秋冬炖养系列"熊暖暖",新品一经亮相即广受欢迎。甚至还有此前亲子烹饪大赛的冠军家庭现身市集,就是因为此前"熊醒醒"给他们留下了深刻的印象,此次专程来到现场,希望带着孩子一起第一时间体验"熊暖暖"的烹饪乐趣。

"好的产品会说话",消费者的认可,是对产品最好的肯定。在观众互动环节,就有粉丝利用一台养生壶烹制出多种舌尖上的美味。"没想到小小一台养生壶竟有那么强大的功能,煲汤熬粥、煮面热牛奶都不在话下,操作起来也简单,真心不错。"在市场主场逐渐被年轻消费群体统领的当下,小熊电器迎合消费主力不愿被厨房琐事束缚、追求口味创新的需求,凭借安全便捷的操作方式,个性化的设计,成功撬动了市场需求的"新风口",逐步确立了年轻家电品牌的领导地位。

"酒香也怕巷子深",拥有过硬的产品,也需要创新营销模式助力,才能在行业竞争中打造品牌"金名片"。noob 市集上小熊电器凭借超高的人气,收获好评无数,与其近年来的营销战略布局分不开:与生活方式类品牌黄小厨进行全年战略合作,以场景化营销与消费者体验式模式,拉近产品与消费者、消费者与品牌之间的距离,进而传递"幸福厨房的美好日常"的战略合作理念;携手热播剧《醉玲珑》进行产品推广,风趣诙谐的软广植入,将娱乐与产品捆绑一体,全方位网罗各类消费群体的同时,强势输出品牌理念。

在现场,不少观众看到小熊与黄小厨联手打造的系列产品——"熊醒醒"&"熊暖暖"时,就表示要马上抱回家:自己虽不擅厨艺,但通过简单又好用的小熊电器,也能变身厨艺达人,玩转幸福厨房。也有观众表示,通过热播剧《醉玲珑》了解到小熊酸奶机,这次市集就想淘些明星同款回家,自己虽无法近距离靠近偶像,但购入明星同款,复制偶像生活日常,也能拉近与偶像之间的距离。

"金杯银杯,不如观众的口碑"。在新媒体时代,要想赢得消费者的心,打造品牌升级,就必须让品牌有力发声,以媒体为传播载体,以内容为品牌核心,通过创意营销为亮点,真正潜移默化地将品牌推向社会大众。通过与黄小厨全年战略营销合作,提高品牌曝光度;利用线下体验营销形式,与消费者进行深度对话。此次小熊电器新品在 noob 市集上广受热捧,再次印证了其品牌营销创举上的成就。

资料来源:《好的产品会"说话",从 noob 市集看小熊电器品牌升级之路》,http://www.caijing.com.cn/20170901/4325788.shtml, 2017 年 6 月 3 日访问。

现代社会中,品牌是一个非常重要的经济和社会现象。消费者依赖品牌来辨别、选择产品和服务乃至于依靠品牌表现自身的品位、价值观和情感取向;制造商或服务商则通过品牌来传达产品质量、情感乃至价值取向等诸多内容,以赢得顾客忠诚和随之而来的长远发展。不仅如此,越来越多的非营利机构也采取了品牌化的做法,积极塑造自身的品牌形象,以求利用强大的号召力实现自身的目标。

12.1 品牌的基本概念

12.1.1 品牌的起源与发展

1. 起源

品牌的本意是用来区别不同生产者的产品。事实上,英文中的"品牌"(brand)一词源于古挪威语的"brandr",意思是"打上烙印"。古人最初就是通过在牛身上打上不同的标记来表明其主人的。渐渐地,这种以特殊标记表明物品所有权的方法便广泛应用于区分各种私有物品,如各种牲畜、器物乃至奴隶。

随着商品交换的广泛进行,人们逐渐发现同种商品由于生产者的不同,其质量也存在着较大差异。由此,部分高质量产品生产者的声誉建立起来了。人们在选择商品时会有意识地选购较有声誉的生产者的产品。在此背景下,部分有声誉的生产者借鉴了以烙印区分私有物品的做法,在自己的产品或产品包装上采用独特的标记来显示其生产者。这便是品牌的雏形。

随商品经济范围的进一步扩展,采取独特的标记标明生产者的做法得到广泛的应用,并发展成为某一生产者的产品起一个独特名称的做法。中国大多百年老字号,如"张小泉""茅台""王致和""致美斋""同仁堂"等著名品牌都源于此。

产业革命的到来使众多资本主义国家的生产力水平得到空前提高,商品数量、种类极大地丰富起来。作为普通消费者或者由于缺乏种类繁多的商品专门知识,或者不愿意花费太多的时间成本来区分这些商品,从而使借助于品牌来区分并选择商品成为普遍的做法。品牌在这一阶段得到了迅速发展,并开始具有现代品牌的特征。许多现在仍然流行于世界各地的著名品牌如"象牙"香皂、"可口可乐""雀巢"等都起源于这个时期。

品牌随着社会、经济的快速发展而不断发展。在现代社会中,品牌已经不仅仅起到区分生产者的作用,而更多地蕴涵着某种价值取向、情感追求或成为某种品位的代表。随着品牌意识的发展,不同类型组织的"品牌化"趋势日趋明显,也就是说,品牌的应用范围不断扩大,越来越多各种类型的组织,包括非营利组织(学校、医院、公益事业组织等)甚至个人已开始应用品牌的力量达成自身的目标。

正如美国广告专家拉里·莱特(Larry Light)所说:"未来的营销是品牌的战争——品牌互争长短的竞争。商界和投资者将认清品牌是公司最珍贵的资产。这个概念极为重要,拥有市场远比拥有工厂重要,而拥有市场唯一的途径就是拥有具有市场优势的品牌。"

2. 国际知名企业创建名牌的经验

国际著名品牌大多经历几十年乃至上百年的发展历程,具备强有力的市场号召力。美国的可口可乐、百事可乐、麦当劳,欧洲的奔驰、宝马乃至亚洲的丰田、索尼、三星都是如此。国际著名品牌的成功之路千差万别,但不同的成功故事背后,必然存在着某些共

同的规律。总的说来,名牌的打造经验可以简要地概括如下:

(1) 强烈的品牌意识。知名品牌的创建者无不具有强烈的品牌意识,善于将经营企业与经营品牌结合起来,实现企业有形资产和品牌资产的共同增长。

(2) 长远的眼光与战略规划。创建知名品牌是一项长期的系统工程,不能因为短期目标偏离品牌经营的原则,而是必须着眼于长远目标,制订战略规划,并通过长期不懈的努力来贯彻实施。

(3) 有效的经营策略。知名品牌大多经历了几十年乃至上百年的发展历程,面对复杂多变的市场环境,善于采取灵活有效的经营策略,才在市场竞争中保持优势,并最终建立起品牌的良好声誉。

(4) 有杰出的价值表现做后盾。每个著名、持久的品牌背后都有着杰出的价值表现。著名品牌之所以得名,其根本原因在于具备或者曾经具备卓越的产品性能、体现出独特的价值。

(5) 凝聚独特的精神价值。有关研究表明,人们在选择商品时并非是完全理性的。人们作出购买决策时所考虑的不仅仅是商品性能,更多的情况下往往十分注重品牌所蕴含的精神价值。

3. 中国企业创建名牌的努力

随着经济的不断发展,消费者需求层次逐步提升并呈现多样化,产品供应日益丰富,市场竞争日趋激烈,品牌的概念在逐步扩展,其内涵也越来越深刻。与此同时,品牌的影响力与日俱增,成为支配人们选择商品即服务的重要力量。

现代社会,品牌已经成为一种十分复杂的经济现象。消费者需要品牌,因为他们可以通过品牌选择产品,降低风险,得到增加期望的物质利益以及精神利益;企业需要品牌,因为品牌可以区别于其他公司的产品,可以通过消费者建立起品牌的信任而使品牌更加具有竞争力,从而获得更大的利益。

消费者通过品牌选择某个企业的产品及服务,企业通过品牌来影响消费者的选择,这个基本道理看起来很简单。然而,消费者不仅受到自身各种因素的制约,而且面对着众多的不同品牌,企业在实施品牌战略和策略的过程中,不仅要针对目标消费者,也要考虑竞争者的影响,因此,这个交互的过程受到许许多多因素的影响,其作用机理十分复杂。

虽然品牌现象十分复杂,但却具有重要的理论意义及实践价值。尤其是在经济全球化的背景下,国际著名品牌的影响力已经超越国界。可以看到,跨国公司在中国市场上推出的产品几乎覆盖了各行各业,超级市场上琳琅满目的商品中,国际名牌已经牢牢地占据了货架;一些中国知名企业不仅在国内实施名牌战略,也在积极地创建国际品牌。2000年4月23日,美国《华盛顿邮报》在题为《中国企业竞相创立国际品牌》一文中指出:"中国能否在全球经济中获得成功,在某种程度上取决于中国公司能否创建出人们认可并喜爱的品牌。"

因此,从国家层面来看,拥有世界级企业和世界级名牌的数量,已经成为国家经济实力的重要表现。从企业层面来看,著名品牌是企业的宝贵资源,是企业赢得消费者、克敌制胜的重要武器。

自从20世纪80年代以来,中国经济一直保持着快速良好的增长势头,一大批企业迅速成长,为中国经济发展做出了巨大贡献。由于企业界认识到创立品牌的深远意义,不少企业提出并实施了名牌战略,政府和学术界对此都给予高度关注。1995年起,北京名牌资产评估有限公司每年定期发布中国名牌价值评估报告。1995年,它首次对中国本土分布在17个行业的80个品牌的价值进行了评估,其中红塔山名列榜首,其品牌价值为320亿元。根据当时国内品牌林立、竞争日趋激烈的情况,北京名牌资产评估有限公司提出:中国已经进入品牌竞争时代! 2003年12月5日,北京名牌资产有限公司发布了2003年中国品牌价值报告,公布了12个行业的32个品牌的价值。其中,海尔以530亿元(人民币)的品牌价值位居榜首;红塔山以460亿元位居其次;TCL以267.12亿元名列第六;美的以121.50亿元名列第八。令国人感到欣喜的是,一批中国本土品牌在市场竞争的洗礼中成长起来了,其中海尔是成长得最快的品牌。

市场竞争犹如大浪淘沙,一批本土品牌突出重围迅速成长起来的同时,也有许多品牌倒下了。据统计,1995年国内家电行业有200多个品牌。到2000年,只剩下20多个,短短5年时间,90%的品牌夭折了。令人们关注和忧虑的是,品牌的短命现象在日化、保健品、白酒等行业中也大量存在或正在发生。1999年,著名的盖洛普(Gallop)咨询有限公司在中国进行了一项调查,得到了一个结论:"未来5年,中国现有企业品牌中有80%将会面临死亡的命运。"然而,当时这个预言并未被人们所关注。今天,回过头来看,这个预言正在成为事实。2004年,世界经理人网站(www.icxo.com)刊登了标题为《盛极而衰,中国10大陨落名牌榜》的系列评论文章,其中列出了旭日升、小鸭、秦池、活力28、爱多、巨人集团、三株、乐华电子、太阳神、春都等风光一时、人们耳熟能详的品牌。

当然,尽管像通信、IT等行业的国际品牌优势明显,但冰箱、彩电等家电行业已由中国品牌全面收复失地,国产品牌冰箱的市场份额高达93%便是明证。"洋烟"除"三五"尚有一定市场外,其余的几乎失去了中国市场;"洋酒"市场下滑、价位回落;"洋茶"除了"立顿"之外,其他已难以抗衡茶叶王国的系列名茶。国际国内品牌的全面对话和交融,使中国企业的品牌地位不断提升,本土企业品牌管理水平也逐步提高。

客观地说,企业有生有死,品牌有兴有衰,是市场经济的必然现象。然而,"你方唱罢我登台,各领风骚三五年",众多本土品牌大批倒下的严峻现实反映出我国大多数企业对创立名牌的认识不足,缺少必要的理论指导。在本土企业中,真正制定并实施品牌战略的企业为数不多。许多企业还没有认识到顾客才是品牌的基础;品牌理念和策略没有延续性,一会儿一种办法;对环境的新变化反应迟钝,简单地沿用"天上打广告,地上铺渠道"的老套路;舍得花钱做广告,不舍得花钱做服务提升美誉度;误把品牌知名度当作品牌资产,错把品牌管理等同于商标管理;创建品牌过程中没有制度和组织上的保证。凡此种种,都说明我国企业的品牌管理尚处于初级阶段。

12.1.2 品牌的概念与内涵

有关研究表明,品牌是个多面性的概念,蕴涵着丰富的含义。有学者提出了"品牌的冰山"理论,指出:标识、名称等仅仅是品牌的可见特征,完整的品牌概念还包括价值观、智慧、文化等不可见部分。可见,部分与不可见部分的关系可以用一个飘浮在水中的冰山来形容。其中,标识、名称等可见部分仅占品牌内涵的15%左右,而价值观、智慧、文化等不可见部分则大约占品牌内涵的85%。

1. 品牌的定义

1960年,美国市场营销协会(American Marketing Association)对品牌给出的定义是:品牌是用以区别某个销售者或某群销售者的产品或劳务,并使之与竞争对手的产品及劳务区别开来的一个名称、名词、标记、符号或设计,或者是它们的组合。

1998年,英国学者德·彻纳车尼和麦克唐纳给品牌下的定义是:一个成功的品牌是一个可辨认的产品、服务、个人或者场所,以某种方式增加自身的意义,使得买方或用户觉察到相关的、独特的、可持续的附加值,这些附加值最可能满足他们的需要。

该定义以"成功的品牌"作为开头,指出现代品牌不仅局限于产品或服务,个人(如政治家、流行歌星、公司总裁等)、场所(夏威夷、马尔代夫、芭堤雅、九寨沟等旅游胜地)都可以成为品牌。该定义的另一个重要术语是"可辨认的",这说明品牌具有迅速识别的功能。此外,该定义对成功的品牌的解释是必须具有相关的、独特的、可持续的附加值。

广告专家约翰·菲利普·琼斯1999年对品牌的定义是:品牌,是指为顾客提供具有值得购买的功能利益及附加值的产品。

著名广告公司O&M则认为:品牌是一个商品透过消费者生活中的认知、体验、信任及感情,挣到一席之地后所建立的关系。

广告界权威大卫·奥格威也对品牌作过深刻的描述:品牌是一种错综复杂的象征,它是品牌属性、名称、包装、价格、历史声誉、广告方式的无形总和。品牌同时也因消费者对其使用的印象及其自身的经验而有所界定。品牌是产品与消费者的关系。

中山大学卢泰宏教授指出:"过去的品牌在主张所有权时只是采取一种单纯防御性的方法,只是为了使敌人难以偷走庄园里的东西;而现在的品牌既具有防御性,又具有进攻性。防御性指一个稳固的品牌可以制止竞争对手试图抢占品牌所有者的市场;进攻性指一个稳固的品牌可以积极沟通各种层次上的潜在顾客,为他们提供各种各样充分的理由来购买产品。"

可以看到,以上观点虽然各有不同,但都存在着内在的联系,他们都是从不同的角度对品牌的内涵进行阐述来界定品牌的。不管怎样,这些定义可以帮助我们对品牌本身进行更加全面的理解:

(1) 品牌能够区分企业与其竞争对手的产品或服务;
(2) 品牌能为顾客提供其认为值得购买的功能利益及附加值;

（3）品牌是一种综合的无形资产；

（4）品牌是企业对消费者在产品特质、利益和服务上一致性的承诺。

综合以上观点，我们采用美国市场营销专家菲利普·科特勒的定义：品牌是用以标识一个或一群营销者的产品或劳务，并使之与竞争对手的产品或劳务区别开来的一种名称、标志、图案、符号、设计或者是它们的组合运用。

还必须强调的是：品牌概念是一个集合概念，包括品牌名称、品牌标志和可注册的商标三大部分。品牌名称指品牌中能够发音，能够被读出的那一部分，如"可口可乐""长虹""联想"等。品牌标志（brand-market）指品牌中可以通过视觉辨别，能用语言描述，但不能用语言直接称呼的部分，如品牌的符号、图像、图案、色彩等。作为著名品牌的家电品牌"海尔"的那两个互相拥抱的儿童形象就是其品牌标志。商标，从字面解释，是商品的标记，以示与其他生产者及经营者的同类商品和劳务的区别。简而言之，商标是区别验证商品及劳务的标识。

2. 品牌的内涵与品牌的核心价值

（1）品牌的内涵。品牌的作用是使产品或劳务区别于竞争对手的产品及劳务。在营销活动中，品牌并非是符号、标记等的简单组合，而是产品的一个复杂识别系统。其内涵包括六个方面：

① 属性。属性是指品牌所能够带来的、符合消费者需要的产品特征。比如，"奔驰"代表高贵、精湛、耐用；"海尔"代表适用、质量及服务等。属性是消费者判断品牌接受性的第一要素。因此，品牌带来的属性应当能够符合消费者的需要。

② 利益。消费者购买某一品牌产品，购买的并不是该品牌所提供的属性，而是该产品属性所能转化而来的功能或利益。购买"耐用"这一属性，是因为产品可以使用更长时间；"昂贵"带给消费者的是受人羡慕的情感利益；"技术先进"带来的是超凡的舒适及便利性等。因而，营销人员应当注意，品牌带来的产品属性是否能够提供消费者需要的利益。

③ 价值。品牌提供的价值包括营销价值和顾客价值。营销价值，是通常所说的"品牌效应"，即品牌若在市场上被广泛接受，则可以为企业节省更多的广告促销费用，带来更多的利润。顾客价值，主要指品牌的声誉及形象可满足的消费者的情感需求。

④ 文化。品牌中所蕴含的文化是使品牌得到市场高度认可的深层次因素。市场对品牌的偏好反映的恰恰是消费者对品牌中所蕴含的文化的认同。每个品牌都会从产品中提炼自己的文化。在生活中，说明文化深深地影响着并渗透在品牌中的例子随处可见。

⑤ 个性。品牌个性的塑造是为了使消费者产生一种认同感和归属感。不同的品牌有着不同的个性。如"可口可乐"追求的"尽情享乐"的个性，就迎合了许多青年消费者追求自由和快乐的需要；"奔驰"车则追求的是"雍容华贵、沉稳"的个性。

⑥ 使用者。上述五个品牌层次的综合已经基本界定或暗示了购买使用该品牌产品的消费者类型。比如，"奔驰"的使用者大多是事业成功人士；"娃哈哈"的使用者最早界定在少年儿童，现在该品牌的内涵有所扩展，对于其延伸和扩展，学术界有争议，我们另

外的题目下再谈。使用者对品牌的选用,也反过来恰恰反映出消费者对品牌文化、价值和个性的认同。

品牌的六个层次的内涵之间并不是一种并列关系,他们之间的关系可以归结为三个层次,如图12-1所示:

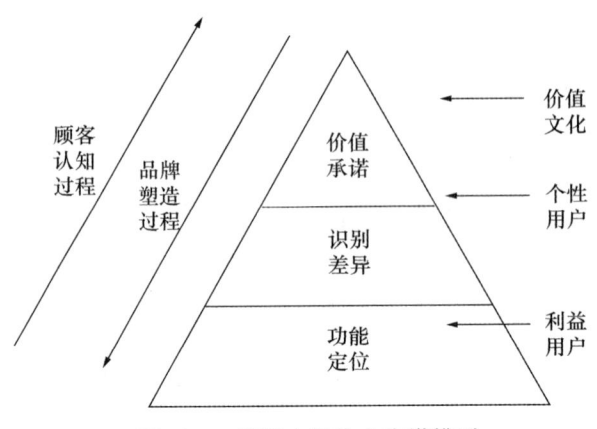

图12-1 品牌内涵的金字塔模型

从顾客认知的过程看,往往是从品牌的利益、属性体验到品牌的功能定位之后才意识到品牌在用户、文化、个性上的独特,最后才能够领悟到品牌的核心价值。比如,消费者总是先体会到奔驰车的高性能,之后才认同它的市场定位,对它产生文化和个性的联想,再通过长期大量的积累才相信其作出的价值承诺——"世界上工艺最完美的汽车"。

从企业品牌塑造来看,则应该是以其作出的价值承诺为核心,建立品牌文化,树立品牌个性,定位目标市场,从这几个方面去设计和塑造品牌的属性和提供利益。以品牌的核心价值统率品牌的塑造过程,才能保证品牌管理的成功。

(2)品牌的核心价值。品牌的核心价值是指品牌的内核,是品牌资产的主体部分,是消费者能够明确、清晰地记住并识别的品牌的利益及个性,是驱动消费者认同、喜欢乃至喜爱的一个品牌的主要力量。

例如,舒肤佳沐浴露能够"有效祛除细菌",六神花露水代表的价值是"草本精华、凉爽、夏天使用最好",宝马是"驾驶的快乐",沃尔沃定位于"安全"。因为有自己清晰的核心价值与个性,这些品牌可以凭借差异化特征,在所选择的目标市场上占据较高的市场份额。消费者也因为对其核心价值的认同而产生对品牌的美好联想,并进一步产生品牌忠诚感。

然而,不能将品牌核心价值片面地理解为品牌为消费者提供的物质层面的功能性利益,或者极端地理解为品牌核心价值就是品牌给目标消费者传达的物质层面的功能性价值。实际上,品牌核心价值完全可以是情感型价值与自我表现(社会型)型价值,也完全可以是一种审美体验、快乐感觉;表现财富、学识、修养、自我个性、生活品位与社会地位,见图12-2。

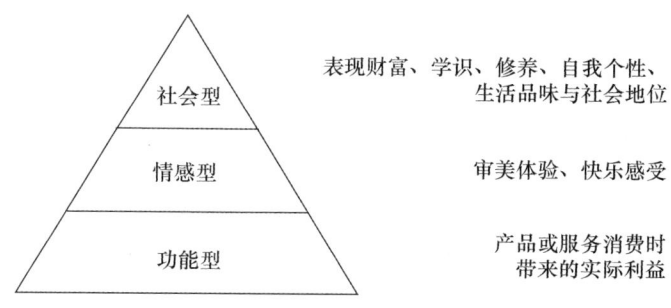

图 12-2　品牌价值的金字塔模型

随着科技进步,产品同质化越来越严重,这就要更多地依赖情感型与自我表现型利益的品牌核心价值来与竞争产品形成差异;社会越进步,消费者的收入水平越高,张扬情感性价值与自我表现型利益的品牌核心价值就越对消费者有诉求力和感染力。

情感性利益指的是消费者在购买和使用某个品牌的过程中获得的情感满足。"钻石恒久远,一颗永流传"让人洗却浮躁,以一颗宁静的心灵感动于纯真爱情的伟大。"不在乎天长地久,只在乎曾经拥有"让每一位历尽沧桑的人在回首往事时都有刻骨铭心的共鸣;"就像妈妈的手,温柔可依"让人们的内心世界掀起阵阵涟漪……品牌的情感性利益让消费者有了美好的情感体验。在产品同质化、替代品日益丰富的时代,产品仅仅只拥有功能性利益而没有爱、关怀、友谊、牵挂、温暖、真情……只能是苍白无力的。

品牌成为消费者表达个人价值观、财富、身份地位与审美品位的一种载体与媒介时,就有了独特的自我表现型利益。可口可乐"获得渴望长大与独立的少年的热烈追捧";派牌服饰"自由自在、洒脱轻松";百事可乐张扬着"青春的活力与激情";奔驰车代表着"权势、成功、财富";沃尔沃代表了"含而不露的精英阶层",所有这些品牌都是以给予消费者自我表现利益而成为强势品牌的。

当然,这并不是说,品牌的功能型价值不重要或可有可无,只不过具体到许多产品和行业,情感型利益与自我表现型利益已成为消费者认同品牌的主要驱动力,品牌的核心价值很自然地聚集到情感型利益和自我表达型利益上,但是所有这些都要以卓越的功能型利益为强大支撑,事实上大量的品牌核心价值就是三种利益的和谐统一。没有功能型利益,情感型利益和自我表现型利益就没有根基。

对于一个具体品牌而言,其品牌核心价值究竟以哪一种为主,主要以品牌核心价值能够对目标消费者群起到最大感染力、与竞争者形成鲜明的差异为原则。比如家用电器,消费者最关注的是"产品的技术、品质、使用便捷等",因此功能性利益往往成为家用电器品牌的核心价值;食品、饮料则较多传达情感型利益去打动消费者;保健品、医药既讲究技术与功效,又可用于送礼、体现关怀,所以品牌的核心价值中功能型与情感型利益兼而有之;高档服饰、时尚产品、皮具、名表、名车等则主要以自我表现型利益为品牌的核心价值。

12.1.3 品牌的作用

1. 品牌给企业带来的利益

菲利普·科特勒在其著作《营销管理》(第九版)中强调,品牌暗示着特定的消费者,即暗示了购买或者使用产品的消费者类型,也即品牌的潜在顾客。他还对品牌功能作了论述,认为拥有高品牌资产的公司具有如下竞争优势:

(1) 由于其高水平的消费者品牌知晓和忠诚度,公司营销成本降低;
(2) 由于顾客希望分销商与零售商经营这些品牌,加强了公司对他们的讨价还价能力;
(3) 由于该品牌有更高的认识品质,公司可比竞争者卖出更高的价格;
(4) 由于该品牌有高信誉,公司可以较容易地开展品牌拓展;
(5) 在激烈的价格竞争中,品牌给公司提供了某些保护作用。

以上这些说明,成功的品牌管理在企业创造竞争优势过程中发挥着重要的作用。

2. 品牌给消费者带来的利益

现代品牌理论特别重视和强调品牌是一个以消费者为中心的概念,没有消费者,就没有品牌。品牌的价值体现在品牌与消费者的关系之中。事实上,成功的品牌总是牢牢地把握住消费者,引导他们逐渐建立对品牌的忠诚,从而节省营销成本,还可以利用消费者良好的口碑效应,不断增加企业的忠诚顾客,提升企业品牌价值。

在现实生活中,品牌代表着特定的品质和价值。如果没有品牌,消费者即使购买一瓶饮料也会有相当的麻烦,比如要阅读大量饮料的标签和说明,花大量时间去比较和选择,要考虑购买后是否后悔等,有了品牌之后,这个选择就变得十分简单:我来一瓶"第五季",或者给我一罐"可口可乐"。

品牌不仅可以帮助消费者处理与产品有关的信息,降低购物风险,使购物决策更容易,还可以帮助消费者表现个性、体验生活品位。概括地说,品牌给消费者带来的利益表现为8项功能(见表12-1),同时也向我们显示了品牌价值的最终来源。

表12-1 品牌为消费者带来的利益

功能	消费者利益
识别	识别产品
切实可行	节省时间和精力,帮助选择
保证	无论何时何地购买同一种商品,都确保质量
优化	购买该类产品中的最佳品牌
特色	代表特定的形象
连续性	多年使用同一品牌,熟悉并提高产品满意度
愉快感觉	感受产品的魅力
伦理	生态平衡、就业、公益广告

12.1.4 品牌、商标及相关概念辨析

在对品牌及其相关概念的理解及实际应用中,往往会出现将品牌等同于商标、产品名称、名牌的错误认识,因此,对相关概念进行区分,弄清这些概念之间的区别和联系十分必要。

1. 品牌与产品

产品与品牌的一个重要区别是,产品通过自身带有的利益及功能属性,直接满足消费者的需求。品牌则是通过产品本身体现的功能利益来引发消费者对其用户(购买者或使用者类型)、个性、文化等方面的联想,实现企业对消费者的价值承诺。

从消费者角度看,品牌带来的满足是一个间接的过程。产品与品牌的关系如下:

(1) 品牌与产品名称是两个完全不同的概念。产品名称体现的主要是辨别功能,即将产品与产品区别开来;而品牌则传递更广泛、丰富的内容,价值、个性、文化都能通过品牌得到体现。

产品可以有品牌,也可以没有品牌。无品牌商品以其价格低廉而赢得相当一部分顾客,但如今厂家越来越重视品牌的创建。

一件产品可以被众多竞争者模仿,但品牌却是独一无二的;产品会很快过时落伍,但成功的品牌却能够经久不衰。

一种品牌可以用于一种产品,也可以用于多种产品;当品牌具有足够的影响力时,还可以进行品牌延伸,借势推出新产品。

(2) 产品是具体的存在,品牌存在于消费者的认知之中。品牌是消费者心中被唤起的某种感受、情感、偏好、信赖的总和。同样功能的产品被冠以不同的品牌之后,在消费者心目中会产生截然不同的看法,从而导致产品大相径庭的市场占有率。

(3) 品牌依据产品而设计,并形成于整个营销组合环节。营销组合的每一个环节都需要传达品牌相同的信息,才能使消费者形成对品牌的认同。比如,一个定位于高档品牌的产品,必然是高价位,辅之以精美的包装,在高档店或专卖店里出售。商业传播与品牌的关系也极为密切,名牌产品的广告投入往往会高于一般品牌。

(4) 产品重在质量与服务,品牌贵在传播。品牌的"质量"在于传播。品牌的传播包括所有的品牌与消费者沟通的环节与活动,如产品设计、包装、促销、广告等。传播的效用有两方面:一是形成和加强消费者对品牌的认知;二是将传播费用转化为品牌资产的一部分。

2. 商标与品牌

由于一般国家都采用自愿与强制注册相结合的方式,使得商标有了注册与非注册之分。

(1) 注册商标与非注册商标。注册商标指由某个经营者或服务者提出,并经一国政府相应机关核准注册的商品或服务的标识。非注册商标指经营者或服务者自己提出并使用的,但未经政府相应机关核准注册的商标。非注册商标因此而失去了法律上的保护和发展成为名牌的可能性。

(2) 商标与品牌。从品牌与商标的定义内容上看,两者关系密切,是从不同的角度描述同一个问题。从法律角度讲,可以认为品牌是经申请、核准注册、受法律保护的商标。从经济学角度讲,可以将商标看作是经申请、注册、受法律保护的品牌。而在现实经济中,人们往往将它们等同使用。

很显然,受自愿与强制注册的因素影响,品牌与商标是有区别的:首先,商标是个法律概念,一般指经政府机关认定、核准注册,受法律保护的注册商标;而品牌则未必,其含义要广泛得多,不仅包括商标,还有商品的通用名称,非注册的标识及一些地理标志等。

所以说,品牌是商标概念的扩展及延伸;商标则是品牌的内涵实质。两者的区别在于是否经过一定的法律程序申请与注册。

3. 名牌、品牌与商标

名牌,通俗地讲是知名的、著名的、驰名的牌子,是指消费者对某一享有较高声誉、在较大范围内拥有一定知名度及市场销售率的品牌或商标的习惯性称呼。

名牌是由品牌或商标发展而来的。所以,除了具备品牌和商标的所有性质、构成及特征外,概括地说,名牌还标志着悠久的历史、雄厚的实力;体现着上乘的品质、良好的信誉;表现出精湛的工艺及典雅的文化风格;具有广泛的市场知名度及公众普遍的认同感;拥有较高的市场占有率及消费率及由上述内容形成的高效益。

需要注意的是:

(1) 名牌不是严格意义上的法律概念,人们往往将有一定经营业绩的商品牌子、服务牌子都称为名牌,并在实践中广泛应用。

(2) 名牌是现代企业经营商标、品牌并使其经营业绩达到相当高度后的产物。

(3) 每个企业都有自己的商标及品牌,但不是每个商标和品牌都能发展为名牌,大多数商标和品牌都会在激烈的市场竞争中被淘汰、废止或更新。

4. 驰名商标与名牌

(1) 驰名商标。驰名商标是国际社会通用的法律概念,指经一国政府主管机关依法定程序加以确认的名牌。中国 1996 年 8 月颁布的《驰名商标认定及管理暂行规定》第 2 条规定:驰名商标是在市场上享有较高声誉并为公众所熟知的注册商标。所以,驰名商标是个法律概念,必须取得法定程序的认可。

由此可知,名牌不一定是驰名商标,而驰名商标则是无可争议的名牌。名牌是驰名商标确立的基础,而驰名商标是名牌发展的最终目标。

(2) 驰名商标的法律特征。驰名商标经法定机关依法定程序认定后,可以在世界范围内享有比一般商标更多的经营使用及法律保护特权。根据《保护工业产权巴黎公约》及世界贸易组织的《与贸易有关的知识产权协议》(TRIPs 协议)中的规定,驰名商标有其独特的法律特征:

一是跨越国界的商标专用权。驰名商标的专用权不同于一般法律意义的有严格地域性的商标专用权,而是超越本国界限、在《保护工业产权巴黎公约》成员国范围内得到保护的商标权。倘若某一商标在注册国或使用国经主管机关或其他权威组织(如最高法院或其法律机关)认定为驰名商标,则该商标就得到《保护工业产权巴黎公约》的相关条款保护。按该公约的相关规定,若有商标构成对该商标的仿造、复制或翻译且使用于相同或类似的商品上,则应当禁止使用(拒绝或取消其注册)。此规定还适用于主要部分系伪造、仿冒或模仿驰名商标而易于造成混淆的商标的撤销。

二是超越优先申请原则的注册权。即指驰名商标不受"注册在先"原则及各国法律中的某些条款的约束而享有的商标注册权。世界上大多数国家的商标法里都采用了商标品牌的注册及优先注册(同一商标品牌,给予先申请者优先注册)原则,我国也不例外。一般地,商标及品牌,只有注册才能得到法律的保护,但是,按《保护工业产权巴黎公约》规定,即使驰名商标未注册,也在公约成员国范围内受到法律保护。对驰名商标而言,他人虽然申请注册在先,只要其申请注册的商标是对驰名商标的复制、仿造或翻译且用于相同或类似的商品上,就不得给予注册;另外,驰名商标注册的优先权还表现在,即使他人已经申请并获准注册,驰名商标所有人也有权在5年内请求撤销该注册商标。

12.1.5 品牌设计

品牌设计是品牌管理中不可缺少的组成部分,品牌命名及设计得当,就容易辨认与传播。品牌设计用于表达品牌的内涵,对品牌的防御、生长、繁衍都有着重要影响。心理学的分析结果也印证了这一点:人们凭感觉接受到的外界信息中,83%的印象来自眼睛,剩下的11%来自听觉,3.5%来自嗅觉。品牌设计正是对人的视觉满足。世界知名品牌都比较注重品牌的设计与命名,而知名品牌一般都有较为深刻的含义和超越地理界限的能力。因此,品牌命名与设计是品牌管理中的一项基础性工作,对其他品牌管理工作的开展有着重要作用。

1. 品牌命名的基本原则

品牌命名是指企业为了能更好地塑造品牌形象、丰富品牌内涵、提升品牌知名度等,遵循一定的命名原则,应用科学、系统的方法提出、评估、最终选择适合品牌的名称的过程。

一个品牌走向市场,参与竞争,首先要弄清自己的目标消费者是谁,并以此目标消费者为对象,通过品牌名称将这一目标对象形象化,并将其形象内涵转化为一种形象价值,从而使这一品牌名称能够清晰地告诉市场该产品的目标消费者是谁,同时又因此使品牌名称所转化出来的形象价值具备一种特殊的营销力。

(1) 可记忆性(memorability)。这是建立品牌资产、形成高水平品牌意识的一个必要条件。所以,应当选择那些内在可记忆性较强的品牌名称要素,使得顾客在购买和消费的环境中很容易记忆和辨认。通常来说,就是品牌的命名应当易于记忆、拼读和发音。

首先,品牌的命名,应读音响亮、音韵协调、琅琅上口,听起来悦耳,这样自然也就便于记忆。其次,商品出口时能在所有的语言中以单一方式发音,有利于产品在国际市场上的销售。最后,要注意语形要求,简洁与简单有助于提高传播效果。研究表明,人类的记忆规律为:4 字以下,一次过目的认知率为 11.4%;5—6 字为 5.96%,7—8 字为 4.8%;8 字以上为 2.88%。因此,原则上,品牌命名多以 2—4 字为宜,多于 5 字以上就不易于记忆,印象模糊。

(2) 有意义性(meaningfulness)。品牌名称除了应当有利于建立品牌意识之外,其内在的含义同样可以加强品牌联想的形成。品牌名称可以涵盖各种意义,包括描述性的、说服性的等。一组可记忆和有意义的品牌名称因素有许多优点,既可以减少为建立品牌意识、品牌联想而进行宣传的营销费用,也容易与竞争对手区别,在顾客心目中留下深刻的印象。

这一点要求品牌名称本身具有一定含义,其含义能够直接或间接传递出商品的信息(优点、性能、特征等),从而具有促销、广告和说服作用;要求品牌命名能够提示产品特色和利益,使品牌名称与产品产生某种固有的联系,启发消费者联想,促进记忆。比如:"金霸王"电池"Duracell";百事可乐"Pepsi"等都是成功运用这一准则的上佳例子。

(3) 可转换性(transferability)。品牌名称的可转换性包括产品种类和地域两个层面:首先是品牌名称要素能够在多大程度上增加新产品的品牌资产,无论这种品牌名称是在产品级别内还是在产品级别间引进的,换言之,品牌名称对产品线和产品种类的延伸能起多大作用,应该如何在相同或者不同的产品种类中尽可能利用品牌来引进新的产品;其次,品牌名称要素能够在多大程度上增加地域间和细分市场间的品牌资产。具体来说就是指某个品牌名称是否能够扩展到其他产品品种上或扩展到不同的国家及市场上。

所以,在品牌命名上首先要考虑如何使品牌名称具有地域的适应性,这在很大程度上取决于品牌名称的文化内涵及语言特点。一个无意义的品牌名称就具有较强的可转换性,因为它可以翻译成其他语言而不会产生歧义。如 Sony、金利来等就具备这一特性。

(4) 可适应性(adaptability)。这一标准指品牌的命名要考虑名称在品牌发展过程中的适应性,要能够适应市场需求和产品及时代的变化,要具有现代感和当代性,不受时间限制。如"乐百氏"品牌(对应的英文名称为 Robust,意为强壮、健康),无论中文还是英文都具有长期的使用价值。

(5) 可保护性(protectability)。为确保品牌不被竞争者模仿和盗取,通过品牌名称设计保护品牌十分必要。从法律角度看,选择可在国际范围内被保护的品牌名称、向适当的法律机构正式注册以及积极防止商标遭受其他未被授权的竞争者侵占是非常重要的,也是品牌命名中需要引起注意的问题。

因此,这一个标准主要指品牌名称应当具有被保护性,不但在法律意义上能够得到保护,即能够注册,而且在市场意义上也能够得到保护。即在使用中具有法律的有效性和相对于市场竞争的独一无二性。后者更具典型意义,因为一个品牌名称也许能够很容易地获得法律保护,但并不能保证它不在市场上被他人模仿。

总之,品牌名称是品牌设计要素中一个基本而又重要的因素,主要是它简洁地反映了产品的中心内容,并使人产生联想,是信息传递中极为有效的符号。好的品牌名称不但使消费者易于记忆,同时也节省了许多营销费用。

2. 品牌命名的过程

品牌的命名过程如图 12-3 所示:

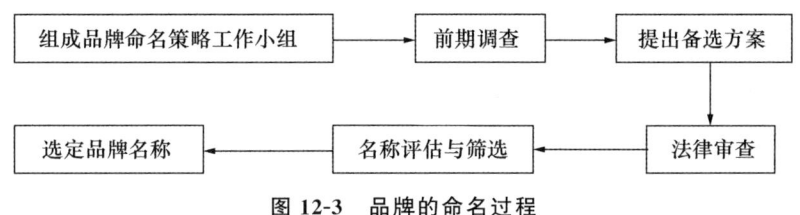

图 12-3 品牌的命名过程

(1)组成命名策划工作小组。该小组成员应明确工作目标,并对该目标产生共识。专门的品牌命名小组非常必要,它能使小组成员专注于品牌名称的设计,思路清晰并一致,开展后期工作也比较容易。该小组的工作主要是完成后期调研一直到选出名称,上报管理层。聘请专业机构参与这些工作或让其完全接管是值得考虑的起名方式之一。

(2)前期调查。在取名之前,应该先对目前的市场情况、未来国内市场及国际市场的发展趋势、企业的战略思路、竞争者的命名以及消费者的偏好等具体情况进行调查,并对调查结果进行总结和反馈。

(3)提出备选名称清单。在提出备选名称清单前,应知道哪些单词或词组能描述产品,建立一个尽可能长且包括很好的、中等的甚至很差的名称清单。此时,不要过度在意内容,因为这有可能将有潜力的名称过早淘汰。

(4)法律审查。由法律顾问对所有名称从法律的角度进行审查,去掉不合法的名称,对无法确定而又非常好的名称,应先予保留。

(5)名称评估。在此阶段,许多名称会被淘汰掉。为能将好名称从那些不甚理想的名称中分开,还应当有一套既定并且较为系统的淘汰方法。另外,为了获得剩下名称主要特征的更准确的消息,有必要进行消费者调查。调查问卷中应当包括以下内容:一是词语联想:测试是否出现了任何不理想的品牌联想;二是可记性:向管理者给出可能的名称清单,经过一段转移精力的时间,让其写出所有能够想起的名字。这个测试不仅能判断名称的可记性,而且能测出各名称用词的可拼写性;三是品牌衡量:针对与产品类别及定位相关的重要属性;四是品牌偏好:偏好的不同往往与品牌名称有关。

(6)选定名称。经过上述的筛选过程后,确定产品品牌名称,并上报管理层审核批复。

3. 品牌设计与品牌形象

许多品牌管理的书籍都没有把品牌设计与品牌形象加以区分,更有一些作者直接把品牌设计与品牌形象认为是同一概念,笼统地叫做"品牌形象设计"。因此,有必要对这两个概念进行定义和区别:品牌形象是企业和消费者所看到的、感受到的,对品牌本身的认知和评价。品牌设计是按照确定品牌形象所要表达的效果而进行的一系列设计,是塑造品牌形象的工具、方法与途径,是一个持续的过程。品牌形象则是品牌设计的产物。

（1）品牌设计与企业形象设计(CI)。品牌设计与企业形象设计是两个不同的概念，但又相互联系。

广义的品牌设计包括战略设计、品牌设计、形象设计和 CI 设计，企业形象设计是品牌设计的一个方面。

狭义的品牌设计主要是指品牌名称、商标、商号、包装装潢等方面的设计，基本上等同企业的视察系统设计，在该概念中，品牌设计是企业形象设计的一个方面。

如果是广义的品牌设计，则与品牌管理的核心内容有所偏离，所以，在本节中着重于狭义的品牌设计，就是对品牌名称、商标、商号和包装等的文字、颜色的设计。

（2）品牌设计的原则。品牌标志设计的原则包括：

第一，良好的创意。一个品牌标志创意越新颖，企业成功的可能性也就越大。而其前提就是品牌标志首先应该具有与众不同的独创性和可识别性；

第二，简洁的图案。消费者对接触到的信息的记忆程度有限，要在有限的空间里传达出品牌最深层的内涵，才能给消费者最深刻的信息印象，因此，品牌标志应当图案简洁明了。

第三，合理合法。品牌标志的设计要符合产品行销地的法规和风土人情。这一点与品牌命名类似。在设计商标、标志时要给予充分考虑。

第四，适应性。适应性指标志设计要具备时代感，符合消费者的心理变化趋势。一般来说，品牌标志既要具有相对的稳定性，又要在保持相对稳定的前提下保持与时代同步发展。

第五，针对性。品牌标志应当适应目标消费者的实际情况。

（3）品牌设计的内容。品牌设计包括品牌标志设计、品牌标准色设计、品牌标准字设计等一系列内容。

品牌标志设计的方法一般有象形法、标识法、象征法等。

品牌色彩的开发设计，应该与品牌名称、标志的设计密切配合。按照理念设计、色彩设计、色彩管理、反馈发展等一系列程序进行。

标准字指由特殊字体组成的或是用经过特别设计的文字来表现品牌名称的字体。目前，国内外用普通字体简单地排列出品牌名称的标准字几乎没有，很多境外品牌在进军大陆市场时，也要进行品牌汉化工作，用独特的汉字字形来表现品牌名称。总的来看，品牌标准字应当是"音""形""意"的完美结合，要达到好认、好读、好看、好听的要求，以利于品牌名称的广泛传播。

（4）品牌其他方面的设计。在品牌的设计要素中，还包括象征图形设计、品牌形象吉祥物设计、品牌形象宣传标语设计、品牌形象视觉系统应用要素设计等方面内容。

12.1.6 品牌的种类

从不同的角度，品牌可以进行不同的类别区分。

1. 按使用主体不同划分

品牌按使用主体不同可以分为制造商品牌、服务商品牌和中间商品牌（自有品牌）。

制造商品牌是由制造商对其产品自行命名的品牌,如"小天鹅""海尔""长虹""娃哈哈",我国知名品牌中大多数都是制造商品牌。同样地,服务商对其服务产品自行命名的品牌就是服务商品牌,如"安永会计师事务所""高盛银行""联邦快递""中国工商银行"等。中间商品牌(又称自有品牌),是专门为制造商或服务商提供销售服务的企业自行命名的品牌,比如沃尔玛、西尔斯、马莎以及"吉之岛"(JUSCO)在中国境内推出的"莱贝屋"月饼等。

2. 按其辐射区域不同划分

品牌按辐射区域不同可以划分为区域品牌、国内品牌、国际品牌和全球品牌。区域品牌指一个区域内的产品品牌,只在该区域范围内享有盛誉和拥有较高的地区性市场占有率。国内品牌指在一国境内享有较高知名度及美誉度的品牌,相对于区域品牌而言,国内品牌具有更强的市场竞争力,比如"红塔山""长虹""春兰""双星""致美斋"等。国际品牌指在国际市场上拥有较高知名度和美誉度的品牌,此类品牌具有很强的市场竞争力。比如"三星""摩托罗拉""万宝路"等。全球品牌指具备全球范围的知名度及影响力的品牌,比如"可口可乐""麦当劳""IBM""微软""奔驰""索尼"等。

3. 按品牌统分策略不同划分

品牌按其统分策略的不同可以分为统一品牌、个别品牌、分类品牌、统一的个别品牌四种类型。

(1) 统一品牌,又称家族品牌,即企业的所有产品组合都统一采用同一个品牌名称,多见为"品牌名＝企业名"的操作方式。美国通用电器公司,对其产品就只采用一个品牌"GE";SONY公司的所有产品(随身听、电视机、手机、电脑等)都以"SONY"为品牌。

(2) 个别品牌,指企业对各个产品项目(不同产品)分别使用不同的品牌。比如,美国大型日化企业"宝洁"公司的洗发水产品就有"海飞丝""飘柔""潘婷""润妍"等多种不同品牌。

(3) 分类品牌,又称个别的统一品牌或系列品牌,是指在产品组合中对产品项目按一定的标准分类,各类别使用不同的品牌。比如,美国大型零售商西尔斯公司,它的家电、妇女服饰、家居用品就分别使用不同的品牌。另外,分类品牌通常有两种做法:

① 按产品系列分类。如健力宝集团的饮料类使用品牌"健力宝""第五季";服装类使用"李宁"。

② 按产品质量等级分类,如美国的A&P茶叶公司,一等品用"Annpage";二等品用"Sultan";三等品用"Iana"。

统一的个别品牌,是企业对各种不同产品分别使用不同的品牌,但做法上通常是将个别品牌与企业的名称标记联用,即"个别品牌＋企业名称"。比如,柯达公司的胶卷因其性能的不同而分别命名为"柯达万利""柯达金奖""柯达至尊"等。在我国,海尔集团的冰箱依据其目标市场的定位不同而分别命名为"海尔双王子""海尔小王子""海尔帅王子"等,洗衣机则有"海尔小小神童"等,这些都是统一的个别品牌。

4. 其他

按照品牌的用途不同可以分为生产资料品牌和生活资料品牌;按其构成元素不同可以分为文字品牌、图形品牌、记号品牌、组合品牌、立体品牌,等等,这里不详讲。

12.2 品 牌 决 策

品牌决策是品牌管理的基础,在品牌管理体系中占有举足轻重的地位。

新成立的企业会考虑是否为自己的产品设置品牌名称,如果设置产品品牌,是为自己的公司和产品设置统一的品牌名称还是选择不同的品牌名称;处于发展阶段的公司会根据市场情况、消费者行为的变化,作出是否应该对品牌进行调整的决策,这些都属于品牌决策涉及的内容。随着企业规模的不断扩大,产品种类的逐渐增多,还有可能发展为跨行业的多元化经营,企业面临的品牌决策问题就更加突出。

12.2.1 品牌决策的基本流程

1. 品牌化决策

品牌化决策是指企业对其生产和经营的产品是否采用品牌的决策。具体来看,有使用和不使用品牌两种情况,或称品牌化和非品牌化两种决策形式。

在市场经济的萌芽和早期阶段,产品都没有品牌,因而不存在品牌化决策的问题。随着市场经济日趋发达,市场竞争日益激烈,产品在市场上越来越多地采用品牌,但也仍然存在着不使用品牌的情况。事实上,使用或不使用品牌,除了客观经济环境因素之外,也有品牌化的决策问题。

品牌化是企业为其产品确定采用品牌,并规定品牌名称、标志以及向有关机关部门申请注册登记的所有业务活动。品牌化是品牌化决策的主要决策形式。当今世界,绝大多数的商品都有自己的品牌。

品牌(brand)与品牌化(branding)的关系就如同市场(market)与市场营销(marketing)的关系一样。从层次上来看,品牌化似乎属于市场营销的范畴,但要注意的是,品牌化有其自身独特的内容和方法,不能简单地套用市场营销的一般研究框架。

2. 品牌化的作用

在现实经济生活中,有些商品在向无品牌转变,但总体来看,无品牌商品向品牌化转变更为普遍、更具代表性,是一种发展趋势。

对企业组织来说,其作用及意义主要体现在:

(1) 实现组织可持续发展的市场战略原则。

(2) 组织传达产品信息,建立市场信誉,实现组织与产品在市场上的忠诚度、美誉度和指名购买率。

(3) 使组织与产品在满足目标市场消费需求的同时,最大限度地发挥竞争优势、扩大自身影响。

(4) 是实现品牌资产积累的最有效手段。

(5) 是稳定、准确传达组织形象的保障。

品牌化已成为成功企业不可缺少的一项重要活动,是集中企业资源及所有职能以实现最终目标——创造差异的一个重要环节。

3. 品牌决策的基本流程

品牌决策就是决定企业是否使用品牌、使用哪种类型的品牌,以及使用什么形式的品牌的一系列决策的过程。品牌决策过程应当概括所有相关的品牌决策,见图 12-4:

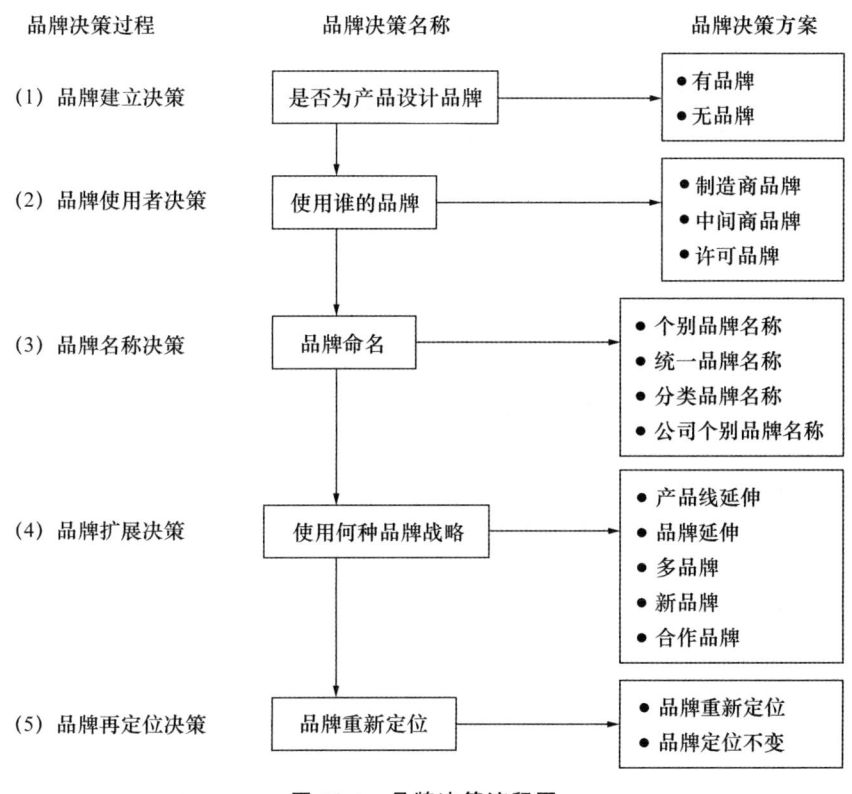

图 12-4　品牌决策流程图

根据品牌决策的基本流程,企业高层需要在综合分析外部环境、企业本身情况的基础上,进行一系列的品牌决策。这些决策之间存在内在的逻辑关系,包括的具体决策很多。

12.2.2　品牌决策的类型

1. 品牌建立决策

新成立的公司首先遇到的品牌决策问题就是公司是否要给产品标上品牌名称。

在早期的经营活动中,许多产品不用品牌。现在,使用品牌已经成为趋势,时至今日,很少有产品不使用品牌。但是,任何事物都不能绝对而论,推行名牌战略,固然有其长处,然而实行"放弃品牌"的策略,也有其道理。如果不管其自身状况与条件如何,不管其所在市场的产品特点怎样,一味强调使用"品牌",创立名牌,这种做法是不可取的。

(1) 决定品牌建立的因素。企业在决定使用品牌与否时一般参考以下因素:

① 产品所在的行业领域是新兴的还是成熟的。产品行业领域的成熟度是一个很重要的因素。在一个已经成熟的市场领域中创品牌的难度肯定大于在新兴的市场领域中

创品牌,而且不同情况下选择 OEM(原厂设备制造,又称贴牌生产)或创造品牌的利润空间也是不一样的。

② 目标顾客的消费习惯与消费行为。如果目标顾客看中的是低价格,而不是冲着特定的品牌,那么商家就会倾向于"非品牌化"。由于使用品牌必然要增加广告、包装及其他成本,这些开支最终要转嫁给消费者,使消费者支出更多的费用。而"非品牌化"的目的,就是要节省广告和包装费用,降低成本与价格,增加竞争能力。在美国,无品牌产品的价格要比品牌产品通常低 20%—40%。

③ 产品特性。不可否认,有些产品由于生产过程中的普遍性,在制造加工后不可能形成一定的特性,不易同其他企业生产的同类产品相区别,即产品不具备因制造商差异而带来的质量差异;还有一些产品,其质量难以统一保证或难以统一衡量,以及消费者不需要或不容易有效辨认,这些产品原则上要采用无品牌策略,使用品牌则意义不大,甚至毫无意义。如工业用原材料、电力以及矿石、粗钢、铁和木材等,一般会采用无品牌策略;相反,许多消费类的产品如电子产品、快速消费品和珠宝首饰等,对品牌的依赖性相对高一些。

④ 企业研发能力。创建一个品牌是一项长期艰苦的活动,第一,产品应该有自己的特点;第二,产品必须能不断地改善提高或有新产品推出,这些都有赖于企业的研发能力。

⑤ 企业在市场上的相对地位及自身实力。打造品牌需要企业提供一定的人力、物力和财力,企业如果没有足够的实力,盲目投资打造品牌,就有可能把企业拖垮。企业需要有极强的管理能力和经济实力,否则在品牌建立起来以前就很可能因为管理混乱以及财务困难而出现危机甚至倒闭。

⑥ 企业的品牌营销能力。建造品牌是一个讲求科学及艺术的过程,要使品牌成功,需要很强的营销能力作为支持。品牌定位、品牌战略制定、品牌形象推广和传播、品牌维护等每一个品牌营销环节都需要企业有强大的品牌营销能力。综合以上影响因素,一般认为,在下列情况下可以不使用产品品牌:不需要加工的原料,如矿石等;不会因生产者不同而形成不同特色的商品,如钢材、电力等;某些生产比较简单、选择性小的商品;临时性或一次性生产的商品。

(2) 品牌建立的作用。企业建立品牌需要付出成本,包括品牌设计费用、包装费、标签费以及商标注册费等,并且当某个品牌被市场证明不受欢迎时,还需要再行追加投资,改弦易辙。但是,众多企业仍然选择创建并使用品牌,这是因为:

① 品牌名称可以使销售者较容易地处理订单并发现销售问题。

② 品牌名称和商标对产品独特的特征提供法律保护,避免竞争者模仿。

③ 品牌给产品供应者提供了吸引忠实顾客的机会。品牌忠诚使产品供给者在竞争中得到一定程度的保护,使得该公司在规划营销方案时具有较大的市场控制能力。

④ 使用品牌有助于销售者细分市场。例如,宝洁公司在洗护用品市场上拥有不同需求的顾客,获得了更多的市场机会。

⑤ 强有力的品牌有助于建立公司的形象。良好的品牌形象可以增强经销商和消费

者的信心,同时可以使企业更容易地推出同品牌的新产品。

2. 品牌使用者决策

企业在如何使用品牌上有几种选择,如图 12-5 所示:

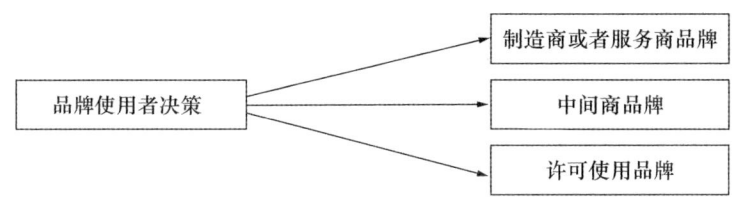

图 12-5　品牌使用者决策内容

(1) 使用制造商或者服务商品牌。产品可能使用制造商或者服务商的品牌,目前大部分企业都使用制造商品牌,这样可以为自己树立形象,建立长期的影响力,有利于企业的发展以及新产品的推广。现实市场上,我们可以找到很多的制造商品牌。

(2) 使用中间商品牌(又称商店、自有品牌——Private Brand,简称 PB)。PB 泛指流通业者运用与消费者接触所得到的信息,找国内外厂商合作,以制造商销售联盟或者 OEM(original equipment manufacturers,定牌生产)方式,生产仅仅在此通道上出售的商品。它是零售商企业走向大型连锁经营的产物。如果自有品牌以商店的名称命名,则成为商店品牌(store brand)或零售商品牌(retailer brand)。

例如,已经登陆中国许多大中城市的华联超市,当顾客走进时会发现从针线包、螺丝电线、文具用品、水暖配件到护手霜等一系列以"华联超市"为品牌的系列产品,这些商品当然不是华联超市自己生产的,其针线包来自江苏一家不知名的企业,而护手霜则产自上海高资化妆品公司。目前,国内大多数的自有品牌商品还局限在技术含量较低的日用小百货商品上。

自有品牌出现在半个世纪前的一些欧美先进国家。许多商店成功地将类似于自有品牌的产品引进它们的货架。但之后随着电视的普及和电视广告的流行,20 世纪 50 年代中期,大量的制造商品牌被消费者普遍接受,成为购买的首选,自有品牌便进入衰退时期。20 世纪 70 年代,由于全球性经济低谷,欧美零售商开始提供一种称为"普遍品"(generice)的东西。这些商品具备基本的品质,能够满足消费者的基本需求(比如合乎食品卫生要求等),包装十分简单,成本及售价很低,通常以自有标签(private label)形式操作,与自有品牌的最大区别在于,前者是纯粹的价格导向,并不对品牌进行营销的"价值创造",而后者则强调品牌化的作业。80 年代,世界经济开始复苏,消费者的购买又回到制造商品牌上。自有品牌的零售业者也开始改善自有品牌产品的品质,并进行产品多样化的工作。为迎合消费者,一些零售业者开始销售超质(premium quality)的自有品牌产品。这些创新的产品在品质和价格上,有时甚至优于制造商品牌。进入 90 年代,零售业的连锁和大型化趋势更为强烈,自有品牌在欧美的发展逐渐成熟。不但缩短了消费者与制造商之间的距离,也改善了消费者、制造者和流通业者第三者的沟通方式。

据相关资料显示,世界各国自有品牌占零售业者销售的产品的比例大约是:瑞士 41.2%;英国 37.1%;比利时、德国、法国及美国均在 16—20% 之间,日本为 5% 左右。

2003 年 6 月,苏宁与美国飞达仕合资成立了飞达仕苏宁空调有限公司,在南京建立了自己的工业园。2004 年,苏宁更是让自己制造的飞达仕空调进入连锁店,作为全国空调推广活动的重点。同样是 2003 年,国美宣布涉足家电制造领域,推出自有品牌。2004 年 2 月,我们已经能够在国美的连锁店里见到"国美电器"牌的家电配件,包括数码光纤线、移动插座、影音线、有线电视线等数十种产品。2004 年 6 月 3 日,法国家乐福集团在北京宣布,从当日起,在中国各地的所有家乐福店里推出 400 种自有品牌产品。这 400 种自有品牌的设计、原料、生产到经营,由家乐福全程控制,其价格要比同类品牌商品便宜 20%—40%。中国市场上的自有品牌发展状况由此可见一斑。

总的来看,中间商品牌的优势表现在:一是中间商拥有独特的渠道资源。二是在消费者看来,以中间商品牌出售的产品相对可靠,因为中间商要维护自己的品牌形象,会建立严格的质量检测系统对品质加以控制;三是中间商品牌产品价格相对低,可以迎合许多对价格敏感的消费者的需要。

然而,企业究竟选择制造商品牌还是自有品牌,需要全面考虑各种相关因素,综合分析利益得失,最关键的是要看制造商和中间商谁在该产品的分销链上居优势地位,谁拥有更好的市场信誉和市场拓展潜能。

一般地,制造商市场信誉高、实力强、产品市场占有率高的情况下,宜采用制造商品牌;相反,制造商资金拮据、市场营销力量薄弱的情况下,应以中间商品牌为主或干脆全部使用中间商品牌;倘若中间商在某个目标市场拥有较高品牌忠诚度以及完善的销售网络,即制造商有强大的品牌自营能力,则应当考虑采用中间商品牌。这是企业进占国际市场实践中常用的品牌策略。

(3) 使用许可使用品牌(特许品牌)。使用许可使用品牌指通过付费形式,使(租)用其他人(企业)许可使用的品牌作为自己产品的品牌。供特许使用的品牌常常见于由其他制造商创建的名称符号、知名人士的姓名、流行影片以及书籍中的人物等。"迪士尼"就是一个著名的特许品牌,它通过特许经营发展起玩偶消费者市场,消费品囊括领衫、手表、书包、玩具、台灯、钥匙扣、蛋糕、冰淇淋等领域,每年营销额超过 10 亿美元,利润超过 1 亿美元。

制造商的产品可以使用一个许可品牌名称,或者在使用许可品牌的同时,也使用制造商自己的品牌名称,以便在产品被广泛接受时改用自己的品牌。事实上,世界很多著名的品牌都是既使用许可使用品牌又使用制造商自己的品牌发展起来的。

另外,除了获得品牌的特许使用权外,越来越多的企业还倾向于购买或并购品牌。这也是快捷占领市场的一种好方法,但新品牌能否融入公司的运作,是否与公司形象、地位有冲突,公司是否具备管理这一品牌的能力及经营等,则是企业需要慎重考虑的。从现实的运作来看,购买品牌进行经营的情况将大行其道。

3. 品牌名称决策(又称品牌归属决策)

企业决定使用品牌后就要决定使用什么样的品牌名称,需要对诸多影响因素进行细致的考虑和分析。常见品牌名称决策模式如图12-6所示：

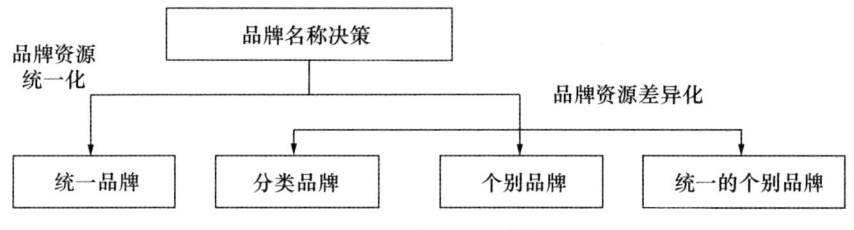

图12-6 品牌名称决策框架

品牌资源统一化的优点十分突出：有利于消费者、公众尽快地识别企业；减少企业内部混乱情况；降低创建品牌的成本；最快、最集中地创造出知名品牌；减少企业运作中的品牌印刷费用；有利于无形资产载体聚集；有利于新产品销售。但是，品牌资源统一化也有缺陷：使用风险大，任何一个恶性事故或不利事件都会集中到该品牌上，企业及品牌形象易损性高；不同质的商品共用一个品牌，会混淆品牌定位，引起消费者的心理冲突。比如，美国Scott公司生产的舒洁牌卫生纸，本是卫生纸市场的头号品牌，但随着舒洁餐巾纸推入市场，引起了消费者的心理冲突，其市场头牌位置很快被宝洁公司的卫生纸品牌Charmin所取代。

品牌资源差异化具有相当明显的优点：首先，能够分散经营风险。市场上各种恶性事件对任何一种资源的破坏，不一定殃及整个品牌体系，从而减轻损失。其次，针对不同的细分市场，对每一个或每一类商品选用符合其特性的名称和商标，有利于消费者和公众的识别，有助于促销可以不断提升和优化品牌组合结构。而品牌资源差异化的缺点则包括：各类品牌资源太多，易在消费者中引起混乱，难以迅速识别；品牌的内部管理工作量和成本上升；将品牌培植成名牌有一定的困难。

（1）统一品牌名称决策，指企业为自己所有的产品建立一个统一的品牌名称，即多种不同门类的产品共用一个品牌。统一品牌(consolidate brand)又称家族品牌(blanket family brand)，如图12-7所示：

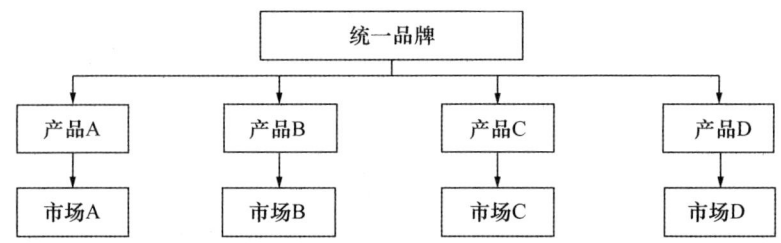

图12-7 统一品牌名称决策示意图

日本索尼公司就是成功使用统一品牌决策的企业，索尼的各种产品都打上"SONY"商标，对外传播都围绕"SONY"这个品牌进行。

统一品牌决策，多见为"品牌名=企业名"的操作方式。美国通用电器公司，对其产品就只采用一个品牌"CE"。运用这种方法，不仅可以降低营销费用，还带来多种好处。

但是,使用统一品牌,必须保证各种产品在质量、产品形象等方面都基本一致,没有太大的区别,以免相互混淆,影响品牌形象。比如一家食品企业,在同一品牌下既生产猫粮、狗粮,又生产糖果等食品,就不利于品牌形象的统一,甚至产生负面影响。

使用统一品牌的营销风险较大,因为在统一品牌下,某一个或某几个产品项目出现问题,往往会波及其他产品项目。

统一品牌名称决策的优点是:大批产品采用同一品牌,既显示企业实力,又可以提高企业声誉;企业可以通过各种促销手段,集中力量突出一个品牌形象,节省大量的广告、公共关系等品牌建设成本,利用一个大品牌的知名度、信赖感、安全感和高威望带动品牌下其他产品的销售;统一品牌下的各种产品,可以互相获得支持,有利于市场推广。其缺点是一个品牌旗下产品太多,会模糊品牌的个性;统一品牌旗下不同产品各自宣传自己的优势时要寻找一种能够兼顾所有产品特点的共性的东西进行整合,难度较大,倘若没有一个共性的核心价值兼容不同产品,就很难建立起恒定、统一的品牌形象。运用统一品牌名称决策的根本提前是品牌核心价值能够兼容旗下各种产品;另外,新老产品关联度较高、企业的财力不太雄厚或品牌管理能力较弱、企业处于推广品牌成本很高的市场环境、企业产品的市场容量不大等情况较适用。

(2)个别品牌名称决策,是指给每一种产品都冠以一个或多个独立的品牌名称的做法。如图 12-8 所示。

联合利华模式是个别品牌名称决策的典型。联合利华的每项产品线都设有独立的品牌。如洗发水就有力士和夏士莲,各自有特定的品牌诉求,针对不同的细分市场;洗衣粉有奥妙;冰激凌使用和路雪的品牌名称;红茶使用的品牌是立顿。

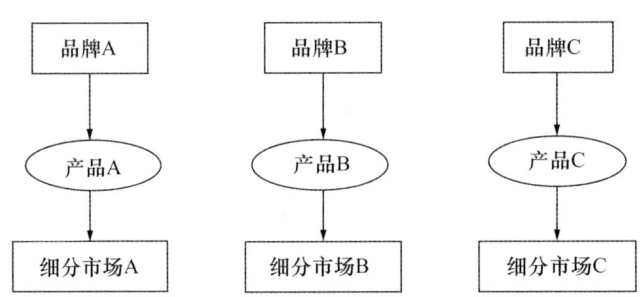

图 12-8　个别品牌名称决策示意图

个别品牌名称决策的优点是:占据更多的商场货架面积,增加了企业产品被消费者选中的几率;给低品牌忠诚者提供更多的选择;个别品牌可以起到隔离作用,降低企业风险;鼓励内部合理竞争、提高士气;可以为每一种产品找到最合适的、有针对性的品牌名称。其缺点是:增加了品牌设计、制作、宣传推广及其他营销费用,营销成本增加;不利于统一的企业形象的建立;对企业品牌经营管理能力要求较高。个别品牌名称决策适用于产品或行业的特性要求品牌采用有个性的形象来帮助抢占市场,各个品牌面对的细分市场具有规模性或者是该细分市场有足以支撑品牌生存和发展的利润。

(3)分类品牌(separate family brands)名称决策,是指对所有产品使用不同类别的家族品牌名称,给一个具有相同功能水平的产品群以一个单独的名称和承诺。也就是说,针对同一类消费者需求的产品使用同一个品牌名称,而对不属于该类消费需求的产品则使用其他品牌名称,见图12-9:

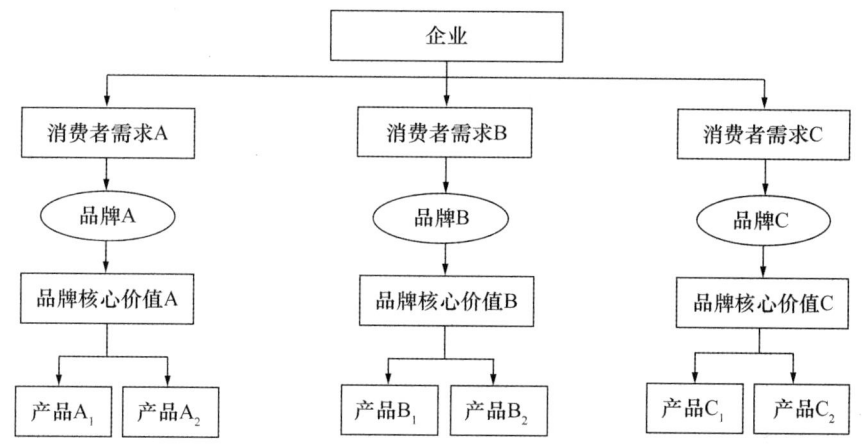

图12-9 分类品牌名称决策示意图

分类品牌名称决策的优点在于:众多的产品分担品牌建设成本,有利于做大品牌;品牌内各产品消费者群需求相近,利于整合传播品牌的核心价值;各产品知名度能为所有产品共享,推动品牌成长和促进品牌麾下其他产品销售,降低营销费用。其缺点是:分类品牌决策会模糊品牌核心价值,对进行品牌延伸有限制;品牌内若存在某种强势品牌产品,将不利于其他产品的销售。使用分类品牌名称决策首先要求其品牌大类中的产品有鲜明的细分特点,这样才有利于利用分类品牌突出其差异性;品牌下的产品应该保持面对相同或相近的消费需求,不能盲目进行品牌延伸。

(4)统一的个别品牌名称决策(又称"公司名称加个品牌名称"),是指把公司的商号名称和单个产品名称组合起来。其做法是对企业的各种不同的产品分别使用不同的品牌,但在各产品的品牌前面加上企业名称,见图12-10:

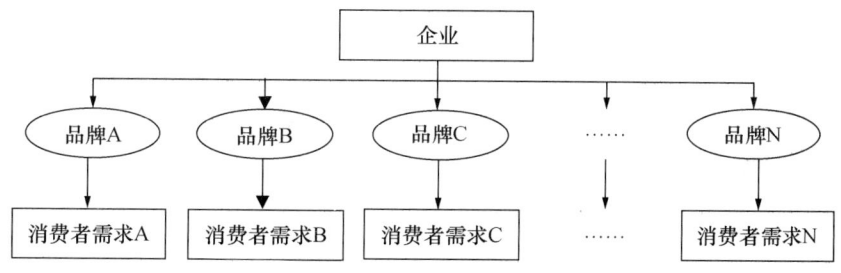

图12-10 统一的个别品牌名称决策示意图

统一的个别品牌名称决策的优点是:使新老产品统一化,共享企业已有的声誉,利于销售;企业统一品牌后加上个别品牌,使产品更具个性;提供品质、技术、信誉上的信任感;分散品牌风险,当某个品牌发生危机时,对公司其他品牌的影响明显低于统一品牌名称。这种名称决策兼备统一品牌和个别品牌的优点,在品牌名称策略中经常使用。其缺点是:协调个别品牌核心价值与公司品牌核心价值需要较高的专业性思考和高超的管理智慧,对企业品牌经营者的管理及决策水平要求较高。统一的个别品牌名称决策适用于企业规模比较大、产品涉及领域比较广的情况。

4. 品牌扩展决策

当企业决定扩展品牌时,有几种方案可供选择。其中包括:产品线扩展,是在现有的品牌下增加新规格、新品位等以扩大产品目录;品牌延伸,是把现有的品牌名称扩展到新的产品目录中;多品牌,是在现有的产品目录中引进新的品牌名称;新品牌,是专门为新产品设计新的品牌名称;合作品牌,是把两个或更多的著名品牌组合起来。

(1) 产品线扩展(product line extension),指企业在同样的品牌名称下,在相同的产品名称中引进增加的项目内容,如新的口味、形式、颜色、成分、包装规格等。产品线扩展可以是创新、仿制或填补空缺等。企业要充分利用自己的制造能力扩大产品生产,或是满足新的消费需求,或是与竞争者进行竞争,因此,企业大部分的产品开发活动都是围绕产品线扩展进行的。

(2) 品牌延伸(brand extension),是企业对新投资的产品沿用过去的品牌。使用品牌延伸战略可以使新产品较快地打入市场,消费者容易接受;可以节约新产品的推广费用。使用品牌延伸战略的弊端也不少,倘若原有品牌名称不适合新产品,将会引起消费者的误解以及对品牌核心价值产生稀释作用。

(3) 多品牌(multi-brands),指企业在相同的产品目录中引进多个品牌。使用多品牌战略不但可以为不同质量的产品确定不同的品牌,还可以为不同类型的顾客和细分市场确立不同的品牌,具有较强的营销针对性。

(4) 新品牌(new brand)。当企业在新产品目录中推出新产品时,可能会发现原有的品牌名称不太适合新产品,有可能损害原有的品牌形象,还会对新产品的推广带来一定的困难。这时就有可能为新产品进行新品牌名称的命名。

(5) 复合品牌(complex brand),指对同种产品赋予两个或两个以上的品牌,也即一种产品同时使用两个或两个以上的品牌。根据品牌间的关系,复合品牌可以细分为注释品牌和合作品牌。

① 注释品牌又称副品牌(auxilary brand),指一种产品上同时出现两个或两个以上品牌,其中一个是注释品牌,另外一个是主导品牌。主导品牌说明产品功能、价值及购买对象,注释品牌则为主导品牌提供支持和信用(或者是用一个主品牌涵盖企业的产品系列,同时给各产品打一个副品牌以突出不同产品的个性形象)。一般地,注释品牌通常是企业品牌,在企业众多产品中均有出现。注释品牌策略可以将具体的产品与企业组织联系在一起,从而用企业品牌增强商品信誉。例如,吉列公司生产的刀片品牌名称为"Gillette,Sensor",其中"Gillette"是注释品牌,表明由吉列公司出品,为该产品提供吉列公司的信用及品质支持;而"Sensor"则是主导品牌,显示该产品的特点。注释品牌策略可以集中广告预算用于主副品牌的联合宣传,节约广告费用,有利于新产品推广。

② 合作品牌(co-branding),又称双品牌(dual branding),主要是两个(或两个以上)

企业品牌出现在同一个产品上。合作品牌的具体形式有组成的(制造企业与中间商的)合作品牌、同一公司的合作品牌、合资合作品牌等多种。

5. 品牌再定位决策(brand repositioning decision)

品牌再定位策略又称品牌重新定位策略。消费者的需求是不断变化的,市场形势也变化莫测。因此,每经过一段时间之后,企业就有必要重新检讨自己的品牌运作情况,包括是否符合目标市场的要求,是否需要对品牌进行重新定位。

(1) 对品牌重新定位的判断。企业判断品牌是否需要重新定位一般根据以下情况进行:竞争者推出了新品牌,且定位于本企业品牌的附近,影响了企业品牌的市场份额,致使本企业品牌的市场占有率下降;有新产品问世,消费者的品牌偏好发生变化,企业品牌的市场需求下降;经济环境变化,人们对产品要求发生变化,该定位的产品市场缩小等等,凡此种种,不一而足。总之,当宏观或微观环境发生变化,且这种变化与企业品牌相关时,品牌经营者就应当及时考虑是否要对原有品牌定位进行变更。

品牌重新定位一般从两个角度进行:一是利用竞争者的品牌定位为自己的品牌重新定位,以获得本企业品牌的发展空间;二是通过市场调查,研究消费者需求,为本企业品牌重新定位。应当注意的是,品牌重新定位并不意味着品牌的更新,也不意味着品牌经营者要完全放弃现有品牌的定位,而是要通过解决一些实际问题,获得品牌的稳定和继续发展。

(2) 品牌再定位的步骤。企业品牌再定位不能盲目地进行,必须按照一定的步骤来操作。一般来说,品牌定位的基本步骤如图12-11所示:

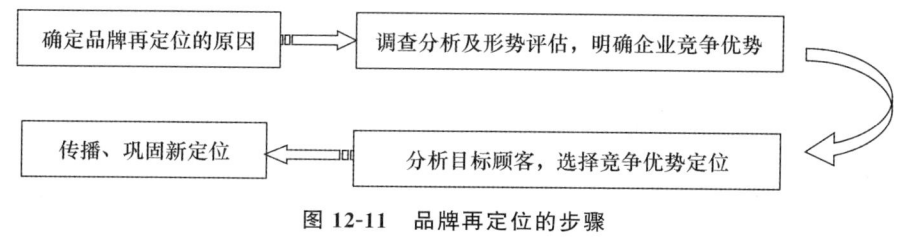

图12-11 品牌再定位的步骤

12.3 品 牌 管 理

12.3.1 品牌管理的基本内容与组织形式

品牌管理是一项重要而又复杂的工作。企业高层领导或者品牌管理的有关人员需要把握品牌管理的主要内容和决策方式,并根据企业、行业、产品等具体情况来设置合理的品牌管理组织形式,有效地对品牌进行管理。

1. 品牌管理的内涵

品牌管理是以企业战略为指引,以品牌资产为核心,围绕企业创建、维护和发展品牌这一主线,综合运用各种资源和手段,以达到提高自己品牌资产、打造品牌的目的的一系列品牌管理活动的总称。品牌管理的最终目的是形成品牌的相对竞争优势,使品牌在整个企业运营中起到良好的驱动作用,使企业行为更服从和体现品牌的核心价值与精神,不断提高企业的品牌资产,为企业造就百年金字招牌打下坚实的基础。

2. 品牌管理的基本内容

品牌管理的具体活动贯穿于品牌创立、品牌维护、品牌发展以及品牌更新等品牌建设与成长全过程的每一个环节,是一项长期、系统的工作。当企业建立起品牌管理体系,其品牌经营就逐步从纯粹的产品管理、市场管理中超越出来,进而将产品经营与品牌这一无形资产结合成统一的整体。同时,品牌管理的业务活动也超出了品牌命名、品牌推广,扩大为涉及品牌创造全过程的各方面的工作。

一般而言,品牌管理的基本内容如图12-12所示。

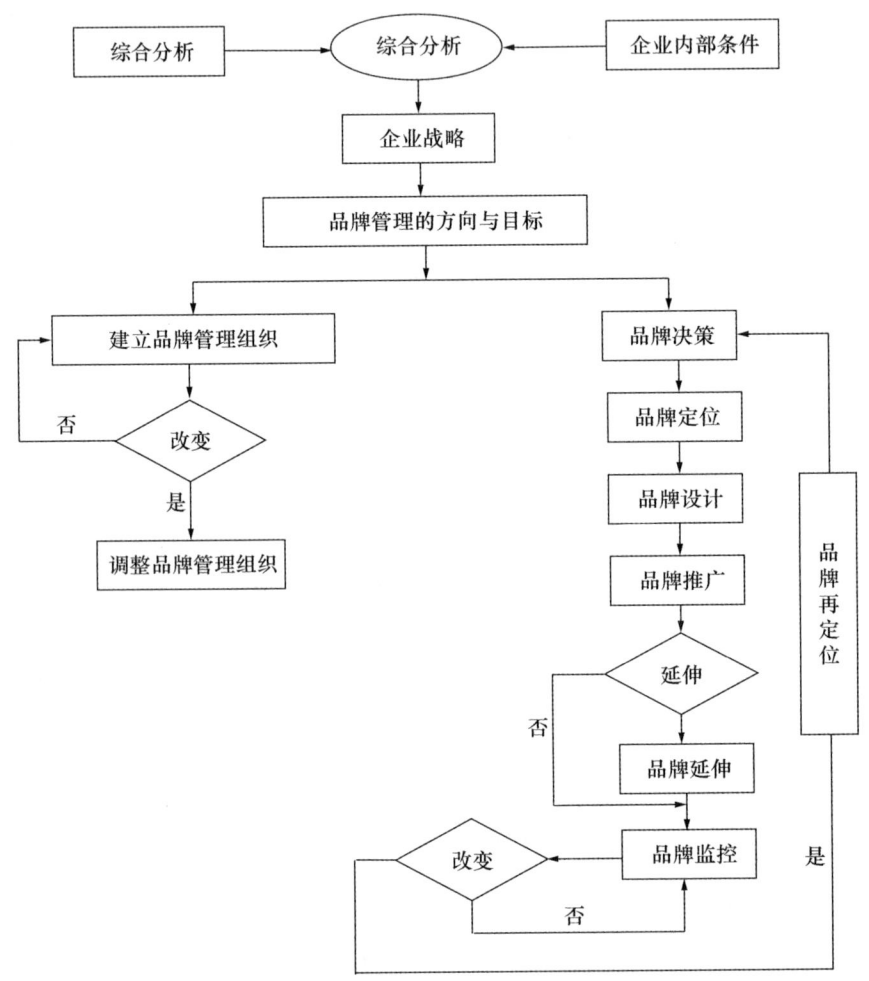

图12-12 品牌管理的基本内容

(1) 制定品牌管理的方向及目标。根据企业发展战略,品牌管理的目标是通过研究目标消费者的需求,整合企业资源和有效运用各种营销手段,使目标消费者对品牌有深入的了解,在消费者心目中建立起品牌地位,促进品牌忠诚。

(2)建立品牌管理组织。品牌管理组织由企业内部与外部组织构成。就品牌管理外部组织而言,可以选择专业机构介入方式,请其担任品牌管理与部分执行工作的代理人。

(3)品牌决策。随着需求日益多样化及产品种类的增加,品牌决策者面临很多难题,需要企业高层关注市场的变化,及时对品牌竞争态势作出判断和决策。

(4)品牌定位。面对众多同类产品和竞争性品牌,企业的品牌定位决定了品牌的特性以及品牌未来发展的潜力。品牌定位必须在深入调查的基础上,对准目标顾客,体现差异,突显个性。

(5)品牌设计。通过品牌命名与设计工作,企业制定以核心价值为中心的品牌识别系统,使品牌识别与企业营销传播活动具有可操作性。

(6)品牌推广。品牌推广的主要工作是通过营销传播活动影响目标顾客。品牌管理人员应当力图使每一次营销行为都传达品牌的核心价值,不折不扣地在任何一次营销和广告活动中演绎出品牌的核心价值,使消费者在任何一次接触品牌时都能感受到品牌的核心价值。

(7)品牌延伸。品牌延伸是品牌管理中的重要决策。品牌延伸应用广泛,但也存在风险。当企业的品牌资源积累到一定程度而又存在较好的市场机会时,高层管理者可能考虑选择品牌延伸策略以开发新的市场。

(8)品牌监控。通过品牌监控,企业可以客观、系统地对品牌定位、品牌设计以及品牌的整合传播等作出全面、客观评估,修订完善整体品牌的管理方案,进而不断地完善与提升品牌。企业还可以通过权威机构对品牌的评估,把品牌确定为量化的资本财富,这是将品牌资产运用到融资与合作、合资上的必要手段。

3. 品牌管理的组织形式

在企业品牌管理的实践中,并不是所有企业都设有专门的品牌管理机构与人员。但从企业的长远发展来看,相当部分企业有必要建立品牌管理组织。常见的品牌管理组织形式有以下几种:

(1)品牌经理制,是对品牌进行管理的一种制度模式,它打破了以往各个品牌的管理工作的职能化分割分散进行的做法,让每个品牌都只由一个品牌经理全面负责,大的品牌除了品牌经理外可能还要有数个品牌经理助理,几个小的品牌也可以同归一个品牌经理负责。品牌经理向公司的营销总监或直接向总经理负责,承担品牌几乎全部的管理与运营的责任。

品牌经理制是宝洁公司创造的独特的管理机制,历经70多年仍然受到青睐。品牌经理制的组织方式符合品牌的规划逻辑,职责分明,是对企业管理职能的创新。品牌经理制在企业内部全面负责品牌的构思、设计、宣传、保护、管理和品牌资源的经营,从而在组织上保证全面地、有效地实施品牌战略,形成有效的品牌管理机制。概括起来,品牌经理制有以下优点:

① 加快企业创品牌、发展品牌的进程。品牌经理制使企业对品牌的设计、注册、发展和投资组合等各个阶段的管理有了完整的制度保证,有专门的人才和部门实施对品

牌的全面管理，使企业的品牌资源和以下活动能最大限度地协调一致，并能最终通过满足消费者对品牌商品的需求来实现企业的经营目标。

② 有利于培养消费者对品牌的偏好和忠诚。在品牌经理制下，人们会极大地关注品牌竞争的差别优势，包括价格成本差别性、产品特点差别性、服务质量差别性、品牌风格差别性、促销手段差别性，有效消除产品、品牌的趋同现象。以差别性改进品牌的市场定位，以差异化战略参与竞争并最终赢得胜利。

品牌经理制有很多优点，但也存在着许多尚待完善的地方。例如，品牌经理和品牌管理部门与生产、销售和财务等职能部门的权责划分问题。实践中，由于职权定位不清晰，很多品牌经理对自己角色的认识比较模糊，进而招致责难，使品牌经理的作用受到限制。可以说，企业的原有组织结构并没有给品牌经理足够的权力空间，如果赋予品牌经理的权力太小或权力不足，就会无法保证品牌运营具有较强的协调性。此外，对品牌经理的业绩考评也是比较棘手的问题，难免会导致出现品牌经理行为的短期性，也难免会在一定程度上影响或减损品牌整体形象，降低品牌运营效果。

(2) 品类经理制。由于品牌经理制这种创造性的品牌管理制度，宝洁公司被誉为世界上营销实力最强的企业。然而，到了20世纪80年代中后期，情况出现了变化，品牌经理制的弊端逐步显露。

这种弊端主要反映在：实施以单个品牌为基点的管理，使得产品大类中的品牌数目大幅度膨胀，品牌间相互蚕食，不仅造成了资源配置的分散和浪费，不利于企业的有效经营，也在一定程度上加大了零售商的运营成本及管理复杂性，不利于零售企业的有效管理。因此，改进品牌经理制不仅是生产企业的需要，也是大型零售商发展的迫切需要。在制造商与中间商双方的努力下，品牌经理制开始改革。通过对品牌的综合、废止等手段，新设立产品大类管理者（其中也有同时兼任几个大类管理的人员），初步形成了品类经理制组织形式。也正是这种改革促进了零售企业的发展，使得品类管理制成为供应链构造和渠道关系中一个重要的制度组成部分。

品类经理制是品牌经理制的演变，通常被称为品类管理。其特点为依据不同类别或性质的产品分别设置管理部门，目的在于减轻由于品牌过多产生的内部矛盾，提高资源的有效利用及管理效率，同时也是为了适应经销渠道和零售渠道对同类别产品采购的要求。在这一制度下，品牌经理向种类经理负责，种类经理对整个产品线负责，这使得产品种类管理更加完整、协调，并能更好地连接新的零售商的"种类采购"系统。

品类经理制也同样存在着问题：由于品类部门不是权力部门，在品类部门与其他部门的往来中需要品类部门进行大量的协调而降低工作效率；各品类部门虽然在本行业都是专家，在实际运作中，有很多方面由于品类部门无法直接控制，使得品类管理部门的专业化能力不能充分发挥；品类部门的策略无法充分贯彻执行，直接影响品牌策略的实施效果。

(3) 客户型品牌管理组织。可以说上述两种品牌管理组织形式都是产品驱动型而非顾客驱动型的制度。品牌经理和品类经理经常过分地关注于一种品牌，以至于忘了整个市场。然而，形势的发展促使企业不再以品牌为出发点，而要以这些品牌所服务的消费者和零售商的需要为出发点,将品牌管理从种类管理转到顾客需求管理的新层次上,这使得客户型的品牌管理组织应运而生。

这种组织形式是把公司的组织机构集中在一起,使主要客户成为公司各部门为之服务的中心,由各客户品牌经理来协调。客户品牌经理负责制定其所主管品牌市场的长期和年度规划、分析客户的动向以及公司应向客户提供什么新产品。这种品牌管理组织的最大优点是:品牌营销按满足消费者的各类不同需求来组织和安排,而不是集中在营销功能、销售地区或产品本身。

(4)地区型品牌管理组织。由于各地区的市场环境不同,许多公司按照地区来组织品牌营销机构。国际上许多大公司如联合利华、IBM、金宝汤料公司以及国内多数大公司都采取了这一形式。地区型品牌管理是一种多品牌的组织形式,其重点在于为不同的市场提供相应的产品及品牌,使品牌能够充分满足不同市场的要求。实质上,地区型品牌管理组织是以地域为细分标准的客户型品牌管理组织形式。

地区型品牌管理组织是矩阵式的结构,品牌管理和市场管理相互交叉,比较复杂。其优点是能够兼顾产品和市场,但组织效率不高,需要进行较充分的沟通,而且会由于地区分散,部分地区的品牌经理可能会成为独立王国,再加上地方保护主义,则会造成公司总部的管理不力。中国不仅面积大,地区性差异复杂,设立地区型品牌管理组织能够让公司的产品和品牌更加有针对性。

(5)品牌管理委员会。前述的几种品牌管理组织形式都会不同程度地产生各个职能部门间难以协调的问题,而最具操作性的品牌经理制则因为主要侧重于各个品牌的战术性计划与控制,极易忽视整体品牌文化,缺乏对品牌体系的通盘考虑。所以,成立品牌管理委员会,以战略性的品牌管理部门或人员来弥补上述品牌管理制度的不足,就成了一些大公司的选择。惠普公司就成立了品牌管理委员会,主要职责是建立品牌体系策略,确保各个事业部品牌之间的沟通与整合,委员会不再隶属于市场营销部门,而直接归属于公司的最高决策层。

12.3.2 品牌延伸

当品牌资源积累到一定程度,企业必然要利用现有的品牌资源推出新产品或者开拓新市场。只有看准时机研发新产品,并正确地运用品牌延伸策略,利用原有品牌的知名度,将新产品快速打入目标市场抢占市场份额,才能提高企业效益,使企业不断地壮大发展,立于不败之地。

一项针对美国超级市场快速流通产品的研究显示,过去 10 年来,成功品牌有 2/3 属于延伸品牌,而不是新上市品牌。可见,品牌延伸已成为西方国家企业发展战略的核心。美国人艾里斯曾经说过:"若是撰述过去十年的营销史,最具意义的趋势是延伸品牌线。"

1. 品牌延伸的概念

品牌延伸战略是 20 世纪 80 年代许多公司战略增长的核心,是品牌资产概念的一个具有重大和直接实际意义的分支,是公司在品牌战略中直接获得利益和回报的途径,亦是公司不断积累和扩大品牌资产的主要手段。

按照菲利普·科特勒的定义,品牌延伸是把一个现有的品牌名称使用到一个新类别的产品上。必须指出,品牌延伸并非只借用表面上的品牌名称,而是对整个品牌资产的策略性使用。

2. 品牌延伸的作用

品牌延伸借助原有品牌的良好声誉和影响力推出新产品,既可以使新产品快速、成功地打入市场,又可以进一步扩大原品牌的影响,巩固原品牌的市场地位。

(1) 利用原品牌,提高认知率。利用原有成功品牌的知名度,可以迅速提高消费者对新产品的认知率,减少新产品推出的费用。一个新品牌、新产品,在竞争激烈、产品同质化的市场上,要吸引消费者的注意力,需要大量地进行广告宣传,支出庞大的宣传费用,才能消除消费者对新产品、新品牌的抵触心理。而采用品牌延伸策略,可以节约宣传推广费用,利用消费者的熟悉感,使品牌经营者尽快获得市场优势。

(2) 满足不同需求,提供更多的选择。品牌延伸给现有的品牌带来新鲜感和活力,拓展了经营领域,满足消费者的不同需要,形成优势互补,给消费者提供更多的选择。要防止消费者的品牌转换,就要研究消费者在该领域的不同需要,在不同的细分市场进行品牌延伸,给消费者提供更多的选择。

(3) 提高市场占有率。品牌延伸成功,原品牌的良好声誉和影响力就得到进一步提高,并增大该品牌的市场覆盖率,使更多的消费者接触和了解该品牌,从而提升品牌的知名度。另外,好的新产品可以给原品牌带来良好的口碑,从而提高原品牌的声誉,使其市场地位得到进一步巩固。

(4) 分散经营风险。实行品牌延伸,可以分散企业的经营风险。企业由原来单一的产品结构、单一的经营领域,向多种产品结构、多种经营领域发展,有利于分散企业经营的风险。

3. 品牌延伸的策略

由于不同企业所处的市场环境和品牌现状各不相同,且企业的资源和品牌发展总体战略思路各有差异,企业可以选择的品牌延伸策略有多种不同的模式。

依据不同的标准,品牌延伸策略可分为不同的种类,如表12-2所示:

表12-2 按照不同依据划分的品牌延伸策略

划分依据	策略模式
依据行业的不同	同行业延伸策略
	跨行业延伸策略
依据品牌延伸的方向不同	水平延伸
	垂直延伸
按品牌延伸前后内涵是否变化	内涵不变式延伸
	内涵渐变式延伸
按照延伸前后品牌名称的变化	直接冠名
	间接冠名
	副品牌式延伸

（1）按品牌所涵盖产品是否处于同一行业，品牌延伸策略可分为同行业品牌延伸策略与跨行业品牌延伸策略两类。

同行业品牌延伸策略是最为常见的延伸策略。按其涵盖产品满足顾客需求的种类是否相同，又可细分为以下两种情况：第一种是原产品和延伸产品处于同一行业，满足相同的需求。这种延伸方式十分常见，一般指主品牌所涵盖的商品是配套商品或者是关联度非常高的商品，原产品和延伸产品处于同一行业，满足的是相同的需求。第二种是主品牌涵盖同一行业不同种类的产品，满足不同需求。这种策略也较常见，指主品牌下的产品处于同一行业，产品满足的是同一大类的需求，但不同产品满足的具体需求种类有差别。使用这种品牌延伸策略的企业往往具有相当的规模和实力，为了进一步拓展发展空间，充分利用已有资源，在实行多元化发展的过程中尽管业务单位数量逐渐增多，但依然使用同一主品牌。

跨行业的品牌延伸策略是指主品牌涵盖不同行业的不同种类的产品，满足多种需求。这种策略模式较为少见，通常是一些大公司的做法。如日本的三菱集团既开银行，又生产车辆和家用电器；雅马哈涉足摩托、钢琴、吉他等产品，还生产计算机的声卡。这些企业产品虽然很多，但都使用同一个总品牌。这种品牌延伸策略的形成，很大程度上是由于历史的原因。一般地，在市场上，同一品牌横跨几个行业而且跨度比较大的几乎多是历史悠久的公司，如通用电气、西门子等。从目前和今后的发展趋势来看，由于市场竞争越来越激烈，一个品牌能延伸并横跨几个差异较大的行业的情况将会越来越少。

（2）按照品牌延伸的方向不同，品牌延伸策略可以分为水平品牌延伸策略和垂直品牌延伸策略。

水平品牌延伸策略即原品牌产品与延伸产品处于同一档次。这是最容易成功并容易实施的品牌延伸方式。由于产品处于同一档次，品牌形象和个性定位容易统一，原产品的影响很容易泛化到新产品上去，产品的信息传播容易整合。

垂直品牌延伸策略即原品牌产品与新产品处于不同的档次。它又可以具体分为高档品牌向下延伸、低档品牌向上延伸或中档品牌向高档和低档两个方向双向延伸这三种方式。

向下延伸指的是许多企业的品牌最初定位于目标市场的高端，随后为了反击对手，或者向下扩展以占据整个目标市场，会将品牌线向下延伸，在市场的低端增加新产品。这种策略有利于公司适时发展中低档产品，可以填补自身中低档产品的空缺，吸引更多的消费者，提高市场占有率。

向上延伸指通常定位于市场低端的经营者在经营了一段时间之后，受到高端市场高利润的吸引，或者为了给消费者更完整的品牌选择，可能会以新产品进入高端市场，以获得较高的销售增长率和边际贡献率，逐渐提升企业的品牌形象。

双向延伸适用于那些原来定位于中端的品牌。品牌经营者可以选择向高端和低端两个方向发展以使品牌系统更完美。双向延伸的主要风险是可能模糊原有品牌的定位；容易在消费者心目中形成一种"高不成，低不就"的形象。

综上,品牌的垂直延伸要比水平延伸困难。

(3) 按品牌延伸前后品牌的内涵是否变化,品牌延伸策略可以分为内涵不变式品牌延伸策略与内涵渐变式品牌延伸策略两种。

内涵不变式品牌延伸策略一般在同行业、同档次品牌延伸或是企业发展相对成熟平稳、发展跨度不大的时期更广泛地采用。在这种模式下,新老产品的主要属性基本相同,品牌延伸前后主品牌的内涵主成分基本保持不变。这种品牌延伸的模式是大多数人都赞同的,因为它的负面影响不大或相对不容易出现。

内涵渐变式品牌延伸策略一般在跨行业、跨档次品牌延伸或是企业发展速度较快、发展跨度很大的时期被采用。如娃哈哈集团在发展过程中逐渐将品牌从"儿童食品"提升为"饮食类产品";海尔以冰箱起家,初期品牌成分是"高品质、值得信赖的保证和服务的冰箱品牌",后来向家电类的其他产品拓展,近年又向 IT 行业、药品及金融业进军,品牌内涵主成分也在不知不觉中发生变化和提升。这是一种目前理论界争议较大的品牌延伸策略模式。有关品牌定位模糊等一系列怀疑理论大多是针对这种情况进行研究的。应当说,随着企业内部环境的不断发展和变化,品牌内涵的主成分随着市场和企业条件的变化逐渐发展变化应该是正常的、合理的。所以对于这种品牌延伸策略模式,企业既要注意它可能产生的负面影响,也要看到它所蕴藏的巨大潜力和机遇。

(4) 按照延伸前后品牌名称的变化,可以分为直接冠名、间接冠名与副品牌式延伸策略。品牌名称只是品牌的一部分,并不代表品牌的全部,品牌实际是品牌名称和标志所代表的产品和企业给予买方及其相关群体的总的印象。因此,不管新产品是直接使用原品牌名称,还是部分地、间接地使用原品牌名称,只要是直接或间接利用了原品牌的影响,都可以看成是品牌延伸。

直接冠名即直接对新产品冠以原品牌名是最常见的品牌延伸方式,又称为统一品牌策略。这种方式能节省营销成本;产品导入市场速度最快;容易形成品牌声势,但也容易形成株连效应或品牌稀释。

间接冠名即间接或部分使用原品牌名。这种方式在企业进行垂直品牌延伸时使用较多,在烟酒行业较常见。具体方式还有利用 CIS 中的 BI、VI 或 MI 等要素进行品牌信息的传递和泛化。这种方式极大地拓展了品牌延伸的幅度和空间,对原品牌和产品的负面影响较小,原有品牌对于新产品的市场支持力度也相对弱些。

副品牌式延伸策略是近年来的热门话题,被业内人士予以很高的评价。副品牌策略是指新产品的品牌名称由原品牌加上一个副品牌名组成。副品牌策略的最大优点是既利用了原品牌的影响,又突出了新产品的独特优势(它实质上是一种发展式的延伸,缓冲了定位理论和品牌延伸理论的一些矛盾);同时,在产品更新换代极快的今天,副品牌策略还为品牌策略提供了更大的变动余地。

4. 影响品牌延伸的因素

于一般企业而言,在选择品牌延伸策略模式时,往往会受三个方面的制约和影响:

(1) 企业多元化发展策略的方向。一般来说,实行多元化发展策略的企业才有考虑品牌延伸策略的必要。

品牌策略是企业经营策略的一部分,为企业总体战略目标服务。实行多元化发展战略的企业,其未来业务单位的种类和方向是品牌延伸策略方向选择的基本依据。多元化发展策略按新业务与原业务相关的紧密程度,可分为相关多元化和不相关多元化两种策略。

相关多元化策略又细分为同心多元化与水平多元化两种策略。同心多元化策略指在技术上相关性不大,但在市场上相关性强的多元化发展方式。同心多元化策略下,产品利用的是相同的核心技术,所以其品牌延伸策略容易实施,其策略模式一般是同行业延伸。在延伸上,水平延伸与垂直延伸都有可能被选择,而一般以垂直延伸居多。在内涵不变与内涵渐变式延伸方式方面,如果新产品的核心技术没有很大突破,就是内涵不变式延伸;否则属于内涵渐变式延伸。对于同心多元化,当新产品的技术有了一定的改善和提高后,往往可考虑利用副品牌式延伸策略。

水平多元化策略下,由于产品在技术上相关性不大,而在市场上相关性很强,所以对新业务进行品牌延伸也有很好的基础。由于产品针对相同的市场,所以一般应考虑水平延伸策略。当然,不少企业的品牌以行业定位而不以档次定位,这种情况下垂直延伸也可以考虑。

对于不相关多元化,企业的新业务与原业务关联性小,如果要运用品牌延伸策略,多属于跨行业的品牌延伸。如前所述,这种品牌延伸策略的必要性和对新业务的支持力度都需要审慎仔细研究。

(2) 企业品牌的现状和发展战略。品牌现状是制约品牌模式选择的重要因素。首先,品牌覆盖的行业范围影响企业在同行业延伸与跨行业延伸间进行选择;其次,品牌的档次和市场印象影响相应策略模式的选择,如当企业现有品牌是高档品牌时,既可以选择水平延伸,也可以选择垂直延伸中的向下延伸,而在冠名方式上如果是垂直延伸,往往选择间接冠名方式;再次,品牌内涵主成分在延伸前后是否有所变化决定了品牌延伸是内涵不变式还是内涵渐变式;最后,现有品牌名称是否可以直接使用于新产品、新业务。这决定了企业在进行品牌延伸时是采用直接冠名、间接冠名还是采用副品牌等延伸模式。

企业的品牌发展战略思路对于企业选择品牌延伸策略模式也有很大影响。有些企业在一定时期趋向于节省总成本,特别是当企业的品牌有了相当的知名度和实力时,企业希望尽量利用已有的品牌资源,在这种思路指引下,企业对品牌延伸策略方向的选择主要考虑以节省成本、提高利润为主,各种品牌延伸策略方式只要可行,都有可能被企业选择;而有些企业希望进一步提高品牌实力或进行策略经营空间的转换和拓展,特别是企业觉得品牌实力需要加强或品牌内涵与企业发展前景有一定的差异时,企业对于品牌延伸策略方向往往就有所选择,此时企业更趋向于选择垂直延伸中的向高端延伸或选择内涵渐变式延伸等。

12.4 包 装 策 略

包装是商品生产的继续,商品只有经过包装才能进入流通领域,实现其价值和使用价值。商品包装可以保护商品在流通过程中品质完好和数量完整,同时,还可以增加商品的价值,此外,良好的包装还有利于消费者挑选、携带和使用。产品包装在营销实践中已成为赢得竞争的一种重要手段。

12.4.1 包装的含义及作用

包装是指对某一品牌商品设计并制作容器或包扎物的一系列活动。也可以说,包装有两方面含义:其一,包装是指为产品设计、制作包扎物的活动过程;其二,包装即是包礼物。

1. 包装的构成

一般说来,商品包装应该包括:(1)商标或品牌。商标或品牌是包装中最主要的构成要素,应在包装整体上占据突出的位置。(2)包装形状。适宜的包装形状有利于储运和陈列,也有利于产品销售,因此,形状是包装中不可缺少的组合要素。(3)包装颜色。颜色是包装中最具有刺激销售作用的构成要素。突出商品特性的色调组合,不仅能够加强品牌特征,而且对顾客有强烈的感召力。(4)包装图案。图案在包装中如同广告的画面,其重要性、不可或缺性不言而喻。(5)包装材料的选择。包装材料的选择不仅影响包装成本,而且也影响商品的市场竞争力。开发和选用新型材料是包装设计中的一项重要工作。(6)产品标签。在标签上一般都印有包装内容和产品所包括的主要成分、品牌标志、产品质量等级、生产厂家、生产日期和有效期、使用方法等。有些标签上还印有彩色图案或实物照片,以促进销售。

2. 包装的种类

包装是产品生产过程在流通领域的延续。产品包装按其在流通过程中作用的不同,可以分为运输包装和销售包装两种。

(1)运输包装。运输包装又称外包装或大包装,主要用于保护产品品质安全和数量完整。运输包装可细分为单件运输包装和集合运输包装。

(2)销售包装。销售包装又称内包装或小包装,它随同产品进入零售环节,与消费者直接接触。销售包装实际上是零售包装,因此,销售包装不仅要保护产品,而且更重要的是要美化和宣传商品,便于陈列展销,吸引顾客,方便消费者认识、选购、携带和使用。近些年来,随着超级市场的发展,销售包装的发展趋势日益呈现出小包装大量增加,透明包装日益发展,金属和玻璃容器趋向安全轻便,贴体包装、真空包装的应用范围越来越广泛,包装容器的造型结构美观、多样、科学,包装画面更加讲究宣传效果等发展趋势。这些都是营销企业应研究的内容。

3. 包装的作用

包装作为商品的重要组成部分,其营销作用主要表现在以下几方面:

(1) 保护商品。包装保护商品的作用主要表现在两个方面:其一是保护商品本身。有些商品怕震、怕压,需要包装来保护;有些商品怕风吹、日晒、雨淋、虫蛀等,也需要借助包装物来保护。其二是安全(环境)保护。有些商品是属于易燃、易爆、放射、污染或有毒物品,对它们必须进行包装,以防泄漏造成危害。

(2) 方便储运。有的商品外形不固定,或者是液态、气态,或者是粉状,若不对此进行包装,则无法运输和储藏,从而使商品保值。

(3) 促进销售。商品给顾客的第一印象,不是来自产品的内在质量,而是它的外观包装。产品包装美观大方,漂亮得体,不仅能够吸引顾客,而且还能激发顾客的购买欲望。据美国杜邦公司研究发现,63%的消费者根据商品包装作出购买决定。所以说,包装是无声的推销员。

(4) 增加盈利。由于装潢精美、使用方便的包装能够满足消费者的某种心理要求,消费者乐于按较高的价格购买,而且包装材料和包装过程本身也包含一部分利润。因此,适当的、好的包装能够增加企业的利润。

12.4.2 包装标签与包装标志

1. 包装标签

包装标签是指附着或系挂在商品销售包装上的文字、图形、雕刻以及印刷的说明。标签可以是附着在商品上的简易签条,也可以是精心设计的作为包装的一部分的图案。标签可能仅标有品名,也可能载有许多信息,能用来识别、检验内装商品,同时也可以起到促销作用。

通常,商品标签主要包括:制造者或销售者的名称和地址、商品名称、商标、成分、品质特点、包装内商品数量、使用方法及用量、编号、储藏应注意的事项、质检号、生产日期和有效期等内容。值得提及的是,印有彩色图案或实物照片的标签有明显的促销功效。

2. 包装标志

包装标志是在运输包装的外部印刷的图形、文字和数字以及它们的组合。包装标志主要有运输标志、指示性标志、警告性标志三种。运输标志又称为唛头(mark),是指在商品外包装上印制的反映收货人和发货人、目的地或中转地、件号、批号、产地等内容的几何图形、特定字母、数字和简短的文字等。指示性标志是根据商品的特性,对一些容易破碎、残损、变质的商品,用醒目的图形和简单的文字做出的标志。指示性标志指示有关人员在装卸、搬运、储存、作业中引起注意,常见的有"此端向上""易碎""小心轻放""由此吊起"等。警告性标志是指在易燃品、易爆品、腐蚀性物品和放射性物品等危险品的运输包装上印刷特殊的文字,以示警告。常见的有"爆炸品""易燃品""有毒品"等。

12.4.3 包装的设计原则

重视包装设计是企业市场营销活动适应竞争需要的理性选择。一般说来，包装设计还应遵循以下几个基本原则：

1. 安全

安全是产品包装（包括运输包装和销售包装）最核心的作用之一，也是最基本的设计原则之一。在包装活动过程中，包装材料的选择及包装物的制作必须适合产品的物理、化学、生物性能，一方面保证商品质量完好、数量完整，另一方面保护环境安全。

2. 适于运输，便于保管、陈列、携带和使用

在保证产品安全的前提下，应尽可能缩小包装体积，以利于节省包装材料和满足运输、储存的要求，另一方面要注意货架陈列的要求。此外，为方便顾客和满足消费者的不同需要，包装的体积、容量和形式应多种多样；包装的大小、轻重要适当，便于携带和使用（例如，在保证包装封口严密的条件下，要容易被打开）。

3. 美观大方，突出特色

包装具有促销作用，主要是因为销售包装有美感。美观大方的包装给人以美的感受，有艺术感染力，进而使其成为激发顾客购买欲望的主要诱因。这要求包装设计注重艺术性。与此同时，包装还应突出产品个性。这是因为，包装是产品的组成部分，追求不同产品之间的差异化是市场竞争的客观要求，而包装是实现产品差异化的重要手段。

4. 包装与商品价值和质量水平相匹配

包装作为商品的包扎物，尽管有促销作用，但也不可能成为商品价值的主要部分。因此，包装应有一个定位。一般说来，包装应与所包装的商品的价值和质量水平相匹配。经验数字告诉我们，包装不宜超过商品本身价值的13%—15%。若包装在商品价值中所占的比重过高，即会因易产生名不副实之感而使消费者难以接受；相反，价高质优的商品自然也需要高档包装来烘托商品高雅贵重。

5. 尊重消费者的宗教信仰和风俗习惯

由于社会文化环境直接影响消费者对包装的认可程度，为使包装具有促销效果，在包装设计中，必须尊重不同国家和地区的宗教信仰和风俗习惯等社会文化环境下消费者对包装的不同要求，切记出现有损消费者宗教情感、容易引起消费者忌讳的颜色、图案和文字。应该深入了解分析消费者宗教情感以及容易引起消费者忌讳的颜色、图案和文字；深入了解分析消费者特性，区别不同的宗教信仰和风俗习惯设计不同的包装，以适应目标市场的需求。

6. 符合法律规定，兼顾社会利益

包装设计作为企业市场营销活动的重要环节，在实践中必须严格依法行事。例如，应按法律规定在包装上标明企业名称及地址；对食品、化妆品等与消费者身体健康密切相关的产品，应标明生产日期和保质期等。不仅如此，包装设计还应兼顾社会利益，努

力减轻消费者负担,节约社会资源,禁止使用有害包装材料,实施绿色包装战略。

此外,包装还应注意满足不同运输商、不同分销商的特殊要求。

12.4.4 包装策略

符合设计要求的包装固然是良好的包装,但良好的包装只有同科学的包装决策结合起来才能发挥其应有的作用。可供企业选择的包装策略主要有以下几种:

1. 类似包装策略

类似包装策略是企业对生产经营的所有产品,在包装外形上都采取相同或相近的图案、色彩等共同的特征,使消费者通过类似的包装联想起这些商品是同一企业的产品,具有同样的质量水平。类似包装策略可以节省包装设计成本,树立企业整体形象,扩大企业影响;可以充分利用企业已有的良好声誉,消除消费者对新产品的不信任感,带动新产品销售。它适用于质量水平相近的产品,但由于类似包装策略容易对优质产品产生不良影响,所以,对多数不同种类、不同档次的产品不宜采用。

2. 等级包装策略

等级包装策略是企业对自己生产经营的不同质量等级的产品分别设计和使用不同的包装。这种依产品等级来配比设计包装的策略可使包装质量与产品品质等级相匹配,能够适应不同需求层次消费者的购买心理,便于消费者识别、选购商品,从而有利于全面扩大销售。当然,该策略的实施成本高于类似包装策略也是显而易见的。

3. 分类包装策略

分类包装策略指根据消费者购买目的的不同,对同一产品采用不同的包装。如购买商品用做礼品赠送亲友,则可精致包装;若购买自己使用,则简单包装。此种包装策略的优缺点与等级包装策略相同。

4. 配套包装策略

配套包装就是指将几种关联性较强的产品组合在同一包装物内的做法。这种策略能够节约交易时间,便于消费者购买、携带与使用,有利于扩大产品销售,还能够在将新旧产品组合在一起时,使新产品顺利进入市场。但在实践中,要注意市场需求的具体特点、消费者的购买能力和产品本身的关联程度大小,切忌任意配套搭配。

5. 再使用包装策略

也称双重用途包装策略,即指包装物在被包装的产品消费完毕后还能移作他用的做法。我们常见的果汁、咖啡等的包装即属此种方式。这种包装策略增加了包装的用途,可以刺激消费者的购买欲望,有利于扩大产品销售,同时也可使带有商品商标的包装物在再使用过程中起到延伸宣传的作用。

6. 附赠品包装策略

附赠品包装策略是指在包装物内附有赠品以诱发消费者重复购买的做法。在包装物中的附赠品可以是玩具、图片,也可以是奖券。该包装策略对儿童和青少年以及低收入者比较有效。这也是一种有效的营销推广(促进销售)方式。

7. 更新包装策略

更新包装就是改变原来的包装。更新包装策略是指企业包装策略随着市场需求的变化而改变的做法。一种包装策略无效，依消费者的要求更换包装，实施新的包装策略，可以改变商品在消费者心中的地位，进而收到迅速恢复企业声誉的效果。

本章小结

品牌是用以标识一个或一群营销者的产品或劳务，并使之与竞争对手的产品或劳务区别开来的一种名称、标志、图案、符号、设计或者是它们的组合运用。其内涵包括属性、利益、价值、文化、个性和用户六个层次。品牌可以按使用主体、辐射区域及统分策略等标准划分为不同的种类。

品牌决策有品牌建立决策、品牌使用者决策、品牌名称决策、品牌扩展决策和品牌再定位决策几种。

品牌命名是指企业为了能更好地塑造品牌形象、丰富品牌内涵、提升品牌知名度等，遵循一定的命名原则，应用科学、系统的方法提出、评估、最终选择适合品牌的名称的过程。

品牌管理的基本内容包括制定品牌管理的方向与目标；建立品牌管理组织；进行品牌决策、品牌定位、品牌设计、品牌推广、品牌延伸和品牌监控等一系列工作。常见的品牌管理组织形式有品牌经理制、品类经理制、客户型品牌管理组织、地区型品牌管理组织及品牌管理委员会等。

企业可以采用的品牌延伸策略有多种：可依据行业的不同、品牌延伸方向的不同、按延伸前后品牌内涵是否变化及按照延伸后品牌名称是否不同进行分类。

包装是商品生产的继续，商品只有经过包装才能进入流通领域，实现其价值和使用价值。产品的包装策略有类似包装策略、等级包装策略、分类包装策略、配套包装策略、再使用包装策略、附赠品包装策略、更新包装策略等。

思考题

1. 什么是品牌？品牌的含义可以分为哪几个层次？
2. 品牌、商标、名牌、驰名商标之间有何区别？
3. 品牌决策包括哪些类型？举例说明品牌决策的重要性。
4. 影响采用品牌与否的因素有哪些？采用与不采用品牌各有什么利弊？
5. 品牌命名及设计的原则是什么？
6. 如何理解品牌延伸？企业为什么要进行品牌延伸？
7. 品牌延伸的策略有哪些？运用这些策略时应该注意什么问题？
8. 包装的作用是什么？包装策略有哪些？

案例分析

乐事薯片的定制包装

把你的照片印在乐事薯片的袋子上,这事儿乐事还真干出来了!乐事薯片日前决定把包装袋的封面交到顾客手里,让大家定制自己专属的包装袋。

这个由乐事与 Instagram 联合上线的"Summer Moments Made Better"活动,希望通过定制顾客个人照片作为包装袋的方式,帮助顾客留下并且分享自己的夏日美好时光。此次活动仅在美国地区进行,一共将推出 20 万个名额,可定制包括烧烤、酸奶 & 洋葱、经典三种口味在内的 77.9 g 包装袋。

只需要抢先登陆乐事官网输入专属 Code,并把自己 Instagram 的照片上传的前 20 万名顾客,就能获得这个定制的包装。还能自动进入抽奖环节,获得如冲浪板之类的奖品。

"与消费者互动对我们来说非常重要,我们希望能够给他们带去不断的互动信号,通过有意义的方式去联结他们与我们的品牌。"乐事的北美高级营销总监 Sarah Guzman 这样说道,"在夏季这个时间段里,乐事希望能作为一个重要的角色加入消费者的生活中"。

其实,早在 2015 年乐事就已经做过这样类似的一次定制活动了,不过规模要小得多,只有 1 万个名额,但却在当时的 Instagram 上得到了意外的积极反响。对于 2016 年拉上 Instagram 一起加入,Guzman 解释道:"因为我们想要确保在一个消费者们平时经常使用的社交平台上开展这个活动。"

"2015 年,乐事在社交平台上看到了许多好玩儿的夏季时光照片,其中许多也都出现了食物的身影。所以今年我们也希望看到更多优质的照片。"Guzman 最后补充道。

资料来源:《你和乐事薯片,真的只差一张照片的距离》,http://socialbeta.com/t/case-study-lays-instagram-packaging-20160526。

案例思考题

结合本案例,谈谈你对企业包装策略的理解。

第 13 章

价 格 策 略

学习目标

通过本章的学习,熟悉市场营销影响定价的因素,了解市场营销定价的依据和定价的目标;掌握市场营销定价的方法;灵活运用价格策略,为整体市场营销服务。

学习重点

明确价格问题的重要性,了解定价目标;掌握定价的基本方法和策略,以及定价与其他营销组合因素的搭配关系。

引导案例 宜家环保自行车的"高冷"定价

宜家素来以平易近人、设计精巧考究的品牌形象示人,这次他们仍沿袭一贯风格推出了新品,只不过不是家具,而是自行车。先前瑞典宜家推出过类似产品,但仅仅停留在电动模型,没有广泛投入使用。

这款名为 Sladda 的单车抛弃传统易生锈的链条,采用皮带传动,既环保又低碳,契合了当下流行的时尚轻生活理念,但不知为何,宜家给自行车配备了一个有点"奇怪"的装置,让人哭笑不得:车后部加上了一个连接口,可以安装篮子或小拖车,这可以算是让自行车可以和第三方兼容的小小新突破吧,可看起来确实有点儿笨拙刻意,少了高科技的"禁欲"感。

不过 Sladda 的价格可不像风格那样"接地气",每辆售价达 800 美元,约合人民币 5000 多元,这张价格标签就像一座小山那样横亘在了我与车之间……然而总体来说它的样子的确简约漂亮,还获得了德国红点设计奖,喜欢的朋友不妨自我安慰一下,毕竟 Sladda 仍是比汽车便宜的。

可持续发展的需要和人类生活城市化逐渐成为趋势,自行车也从最原始的代步工具转变成了健康、生态的标志符号,无论出行还是运动,它都是好选择,而宜家洞察到越来越多的人愿意"花大价钱"去附议时尚绿色的生活方式,然后适时推出这款无链环保自行车,又一次默契地和城市青年群体完成一次击掌。

资料来源:《宜家出了一款环保自行车,不过价格有点"高冷"》,http://socialbeta.com/t/ikea-just-made-chainless-bike-it-will-cost-you,2017 年 7 月 13 日访问。

在市场营销因素组合中,价格是企业创造收益的唯一因素,其他因素都需要花钱。20 世纪 50 年代以后,非价格竞争日益重要,价格的地位相对下降;发展到 70 年代末,市场上又出现了重视价格的趋向,承认价格是市场营销因素组合中的一个重要因素。不管怎样,在市场经济条件下,价格竞争始终是企业必须十分重视的重要问题。

制定价格策略是现代企业市场营销活动的重要组成部分,但制定出合理价格绝非易事。有经验的市场营销人员常说:"在各种经营决策中,价格决策是最使人捉摸不定的。"因为需求情况、竞争条件、消费倾向、经济发展、政府的法规及政策导向等一系列因素,都会对价格产生影响,特别是出口产品的定价更为复杂。出口企业在对出口产品定价时除了需要考虑各国关税、成本、汇率变动、报价方法、政府的态度等因素外,还要考虑季节性、投机、罢工、各种自然灾害等临时性因素。所以,现代企业经营者应根据各种影响因素,结合本企业的条件和经验来制定合理的价格。

13.1 企业定价目标与定价程序

企业定价是一个非常复杂而困难的工作,涉及多种因素,这些因素交织在一起,形成错综复杂的定价环境。正确的价格决策,要求企业综合考虑影响企业定价的多种因素,采取科学的定价程序。企业制定价格的程序一般分为以下六个步骤:(1)选择定价目标;(2)测定需求;(3)估算成本;(4)分析竞争因素;(5)选择定价方法;(6)选定最终价格,见图 13-1:

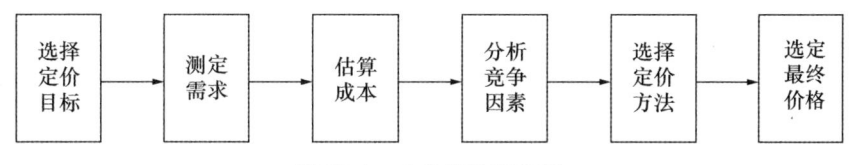

图 13-1 企业定价程序图

13.1.1 选择定价目标

定价目标是定价策略和定价方法的依据。产品的定价目标必须与企业的市场营销总目标相一致。企业定价的一般目标是在符合社会总体利益的原则下,取得尽可能多的利润。但由于定价应考虑的因素甚多,因而,企业定价的具体目标也多种多样。不同企业可能有不同的定价目标,同一企业在不同时期也可能有不同的定价目标,企业应权衡各个目标的依据和利弊加以选择。现代企业的定价目标主要有以下几种:

1. 以维持生存为定价目标

如果企业产能过剩,或面临激烈竞争,或试图改变消费者需求,则需要把维持生存作为主要目标。这时,企业必须制定较低的价格并希望市场是价格敏感型的。利润比起生存来要次要得多。只要价格能弥补可变成本和一些固定成本,企业的生存便可得以维持。但这种生存目标只能是过渡性质的,最终一定会被其他定价目标所代替。

2. 以获取当期最大利润为定价目标

追求最大利润,几乎是企业的共同目标,但利润最大对企业来说并不一定等于最高定价,定价偏高,消费者不满,需求减少,反而实现不了利润。另外,代用品盛行,竞争者加入,最终迫使价格重新回到合理的标准。因此,企业定价应适当。最大利润更多地取决于合理价格所推动产生的需求量和销售规模。利润的最大化应以企业长期的最大利润为目标。

3. 以提高市场占有率为定价目标

市场占有率是企业经营状况和产品竞争力的综合反映。市场占有率指的是企业产品销售量在同类产品市场销售总量中所占的比重。企业确信赢得最高的市场占有率之后将享有最低的成本和最高的长期利润,所以,企业制定尽可能低的价格来追求市场占有率领先地位。当具备下列条件之一时,企业就可考虑通过低价来实现市场占有率的提高。

(1) 市场对价格高度敏感,因此,低价能刺激需求迅速增长;

(2) 生产与分销的成本会随着生产经验的积累而下降;

(3) 低价能吓退现有的和潜在的竞争者。

例如,早期英国可乐娜(Corona)针对奶油产品进行市场区隔研究,发现消费者试图在经济萧条期间,寻找新产品替代价格昂贵的传统奶油。这样的需求正好创造了一个低价市场区块,当时的知名品牌并未察觉到消费者对低价的渴求。泛登伯斯公司(Van den Bergh's)抓住了机会,发展出高质量、低价位"可乐娜"人造奶油,抢先上市,专攻低价市场以取代传统奶油,席卷了约10%的市场占有率。

4. 以预期投资收益率为定价目标

预期投资收益率即为利润相对投资总额的比率。企业对于所投入资金,都期望在预期时间内分批收回。因此,定价时,一般在总成本费用之外加上一定比例的预期盈利,以预期收益为定价目标。投资收益率一般应高于银行存款利息。以预期投资收益率为定价目标的企业,一般都具有一些优越条件,如产品拥有专利权或产品在竞争中处于主导地位,否则产品卖不出去,预期的投资收益也不能实现。因此,价格水平一定要确保实现预期投资的收益。

5. 以稳定价格为定价目标

稳定价格是达到投资报酬的一个途径。某些行业在供求与价格方面经常发生变化,为了避免不必要的价格竞争,增加市场的稳定性,这种定价目标适用于在行业中能左右市价的企业。以稳定价格为定价目标的优点在于:市场需求一时发生急剧变化,价格也不致发生大的波动,有利于大企业稳固地占领市场,长期经营这类商品。在大企业稳定价格的情况下,小企业为维持自身利益,也愿意追随大企业定价,一般不轻易变动价格。如果小企业将价格定得过低或过高,有可能导致大企业采取报复手段,使小企业蒙受损失。

6. 以应付与防止竞争为定价目标

在激烈的市场竞争中,无论是大企业还是小企业,对于竞争者的价格都很敏感,实力雄厚的大企业可以左右价格,而小企业只能被动地适应。当有些企业有意识地通过定价去应付和避免竞争,采取以击败竞争对手为目标,或阻止新的竞争对手出现时,则往往采取低价倾销的手段力争独占市场。近年来,我国的微波炉、彩电等产品就为此引发了一场场的价格大战。

7. 以产品质量领先为定价目标

企业可以选择在市场上产品质量领先这样的目标,并在生产和营销过程中始终贯彻产品质量最优化的指导思想。这就要求用高价格来弥补高质量和研究开发的高成本。反过来,这种高价格也进一步提高了产品的优质形象。值得一提的是,产品在优质优价的同时,还应辅以优质的服务,以保证其在消费者心目中高品质品牌形象。当然,价廉物美的产品对消费者来说更具有吸引力。例如,养生堂凭借"农夫山泉有点甜"及独特的瓶口设计迅速打开了市场,在近半年的时间里,其每瓶(500ml)2.5元的高价没有抑制住消费者的购买欲望。随着消费者认知度的上升,市场竞争形势的变化,养生堂又及时推出了普通瓶口、和竞争对手价格持平的产品,扩大了产品的市场占有率,进一步稳固了其在市场上的地位。

13.1.2 测定需求

影响产品定价的因素有很多,如需求、成本、竞争者、政策等。测定需求,一是调查市场的结构情况,了解不同价格水平下消费者可能购买的数量;二是分析需求的价格弹性,根据需求量的变动对价格变化反应的灵敏度,选定一个适当的价格,确保企业实现最大的盈利。

需求的价格弹性又称需求弹性,是用来衡量价格变动的比率所引起的需求量变动的比率,即需求量变动对价格变动反应的灵敏程度。一般用需求弹性系数 E 来表示需求弹性的大小,见图 13-2。

需求弹性系数 E＝销售量变动的百分比/价格变动的百分比

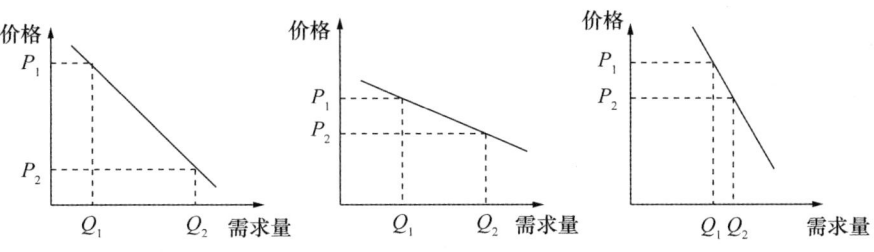

图 13-2 需求价格弹性图

E=1,表示标准需求弹性。需求量与价格变动的幅度相等,对这类商品,价格的上升会引起需求量等比例的减少;价格的下降会引起需求量等比例的增加。因此,价格变化对销售收入影响不大。企业在定价时,可选择预期收益率为目标或选择通行的市场价格。

E>1,需求量的变动幅度大于价格的变动幅度,称需求富有弹性。对这类商品,应通过降低价格,薄利多销,以达到增加盈利的目的。这类商品多是非生活必需品。

E<1,需求量的变动幅度小于价格的变动幅度,称需求缺乏弹性。对这类商品,一般采用提价策略,增加盈利。这类商品多是日常生活必需品。

E=0,表示需求完全无弹性。即价格无论如何变化,需求量都不变。定价时,可考虑企业预期目标。

需求弹性受需求程度、商品替代、供求状况等各方面因素影响。一般来说,在以下条件下,需求可能缺乏弹性:① 生活基础必需品;② 市场上没有替代品或没有竞争者;③ 购买者对较高价格不在意;④ 购买者改变购买习惯较慢,也不积极寻找较便宜的东西;⑤ 购买者认为产品质量有所提高或认为存在通货膨胀,价格较高是应该的。

13.1.3　估算成本

在正常的市场环境下,产品成本是制定价格的下限,而市场需求是制定价格的上限。企业制定的产品价格必须既能补偿产品生产、销售所花费的成本,又能使企业获取适当的利润,借以补偿企业所付出的努力和承担的风险。所以,成本是影响企业定价的一个重要因素。许多现代企业努力降低成本,以期降低价格,扩大销售,增加利润。

产品成本是指在产品生产过程和流通过程中所消耗的物质资料和支付劳动报酬的总和。主要有两种形式:固定成本和流动成本。固定成本,是指在生产经营规模范围内,不随产品种类及数量的变化而变化的成本费用。如企业的机器设备、厂房的折旧、管理人员的工资等支出,是与企业的产量无关的费用。变动成本,是指随生产的产品种类及数量的变化而直接变化的成本费用,主要有原材料、燃料、运输等费用。总成本是固定成本和流动成本的总和。通常,产品的价格要能够弥补其总成本。

13.1.4　分析竞争因素

产品的最高价格取决于该产品的市场需求,最低价格取决于该产品的成本费用。在这种最高价格和最低价格的幅度内,企业能把这种产品价格定多高,取决于竞争者同种产品的价格水平。因此,现代企业除了考虑成本和市场需求因素外,还应对竞争者的产品质量和价格做到心中有数,以便与竞争产品比质比价,更准确地制定本企业产品价格。

在垄断竞争市场态势下,如果企业产品和主要竞争者的产品相似,则价格应与竞争者的价格相近;如果企业产品稍逊于竞争者的产品,则价格应低于竞争者的价格;如果企业产品略胜于竞争者的产品,则价格可以高于竞争者的价格。定价是一种挑战性行为,任何一次价格调整都会引起竞争者的关注,并导致竞争者采取相应对策。因此,现代企业也要密切关注竞争者产品价格的动态,作出迅速、明智的反应。

13.1.5 选择定价方法

企业产品价格的高低受市场需求、成本费用和竞争情况等因素的影响和制约,这三个方面就是影响企业定价的三个最基本的因素,可以归纳为"以成本费用为基础,以市场需求为前提,以竞争品价格为参考"。价格定得太低就不能产生利润,定得太高又不产生丝毫需求。图13-3归纳了在制定价格时应考虑的三种主要因素。产品成本是定价的下限;竞争者产品的价格和替代品的价格是定价的定向点;顾客对产品独特性的评估是定价的上限。

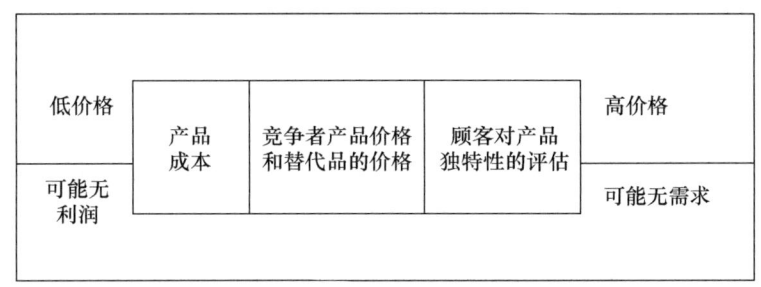

图 13-3 制定价格时考虑的主要因素

13.1.6 选定最终价格

现代企业选定最终价格时,还须考虑其他方面的要求、意见和情况。首先,必须考虑所制定的价格是否符合政府有关政策和法令的规定。政府对产品的各项政策以及对产品价格的控制,也是现代企业确定产品价格的重要依据。如产品增值税,直接影响产品成本,进而影响产品的定价。世界各国对市场物价都有相应的规定,有监督性的,有保护性的,也有限制性的,我国的"价格法"对价格的制定有明确的规定。其次,还须考虑消费者的心理,如可以采用声望定价把某些实际上价值不大的商品的价格定得很高或采用奇数定价以促进销售。此外,还须考虑企业内部有关人员(如推销人员、广告人员、财务人员等)对定价的意见,考虑经销商、供应商对定价的意见,考虑竞争者对所定价格的反应等。

13.2 企业定价方法

定价方法,是企业为实现其定价目标所采取的具体方法。因为企业生产成本、市场的需求和竞争情况是选择定价方法的出发点,从不同侧重点出发,可将各种定价方法归纳为成本导向、需求导向和竞争导向三类定价方法。

13.2.1 成本导向定价法

成本导向定价法是定价方法中最基本的利用成本来定价的方法。其主要理论依据是：在定价时，考虑收回企业在营销中投入的全部成本，再考虑获得一定的利润。这是一种最简单的定价方法。

在现代企业的实际运用中可以分为以下三种具体方法：

1. 成本加成定价法

成本加成定价法是指根据产品单位成本加上一定百分比的利润来确定单位产品价格的定价方法。这一方法为企业普遍采用。

$$单位成本 = 可变成本 + 固定成本/销售量$$
$$产品单价 = 单位成本 \times (1 + 期望利润率)$$

在这种定价方法中，加成率的确定是定价的关键。但不同产品的加成率往往相差很大。一般来说，季节性强的产品加成往往较高（以补偿当季无法售罄的风险），特殊品、周转慢的产品、储存和搬运费用高的产品以及需求弹性低的产品也往往需要较高的加成。在实践中，同行业往往形成一个为大多数商店所接受的加成率。如美国超级市场中，婴儿产品的加成率为9%，烟草为14%，面包为20%，贺卡为50%。

假设某厂生产甲产品的生产成本和成本加成率如下：可变成本为10元；固定成本为30万元；预期销售量为5万件；成本加成率为25%。则甲产品的单位成本为：

$$单位成本 = 固定成本/销售量 + 可变成本 = 300000/50000 + 10 = 16(元)$$
$$甲产品的价格 = 单位成本 \times (1 + 加成率) = 16 \times (1 + 25\%) = 20(元)$$

该生产商将每件甲产品以20元的价格批发给经销商，每件盈利4元，经销商将会再加成。如果他们想从销售额中获取50%的利润（售价加成率为100%），就会将每件甲产品零售价定为40元。

这种定价方法的优点是：① 成本的不确定性一般比需求小，将价格盯住单位成本，可以大大简化企业定价程序，而不必根据需求情况的瞬息万变来进行调整。② 只要行业中所有企业都采取这种定价方法，则价格在成本与加成相似的情况下也大致相似，价格竞争也会因此降至最低限度。③ 许多人感到成本加成法对买方和卖方讲都比较公平，当买方需求强烈时，卖方不利用这一有利条件谋取额外利益而仍能获得公平的投资报酬。

这种定价方法的缺点是：① 忽视市场需求和竞争因素的影响，缺乏灵活性。任何忽略需求弹性的定价方法都难以确保现代企业实现利润最大化。② 加成率的确定缺乏科学性。

2. 目标投资收益率定价法

目标投资收益率定价法是指根据现代企业的总成本和估计的总销售额，加上按投资收益率制定的投资报酬额，作为定价基础的方法。例如，通用汽车公司以总投资的15%—20%作为每年的目标收益率，然后摊入到汽车售价中。这种定价方法与成本加成定价法的区别在于加在成本之上的预期利润是由投资报酬率的目标决定的。目标投资收益率定价法的定价公式为：

$$目标利润价格 = 单位成本 + (投资收益率 \times 投资成本)/预计销售量$$

假设甲产品生产商为企业生产投资100万元，期望达到20%的投资收益率，预期销售量 5 万件，则该厂商可计算出甲产品的价格。

$$单位产品销售价格 = 单位成本 + (投资收益率 \times 投资成本)/预计销售量$$
$$= 16 + (20\% \times 1000000)/50000 = 20(元)$$

目标投资收益率定价法的缺陷在于：忽略了需求价格弹性。企业以估计的销售量来制定价格，而没有注意到价格却又恰恰是影响销售量的重要因素。要实现预定的销售量，按目标收益率定价法制定的价格可能偏高或偏低。

采用目标投资收益率定价法是有条件的，即产品必须有专利权或产品在竞争中处于主导地位，否则，产品卖不出去，预期的投资收益还是不能实现。

3. 边际成本定价法

边际成本定价法又称为变动成本定价法，即以单位变动成本为定价依据，加上单位产品边际贡献，形成产品售价。所谓边际贡献，是指预计的销售收入减去变动成本后的收益，用来弥补固定资本的支出。如果这个边际贡献不能完全补偿固定资本，就会出现亏损。但在某些特殊的市场情况下，企业停产、减产，仍得如数支出固定资本，倒不如维持生产，只要产品销售价格大于单位变动成本，就有边际贡献，若边际贡献超过固定资本，企业还能盈利。这种定价方法的计算公式为：

$$单位产品销售价格 = 单位变动成本 + 单位产品边际贡献$$
$$单位产品边际贡献 = 单位产品价格 - 单位产品变动成本$$

假设某产品售价为 70 元，总成本为 60 元，其中固定成本为 20 元，变动成本为 40 元，现在由于按原价出售有困难，决定采用边际贡献定价法，定价为 56 元。问：单位产品的边际贡献是多少？

$$单位产品边际贡献 = 单位产品价格 - 单位变动成本 = 56 - 40 = 16(元)$$

这 16 元就是边际贡献，用于弥补固定成本的支出。

由于这种定价方法不计入固定成本，故售价低廉，加强了市场竞争能力，出口企业往往采取这种定价方法来开拓国际市场，提高市场占有率。如日本汽车制造商就是运用这种方法，以"打不垮的价格"这张王牌成功地打入美国市场。

4. 损益平衡定价法

损益平衡定价法又称为收支平衡定价法。这是在预测市场需求的基础上，以总成本为基础制定价格，企业销售量达到预测需求量，可实现收支平衡，超过此数即为盈利，低于此数即为亏损。这一预测的需求量，即为损益平衡点。其公式如下：

单位产品保本价格 = 企业固定成本/损益平衡点销售量 + 单位产品变动成本

损益平衡点销售量 = 企业固定成本/(单位产品价格 - 单位产品变动成本)

假设某企业生产某产品的固定成本为 3 万元，每件产品的变动成本为 25 元，若售价为 40 元，其损益平衡点销售量为：

$$损益平衡点销售量 = 企业固定成本/(单位产品价格 - 单位产品变动成本)$$
$$= 30000/(45 - 25) = 2000(件)$$

即售价为 40 元时，销售量要达到 2000 件，方可收支平衡。

若其他条件不变，售价提高到 55 元，则

损益平衡点销售量＝30000/(55－25)＝1000(件)

即售价为55元时,销售量只要达到1000件,就可以收支平衡。

假设上例中该企业生产某产品的固定成本为3万元,每件产品的变动成本为25元,如果销售量可望达到2000件,其单位产品保本价格为:

单位产品保本价格＝30000/2000＋25＝40(元)

这种方法的优点是简单易行,能使企业做到心中有数,有灵活的回旋余地。但这种方法的缺点是未能考虑到价格和需求之间的关系。如果市场供求波动较大,很难保证获得预期的利润。

13.2.2 需求导向定价法

需求导向定价法是指根据消费者对商品价值的认识和需求程度来制定商品价格的定价方法,也称以市场为中心的定价方法。一般有以下三种具体方法:

1. 理解价值定价法

理解价值定价法也称为认知价值定价法、感受价值定价法,是指企业根据消费者对商品价值的认识和理解程度来定价的方法。例如,一些名牌商品、高档商品、特色商品、声誉商店、老牌商店等,在消费者心目中认为就是好,印象很好甚至产生偏爱,企业可根据这种对价值的理解,将商品价格定得高些。再如,同样的一杯咖啡在街头小店定价为2元,而在五星级宾馆定价为25元,顾客也能接受。因为在顾客心目中可能会认为,在五星级宾馆喝咖啡,享受的不仅仅是一份香浓可口的咖啡,还有优雅舒适的环境。

认知价值定价法的关键在于准确地计算产品所提供的全部市场认知价值。企业如果过高地估计认知价值,便会定出偏高的价格;如果过低地估计认知价值,则会定出偏低的价格。因此,现代企业必须对特定的目标市场进行调查研究,以准确地测定市场认知价值。

参阅资料 凯特比勒公司的定价艺术

凯特比勒公司是生产和销售牵引机的一家公司,它的定价方法十分奇特,一般牵引机的价格均在2万美元左右,然而该公司却卖2.4万美元,虽然一台高4000美元,却卖得更多!当顾客上门询问为什么要比其他产品贵4000美元,该公司的经销人员会给你算以下一笔账:

20000美元是与竞争者同一型号的机器价格;

3000美元是产品更耐用多付的价格;

2000美元是产品可靠性更好多付的价格;

2000美元是公司服务更佳多付的价格;

1000美元是保修期更长多付的价格;

28000美元是上述总和的应付价格;

4000美元是折扣;

> 24000 美元是最后价格。
>
> 凯特比勒公司的经销人员使目瞪口呆的顾客相信,他只要付 24000 美元,就能买到价值 28000 美元的牵引机一台,虽然多付 4000 美元的溢价,但得到了 4000 美元的折扣,从长远看,购买这种牵引机车的成本比市场上一般牵引车的成本要低。凯特比勒公司就是主要运用理解价值定价法获得了经营上的成功。

2. 差别定价法

差别定价法,也称为区分需求定价法,是指企业按照两种或两种以上不反映成本比例差异的价格来销售某种产品或提供某种服务。差别定价有以下几种形式:

(1) 顾客差别定价。即企业按照不同的价格把同一种产品或服务卖给不同的顾客。由于顾客对产品的爱好不同,需求强度不同,因而定价也就不同。例如,一些企业对批发商、零售商和最终消费者的定价是有区别的,对批发商和零售商,由于他们购买数量大,定价稍低些,可使他们有利可图,乐于销售。

(2) 产品形式差别定价。即企业对不同形式的产品分别制定不同的价格。但是,不同形式产品的价格之间的差额和成本费用之间的差额并不成比例。企业制定产品形式差别定价时,主要根据产品式样的区别对消费者心理的作用来定价,也可根据消费者对产品的喜爱程度来定价。如新款与老款产品,定价不同;简装和精装产品,定价不同;送礼用的和自己吃的产品,定价也不同。

(3) 产品地点差别定价。即企业对于处在不同地点的产品或服务分别制定不同的价格,即使这些产品或服务的成本费用没有差异或者差异不大。各国市场行情不同,沿海与内地、平原与山区、南方与北方,各地的行情也不同,因而定价也有区别。如剧院、电影院、体育馆的票价,因地点和座位不同,票价也不一样。

(4) 销售时间差别定价。即企业对于不同季节、不同时期甚至不同地点的产品或服务分别制定不同的价格。如蔬菜、水果有季节差价;时尚商品当令时和落令时的价格差异大;节日前后的商品价格也有不同;鲜菜活鱼早晚市价不同。

企业采取差别定价法必须具备以下条件:

① 市场必须是可以细分的,而且各个市场部分须表现出不同的需求强度。

② 以较低价格购买某种产品的顾客没有可能以较高价格把这种产品倒卖给别人。

③ 竞争者没有可能在企业以较高价格销售产品的市场上以低价竞销。

④ 细分市场和控制市场的成本费用不得超过因实行价格差别而得到的额外收入,即不能得不偿失。

⑤ 差别定价的幅度不会引起顾客反感。

⑥ 差别定价采取的形式不能违法。

3. 反向定价法

反向定价法,又称为可销价格倒退法,是指根据估计的市场可销零售价来反向推算出企业产品的出厂价格的一种定价方法。这种方法也可以用于制定出口产品的净售价,故又称为市场导向出口定价法,它是以东道国市场的零售价为基础,减去中间商利润、运费、关税等费用,反推出产品的出口净售价。

反向定价法实例如下表所示:

表 13-1 反向定价法实例

环节	加成率	费用	售价
国外零售	20%		20.00
国外批发商	15%		16.67
进口商	10%		14.50
交进口税后价格		1.11	13.18
到岸价格(CIF)		2.00	12.07
离岸价格(FOB)			10.07

反向定价法的优点是能够反映市场供求关系,有利于开拓销售渠道,企业可根据市场供求状况及时调整。这种方法一般适用于需求弹性较大、花色品种变化较快的商品。缺点是对于市场可销零售价难以进行准确的估算预测。

13.2.3 竞争导向的定价法

竞争导向定价法是指以竞争者的价格作为自己的定价依据的一种定价方法。一般主要有两种具体方法:

1. 随行就市定价法

随行就市定价法也称为通行价格定价法,是指企业按照行业的平均现行价格水平来定价的一种方法。它不随自己成本或社会需求的变化而变化。在下列情况下往往采用随行就市定价法:① 难以估算成本;② 本企业打算与同行和平共处;③ 如果另行定价,很难了解购买者和竞争者对本企业的价格的反应。随行就市定价法是同质产品市场的惯用定价方法。

在异质产品市场上,企业有较大自由度决定其价格。产品差异化使购买者对价格差异的存在不甚敏感。企业相对于竞争者总要确定自己的适当位置,或充当高价企业角色,或充当中价企业角色,或充当低价企业角色。企业总要在定价方面有别于竞争者,其产品战略及营销方案也尽量与之相适应,以应付竞争者的价格竞争。

这种定价方法的优点是:可以集中本行业智慧,与同行和平相处,减少竞争风险,避免顾客反感。在由少数巨头控制的行业,现代企业跟随行业领袖或巨头采用的"跟随定价",其实质也是一种典型的随行就市定价法。

2. 密封投标定价法

密封投标定价法是指参加投标的企业事先根据招标单位公告的招标内容,估计竞争者的价格来定价,密封递价,参加比价的一种定价方法。这种定价方法的定价基础依赖于对竞争者定价的预期,即主要是依据竞争者的可能报价来决定自己的投标价格,因而属于以竞争为基础的定价方法。密封投标定价法主要用于投标交易方式,通常用于建筑包工、大型机器设备制造、政府大宗采购等。

企业在运用这种定价方法时,应充分分析并估计竞争者可能提出的报价,同时考虑本企业利润而确定其价格。企业定价的目标是中标,因此,其所定的价格水平期望低于参与投标的竞争者。利用这种定价方法,应特别注意收集情报和积累经验。

13.3 定 价 策 略

现代企业的定价策略就是把产品定价与企业市场营销组合的其他因素巧妙地结合起来,制定出最有利的商品价格,实现企业的营销目标。企业定价不仅是一门科学,而且更是一门艺术。现代企业定价策略的奥秘就是在一定的营销组合条件下,如何把产品价格定得既能易于为消费者接受,又能为企业带来比较多的收益。定价策略是多种多样的,关键在于正确地灵活运用。

13.3.1 新产品定价策略

新产品定价选用何种策略,是一个十分重要的问题。它不仅关系到新产品能否迅速打开销路,占领市场,并取得满意的效益,而且还会影响、刺激更多的竞争者出现,从而加剧市场的竞争。一般来讲,新产品定价有三种策略可供选择:

1. 撇脂定价策略

撇脂定价策略,又称为高价策略。它是指企业将新产品以尽可能高的价格投放市场,在短期内收回投资,获得很大的利润。这就像把牛奶上面一层奶油撇走,故国外又称"撇油价格",待竞争者认为有利可图纷纷进入市场时,就以削价来打击竞争者。

采取这一策略通常出于以下三种考虑:

(1) 新产品刚上市,利用消费者的求新心理,以高价提高产品的身价,刺激顾客,有助于扩大销售。

(2) 目前独家生产,市场不曾有竞争者,只要价格不超过让消费者反感和抵制的程度,即可维持一段时间的高价。

(3) 即使价格偏高了,及时降低较容易,同时能迎合消费者心理。反之,如果一开始把价格定得低了,再提高其价格,就容易受到消费者的抵触,除非不能不买,否则,一定会影响到产品的销售。

撇脂定价策略的优点是:有利于企业获取丰厚利润,掌握市场竞争及新产品开发的主动权,同时可以提高产品的身价,树立企业的良好形象。缺点是:不利于市场的拓展,容易使竞争加剧。因此,通常只适用于生产能力不大,或有专利、专有技术,或需求弹性小的产品。

采用高价策略,可先了解消费者的收入和购买力的不同情况,然后再作出市场细分。在产品信誉好、价格反应不太敏感的地区,可先实行高价策略。较先撇取购买力强、对价格不太敏感的细分市场,然后再逐步降低,撤取购买力较弱的、对价格较敏感的细分市场。除新产品外,高档产品、名贵产品、炫耀性消费品等所采用的整数定价法、声望定价法也可统称为高价策略。例如,印尼的巴厘岛盛产国际驰名的传统服装,第一次到日本去展销,因价格低廉,上流人士不愿意购买便宜货,因而销路不畅。第二次去日本,把价格提高了3倍,反而被抢购一空。

2. 渗透定价策略

渗透定价策略,又称为低额定价策略。它是指把产品价格定得很低,其目的在于以很低的价格迅速打开市场,进行渗透,提高企业的市场占有率。采用这种定价策略,似乎向竞争者表态,这里没有什么油水可捞,你们别进来和我竞争,因此又叫"别进来"策略。

从市场营销实践看,现代企业采取渗透定价需具备以下条件:

(1) 市场需求显得对价格极为敏感,因此,低价会刺激市场需求迅速增长。

(2) 企业的生产成本和经营费用会随着生产经营经验的增加而下降。

(3) 低价不会引起实际和潜在的竞争。

渗透定价策略的优点是:薄利多销,以量取胜,不易诱发竞争,市场基础比较稳固,便于企业长期占领市场。缺点是:本利回收期较长,价格变化的余地小,难以应付骤然出现的竞争和需求的较大变化。因此,通常适用于生产批量大、销售潜量高、产品成本低、需求弹性大、顾客比较熟悉的产品。例如,康师傅以低价优势切入中国台湾方便面市场,引起业界龙头老大统一面、老二维力面的反击动作连连,市场硝烟四起。康师傅跨入台湾市场的第一步,确实抓住了消费者在景气低迷不振期间,对低价产品的需求。再加上康师傅过去多年来打下一片天的辉煌成就,早已家喻户晓,所以康师傅方便面低价策略回销台湾造成轰动,获得成功,也在预期之中。

3. 满意定价策略

满意定价策略,又称温和定价策略。这种策略介于"撤脂"与"渗透"策略之间,价格水平适中,也就是在"撤脂价格"和"渗透价格"之间,取其适中价格,西方企业大多采用这种定价策略。

13.3.2 折扣与让价策略

现代企业为扩大产品销售,在基本价格的基础上,采取给予一定的折扣或折让而定价的策略。

折扣定价策略通常有以下五种:

(1) 现金折扣。这是企业给那些提前付清货款的购买者的一种减价。如"2/10,30天",表示付款期为30天,如果顾客能在10天内付款,则给予2%的折扣。这种折扣在西方相当流行。

(2) 数量折扣。这是现代企业给那些大量购买某种产品的顾客的一种减价,顾客购买的数量越多,折扣越大。数量折扣可按每次购买量计算,也可按一定时间内的累计购买量计算,目的在于鼓励顾客购买更多的商品,因为大量购买能使企业降低生产、销售、储运、记账等环节的成本费用。

（3）交易折扣，又称为功能折扣，是产品制造商给某些批发商或零售商的一种额外折扣，促使他们愿意执行某种市场营销职能（如推销、储存、服务等）。一般情况下，给予批发商的功能折扣大于零售商。

（4）季节折扣。这是现代企业给那些购买过季商品或服务的顾客的一种减价，其目的在于使企业的生产和销售在一年四季保持相对稳定，减少厂商的仓储费用，加速资金周转。如旅行社、航空公司等常在旅游淡季给顾客以季节折扣。

（5）折让。折让也是一种减价的形式。如以旧换新折让是指顾客在购买新产品的同时交回旧产品的一种减价。

促销让价是企业对经销商进行各种促销工作的一种报酬。在某种情况下，如企业为了开展广泛的促销活动，临时把产品价格定得低于正常情况下的价格，有时甚至低于成本。这有利于经销商为产品推广而进行各种促销活动、刊登广告、商品陈列等，从而有利于扩大产品影响，提高产品知名度和市场占有率。

促销让价策略在零售企业运用得非常普遍。零售商通常将某几种商品的价格定得特别低，以招徕顾客，所以也称为"招徕定价"。这种定价策略可以吸引消费者来店购买，增加其他商品的连带性购买，从而达到扩大销售的目的。

采取招徕定价策略时，应当注意：① 对某些商品确定低价，要真正低到接近成本，甚至亏本，使消费者尝到甜头，吸引他们购买。② 数量要充足，保证供应，否则没有购买到特价商品的顾客会有一种被愚弄的感觉，会严重损害企业形象。③ 企业经营的商品要消费面广，例如，日用消费品和生活消费品，消费者众多，而且品种杂，采用低价易招徕顾客。④ 大型零售商店，如超级市场，因光顾者多，就可利用消费者的求廉心理，故意将几种商品的价格定低，将众多的消费者吸引到商店来。如某些超市，将那些普遍使用的、顾客不愿大量储存的商品，如牛奶、鸡蛋等，价格定得很低，其目的是吸引来店顾客购买其他非廉价商品而不是推销那些廉价商品。

13.3.3 心理定价策略

心理定价策略，是为迎合消费者不同层次的消费需求和不同购买欲望而制定的定价策略。使用这种定价策略，能使消费者感到购买这种商品有合算、实惠、名贵等的满足，从而更好地激发消费者的购买欲望，达到扩大商品销售的目的。

1. 消费者的价格心理表现

消费者购买商品一般须具备两个基本条件：一是对某一商品具有潜在的购买兴趣和愿望；二是具有一定的购买能力。因此，企业在制定心理定价策略时，首先要对消费者价格心理进行分析。一般主要有以下几种：

（1）按质论价心理。消费者在购买商品时，由于对商品的性能、材质、质量等单凭直观感觉往往无法鉴别，长期以来形成了"一分钱一分货""价高质必优"的心理，将商品价格高低当作辨别商品好坏、估量商品价值的指示器。

（2）价廉物美心理。对大多数人特别是些年龄较大的消费者来说，在购买商品时，总希望能买到价廉物美、经济实惠的商品。这种价廉物美的心理,在消费者收入水平较低时显得较为强烈。

(3) 习惯价格心理。对于一些日常购买的生活消费品,如牛奶、鸡蛋、油盐酱醋等,消费者由于购买频繁,对价格的高低渐渐形成了习惯,如果这些商品的价格高于习惯价格,人们立即会产生涨价的感觉;反之,如果低于习惯价格,人们又会怀疑商品的质量或牌号有问题。

(4) 价格稳定心理。一般来说,随着经济的发展和人们生活水平的提高,商品的价格呈上涨趋势。但是,对大多数消费者来说,商品价格上涨的幅度如果高于其经济收入提高的幅度,消费者在经济上就难以承受,心理上也会不平衡。所以,现代企业在对商品定价时,切忌忽高忽低。

(5) 附加价值心理。附加价值就是商品的增加值。假定某种商品的售价为100元,但其实际价值可能达到105元或110元,此时消费者就认为购买这种商品值得,买一件商品赚到了5元或10元。所以,人们到商店购买商品时,总要东看看、西瞧瞧,货比三家,希望用一定量的货币买到质量更高、服务更好的商品,其目的就是从商品或服务中获得更多的附加价值。例如,一些家庭妇女在买罐装辣酱时,一般总喜欢买湖南某酱品厂的,因该厂装辣酱的瓶子外形较好,酱吃完后瓶子可作茶杯用。

(6) 害怕上当受骗心理。消费者在购买商品时,一般总有一种怕因商品的质、价不符而上当受骗的心理。对价高又不熟悉的产品,这种感觉尤为强烈;对日常使用的低价商品,则此种风险感觉较弱。所以,企业在出售高价新品时,一定要做好商品的宣传介绍工作,努力使消费者了解商品的性能和特点,以减轻他们怕上当受骗的风险心理。

(7) 高价消费心理。随着经济的发展和人们消费水平的提高,持有这种心理的人愈来愈多,特别是一些青年人,以及家庭较富有的消费者更是如此。他们喜欢购买高价商品,以此来满足自己的精神需要,提高自己的身价。所以,有时同样的商品,标价低了卖不出去,高了反倒容易销售。

2. 心理定价策略

针对消费者对价格的不同心理状态,产生了心理定价策略。归纳起来,大致有以下几种:

(1) 尾数定价,又称奇数定价,这是国际上流行的定价方法,它是指给商品定一个带有零头数结尾的非整数价格。如某一商品定价为9.95元而不是10元,为什么要这样定价呢?

美国商业心理学家研究表明,顾客常有这种感觉:① 单数比双数少,奇数价似乎比较便宜些;② 尾数价比整数价显得定价准确,可以增加信任;③ 价格低一位比高一位数少,如0.99元与1.00元相比较,虽相差1分,但在消费者看来,前者却比后者便宜许多。鉴于顾客的这种心理,专家们建议定价在5元以下的商品,尾数价最好是9;5元以上者尾数最好是95,这种价格消费者容易接受,因此在美国各种零售商店常常可以见到标有99美元的牌价,4000美元一辆的旧汽车往往标价3995美元,27000美元的设备在广告上宁可刊登26995美元,有的干脆把商店名改成"99"商店。

这种定价法的好处在于：① 使消费者产生信任感。若将商品价格定为整数，如 1 元、10 元、100 元等，往往从心理上认为是一种概略性的估价；如果用尾数定价，往往会让消费者认为企业定价准确，一丝不苟，从而增加信任感；② 给消费者以价廉感。整数价和尾数价，两者虽然相差不多，但尾数价往往能使消费者感觉便宜而乐于接受。

这种定价方法通常适用于价值低、销售面广、数量多和购买频率高的日用消费品。

（2）整数定价。整数定价与尾数定价正相反，即采用整数来定价。例如，一件高级时装定价为 500 美元，而不定 499 美元。对于能满足顾客显示身份地位的高档商品，往往采用这种方法定价，以提高商品的档次。整数定价利用人们"一分钱，一分货"的心理，以整数给人一种高质量、高贵的印象。此外，整数定价也可以使买卖方便，避免找零钱的麻烦。

（3）声望定价，是指根据企业及产品较高的声誉，定价比同类商品高的一种方法。

采用这种定价方法有两种情况：

一是现代企业及产品的形象在消费者心中有了一定的声望，且有好感或创立了名牌，这时企业的产品定价可高于同类商品，反之则不能吸引顾客。例如，陆稿荐卤菜、六必居酱菜、克丽丝汀蛋糕等产品的定价高于同类商品。

二是一些象征富有、名誉，能显示其身份地位的商品，如珠宝、古董、首饰、名人字画等名贵商品，若其价钱定得偏低反而会降低商品的身价。我国出口的高档瓷器、高级丝绸等在世界市场上享有盛誉，就应采用声望定价。

采用这种策略，必须掌握以下两点：第一，准确评估企业或产品品牌的声望；第二，准确估计顾客对较高价格的接受程度。

（4）习惯定价。习惯价格，又称便利价格，是在市场上长期流通且为广大消费者所承认和接受的比较习惯和固定的商品价格。高于习惯价格，被认为是不合理的涨价；低于习惯价格，又使消费者怀疑商品是否货真价实。因此，这类商品的价格应力求稳定。若必须变动时，可以通过改换包装或品牌等措施，避开习惯价格对新价格的抵触心理，引导消费者逐渐形成新的习惯价格。

13.3.4 产品组合定价策略

组合定价是指根据产品之间的相互联系，使价格之间也保持相应的关系，不是追求某个产品项目的利润大小，而是追求整个产品组合收益的最优化。产品组合定价策略主要有以下几种：

1. **产品线定价法**

产品线是一组相互关联的产品。通常，一条产品线中的每一个产品都有不同的外观或特色，企业对产品线的系列产品通过牌号、规格、花色、质量等方面的比较，选择其中一种作为标准型产品，其余依次排列为低、中、高三档，再分别定价，这种产品线定价也称为分档定价或"多型号"定价。一般来说，供低收入层使用的低档产品，价格最低，利润最薄；供中收入层使用的中档产品，价格中等，利润适中；供高收入层使用的高档产品，价格最高，利润最厚，因此，这种方法可以说是以丰补歉，各得其所。如某食品厂家生产的一种饼干罐装的每 500 克 30 元,袋装的每 500 克 15 元,分别满足了不同消费者的需求。

企业进行产品线定价,首先需要测定人们对某种产品愿意接受的价格上限和价格下限,在此基础上确定分档数目和价格差距。在决定价格差距时,要考虑产品之间的成本差额、顾客对产品不同特色的评价及竞争者产品的价格等因素。商品价格的档次不宜分得过多或过少;档次的价格差距也不宜过大或过小。如果价格差距小,顾客就会购买更先进的产品,此时若是这两个产品的成本差额小于价格差额,企业的利润就会增加。反之,价格差距大,顾客就会购买较差的产品,这样也可能会失去一部分期望购买中间档次价格商品的购买者。

2. 互补品定价法

互补品定价法,又称为连带产品定价法,是指在互补商品中对购买频率高、价格不敏感的商品,定价可高些;对与之配套使用的购买频率低、价格敏感的商品,定价可低些。如剃须刀片与刀架、胶卷与相机、纯净桶装水与净水加热器等。有的企业对某些商品制定保本无利甚至亏损的价格,如有些净水公司将净水加热器以很低的价格出售,甚至免费提供使用,但要求客户必须使用其纯净桶装水,以此达到推销纯净桶装水的目的。美孚"洋油"进入中国之初,美商将一大批"洋油"灯以极低价出售,使中国人买了灯之后,必用其油,从而达到推销"洋油"的目的。这可谓"给你一盏灯,让你不断地来买我的油"。

3. 成组产品定价法

为了促进销售,企业经常以某一价格出售一组产品,这一组产品的价格低于单独购买其中每一件产品的费用总和。如公园销售年卡。这种定价方法也适用于相互关联、互相配套的商品。如西服和领带、床单和枕套、文具用品等实行配套出售,价格从优,使商品的成套价格低于单件出售的价格总和。这样做,可吸引消费者对商品进行成套购买,扩大销售量,节约销售费用,增加企业利润。

13.3.5 地区定价策略

一个企业的产品,不仅卖给当地顾客,而且要销往外地市场,产品运达不同的地点,需要支付不同的运输费用。地区定价需要考虑的是,对不同地区的买主,是制定相同的价格,还是分别制定不同的价格。在实践中一般有五种与地理位置有关的地区性定价策略:

(1) FOB 原产地定价,也称离岸价格(FOB),是指企业仅确定本地价格,从产地到目的地的一切风险和运输费用由购买者承担。这样,看来是很公平的,但这种定价对企业也有不利之处,因为远地购买者要承担较高的运输费用,有可能不愿购买这个企业的产品,而购买其附近企业的产品。这种定价法常用于运输费用较大的商品。

(2) 买主所在地定价,又称统一运送价格或到岸价格(CIF),是指企业对不同地区顾客,不论远近,都实行一个价格,卖方须负担一切运输、保险费用。这种定价法简便易行,可获得远方顾客的欢迎,也便于在全国性的广告里刊登统一的价格;但对附近地区顾客不利。这种定价法适用于运输费用较小的商品。

(3) 分区定价。该种定价于 FOB 原产地定价与统一交货定价两者之间,是指企业将自己的产品销售市场划分为若干区域,对每个不同的区域制定不同的价格,如分为华东、华北、华南、东北、西南、西北地区等。距离企业较远的地区,价格定得较高,距离企业较近的地区,价格定得较低。但在同一区域内实行同一价格。采用分区定价也有缺点:一是即使在同一区域,不同的顾客离企业也有远近之分,较近的就不合算;二是处在两个相邻价格区界两边的顾客,他们相距不远,但是要按高低不同的价格购买同一种产品。

(4) 运费免收定价,指有些企业因急于和某些地区做生意,负担全部或部分实际运费。这些企业认为,如果生意扩大,其平均成本就会降低,因此足以抵偿这些费用开支。采取运费免收定价,可以使企业加强市场渗透,并且能在竞争日益激烈的市场中维持或扩大市场占有率。

(5) 成本加运费定价,又称 C&F 定价,即在 CIF 价格的基础上减去保险费用。

13.4 价格变动和企业对策

产品价格制定以后,由于情况变化,经常需要进行调整。现代企业调整产品的价格,主要有两种情况:一种情况是由于市场环境发生变化,企业认为有必要主动改变自己的产品价格,这是主动调整;另一种情况是由于竞争者调整价格,企业不得不作出相应的反应,这是被动调整。不管是主动调整还是被动调整,现代企业首先要考虑调价后顾客的反应、竞争者的反应,然后针对两种不同的调整类型,选择适当的策略。

13.4.1 企业主动调整价格

1. 主动降低价格

企业主动降低价格的原因主要有三个方面:

(1) 企业的生产能力过剩。这时企业需要扩大销售,但通过改进产品、加大促销力度等其他营销方式已难以奏效。在这种情况下企业应考虑主动降低价格。不过要注意的是,企业主动改变价格,在一些行业有可能引起价格战,如家电等行业。

(2) 在强大竞争者的压力之下,企业的市场占有率下降。为了夺回失去的市场,企业应考虑主动降价。如美国的汽车、电子产品、照相机、手表、钢铁等行业,由于来自日本厂家的竞争,丧失了一些市场占有率,美国的一些企业不得不主动降价竞销。

(3) 由于企业的成本费用比竞争者低,企业试图通过降低价格来掌握市场或提高市场占有率,从而扩大生产和销售,降低成本费用。

2. 主动提高价格

虽然提价会引起消费者、经销商和企业推销人员的不满,但一个成功的提价策略可以使企业的利润大大增加。

企业主动提高价格的原因主要有三个方面:

(1) 由于通货膨胀、物价上涨,企业的成本费用提高,许多企业不得不提高价格。同时,由于对预期的通货膨胀的恐惧,加上对政府价格管制的逆反心理,价格的提高幅度经常大于成本的增加幅度。此外,由于企业担心成本会持续上升而减少自己的利润,往往不愿意对顾客作长期的价格承诺。

(2) 产品供不应求。当产品供不应求,企业不能满足所有顾客的需要时,虽然成本没有改变,但也应考虑提价,或对顾客实行限额供应,或同时采用这两种方法。

在上述情况下,企业可以采取调高价格的策略。企业可以明调,即其他条件不变,把销售价格提高;或者可以暗调,即看起来商品标价不变,但实际价格已经提高。常用的方法主要有以下几种:

(1) 采取推迟报价定价的策略,即企业决定暂时不规定最后价格,等到产品制成或交货时方规定最后价格。在工业建筑和重型设备制造等行业中一般采取这种定价策略。

(2) 在合同上规定调整条款,即企业在合同上规定在一定时期内可按某种价格指数来调整价格。

(3) 采取不包括某些商品和劳务的定价策略,即企业决定产品价格不变,但原来提供的某些劳务要计价。

(4) 减少价格折扣。

为了减少顾客的不满,企业提价时应当向顾客说明提价的原因,使提价不会引起顾客的反感和抵制。

此外,企业还可以考虑其他方法来应付增加的成本或满足大量需求而不提价,主要方法有:

(1) 减少产品分量,而不提价;

(2) 用较便宜的原料或配件来代替;

(3) 减少或改变产品某种特色、包装或服务;

(4) 制造新的经济品牌。

13.4.2 对价格变动的反应

任何价格变动都会对顾客、竞争者、经销商和供应商产生影响,甚至可能引起政府机构的注意。

1. 顾客对价格变动的反应

顾客对现代企业某种产品的降价可能会产生下述理解:这种产品的式样老了,将被新产品所代替;该产品有缺陷,销售不畅;企业财务困难需回笼资金;价格还要进一步下跌,要耐心等待;该产品的质量有所下降等。

价格提高通常会抑制购买,但是顾客也可能产生这样的理解:这种产品很畅销,不赶快买就买不到了;这种产品很有价值;企业想尽量取得更多的利润才提价,等等。顾客对价值高低不同的产品价格的反应有所不同。通常,购买者对那些价值高、经常购买的产品的价格变动较敏感,而对那些价值低、不经常购买的产品则不大在意其价格是否上涨。此外,有些顾客虽然关心产品价格变动,但更关心产品购买、使用和维修的总费用。因此,如果企业能使顾客相信某种产品取得、使用和维修的总费用较低,则可以把这种产品的价格定得比竞争者高,取得较多的利润。

2. 竞争者对价格变动的反应

企业在考虑价格变动时,不仅要考虑顾客的反应,也要考虑竞争者的反应。当某一行业中企业较少,又提供同质产品,而顾客有相当的辨别能力并了解市场情况时,分析竞争者的反应就愈显重要。

当现代企业只面临一个大的竞争者时,企业可以从两个方面来估计、预测竞争者对本企业的产品价格变动的可能反应。

假设竞争者采取老一套的办法来对付本企业的价格变动。在这种情况下,竞争对手的反应是能够预测的。假设竞争对手把每次价格变动都看作是新的挑战,并根据当时的利益作出相应的反应。在这种情况下,企业必须调查研究竞争对手目前的财务状况、近来的销售和生产能力情况、顾客忠诚情况及企业目标等。如果竞争者的企业目标是提高市场占有率,它就可能随本企业的价格变动而变动。如果竞争者的企业目标是取得最大利润,它就可能采取其他对策,如加强广告宣传、改进产品质量等。总之,企业在价格变动时,必须利用各种情报来源,力求掌握竞争者的心理,以便采取适当的对策。

以上假设是简单的,而实际问题是复杂的。因为竞争者对企业每一次的价格变动,都可能会有不同理解。如对企业的降价行为,竞争者就可能认为:该企业想侵占更多的市场领域;该企业经营不善,力图扩大销售;该企业想使整个行业的价格下降,以刺激市场总需求,等等。如果企业面对几个竞争者,在调价时就必须估计每一个竞争者可能作出的反应。如果所有的竞争者反应大体相同,就可以集中力量分析典型的竞争者,因为典型的竞争者的反应可以代表其他竞争者的反应。如果由于各个竞争者在规模、市场占有率及政策等重要问题上有所不同,所作出的反应也有所不同,则必须分别对各个竞争者进行分析,并采取相应的对策。

13.4.3 企业应付竞争者调价的策略

在竞争对手率先调价的情况下,现代企业也要采取应变的措施。不同市场环境下的企业反应是不同的。

在同质产品市场上,若竞争者降价,其他企业也必须随之降价;若竞争者提价且提价对全行业有利,其他企业可能会随之提价;但若某一企业不随之提价,则最先发动提价的企业和其他跟进企业也不得不取消提价。

在异质产品市场上,企业对竞争者的调价有较多的选择余地。因为在这样的市场上,顾客购买产品时所考虑的不仅是价格,还要考虑产品质量、服务等因素,这些因素会使得顾客对较小的价格差异无反应或不敏感。

为了保证企业对竞争者调价作出正确的反应,企业必须对竞争者和本企业的情况进行深入的研究和分析比较。

面对竞争者调价,企业应了解下列有关问题:(1)竞争者为何调价?(2)竞争者调价是暂时行为,还是长期行为?(3)如果对竞争者的调价置之不理,对企业的市场占有率和利润将有何影响?(4)其他企业是否会作出反应?(5)竞争者和其他企业对于本企业的每一个可能的反应又会有什么反应?

企业除了考虑竞争者的意图和资源外,还需要考虑本企业的经济实力;产品在其生命周期中所处的阶段;产品在企业产品投资组合中的重要性;竞争者的意图和资源;市场对价格和价值的敏感性;成本费用随着销售量和产量的变化情况以及企业可供选择的各种机会。

对竞争者和本企业的情况认真分析后,企业应迅速作出反应。一般来说,对竞争者调高价格的反应比较容易,通常企业会随之提价。而对竞争者调低价格的反应则应慎重。

面对竞争者"侵略性的削价",企业可供选择的策略有以下几种:

(1)维持原价。如果降价就会使利润减少过多;保持价格不变,市场占有率不会下降太多;以后能恢复市场阵地,企业可以维持原价。

(2)保持价格不变,同时改进产品、服务、沟通等,运用非价格手段来反击。

(3)降价。降价可以使销量和产量增加,从而使成本费用下降;市场对价格很敏感,不降价就会使市场占有率下降;市场占有率下降后就难以恢复。在上述情况下,企业可以采取降价的对策。

(4)提价的同时,推出某些新品牌,如廉价产品,以围攻竞争对手的品牌。

■ 本章小结

商品价格策略是市场营销的一个重要环节,它直接关系到商品在市场上的成败和企业盈利。影响商品定价的因素很多,本章主要包括4个方面。由于商品属性、市场环境等不同,影响商品定价的关键因素不同。

定价的基本方法包括3种,分别以成本、需求和竞争为导向。本章分析和介绍了各种情况下定价的基本方法。

定价的基本策略包括5个方面,主要讲述了基于某种特定策略下的各种细化的实用定价策略。

思考题

1. 现代企业的一般定价目标有哪些?
2. 现代企业制定价格的程序一般分为哪几个步骤?
3. 现代企业的基本定价方法有哪几种?
4. 什么是撇脂定价策略?什么是渗透定价策略?这两种定价策略有哪些优缺点?
5. 尾数定价策略和整数定价策略分别给消费者什么样的心理信息?
6. 面对竞争者的"侵略性的削价",现代企业可采取哪些应对策略?

案例分析

格兰仕再启程

1978年加工羽绒服、1992年生产微波炉的国内白电领先者，经过20年奋斗积累后，又一次站到了更高的起点，从"价值战"切入，以突破中国制造低成本低价格的宿命。

一、"苦行僧"式的修炼

在20多年并非平坦的成长之路上，格兰仕几乎一直在扮演"苦行僧"的角色，其直接表现便是为外界所诟病的"有垄断份额却无垄断利润"。数据表明，至2005年，格兰仕微波炉已占据全球市场超过50%的份额，但利润只有3%。甚至，被媒体一再传言的是，格兰仕卖一台微波炉只赚5毛钱。

在某种程度上，这与创始人梁庆德对企业的定位有关。创业之初，梁庆德为格兰仕定下了"微利做大"的基调，提出要"做50年的苦行僧"。他的想法似乎并不难理解：借微利扩大规模，从而降低生产成本，在单一产品上形成不可超越的绝对优势。

与同行相比，格兰仕总是领先一步登上更大规模的台阶，之后便及时将价格降到略高于自己的成本、而低于规模不如自己的企业的成本之下。其结果是将价格平衡点以下的企业一次又一次大规模淘汰，行业的集中度不断提高，使行业的规模经济水平也不断提高，进而带来整个行业的成本不断下降。

从1996年到2002年，格兰仕微波炉在不同型号上降价超过十次，每次降幅均超过30%。价格战所到之处，哀鸿遍野。1996年，顺德有88家微波炉制造企业，全国的微波炉生产厂家不计其数，外资品牌更是群狼环伺。但打到最后，国内市场上基本只剩下同处顺德的美的和格兰仕两家平分秋色。

价格战是主动选择，也是被动之举。和很多中国制造一样，创业之初，摆在格兰仕面前的选择并不多：它不掌握核心技术，也不拥有销售渠道，除了制造，它别无所能。在中国家电业，存活在微利边缘的企业并不只是格兰仕一家。哪怕是现在，海尔的创始人张瑞敏都还有着同样的困扰：作为海尔赖以起家的主业，白电产品的利润薄得像刀刃——只有2%—3%。

然而，为什么格兰仕微波炉能坚持到最后？透过价格战的硝烟，我们窥见了它的真正底牌——近乎苛刻的成本控制。

在业内，格兰仕一直被视为大规模低成本经营的成功典范。成立初期，格兰仕借用欧美日的生产线，实行三班倒24小时工作制，一边为其他品牌OEM（即代工生产），一边利用剩余产能为自己生产。在格兰仕的厂房里，一条生产线能创造出相当于欧美企业6—7条生产线的产能。

另外，在格兰仕，如果晚上加班，一定会关上空调打开窗；灯光也只会亮起加班员工头顶的那几盏；即便是公司高层，下班时如果不超过5人，必定是走楼梯下楼。可贵的是，这些都是一种无人监督的自觉行为。

经过 20 多年苦行僧式的修炼,梁庆德终于宿愿得偿:格兰仕微波炉的规模无人能及,至 2010 年,已经连续 16 年蝉联中国市场产销量双料冠军,连续 13 年全球销量第一。

二、传统"价格战"打到了尽头

经过十几年价格战的洗礼,三星、海尔等品牌先后淡出微波炉行业,而微波炉在中国内地的市场容量连续 5 年徘徊在 800 万台上下。中国的微波炉已然处于非主流、边缘化的困境与险地。

整个行业真的没有投资价值了,格兰仕却未如期笑傲江湖。当格兰仕试图将自己从微波炉单项冠军变身为综合性白电集团时,尴尬的情况出现了。以空调为例,格兰仕副总裁、冰洗产业群总裁陈曙明曾无奈地表示:"微波炉的微利模式当时在空调业根本无法施展。虽然我们的成本控制能力很强,但是由于规模没有别人大,这种微弱优势很容易就被抵消了。"

在不具备规模的情况下,一旦竞争对手燃起价格战的烽火,格兰仕将难以抵挡。这样的情景在 2001 年曾真实地发生过:格兰仕进军空调市场的第一年,销量曾高达 27 万台,可谓旗开得胜。然而,庆功宴的灯火未灭,以春兰为首的竞争对手便发动了价格战,开始大幅降价。丧失了规模这个制胜法宝,格兰仕的应对就有些力不从心。经过多年的厉兵秣马,直到 2011 年,格兰仕空调才在北京和河北的一些重要地区进入前三名。

就算是在格兰仕赖以起家的微波炉上,用低成本建造的栅栏也不会永远有效,只要稍有松懈,便会被竞争对手从外部攻破。1999 年 9 月,正当格兰仕与 LG 由火拼进入对峙之时,美的借由为东芝 OEM 进入微波炉市场,仅一年时间,便抢走 9% 的市场份额;2001 年,美的与德国汤普逊公司签订了 300 万台的微波炉大单,在海外市场上与格兰仕展开竞争;2007 年,这一幕又再次上演,美的微波炉市场份额升至 40%,这都让格兰仕倍感压力。

三、向价值转型

如果说以前格兰仕的增长很大一部分也是建立对物料的节约,以及对人力的充分挖掘上,现在,它的增长则更多建立在生产效率的提高以及先进生产方式的运用上。它率先生产出无转盘的微波炉,由于这一项革新,转盘下的支架、支架下的滚轮、滚轮下的传动电机,以及带动传动电机的传动轴都得以被省略,工序被精简到无法再减。

模块化生产方式是格兰仕的另一法宝。在微波炉生产线上,格兰仕会有一个专门做组件的车间,在这个车间里,一些复杂的零件会被装配成不同的模块,模块与模块之间经常也会进行快速集成,总装车间的工人们只需要在共同的界面上安插不同的模块。如此一来,生产速度大大提高。工效的提高仍然只是在价值的低端上所做出的努力,所有的中国制造,只要愿意,都可以在此方面挖掘潜力。格兰仕在此基础上更进了一步,开始掌握核心元器件的话语权。

近年来,尽管日本企业在空调终端市场日渐萎缩,但仍牢牢掌握着全球空调压缩机、控制芯片等核心环节,并获取产业中利润最丰厚的部分。格兰仕则开始独立开发压缩机,要求日本企业生产与其相匹配的芯片。这种组群关系的改变,使得格兰仕在内部的生产环节上,能够进行更多高效率的匹配。以格兰仕推出的变频空调为例,它不是通过简单的节能,而是通过系统的平稳运行来达到节能效果。这种节能技术的运用,必须要在控制核心元器件的基础上才能实施。

更大的变化在于,格兰仕学会了"讲故事"。凭借厨房新三件套——嵌入式微波炉、嵌入式电烤箱、嵌入式电蒸炉,格兰仕试图打造整体厨房的概念,把中国人从重油烟中解放出来。

抽油烟机的惯常思路是如何减少油烟,而格兰仕则从这个思维定式中跳出来,试图从根本上解决问题——厨房新三件套用蒸、烤以及快速烹饪的方式,消灭油烟产生的源头。如使用电蒸炉,对于一些高油脂的食物,可以在200多度时将脂肪脱掉,这样既不会产生油烟,还能保留它的基本营养。

"我们希望格兰仕的整体厨房是具有崭新生活理念的,是看得见生活情调的,它能够和欧洲的最新消费理念相吻合,产品又具备中国人的操控特性。"这是陆骥烈对于未来整体厨房的畅想。"讲故事"是一个品牌必备的能力,同样是达芬奇家具,靠一个杜撰的意大利出身,便能卖出几十万的天价。可见,相对产品来说,对一种生活方式的倡导,更能让消费者醉心。

多年前,梁昭贤曾提出格兰仕发展的微笑曲线,它的两个上扬的嘴角,一边是品牌力和营销力,一边是大规模制造能力和科技研发能力。现在,格兰仕对于品牌和营销的重视,使得这个过于倾向大规模制造的歪斜嘴角开始趋向平衡。

四、制造仍是原动力

同处顺德的美的也在转型之路上艰难跋涉。2010年12月,美的推出了售价高达1万元的变频微波炉,并表示从2011年年初开始,退出300元以下的微波炉市场,彻底放弃低端产品的竞争,着重拓展中高端微波炉市场。这一举动被媒体解读为是在对格兰仕隔空喊话,格兰仕的回应却是——不会放弃300元以下的低端市场。"只做精品的家电企业非常少,我们不会放弃规模成本优势。格兰仕做的不是窄众,而是大众。"

格兰仕采取的是全产业链的大规模制造模式,依靠打通上下游产业链实现总成本领先。在金融危机中,格兰仕深刻体会到了大规模制造的优势所在:有这个大规模制造的优势,就拥有定价权。

至发稿日,格兰仕旗下Q系列新款高端变频空调"直降2000"、圆形微波炉UOVO也由当初的2480元降至1240元。这个曾经的"价格屠夫"又一次打响了价格战,只不过,它站在了新的起点上,支撑低价的不仅有效率,还有价值增值。

资料来源:http://www.ceconline.com/strategy/ma/8800063389/01/,2017年8月20日访问。

案例思考题

结合本案例谈谈你对价格战的理解,企业应如何制定价格策略。

第 14 章

分销渠道策略

学习目标

通过本章的学习，了解分销渠道的职能和基本形态，分销策略涉及的一些基本概念和基本理论，能针对不同的案例进行分析并拿出自己的解决方案。了解分销渠道的概念与类型、中间商的功能与种类，掌握分销渠道策略的要领；了解批发商和零售商的主要类型；掌握分析渠道的设计以及管理理论与方法，掌握市场营销渠道的策略、选择、设计和管理。

学习重点

分销渠道的概念与类型；中间商的功能与种类；分销渠道的设计与管理；市场营销渠道的模式、选择及策略。

引导案例 Timberland 融合线上线下零售渠道

近几年，户外品牌 Timberland 开启了数字体验店铺，试图借此合并线上与线下的购物渠道，同时在店内配备了平板电脑供顾客使用并借此了解零售的商品。

美国 Timberland 十三家全价零售商铺之一的纽约先锋广场店就上线了此功能。店铺内的平板电脑会提供你浏览的产品的在线页面信息，并进行相关商品推荐。消费者可以将平板上的项目添加到个人的"collection"，保存之后的条目可以通过电子邮件发送给自己。该功能将消费者的网络购物习惯与实体店内的体验相结合，在未来，该计划也能为用户提供产品评论的阅读并查看产品的用户生成的内容，观看造型视频等等。

"除非你想要保存你的条目，你无需专门下载一个 App 或者提供个人的邮箱地址"，Kate Kibler，Timberland 的营销副总裁如是说道。"这对于那些不想与销售人员有过多交流也不想使用 App 的人来说是非常适用的。"

> Brian Prezgay,作为为 Timberland 店铺提供此项技术的战略负责人表示:"目前大多数的零售类 App 对客户都没有足够的吸引力,但是店内的数字化体验反而可以让更多的人主动去下载 Timberland 的 App。"
>
> 但倘若零售业的 App 徒有购物功能,那终将被消费者删除。因此,Timberland 希望通过有效的市场营销做一个对人们而言有价值的品牌。比如,消费者在店内使用 CloudTags 技术之后再选择在线购买,那么有利于 Timberland 为消费者提供更加个性化的体验,方便人们购买。
>
> 事实上,提到 Timberland,大家的第一反应还是那双黄色的伐木靴,因此品牌希望通过推荐产品和造型视频,提供给人们更全面的购物体验。
>
> 资料来源:《Timberland 融合线上与线下购物渠道,开启第一家数字体验店铺》,http://socialbeta.com/t/news-timberland-creates-first-digitally-connected-store,2016 年 10 月 10 日访问。

在现代市场经济条件下,生产者与消费者在时间、地点、数量、品种、信息和所有权等方面存在着差异和矛盾。现代企业生产出来的产品,只有通过一定的市场营销渠道,才能在适当的时间、地点,以适当的价格供应给广大消费者或用户,从而克服生产者与消费者之间的差异和矛盾,满足市场需要,实现现代企业的市场营销目标。

14.1 分销渠道综述

14.1.1 分销渠道的含义

分销渠道即产品的流通渠道。它是指某种产品从生产者向消费者转移时,取得这种产品的所有权或帮助转移其所有权的所有企业和个人。现代企业的分销渠道主要包括商业中间商(因为他们取得所有权)和代理中间商(因为他们帮助转移所有权)。此外,它还包括处于分销渠道的起点和终点的产品生产者和消费者。

从以上论述中可以看出,市场营销学中的分销渠道,不仅是指产品实物形态的运动路线,还包括完成产品运动的交换结构和形态。具体来讲,分销渠道包括四层含义:

(1) 分销渠道的起点是产品生产者,终点是消费者。它所组织的是从产品生产者到消费者之间完整的产品流通过程,而不是产品流通过程中的某一阶段。

(2) 分销渠道的积极参与者,是产品流通过程中各种类型的中间商。在产品从生产领域向消费领域转移的过程中,会发生多次交易,而每次交易都是企业(包括个人)的买卖行为。批发商或零售商组织收购、销售、运输、储存等活动,一个环节接着一个环节,把产品源源不断由生产者送往消费者手中。

(3) 在分销渠道中生产者向消费者转移产品,应以产品所有权的转移为前提。产品流通过程首先反映的是产品价值形态变换的经济过程,只有通过产品货币关系而导致产品所有权随之转移的买卖过程,才能构成产品分销渠道。

(4) 分销渠道是指某种产品从生产者到消费者所经历的流程。它不仅反映产品价值形态变化的经济过程,而且也反映产品实体运动的空间路线。

分销渠道的重要意义在于它所包含的轨迹构成了了解营销活动效率的基础。现代企业的产品是否能及时销售出去,在相当程度上取决于分销途径是否畅通。

14.1.2 分销渠道的作用

1. 对现代企业的作用

(1) 分销渠道是现代企业进入市场之路。现代企业生产的产品只有通过销售渠道,进入消费领域,才能实现其价值形态。如果没有分销渠道,现代企业的产品就不能进入市场,则其价值形态实现不了,也就谈不上获得利润,更谈不上发展。

(2) 分销渠道是现代企业的重要资源。现代企业的生产经营活动必须依赖人、财、物、管理、信息、时间、市场七大资源。在这七大资源中,市场是重要的外部资源,是现代企业最难拥有与控制的一种资源,又是关系到现代企业生存发展的一项资源。在这一资源中,分销渠道是重要组成部分,从某种程度上来讲是主体。

(3) 分销渠道是现代企业节省市场营销费用,加快产品流通的重要措施。大多数现代企业不可能完全自产自销,这是因为现代企业除了生产外,再筹建分销渠道推销自己的产品,为人力、资源、财力所不允许,所以分销渠道的存在,有助于加快现代企业产品的流通,节约流通环节中的人力、物力、财力,减少库存,加快资金周转。

2. 对消费者的作用

分销渠道为消费者获得价廉物美的产品提供了便利,节省了选购产品的时间与精力。因为分销渠道的存在,节省了流通费用,使产品流通过程中的销售成本降低,从而减轻了消费者的负担;同时,由于分销渠道的存在,使其有可能聚集并经销上百家厂商的产品;花色品种齐全,使消费者可从中选购到自己所需的产品,从而节省消费者的精力与时间。

3. 对国家的作用

(1) 分销渠道的存在,连接着生产和消费,是整个社会再生产过程中的一个重要环节,是国民经济的一个重要组成部分。离开流通环节,将会使整个国民经济处于崩溃边缘。

(2) 在整个社会化大生产过程中,分销渠道起着调节产、供、销平衡的作用;同时,对国家税收的增加、资金的积累、就业的扩大起着不可忽略的作用。

14.1.3 分销渠道的功能

分销渠道是生产者之间、生产者和消费者之间产品交换的媒介,具有以下功能:

1. 传统功能

从传统的观点来看,分销渠道具有集中产品、平衡供求、扩散产品三大功能。

(1) 集中产品的功能。经销商可以根据市场预测,收购和采购大量产品生产者制造出来的产品,把它们集中起来,充分发挥蓄水池的作用。

(2) 平衡供求的功能。通过分销渠道,可以随时按市场的需要,从产品的品种、数量、质量和时间上调节市场供应,以利于按质、按量、按品种、按时间、成套齐备地组织供应,以满足市场需求,达到供需平衡。

(3)扩散产品的功能。利用分销渠道,可以把产品扩散到各地方、各部门和各商店中去,并可以用优良的服务,满足用户需要或便于消费者购买。

2. 现代功能

从现代市场营销观点看,分销渠道在克服产品与使用者之间在时间、地点和所有权方面的关键性差距上,具有六大功能:

(1)完成产品的所有权和实物向消费领域转移的功能。营销机构按市场需求向产品生产厂商订货,在订货过程中双方就产品的价格和其他条件达成最终协议,成交付款后,产品的所有权转移到营销机构,然后通过分销渠道将产品转移到消费领域中去。

(2)促进产品销售功能。营销机构通过广告、展示、商标、现场演示等促销手段,刺激消费者的需求,引起其购买欲望,并利用自己良好的信誉来劝说顾客购买。

(3)为中小生产厂商筹集资金的功能。中小生产厂商的产品如果不经过分销渠道,由厂商直接卖给消费者,则产品实现其价值转移所经历的时间较长,中小生产厂商往往不能得到足够的资金,难以维持正常生产。借助分销渠道,由营销机构预付资金以购入产品,然后再分销,可以使中小生产厂商及时获得资金,使生产过程得以正常进行。

(4)承担风险的功能。流通部门通过对现代企业产品的收购,承担了由于产品缺失、损耗及其他原因而造成的损失,从而为消费者提供风险保证。

(5)信息渠道功能。分销渠道能帮助现代企业搜集、传递顾客对产品性能、特色、质量等方面的意见和要求;也可以搜集和传递潜在的顾客需求,以便现代企业开发新产品和改进老产品;同时也可以帮助现代企业收集竞争对手的信息,使现代企业做到知己知彼,在竞争中获胜。

(6)为消费者提供产品的功能。通过分销渠道,可以为目标顾客提供花色品种齐全的产品,以便消费者在较短时间内以较少的精力满足不同的需求。

14.1.4 分销渠道的模式

1. 传统分销渠道模式

(1)生产者→消费者。这种模式即中小生产企业自己派员推销,或者开展邮购、电话购货等以销售本企业生产的产品。这种类型的渠道,由中小生产企业把产品直接销售给最终消费者,没有任何中间商的介入,是最直接、最简单和最短的销售渠道。

(2)生产者→零售商→消费者。这种模式被许多中小生产企业所采用。即由中小生产企业直接向零售商店供货,零售商再把产品转卖给消费者。

(3)生产者→批发商→零售商→消费者。这种模式是产品销售渠道中的传统模式,为大多数现代企业和零售商所采用。过去,我国大部分产品,一般是由一级批发商(称为一级采购供应站)再分配至二级批发商(称为二级采购供应站),然后至三级批发商(称为批发商店或批发部),最后至零售商售给消费者。

(4)生产者→代理商→零售商→消费者。一些中小生产企业为了大批量销售产品,通常通过代理行、经纪人或其他代理商把产品转卖给零售商,再由零售商出售给消费者。

(5)生产者→代理商→批发商→零售商→消费者。这种模式是一些现代企业为了大量推销产品,常常经代理商,然后通过批发商卖给零售商,最后销售至消费者手中。

2. 现代分销渠道模式

近几十年来,由于商业趋于集中与垄断,特别是世界市场一体化的发展,使传统分销渠道有了新的发展。

(1)垂直渠道系统,是指用一定的方式将分销渠道系统中各环节的成员联合起来,争取共同目标下的协调行动,以促进销售活动整体效益的提高。其特征在于中小生产企业与渠道成员按纵向一体化原理组成,其中某一环节的成员占主导地位,可支配或迫使其他成员合作,更好地分销产品;这种渠道系统是专业化管理和集中执行的网络组织,可有计划地取得规模经济和最佳市场效果,这种渠道系统能消除渠道成员为追求各自利益而造成的冲突。

这种模式在西方国家非常流行,在市场上居于主导地位。目前主要有三种类型:

① 公司系统。这是指一家现代企业拥有和统一管理若干工厂、批发机构、零售业务。这种渠道系统又分为两种形式:第一种是一些现代企业拥有和统一管理若干生产单位和商业机构,采取工商一体化经营方式。另一种是一些现代企业,拥有和统一管理若干批发机构、工厂等,采取工商一体化经营方式,综合经营零售、批发、加工生产等业务。

② 管理系统。这是指渠道内各成员以协调的方式而不是以所有权为纽带对销售渠道进行组织管理的形式。有些现代企业为了实现其战略计划,往往在销售促进、库存供应、定价、商品陈列、购销业务等问题上与零售商协商一致,或予以帮助和指导,与零售商建立协作关系,这种渠道系统叫做管理系统。

③ 合同系统。这是指销售渠道系统中不同层次的独立成员为取得单独经营难以达到的经营效果和利润,通过签订某种协议而结成的联合体。这种形式灵活多样,适应面广,但难以管理。具体包括三种形式:

一是特许经营系统。一般是由特许者以特许权转让合同的方式将某些产权,如技术、品牌、管理知识等授予销售系统中的其他成员,使系统中各成员共同获利、共同发展的一种组织形式。常见的有两类:一类是服务性公司倡办的零售商特许经营系统。另一类是制造商倡办的批发商特许经营系统。

特许权的经营特点之一是限制特许经销商进行革新。相反,新产品和新工艺的开发总是在公司总部进行,由公司总部试验和检查包括服务的经营状况,同时适时提出变革要求。

二是批发商倡办的自愿连锁。自愿连锁和一般连锁商店不同:自愿连锁(又称契约连锁)是若干独立中小零售商为了保持自己的独立性和经营特点而自发形成的;自愿连锁的各个独立中小零售商采用在采购中心的统一管理下统一进货、分别销售的办法,实行"联购分销";自愿连锁通常是由一个或一个以上的独立批发商倡办的,目的是和制造商、零售商竞争,维护自己的共同利益。

三是零售商合作社。这是一种由一群独立中小零售商为了和大零售商竞争而联合经营的批发机构,各个成员通过这种联营组织,以共同名义统一采购一部分货物,统一进行广告宣传活动以及共同培训职工等,有时还进行某些生产活动。

在市场竞争日趋激烈的今天,现代企业为了获得更多利润,在竞争中求得生存和发展,不仅采取前向式系统销售渠道,而且也采取后向渠道(即产品的运动方向由消费者流向生产者),亦可更好地利用现有资源,既做到资源的有效利用,又可以使社会污染得以更好地控制、清理,为消费者创造一个良好的生活环境。

其一,直接后向渠道。这是指消费者直接送还可"再生"的废旧物资给原生产者的后向渠道。

其二,传统经销渠道。这是指通过经销商收回空瓶(既出售啤酒又回收啤酒瓶),是一种传统的经销渠道。

其三,专门收购废旧物资的渠道。这是指依靠专门从事废旧物资收购的企业和人员所组成的后向渠道。

其四,偶发性渠道。这是指由于政府倡导或开展某种社会运动,突击性地组织废旧物质回收。

目前,由于市场竞争激烈,产品销售实际上出现了多种分销途径并存的局面。

(2) 水平渠道系统,是指销售系统中同一环节现代企业间的联合。合作双方同处于一个生产或流通环节,它们可以以合同形式建立联合关系,也可以成立专门的公司进行长期联营。目的是共同开拓新的市场机会并分散市场风险。这种销售渠道系统近年在我国发展较快,特别是零售业推行连锁经营,有的也是现有的零售企业,如粮油零售企业等,实行联合,统一经营。采取水平式联合,可以使各方互相取长补短,取得综合竞争优势。

(3) 多渠道系统,是指现代企业使用两种或两种以上的销售渠道销售产品。过去,许多现代企业在单一的市场使用单一渠道进入。今天,随着顾客细分市场和可利用渠道的不断增加,越来越多的现代企业采用多渠道销售。通过增加更多的渠道,现代企业可以得到三个重要的利益:

一是增加市场覆盖面。现代企业不断增加渠道是为了获得它当前的渠道所没有的顾客细分市场(如增加乡村代理商,将渠道延伸到人口较少的农村地区)。

二是降低渠道成本。每个现代企业在增加新渠道时,几乎都要考虑成本问题,多渠道的选择可以有效降低现有渠道较高的成本。

三是加强顾客针对性销售。尽可能设计符合目标顾客需求特征的产品销售策略,现代企业通过多渠道分销可增加更多的销售特征,更贴近目标顾客的需求。

但是,多渠道系统容易引起渠道间的矛盾和冲突,影响渠道的正常运行,也为现代企业销售渠道管理带来困难。通常的解决方法是不同的销售渠道服务不同的目标顾客,以尽量减少渠道之间的冲突。

参阅资料 ▶ "金霸王"电池的渠道策略

　　金霸王电池从进入重庆市场到占领重庆市场只花了6个月的时间。一种新产品在6个月内就占领了那么大的新市场，真可谓闪电式"速战速决"。那么，它的闪电式"速战速决"成功的秘诀是什么？其中一个重要原因就是它具有独特的渠道策略。

　　重庆是中国西南地区最大的城市，金霸王电池要开拓重庆这个大城市的电池市场，是设立自己的办事机构，还是找一个当地贸易代理商？这对美国厂家来说是个非常值得思虑的问题，经过三思后，聪明的美国人最终选择了后者。因为美国人知道，当地代理商对重庆经济状况、人们生活水平比较了解，对重庆零售店分布状况、重庆电池市场竞争状况、人们的购物习惯等方面都比较熟悉，并且他们能根据这些情况采取适当的营销策略。这就为美国金霸王电池在重庆电池市场"速战速决"提供了一个前提条件。

　　美国金霸王电池厂家在重庆找的代理商是重庆凯丽贸易公司。签订了代理合同后，凯丽贸易公司就开始着手分析金霸王电池的特点和重庆电池市场的具体情况。金霸王电池是一种价高质量优的电池。在重庆，电池竞争非常激烈，市场上已有"555""东芝"等品牌电池，价格也有多种，1元多的、2元多的、3元多的，等等，但都比较便宜。针对这种情况，该公司采取了代销和铺货的渠道策略。

　　所谓代销，就是指生产厂家或代理商家把产品让给批发商或零售商销售，在规定时间或者在批发商、零售商销售完该产品后才收取货款的销售方式。它实际上是厂家（代理商）把产品让给商家的"试用"过程，若"试用"成功，商家就会经销该产品。代销是有风险的，弄不好厂家代销出去的产品既收不到货款，也取不回货。为了有效地发挥代销的作用，重庆凯丽贸易公司在各区（县）找的代理商都是当地信誉比较好、效益好的大零售商。在两个半月的以点带面的代销后，金霸王电池在重庆已有一定的市场。这时，重庆凯丽贸易公司紧紧抓住机会，把营销策略引入第二阶段——铺货。

　　铺货是金霸王电池能够"闪电"占领重庆市场的最关键的一步。所谓铺货，就是厂家（或代理商）送货给零售商，并尽力说服其经销产品的一种营销策略。由于金霸王电池质量、性能确实过硬，故代销给它带来了一定的市场，但仅仅依据几个大商家，其占领市场的进程将极其缓慢。为了加快步伐，重庆凯丽贸易公司想到了"铺货"，铺货的重点是重庆各区（县）的零售店。在零售店的铺货中，重庆凯丽贸易公司特别关注到其他任何电池厂家都忽视了的电话亭的铺货。这一特别关注使得"铺货"策略比原来想像的还要有效。因为一个普通电池，BP机只能用7—8天，而一对金霸王电池，BP机却可以用40来天，这大大方便了BP机使用者，并且BP机使用者往往在电话亭购买电池。另外，铺货需要很多业务员。为了解决这一问题，重庆凯丽贸易公司在重庆工业管理学院招聘了一些市场营销专业学生作为兼职业务员。这些学生曾为多个厂家作过市场调查、产品促销、广告宣传等实践活动,在促销方面很有经验。这为他们能成功地为说服零售商经销金霸王电池打下了基础,从而使得铺货面尽可能大。这样,在重庆的各处都布满了金霸王电池。

资料来源:任天飞编者:《市场营销案例评析》,国防科技大学出版社2004年版。

14.1.5 我国销售渠道的发展态势及存在的主要问题

1. 发展态势

整合营销学说代表人物D.E.舒尔茨曾说:20世纪90年代惟有"通路"(即渠道)与"传播"能产生差异化的竞争优势。在产品价格乃至广告都无可奈何地同质化的今天,通路的差异化竞争是各现代企业关注的焦点。

中国商业体制改革一直落后于工业和市场经济发展的进程,加之长期以来我国零售业的服务观念、经营方式、管理技术比较落后,销售渠道没有产生真正实质性的变革。但进入21世纪以来,随着中小生产企业的价格大战和流通领域竞争的加剧,随着我国加入WTO,销售渠道成为商业和制造业、制造业和制造业、商业与商业之间争夺市场的必由之路,呈现出以下态势:

(1) 销售渠道形式呈多样化发展趋势。现在国内市场营销的发展已经走到产品同质化、竞争白热化的阶段,留住一个客户比发展一个客户更重要、更经济。销售渠道形式发展很快,打破了传统的直接销售和间接销售的格局。既有通过商业中介组织销售的形式,也有工商联营的产销一体化形式,更有多渠道联合销售形式。产销之间的逐步联合正在使企业从分散无序的游击战走向集约规模的正规战。

(2) 中小制造商开始重视销售渠道的建设。一场轰轰烈烈的"终端大战"(终端是指最终消费者购买产品的场所)已经开始,谁拥有了终端,谁就赢得了市场。一大批外资企业捷足先登,从产品陈列、产品结构、产品库存、POP设置、柜台布置以及终端维护等方面各显神通。而国内一些现代企业也推出了各种策略,以争夺和巩固市场。

(3) 零售业急剧扩张开始"圈地运动"。商业终端由国有大型百货垄断的局面已被完全打破,将逐渐进入以连锁经营为主的业态多样化时代。各种新兴零售业态:超市、连锁店、仓储店、折扣店、便利店、购物中心等纷纷介入零售竞争领域。

(4) 现代企业销售渠道建设上更注重成本与效益。一些中小零售商为了降低成本及让利给顾客,除了价格策略外,还以各种经营形式降低经营成本,如开展仓储式销售、直销、举办各种奖券、优惠信用销售、还本销售活动等。

2. 存在问题

(1) 中小制造商与中间商利益冲突。由于传统观念认为消费者对产品的终端零售价格的承受能力是有限的,所以由中小制造商和中间商共同制造出来的蛋糕的大小是固定的。如果中小制造商多挣一点,中间商就必然少赚一点。这样就产生了利益冲突。这种缺少"双赢"的理念必然导致通路的冲突,信息得不到有效沟通,通路管理得不到有效实施等现象的发生。

（2）中间商复杂动机导致不规范商业行为。中国改革开放的宽松环境，给中间商提供了发展机会，一时出现了"全民经商"的现象。在良莠不齐的商人中，各种行为动机十分复杂，所体现出来的行为常常是短期行为，见利忘义。这种行为与那些想长期发展的中小制造商大相径庭。

（3）法律与市场游戏规则不健全。中国从过去的计划经济过渡到今天的市场经济，许多与市场经济相适应的法律和市场游戏规则尚未来得及建立健全，在营销环境恶劣的情况下，现代企业行为不规范，商业伦理和商业信誉低下。

（4）现代的物流体系尚未建立。产品的实物流程和实体分配（货物的储存、运输等）是通路的主要内容之一。目前，中国并没有出现大规模的物流企业，产品运输、周转仓库以及终端配送等方面还处于较落后的地位，第三方物流产业还没有真正兴起。

14.2　中间商及其在分销中的作用

中间商，是指介于生产者与消费者之间，专门从事商品流通活动的、独立的商业企业和个体劳动者，包括批发商、零售商和代理中间商。它们是帮助和促进现代企业的产品进入市场，转移到消费者手中，实现产品价值的主要营销中介。

14.2.1　批发商

1. 批发商的特征与作用

与零售商相比，批发商的特点是：批发商的销售对象不是最终消费者，其交易是在现代企业间进行的，因此批发商一般不太注重促销；批发商的交易完成后产品一般不退出原来的销售渠道，仍需通过零售商进一步流动才能进入消费领域；批发交易一般是大批量进出，市场覆盖面广，因此，批发商对物流业务熟悉。

根据批发商在销售渠道中所处的特殊地位，批发商的作用可归纳为以下几点：

（1）批发商能促进产品的大规模销售。通过批发商的大进大出，现代企业可以迅速、大量地分销产品，减少库存，加速资本周转，并可使产品在地区间和时间上合理地、适时地流动，促进生产和消费的平衡。

（2）批发商能沟通产品生产与消费信息，促进市场的开拓。批发商可凭借自己的实力，帮助现代企业促销产品，提供市场信息。批发商大批量购进商品后，可按零售的要求，组合产品的花色、规格，便于其配齐品种；并通过宣传和介绍商品，有力地提高销售效率和工作质量，促进现代企业的产品销售。

（3）批发商能为产品分销提供多种服务。批发商大量地购进销出，利用仓储设备储存产品，利用运输条件勤进快销，并为零售商提供各种支持，帮助其开展业务，如通过预付货款为现代企业融资，通过消费信贷、分期付款为零售商融资等，并可为零售商提供管理咨询、产品陈列、人员培训等方面的服务。

（4）批发商有助于现代企业有效实施其营销策略。批发商可以更好地承担促销及服务职能，可以协助现代企业对营销渠道实施有效控制。批发商一般更接近于市场，对所在的市场环境等比较熟悉,因而现代企业可将一部分促销和服务职能转给批发商,使批发商更好地完成任务。另外,大多数的零售商直接接触的是批发商,所以现代企业利用批发商对零售商的控制来实现对其销售渠道的控制。一般来说,如果不充分发挥批发商的作用,现代企业就难以实现对销售渠道的有效控制。可见,批发商是产品流通的大动脉,是销售渠道中的关键性环节。

但是,由于批发商是商品销售渠道中的中间环节,一般,现代企业为了减少中间商分享利润,消费者为了少受中间商的盘剥,都希望减少中间环节,而且主要是减少批发环节。在20世纪二三十年代,美国等西方国家由于生产集中和垄断的发展,市场竞争激烈,许多企业自己设置销售机构,直接将产品出售给零售商甚至消费者,导致批发商的地位下降。自50年代起,人们开始重新认识到,批发商在组织商品流通中所起的提高效率、降低费用、调节产销矛盾等作用是难以替代的,于是又出现了"批发商业的复活"倾向。通过反复实践和批发商的自我完善,批发商的地位得到了恢复。

2. 批发商的类型

批发商是我国近十多年来发展最快的一种中间商。过去,我国的批发业几乎完全由专业批发商控制。现在除专业批发商外,各种新型的批发商也随之出现。如大中型零售商基本都开展批发业务等。批发商种类繁多,从目前通用的分类方法看,一般可分为以下类型:

(1) 按经营商品的范围可分为综合批发商和专业批发商。综合批发商指经营多种商品的批发商业机构。综合批发商与许多生产行业有联系,经销对象主要是综合零售店及小商小贩。综合批发商经营商品范围广,品种规格也较多,但不及专业批发有深度。我国的农副产品批发市场、土特产品批发市场等都属此类。专业批发商经销的产品是行业专业化的,属于某一行业大类。专业批发商经营的行业商品品种规格齐全,同一品种进销量大,为购买者提供了充分的比较选择余地,专业批发商与本行业的生产联系广泛,专业知识较丰富,行情信息较灵通,能为有关零售商、生产者提供技术、信息和服务。

(2) 按批发商职能和提供的服务是否完全可划分为完全服务批发商和有限服务批发商。完全服务批发商执行批发商的全部职能,他们提供的服务主要有:保持存货、雇用固定的销售人员、提供信贷、送货和协助管理、预测市场需求并提供市场信息和适销对路的货源等。有限服务批发商为了减少成本费用,降低批发价格,只提供一部分服务,如现购自运批发商,既不赊销也不送货,顾客必须付清现款,自备车辆运货回去,所以其批发价较低,多为食品、杂货的批发。又如托售批发商,他们在超级市场和其他杂货商店设置专销柜台,展销其经营的商品。商品卖出去后,零售商才付给货款。还有像农民组建的运销合作社,负责组织农民到当地市场上销售的批发商等。

(3) 按地域可分为地方批发商和区域批发商。地方批发商地域范围狭窄,仅限本地区购销,如本省、本市多为综合性批发商。区域批发商则地域范围较大,常跨省市,如华东地区、华北地区,多为专业性批发商。

14.2.2 零售商

1. 零售商的特征与作用

零售商是销售渠道中处于最末端的中间机构,直接与消费者相联系,这一点决定了零售商的基本特征是:分布面广、从业人数多,但多为小规模经营,一般来说,哪里有消费人群,哪里就有零售商;商品一经出售就脱离了流通领域,进入消费领域,即商品只有进入消费领域之后,才算最终实现了它的价值过程,被顾客真正地接受;零售商的销售数量就一般规模来讲往往小于批发商的销售数量。

零售商处于最终消费者和批发商或生产者之间的特殊地位,使它具有以下重要作用:

(1)对批发商或生产者,零售商起着广泛分销的作用。分布广泛的零售商以机动灵活的营业时间和地点,以形式多样的服务方式,丰富多彩的商品品种和数量来满足消费者对商品购买的需求,能使商品广泛分销,保证生产者和批发商顺利地开展市场经营活动,最终顺利地实现商品的价值和使用价值。

(2)对最终消费者,零售商起着方便顾客购买的作用。零售商一方面通过各种促销手段,如橱窗、柜台的商品陈列,店堂内的装饰广告及POP设置,零售服务人员的促销服务等引导消费者购买到满意商品。另一方面,零售商在销售中或销售后为消费者及时提供各种服务,如承担退货、送货上门等。

(3)对产销双方,零售商起着沟通信息的作用。零售商的服务对象是最终消费者,因而对市场信息反应最直接、最灵敏的应该是零售商。他们最了解消费需求结构及其变化,最了解消费心理及消费行为模式,也最了解消费者未被满足的需要。因此,零售商不仅能向生产者和批发商及时反馈市场信息,并提出合理建议,而且能引导消费者需求,最终实现顾客导向的营销过程。

2. 零售商的类型

零售商主要按业种和按业态两种方法区分。按业种来划分,即按零售商所经营的商品种类来划分零售商的类型,如经营饮料的称饮料店,经营家具的称为家具店。传统上一直是按业种来划分零售商的,一般划分为百货店和专业店两类。近年来,由于大规模零售组织的出现,加上零售方式的不断变化,人们逐渐习惯于按业态来划分零售商的类型了,即按经营方式或销售方式来划分零售商类别。我国目前城市零售业也已逐步开始按业态来设置自己的企业形式了。

按业态区分的零售组织主要有以下形式:

(1)百货公司。百货公司一般是大规模、综合性、分部门经营各种消费品的零售商业企业。其特点是资金较为雄厚,服务设施齐全,管理手段较先进,服务质量也较高,从而商品的价格水平也相对较高。但近几十年来,百货公司由于其昂贵的商品价位逐渐失去了市场竞争力。国内外百货公司也开始变革,有的借鉴超市的销售方式,有的借鉴连锁经营的方式开设到居民居住区,有的则坚持高品位的路线,融合更多的文化内涵和独特性。总体上看,在我国,传统百货业已经盛极而衰。资料显示,在过去10年中,中国零售业平均年增长率9.7%;而百货业近几年零售额持续下降,亏损的零售百货店高达30%。

(2) 购物中心。购物中心是由开发商规划,统一管理,集零售、餐饮、娱乐于一体,有多样化商品街和停车场,是各类零售业态、服务设施的集合体。根据国际经验,购物中心的发展给了传统百货业新的希望。购物中心有多种形式,有以购物为主的,也有以休闲为主的。但不论哪种形式,业内人士普遍认为,迄今为止,购物中心是全球范围内提供有效供货和服务的最佳方式。它凭借的是其集购物、休闲、娱乐和美食于一体的"一站式购物"的优势,这与"超市"的流行有异曲同工之意。

(3) 连锁超市。超级市场指的是从经营食品起步,发展到以日用百货为主的大规模开架陈列、顾客自选、集中结算的自我服务式零售商业。连锁超市是指在同一所有者集中控制下,统一经营、统一管理的商店集团,少则2—3家连锁、多则百家以上连锁在一起,这是20世纪最重要的零售业态之一。各种形式连锁店的商店标志、设施、经营品种、销售价格和服务方式都相同,消费者容易辨识。

连锁经营的优势在于:统一大批量进货,进货成本低;统一配送、运输,运输成本低;商品周转率高,脱销率低;综合了批发与零售的功能,扩大了企业的影响。纵观世界零售业的发展趋势,超市压倒百货已是不争的事实。世界零售业50强中,超市和大型连锁超市已占绝对主导地位,其销售额占到50强销售总额的35%,而百货店的销售额只占到50强销售总额的14%。

它的最大特点是顾客自我挑选,自我服务,这是零售业服务方式的一次革命。它极大地激发了消费者的购买欲望。传统的零售店是通过售货员提供购买服务的,尽管它有许多优点,但是从顾客角度上看,它使顾客的购物成为一次单纯的购买,限制了顾客的参与,也就限制了顾客的购买。而超级市场的商品完全开架,任由顾客自由挑选,这样就使顾客从被动变成主动,大大地调动了顾客购买的积极性。超级市场给顾客提供的这种自我选择、自我服务的方式,再加上舒适的购物环境、眼花缭乱的商品,使顾客的购买过程变成一个对商品了解、比较的自我学习过程,一个自我消遣、娱乐的过程。商家就是在这样一个过程中增加了商品的销量。另外,规模经营使得商品齐全、价格便宜,也是促进销量增长的一个重要因素。超级市场自诞生60多年以来,大体上经历了三个发展阶段:首先是小规模的食品超市阶段,最初的超市主要是满足人们对食品与杂物的需要,规模也比较小。20世纪80年代中期在我国最早出现的超市就属于这种性质,面积大约几百平方米。后来,超市进入中等规模阶段,经营的食品范围扩大到家庭经常购买的鱼肉、蔬菜、水果等生鲜食品,而且生鲜食品的包装向着标准化的方向发展。同时,营业的面积扩大了,一般为1000平方米左右。现在,超市发展为大型百货超市。它摆脱了超市以经营食品为主的传统,经营的品种扩大到一般性的日用百货,食品只占1/3,购物环境也朝着清洁、舒适的方向发展。面积扩大到几千甚至上万平方米。例如,进入我国的家乐福、沃尔玛等外资超市以及华联等内资超市大体上属于这种类型。世界超级市场发展的趋势,一是继续向着超大型化的方向发展,特别是同百货商店相结合。二是连锁经营。像前面提到的家乐福、沃尔玛等实力雄厚的大型超市都实行跨国

连锁经营,在世界各国建立了以自己品牌为名称的连锁超市。

(4) 便利店。便利商店也叫方便商店,它是从超级市场中分割出来的以经营居民日常生活必需的食品与杂物为主,便于购买的小规模零售商店。便利商店在我国又被叫做便民店,它的市场定位是购买方便,地点一般设立在居民区或街头巷尾,营业时间比一般商店要长,有的甚至一天24小时都营业。经营的都是居民每天必需的生活日用品,如食品、饮料、烟酒糖果、文具、洗涤用品等,同时还备有微波炉等加温的设备。它的规模比较小,营业面积一般为几十平方米。目前,便利商店在我国获得长足的发展:一是许多原先的粮店、副食品店、烟酒糖果店等商店由于地处居民区,使得它们最早转为方便商店,而且大多采取了连锁经营的方式。二是一些国外的方便商店也纷纷以连锁的形式进入我国。例如,日本著名的7—11便利店在我国的上海、深圳等城市都开设了多家连锁店。方便商店在我国有着较大的市场。对于我国绝大多数地区,特别是广大农村地区,方便商店的发展潜力同连锁店一样,比超级市场要大得多。因此应把方便商店同连锁店一起,作为零售商业的发展重点。这是由我国居民目前对生活必需品的采购频率决定的。西方发达国家的居民对生活必需品的采购频率是以星期为单位的。他们工作与生活的节奏快,时间宝贵,汽车进入家庭,居室面积较大,每到周末,他们开车到超级市场,一次将一星期的生活必需品采购齐全,因此他们对超级市场的依赖性大。我国居民住房面积较小,工作与生活节奏相对较慢,绝大多数人没有私人汽车,同时,保持传统的饮用新鲜食品的习惯,这就使得我国居民对生活日用品的购买频率以日为单位,经常利用上下班,顺手买下当天的用品。对于多数上班的人来说,基本上是一天一买,而对于空闲在家的人来说,有的是一天几次。可见,目前我国居民在生活必需品的消费上,对方便商店的依赖性比超市强。

(5) 仓储商店。仓储商店是指以仓库陈列和相应的管理来低价销售产品的零售店。其特征是面积大,一般在10000平方米以上;采取仓柜合一的经营方式,减少了商店辅助设施;仓储店的经营品种繁多,从日常生活用品到耐用消费品都有;销售方式与超级市场相似,开架销售,自助服务,统一结算,一般是现金交易,不提供送货服务;仓储商店的店址大多选择在郊外,设有大型免费停车场,方便顾客一次性大量购买,其价位比超市还低,所以竞争力极强。

(6) 专卖店。专卖店也叫专营店,它是经营产品比较单一的零售商业,是消费需求差异化发展的必然结果。虽然专卖店的规模和销售额比不上百货商店、超级市场等经营大众消费品的商店,但它以其独特的个性,吸引着大批追求某一特殊需求的顾客。这种经营是建立在科学的市场细分基础之上的,以特定的目标市场作为自己的发展方向,它有着顽强的生命力,而且正以各种形式渗透、蚕食着传统的零售商店。专营店主要有两种类型:一是产品专营店,这是专门经营某一类商品的专营商店。我国计划经济下的各种行业或部门所属的商店就具有这种性质,如鞋帽店、服装店、食品店、药店、粮店等。在向市场经济转轨过程中,可将它们改变为独立经营的产品专营店,关键是要发挥传统优势,扩大经营的规模,以规模取胜。例如,北京图书大厦,营业面积上万平方米,图书门类齐全,几乎包括全国所有出版社的图书,加之设在交通方便的西单,每天购书的读者络绎不绝。另一种类型的专营店是品牌专营店,即专卖某一品牌的商品,如李宁专卖店等。随着个性消费、时尚消费、品牌消费的兴起,这种商店会越来越多。

(7) 其他零售业态。随着零售产业的不断发展,各类新型的零售业态不断出现。如邮购与电话订购、网上营销、自动机售货、购物服务、流动售货等,满足了不同类型的消费需求,同时也加剧了不同零售业态之间的竞争。无店铺零售则是发展迅速的新型业态。

无店铺零售(nonstore retailing),是指不依赖店铺来寻找消费者及完成买卖的零售形态,主要包括电视购物、邮政(邮购)、网上商店、自动售货亭、直销、电话购物等形式。无店铺零售是现今商业市场上的一种主要营销方式。它放弃用一个固定公开的商业场所来进行交易买卖,只需要一个电话号码、传真号码就可以进行,随着网络资讯的发展,时下流行的网上购物的营销方式则更可以无边无界地与消费者联系,与消费者之间的沟通更趋形象化和具体化。

一般而言,适合于无店铺零售的产品有下列几种类型:

(1) 省力化、简便化及效率化的产品,如加工或罐头食品、冷冻食品、卫生食品、家电、书籍杂志及清洁器材等。

(2) 保健用品,如净水器、健康器材、健康食品、室内运动器材、寝具及化妆保养品。

(3) 个性化产品,如园艺用品、个人电脑、室内装饰品、生活闲聊品、大型家具、模型组合玩具、钱币、古董、集邮等。

(4) 创造性产品,如家庭工具、手艺材料、书籍、语言教材、音乐、乐器等。

(5) 礼品,如交际送礼用品、应用礼品等。

(6) 娱乐性产品,如出行随身用品、运动休闲用品、各类活动入场券、唱片、音像磁带等。

(7) 其他,如烹饪器具、服装等。

最近几年,连锁终端业态发展得非常快。大卖场、连锁超市已经成了重要的终端力量。但伴随我国加入WTO,零售业也在与外资零售业的竞争中迅速成长,各种新兴零售业态纷纷介入零售业战场。但现在及今后较长时期内,购物中心、超级市场和便利店将引领中国零售业的业态革命。更应当注意的是,由于我国处于转型经济期,零售业态的发展并不完全遵循市场经济条件下业态发展规律进行。很多企业只是模仿某种业态的表面形式,而不是像西方国家那样体现由技术革新带来的费用结构的竞争优势。因而,各种业态要成长为适合中国国情的主导业态,还有相当长的路要走。

14.2.3 代理商和经纪行

1. 代理商

代理商是以代理卖方或买方销售产品或采购商品为主要业务,从中向委托方收取代理费的机构。发达国家常见的代理形式有四种:制造商代理商,即厂家代理,类似厂方推销员,往往与厂方有相对固定的长期代理关系;销售代理商,实际上是厂方的独家全权销售代理商,对商品的价格、交易条件等有很大影响力;佣金商,是一种临时为委托方销售商品,据委托条件推销商品并收取佣金的代理机构;采购代理商,为买主采购商品,并提供收货、验货、储存、送货等服务的机构。许多现代企业在营销过程中,依赖代理商取得了成功,但代理商也不是万能的,有的现代企业采用这种形式就没能取得成功。

2. 经纪行

经纪行的主要作用是为买卖双方牵线搭桥,协助谈判,促成买卖。它不存货,不卷入财务,不承担风险,由委托方付给佣金。我国经纪行尚处于萌芽阶段,较常见的有广告经纪行、不动产经纪行等。

14.3 现代企业销售渠道的选择与管理

从我们对销售渠道结构及其组织系统的分析可知,现代企业选择销售渠道,首先应考虑影响渠道选择的因素,再选择渠道模式及具体的中间商,最后考虑对销售渠道的控制和有效管理。

14.3.1 现代企业销售渠道的选择

1. 影响现代企业销售渠道选择的主要因素

(1) 产品因素。产品因素包括价值和重量、产品的耐腐性、产品的标准化与产品的技术特性、产品价格及服务等,都直接影响销售渠道的选择。比如,对于新鲜水果、蔬菜及水产品、某些食品等,一般使用直接销售渠道,以免产品在销售渠道中受到损失。而对于那些加工过的食品,保质期较长,如罐头食品、饮料类等,为减少销售成本,应选择较长的销售渠道,采取大量批发的形式销售。

(2) 市场因素。市场因素包括市场规模、市场在地理上的分散程度及市场的主要购买方式等。比如,日用品的顾客数量多,一次购买量小,购买频率高,宜选择利用众多的中间商来完成产品的销售任务;但当顾客的地理分布非常集中时,可由生产某类产品的企业直接设立销售网点,如"冠生园"蜂蜜系列产品专卖店;对不同的产品,顾客购买习惯不同,销售渠道选择也不同,对于一般的日常生活采购的产品,如调味品、米面等,顾客要求在使用时即可买到,所以需要大量的零售商,销售渠道就要长些。

(3) 现代企业自身特点。需考虑的现代企业自身因素主要包括企业规模、管理能力、声誉、财力、经营策略和目标、产品组合等。一般来说,如果现代企业实力较为雄厚、声誉好,易获得较理想的推销人员,建立自己的销售网点,控制渠道的能力就强;反之,则要选择合适的中间商为其服务。

(4) 竞争因素。现代企业可以竞争者的销售渠道选择为借鉴,利用竞争者已经成功地使用的销售渠道,在同一销售渠道与竞争者的产品进行竞争。许多中小生产企业就采取这种渠道策略。

(5) 环境因素,指影响选择销售渠道的外部因素。如经济不景气时,现代企业要利用较短的渠道,降低成本与价格,提高产品竞争力。再如,科学技术的发展有可能为某些现代企业创造新的销售渠道,比如产品保鲜技术的发展,使得水果、蔬菜等的销售渠道由过去的直接渠道变为多渠道销售。

2. 销售渠道选择策略

现代企业可通过对影响销售渠道选择的因素的综合分析,选择适当的销售渠道,主要确定渠道模式,选择中间商并确定其相互关系。

(1) 渠道模式的选择。确定渠道模式,即确定渠道的长度及其组织形式。首先应从现有的销售渠道类型中选择适合本企业的销售渠道。如果现有的销售渠道不适合现代企业产品的要求或现代企业为了避免在原有的销售渠道中与竞争者竞争,或现代企业能够发现新的更有效的销售渠道,那么现代企业就应使用新的销售渠道。

(2) 中间商数目的确定。实际上是确定渠道的宽度,它与现代企业的市场营销目标和营销战略有关。通常有三种可供选择的策略:密集性分销,适用于价格低、购买频率高的产品;独家分销,这是最窄的销售渠道形式,适用于高档消费产品;选择性分销,适用于选购品和特殊品。

(3) 中间商的选择。现代企业选择中间商,应考虑以下方面的条件:选择贸易覆盖区域较大的中间商;销售对象应是产品的需要者;中间商的地理位置与本企业产品的顾客相接近;一般选择未经销竞争对手产品的中间商;尽可能选择财务状况好、营销经验丰富的中间商;中间商具备一定的物质设施与服务条件。

(4) 规定渠道成员的权利和责任。在初步选定中间商以后,现代企业就要规定中间商彼此之间的权利和责任。主要包括:价格政策,制定产品价目表及折扣细目单;销售条件,指支付条件和企业的担保,大多数企业都给及时结算者以一定现金折扣;中间商的地区权利;双方应提供的服务,尤其是特约代营和独家代理,必须明确规定双方应承担的义务和所享有的权利。

14.3.2 现代企业销售渠道的管理

1. 销售渠道的合作与冲突

渠道合作是同一渠道中各成员之间的分工与协作。各成员由于相互合作而获得的利益,要比自己单独从事分销工作所获得的利益大得多。但是,无论在设计渠道时怎样评估和选择,在渠道运行后,只要渠道成员间产生了功能性相互依赖,产生了高于各成员单位的渠道整体利益,各种冲突便随之而来。

根据渠道的模式,冲突也可分为以下三种类型:

(1) 垂直渠道冲突。这种冲突是指不同渠道层次的现代企业之间的利益冲突。如现代企业和经销商之间在价格、服务等方面的冲突。有些垂直冲突不一定有害,反而有益,关键在于如何因势利导,取得"双赢"效果。渠道领导者应为其渠道系统确立一系列目标,并强化系统内的管理职能,消除彼此间的冲突。

(2) 水平渠道冲突。这种冲突指处于同一渠道层次的各现代企业之间的利益冲突。如果将冲突的信息反馈到最高管理层,渠道领导者就有责任迅速果断地采取行动,以缓和或消除这种冲突,否则它将损害渠道的形象和向心力。

（3）多渠道冲突。这种冲突是指在现代企业中已建立了两个或两个以上的渠道以后，这些渠道在针对同一市场营销活动时，发生竞争或争夺市场的情况，冲突自然也产生了。另外，当一个渠道的成员公司降低价格或者降低毛利时，多渠道冲突会更加激烈。

2. 销售渠道的管理

现代企业销售渠道的管理控制是指生产者设法解决分销渠道中的矛盾和冲突，以各种措施支持和激励中间商积极分销，并以各种条件制约中间商的活动过程。

（1）激励渠道成员。据调查显示，更多的促销经费不是用在促进消费者购买上，而是用于促进和推动中间商的购买上，后者的费用是前者的一倍。因此，对于选定的中间商尽可能调动其积极性，采用的激励措施往往有：向中间商提供物美价廉、适销对路的产品；合理分配利润；开展各种促销活动；提供资金资助；提供市场信息；有必要的则授予独家经营权；协助搞好经营管理，加强现代企业与中间商的合作等。

（2）协调或消除渠道冲突。一种是加强渠道管理，寻求成员都能接受的方案解决分歧与矛盾，比较好的另一种办法是分享管理权，如建立契约性和垂直分销组织体系，实行有计划的专业化管理，利用组织制度规范成员内部行为，减少冲突。

（3）评估渠道成员。检查和评估分销渠道的效能，是渠道管理的又一重要内容。包括：检查每个中间商完成的销售量；检查每个中间商为分销渠道提供的利润额；查明哪些中间商积极分销商品，哪些却心猿意马推销渠道以外的商品；检查哪些中间商能及时发出订单，哪些不能及时发出；计算每个中间商订单的平均订货金额；检查中间商为推销产品而进行的广告宣传活动；检查各中间商所定价格的合理程度；检查各成员间的服务承诺兑现程度；检查消费者对中间商的投诉情况等等。

通过这些检查和评估，现代企业可以发现哪些中间商是销售渠道的中坚力量；哪些则是成事不足，败事有余，现代企业应着手改善与它们的合作关系。

3. 销售渠道的改进

为了适应市场营销环境的变化，确保销售渠道的畅通和高效率，对销售渠道的改进调整是不可避免的，一般采取以下几种方式：

（1）结构性调整，指在某一销售渠道里增减个别中间商，而不是增减这种渠道模式。对效率低下、经营不善，对渠道整体运行有严重影响的中间商，中小生产企业可中止与该中间商的协作关系，并适时增加能力较强的中间商。但现代企业必须根据这种调整对企业盈利水平的影响以及其他渠道成员的反应慎重决策。

（2）功能性调整，指增减某一销售渠道，而不是增减渠道里的个别中间商。现代企业有时会发现随着市场需求的变化，销售渠道过多或作用已不大时，从提高销售效率与集中有限力量等方面考虑，可适当减少一些销售渠道。反之，当现有渠道过少时，不能使产品有效抵达目标市场，则可增加新的销售渠道。比如某一企业，原来主要是通过本厂在各地设立的销售机构负责该地区产品的批发业务，后来随着产品在消费者中知名度扩大，市场需求量增加，该厂就在一些地区选择一些专业批发商从事批发业务，增加了新的销售渠道。

（3）销售系统调整，指改变整个销售渠道系统，也是一种功能性调整。要对现代企业原有的销售体系、制度，进行通盘调整。此类调整难度较大，它不是在原有销售渠道的基础上进行完善，而是改变现代企业的整个销售系统，将会引起市场营销组合的一系列变化。现代企业必须进行调查研究，权衡利弊，作出决策。

本章小结

分销渠道是指为促使产品或服务能顺利通过市场交换过程，转移给消费者（用户）消费的一整套相互依存的组织。它是独立于生产和消费之外的流通环节，同时又是联结生产与消费的桥梁。分销渠道按长度结构可划分为零层、一层、二层和三层渠道；按宽度结构可划分为高宽度分销渠道、中宽度分销渠道和独家分销渠道；按分销渠道系统的管理模式可划分为垂直型、水平型和多渠道型分销渠道。

按中间商与消费者的关系，也就是与最终消费者的接近程度可划分为批发商和零售商两大类。中间商具有调节市场供需平衡、创造市场效率、市场分销、战略合作等功能。

分销渠道设计是企业对关系其长期生存和发展的分销模式、基本目标及管理原则所作的规划、选择与决策。其基本目标是向目标市场有效地传达重要的消费者价值。影响分销渠道战略设计的主要因素有：市场性质、产品性质、中间商状况、竞争者状况、企业自身状况和环境特征。

分销渠道的管理主要包括分销渠道成员的选择和培训，激励渠道成员，评价渠道成员，调整分销渠道以及渠道的合作、冲突与竞争。

思考题

1. 什么是分销渠道？对现代企业的主要作用有哪些？
2. 中间商有哪几种形式？
3. 应从哪几方面加强对现代企业销售渠道的管理？
4. 选择某个现代企业，分析其分销渠道的结构，指出其优势和劣势，是否存在可以改变的方面？

案例分析

雪花啤酒渠道模式解析

谁掌控了渠道，谁就拥有了市场的发言权。没有渠道，产品根本传递不出去，其他的事情当然也就无从谈起。

相对而言，啤酒本身很难制造技术壁垒，即使有领先技术，也只是相对的技术领先，很难通过增加产品的技术含量来获得对市场的彻底掌控。所以，中国的各大啤酒企业在渠道建设方面都费尽心思。据统计，啤酒销量主要集中在现饮和家庭消费部分，两者占据啤酒销量的80%。虽然啤酒的饮用中餐饮和家庭占主导地位，但夜店消费已慢慢成为啤酒消费的重要市场。那么，在设计啤酒渠道的时候，就要根据消费者消费啤酒的消费行为设计渠道。一是进入现饮的终端渠道，二是进入零售终端。

一、雪花啤酒的深度分销模式

华润雪花啤酒对于市场渠道的建设非常重视，在渠道建设方面率先提出了深度分销的目标，并围绕这一目标提出了一套深度分销的营运模式。针对现饮渠道，采取直销的策略。针对零售终端，采取代理和批发的渠道模式。

目前，很多啤酒企业在代理和批发渠道策略上采用传统的销售模式，传统的分销采取"厂商—批发商—二级批发商—终端"的模式，这样的模式往往啤酒厂家很难管理到终端，对市场难以实现强有力的管控。

雪花啤酒在此基础上进行了创新的设计。采取"厂商—运营商—分销商—终端"的模式，将原来的批发商转变成运营商，在销售方面大部分由厂家直接管理、服务，而雪花啤酒的销售管理人员可以直接到零售店、餐厅等终端销售地点去推销、服务、陈列以及维护价格体系。这是华润雪花啤酒在主力市场采取的最主要的模式，很显然，通过这样的模式，雪花啤酒在终端极好地维护了品牌的形象和市场的秩序。

围绕这种创新型的批发和代理的模式，华润雪花还建立了协作型专营的分销模式，这个模式包括两个方面，即运营商专营和分销商专营。由此，和分销商一起建立一只销售队伍并一起管理，实施一体化经营，双方按照华润雪花啤酒设计的方式去管理终端，厂商之间形成战略合作的伙伴关系，营销渠道的稳固性进一步增强，企业与渠道成员之间的关系更加紧密，忠诚度和信任度进一步提高，企业对渠道的控制力显著增强。

而针对重要的如酒店、酒吧、KTV等终端零售点，雪花啤酒则采取直销模式，即销售管理人员直接去拿订单，并负责配送和终端的陈列。

针对夜场渠道，华润雪花2007年新推出高档啤酒品牌——零点啤酒。主要目标消费群体为18—25岁的年轻人群。酒吧是该群体夜生活的主要场所，让零点啤酒成为属于中国年轻消费者自己的夜场啤酒——华润雪花啤酒公司这样阐述对于零点的市场分析。

华润雪花将零点的包装打破常规，突出差异化。首先是打破常规的包装，通透的白瓶设计，金黄色的酒液，看起来格外精美，而且还减轻了消费者饮用量的压力，让消费者感觉轻松愉快。然后采用黑色作为商标的主色调，白色的LOGO点缀其间，非常突出，煽动一双自由飞翔的翅膀——ZERO，在夜场中显得格外引人注目。

在产品有了清晰的市场定位，作出一系列全新的策划，并围绕新的定位讲述全新的故事后，零点在市场的表现迅速提升，很快成为成都夜场的一颗"明星"。

在商超、夜场、餐饮、烟杂小店四大通路上，雪花通过价格管控、区域管控来统筹管理，并引入经销商评级制度，达不到底线要求的经销商会被淘汰。

上面这些模式之间并没有优劣之分，它们各有优点和缺点，消费者行为不一样，产品不一样,服务方式也不一样,管理力度也不一样。华润雪花啤酒从整个市场的区域环境来细分渠道,研究哪个市场适合哪种方式,进行分析、对比。把最有效的管理模式放到最需要的市场,使之始终处于整个行业比较领先的地位。华润雪花啤酒练就的这种分销模式最大的特点是对市场的终端控制能力大幅度增强,同时整个体系的秩序牢牢地控制在企业手里,但是与传统的粗放的渠道模式相比,华润雪花的这几套模式显然需要企业具备更强的执行能力。

要把这些分销模式更强有力地执行到位,还需要做好八个方面的基础工作,即销售队伍的建设、分销流程的确定、系统执行能力、销售队伍的设置、业务管理的精细化、管理工具的完善、考核体系的建立、培训机制的建立等。这八个方面都完善和具备了,才能保证分销模式组合在一起,并成功地使用和执行到位。这八个方面都要做好,丢了哪个都不行,如果只是某一个方面做好做到位了,没用,因为其他方面谁都不知道怎么干。

当然,推动品牌成功的根本是销售模式的变革。由逐渐的渠道推动销售转变为依靠品牌影响力的拉动销售,是雪花啤酒能够在细分市场继续前进的根本,一个突出的例子是,在四川的大多数市场,喝雪花早已成为很多消费者的自然行为,而非促销人员的推广。

二、体系、制度和团队是保障

1994年,华润集团旗下华润创业和全球第二大啤酒集团SABMiller合资成立华润雪花啤酒(中国)有限公司。在不到10年的时间内,华润雪花从一个区域品牌成长为全国品牌。目前,华润雪花啤酒在中国经营超过90家啤酒厂,占中国啤酒市场19.8%的份额。

华润雪花能够快速成为行业的巨无霸,与其在渠道方面的精耕细作密不可分,而这又与其内部强大的经营体系和制度以及一只"向太阳的队伍"紧密相关。

第一,在分销方面,他们有个275行的体系。这个275行的体系,一直延伸到雪花啤酒进入一个餐厅能卖多少箱,包括税、成本、进店的费用、盈利等,如增加1元/瓶的瓶盖费销量能增加多少?是盈利还是亏损?如决定是否进某一个小店和酒楼?多长时间能够赢利?赢利状况如何?对手怎么反击和应对?等等,都有一套严密的体系和系统。

第二,蘑菇战术的运用。所谓的蘑菇战术,实际上就是先占领一个个小的区域市场,形成小的蘑菇,在整合过程中让这些小蘑菇长大,最终连成一片,成为一朵大"蘑菇"。这正是华润雪花啤酒得以在短短的十几年时间一跃成为中国啤酒市场领头羊的一个重要的战略手段。蘑菇战术具体在操作上,首先是收购省内第一或第二的强势品牌,然后通过终端锁店在渠道内取得竞争优势,再逐步收购地方竞争企业,最后在全省取得垄断地位。所谓锁店,就是直接用费用买断终端的专销权和主销权,是抢占终端建立排他性优势的"必杀绝招",雪花啤酒策动巨资在全国展开地毯式锁店,迅速在各省实现垄断优势。通过这种方式,华润雪花啤酒采用蘑菇战术成功占领四川、辽宁、吉林、安徽、天津、武汉等大片区域市场,在当地市场几乎处于垄断地位。

第三,强化渠道扁平化战略。为了保证渠道的竞争力,保证"中央军"与"地方军"的完全统一和融合,雪花早些时候就实施了全国的渠道改造工程,通过减少中间环节向终端倾斜,实现终端的占位,虽然渠道改造可能会减少一些经销商的"表面"盈利,但使得经销商利润来得更稳定。因为渠道改造后,雪花终端的走量是增大了,而不是减少,服务和支持不是少了,而是多了,渠道管控不是弱了,而是强了,渠道不是累了,而是轻松了,从而形成了良性的啤酒渠道闭合式循环。

第四,有勤奋、专业的团队。华润雪花的快速发展,背后其实是一群人。华润雪花这个管理团队能吃苦,很善于学习。另外,华润雪花从不强调个人,都是强调集体和团队。与此同时,为了保证全国大一统的实现,虽然华润雪花全国有42家区域公司,但是却只有一支销售队伍,以营销公司的形式在各区域负担起华润雪花全部产品的销售。这就是华润雪花与其他啤酒集团公司在组织竞争上的核心差别之一。

总之,雪花啤酒这种不依赖于个人而通过体系、制度和优秀队伍等建立起来的渠道更具有聚合力和忠诚度。在不同的区域,为了保证完全的品牌竞争力,雪花啤酒会保持合理的经销商数量,通过有效的分销模型进行规划和指导;同时,不同的分销模式对经销商的要求和数量都有差异。市场不同,模式也会不同,而且每一个模式都有完整的管理体系来支持。

资料来源:http://money.163.com/12/0704/14/85J0PJR500254P77.html,2017年6月9日访问。

案例思考题

谈谈你对雪花啤酒渠道模式的理解及企业应如何构建销售渠道。

第 15 章

促 销 策 略

学习目标

通过本章的学习,了解促销的作用、促销组合和促销的基本策略;掌握人员推销、公共关系、营业推广、广告等促销方式的策略和方法,并能正确地运用于企业营销活动中。明确促销的实质和意义,了解各种促销方式的特点和适用条件,使学生初步掌握促销的策略和方法。对产品促销的原理和方法有一定的了解和认识,能针对不同的案例进行分析并拿出自己的解决方案。

学习重点

促销的概念、作用和组合策略;商业广告、人员推销、营业推广、公共关系四种主要促销手段的概念、作用、策略和管理。

引导案例 3M集团:集装路演,导航化工新纪元

> 3M公司流体过滤产品事业部、矿业产品事业部分别于2011年5月和9月,在全国范围内举行了"3M公司创新过滤技术中国行"及"矿业健康安全中国行"活动。这是3M中国推出的一种创新营销模式——"技术大篷车",它别出心裁地启用了一种"行走式"的贴身营销模式,将产品和技术直接带到客户面前,并且通过"流动技术站"和随行的技术人员真实直观地了解客户的需求,强化精准营销的效力。
>
> 3M公司于1902年在美国成立,是一家历史悠久的多元化跨国企业,素以产品种类繁多、锐意创新而著称于世。成立至今,它开发生产的优质产品多达5万种,服务于通信、交通、工业、汽车、航天、航空、电子、电气、医疗、建筑、文教办公及日用消费等诸多领域。
>
> 为了让中国数百家制药企业的质量和工程人员在第一时间了解最新的制药过滤技术,3M集团过滤产品部门引进了先进的医药过滤系统。但该设备体积大且笨重,

很难让中国各地的终端客户——药厂的技术人员接触并了解其性能。为此,市场人员极富创意地想出了一种化繁为简、"行走着"深入客户层面的推广方式——通过一个内部精心设计的集装箱卡车,把所有的设备和产品展示浓缩在一个小型空间,行走全国,直达终端客户进行技术培训及演示并收集用户的反馈。

集装箱卡车车身装饰有"3M创新过滤技术中国行"图文标识,卡车内配备3M最新研发的大型过滤设备和相关技术资料。3M还特别组织两个轮值的技术和客户服务团队,轮流跟随技术大蓬车从中国大陆的最南边广州行驶到最北端的哈尔滨,直接将技术大蓬车开进厂区,通过研讨会、技术实地演示等方式让第一线的行业员工能够当场应用这些设备进行各种演示和检验。而技术人员以及相关团队也能够与各个层面的客户进行沟通,使3M能了解终端用户的直接意见和需求。这便构成了"3M医药行业创新过滤技术主题路演"活动的实现模式。

"3M过滤技术中国行"的成功经验,给3M矿业产品业务部带来了启发。作为世界第一的煤炭生产国及消费国,中国煤炭产业工人达600多万,安全生产、提高效率和保护环境已经成为中国的煤炭企业加速发展急需解决的重要问题。与医药行业路演模式形似,3M集团矿业产品事业部于2011年9月启动为期两个月的"3M矿业健康安全中国行"主题活动,同样委派技术人员跟随由集装箱卡车改装的内置产品陈列和技术演示的"流动创新技术站",深入全国一线煤矿生产区,将3M矿业安全生产技术、职业健康防护及环境解决方案等创新思路带给广大采掘从业者。

后期评估显示,3M的两辆"技术大蓬车"总计"行走"了近15000公里,横跨15个省,深入20个矿区以及近70家制药厂,接触6000多名一线矿工及1700名制药厂专业技术人员,极大地促进了企业品牌形象的提升及专业口碑的巩固。

资料来源:http://www.vmarketing.cn/articlecontent_27483.html,2017年5月15日访问。

现代企业成功的市场营销活动,不仅需要制定适当的价格、选择合适的分销渠道,向市场提供令消费者满意的产品,而且需要采取适当的方式进行促销。促销策略是四大营销策略之一。正确制定并合理运用促销策略是现代企业在市场竞争中取得有利的产销条件、获取较大经济效益的必要保证。

15.1 促销与促销组合

15.1.1 促销的含义

促销是促进销售的简称。从现代企业市场营销的角度看,促销是现代企业通过人员和非人员的方式,沟通现代企业与消费者之间的信息,引发、刺激消费者的消费欲望和兴趣,使其产生购买行为的活动。从这个概念不难看出,促销具有以下几层含义:

(1)促销工作的核心是沟通信息。现代企业与消费者之间达成交易的基本条件是信息沟通。若现代企业未将自己生产或经营的产品等有关信息传递给消费者,那么,消费者对此则一无所知,自然谈不上认购。只有将现代企业提供的产品等信息传递给消费者,才能使消费者引起注意,并有可能产生购买欲望。

(2) 促销的目的是引发、刺激消费者产生购买行为。在消费者可支配收入既定的条件下,消费者是否产生购买行为主要取决于消费者的购买欲望,而消费者购买欲望又与外界的刺激、诱导密不可分。促销正是针对这一特点,通过各种传播方式把现代企业的有关信息传递给消费者,以激发其购买欲望,使其产生购买行为。

(3) 促销的方式有人员促销和非人员促销两类。人员促销,亦称直接促销或人员推销,是现代企业运用推销人员向消费者推销产品的一种促销活动,它主要适合于消费者数量少、比较集中的情况下进行促销。非人员促销,又称间接促销或非人员推销,是现代企业通过一定的媒体传递产品的有关信息,以促使消费者产生购买欲望、发生购买行为的一系列促销活动,包括广告、公关和营业推广等。它适合于消费者数量多、比较分散的情况下进行。通常,现代企业在促销活动中将人员促销和非人员促销结合运用。

15.1.2 促销在现代企业中的作用

促销在现代企业营销活动中是不可缺少的重要组成部分,这是因为促销有如下作用:

(1) 传递信息,提供情报。销售产品是现代企业市场营销活动的中心任务,信息传递是产品顺利销售的保证。信息传递有单向和双向之分。单向信息传递是指卖方发出信息,买方接收,它是间接促销的主要功能。双向信息传递是买卖双方互通信息,双方都是信息的发出者和接收者,直接促销有此功效。在促销过程中,一方面,卖方(现代企业或中间商)向买方(中间商或消费者)介绍有关企业现状、产品特点、价格及服务方式和内容等信息,以此来诱导消费者对产品产生需求欲望并采取购买行为;另一方面,买方向卖方反馈对产品价格、质量和服务内容、方式是否满意等有关信息,促使产品生产者、经营者取长补短,更好地满足消费者的需求。

(2) 突出特点,诱导需求。在市场竞争激烈的情况下,同类产品很多,而且有些产品差别微小,消费者往往不易分辨。现代企业通过促销活动,宣传、说明本企业产品有别于其他同类竞争产品之处,便于消费者了解本企业产品在哪些方面优于同类产品,使消费者认识到购买、消费本企业产品所带来的利益较大,消费者乐于认购本企业产品。现代企业作为卖方向买方提供有关信息,特别是能够突出产品特点的信息,能激发消费者的需求欲望,变潜在需求为现实需求。

(3) 指导消费,扩大销售。在促销活动中,营销者循循善诱地介绍产品知识,在一定程度上对消费者起到了教育指导作用,从而有利于激发消费者的需求欲望,实现扩大销售之功效。

(4) 形成偏爱,稳定销售。在激烈的市场竞争中,现代企业产品的市场地位常不稳定,致使有些现代企业的产品销售此起彼伏、波动较大。现代企业运用适当的促销方式,开展促销活动,可使较多的消费者对本企业的产品滋生偏爱,进而稳住已占领的市场,达到稳定销售的目的。对于消费者偏爱的品牌,即使该类产品需求下降,也可以通过一定形式的促销活动,促使对该品牌的需求得到一定程度的恢复和提高。

15.1.3 促销组合及其影响因素

1. 促销组合策略

如前所述,现代企业促销的方式有直接促销和间接促销两种,又可分为人员推销、广告、公共关系和营业推广四种。由于各种促销方式都有其优点和缺点,在促销过程中,现代企业常常将多种促销方式同时并用。所谓促销组合,就是现代企业根据产品的特点和营销目标,综合各种影响因素,对各种促销方式的选择、编配和运用。促销组合是产品促销策略的前提,在促销组合的基础上,才能制定相应的促销策略。因此,促销策略也称促销组合策略。

促销策略从总的指导思想上可分为推式策略和拉式策略两类。推式策略,是现代企业运用人员推销的方式,把产品推向市场,即从中小生产企业推向中间商,再由中间商推给消费者,故也称人员推销策略。推式策略一般适合于单位价值较高的产品、根据用户需求特点设计的产品、市场比较集中的产品等。拉式策略也称非人员推销策略,是指现代企业运用非人员推销方式把顾客拉过来,使其对本企业的产品产生需求,以扩大销售。对单位价值较低的产品,流通环节较多、流通渠道较长的产品,市场范围较广、市场需求较大的产品,常采用拉式策略。

2. 促销组合策略选择的影响因素

促销组合策略的制定,其影响因素较多,主要应考虑以下几个因素:

(1) 促销目标。它是现代企业从事促销活动所要达到的目的。在现代企业营销的不同阶段,为了适应市场营销活动的不断变化,要求有不同的促销目标。无目标的促销活动收不到理想的效果。因此,现代企业促销组合策略的制定,要符合现代企业的促销目标,根据不同的促销目标,采用不同的促销组合策略。

(2) 产品因素。主要包括:① 产品的性质。不同性质的产品,购买者和购买目的就不相同,因此对不同性质的产品必须采用不同的促销组合策略。一般说来,在消费者市场,因市场范围广,更多地采用拉式策略,尤其以广告和营业推广形式促销为多;在生产者市场,因购买者购买批量较大,市场相对集中,则以人员推销为主要形式。② 产品的市场生命周期。促销目标在产品市场生命周期的不同阶段是不同的,这决定了在市场生命周期各阶段要相应选配不同的产品促销组合,采用不同的产品促销策略。在投入期,促销目标主要是宣传介绍产品,以便顾客了解、认识产品,产生购买欲望,广告起到了向消费者、中间商宣传介绍产品的功效,因此,这一阶段以广告为主要促销形式,以营业推广和人员推销为辅助形式。在成长期,由于产品打开了销路,销量上升,同时也出现了竞争者,这时仍需加强广告宣传,但要注重宣传企业产品特色,以增进顾客对本企业产品的购买兴趣,若能辅之以公关手段,会收到相得益彰之佳效。在成熟期,竞争者增多,促销活动以增进购买兴趣与偏爱为目标,广告的作用在于强调本产品与其他同类产品的细微差别,同时,要配合运用适当的营业推广方式。在衰退期,由于更新换代产品和新发明产品的出现,使原有产品的销量大幅度下降。为减少损失,促销费用不宜过大,促销活动宜针对老顾客,采用提示性广告,并辅之以适当的营业推广和公关手段。

(3) 市场的特点。目标市场的特点是影响促销组合的重要因素之一。对于不同的市场,应当采用不同的促销组合。通常情况下,在地理范围狭小、买主比较集中、交易额大的目标市场上,可以考虑以人员推销为主,配合以广告策略进行组合;而在较为广阔、买主比较分散、交易额小、购买频率高的目标市场上,则应以广告为主进行促销组合。与此同时,企业应当注意各种买主的不同需要和购买目的,选择恰当有效的促销方式。

企业在考虑促销组合时,必须从自身的能力出发。市场条件不同,促销组合策略也有所不同。从市场地理范围大小看,若促销对象是小规模的本地市场,应以人员推销为主;而对广泛的全国甚至世界市场进行促销,则多采用广告形式。从市场类型看,消费者市场因消费者多而分散,多数靠广告等非人员推销形式;而对用户较少、批量购买、成交额较大的生产者市场,则主要采用人员推销形式。此外,在有竞争者的市场条件下,制定促销组合策略还应考虑竞争者的促销形式和策略,要有针对性地不断变换自己的促销组合策略。

(4) 促销预算。现代企业开展促销活动,必然要支付一定的费用。费用是现代企业经营十分关心的问题,并且现代企业能够用于促销活动的费用总是有限的。因此,在满足促销目标的前提下,要做到效果好而费用省。现代企业确定的促销预算额应该是本企业有能力负担的,并且是能够适应竞争需要的。为了避免盲目性,在确定促销预算额时,除了考虑营业额的多少外,还应考虑到促销目标的要求、产品市场生命周期等其他影响促销的因素。

15.2 人员推销策略

15.2.1 人员推销的概念及特点

人员推销是现代企业运用推销人员直接向顾客推销产品的一种促销活动。在人员推销活动中,推销人员、推销对象和推销品是三个基本要素。其中,前两者是推销活动的主体,后者是推销活动的客体。通过推销人员与推销对象之间的接触、洽谈,将推销品推给推销对象,从而达成交易,实现既销售产品,又满足顾客需求的目的。

人员推销与非人员推销相比,既有优点又有缺点,其优点表现在以下四个方面:

(1) 信息传递双向性。人员推销作为一种信息传递形式,具有双向性。在人员推销过程中,一方面,推销人员通过向顾客宣传介绍推销品的有关信息,如产品的质量、功能、价格以及同类产品竞争者的有关情况等,招徕顾客,促进产品销售。另一方面,推销人员通过与顾客接触,能及时了解顾客对本企业产品的评价;通过观察和有意识地调查研究,能掌握推销品的市场生命周期及市场占有率等情况。这样不断地收集信息、反馈信息,为现代企业制定合理的营销策略提供依据。

(2) 推销目的双重性。一重是指激发需求与市场调研相结合,另一重是指推销产品与提供服务相结合。就后者而言,一方面,推销人员施展各种推销技巧,目的是推销产品;另一方面,推销人员与顾客直接接触,向顾客提供各种服务,是为了帮助顾客解决问题,满足顾客的需求。双重目的相互联系、相辅相成。推销人员只有做好顾客的参谋,更好地实现满足顾客需求这一目的,才有利于诱发顾客的购买欲望,促成购买,使产品推销效果达到最大化。

(3) 推销过程灵活性。由于推销人员与顾客直接联系,当面洽谈,可以通过交谈与观察了解顾客,进而根据不同顾客的特点和反应,有针对性地调整自己的工作方法,以适应顾客,诱导顾客购买;还可以及时发现、答复和解决顾客提出的问题,消除顾客的疑虑和不满意感。

(4) 友谊、协作长期性。推销人员与顾客直接见面,长期接触,可以促使买卖双方建立友谊,密切现代企业与顾客之间的关系,易于使顾客对现代企业的产品产生偏爱。因此,在长期保持友谊的基础上开展推销活动,有助于建立长期的买卖协作关系,稳定地销售产品。

人员推销的缺点主要表现在两个方面:一是支出较大,成本较高。由于每个推销人员直接接触的顾客有限,销售面窄,特别是在市场范围较大的情况下,人员推销的开支较多,这就增加了产品销售成本,一定程度地减弱产品的竞争力。二是对推销人员的要求较高。人员推销的效果直接决定于推销人员素质的高低,并且随着科学技术的发展,新产品层出不穷,对推销人员的素质要求越来越高,要求推销人员必须熟悉新产品的特点、功能等知识。但是,要培养和选拔出理想的能胜任其职的推销人员比较困难,而且耗费也大。

总之,可以说,当销售者与潜在购买者面对面的接触十分重要时,当需要按照潜在购买者的需求调整产品时,当产品处于生命周期的成熟或衰退阶段时,或者当现代企业采取"推"的策略时,通过人员销售是非常重要的,甚至是必要的。

王则柯教授的"鱼贩朋友"这一案例就能很好地说明这个问题。广东中山大学岭南学院知名教授王则柯在《信息经济学平话》一书中讲了两个相邻鱼档的不同销售方式及业绩的故事。一个年轻鱼贩子性情开朗,乐观热情,质优价高,却是"货如轮转",天天早上市早收市。相邻的姐弟俩性格内向,鱼的价格和质量与同行相当,但由于姐弟俩不善言辞,总是错过市场高潮,鱼翻肚皮虾奄奄,在口味挑剔的广州顾客面前,最后连"跳楼价"也无人问津。

鱼贩子的故事告诉我们,促销方面,一是必须研究分析市场环境和消费偏好;二是针对主要的竞争对手采取灵活有效、扬长避短、人无我有的促销组合策略;三是对特定的产品,要分析其营销特点和消费特点,广泛传播信息,与顾客情感沟通;四是不能依靠单一的促销手段,必须在营造有利的营销环境下综合运用各种营销策略,有些产品的促销除了物美价廉之外,愉快的交易气氛也是重要因素。

15.2.2 推销人员的素质

人员推销是一个综合的复杂过程。它既是信息沟通过程,也是产品交换过程,又是技术服务过程。推销人员的素质决定了人员推销活动的成败。推销人员一般应具备如

下素质:

(1) 态度热忱,勇于进取。推销人员是现代企业的代表,有为现代企业推销产品的职责;同时又是顾客的顾问,有为顾客的购买活动当好参谋的义务。现代企业促销和顾客购买都离不开推销人员。因此,推销人员要具有高度的责任心和使命感,热爱本职工作,不辞辛苦,任劳任怨,敢于探索,积极进取,耐心服务,同顾客建立友谊,这样才能使推销工作获得成功。

(2) 求知欲强,知识广博。广博的知识是推销人员做好推销工作的前提条件。较高素质的推销员必须有较强的上进心和求知欲,乐于学习各种必备的知识。一般说来,推销员应具备的知识有以下几个方面:① 现代企业知识。要熟悉自己企业的历史及现状,包括本企业的规模及在同行中的地位、经营特点、经营方针、服务项目、定价方法、交货方式、付款条件和保管方法等,还要了解本企业的发展方向。② 产品知识。要熟悉产品的特点、市场定位、生产工艺和方法、价格以及竞争者的产品情况等。③ 市场知识。要了解目标市场的供求状况及竞争者的有关情况,熟悉目标市场的环境,包括国家的有关政策、条例等。④ 心理学知识。了解并适时适地地运用心理学知识来研究顾客心理变化和要求,以便采取相应的方法和技巧。

(3) 文明礼貌,善于表达。在人员推销活动中,推销人员推销产品的同时也是在推销自己。这既要求推销人员注意推销礼仪,讲究文明礼貌,仪表端庄,热情待人,举止适度,谦恭有礼,谈吐文雅,口齿伶俐,在说明主题的前提下,语言要诙谐、幽默,给顾客留下良好的印象,为推销获得成功创造条件。

(4) 富于应变,技巧娴熟。市场环境因素多样且复杂,市场状况很不平稳。为实现促销目标,推销人员必须对各种变化反应灵敏,并有娴熟的推销技巧,能对变化万千的市场环境采用恰当的推销技巧。推销人员要能准确地了解顾客的有关情况,能为顾客着想,尽可能地解答顾客的疑难问题,并能恰当地选定推销对象;要善于说服顾客(对不同的顾客采取不同的技巧);要善于选择适当的洽谈时机,掌握良好的成交机会,并善于把握易被他人忽视或不易发现的推销机会。

15.2.3 推销人员的甄选与培训

由于推销人员素质高低直接关系到现代企业促销活动的成功与失败,所以,推销人员的甄选与培训十分重要。

(1) 推销人员的甄选。不仅要对未从事推销工作的人员进行甄选,使其中品德端正、作风正派、工作责任心强的胜任推销工作的人员走入推销人员的行列,还要对在岗的推销人员进行甄选,淘汰那些不适合推销工作的推销人员。

推销人员的来源有二:一是来自现代企业内部,就是把本企业内德才兼备、热爱并适合推销工作的人选拔到推销部门工作。二是从企业外部招聘,即现代企业从大专院校的应届毕业生、其他企业或单位等群体中物色合格人选。无论哪种来源,都应经过严格的考核,择优录用。

甄选推销人员有多种方法,为准确地选出优秀的推销人才,应根据推销人员素质的要求,采用申报、笔试和面试相结合的方法。由报名者自己填写申请表,借此掌握报名者的性别、年龄、受教育程度及工作经历等基本情况;通过笔试和面试可了解报名者的仪表风度、工作态度、知识广度和深度、语言表达能力、理解能力、分析能力、应变能力等。

(2)推销人员的培训。对入选的推销人员,还需经过培训才能上岗,使他们学习和掌握有关产品的知识与技能。同时,还要对在岗推销人员,每隔一段时间便进行培训,使其了解本企业的新产品、新的经营计划和新的市场营销策略,进一步提高素质。培训内容通常包括企业知识、产品知识、市场知识、心理学知识和政策法规知识等内容。

培训推销人员的方法很多,常被采用的方法有三种:一是讲授培训。这是一种课堂教学培训方法。一般是通过举办短期培训班或进修等形式,由专家、教授和有丰富推销经验的优秀推销员来讲授基础理论和专业知识,介绍推销方法和技巧。二是模拟培训。它是受训人员亲自参与的有一定真实感的培训方法。具体做法是,由受训人员扮演推销人员向由专家教授或有经验的优秀推销员扮演的顾客进行推销,或由受训人员分析推销实例等。三是实践培训。实际上,这是一种岗位练兵。当选的推销人员直接上岗,与有经验的推销人员建立师徒关系,通过传、帮、带,使受训人员逐渐熟悉业务,成为合格的推销人员。

15.2.4 人员推销的形式与对象

1. 人员推销的基本形式

一般说来,人员推销有以下三种基本形式:

(1)上门推销。上门推销是最常见的人员推销形式。它是由推销人员携带产品的样品、订单等走访顾客,推销产品。这种推销形式可以针对顾客的需要提供有效的服务,方便顾客,故为顾客所广泛认可和接受。此种形式是一种积极主动的、名符其实的"正宗"推销形式。

(2)柜台推销,又称门市推销,是指现代企业在适当地点设置固定的门市,由营业员接待进入门市的顾客,推销产品。门市的营业员是广义的推销人员。柜台推销与上门推销正好相反,它是等客上门式的推销方式。由于门市里的产品种类齐全,能满足顾客多方面的购买要求,为顾客提供较多的购买方便,并且可以保证产品安全无损,故此,顾客比较乐于接受这种方式。

(3)会议推销。它指的是利用各种会议向与会人员宣传和介绍产品,开展推销活动。例如,在订货会、交易会、展览会等会议上推销产品均属会议推销。这种推销形式接触面广,推销集中,可以同时向多个推销对象推销产品,成交额较大,推销效果较好。

2. 人员推销的推销对象

推销对象是人员推销活动中接受推销的主体,是推销人员说服的对象。推销对象有消费者、生产用户和中间商三类。

(1)向消费者推销。推销人员向消费者推销产品,必须对消费者有所了解。为此,要掌握消费者的年龄、性别、民族、职业、宗教信仰等基本情况,进而了解消费者的购买欲望、购买能力、购买特点和习惯等,并且要注意消费者的心理反应,对不同的消费者,施以不同的推销技巧。

(2) 向生产用户推销。将产品推向生产用户的必备条件是熟悉生产用户的有关情况,包括生产用户的生产规模、人员构成、经营管理水平、产品设计与制作过程以及资金情况等。在此前提下,推销人员还要善于准确而恰当地说明自己产品的优点并能对生产用户使用该产品后所得到的效益作简要分析,以满足其需要;同时,推销人员还应帮助生产用户解决疑难问题,以取得用户信任。

(3) 向中间商推销。与生产用户一样,中间商也对所购产品具有丰富的专门知识,其购买行为也属于理智型。这就需要推销人员具备相当的业务知识和较高的推销技巧。在向中间商推销产品时,首先,要了解中间商的类型、业务特点、经营规模、经济实力以及他们在整个分销渠道中的地位;其次,应向中间商提供有关信息,给中间商提供帮助,建立友谊,扩大销售。

15.2.5 人员推销的策略与技巧

1. 人员推销的基本策略

在人员推销活动中,一般采用以下三种基本策略:

(1) 试探性策略,是在不了解顾客的情况下,推销人员运用刺激性手段引发顾客产生购买行为的策略。推销人员事先设计好能引起顾客兴趣、能刺激顾客购买欲望的推销语言,通过渗透性交谈进行刺激,在交谈中观察顾客的反应;然后根据其反应采取相应的对策,并选用得体的语言,再对顾客进行刺激,进一步观察顾客的反应,以了解顾客的真实需要,诱发购买动机,引导产生购买行为。这种策略也称为"刺激—反应"策略。

(2) 针对性策略,是指推销人员在基本了解顾客某些情况的前提下,有针对性地对顾客进行宣传、介绍,以引起顾客的兴趣和好感,从而达到成交的目的。因推销人员常常在事前已根据顾客的有关情况设计好推销语言,故又称针对性策略为"配方—成交"策略。

(3) 诱导性策略,是指推销人员运用能激起顾客某种需求的说服方法,诱发引导顾客产生购买行为。这种策略是一种创造性推销策略,它对推销人员要求较高,要求推销人员能因势利导,诱发、唤起顾客的需求;并能不失时机地宣传介绍和推荐所推销的产品,以满足顾客对这种产品的需求。因此从这个意义上说,诱导性策略也可称"诱发—满足"策略。

2. 推销技巧

(1) 攻心宣传法。推销人员在对顾客宣传现代企业的产品时,要随时把握顾客的心理状态,摸清其真实需求和主要顾虑,然后根据顾客的不同特点,针对性地重点劝说,说明这种产品的好处,会产生的利益,打消不必要的顾虑,最后使顾客动心,促成交易。

(2) 正面推销法。推销人员运用各种手段,如免费品尝、赠送、样品展示、散发宣传单和人员劝说等。充分运用订货会、展销会、交易会等大场面,创造一个浓厚的氛围,给顾客一个强烈的印象,以促成交易。

(3) 欲擒故纵法。在推销过程中,表面不露声色,故意造成这种产品紧张的气氛,使顾客产生可能失去购买机会的压迫感,从而产生顾客积极争购的局面。

(4) 把握主流法。在访问接待顾客的过程中,人们的思维、言谈、视野是多种多样且复杂多变的,在交谈过程中,推销人员要善于灵敏地、及时地把偏离的话题引导到预定推销目标的主题上来,从而迅速成交。要注意不与顾客争辩,永远不要对顾客说"不",不要伤害竞争者,紧紧把握主流。

(5) 尊重顾客法。面对广大的顾客,交谈保持一米左右的距离,当顾客发言时,推销人员必须正视其面,认真听讲,不要打断,使顾客感到他的意见得到尊重,从而建立良好的气氛与情感,进行恰到好处的劝说,往往容易达成交易。

15.2.6 推销人员的考核与评价

为了加强对推销人员的管理,现代企业必须对推销人员的工作业绩进行科学而合理的考核与评价。推销人员业绩考评结果,既可以作为分配报酬的依据,又可以作为现代企业人事决策的重要参考指标。

1. 考评资料的收集

收集推销人员的资料是考评推销人员的基础性工作。全面、准确地收集考评所需资料是做好考评工作的客观要求。考评资料主要从推销人员销售工作报告、企业销售记录、顾客及社会公众的评价以及企业内部员工的意见四个途径获得。

(1) 推销人员销售工作报告。销售工作报告一般包括销售活动计划和销售绩效报告两部分。销售活动计划作为指导推销人员推销活动的日程安排,可展示推销人员的区域年度推销计划和日常工作计划的科学性、合理性。销售绩效报告反映了推销人员的工作实绩,据此可以了解销售情况、费用开支情况、业务流失情况、新业务拓展情况等许多推销绩效。

(2) 企业销售记录。现代企业的销售记录,一般包括顾客记录、区域销售记录、销售费用支出的时间和数额等信息,它们是考评推销业绩的宝贵的基础性资料。通过对这些资料进行加工、计算和分析,可以得出适宜的评价指标,如某一推销人员所接订单的毛利、一定时期一定规模订单的毛利。

(3) 顾客及社会公众的评价。推销人员面向顾客和社会公众提供各种服务,这就决定顾客和社会公众是鉴别推销人员服务质量最好的见证人,因此,评估推销人员理应听取顾客及社会公众的意见。通过对顾客投诉和定期顾客调查结果的分析,可以透视出不同的推销人员在完成推销产品这一工作任务的同时,其言行对现代企业整体形象的影响。

(4) 企业内部员工的意见。现代企业内部员工的意见主要是指销售经理或其他非销售部门有关人员的意见,此外,销售人员之间的意见也作为考评时的参考。依据这些资料可以了解有关推销人员的合作态度和领导才干等方面的信息。

2. 考评标准的建立

考评销售人员的绩效,科学而合理的标准是不可缺少的。绩效考评标准的确定,既要遵循基本标准的一致性,又要坚持推销人员在工作环境、区域市场拓展潜力等方面的差异性,不能一概而论。当然,绩效考核的总体标准应与销售增长、利润增加和企业发展目标相一致。

制定公平而富有激励作用的绩效考评标准,需要现代企业管理人员根据过去的经验,结合推销人员的个人行为来综合制定,并在实践中不断加以修整与完善。常用的推销人员绩效考核指标主要有:

(1) 销售量,最常用的指标,用于衡量销售增长状况。

(2) 毛利,用于衡量利润的潜量。

(3) 访问率(每天的访问次数),衡量推销人员的努力程度。

(4) 访问成功率,衡量推销人员的工作效率。

(5) 平均订单数目,多与每日平均订单数目一起用来衡量、说明订单的规模和推销的效率。

(6) 销售费用及费用率,用于衡量每次访问的成本及直接销售费用占销售额的比重。

(7) 新客户数目,是衡量推销人员特别贡献的主要指标。

15.3 广 告 策 略

广告作为促销方式或促销手段,是一门带有浓郁商业性的综合艺术。虽说广告并不一定能使某种产品成为世界名牌,但若没有广告,该产品肯定不会成为世界名牌。成功的广告可使默默无闻的现代企业和其产品名声大振,家喻户晓,广为传扬。

15.3.1 广告的概念与种类

1. 广告的概念

"广告"一词有"注意""诱导""大喊大叫"和"广而告之"之意。广告作为一种传递信息的活动,是现代企业在促销中普遍重视且应用最广的促销方式。市场营销学中探讨的广告,是一种经济广告。即广告主以促进销售为目的,付出一定的费用,通过特定的媒体传播产品等有关经济信息的大众传播活动。从广告的概念可以看出,广告是以广大消费者为广告对象的大众传播活动;广告以传播产品等有关经济信息为内容;广告是通过特定的媒体来实现的,并且主要对使用的媒体支付一定的费用;广告的目的是促进产品销售,进而获得较好的经济效益。

2. 广告的种类

根据不同的划分标准,广告有不同的种类。

(1) 根据广告的内容和目的,可划分为以下三种:

① 产品广告。它是针对产品销售开展的大众传播活动。产品广告按其目的不同可分为三种类型:一是开拓性广告,亦称报道性广告,以激发顾客对产品的初始需求为目标,主要介绍刚刚进入投入期的产品的用途、性能、质量、价格等有关情况,以促使新产

品进入目标市场。二是劝告性广告,又叫竞争性广告,以激发顾客对某种产品产生兴趣,增进"选择性需求"为目标,对进入成长期和成熟前期的产品所做的各种传播活动。三是提醒性广告,也叫备忘性广告或提示性广告,是指对已进入成熟后期或衰退期的产品所进行的广告宣传,目的在于提醒顾客,使其产生"惯性"需求。

② 企业广告,又称商誉广告。这类广告着重宣传和介绍企业名称、企业精神、企业概况(包括厂史、生产能力、服务项目等情况)等有关现代企业信息,其目的是提高现代企业的声望、名誉和形象。

③ 公益广告。公益广告是用来宣传公益事业或公共道德的广告。它的出现是广告观念的一次革命。公益广告能够实现现代企业自身目标与社会目标的融合,有利于树立并强化现代企业形象。公益广告有广阔的发展前景。

(2) 根据广告传播的区域,可划分为以下两种:

① 全国性广告,是指采用信息传播能覆盖全国的媒体所做的广告,以此激发全国消费者对所宣传的产品产生需求。在全国发行的报纸、杂志以及广播、电视等媒体上所做的广告,均属全国性广告。这种广告要求所做广告的产品是适合全国通用的产品,并且因其费用较高,也只适合生产规模较大、服务范围较广的现代企业,而对实力较弱的现代企业实用性较差。

② 地区性广告,指的是采用信息传播只能覆盖一定区域的媒体所做的广告,借以刺激某些特定地区消费者对产品的需求。在省、县报纸、杂志、广播、电视上所做的广告,均属此类;路牌、霓虹灯上的广告也属地区性广告。此类广告传播范围小,多适合于生产规模小、资金薄弱的现代企业进行广告宣传。

此外,还有一些分类。例如,按广告的形式,可分为文字广告和图画广告;按广告的媒体,可分为报纸广告、杂志广告、广播广告、电视广告、网络广告等。

15.3.2　广告的媒体及其选择

广告媒体,也称广告媒介,是广告主与广告接受者之间的连接物质。它是广告宣传必不可少的物质条件。广告媒体并非一成不变,而是随着科学技术的发展而发展。科技的进步,必然使得广告媒体的种类越来越多。

1. 广告媒体的种类及其特性

广告媒体的种类很多,不同类型的媒体有不同的特性。目前比较常用的广告媒体有以下几种:

(1) 报纸。报纸这种广告媒体,其优越性表现在:① 影响广泛。报纸是传播新闻的重要工具,与人民群众有密切联系,发行量大。② 传播迅速。可及时传递有关经济信息。③ 简便灵活,制作方便,费用较低。④ 便于剪贴存查。⑤ 信赖性强。借助报纸的威信,能提高广告的可信度。报纸媒体的不足是:因报纸登载内容庞杂,易分散对广告的注意力;印刷不精美,吸引力低;广告时效短,重复性差,只能维持当期的效果。

(2) 杂志。杂志以登载各种专门知识为主,是各类专门产品的良好的广告媒体。其优点是:① 广告宣传对象明确,针对性强,有的放矢。② 杂志有较长的保存期,读者可以反复查看。③ 因杂志发行面广,可以扩大广告的宣传区域。④ 由于杂志读者一般有较高的文化水平和生活水平,比较容易接受新事物,故利于刊登开拓性广告。⑤ 印刷精美,能较好地反映产品的外观形象,易引起读者注意。缺点表现在:发行周期长,灵活性较差,传播不及时;读者较少,传播不广泛。

(3) 广播。广播媒体的优越性有:① 传播迅速、及时。② 制作简单,费用较低。③ 具有较高的灵活性。④ 听众广泛,不论男女老幼、是否识字,均能受其影响。使用广播做广告的局限性在于:时间短促,转瞬即逝,不便记忆;有声无形,印象不深;不便存查。

(4) 电视。电视作为广告媒体虽然在20世纪40年代才出现,但因其有图文并茂之优势,发展很快,并力胜群芳,成为最重要的广告媒体。具体说来,电视广告媒体的优点是:① 因电视有形、有色,听视结合,使广告形象、生动、逼真、感染力强。② 由于电视已成为人们文化生活的重要组成部分,收视率较高,使电视广告的宣传范围广,影响面大。③ 宣传手法灵活多样,艺术性强。一些现代企业通过电视广告营造一种场面,从而提出潜在购买者心目中存在的需求问题。电视做广告媒体的缺点是:时效性强,不易存查;制作复杂,费用较高;因播放节目繁多,易分散对广告的注意力。

(5) 户外广告。户外广告主要包括路牌、霓虹灯、旗帜、招贴、灯箱、壁图、橱窗、车船等形式。如果现代企业能在城市的主要交通路口、人群汇集地选择引人注目的地方,用独特的方式进行户外广告,效果是非常好的。户外广告媒体的优点是:① 展示时间长。② 表现手法灵活。③ 不受竞争对手干扰。④ 费用低。其缺点是:很难有特别的创意;可选地方受限制;难修改,时效性差。

(6) 网络广告。随着因特网的发展,网络广告越来越得到广泛的运用。据报道,英国前100家最大的广告主中有83家做网络广告,目前我国也逐渐重视网络广告的作用,越来越多的现代企业采用上网做广告的形式。网络广告媒体的优越性有:① 速度快,制作成本低。② 跨越时间、空间限制。③ 动态及时。④ 反馈的可测性高。⑤ 与消费者的互动性强。其缺点是:目前网络广告点击率还不高,这使宣传范围受限;技术含量要求高;在我国,网络广告还受种种限制。

以上六种广告媒体是最常用的,被称为六大广告媒体。此外还有一些广告媒体,称其他广告媒体,如塔柱、造型物、体育比赛、文艺活动、包装物等。另外,POP广告特别适用于许多产品的销售,它是指现代企业在销售现场为宣传产品、刺激顾客购买欲望而布置的特殊广告物,如悬挂小旗、张贴宣传画或在店门口设置大型夸张物件等,在直接对消费者促销方面大显身手。

2. 广告媒体的选择

不同的广告媒体有不同的特性,这就决定了现代企业从事广告活动必须对广告媒体进行正确的选择,否则将影响广告效果。正确地选择广告媒体,一般要考虑以下影响因素:

(1) 产品的性质。不同性质的产品,有不同的使用价值、使用范围和宣传要求。广告媒体只有适应产品的性质,才能取得较好的广告效果。通常,对产品进行广告宣传,适合选用能直接传播到大众的广告媒体,如广播、电视、报纸、杂志、广告牌、POP 广告等。

(2)消费者接触媒体的习惯。选择广告媒体,还要考虑目标市场上消费者接触广告媒体的习惯。一般认为,能使广告信息传到目标市场的媒体是最有效的媒体。例如,对儿童用品、食品、玩具等的广告宣传,宜选电视、包装物、壁图、广告牌、车身等为媒体;对成人产品进行广告宣传,宜选用杂志、报纸、电视、广播、网络等媒体。

(3)媒体的传播范围。媒体传播范围的大小直接影响广告信息传播区域的广窄。适合全国各地使用的产品,应以全国性发放的报纸、杂志、广播、电视等做广告媒体;属地方性销售的产品,可通过地方性报刊、电台、电视台、霓虹灯等传播信息。

(4)媒体的费用。各广告媒体的收费标准不同,即使同一种媒体,也因传播范围和影响力的大小而有价格差别。考虑媒体费用,应该注意其相对费用,即考虑广告促销效果。

总之,要根据广告目标的要求,结合各广告媒体的优缺点,综合考虑上述各影响因素,尽可能选择使用效果好、费用低的广告媒体。

参阅资料 脑白金的媒体利用

在脑白金的发展过程中,媒体利用是一个主要的营销策略。

一、软广告宣传功能

对于保健品而言,功能才是基础,功效传播是保健品的核心所在,脑白金也不例外。应该说,脑白金"润肠通便、改善睡眠"的功能利益诉求为其找到了一个合适的市场切入点。脑白金最初是以低成本、高效率的软广告传播登场的,主推"年轻态健康品"概念。其第一轮软广告的主打功能,强调睡眠与肠道健康可以延缓衰老、缓解疾病。

脑白金最早以报媒、小册子为主导启动市场,以终端广告相辅助。另外,宣传册子成为集团购买与传播产品知识的有力手段,《席卷全球》小册子引起各方关注。在市场启动期,脑白金基本以报媒为主,选择某城市的1—2家报纸,以每周1—2次的大块新闻软广告,集中力量大密度传播,随后将10余篇供销软广告轮番刊登,并辅以科普资料作证。这样的软广告组合,1个月左右就可以收到效果。

新闻传播策略是脑白金营销中的成功要点之一,脑白金善于通过软广告制造一个个非常新奇的新闻亮点,引出人体脑白金的话题。比如以美国人的疯狂,引发"人类长生不老"的话题,从深层次发掘人们求长生的心理。还拿脑白金与克隆技术相比,以宇航员登太空吃脑白金改善睡眠为事件等抓住热点,宣传脑白金的神秘特点。不仅如此,脑白金还善于创造新闻、引导热点。脑白金免费赠送活动就是一个典型的案例。脑白金甚至将社会各界对脑白金的负面评价进行反炒,如有关忠诚度、美誉度、电视广告形象不佳的评价就形成了一定程度的新闻炒作,促进了脑白金知名度的提升。另外，通过媒体炒作史玉柱复出以及史玉柱归还巨人公司欠债事件，也对脑白金的宣传起到了良性的促进作用。

二、硬广告宣传礼品品牌

中国自古就是礼仪之邦，有深厚的礼品情结和礼尚往来的习惯，虽然礼品花样繁多，但缺乏真正意义上的"专门礼品"，这对保健品来说无疑也是一个具有高度关联性的巨大的市场，应该说，脑白金抓住了这个机会。

脑白金的核心概念是"年轻态"，而礼品概念只是针对旺季的一句时尚品牌广告语。可就是一句脍炙人口的广告语"收礼只收脑白金"（后来又在前面加了一句"今年过节不收礼"），使脑白金传遍了大江南北。通过广告统领礼品潮流，脑白金的礼品地位牢固，不可动摇。

据当时的市场调研反馈，脑白金的礼品知名度要远远高于其功效知名度，造成这种市场格局主要得益于电视广告的传播效益。随着市场的逐步扩大，脑白金为了迅速扩大市场范围，电视广告成了营销主力军，其传播面广、覆盖率大的优势渐渐显露。报媒广告仍是重点，但其职责在于深耕细挖市场。

电视广告选在中央级的电视媒体投放，使其知名度迅速提升，配合报媒功能广告的刺激影响，脑白金的市场销量不断上升，成了保健品市场的一支重要力量，在礼品市场所占份额较高。

礼品概念在广告的主导下，也成为脑白金特有的品牌定位，而且逐渐成了一种特有的营销现象，其影响力甚至要高于功效。

需要注意的是，脑白金的广告宣传策略时段性、时效性极强，销售淡旺季节不同。如节庆日着重宣传礼品概念，非节庆日宣传功效，其相应的媒体组合也有所调整。同时，节庆日的广告占全年广告的80%，并且集中于下半年，特别是春节。

每逢春节，脑白金的广告更是铺天盖地，但脑白金只重点进攻特定的市场，并非遍地开花，脑白金的市场定位在城镇，在绝大多数市场仅限于省级、地级市场，只有在江、浙、沪等富裕省市才深入到县级、镇级市场。因此，它并未像以前的三株、红桃K一样在农村市场投放大量户外广告。

总的来看，脑白金的礼品广告取得了较为明显的市场效果。脑白金这种"低层次、高密度"的传播方式，应当说在当前的市场环境下还是有效的（尽管也许这些传播方式并不是最好的）。

但另一方面，我们也要指出，脑白金广告基本上还是属于促销式的广告，它不利于培育长期的品牌忠诚度和美誉度。

资料来源：李亚编著：《赢销战——中国企业营销实践》，中国财政经济出版社2004年版。

15.3.3 广告的设计原则

广告效果，不仅决定于广告媒体的选择，还取决于广告设计的质量。高质量的广告必须遵循下列原则来设计：

（1）真实性。广告的生命在于真实。虚伪、欺骗性的广告，必然会丧失现代企业的信誉。广告的真实性体现在两方面：一方面，广告的内容要真实，包括广告的语言文字要真实，不宜使用含糊、模棱两可的言辞；画面要真实，并且两者要统一起来；艺术手法修饰要得当，以免使广告内容与实际情况不相符合。另一方面，广告主与广告的产品也必须是真实的，如果广告主根本不生产或经营广告中宣传的，甚至连广告主也是虚构的单位，那么，广告肯定是虚构的、不真实的。现代企业必须依据真实性原则设计广告，这也是一种商业道德和社会责任。

（2）社会性。广告是一种信息传递，在传播经济信息的同时，也传播了一定的思想意识，必然会潜移默化地影响社会文化、社会风气。从一定意义上说，广告不仅是一种促销形式，而且是一种具有鲜明思想性的社会意识形态。广告的社会性体现在：广告必须符合社会文化、思想道德的客观要求。具体说来，广告要遵循党和国家的有关方针、政策，不违背国家的法律、法令和制度，有利于社会主义精神文明，有利于培养人民的高尚情操，严禁出现带有中国国旗、国徽、国歌标志、国歌音响的广告内容和形式，杜绝损害我国民族尊严的，甚至有反动、淫秽、迷信、荒诞内容的广告等，如"用黑社会交易来反映产品紧俏、短缺以劝诱购买"的广告创意是不足取的。

（3）针对性。广告的内容和形式要富有针对性，即对不同的产品、不同的目标市场要有不同的内容，采取不同的表现手法。由于各个消费者群体都有自己的喜好、厌恶和风俗习惯，为适应不同消费者群的不同特点和要求，广告要根据不同的广告对象来决定广告的内容，采用与之相适应的形式。

（4）艺术性。广告是一门科学，也是一门艺术。广告把真实性、思想性、针对性富于艺术性之中。利用科学技术吸收文学、戏剧、音乐、美术等各学科的艺术特点，把真实的富有思想性、针对性的广告内容通过完善的艺术形式表现出来。只有这样，才能使广告像优美的诗歌，像美丽的图画，成为精美的艺术作品，给人以很高的艺术享受，使人受到感染，增强广告的效果。这就要求广告设计构思新颖，语言生动、有趣、诙谐，图案美观大方，色彩鲜艳和谐，广告形式不断创新。

以下是给人留下深刻印象的广告语言：
- 你会把最后一粒面包屑也放进嘴里的——斯坦莫尔面包公司
- 剥开皮，里面是美味和健康——美国水果批发公司
- 我们批发健康——美国水果批发公司
- 打开罐头，你就走进了加利福尼亚的阳光——亨特牌番茄酱
- 好胃口没有假期——坎贝尔食品公司
- 与平庸彻底决裂——西格拉姆酿酒公司（混合威士忌）
- 每一杯都让你重温旧梦——蓝带啤酒
- 上帝喝的也是埃德咖啡——埃德咖啡
- 你也需要甜蜜——伊克牌甜味剂
- 不妨设想一下，你手中有一杯"海涅根"——凡·门星啤酒公司

然而，我们也经常看到一些不是很成功的广告设计，例如"太子奶"的广告设计。

1997年底,太子奶以8000万元巨额摘取中央电视台新一届饮品广告标王桂冠,将人们普遍看好的喜之郎、娃哈哈远撇在身后,成一时之"黑马"。1998年初,我们在焦急中等来了"太子奶"在中央电视台的亮相。太子奶5秒广告以一个妈妈和一个孩子手举太子奶向观众作推荐状予以表现,广告词为"记住,每天喝瓶太子奶"。可以说,这个创意谈不上"创意",平淡无奇,不足以承载8000万元的厚望,正是因为创意的平淡,使广告效果大打折扣。另外,广告定位上也有偏差,一般规律是,新品上市之初尚无知名度,那么,广告当以品牌告知为主题,而再行推销须待消费者对品牌有了一定程度的认知之后。而太子奶的广告词显得有些急功近利,消费者对你的品质并不了解,没有理由接受你"每天喝一瓶"的"邀请",而"记住"一词,也显得缺乏温情。太子奶的广告行销效果不利,标王之光随之黯然失色。

15.3.4 广告媒体组合

每一种媒体都有其短处和长处,将两种或两种以上媒体组合起来,优势互补,克服弱点,使广告达到最佳效果,这是媒体组合的根本指导思想。

1. 广告组合的优势

广告媒体组合策略之所以能使产品产生轰动效应和良好的促销效果,主要由于以下三方面的优势:

(1) 重复效应。由于各种媒体覆盖的对象有时是重复的,因此媒体组合的使用将使部分广告受众增加,广告接触次数增多,也就是增加广告传播深度。消费者接触广告次数越多,对产品的注意度、记忆度、理解度就越高,购买的冲动就越强。

(2) 延伸效应。各种媒体都有各自覆盖范围的局限性,假若将媒体组合运用则可以增加广告传播的广度,延伸广告覆盖范围。广告覆盖面越大,产品的知名度就越高。

(3) 互补效应。以两种以上广告媒体来传播同一广告内容,对于同一受众来说,其广告效果是相辅相成、互相补充的。由于不同媒体各有利弊,因此组合使用能取长补短,相得益彰。

2. 媒体组合策略的方式

(1) 瞬间媒体与长效媒体的组合。瞬间媒体指广告信息瞬时消失的媒体,如广播、电视等媒体。由于广告一闪而过,信息不易保留,因而要与能长期保留信息、可供反复查阅的长效媒体配合使用。长效媒体一般是指那些可以较长时间传播同一广告的印刷品、路牌、霓虹灯、公共汽车等媒体。

(2) 视觉媒体与听觉媒体的组合。视觉媒体指借助于视觉要素表现的媒体,如报纸、杂志、户外广告、招贴、公共汽车广告等。听觉媒体主要指借用听觉要素表现的媒体,如广播、音响广告,电视可以说是听视觉完美结合的媒体。听觉媒体更抽象,可以给人丰富的想象。视觉媒体更直观,给人以一种真实感。

(3) 大众媒体与促销媒体的组合。大众媒体指报纸、电视、广播、杂志等传播面广、声势浩大的广告媒体,其传播优势在于"面"。但这些媒体与销售现场脱离开来,只能起到间接促销作用。促销媒体主要指招贴、邮寄、展销和户外广告等传播面小、传播范围固定且具有直接促销作用的广告,它的优势在于"点",若在采用大众媒体的同时又配合使用促销媒体,就能够点面结合,起到直接促销的效果。

15.3.5　广告效果测定

广告的传播必然会对销售带来影响,产生一定的经济效果。由于对广告的经济效果有两种不同的看法,广告效果测定的方法相应也有两种:

1. 直接经济效果

直接经济效果是以广告对产品促销情况的好坏直接判定广告效果,是以广告费的支出和销售额的增加这两个指标为主要测量单位。广告主支出广告开支,必然希望能够通过增加产品销售而获得经济效益,因此,直接经济效果比较容易测定,也是广告主最为关心的。但是,直接影响产品销售的因素,除了广告之外还有很多,诸如现代企业的营销策略与方法、产品的生命周期和市场竞争情况等,都会直接影响产品的销售量。有时在广告发布后,产品销售量下降了,但这并不一定是广告没有发挥作用,也许是其他因素影响的结果。显然,单纯以直接经济效果的多寡来衡量广告效果的大小,是不够全面、不够准确的。

2. 间接经济效果

间接经济效果不是以销售情况好坏作为直接评定广告效果的依据,而是以广告的收视收听率、产品的知名度、记忆度、理解度等广告本身的效果为依据。当然,广告本身效果最终也要反映在产品销售上,但它不以销售额多少作为指标,而是以广告所能产生的心理性因素为依据,即广告做出后,测定广告接受者人数的多少、影响的程度,以及人们从认知到行动的整个心理变化过程。具体包括以下内容:

(1) 对广告注意度的测定,即各种广告媒体吸引人的程度和范围,主要测定视听率。

(2) 对广告记忆度的测定,即对消费者对于广告的主要内容,如厂家、品牌、名称等记忆程度的测定,从中可见广告主题是否鲜明、突出、与众不同。

(3) 对广告理解度的测定,即指消费者对于广告的内容、形式等理解程度的测定,从中可以检查广告设计与制作的效果如何。

(4) 对动机形成的测定,即测定广告对消费者从认知到行动究竟起多大作用。

15.4　营业推广策略

营业推广又称销售促进,它是指现代企业运用各种短期诱因鼓励消费者和中间商购买、经销或代理现代企业产品的促销活动。

15.4.1　营业推广的特点和目标

1. 营业推广的特点

营业推广是人员推销、广告和公共关系以外的能刺激需求、扩大销售的各种促销活动。概括说来,营业推广有如下特点:

(1) 营业推广促销效果显著。在开展营业推广活动中,可选用的方式多种多样。一般说来,只要能选择合理的营业推广方式,就会很快地收到明显的增销效果,而不像广告和公共关系那样需要一个较长的时期才能见效。因此,营业推广适合于在一定时期、一定任务的短期性促销活动中使用。

(2) 营业推广是一种辅助性促销方式。人员推销、广告和公关都是常规性的促销方式,而多数营业推广方式则是非正规性和非经常性的,只能是它们的补充方式。亦即,使用营业推广方式开展促销活动,且能在短期内取得明显的效果,但它一般不能单独使用,常常配合其他促销方式使用。营业推广方式的运用能使与其配合的促销方式更好地发挥作用。

(3) 营业推广有贬低产品之意。采用营业推广方式促销,似乎迫使顾客产生"机会难得,时不再来"之感,进而能打破消费者需求动机的衰变和购买行为的惰性。不过,营业推广的一些做法也常使顾客认为卖者有急于抛售的意图。若频繁使用或使用不当,往往会引起顾客对产品质量、价格产生怀疑。因此,现代企业在开展营业推广活动时,要注意选择恰当的方式和时机。

2. 营业推广的目标

营业推广的目标主要由企业的营销目标决定,一般有三个方面的目标:

(1) 以消费者为目标的推广,主要是刺激消费者购买,如鼓励现有产品使用者增加使用量,吸引未使用者试用,争取其他品牌的使用者等。

(2) 以中间商为目标的推广,即鼓励中间商购买、销售企业产品,提高产品库存量,打击竞争品牌,增强中间商的品牌忠诚度,开辟新的销售渠道等。

(3) 以推销人员为目标的推广,即鼓励推销人员推销企业产品,刺激他们去寻找更多的潜在顾客,努力提高推销业绩等。

15.4.2 营业推广的方式

营业推广的方式多种多样,每一个现代企业不可能全部使用。这就需要现代企业根据各种方式的特点、促销目标、目标市场的类型及市场环境等因素选择适合本企业的营业推广方式。

1. 向消费者推广的方式

向消费者推广,是为了鼓励老顾客继续购买、使用本企业的产品,激发新顾客试用本企业的产品。其方法主要有:

(1) 赠送样品。向消费者免费赠送产品样品,可以鼓励消费者认购,也可以获取消费者对产品的反应。样品赠送,可以有选择地赠送,也可在商店或闹市区或附在其他商品中无选择地赠送。这是介绍、推销新产品的一种促销方式,但费用较高,高值产品不宜采用。

(2) 赠送代价券。代价券作为对某种产品免付一部分价款的证明,持有者在购买某产品时免付一部分货款。代价券可以邮寄,也可附在产品或广告之中赠送,还可以向购买产品达到一定数量或数额的顾客赠送。这种形式,有利于刺激消费者使用原有的产品,也可以鼓励消费者认购新的产品。

（3）包装兑现。即采用产品包装来兑换现金。如收集到若干个某种饮料瓶盖,可兑换一定数量的现金或实物,借以鼓励消费者购买该种饮料。这种方式的有效运用,也体现了现代企业的绿色营销观念,有利于树立良好的企业形象。

（4）提供赠品。对购买价格较高产品的顾客赠送相关产品（价格相对较低、符合质量标准的产品）有利于刺激高价产品的销售。由此,提供赠品是有效的营业推广方式。

（5）产品展销。展销可以集中消费者的注意力和购买力。在展销期间,质量精良、价格优惠的产品备受青睐。可以说,参展是难得的营业推广机会和有效的促销方式。

（6）竞赛与抽奖。竞赛就是让消费者按照竞赛要求,运用其知识技能来赢得现金、实物或旅游奖励,这种竞赛不完全依靠一个人的本领,还需要借助运气,而竞赛题目或内容又总与主办者自身特征或多或少地有所联系或结合。抽奖是指消费者凭其资格证明,如购物发票或以此换取的兑奖券,所使用的商品标记,如包装纸、瓶盖等,向主办者申请获奖机会。而主办者根据事先公布的准则、程序,以一定比例从参加者中抽取获奖者,向其颁发奖金或奖品。

竞赛和抽奖的诱惑力还是很高的,它有助于增强广告吸引力、强化品牌形象。但竞赛活动参加率低,无法普及,设计创新的难度也较大；抽奖虽然普及面高一些,但它通常需要大量的媒体经费进行宣传才能达到一定的效果,而且很难事先对活动效果进行完善的效益评估。

（7）联合营业推广。联合营业推广是指两个或两个以上的公司合作开展促销活动,推销它们的产品或服务,以扩大活动的影响力。这种方法的最大好处是可以使联合体内的各成员以较少的费用,获得最大的促销效果。联合营业推广的最大好处在于降低促销成本,活动中的广告费、赠品等各项成本均由联合各方分摊,大大降低了各自的投资。另外,选择目标顾客已接受的品牌作为联合营业推广的合作伙伴,可使本产品快速接触到目标消费者,加快本产品的推进速度。

2. 向中间商推广的方式

制造商策划与掀起的促销活动,如果没有中间商的响应、参与和支持,是难以取得促销效果的。劝诱中间商更多地订货的最有效办法可能是给予价格折扣,主要是数量折扣；或者当中间商订货达到一定数量之后,就免费赠送他们一部分产品。为中间商培训推销人员、维修服务人员,使中间商能更好地向顾客示范介绍产品、提高产品售后服务质量,对于有效地促进中间商的营销工作,吸引顾客购买生产企业的产品具有积极作用。向中间商推广,其目的是为了促使中间商积极经销现代企业的产品。其方式主要有：

（1）购买折扣。为刺激、鼓励中间商购买并大批量地购买现代企业的产品,对第一次购买和购买数量较多的中间商给予一定的折扣优待,购买数量越大,折扣越多。折扣可以直接支付,也可以从付款金额中扣出,还可以赠送产品作为折扣。

（2）资助,是指现代企业为中间商提供陈列商品、支付部分广告费用和部分运费等补贴或津贴。在这种方式下,中间商陈列现代企业的产品,企业可免费或低价提供陈列商品;中间商为现代企业产品做广告,生产者可资助一定比例的广告费用;为刺激距离较远的中间商经销现代企业产品,可给予一定比例的运费补贴。

(3) 经销奖励。对经销现代企业产品有突出成绩的中间商给予奖励。这种方式能刺激经销业绩突出者加倍努力,更加积极主动地经销现代企业产品,同时,也有利于诱使其他中间商为多经销现代企业产品而努力,从而促进产品的销售。

(4) 推广津贴。为经销商提供商品陈列设计资料,付给经销商陈列津贴、广告津贴、经销新产品津贴,以鼓励经销商开展促销活动和积极经销本企业的产品及新产品。

(5) 经销竞赛。即组织所有的经销本企业产品的中间商进行销售竞赛,对销售业绩较好的中间商给予某种形式的奖励。

(6) 代销,是指中间商受生产厂家的委托,代其销售商品,中间商不必付款买下商品,而是根据销售额来收取佣金,商品如果销不出去,则将其返还生产厂家。代销可以解决中间商资金不足的困难,还可以避免销不出去的风险。因此,很受中间商的欢迎。

3. 针对推销人员的营业推广

企业可以通过推销竞赛、推销红利、推销回扣等方式来奖励推销人员,鼓励他们把企业的各种产品推荐给消费者,并积极开拓潜在市场。以下是几种具体方法:

(1) 红利提成或超额提成。具体做法有:① 从企业的销售利润中提取一定比例的金额作为奖励发给推销员;② 推销员按销售利润的多少提取一定比例的金额,销售利润越大,提取的百分率越大。

(2) 开展推销竞赛。推销竞赛的内容包括推销数额、推销费用、市场渗透、推销服务等。规定奖励的级别、比例与奖金(品)的数额,用以鼓励推销人员;对成绩优异、贡献突出者,给予现金、旅游、奖品、休假、提级晋升、精神奖励等。

(3) 特别推销金。企业给予推销人员一定的金钱产品,以鼓励其努力工作。

15.4.3 营业推广的控制

营业推广是一种促销效果比较显著的促销方式,但倘若使用不当,达不到促销的目的,反而会影响产品销售,甚至损害现代企业的形象。因此,在运用营业推广方式促销时,必须予以控制。

(1) 选择适当的方式。营业推广的方式很多,且各种方式都有其各自的适应性。选择好营业推广方式是促销获得成功的关键。一般说来,应结合产品的性质、不同方式的特点以及消费者的接受习惯等因素选择合适的营业推广方式。

(2) 确定合理的期限。控制好营业推广的时间长短也是取得预期促销效果的重要一环。推广的期限,既不能过长,也不宜过短。这是因为,时间过长会使消费者感到习以为常,失去刺激需求的作用,甚至会产生疑问或不信任感;时间过短会使部分顾客来不及接受营业推广的好处,收不到最佳的促销效果。一般应以消费者的平均购买周期或淡旺季间隔为依据来确定合理的推广方式。

(3) 禁忌弄虚作假。营业推广的主要对象是企业的潜在顾客,因此,现代企业在营业推广全过程中,一定要坚决杜绝徇私舞弊的短视行为发生。在市场竞争日益激烈的条件下,现代企业商业信誉是十分重要的竞争优势,企业没有理由自毁商誉。本来营业推广这种促销方式就有贬低产品之意,如果再不严格约束企业行为,那将会产生失去现代企业长期利益的巨大风险。因此,弄虚作假是营业推广中的最大禁忌。

(4) 注重中后期宣传。开展营业推广活动的现代企业比较注重推广前期的宣传,这非常必要。在此还需提及的是不应忽视中后期宣传。在营业推广活动的中后期,面临的十分重要的宣传内容是营业推广中的企业兑现行为。这是消费者验证现代企业推广行为是否具有可信性的重要信息源。所以,令消费者感到可信的现代企业兑现行为,一方面有利于唤起消费者的购买欲望,另一个更重要的方面是可以换来社会公众对现代企业良好的口碑,树立现代企业的良好形象。

此外,还应注意确定合理的推广预算,科学测算营业推广活动的投入产出比。

15.5 公共关系策略

15.5.1 公共关系的概念及特征

公共关系,又称公众关系,是指现代企业在从事市场营销活动中正确处理本企业与社会公众的关系,以便树立现代企业的良好形象,从而促进产品销售的一种活动。公共关系是一种社会关系,但又不同于一般社会关系,也不同于人际关系,因为它有独特的特征。公共关系的基本特征表现在以下几方面:

(1) 公共关系是一定社会组织与其相关的社会公众之间的相互关系。这里包括三层含义:其一,公关活动的主体是一定的组织,如现代企业等。其二,公关活动的对象,既包括现代企业外部的顾客、竞争者、新闻界、金融界、政府各有关部门及其他社会公众,又包括现代企业内部职工、股东。这些公关对象构成了现代企业公关活动的客体。现代企业与公关对象关系的好坏直接或间接地影响现代企业的发展。其三,公关活动的媒介是各种信息沟通工具和大众传播渠道。作为公关主体的现代企业,借此与客体进行联系、沟通、交往。

(2) 公共关系的目标是为现代企业广结良缘,在社会公众中创造良好的现代企业形象和社会声誉。一个企业的形象和声誉是其无形的财富。良好的形象和声誉是企业富有生命力的表现,也是公关的真正目的之所在。现代企业以公共关系为促销手段,是利用一切可能利用的方式和途径,让社会公众熟悉现代企业的经营宗旨,了解现代企业的产品种类、规格以及服务方式和内容等有关情况,使现代企业在社会上享有较高的声誉和较好的形象,促进产品销售的顺利进行。

(3) 公共关系的活动以真诚合作、平等互利、共同发展为基本原则。公共关系以一定的利益关系为基础,这就决定了主客双方必须均有诚意,平等互利,并且要协调、兼顾现代企业利益和公众利益。这样,才能满足双方需求,以维护和发展良好的关系。否则,只顾现代企业利益而忽视公众利益,在交往中损人利己,不考虑现代企业信誉和形象就不能构成良好的关系,也毫无公共关系可言。

（4）公共关系是一种信息沟通，是创造"人和"的艺术。公共关系是现代企业与其相关的社会公众之间的一种信息交流活动。现代企业从事公关活动，能沟通企业上下、内外的信息，建立相互间的理解、信任与支持，协调和改善现代企业的社会关系环境。公共关系追求的是现代企业内部和外部人际关系的和谐统一。

（5）公共关系是一种长期活动。公共关系着手于平时努力，着眼于长远打算。公共关系的效果不是急功近利的短期行为所能达到的，需要连续的、有计划的努力。现代企业要树立良好的社会形象和信誉，不能拘泥于一时一地的得失，而要追求长期的稳定的战略性关系。

15.5.2 公共关系的作用

公共关系是一门"内求团结，外求发展"的经营管理艺术，是一项与现代企业生存发展休戚相关的事业。其作用主要表现在以下五个基本方面：

1. 搜集信息，监测环境

信息是现代企业生存与发展必不可少的资源。运用各种公关手段可以采集各种有关信息，监测现代企业所处的环境。现代企业公关需要采集的信息包括以下几方面：

（1）产品形象信息，是指消费者对现代企业产品的各种反应与评价，如对产品质量、性能、价格、包装等的反应评价。

（2）现代企业形象信息。现代企业要了解自己的形象，除产品形象的信息外，还必须采集以下信息：① 公众对现代企业组织机构的评价。如组织机构是否健全，设置是否合理，上下左右是否协调，运转是否灵活，办事效率高不高等。② 公众对现代企业经营管理水平的评价。在经营决策上，现代企业的经营方针是否正确，决策过程是否科学，决策目标是否合理、可行；在生产管理上，生产计划是否完善，生产组织是否恰当；在销售管理上，市场预测是否科学、准确，产品定价是否合理，促销是否有力；在人事管理上，用人是否得当等。③ 公众对现代企业人员素质的评价。包括对决策层领导人员和一般人员素质的评价，评价指标有文化水平、工作能力、业务水平、交际能力、应变能力、创新精神、开拓意识、工作态度、工作效率等。④ 公众对现代企业服务质量的评价。包括对服务意识、服务态度等方面的评价。

（3）现代企业内部公众的信息。现代企业的职工作为社会公众的一部分，必然会对企业产生不同的反应与评价。通过对现代企业内部职工意见的了解，能掌握职工对企业的期望，知道企业应树立什么样的形象，才能对职工产生向心力和凝聚力。现代企业内部公众的信息，可以通过意见书，各职能部门的计划、总结、工作报告以及企业内部的舆论工具等获得。

（4）其他信息。现代企业不可能脱离外界而存在，投资者的投资意向，竞争者的动态，顾客的需求变化以及国内外政治、经济、文化、科技等方面的重大变化，都直接或间接地影响现代企业的经营决策。公共关系作为社会经济趋势的监测者，应广泛收集这些有关社会经济的信息。

2. 咨询建议,决策参考

公共关系的这一职能是利用所搜集到的各种信息,进行综合分析,考查现代企业的决策和行为在公众中产生的效应及影响程度,预测现代企业决策和行为与公众可能意向之间的吻合程度,并及时、准确地向现代企业的决策者进行咨询,提出合理而可行的建议。

(1) 公共关系参与决策目标的确立。确立决策目标是决策过程的最重要一环。公共关系是整体决策目标系统中的重要因素。它从全局和社会的角度来综合评价各职能部门的决策目标可能导致的社会效果,从而发现和揭示问题,提醒决策者按公众需求和社会效益制定决策目标。

(2) 公共关系是获取决策信息的重要渠道。合理、正确的决策依赖于及时、准确、全面的信息,公关部门可以利用它与现代企业内部、外部的广泛交流,为决策开辟广泛的信息渠道。据此,能为决策者提供内部信息和外部信息,提供决策依据。

(3) 公共关系是拟定决策方案不可缺少的参谋。公共关系作为决策参谋,能帮助决策者评价各方案的社会效果,提高决策方案的社会适应能力和应变能力。

(4) 公共关系为决策方案实施效果提供反馈信息。信息的反馈,有助于修改、完善决策方案。这是公关职能之一。公关部门可以利用它与公众建立的关系网络和信息沟通渠道,对正在实施的决策方案进行追踪监测,并及时反馈对其评价的信息。

3. 舆论宣传,创造气氛

这一职能是指公共关系作为现代企业的"喉舌",将现代企业的有关信息及时、准确、有效地传送给特定的公众对象,为现代企业树立良好形象创造良好的舆论气氛。如公关活动,能提高现代企业的知名度、美誉度,给公众留下良好的印象;能持续不断、潜移默化地完善舆论气氛,因势利导,引导公众舆论朝着有利于现代企业的方向发展;还能适当地控制和纠正对现代企业不利的公众舆论,及时将改进措施公之于众,避免扩大不良影响,从而收到化消极为积极、尽快恢复声誉的效果。

4. 交往沟通,协调关系

现代企业是一个开放系统,不仅内部各要素需要相互联系、相互作用,而且需要与系统外部环境进行各种交往、沟通。交往沟通是公关的基础,任何公共关系的建立、维护与发展都依赖于主客体的交往沟通。只有交往,才能实现信息沟通,使现代企业的内部信息有效地输向外部,使外部有关信息及时地输入现代企业内部,从而使现代企业与外部各界相互协调。协调关系,不仅要协调现代企业与外界的关系,还要协调现代企业内部关系,包括现代企业与其成员之间的关系、现代企业内部不同部门成员之间的关系等,要使全体成员与现代企业之间达到理解和共鸣,增强凝聚力。

5. 教育引导,社会服务

公共关系具有教育和服务的职能,是指通过广泛、细致、耐心的劝服性教育和优惠性、赞助性服务,来诱导公众对现代企业产生好感。对现代企业内部,公关部门代表社会公众,向现代企业内部成员输入公关意识,诱发现代企业内部各部门都重视现代企业整体形象和声誉。对现代企业外部各界,公关部门代表企业,通过劝服性教育和实惠性社会服务,使社会公众对现代企业的行为、产品等产生认同和接受。

15.5.3 公共关系的活动方式和工作程序

公共关系在现代企业营销管理中占有重要地位。在现代企业内部,公关部门介于决策者与各职能部门之间或介于职能部门与基层人员之间,负责沟通和协调决策者与职能部门之间、各职能部门之间以及职能部门与成员之间的相互关系;在现代企业外部,公关部门介于企业与公众之间,对内代表公众,对外代表企业,沟通、协调企业与公众之间的相互关系。公共关系部门,无论是独立的职能部门,还是隶属于某一职能部门,它都具有相同的活动方式和工作程序。

1. 公共关系的活动方式

公共关系的活动方式是指以一定的公关目标和任务为核心,将若干种公关媒介与方法有机地结合起来,形成一套具有特定公关职能的工作方法系统。按照公共关系的功能不同,公共关系的活动方式可分为五种:

(1) 宣传性公关,是运用报纸、杂志、广播、电视等各种传播媒介,采用撰写新闻稿、演讲稿、报告等形式向社会各界传播现代企业有关信息,以形成有利的社会舆论,营造良好气氛的活动。这种方式传播面广,推广现代企业形象效果较好。

(2) 征询性公关,主要是通过开办各种咨询业务、制定调查问卷、进行民意测验、设立热线电话、聘请兼职信息人员、举办信息交流会等各种形式连续不断地努力,逐步形成效果良好的信息网络,再对获取的信息进行分析研究,为现代企业经营管理决策提供依据,为社会公众服务。

(3) 交际性公关,是通过语言、文字的沟通,为现代企业广结良缘,巩固传播效果,可采用宴会、座谈会、招待会、谈判、专访、慰问、电话、信函等形式。交际性公关具有直接、灵活、亲密、富有人情味等特点,能深化交往层次。

(4) 服务性公关,就是通过各种实惠性服务,以行动去获取公众的了解、信任和好评,以实现既有利于促销又有利于树立和维护现代企业形象与声誉的活动。现代企业可以以各种方式为公众提供服务,如消费指导、消费培训、免费修理等。事实上,只有把服务提到公关这一层面上来,才能真正做好服务工作,也才能真正把公关转化为现代企业全员行为。

(5) 社会性公关,是通过赞助文化、教育、体育、卫生等事业,支持社区福利事业,参与国家、社区重大社会活动等形式来塑造现代企业的社会形象,提高现代企业的社会知名度和美誉度的活动。这种公关方式,公益性强,影响力大,但成本较高。

2. 公共关系的工作程序

公共关系活动的基本程序,包括调查、计划、实施、检测四个步骤。

(1) 公共关系调查。它是公共关系工作的一项重要内容,是开展公共关系工作的基础和起点。通过调查,能了解和掌握社会公众对现代企业决策与行为的意见。据此,可以基本确定现代企业的形象和地位,可以为现代企业监测环境提供判断条件,为现代企业制定合理决策提供科学依据等。公关调查内容广泛,主要包括现代企业基本状况、公众意见以及社会环境三方面内容。

（2）公共关系计划。公共关系是一项长期性工作，合理的计划是公关工作持续高效的重要保证。制订公关计划，要以公关调查为前提，依据一定的原则，确定公关工作的目标，并制定科学、合理而可行的工作方案，如具体的公关项目、公关策略等。

（3）公共关系的实施。公关计划的实施是整个公关活动的"高潮"。为确保公共关系实施的效果最佳，正确选择公共关系媒介和确定公共关系的活动方式是十分必要的。公关媒介应依据公共关系工作的目标、要求、对象和传播内容以及经济条件来选择；确定公关的活动方式，宜根据现代企业的自身特点、不同发展阶段、不同的公众对象和不同的公关任务来选择最适合、最有效的活动方式。

（4）公共关系的检测。公关计划实施效果的检测，主要依据社会公众的评价。通过检测，能衡量和评估公关活动的效果，在肯定成绩的同时，发现新问题，为制定和不断调整现代企业的公关目标、公关策略提供重要依据，也为使现代企业的公共关系成为有计划的持续性工作提供必要的保证。

15.5.4　公共关系的五大趋势

（1）政企公共关系成为新的热点。随着政企分开、政府转变职能工作力度加深，政企公共关系将发生改变。但是现代企业的发展仍然离不开政府有关部门的支持。现代企业对政府的公关，是适应新形势的新的热点。

（2）公共关系媒介广泛参与社会生活。以往人们对新闻单位等公关媒介，常有"追认公关"的思路，但现今公关媒介却转向从一开始就介入公关事件，披露全过程，这不但使记者增加参与感和现实感，而且加强了公关媒介对公共实务的影响力度。

（3）公共关系职业化进程将全面完成。中国公关在经历了十几年发展之后，博士生、硕士生出现在"公共关系方面"，而其他本科、专科、夜大、职大、自考、短训更是层层铺开，职业化的公共关系人才队伍的规模逐渐增大。中国公关作为独立的职业进入规范的职业行列已指日可待。

（4）公共关系公司开始分化淘汰。目前，全国虽然已有几千家公共关系公司、传播公司、形象推广公司、策划公司等，但我国的公关市场容量还很小，发育不完备，所以只有实力雄厚、业绩辉煌、信誉颇佳的公司才会得到社会的认可。

（5）公关人才高层次稀缺、低层次过剩。市场竞争日益激烈，公关逐渐成为现代企业克敌制胜、立稳市场的法宝，但目前高层次公关人才奇缺，急需能力强，创意独到、新颖，行之有效的高层次公关人才，而低层次的公关人才，却供大于求。

本章小结

促销是企业向消费者提供本企业的产品及其他信息，吸引消费者的注意，激发消费者的购买欲望，最终实现商品的销售。促销一般包括人员推销、广告、营业推广和公共关系等具体活动。促销其实就是企业和消费者之间的信息传递、沟通的过程。

促销组合是有步骤、有计划地将各种促销方式结合起来,形成最有效的促销策略。商业广告是一种企业为了某种目的,而利用大众媒体传播相关信息的活动。人员推销就是企业运用自己的推销人员向消费者直接提供某种产品或者服务。营业推广是企业在一定的时期、一定的任务下,运用广告和人员推销达到短期目标。公共关系运用的手段很多,但都是为了改善社会关系和社会形象,最终实现销售目的。

 思考题

1. 人员推销有哪些优缺点?
2. 广告对促进现代企业的经济发展有何重要意义?
3. 什么是公共关系?它有哪些基本特征?
4. 我国现代企业宣传性公关活动存在哪些障碍?
5. 我国现代企业的营业推广活动有哪些不足?

案例分析

方太的温情广告宣传

在如今媒介多样化、创意形式五花八门的环境下,品牌花式营销的手段层出不穷,时不时刷屏朋友圈的地铁广告、强势霸屏植入综艺节目、找流量明星为品牌站台等,似乎所有品牌都在争先恐后地想在消费者眼前露脸,希望获得消费者对品牌的认知与好感,然而高调喧哗的品牌营销并不一定代表对消费者真正有价值的营销。如何真正洞察到消费者内心的需求,为用户解决问题兴许才是一个品牌急需思考的命题。作为中国高端厨电的领导者方太旗下的方太双管快消系列消毒柜,近日反其道而行,用"润物细无声"般低调的方式去和消费者讲了一个好故事。

方太首先用一支温情视频展开:在这支广告里有一位"爱纠结的妈妈"——从小到大,爱她的天真,又怕她太天真;希望她能吃苦,又怕她太辛苦;希望她飞更远,又怕她飞太远。女儿的种种都牵动着妈妈内心充满各种纠结、矛盾的心情……

广告很形象地描绘出每一个孩子成长的背后都有一个无时无刻不在为其担心纠结的妈妈。对于妈妈们而言,时时刻刻处于"爱,所以怕"的心理状态,所以在妈妈心中其他的都可以不顾及,只要健康平安就好。而真的"只要健康平安"就够了吗?这对于方太而言显然还不够,方太的消毒柜能让孩子保持身体健康,而它还想保证孩子的心理健康。

随后,方太联合丁香园旗下专业的母婴内容平台丁香妈妈,一起推出《妈妈的心理消毒柜》系列心理课程,希望用"心理消毒柜"让妈妈和孩子都能达到心理健康的状态。

在四期课程内容中,每一期内容都以音频形式呈现,首先讲述了宝宝们在日常生活中可能会遇到的物理细菌,这些细菌就是引发宝宝身体不适的根源,为妈妈推荐的消毒方式是使用方太双管快消系列消毒柜。

方太本次推广的这款双管快消系列消毒柜,其杀菌率高达99.99%(数据来源为浙江省疾控中心检测报告),达到国家消毒柜最高等级二星标准。为了让妈妈们把宝宝的身体健康放心地交给方太的这款消毒柜,方太阐述了高效杀菌的缘由:这款消毒柜搭载双管快消科技,利用紫外线+臭氧双重杀菌功效,大幅度提高消毒柜的灭菌范围和杀菌效率。

而接下来的重点内容则以妈妈的"心理细菌"为主题,从孩子的视角详细解说日常生活中妈妈不经意间流露出来在沟通上的不良习惯,同时从专业的心理学视角分析这些"心理细菌"对孩子的心理健康造成的影响,帮助妈妈一起消灭"心理细菌",给孩子一个健康快乐的童年。

你也许会好奇为什么作为一个厨电品牌要去关注孩童的心理健康问题,其实这背后驱动品牌的原因是基于方太长期以来对用户人群的深入洞察。我们在文章开头的视频中看到,陪伴孩子成长过程中的妈妈总是怀揣各种纠结、担心与害怕,生怕自己的孩子不如别人家的孩子,亦或是怕孩子遇到各种危险。在各种复杂情感的压力下,妈妈们很有可能滋生了"心理细菌",和孩子的沟通中出现摩擦,继而双方产生误解。方太在前期的调研中还发现妈妈和孩子的非良性沟通不仅仅影响亲子关系,对于孩子长此以往的性格和观念形成都会造成很大的影响。而这些危害远远比物理细菌的危害更严重,更深远。

方太从孩子的视角观察,挖掘出日常细节中妈妈可能会忽视的问题,通过提出"心理细菌"和"心理消毒柜"这样充满童趣又创新的概念,去向妈妈输出健康的育儿方式,与此同时也能让孩子保持心理健康。我们可以理解为方太给妈妈们准备了"两个消毒柜",一个保障身体健康,另一个维护心理健康。

仔细听这几个音频内容,语言风趣幽默、充满童真、通俗易懂,我们可以推测方太是想让妈妈和孩子一同收听这个内容,在这个过程中既能让妈妈和孩子互相理解又可以增强亲子互动。以亲子关系切入,聚焦孩童身心健康,"心理消毒柜"的形式超脱了普通的广告创意,从而走向解决妈妈们在亲子教育中的实际难题,为消费者提供更美好的生活。这也展现了方太一直以来"因爱伟大"的品牌理念。这也不禁让我们对品牌营销产生反思:很多时候,消费者对品牌产生认知距离,是因为品牌营销没能融入消费者生活场景。

除此之外,方太此次选择和丁香妈妈合作也是颇有一番考量。丁香妈妈作为一个有专业医师坐诊的高质量母婴内容平台,其平台本身就聚集对儿童健康高度关注的妈妈群体。方太这次跳出传统广告本身的桎梏,联手丁香妈妈通过线上心理课程这种原生广告方式,能更精准地与妈妈们进行对话,同时将品牌信息融入心理知识中,让妈妈们在学习这些心理知识时,潜移默化地影响她们的消费决策以及对方太的品牌好感度。

除了以上提到的对用户的洞察、与专业内容平台合作之外,此次方太为妈妈和儿童推出的"心理消毒柜"的创意并非只是拍脑袋,其中还有着重要的策略支持。方太在调研中发现目前中国家庭对餐具消毒以及餐具卫生健康的概念还停留在比较滞后的阶段,消毒柜对于中国家庭而言,普及率也不是特别高。这对于抵抗力较差的宝宝而言,无疑会对他们的健康产生威胁。而方太观察到目前的年轻妈妈拥有较高的教育水平,她们的健康意识非常超前,对消毒柜已有一定的知识储备,所以通过和这类年轻妈妈沟通,能更好地揭开这个市场的知识盲区,传递消毒柜对于健康的重要性,也能为更多家庭带去关爱与健康。

资料来源:《方太这款能给心理消毒的消毒柜,卖的什么关子?》,http://socialbeta.com/t/case-study-fotile-disinfection-cabinet-ad,2016 年 10 月 25 日访问。

案例思考题

方太是如何进行消毒柜的广告宣传的?对你有什么启发?

第 5 篇　市场营销组织与创新

第 16 章

市场营销组织与管理

学习目标

通过本章的学习,对市场营销管理的策划与实施过程有基本的了解和认识,能根据企业的实际情况对整个营销活动进行有效的计划、组织和控制。掌握营销组织的演变及组织形式、营销控制的基本形式,掌握市场营销计划的分析方法和内容。

学习重点

市场营销计划的分析方法和内容;市场营销组织的含义;营销组织的演变和形式;市场营销控制的原则、基本形式及方法。

引导案例 宝洁公司加强营销成本控制

2015年12月,宝洁公司宣布停止与法国阳狮长达20年的合作,将其北美地区的媒体采购和项目规划业务移交给宏盟集团(Omnicom Group),这也显示出了今年广告行业的动荡不安。

宝洁此次的业务更替将直接导致法国阳狮失去5000万至1个亿的年收入,对于宝洁的决定,阳狮表示理解,并希望宝洁在北美地区的广告业务发展能够更顺利,期待继续和宝洁进行全球的媒体合作。尽管宝洁将不再就北美地区的业务与阳狮进行合作,但其余41个全球合作市场使得宝洁依旧是阳狮最大的合作伙伴之一。

宝洁与广告商的不和开始于2013年5月,宝洁宣布将其全球所有广告代理公司的支付周期从原来的45天延长到75天,以产生更多的现金流,而且2013年宝洁在美国市场的广告投入为31亿美金,到了2014年则减少到了27亿美金。

2014年,不少大公司开始质疑他们在广告业务上的投入与产出不成正比,像联合利华和可口可乐这样的大公司也开始逐步削减经费并且着力分析在日益数字化的今天如何改革它们的营销策略。

宝洁金融部门主管 Jon Moeller 表示宝洁已经减少了 40% 左右的广告代理商,节省下 3 亿美元的代理及制作费用,并将这部分节省下来的开支投放到下一财年其他更为行之有效的广告策略中,包括数字营销及社交媒体。

宝洁全球品牌主管 Marc Pritchard 表示:"在如今的数字科技时代下,顾客的想法转变得很快,如何将正确的信息在正确的时间用正确的平台传达给他们是一件非常重要的事情。我们需要和消费者进行更直接的沟通,为此我们需要更稳定庞大的数据分析和即时的媒体规划设计。"如今,大部分的广告商都依赖于复杂的数据和技术来为特定群体量身定制广告,这种做法改变了他们购买和出售广告的方式。与此同时,广告客户开始不断给广告公司施加压力,试图用最少的金钱投入换取最全面的服务,整个行业环境都非常紧张。

宝洁此次更换广告合作公司可能与其经济状况有关。在快消品市场的激烈竞争下,宝洁公司发布的第四财季业绩数据显示其销售额同比下跌 9.2% 至 177.9 亿美元,净利润为 5.21 亿美元,同比下滑近 80%。

除了更换广告合作公司,宝洁还将旗下约 100 个产能不佳的品牌进行出售、停产或者淘汰,只留下 10 个品类中的 65 个核心品牌。2016 年 7 月,宝洁还与全球最大的香水公司科蒂集团签订了 125 亿美元收购协议,将旗下蜜丝佛陀、威娜、GUCCI、Hugo Boss 等香水、护发和化妆品等 43 个美容品牌并入科蒂公司,只留下玉兰油、潘婷、SK-II 等明星品牌。

资料来源:《为了降低成本,宝洁宣布中止与法国阳狮长达 20 年的广告合作》,http://socialbeta.com/t/news-omnicom-procter-gamble-publicis,2016 年 11 月 26 日访问。

16.1 市场营销计划

16.1.1 市场营销计划的概念及类型

1. 市场营销计划的概念

市场营销计划是企业计划系统根据企业总的战略规划的要求而制定的一系列行动方案。它具体规定了企业在一定时期内运用某种战略的策略,实现了一定的企业目标。它在纵向上是一个中长期计划体系,同时向具体化方向发展,编制季、月、旬计划及作业计划,从时间上完善化;在横向上,是以产品营销计划为中心的有关计划,包括市场调查预测计划、市场开拓计划、促销计划、分销渠道计划、技术服务计划、营销费用计划、产品装箱发运计划以及综合计划等。市场营销计划是通过市场营销计划工作来完成的。

2. 市场营销计划与战略规划的关系

市场营销计划是企业规划的一个重要组成部分。企业规划包括战略规划和市场营销计划,战略规划与市场营销计划之间既有区别,又相一致,战略规划规定了企业的任务和企业目标及各战略单位的增长战略,确定了企业成长、发展等有关全局性的重大问题。企业战略规划虽然确定了企业的经营方向和经营目标，但对每一个战略单位来说，它还必须分别制订各种详细计划，如营业计划、产品计划、品牌计划和市场计划等，我们把这些计划概括地称为市场营销计划。因此对于企业来说，战略规划是全局性的长期规划，决定着企业的生存和发展；而市场营销计划则是把战略规划具体化并在市场上加以实施的计划。战略规划的目的是使企业获得长期稳定的发展；市场营销计划的目的则是使企业在目标市场上取得一时一地的竞争优势。战略规划是市场营销计划的基础；市场计划服从于战略规划并为实现战略目标而服务。

3. 市场营销计划的类型

企业市场营销计划可以从不同的角度划分为多种类型：

(1) 按计划时间跨度的长短不同划分为长期计划、年度计划、短期计划。长期计划通常为五年计划，它主要包括未来五年中影响市场的主要因素、五年计划目标、产品市场占有率、所需资金和预计利润。年度计划是五年计划中每一年的详细计划，它主要包括当年的市场营销形势、当前的市场营销机会和不利条件，年度内的市场营销策略、行动计划、预算和控制。短期计划是以季度计划为基准，以月度计划为主体实现长计划短安排的计划。

(2) 按计划功能的不同划分为综合计划、项目计划。项目计划是指针对解决市场营销过程中某个特殊问题而制订的单项计划，这种计划既具有战略性，又具有灵活性及针对性。它不强调固定的格式，不受时间等因素的限制，一事一计划，是综合计划的补充形式。

综合计划是指把营销观念、营销方针、目标、战略、市场营销因素及组合等定性计划，以及提高企业市场营销竞争能力、市场开拓能力、适应环境能力、提高经济效益等方面的措施有机地综合在一起的计划。

(3) 按职能机构的不同划分为产品营销计划、市场调查预测计划、市场开拓计划、促销计划、分销渠道计划、技术服务计划、营销费用预算计划、产品装箱发运计划等。

产品营销计划是市场营销计划的核心，它本身又包括产品销售计划、新产品上市场计划、老产品更新换代计划、产品结构调整及产品最佳组合计划、产品市场生命周期分析及各阶段的策略计划、产品管理及重点产品管理计划、出口产品销售计划等。

市场调查预测计划包括市场信息收集、处理、存储、传输计划，市场信息网络计划，用户调研、竞争对手调研、未来市场分析研究，以及市场预测等计划。

市场开拓计划包括国内市场开拓计划、国际市场开拓计划、进出口贸易计划等。

促销计划包括人员促销计划、宣传广告计划、营业推广方面的计划、建立或参加横向经济联合计划、有关渠道完善计划等。

技术服务计划包括技术培训计划、咨询服务计划、"三包""五包"安装调试等售后服务计划、建立维修服务计划、特种服务计划等。

营销费用预算计划包括市场营销信息管理系统费用预算计划、公共关系费用预算计划、分销渠道有关费用预算计划等。

产品装箱发运计划包括产品验收入库、装箱计划、产品发运计划等。

（4）按空间结构不同分为国外营销计划，国内分支结构、各驻地机构或营业部的市场营销计划等。

16.1.2 市场营销计划的内容

现代企业市场营销计划是以书面文件形式的市场营销计划书来体现的。一份成功的市场营销计划书应包括以下几个方面的内容：

1. 计划提要

计划提要是一份计划书的开端，是对现代企业主要营销目标和有关建议事项进行的一个简短的概述。通常，市场营销计划是为企业较高管理阶层提供的，因此计划提要应将整个计划的中心描述出来，使管理人员迅速掌握计划的要点。通常，计划提要的后面应附列出整个计划全文的目录，或者在每一项任务旁注明其在计划书中的页数编码，以便较高层管理人员查阅计划方案中的有关部分，或仔细研究计划内容。

2. 分析当前的营销状况

在这一部分，计划的制订者应介绍现代企业所面临的宏观及微观环境，可以按顺序分析以下内容：宏观环境、需求状况、产品状况、竞争者状况、分销状况。

（1）宏观环境，主要介绍影响现代企业及产品的各种宏观环境及其发展趋势，包括人文统计、技术、经济、政治法律、社会文化等各方面的内容。

（2）需求状况。这一部分应该列出现代企业所处的目标市场的一些基本数据。如用销售额及销售量表示的市场规模、市场的细分标准、市场发展的历史状况及平均水平趋势等。此外，还要介绍顾客的需求状况、购买过程的发展趋势及顾客期望等内容。

（3）产品状况，通常介绍产品过去几年的销售、价格、利润等情况。但是，对于一个新产品而言，由于没有以往的历史资料，可以在这一部分描绘产品的收入及利润的构成比例。

（4）竞争者状况。在此要识别主要的竞争对手，描绘它们的规模、目标、市场份额、营销战略产品特点、竞争优势以及对竞争对手行为的反应情况等内容。

（5）分销状况，介绍现代企业的分销系统及其发展状况中包括各类分销商所起的不同作用（根据它们为企业创造的收入及利润来评价），以及企业和分销商之间的关系。

3. 分析机会和问题

根据现代企业的内部和外部的环境介绍，营销经理就可以对计划所涉及的产品进行 SWOT 分析，得出公司所面临的机遇和挑战，及公司所具备的优势和劣势。随后可以根据 SWOT 分析的结果提出在营销计划中要解决的几个主要问题。

（1）机遇与挑战。机遇与挑战来自于现代企业所处的外部环境，它们都会影响企业及其产品的未来发展。营销经理应该按照它们可能造成的影响的重要程度，按顺序将它们列示出来。

（2）优势与劣势。优势与劣势是针对企业内部情况的诊断。

（3）问题分析。将机会与威胁、优势与劣势分析的结果结合起来，归纳出营销计划中应该强调、突出解决的几个问题。营销计划中的目标、战略及战术的设计将围绕这些问题来进行。

4. 营销目标

在辨识和陈述了关键的优势、劣势、机遇和威胁,以及提出了营销计划中的主要问题之后,接下来的任务就是设定营销目标。营销目标是实施营销战略所要达到的成果,为营销计划的成功提供了衡量尺度。制定营销目标首先要与现代企业的整体目标保持一致,其次应该具有较强的可操作性,也就是说它的执行要可以度量,尽量将它以数量的形式表示而不只是停留在文字描述的水平。营销目标可以有多种表现形式,常见的形式有以下几种:

(1) 保持或增加销售量及销售额;
(2) 保持或增加市场份额;
(3) 保持或增加品牌知名度;
(4) 保持或增加销售网点的数量;
(5) 将价格控制在一定的水平。

5. 营销战略

现代企业通过营销战略来实现营销目标,制定营销战略的主要内容是确定目标市场及与之相对应的营销组合。通常,计划书中的营销战略主要包括目标市场策略、营销组合策略和营销费用策略三部分。

(1) 目标市场策略。由于不同的细分市场在顾客的喜好、市场对企业的反应、获利能力以及企业能够提供的市场满足的程度等方面都各有特点,因此,现代企业应从最佳竞争的观点出发,确定企业的目标市场并在已确定的目标市场中慎重分配它的营销力量和精力,从而使每一细分市场的营销策略都应具有其独特性。

(2) 营销组合策略。现代企业应针对其选定的各细分市场分别制定一组具有成本效益性的营销组合。即制定包括产品、价格、分销渠道和促销等组合因素的整体策略。

(3) 营销费用策略。其目的在于编制能够带来最佳利润前景的销售费用预算,因此现代企业要对各种营销策略所需的最适量的营销预算进行仔细研究。

营销经理不仅应当准确地描述战略的内容,而且还要说明战略所需要的资源及战略实施过程中的责任分担。营销战略的实施只有在其他职能部门的配合下才能很好完成,因此战略的最后确定应该征求其他职能部门的意见。

6. 营销战术

营销战术是营销战略的具体化,是对实施营销战略具体活动的描述,它回答以下几个问题:将做什么?什么时候做?谁来做?成本是多少?

7. 营销预算

尽管在营销战略及战术的描述中都对所需的企业资源进行了说明,但是一份完整的营销计划还应该包括一个较为详细的营销预算,以便能够对营销计划的可能成果有一个清晰完整的了解。

预算包括成本预算,如销售的成本、广告费用、支持经销商的费用、市场调研费等,还包括对产品从市场获得的预期收入的预测。营销经理应该在会计人员的帮助下制定预算,而且要在准确性和灵活性之间进行权衡。预算首先应当是准确的、详尽的,这样才能配置资源,评价不同市场行为的成本有效性,同时也为计划的控制提供标准。预算也应当有一定的灵活度,这样才能应付变化多端的企业经营环境。

8. 营销控制

为了使营销计划在执行过程中不会有太大的偏离,必须对计划的执行进行一定的控制。控制的实质就是将计划执行的后果与预期进行比较,如果发现偏离就要找出其中的原因,必要时还可以对计划进行调整。事实上,营销目标本身就是一个控制指标,在计划结束时可以用它来评价计划的执行效果。但是,单单使用这一个控制指标风险太大,所以管理人员应该制定一系列的控制标准,以阶段性地衡量计划的执行效果,保证营销目标的最终实现。

营销计划的控制部分中还可能包含一些权变计划,权变计划中设计了企业在遇到特殊情况时的处理方法,它应当讨论以下问题:

(1) 营销计划中各个控制指标实现的关键前提是什么?
(2) 如果这些前提不成立,会导致什么后果?
(3) 如何管理这些前提以尽可能保证前提成立?
(4) 当前提不成立时,采取哪些应对措施可将损失减少到最小?

市场营销计划就是由以上八个部分构成的,现代企业营销计划制订并经审核批准后,就成为现代企业营销部门一定时期内的行动纲领,成为各项营销活动的主要依据。

16.2 市场营销组织

市场营销作为实现商品价值的中间环节,不管是对一个社会还是对一个企业都是至关重要的。因此,市场营销不仅要有科学周密的计划,而且要建立得力的营销组织,制订营销计划并实施控制,最终实现营销目的。

市场营销组织是保证市场营销计划执行的一种手段,也是现代企业实现其经营目标的核心职能部门。有效的营销组织必须能够适应市场营销的要求,这是实现营销目标的重要条件。

16.2.1 市场营销组织的演变

现代市场营销组织是随着商品经济由低级向高级发展以及企业经营观念的变化而发展起来的。从市场营销组织在企业内的地位以及与其他部门之间相互关系的变化,可以看出市场营销组织的演变过程与市场营销观念的演变过程是密不可分的。从 21 世纪初销售部门在西方企业中处于无足轻重的地位,发展到今天这样具有纷繁的结构和复杂的功能,营销组织的演变至少可以划分为以下五个阶段:

1. 简单的销售部门阶段

即市场营销组织还只是企业的一个十分简单的销售部门。这种销售机构,反映了企业是以生产观念作为指导思想,销售部门只是企业的几种基本职能部门之一,通常有一位销售主管率领几位销售人员,销售经理的主要职责是负责产品的推销工作,并通过管理好推销人员,促使他们销售出更多的产品,见图 16-1:

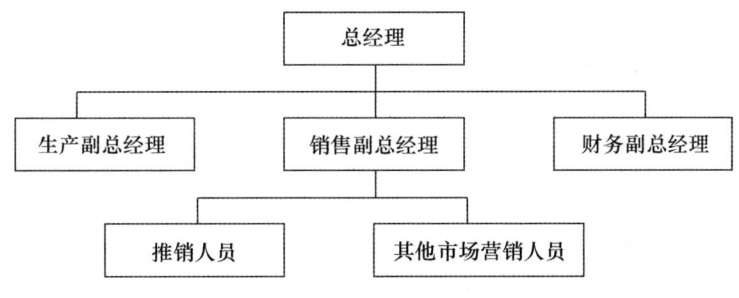

图 16-1　简单的销售部门阶段

2. 销售部门兼有其他附属功能阶段

随着企业规模的扩大,销售工作也日益艰巨,仅仅局限于推销本身,是很难顺利完成销售计划的。因此,销售部门除了推销产品以外,还要履行许多与销售相关的辅助职能,如市场调研、广告宣传、销售服务等,见图 16-2:

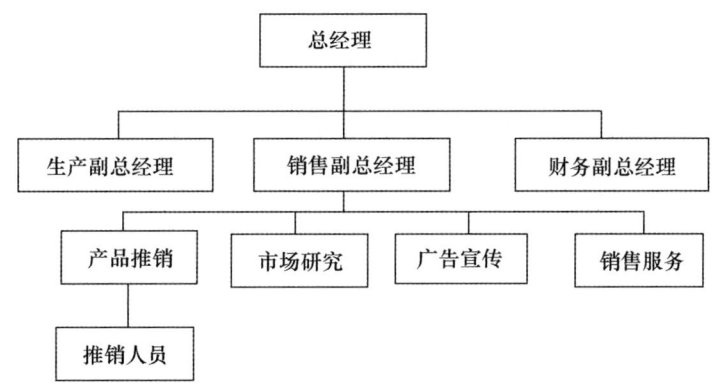

图 16-2　销售部门兼有其他附属部门阶段

3. 独立的营销部门阶段

随着商品经济的发展,企业规模进一步扩大,市场竞争不断加剧,原有的销售部门已不能适应市场变化的需要,因而成立了独立的营销部门,市场调查、广告宣传、售后服务等辅助职能日益重要。营销部门在相当程度上,要通过进行市场营销调研、消费信息的搜集、新产品的开发、广告宣传实现并促进销售。为此,在这一阶段,企业设立了与销售副总经理并行的市场副总经理,主抓市场调研、广告宣传等业务;而销售副总经理更多的只是对销售人员进行管理,见图 16-3:

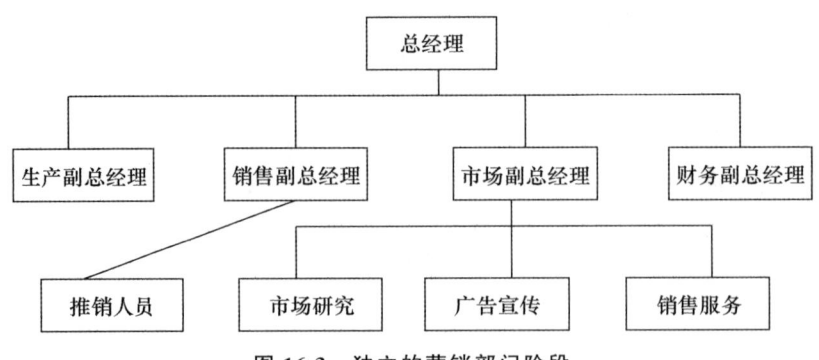

图 16-3　独立的营销部门阶段

4．现代营销部门阶段

随着销售活动在企业经营活动中地位的日益重要，客观上要求企业改变传统的产品销售观念，树立以消费者为中心，着眼于长远的市场开拓的营销观念，把企业目前的产品销售和长远的市场开拓有机结合起来。传统的销售部门往往单纯追求销售数量，满足于眼前利益；而市场营销部门更多考虑如何开拓市场，实现企业的长远目标，两者之间的矛盾和不协调直接影响了市场营销活动的进行。为解决矛盾，形成合力，出现了推销人员附属于市场经理领导的现代市场营销部门，见图 16-4：

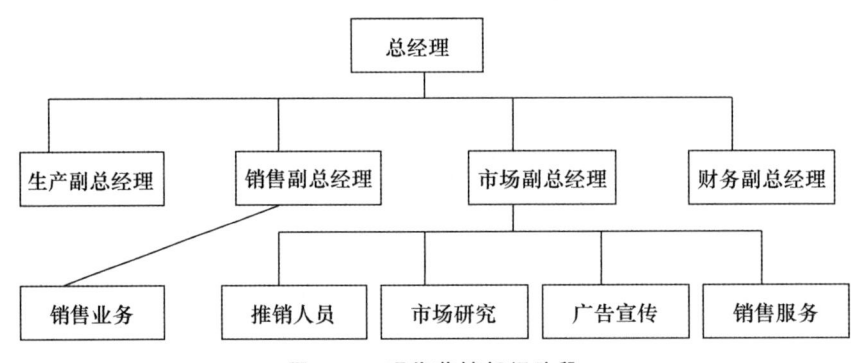

图 16-4　现代营销部门阶段

5．现代市场营销组织阶段

一个企业建立了营销部门，不一定表示企业已经树立了市场营销观念，贯彻了市场营销的指导思想，进而有效地开展了生产经营活动。在这种情况下，企业往往把营销看作是一种推销功能，各部门各自强调其工作的重要性，从而形成多个中心。例如，生产部门只考虑如何将产品高效率地生产出来，不问市场需要；财务部门只强调降低产品成本，不主动适应消费者需求变化。这样，不管市场营销部门如何健全，也不能有效地顺利开展工作。所以，只有随着市场竞争的日益加剧，当企业全体人员把企业所有内部工作都看成是"为消费者服务"，认为"市场营销"不只是企业内某个部门的名称，而且是整个企业生产经营的指导思想时，才形成了真正的市场营销组织。

16.2.2 市场营销组织的特征

市场营销组织是企业适应市场变化的产物,而现代市场营销组织实际上面临着更加纷繁复杂的市场环境。因此,有效的市场营销组织必须具备以下特征:

1. 真正以市场为导向

在变化纷呈和日趋细分化的市场里,营销组织只有密切接触市场,真正以市场为导向,才能产生对市场极为敏锐的嗅觉,捕捉稍纵即逝的机会。而现在不少现代企业的组织结构是按照经营顺序设置相应的职能部门,以研究开发为起点,顾客为终点,中间依次设置采购、生产、营销部门,这种模式从企业经营的角度来看是合理的,但缺点也是明显的。其一,各职能部门只是被视为企业运行链条中的一个个单向联系的环节,缺乏相互间的有效协作。其二,更为不足的是顾客仅被视为企业运行过程的终点而不是起点,以这种导向构建的营销组织充其量只能视为企业的产品推销部门。而缺少对市场的关注为起点的研究开发只会使新产品成为实验室里的欣赏品而缺乏市场价值。因此,现代市场营销组织必须是真正的以市场为导向的组织。

2. 以顾客为营销组织的核心

营销的实质是通过满足顾客需求而追求盈利,顾客是企业营销的客体。在以标准化产品为代表的"大量生产、大量消费"已经结束,顾客需求日益个性化和多样化的时代,现代企业必须彻底改变传统的组织结构,借助信息技术的发展为顾客进行对口管理和终身服务,与顾客建立中长期的伙伴关系,使顾客真正成为营销组织的核心。

3. 有利于企业营销协调和信息沟通

营销不仅是营销部门的事。它依赖于企业各部门的共同配合和相互协调,在顾客、竞争等微观环境发生深刻变化的情况下更应如此;要通过企业营销组织再造,让营销真正融入到每一业务部门的日常工作中,使各部门都认识到它们自己就是企业营销的一个环节,营销不只是一个部门的名称,而且是企业的经营宗旨,在企业内实现真正的营销协调,才能提高现代企业整体竞争力。

4. 具有弹性和快速反应能力

传统的严格定位、纵向管理和逐级负责的营销模式在行业发展平衡、市场变动不大的环境中常常是有效的,但这种等级分明、层次较多、官僚主义的组织已无法适应新的信息革命和社会市场环境的变化。因此,现代营销组织必须突破传统组织的僵化性,必须做到因事设人而非因人设事,使营销组织富有弹性和灵活性,并能针对顾客需求和市场竞争的变化作出快速反应,使现代企业掌握竞争的主权。

5. 有利于扩大企业竞争优势

在激烈的竞争中,越来越多的企业放弃多元化战略而转向在其具有一定优势的核心领域,谋求将供、产、销等环节纳入企业竞争战略规划,并通过收购或兼并与上下游企业建立灵活、协调的生产销售网络,实现垂直一体化营销管理,从而降低投资成本和交易费用,提高经营效益。现代市场营销组织应能够充分发挥其和外界联系密切的特长,为企业与上下游业者建立中长期稳定的伙伴关系,以扩大企业优势,提高企业整体市场竞争力。

16.2.3 市场营销组织的基本模式

市场营销组织随着市场的变化,依据不同的情况,分别采取不同的模式。一般来讲,不管哪种形式,都必须适应市场营销活动的四个方面,即职能、地理区域、产品、消费者市场,因此,与之相应,市场营销组织也有五种基本模式:

1. 职能式组织模式

这是最常见的营销组织模式(见图16-5)。市场营销活动职能包括市场调研、销售计划、广告推销、销售业务、新产品开发等。在职能式营销组织中,市场营销经理的工作就是协调各职能部门的活动。其主要优点在于:职责分明,落实各类人员对各类工作成果的责任;集中管理、统一指挥,有利于维护领导对指挥和控制活动的权力和威信。其缺点在于:没有一个职能组织为具体的产品或市场负责,每个职能组织都为求获得与其他职能组织对等的地位,因而面临着如何进行协调的问题。

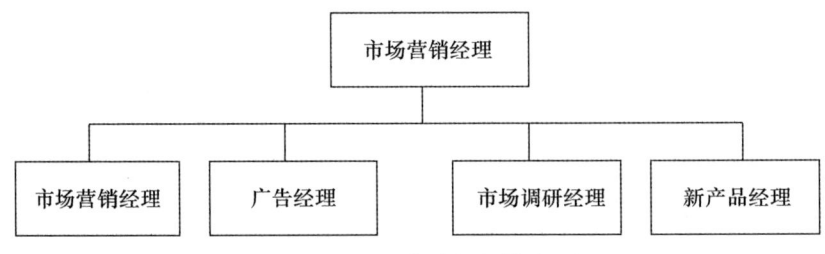

图16-5 职能式组织模式

2. 地区式组织模式

即在全国范围内按地理或经济区域布设营销机构,配置销售力量的市场营销组织模式,各区根据本区市场环境状况,组织制订并实施营销计划,以拓展本区市场,扩大本区销售(见图16-6)。其主要优点是:管理幅度与管理层次相对增加,这样便于高层管理

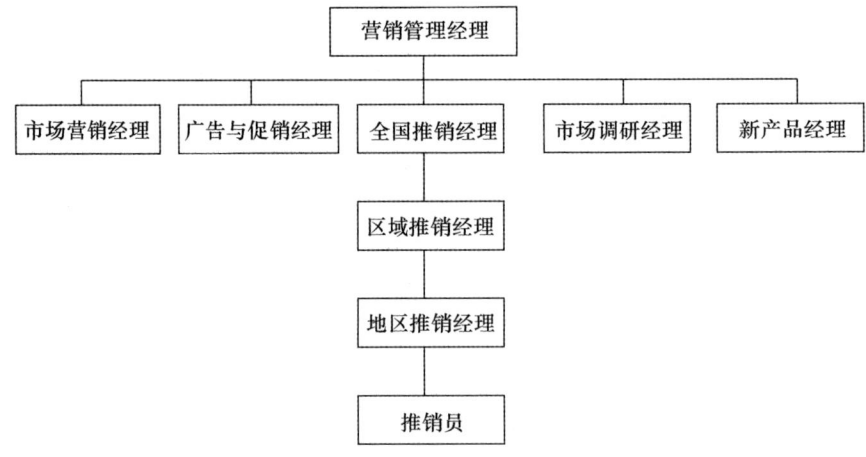

图16-6 地区式组织模式

者授权,充分调动各级营销部门积极性;有利于发挥该地区部门情况的优势,发展特定市场。主要缺点是:各地区的营销部门自成体系,容易造成人力资源浪费,地区销售经理更多地考虑本地区的利益,而在一定程度上忽视了企业整体利益。

3. 产品管理组织模式

即按照企业产品的不同而设立多个不同的营销组织,这种模式适用于生产多种产品或品牌的多角化生产经营企业。实际上,这种模式并没有取代职能组织模式,只不过是增加一个管理层次而已。产品管理组织模式由一名产品主管经理负责,下设几个产品大类经理,产品大类经理监督管理某些具体产品经理,见图 16-7:

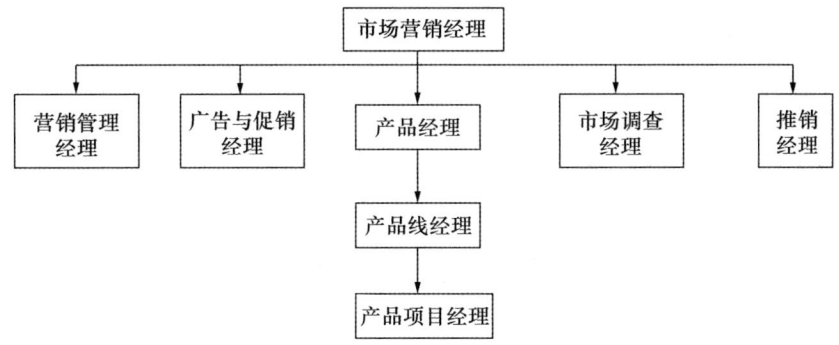

图 16-7 产品管理组织模式

最早的产品管理组织形式出现于 1927 年的宝洁公司,当时该公司开发的一种新肥皂境况欠佳。年轻的经理尼尔·麦克尔罗伊(后来升任宝洁公司总经理),受命统筹开发推销该新产品的工作,他取得了成功,于是公司随之增设了其他产品经理。从那时起,许多公司,特别是生产食品、肥皂、化妆品和化工产品的公司,都建立了产品管理组织模式。

产品经理的主要任务是制定产品的长期发展战略,编制年度营销计划,并负责全面实施计划和控制执行结果。产品管理组织形式的优点为:有利于将产品营销组合的各种要素有机协调起来;能够对市场上出现的问题迅速作出反应;较小的品种或品牌由于有专人负责而不遭忽视;由于涉及企业经营的各个领域,有利于锻炼年轻经理,为企业培养人才。当然,这种组织形式也有缺点,主要是:产品经营权力较小,难以有效履行职责,因此不得不依靠销售、生产、广告等部门的配合;产品经理只能成为本产品的专家,很难成为职能专家;产品经理任职期限较短,从而使市场营销计划缺乏长期连续性。

4. 市场管理组织模式

市场管理组织模式是企业按照市场的不同划分而设立市场营销管理组织的方式。例如,钢铁公司既卖给商业企业,又卖给建筑业和加工业等,这时就可以采取市场管理组织模式,由副总经理统一领导协调各职能部门的活动,见图 16-8:

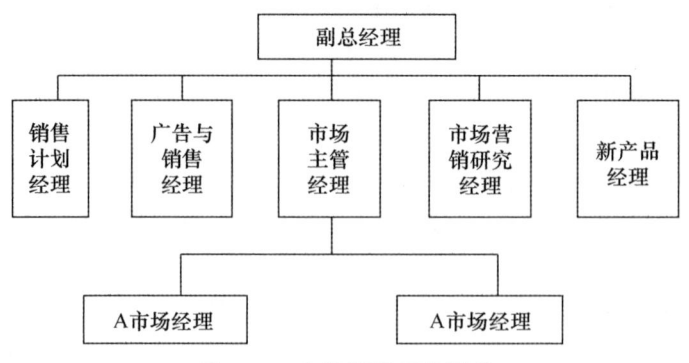

图 16-8　市场管理组织模式

市场管理组织模式与产品管理组织模式的结构相似,由一个总市场经理管辖若干细分市场经理。市场经理的职责亦与产品经理相似,他们为自己负责的市场制订长期和年度计划,分析市场趋势及所需要的新产品,他们比较注重长远的市场占有率,而不是眼前的获利能力。市场管理模式与产品管理组织模式还有相似的优点和不足。它的最大优点是各种市场营销活动通过市场经理被组织起来,满足不同顾客群的需要,而不是着眼于职能、地区或产品。有专家认为,市场管理组织模式最符合现代市场营销观念的要求。

5. 产品/市场式组织模式

这是一种将产品管理组织模式和市场管理组织模式组合起来的矩阵式营销组织模式,适用于生产多种产品并向多个市场销售的企业,见图 16-9:

	市场经理			
	男装	女装	家庭用户	工业用户
人造纤维				
醋酸纤维				
尼　龙				
涤　纶				

(产品经理)

图 16-9　产品/市场式组织模式

产品经理负责产品的销售利润和计划,为产品寻找更广泛的用途;市场经理开发现有和潜在的市场,着眼市场的需要,而不只是推销眼前的某种产品。这种组织模式适用于多角化经营的企业,不足之处是费用较大,而且由于权力和责任界限比较模糊,易产生矛盾。

16.3　市场营销执行

市场营销执行,就是调动企业全部资源,优化配置投入到营销活动中去,将营销计划转变为具体行动,并保证这一行动的完成,以实现营销计划所制定目标的过程。

16.3.1 营销执行不力的原因

企业的市场营销战略和市场营销计划往往不能有效地执行,其原因主要有以下几方面:

1. 计划脱离实际

企业的市场营销战略和市场营销计划通常是由上层专业计划人员制订的,而执行则要依靠市场营销管理人员,由于这两类人员之间往往缺少必需的沟通和协调,导致下列问题的出现:

(1) 企业的专业计划人员只考虑总体战略而忽视执行中的细节,使计划过于笼统和流于形式。

(2) 专业计划人员往往不了解计划执行过程中的具体问题,所订计划脱离实际。

(3) 专业计划人员和市场营销管理人员之间缺少充分交流与沟通,致使市场营销管理人员在执行过程中经常遇到困难,因为他们并不完全理解需要他们执行的战略。

(4) 脱离实际的战略导致计划人员和市场营销管理人员相互对立和不信任。现在许多企业已经认识到,不能仅靠专业计划人员为市场营销人员制订计划,正确的做法应该是让计划人员协助市场营销人员制订计划。因为市场营销人员比计划人员更了解实际,让他们参与企业的计划管理过程,会更有利于市场营销执行。因此,许多西方企业消减了过分集中的计划体制弊病,将公司总的计划人员大大缩减。

2. 长期目标和短期目标相矛盾

市场营销战略通常着眼于企业的长期目标,涉及今后三至五年的经营活动。但具体执行这些战略的市场营销人员通常是根据他们的短期工作绩效,如销售量、市场占有率或利润等指标来评估和奖励的。因此,市场营销人员常选择短期行为。对美国一些公司的一项调查表明,这种情况非常普遍。例如,某公司的长期产品开发战略半途夭折,原因就是市场营销人员追求眼前的效益和个人奖金而置新产品开发战略于不顾,将公司的主要资源都投入现有的成熟产品中了。因此,许多公司正在采取适当措施,克服这种长期目标和短期目标之间的矛盾,设法求得两者的协调。

3. 因循守旧的惰性

企业当前的经营活动往往是为实现既定战略目标,新的战略如果不符合企业的传统和习惯就会遭到抵制。新旧战略的差异越大,执行新战略可能遇到的阻力也就越大。要想执行与旧战略截然不同的新战略,常常需要改变企业传统的组织机构和供销关系。譬如,为了执行给老产品开辟新销路的市场战略就必须创建一个新的营销机构。

4. 缺乏具体明确的执行方案

有些战略计划之所以失败,是因为计划人员没有制订明确而具体的执行方案。实践证明,许多企业面临困境,就是因为缺乏一个能够使企业内部各有关部门协调一致作战的具体实施方案。企业的高层次决策和管理人员不能有丝毫"想当然"的心理,编制详细周密的项目时间表,明确各部门经理应负的责任。只有这样,企业市场营销执行才有保障。

16.3.2 营销执行的过程

市场营销执行是一个相当复杂的过程,它大致包括如下主要步骤:

1. 制定行动方案

为了有效地实施市场营销战略,必须制订详细的行动方案。这个方案应该明确市场营销战略实施的关键性决策和任务,并将执行这些决策和任务的责任落实到个人或小组。另外,还应包含具体的时间表,定出行动的确切时间。

2. 建立组织结构

企业的营销组织在市场营销执行过程中起着决定性的作用。其功能是将战略实施的任务分配给具体的部门和人员,规定明确的职权界限和信息沟通渠道,协调企业内部的各项决策和行动。企业的战略不同,相应建立的组织结构也应不同。也就是说,组织结构必须同企业战略相一致,必须同企业本身的特点和环境相适应。组织结构具有两大功能,首先是提供明确的分工,将全部工作分解成管理的几个部分,再将它们分配给各有关部门和人员;其次是发挥协调作用,通过正式的组织联系沟通网络,协调各部门和人员的行动。

3. 设计决策和报酬制度

为实施市场营销战略,还必须设计相应的决策和报酬制度。这些制度直接关系到战略的成败。就企业对管理人员工作的评估报酬制度而言,如果以短期的经营利润为标准,则管理人员的行为必定趋于短期化,他们就不会有为实现长期战略目标而努力的积极性。

4. 开发人力资源

市场营销战略最终是由企业内部的工作人员来执行的,所以人力资源的开发至关重要。这涉及人员的考核、选拔、安置、培训和激励等问题。在考核、选拔管理人员时,要注意将适当的工作分配给适当的人,做到人尽其才;为了激励员工的积极性,必须建立完善的工资、福利和奖惩制度。此外,企业还必须决定行政管理人员、业务管理人员和一线工人之间的比例。许多美国企业已经削减了公司一级的行政管理人员,目的是减少管理费用和提高工作效率。

应当指出的是,不同的战略要求具有不同的性格和能力的管理者。"拓展型"战略要求具有创业和冒险精神、有魄力的人员去完成;"维持型"战略要求管理人员具备组织和管理方面的才能;而"紧缩型"战略则需要寻找精打细算的管理者来执行。

5. 构建企业文化

企业文化是指一个企业内部全体人员共同持有遵循的价值标准、基本信念和行为准则。企业文化对企业经营思想和领导风格、对职工的工作态度和作风均起着决定性的作用。企业文化包括企业环境、价值观念、模范人物、仪式、文化网五个要素。企业环境是形成企业文化的外界条件,它包括一个国家、民族的传统文化,也包括政府的经济政策以及资源、运输、竞争等环境因素。价值观念是指企业职工共同的行为准则和基本信念,是企业文化的核心和灵魂。模范人物是共同价值观的人格化,是职工行为的楷模。仪式是指为树立和强化共同价值观,有计划进行的各种例行活动。如各种纪念、庆祝活动等。文化网则是传播共同价值观和宣传介绍模范人物形象的各种非正式的渠道。总之,企业文化主要是指企业在其所处的一定环境中逐渐形成的共同价值标准和基本信念,这些标准和信念是通过模范人物塑造和体现,通过正式和非正式组织加以树立、强化和传播的。由于企业文化体现了集体责任感和集体荣誉感,它甚至关系到职工的人生观和他们所追求的最高目标,它能够起到把全体员工团结在一起的"粘合剂"作用,因此,塑造和强化企业文化是执行企业战略不容忽视的一环。

与企业文化相关联的,是企业的管理风格。有些管理者的管理风格属于"专权型",他们发号施令,独揽大权,严格控制,坚持采用正式的信息沟通,不容忍非正式的组织和活动。另一些管理者的管理风格属于"参与型",他们主张授权给下属,协调各部门的工作,鼓励下属的主动精神和非正式的交流与沟通。这两种对立的管理风格各有利弊。不同的战略要求不同的管理风格,这主要取决于企业的战略任务、组织结构、人员和环境。企业文化和管理风格一旦形成,就具有相对稳定性和连续性,不易改变。

6. 协调市场营销战略实施系统各要素间的关系

为了有效地实施市场营销战略,企业的行动方案、组织结构、决策和报酬制度、人力资源、企业文化和管理风格这五大要素必须协调一致,相互配合。

16.3.3 营销执行技能

执行问题在企业市场营销的各个层次上都存在,有总体战略计划的执行,有职能部门计划的执行,也有单项产品或市场开发计划的执行。为了有效地实施各层次的计划,需要掌握一些相关技能。

1. 配置技能

即指在制定行动方案时,在不同活动之间分配资金、人力和时间的技能。如一家经营办公自动化系统的公司,在执行促销计划时,要决策究竟用多少钱开展销会,会期几天,公司将投入几个人等。

2. 组织技能

前面曾讲到有效的营销组织应具有灵活性,组织的结构必须与战略计划、目标要求相一致。关于组织结构有以下几方面的基本决策。

(1) 集权化或分权程度。一般认为,分权化管理更有助于鼓励创新和使企业组织具有灵活性。

(2) 正规化程度。即企业内是否鼓励员工间非正式信息的沟通与交流大量存在,一些成功的企业经验证明,一个组织内,正式系统与非正式系统同时存在,相互作用,有助于提高企业执行活动的效率。

(3) 精简化。少而精的行政人员应尽可能采用较简单的职能、产品、地区等一维变量的组织结构,避免复杂的"矩阵"结构。

3. 控制技能

即建立和管理一个对营销活动情况进行追踪的控制系统。控制包括三种:年度计划控制、盈利率控制和战略控制(详见本章第 4 节)。

4. 推动并影响他人的技能

即管理者要有善于推动并影响他人共同把事情办好的能力,且不仅推动本组织的人员,还须推动组织外其他人或企业一起为达到营销目的而努力。如推动影响生产制造部门、广告代理商、经销商等的行动以更好地实现营销目标。

5. 建立一套工作制度、决策制度、报酬制度和技能

这些制度直接关系到组织执行的效率和成败。以报酬制度为例,它首先涉及对营销人员部门工作绩效的评估,如果以短期盈利情况为评估标准,就可能引导营销人员及部门的行为趋于短期化,而缺少为实现长期战略目标努力的主动性。

此外,企业执行营销战略计划的效率不仅取决于其组织结构、行动方案、控制与报酬制度,还取决于其人员构成,是否拥有与企业战略要求相符的性格和能力的管理人员,企业内全体人员是否遵循共同的基本信条和行为准则,以及员工工作态度和作风。这些也可被统称为企业文化。企业文化具有相对稳定性和连续性,在现代营销理论中,企业文化对企业经营成败和实施战略计划的效率具有重要影响。

16.3.4 营销效果评价

我们可以用有准备地逐项分析的办法来估价一个企业的营销执行效果。卓有成效的营销执行活动一般能对下面问题作出回答:

(1) 是否有明确的营销主题、坚强的营销领导和能促进与导致获得卓越成功的文化素质?

(2) 企业营销活动在功能上的细分是否稳妥?推销功能中的分配、定价方法和广告宣传是否都处于良好的管理之下?

(3) 企业的营销规划是否是一个整体,并以集中方式向各顾客群进行营销活动?

(4) 营销管理者与其他同营销有关的人员、其他职能部门、顾客及商界的相互关系是否处理得当?

(5) 管理者采用什么监控办法来得知自己的各种执行情况和顾客相互关系是否处理得当?

(6) 管理者采用什么监控办法来得知自己的各种行动情况和顾客及潜在顾客群的反应?

(7) 管理者分配给营销任务的时间、经费、人员是否恰当?

(8) 管理者以怎样的组织方式来完成营销任务和处理顾客的相互关系?

要把战略和执行对营销结果产生的影响区分开来,这将是一件困难的事情。但是,强调在营销执行活动和营销战略中,发挥企业优势,必将能使企业获得较好的效益。

本章小结

制订营销计划是市场营销工作的基础,在制订营销计划之前,应对宏观环境、企业

自身、消费者、竞争者、行业动向、市场等选用合适的方法进行分析。市场营销计划的主要内容应包括：计划概要、目前市场营销形势、机会与问题分析、目标、营销战略与策略、行动方案、促销方案、预计盈亏报表和控制。

随着营销环境的变化，营销组织也按单纯的销售部门、兼有附属职能的销售部门、独立的营销部门、现代营销部门、现代营销企业这样的方向演变。营销组织大体可分为专业化组织和结构性组织两种，专业化组织主要包括职能型、产品型、市场型、地理型这四种组织类型，结构性组织主要有金字塔型、矩阵型等类型。

思考题

1. 如何制订稳健、可行的市场营销计划？
2. 实施市场营销计划的过程中需要注意什么？
3. 市场营销控制有哪些基本方法和途径？
4. 市场营销审计的范围与主要内容是什么？

案例分析

紧缩战略，让中粮品牌更强大

中国粮油食品进出口（集团）有限公司（以下简称"中粮集团"）成立50多年，从一家单一的粮食进出口企业，到国内最大的粮食贸易商、最大的农产品及食品加工企业、最大的生物质能源生产企业、进军房地产开发……中粮集团目前下设中粮粮油、中国粮油、中国食品、地产酒店、中国土畜、中粮屯河、中粮包装、中粮发展、金融等9大业务板块，拥有中国食品（HK 0506）、中粮控股（HK 0606）两家香港上市公司，中粮屯河（600737）、中粮地产（000031）和丰原生化（000930）三家内地上市公司。公司位列中国食品工业百强企业第一名，《财富》全球500强年度排名中位列第312位，是名副其实的企业巨象。

一、产业战略：有限相关多元化还是不相关多元化？

据中粮公开资料显示，"有限度就是中粮今后不搞过度多元化，新进任何行业都要慎之又慎，集团的第一要务是发展好主营业务。而所谓相关多元，就是中粮的业务虽然有分类和多元，但行业之间要具备相关、协同性，要有逻辑关系，能互相支持，形成合力"。中粮的集团战略定位是"全产业链粮油食品企业"，即以客户需求为导向，涵盖从田间到餐桌，即从农产品原料到终端消费品，包括种植、收储物流、贸易、加工、养殖屠宰、食品制造与营销等多个环节，通过对全产业链的系统管理和关键环节的有效掌控以及各产业链之间的有机协同，形成整体核心竞争力，奉献安全、营养、健康的食品，实现全面协调可持续发展。

然而，庞大的中粮集团下面，与粮油食品不相关的产业有地产——中粮集团的地产业务分散在中粮地产以及中粮置地两家公司，其中 A 股公司中粮地产（000031.SZ）以住宅为主，非上市公司中粮置地以商业地产为主，两家公司均以"中粮"品牌在地产领域纵横捭阖。

除此之外，还有金融产业板块，主要从事中粮金融类资产的中、长期投资管理，旗下管理的中英人寿保险有限公司和中怡保险经纪有限公司，均由中粮集团与国际行业领先的保险公司、保险经纪公司合资组建而成，致力于为客户量身打造全方位的保险服务产品。

还有旗下的核心业务聚焦于茶叶、木材、羊绒、香料四大领域的中国土产畜产进出口总公司。

从其公司网站上的集团组织架构可以看出，中粮集团其实不仅是以"食品全产业链"为核心主业的企业，而是涉足食品产业、地产投资开发、金融服务和土畜综合进出口等多元化的大型企业集团。

二、品牌架构：单一品牌还是多品牌？

品牌架构（brand structure）一般指企业中母子品牌的组合和它们的关系结构。如果一个企业有超过两个以上的产品（或服务），该如何设置品牌关系？对大型的集团企业来讲，品牌架构从层次上可以分为集团品牌、产业单元品牌、产品（或服务）品牌三种，中粮集团的集团品牌为"中粮"，中粮集团的产业单元品牌为"中国食品"、中粮控股、中粮屯河、中粮地产、丰原生化和蒙牛乳业等，而中粮集团的产品品牌为"福临门""金帝""长城""五谷道场"等。

从集团品牌和产业单元品牌的品牌关系上可以分为单一品牌和多品牌，单一品牌就是下面的产业单元品牌与集团母品牌共用一个名称，典型的如 GE 和同样是央企的华润；而多品牌还可以分为独立品牌、复合品牌和混合品牌。独立品牌是所有产业单元品牌都不与集团母品牌采用不相关的名称，典型的就是宝洁；复合品牌可以理解为产业单元品牌都以集团品牌名称为前缀，典型的就是汽车企业的品牌序列；而混合品牌是产业单元品牌中集团品牌名称和其他品牌名称同时存在。

从中粮集团的产业单元设置上分析，既有单一品牌的意愿即中粮控股、中粮屯河、中粮地产……又有混合品牌的影子即丰原生化和蒙牛乳业等。当然，世界上没有一个放之四海而皆准的集团品牌架构，合适的就是最好的。

三、品牌管控：紧密型还是松散型？

集团品牌管控，通俗的理解就是集团采用什么样的模式和机制来管理和控制旗下所有产业单元和产品品牌，以保证集团品牌的整体形象和资产的升值。常规品牌管控模式一般由集团总部成立品牌战略管理和指导监督部门，与旗下产业单元的品牌管理部门共同协调和管理整体品牌利益。

中粮集团作为关乎国计民生，并面对千万消费者的世界 500 强企业，在品牌管控上似乎有待提升。对于品牌管控，只在集团办公厅下设品牌管理部负责集团品牌整合管理。而公开的组织架构图上,关于品牌管控或管理的部门,最接近的只显示为"党群工作部(企业文化部)"。另外2007年,其全资子公司中粮创新食品改名为创新与品牌管理部,下设多个独立部门,例如产品创新部、研发部、新品推广部、悦活事业部、滋采事业部等。其职责是让中粮在食品饮料类的快速消费品业务上有明显的突破——主要承担推广和策划功能。

对于一个连续17年跻身世界500强,旗下拥有多个行业品牌的集团企业来讲,中粮在集团品牌管控方面显得稍显不足。

通过以上三个方面的分析,中粮集团在大踏步做大做强的过程中,也需要在品牌架构梳理和品牌管控上进行系统的提升和改进。

第一,在品牌架构上,缩减战线,采用明确的混合品牌架构模式。

具体来讲,一是在所有符合"全产业链"模式的产业单位均采用中粮品牌,通过品牌集中和聚焦,强化中粮——"中国粮油""中国粮食"的品牌联想,进一步树立"中粮"在中国食品、粮油领域无可争议的王者地位。

之后,应该剥离和收回所有不符合"全产业链"模式的产业单位使用的"中粮"品牌,减少对"中粮"品牌的本意和塑造的核心价值的损害和稀释。比,如对于地产和金融等产业单元不再使用"中粮"品牌,而是采取适合产业属性和代表集团实力的品牌名称和品牌形象,最终形成以"中粮"为主品牌,以其他品牌为重要组成部分的"混合型集团品牌"架构,真正做到"业务单元专业化"。

第二,在品牌管控上,拧紧机构即设立集团层面的品牌管理职能部门。

对于涉足跨领域产业并已经形成诸多的子公司且产品品牌众多的大型集团企业来讲,有集团层面的品牌战略管理部门显得尤为重要,即在集团层面设置品牌管理部门,并根据品牌架构的规划、协调,品牌形象的维护,在新收购品牌的管控和调整等角度设置相应的职能部门,进行统领和管理。

对于品牌管控,中粮集团麾下新成员蒙牛一直做得比较专业:蒙牛在2010年进行组织变革后,新设立了由集团副总裁负责的集团品牌管理系统,下设客户关系管理、媒介策略、营销监控、品牌管理规划等多个职能部门,从全方位立体的角度对"蒙牛"品牌进行管控。

面临国内和国际竞争,随着品牌战略重要性的提高和中粮集团本身已经从涉足产业上游领域到下游面对消费者领域的战略转变,更需要对其集团的整体品牌战略进行系统梳理和高效管控。

资料来源:《紧缩战略,让中粮品牌更强大》,http://expert.brandcn.com/zhuanjiapinglun/201107/289642.html,2017年3月6日访问。

案例思考题

你认为中粮集团应如何管控品牌?

第17章

体验营销

学习目标

通过本章的学习,了解体验营销的概念和特征;掌握体验营销战略基础的五种战略体验模块的内容与应用;了解体验营销战略规划工具的种类与特点;掌握体验营销战略的具体实施策略;了解体验营销在中国市场的应用现状,探究体验营销如何在中国市场成功实践。

学习重点

体验营销的概念;五种战略体验模块的内容与应用;体验营销战略的具体实施策略等。

引导案例 别克汽车的美好生活体验

别克 VELITE 5"美好屋托邦"是一栋充满智能科技与环保设计理念的品牌概念体验屋,它将别克品牌可持续、智能化、人性化的造车理念由出行延伸至住所,是一个关于人、车、生活之间美好关系的实验,也是别克对近在眼前的未来先进生活的探索。

2017年5月,该智能屋在上海黄浦江畔首度亮相即获诸多好评。近日,别克又将 VELITE 5"美好屋托邦"带到了杭州,将先进的智能科技融入自然之中,达成恰到好处的和谐统一。

自9月1日正式开幕以来,"美好屋托邦"在杭州颇受欢迎,20天里收到2600多份申请,共25位幸运住客体验了未来科技与绿水青山的奇妙融合,在这"世外桃源"体验了未来美好生活。

在别克 VELITE 5"美好屋托邦",住客可以体验语音控制、手机远程监控房屋、多种场景应用模式等众多智能科技,也可以在如画风景的环抱中品位最地道鲜醇的西湖龙井。

> 作为"美好屋托邦"住客的"贴心伙伴",别克 VELITE 5 增程型混合动力车拥有 116 公里超长纯电续航里程,足以满足日常需求,真正做到零油耗、零排放,即使在山野绿林中行驶也依然不会打破大自然的静谧和谐。
> 　　如果住客想要来一次跨越城际的旅行,768 公里的综合续航里程也能让出行毫不费力,让住客尽情享受美好生活。
> 　　据悉,此次营销战役由代理商睿狮中国操刀,其集团首席执行官陈仲翰这样评价道:"在高科技智能环保屋中感受茶文化的精妙,与自然亲密接触,感受从好到美好的先进生活理念。这便是此次别克 VELITE 5 杭州之行,我们为住客全新打造的一处美好屋托邦"。
> 　　伴随十一长假的结束,别克 VELITE 5"美好屋托邦"品牌概念屋杭州站也告一段落,但"美好屋托邦"对未来先进生活的探索仍在继续。11 月 1 日,别克 VELITE 5"美好屋托邦"将登陆江城武汉,继续诠释别克品牌"从好到美好"的先进生活理念。
> 　　**资料来源:**《别克打造"美好屋托邦"概念小屋,从出行向未来生活延伸》,http://socialbeta.com/t/case-Buick-build-a-beauty-Utopia-house-in-HangZhou,2017 年 12 月 2 日访问。

　　随着市场经济的不断发展,消费者的消费需求也在不断发生变化。人们的生活水准不再受限于物质产品的数量,人们开始越来越关注生活的质量,关心个人在心理和精神上的满足。体验营销的出现,突破了传统上"理性消费者"的假设,认为消费者在消费时是兼具理性与感性的,消费者在消费全过程中体验是影响消费决策的重要因素。体验营销适应了消费者日益增长的体验需求,将会在市场经济发展过程中发挥越来越重要的作用。

17.1　体验经济时代的到来

　　经济演进的过程伴随着消费型态的改变,现代经济社会已从过去的农业经济、工业经济、服务经济转变至体验经济。美国俄亥俄州的战略地平线顾问公司的共同创办人小约瑟夫·派因与詹姆斯·吉尔摩在美国《哈佛商业评论》发表的一篇文章指出,体验经济时代已来临,其区分经济价值演进的四个阶段为货物(commodities)、商品(goods)、服务(services)与体验(experiences)。所谓体验经济,是指企业以服务为重心,以商品为素材,为消费者创造出值得回忆的感受,追求顾客感受性满足的程度,重视消费过程中的自我体验。

　　经济发展的演进已从过去的农业经济、工业经济、服务经济走向现阶段的体验经济,而各经济发展阶段在生产行为及消费行为上呈现不同的型态:
　　(1) 农业经济:在生产行为上是以原料生产为主;消费行为则仅以自给自足为原则。
　　(2) 工业经济:在生产行为上是以商品制造为主;消费行为则强调功能性与效率性。
　　(3) 服务经济:在生产行为上强调分工及产品功能;消费行为则以服务为导向。
　　(4) 体验经济:在生产行为上以提升服务为首,并以商品为道具;消费行为则追求感性与情境的诉求,创造值得消费者回忆的活动,注重与商品的互动。

随着体验经济的到来,生产及消费行为产生的变化可以归纳为以下几点:

(1) 以体验为基础,开发新产品、新活动;

(2) 强调与消费者的沟通并触动其内在的情感;

(3) 以创造体验吸引消费者,增加产品的附加价值。

(4) 以建立品牌、商标、标语及整体意象塑造等方式,取得消费者的认同感。

我国台湾著名的资讯社会学教授罗家德先生在其《网络网际关系行销》一书中也曾指出消费符号化的趋势。消费不仅仅是买有用的东西,而且是消费者用来诉说自己的"语言"。一件衣服面料成本很低,但因为有了新颖的设计、创意的广告、动感的促销,就如同给其贴上了青春、活泼、典雅、开放、大方的"价值"标签,会对消费者产生不一样的吸引力。经济发展水平达到一定程度以后,当温饱已不成问题,任何商品都变得"符号化",人们要买的已不只是商品本身,而是附加在商品上的象征意义。随着"体验"变成可以销售的经济商品,"体验式消费"或者说是"符号化消费"的旋风开始席卷全球产业,继"服务经济"之后,"体验经济"已开始引领经济发展的方向。

在体验经济模式下,营销者只有深入研究消费者市场需求的特点和消费者行为模式,才能更好地满足消费者需要,从而在激烈的市场竞争中立于不败之地。

17.2　体验营销的内涵

17.2.1　体验的概念

所谓体验,就是人们响应某些刺激(例如,企业营销活动为消费者在其购买前与购买后所提供的一些刺激)的个别事件。体验通常是由于对事件的直接观察或是参与造成的,不论事件是真实的,还是虚拟的。

体验会涉及顾客的感官、情感、情绪等感性因素,也会包括知识、智力、思考等理性因素。体验的基本事实会清楚地反射于语言中,常见的描述体验的动词有"喜欢""赞赏""讨厌""憎恨"等,而形容词则有"可爱的""诱人的""刺激的""有趣的"等。心理语言学家研究表明,类似这些与体验相关的词汇在人类的各种语言(如汉语、英语、德语、日语等)中都是存在的。

体验通常不是自发的,而是诱发的,当然,诱发并非意味着顾客是被动的,而是说明营销人员必须采用体验媒介。最后一点,体验是非常复杂的,没有两种体验是完全相同的,人们只能通过一些标准将体验分成不同的形式。对企业营销人员而言,与其关心一些特定的体验,不如探讨独特的营销战略,考虑为顾客提供的体验形式,为顾客提供长久的新奇感。

17.2.2　体验营销的概念

体验营销指企业以满足消费者的体验需求为中心所开展的一切营销活动。体验营销的内涵应该包括如下方面:体验营销是指企业通过战略管理和运营管理,创造、提供和出售体验,让顾客在消费过程中有所感受、留下印象,精神需求得到最大程度满足的一种营销模式,其最终目的是把顾客满意转化为企业价值。

上述关于体验营销的定义突出了以下几点:

(1) 营销观念的转变。传统营销以"顾客为理性消费者"为假设前提,体验营销认为消费者消费时是理性和感性兼具的。

(2) 营销重点的转移。传统营销注重产品质量及服务水平,体验营销重点放在给顾客提供的"体验"上。

(3) 体验营销是互动行销。传统营销信息的流向是单向的,体验营销强调双向、及时的信息沟通方式。

(4) 体验营销是实现企业与消费者双赢的一种营销模式。体验营销通过提供体验满足顾客,通过满足顾客提升企业价值,最终实现企业与消费者的双赢。

17.2.3 体验营销的特征

体验营销一切活动的开展都是以满足消费者需求为中心的,伴随体验经济的到来,消费者的需求变化主要可以概括为下面几点:

(1) 从消费结构看,情感需要相对物质需要的比重增加。消费者在注重产品或服务质量的同时,更加注重情感、心理方面的需要和满足。

(2) 从消费的内容看,大众型的标准化产品日渐失势,消费者对个性化的产品或服务需求越来越高。

(3) 从价值目标看,消费者从注重产品本身的使用价值,转移到注重产品使用时所产生的感受。

(4) 从接受产品的方式来看,人们已经不再满足于被动地接受企业制造好的产品或服务,而是要实现自身需求与企业生产的互动,主动参与产品的设计与制造。

(5) 消费者的公益意识不断增强,在满足自身需要的同时,开始关注环境保护、弱势群体保护等公益问题。

随着经济的发展和生活水平的提高,人们对价格的敏感度逐步下降,而产品或服务所带来的心理效益则在消费者决策过程中起到越来越重要的作用。精神需求逐步超越物质需求而成为消费者的主导性需求,成为市场经济的发展趋势,以满足人们的体验需求为目标的体验营销将在竞争激烈的市场中发挥更大的作用。

作为新兴营销方式的体验营销具有如下三个特征:

1. 需要消费者的主动参与

消费者的主动参与是体验营销区别于商品营销和服务营销的一个显著特征。离开了消费者的主动参与,体验是难以产生的,而且消费者参与程度的高低也直接影响体验的产出。譬如采摘体验中,积极的采摘者总是会获取较丰富的体验,而一个心不在焉的参与者往往体验较少。

2. 以消费者体验需求为中心

在现代社会,人们已不满足于单纯地购买产品,而更着重于购买产品过程中所产生的满足。因此,企业在提高产品本身的使用价值时,更应该开展各种沟通活动,增强顾客的体验需求,从而使顾客物质上和精神上得到双重满足。体验营销要求企业切实站在消费者的立场,提供可以满足不同体验诉求的产品和服务。

3. 强调消费者是理性和感性的结合体

传统营销把消费者看成理智购买决策者,把消费者的决策看成解决一个问题的过程,非常理性地分析、评价,最后决定购买;而体验营销则认为消费者在决策过程中同时受到感情和理性的支配,消费者因理智和因情感而作出购买决定的几率是一样的。

17.3 体验营销战略

17.3.1 体验营销战略基础

体验既是复杂的,又是多种多样的,但可以分成不同的形式,不同的形式有自己所固有而又独特的结构和过程。这些体验形式是经由特定的体验媒介所创造出来的,能达到有效的营销目的。伯德·施密特将这些不同的体验形式称为战略体验模块(strategic experiential modules,SEMs),这些战略体验模块是体验营销战略的基础。下面将详细介绍五种不同的战略体验模块:

1. 感官(sense)

感官营销的诉求目标是创造知觉体验的感觉,它经由视觉、听觉、触觉、味觉与嗅觉传递给消费者特殊的消费体验。从营销目的上来看,感官营销可区分为识别公司与产品、引发顾客购买动机与增加产品的附加价值等。

例如,理查特(Richart)公司制作的巧克力被英国版《时尚》杂志称为"世界上最漂亮的巧克力"。理查特首先定位自己是一家设计公司,接着才是巧克力公司。其商标是以艺术装饰字体完成的,其中特别将"A"做成斜体,用来区隔"富有"(rich)与"艺术"(art)这两个字。理查特巧克力是在一个类似精致的珠宝商展示厅销售,巧克力装在一个玻璃盒子中,陈列于一个广阔、明亮的销售店中。产品打光拍摄,在其产品的宣传资料中就像是件精致的艺术品或是珠宝。巧克力盒子是有光泽的白色,附着金色与银色的浮雕字。

再如,在超级市场中购物经常会闻到超市特地生成的烘焙面包的香味,这也是一种感官营销方式(嗅觉)。

2. 情感(feel)

情感营销致力于满足顾客内在的感情需要,目标是创造情感体验,这种体验可以是一种温和、柔情的正面心情,也可以是欢乐、自豪甚至是激情的激动情绪。情感营销的运作需要明确某种刺激可以引起何种情绪,使消费者自然地受到感染并融入这种情境中。新加坡航空以带给乘客快乐为主题,营造一个全新的起飞体验。该公司制定严格的标准,要求空姐如何微笑并制作快乐手册,明确以什么样的音乐、什么样的情境来"创造"快乐。通过提供出色的顾客服务,新加坡航空公司获得了稳定的发展,成为世界上十大航空公司之一和获利最多的航空公司之一。

国内企业在以情感为诉求点的营销活动中也有一些成功案例。一句"孔府家酒让人想家",引起在外游子对父母、对家乡无限的思念之情,使得顾客在消费过程中感受到了"想家"的体验。再如,一位清纯、可爱,脸上写满幸福的女孩子,偎依在男朋友的肩膀,品尝着他送的"水晶之恋"果冻,就连旁观者也会感受到那种"美好爱情"的体验。

3. 思考(think)

思考营销从智力层面出发,以创意的方式引起顾客的惊奇、兴趣、对问题集中或分散的思考,为顾客创造认知和解决问题的体验。对于高科技产品而言,思考活动的营销方案是被普遍使用的,而在许多其他产业中,思考营销也已经被使用于产品的设计、促销和与顾客的沟通过程中。

1998年,苹果公司的 iMac 计算机上市仅 6 个星期,就销售了 278000 台,以致《商业周刊》把 iMac 评为 1998 年的最佳产品。该公司的首席执行官史蒂夫·乔布斯表示:"苹果已回到它的根源,并再度开始创新"。iMac 的创新紧随着一个引人沉思的思考营销的活动方案。该方案以"非同凡想"(Think Different)为主题,利用爱因斯坦、甘地、拳王阿里、约翰·列侬和小野洋子等来自不同领域的创意天才的黑白照片,在大型的广告路牌、墙体广告和公交车的车身等地点投放平面广告。当这个广告刺激消费者去思考苹果计算机的与众不同时,也同时促使人们思考自己的与众不同,使人们通过使用苹果电脑成为创意天才。乔布斯说:"与众不同的思考代表着苹果品牌的精神,因为充满热情创意的人们可以让这个世界变得更美好。苹果决定为世界上处处可见的创意人制造世界上最好的工具。"

4. 行动(act)

行动营销的目标是影响消费者身体上的有形体验和生活互动。行动营销为消费者指出做事的替代方法、替代的生活型态,丰富顾客的生活。在这个过程中,顾客生活型态的改变是受激发或自发的,也有可能是由偶像角色(例如,影、视、歌星或是著名的运动员等)引起的。

在美国,几乎每销售两双鞋中就有一双是耐克。该公司成功的主要原因之一,是有出色的"尽管去做"(Just Do It)广告。广告中经常展现著名运动员的运动风采,提升了消费者身体运动的体验,激发了消费者想要走上运动场的冲动,是行动营销的经典。

5. 关联(relate)

关联营销包含感官、情感、思考、行动营销等层面。关联营销超越了私人感情、人格、个性和"个人体验",促使个人与理想自我、他人或是某种文化产生关联。关联活动的诉求是激发自我改进(例如,想要与未来的"理想自己"有关联)的个人渴望,让别人(例如,一个人的亲戚、朋友、同事、恋人或是配偶和家庭)对自己产生好感,让自己和一个较广泛的社会系统(一种亚文化、一个群体等)产生关联,从而建立个人对某种品牌的偏好,让使用该品牌的人们形成一个群体。关联营销已经被用于许多不同的产业中。

美国哈雷（Harley-Davidson）机车，是运用关联营销的杰出品牌。哈雷就是一种生活型态，从机车本身、与哈雷有关的商品，到狂热者身体上的哈雷纹身，消费者视哈雷为他们自身识别的一部分。

此外，瑞士一家表店在其中一款瑞士名表上附上一张小卡片，写明400年后回来店里调整闰年，其寓意是在说明该瑞士名表的寿命之长、品质之精，即便拿它当作"传家之宝"也不为过。一般电子表虽有过400年自动调整闰年的功能，但谁会认为电子表可以保存到那么久呢？该表店以此"关联"的寓意来传达商品的价值，十分巧妙。

17.3.2 体验营销战略规划工具

1. 体验矩阵

要实施一个体验营销战略，首先要对企业内部和外部情况进行分析。要考虑目标顾客的喜好、行为、价值观以及影响他们的社会文化或社会亚文化；要考虑你的产品，包括产品的质量和功能、品牌的知名度和美誉度、产品的销售情况；要考虑合作伙伴、竞争对手以及整个产业的有关情况。体验式营销人员可以通过体验矩阵（experiential grid）进行战略体验模块与体验媒介的搭配使用，从而规划一个体验式营销战略。

营销人员为了达到体验营销目标而用来创造体验的工具称为体验媒介。作为体验营销执行工具的体验媒介包括：沟通、视觉与口头的识别、产品呈现、共同建立品牌、空间环境、电子媒体与网站、人员，如下表所示：

表 17-1 体验矩阵

		体验媒介					
		沟通	视觉与口头识别	产品呈现	共同建立品牌	空间环境	电子媒体与网站	人员
战略体验模块	感官	√	√					√
	情感	√						√
	思考				√		√	
	行动			√			√	
	关联					√	√	√

一般说来，对于情感和关联营销的创意，人员的使用是必不可少的，而共同建立品牌和电子媒体以及网站的使用又为思考营销提供了有利条件。另外，实施一个好的感官或情感营销，沟通是至关重要的。

2. 体验杂型和全面体验

体验分为五种类型，但实际情况下很少有单一体验的营销活动，一般是几种体验结合使用，施密特将其称为体验杂型（experiential hybrids）。进一步来说，如果企业为顾客提供的体验是涉及所有的五类体验，就会被称为全面体验（holistic experiences）。一般来讲，战略体验模块分为两类：一种是消费者在其心理和生理上独自的体验，即个人体验,例如,感官、情感、思考;另一种是必须有相关群体的互动才会产生的体验,即共享体验,例如,行动、关联。体验杂型和全面体验并不是两种或两种以上的战略体验模块简单的叠加,而是它们之间相互作用、相互影响,进而产生一种全新的体验。建立体验杂型离不开专有的工具——体验之轮(experiential wheel)。

3. 体验之轮

传统营销学中会提到效果层次,即顾客对一种产品的购买是分阶段进行的,始于认知,然后是理解,形成态度,最后购买。具体地说,就是首先必须引起人们对广告和品牌的关注,然后才能让消费者了解品牌的特色和益处,之后使消费者对此产生积极的看法和态度,所有这些步骤之后才会产生购买动机并最终导致购买行为。

从某种程度上说,体验之轮也是遵循类似的原理,要建立杂型体验,就要遵循一定的自然顺序和宣传目标的优先顺序,即:感官—情感—思考—行动—关联。"感官"吸引人们的注意并引发他们的兴趣;"情感"建立情感纽带,使体验和个人结成良好关系;"思考"让人们对体验产生持久的认知和兴趣;"行动"产生行为动机、建立品牌忠诚度和对未来的见解;"关联"则超越了个人的体验而在更广阔的社会层面上产生意味深长的影响。

17.3.3 体验营销具体实施策略

企业开展体验营销,并无严格的步骤、程式可循,但一些成功的体验营销经验表明,企业在实施体验营销时,应着重把握和开展如下工作:

1. 研究消费背景,关注产品服务对顾客的整体价值

一个产品或服务的价值往往不容易在购买时立即得到肯定,而常常在顾客购物前、中、后的体验中逐步得到认可,此时顾客的整体体验就成为增加顾客满意度和品牌忠诚度的关键因素。因此,营销人员应通过各种手段和途径来创造一种综合效应以增加消费体验,营造出与目标顾客需要相一致的心理属性,而且还要注意社会文化因素,考虑消费所表达的内在价值观念、消费文化和生活意义等。企业应注重与顾客之间的沟通,发掘他们的心理需要,站在顾客的角度,审视自己的产品和服务提供的价值,挖掘潜在的营销机会。

2. 制定体验主题,让顾客切实感受到企业所要展现的体验价值

体验营销是一个包含严格的计划、组织、实施和控制的营销管理过程。体验营销首先要设定一个"主题",所有产品和服务都要围绕这个主题展开,或者至少应设有一个"主题道具"(例如,一些主题公园、游乐园或以某主题为导向设计的一场活动等),让顾客能够在消费过程中产生共鸣。同时,树立具有特色的主题也是建立差异化竞争优势的需要。

3. 设计营销事件,激发顾客体验需求

企业着力塑造的顾客体验应该是经过精心设计和规划的,应具有稳定性和可预测性,顾客在购买前能够知道将得到什么样的体验。从企业竞争的角度看,企业要提供的顾客体验应该是与众不同的,对顾客有价值的。设计营销事件和刺激必须建立在目标

顾客在体验上的消费要求的基础上,自始至终不能偏离体验主题。

4. 借助体验媒介,调动顾客参与体验的主动性

体验媒介包括沟通、视觉与口头的识别、产品呈现、共同建立品牌、空间环境、电子媒体与网站、人员等。要充分利用企业资源,将各种工具进行全方位的组合运用,让消费者充分暴露在企业创设的氛围中,主动参与到设计的事件中来,从而完成"体验"的提供和消费过程。

人们的需求和欲望是多方面、多层次、随着时间和环境变化而变化的,因此体验需求也具有多样性。企业要善于寻找和开发适合自己的营销方法和工具,不断推陈出新,调动顾客参与体验的主动性。

17.4 体验营销在中国的应用

体验营销进入我国后,主要应用在国内的家电业、IT业和服务业。一些大企业也在大力倡导和推进体验营销,从而塑造企业品牌,如海尔集团、联想集团、清华同方、四川长虹等。这些国内知名企业在开展体验营销过程中,取得了一定的成绩。

海尔集团在2006年6月,在全国百余个城市、上千家卖场开展了"不用洗衣粉洗衣机"的现场体验活动,用实际的洗涤效果向消费者证明了"不用洗衣粉"一样可以洗干净衣服的全新理念。通过体验营销的开展,引领消费者的消费观念,开创了一种全新洗涤方式。

在2009年9月新品热水器推广时,海尔还专门为顾客设立了一个"体验中心"。在这个体验中心,除了有热水器的展示,顾客还可以体验到地暖、暖气片、小型壁暖等不同的供暖方式,浴缸、淋浴等不同的供水方式。通过建立体验中心,海尔建立了一种与顾客面对面的交流方式。顾客了解了品牌的历史和文化,体验了产品的技术和创新性,个性化的需求得到了满足。

然而,由于受到各方面因素的制约和影响,体验营销在我国相关行业实施的效果并不都是令人满意的,还有很大的提升空间。

在营销人员实际应用体验营销的过程中,应该结合我国目前经济发展水平和消费状况因地制宜,充分调研中国消费者的体验需求,提升消费者的消费体验。对企业来说,产品和服务的核心价值是开展营销活动的基础,需要切实提高产品和服务的质量。同时,要注重将消费者的心理需求属性与产品和服务相契合,满足消费者的潜在渴望。最后,企业要重视中国传统文化在营销活动中的作用,将现代元素与传统文化相结合,可能会带来令人惊喜的新奇体验。

本章小结

体验营销是指企业通过战略管理和运营管理,创造、提供和出售体验,让顾客在消费过程中有所感受、留下印象,精神需求得到最大程度满足的一种营销模式,其最终目

的是把顾客满意转化为企业价值。

体验营销具有需要消费者主动参与、以消费者体验需求为中心、强调消费者是理性和感性的结合体的特征。

战略体验模块是体验营销战略的基础,由感官、情感、思考、行动、关联5个模块组成。战略体验模块与体验媒介的选择组成了体验矩阵。

制定体验营销策略,需要研究消费背景、制定体验主题、设计营销事件,充分发挥体验媒介的作用。

思考题

1. 与传统营销概念相比,体验营销有哪些重要特征?
2. 在实施情感营销的过程中需要注意什么问题?你认为企业该如何提高情感营销的效果?
3. 执行战略体验模块时选择体验媒介有哪些一般的原则与技巧?
4. 如何看待传统文化在实施体验营销战略中的地位和作用?
5. 列举一个现实生活中在中国市场成功实施体验营销的案例,分析其成功的原因。

案例分析

零度可乐这次的体验式营销有点酷,倒可乐的音效还能再来一杯!

一向热衷于将口味作为卖点的零度可乐,最新一轮针对年轻人的营销活动却别出心裁地从声音入手。

在这则由奥美公司制作的新广告中,零度可乐携手 ESPN 和音乐识别 APP Shazam 进行了合作。ESPN 大学比赛日的主持人向观众示范了如何用 Shazam 得到一杯免费的可乐。只要打开 Shazam,让 APP 感应到倒可乐的声音,几秒钟后,手机上的杯子图标就会充满可乐。然后,人们就可以凭借弹出的兑换券,在7—11便利店、达美乐披萨饼店等地换取一杯免费的可乐。

根据可口可乐公司的调查,85%的年轻人从来没有尝试过零度可乐,但是当中接近50%的人一旦尝试了一次零度可乐,就会成为它的固定用户。因此,零度可乐这次营销战役的主要目标群体仍然是那些从未喝过零度可乐的人群。

早些时候,零度可乐的营销战役"你不知道零度有多棒,直到你尝试了它"(You Don't Know Zero 'Til You've Tried It)就已经在各个渠道全方位铺开。为了吸引人们尝试,零度可乐甚至还做了一个巨大的广告牌,称为"可以喝的广告牌",上面的字由一根根管子组成,而可乐则会通过这些管子流到人们的杯中。

在这次的"大学比赛日"中,零度可乐显然为了取悦校园里的橄榄球球迷下足了功夫。球迷只要将特制球衣上的主队 logo 同步到 Shazam 上即可兑换一杯 20 盎司的零度可乐。为了营造竞争氛围，竞争球队的粉丝们甚至还可以比比谁先"喝完"手机上的虚拟可乐。

"在大学里，橄榄球拥有一种神奇的力量，正好可以唤起目标消费者的激情"，可口可乐和零度可乐的副总裁 Racquel Mason 说，"所以我们认为以这样一种创新的方式参与到比赛日当中，不仅会为我们积累经验，还会帮助我们建立一种积极的品牌反馈——可口可乐不仅是一种好喝的饮料，还是一个很酷的品牌"。

奥美纽约总裁 Adam Tucker 说："最有效的推广品牌的方式是让消费者真正花时间去深入体验这个品牌，消费者得到良好的用户体验，品牌也就能建立起良好的声望，这比各种五花八门的广告都有效得多。"

"我们利用经验、数据、公关和媒体多渠道融合的方式，开展规模庞大的消费者试验，想方设法让他们和产品产生一种亲密接触，从而改变消费者的行为。"

零度可乐的这场广告战役就是这样一种大胆的尝试，广告不再局限于单方面地向观众传递信息，更应该把观众拉进广告互动中来，让广告成为一种游戏，最大程度展现品牌魅力。

资料来源：《零度可乐这次的体验式营销有点酷，倒可乐的音效还能再来一杯！》，http://socialbeta.com/t/case-study-coke-zeros-drinkable-advertising-2015-09，2016 年 3 月 6 日访问。

案例思考题

分析零度可乐体验营销成功的原因有哪些。

第 18 章

市场营销的新发展

学习目标

通过本章的学习,了解市场营销学科的前沿理论知识和最新应用领域。掌握整合营销的思路,创新营销思维和策略,帮助企业通过新型营销思路和策略提升企业的市场地位和经营效果。

学习重点

整合营销;网络营销;关系营销;知识营销;文化营销。

引导案例 卡塔尔航空的营销创新

这几年,航空公司在航空安全视频上可谓是下足了工夫,比如很会玩幽默的新西兰航空公司就推出过众多安全视频,其中包括点击量破千万的《霍比特人版安全视频》,除了新奇的讲解方式能够更有效地吸引乘客的关注,视频在网络上的超高点击率与关注度,让众多航空公司意识到安全视频也是公司品牌营销的重点。

作为出现在巴萨球衣胸前广告位的最大赞助商,卡塔尔航空这次直接请来了巴萨球星来拍摄这支 4 分钟的航空安全视频。梅西、苏亚雷斯、内马尔、皮克、拉基蒂奇、马斯切拉诺共 6 位球星惊艳亮相,与球迷和机组人员共同进行了这次别出心裁的安全演示。

该视频打破航空安全视频的传统方式,将场景从机舱搬到了足球场,配上一本正经的安全知识解说,以巴萨特有的方式,生动地传达了航空安全的重要信息。比如"物品请放置在前方座椅下"变成鞋子请踢到更衣区椅子下;皮克在到达离港大厅时引发了轰动,粉丝们演示了如何佩戴氧气面罩;以任意球的形式向乘客们展示"防撞姿势";在厕所内吸烟会被发红牌……

"卡塔尔航空作为一家屡获殊荣、雄心勃勃的航空公司,始终致力于为乘客提供更好的出行体验。同时,我们也是一家年轻的公司,必须保持活力与幽默、贴近乘客",卡塔尔航空集团首席执行官 Akbar Al Baker 说道,"随着人们出行需求的增加,我们意识到这正是重新推出安全视频的时刻。因此我们邀请了合作伙伴巴萨球星加盟,共同拍摄了这支独一无二、引人注目的视频。我相信,有了巴萨的全球超级巨星出任我们的安全大使,会加强我们对于卓越服务的承诺"。

卡塔尔航空营销和企业传播公关部高级副总裁 Salam Al Shawa 认为这则安全视频,向大家展示了卡塔尔航空品牌有趣和幽默的一面,他补充:"考虑到乘客观看安全视频的体验,我们意识到重要的是如何向乘客传递安全信息。通过与巴塞罗那足球俱乐部的战略合作,我们让乘客身临诺坎普体育场,希望在提升乘客的飞行体验时,也能再次感受到卡塔尔航空'与你同飞翔(Going Places Together)'的品牌理念。"

卡塔尔航空作为巴萨的官方赞助商,这早已不是巴萨球星第一次为卡塔尔航空出境了。在卡塔尔航空 2014 年与 2015 的各类宣传视频中,就看到过巴萨球星的身影。

全球知名球星加盟、出人意料的球场背景将航空安全视频拍得如此轻松幽默,不仅吸引了大家的注意力,也以有趣的方式传递了以往枯燥的航空安全知识。卡塔尔航空的全新安全视频不仅卡塔尔的乘客会看到,也得到了巴萨俱乐部 Facebook 超过 8000 万粉丝的关注,这将进一步提高卡塔尔的品牌知名度。

资料来源:《卡塔尔航空请来巴萨球星当空乘,花样讲解安全知识》,http://socialbeta.com/t/case-qatar-airways-football-fuelled-in-flight-safety-video,2017 年 12 月 1 日访问。

20 世纪 50 年代以来,市场营销学的新概念层出不穷,每十年左右就会出现一些新概念,刺激了研究,指导了实践,引起了争论。近几年,我国营销学界密切关注面向 21 世纪的市场营销新发展,中国高等院校市场学研究会从 20 世纪 90 年代中期起,就锲而不舍地组织营销学者研究 21 世纪市场营销的新领域与新概念,提出了有关现代企业市场营销的一些新动向、新问题。

18.1 绿 色 营 销

18.1.1 绿色营销的内涵

关于绿色营销,广义的解释,指企业营销活动中体现的社会价值观、伦理道德观,充分考虑社会效益,既自觉维护自然生态平衡,更自觉抵制各种有害营销。因此,广义的绿色营销,也称伦理营销。狭义的绿色营销,主要指企业在营销活动中,谋求消费者利益、企业利益与环境利益的协调,既要充分满足消费者的需求,实现企业利润目标,也要充分注意自然生态平衡。实施绿色营销的现代企业,对产品的创意、设计和生产,以及定价与促销的策划和实施,都要以保护生态环境为前提,力求减少和避免环境污染,保护和节约自然资源,维护人类社会的长远利益,实现经济与市场可持续发展。因此,现代企业绿色营销,也称现代企业生态营销或环境营销。

18.1.2 现代企业绿色营销的特点

(1) 绿色消费是开展现代企业绿色营销的前提。消费需求由低层次向高层次发展,是不可逆转的客观规律,绿色消费是较高层次的消费观念。人们的温饱等生理需要基本满足后,便会产生提高生活综合质量的要求,产生对清洁环境与绿色产品的需要。

(2) 绿色观念是现代企业绿色营销的指导思想。现代企业绿色营销以满足需求为中心,为消费者提供能有效防止资源浪费、环境污染及损害健康的产品。现代企业绿色营销所追求的是人类的长远利益与可持续发展,重视协调现代企业经营与自然环境的关系,力求实现人类行为与自然环境的融合发展。

(3) 绿色体制是现代企业绿色营销的法制保障。绿色营销是着眼于社会层面的新观念,所要实现的是人类社会的协调持续发展。在竞争性的市场上,现代企业必须有完善的政治与经济管理体制,制定并实施环境保护与绿色营销的方针、政策,制约各方面的短期行为,维护全社会的长远利益。

(4) 绿色科技是现代企业绿色营销的物质保证。技术进步是产业变革和进化的决定因素,新兴产业的形成必然要求技术进步。但技术进步如背离绿色观念,其结果有可能加快环境污染的进程。只有以绿色科技促进绿色产品的发展,促进节约能源和资源可再生、无公害的绿色产品的开发,才是现代企业绿色营销的物质保证。

18.1.3 绿色营销的兴起

伴随着现代工业的大规模发展,人类以空前的规模和速度毁坏自己赖以生存的环境,给自己的生存和发展造成严重威胁。大自然的报复促使人类猛省,绿色需求便逐步由潜在转化为现实,消费需求的满足转向物质、精神、生态等多种需求和价值并重。有支付能力的绿色需求,是绿色营销赖以形成的推动力,并决定了绿色市场的规模与发展。

1968年,在意大利成立的罗马俱乐部指出:人类社会的进步并不等于 GDP 的上升。1972年6月,联合国首次召开了斯德哥尔摩人类环境会议,通过了"全球性环保行动计划"和《人类环境宣言》,向全世界发出呼吁:人类只有一个地球。

进入90年代以来,一些国家纷纷推出以环保为主题的"绿色计划"。如日本在1991年推出"绿色星球计划"和"新地球21计划";英国于1991年执行"大地环境研究计划",着重研究温室效应;加拿大于1999年推出五年环保"绿色计划"等。

在70年代,美国人对环保的狂热引来了地球日的诞生。如今,美国人对环境的热爱范围愈来愈广,并已深深根植于生活的细微之处,许多城市已大力推行强制回收体系。美国的绿色市场发展潜力巨大,人们认为"环境友好产品"构成的"地球可持续市场",将是解决环境问题的一个好办法。1978年,德国首先执行"蓝色天使计划",1997年即产生400多种绿色产品,现已有上万种。

中国的绿色工程始于绿色食品开发,1984年,在广州出现了全国第一家无公害蔬菜生产基地;1989年,农业部组织专家研究,提出绿色食品概念;《中国21世纪议程》是1992年7月编写的关于21世纪发展的行动纲要;1992年11月,国务院批准成立了中国绿色食品发展中心,制定了《绿色食品标志管理办法》;1993年5月,绿色食品发展中心加入"有机农业运动国际联盟"。1995年初,全国已有28个绿色食品的生产和开发,除食品外,其他绿色产品也不断研制成功。随着绿色产品的开发,绿色商店已在一些大城市相继建立。从绿色意识的觉醒、绿色需求的发展、绿色产业的形成、绿色体制的建立到绿色理论的创建,《中国21世纪议程》在行动中。

18.1.4 现代企业绿色营销的条件

1. 消费者要有绿色消费的意识

绿色产品不仅要满足顾客当前的需要,同时还要兼顾社会长远利益。绿色营销在其产品的设计制造过程中,首先注重的是低污染、低耗能,同时满足消费者的需求,这就使得现代企业在制造及销售过程中会更多地注重"绿色"。如内蒙古蒙牛集团的奶制品、兴发集团的羔羊肉等产品宣传的重点都是原材料取自绿色草原,而消费者在购买某种产品时,不仅是满足自己的需要,同时也要注意绿色意义。这就要求消费者必须具有绿色消费意识,没有消费者的公众环境意识,绿色营销的前景是很难想象的。

必须看到,公众绿色意识的提高以及绿色消费市场需求的扩大与公众的知识水平及收入水平有很大关系。收入水平的制约作用,主要体现在需求与供给对价格水平的反应上,而消费者效用的最大化总是被限定在既定收入的约束范围内。绿色产品市场需求一方面取决于中小生产企业的价格水平,另一方面也取决于消费者的收入水平,收入水平的提高,将导致绿色产品的效用增加和需求曲线提高。

2. 现代企业有从事绿色营销的手段

随着现代科技的进步以及传媒手段的多样化,人们对于保护环境、食用绿色食品、使用绿色产品等概念的认识已有了长足的进步,但这种进步还远未达到使绿色消费意识深入社会各阶层,形成强大市场需求的程度,这就要求现代企业在设计、制造及销售的过程中使用有效手段,尤其是有效的促销手段。比如,众多的乳品企业大都采用了超高温纸盒包装技术,既提高了产品的安全性,也兼顾了环保。在促销手段上,各厂商在宣传产品特性的同时,都强调了环保的意义。比如,可降解包装袋在产品包装中的应用,不仅提高了消费者的环保认同意识,也提高了产品的销量。

3. 现代企业开展绿色营销必须取得国家和政府的有效支持

现代企业绿色营销的开展与国家和政府的支持是分不开的,各国政府目前都加强了环保措施,支持现代企业进行绿色营销。政府支持一般包括以下几个方面:制定相关法规、政策倾斜(如提高相关项目科研、宣传费用,降低相关企业税率等)及行政补贴等,绿色营销是以降低污染、节约能源为目的,以遵循可持续性发展战略为原则的现代营销理念,这种理念的推广及运作必然也需得到国家和政府的高度支持。

18.1.5 现代企业绿色营销策略

绿色营销与其他营销方式相比,其显著差别在于对营销各环节的"绿色"要求,因此,现代企业在制定营销策略时也必须注意环保及可持续性战略的要求。

1. 产品策略

现代企业绿色营销对产品的要求是低耗能、低污染或零污染,包含以下几个方面:

(1) 准确搜集绿色信息。现代企业要在认真分析自身经营特点和状况的基础上,搜集绿色市场信息和绿色技术信息等,正确选择目标市场,进行准确的产品定位,尤其是针对国际、国内的相关法规、政策等信息,及时制定相应政策。此外,随着人们对环境作用认识程度的逐步加深,环保技术的更新速度也必然加快,现代企业必须密切关注相关信息的搜集和整理,及时调整产品策略,这样才能在市场上居于领先地位。同时还应看到,发达国家消费者对绿色环保的认识比发展中国家的消费者程度要高,绿色产品的需求量也大得多。中国加入WTO以后,将更多地面对国际市场,因而对国际市场信息的采集对于现代企业来说显得更为重要。

(2) 开发和生产绿色产品。绿色产品是现代企业绿色营销的基础和关键,在绿色产品的研发和生产过程中,必须将"绿色"系统地融入其中。现代企业绿色产品的研究和开发过程,必须注意以下几点:

① 以产销地市场的最新环境标志制度和最新国际标志制度为依据制定相应的研发标准,同时制定在销售过程中的绿色营销标准,以使新产品获得绿色标志。

② 产品的包装设计尽可能短、小、轻、薄,以节省材料。所采用的材料要无毒无害和可分解处理,如在产品包装材料中,纸类包材因其有重量轻、耐低温、易印刷装订、废弃物易处理等优点备受青睐,只要加强其阻隔性、强度等方面的研究,一定会发挥更大的作用。

③ 产品生产过程中产生的废弃物可回收再利用。资源是宝贵的,是人类生存的基础,而许多资源由于形成的周期很长,几乎是不可再生的,如石油、煤炭等。因此,合理利用及循环使用应成为绿色产品设计的前提。

④ 采用先进的防伪技术以区分绿色产品与普通产品。在绿色产品的生产过程中应选择可再生资源,尽量减少非再生资源的消耗。同时,开展原材料的循环使用和回收利用,综合利用边角下料和废旧物质,强化对原材料、设备、燃料等物质的储运管理和生产过程的管理,防止物料的流失和浪费。

绿色产品是以绿色环保为依据的,切不可在生产中造成新的污染。因此,现代企业在生产过程中还应注意:加速以清洁利用矿物燃料和节能为重点的技术改造,采用无污染的新技术与设备对工业"三废"进行全面综合治理等。

2. 价格策略

由于绿色产品比同类普通产品投入大,研发困难,对生产和销售过程要求严格,因此绿色产品比同类普通产品价格可高出20%—60%,有的还可更高,现代企业在制定价格时,必须充分考虑目标市场的发育程度和消费者对价格的敏感度等因素,一般可采用心理定价策略、新产品定价策略、目标价格策略等。一般来说,大城市或发达地区,消费者的价格敏感度低,对环境保护的认知程度较高,市场发育好,更易于接受绿色产品,如美国华盛顿州有机食品销售价格比一般食品高 30%—80%,而首都华盛顿有机食品比普通食品价格仅高 12%—15%。

同时,现代企业应尽力降低成本和价格,使更多的消费者接受绿色产品,可考虑从如下方面入手:

(1) 加强环保的宣传力度,提高消费者绿色消费意识,扩大市场需求。表面上看,加强环境保护宣传力度,似乎增加了成本,但从长远看,却是增加市场需求的有效手段。绿色产品市场需求的扩大,带动了现代企业生产规模的扩大,从而降低成本和价格,获取规模经济效益。同时,现代企业还应加强绿色管理和降低物料耗用以达到降低成本和价格的目的。

(2) 加强技术革新及相关技术的推广应用。现代企业要不断加强技术革新,采用更为合理的技术手段降低成本,同时还应向供应商推荐相关的新技术,以降低原辅材料成本。

3. 渠道策略

现代企业的绿色营销策略在实施过程中,一是要确保分销过程中绿色品质不受损害,二是要选择合适的分销地点。

(1) 要尽量缩短分销渠道长度或采取直销形式,缩短绿色产品流通的路径和时间。这样可以对绿色产品的流通过程进行有效的监管和控制,避免"污染",同时还可以提升现代企业及产品形象。由于时间短,人们的绿色意识还不完备等原因,目前,绿色营销网络还不发达,但许多国家已开始大力推广这种网络的建设。美国有机食品中 67% 是通过专营店销售的,我国的上海第一百货目前也正致力于绿色产品的进货网络建设。

(2) 选用绿色的运输工具和存储仓库,对销售渠道的绿色质量进行监督、更新和维护,以便绿色产品在流通过程中始终处于绿色环境中。绿色产品的储存必须遵循以下原则:① 储存环境必须洁净卫生,不能对绿色产品造成污染。② 储存的方法不能使绿色产品发生变化和带来污染,不能与非绿色产品混堆储存。

选择分销渠道时,现代企业需量力而行,实力较强的现代企业,可建立自己的绿色通道,形成对分销渠道的完全控制,以减少分销中产品受污染的风险,提升产品和企业的绿色信誉;而对于市场欠成熟的地区,应积极与中间商配合,积极开发绿色市场,在保证绿色产品安全的条件下开设绿色专柜。

(3) 对于绿色营销渠道来讲,绿色产品一般不进入普通的农贸市场和批发市场,避免与非绿色产品在同样的柜台上陈列。因为消费者对绿色产品和非绿色产品从外观上难以鉴别,如果两者放在一起销售,绿色产品由于价格高可能会滞销。比如,江苏省农科院曾在南京科技菜场设置了"有机栽培清洁蔬菜"专柜。可是一个多月下来,专柜每天只能卖出 40 千克左右的蔬菜,与预期的目标相差甚远,当时他们估计每天能上市 150 千克,本以为会供不应求,结果却卖不出去。市场的"滑铁卢"让绿色产品好不尴尬。无独有偶,在南京的一些大超市里,绿色产品也在遭遇着同样的尴尬。放在一起的三筐鸡蛋,2.4 元/500 克的普通鸡蛋早已销售一空,而 3.4 元/500 克的营养蛋和 5.4 元/500 克的青壳蛋还在筐里。后两种鸡蛋属于绿色产品,营养比普通蛋高,但买的人并不多。因为两种鸡蛋看上去没什么区别,只不过在营养蛋壳上多了"营养蛋"的印章,消费者不知道它是不是真的"绿色"产品。所以,强调绿色理念,面向高层次、高收入消费者群体是绿色产品进入市场的关键。

4. 促销策略

现代企业在促销方法的选择和实施过程中也要尽力维护产品的绿色属性:

第一,在实施广告策略时,不仅要求能顺利将产品的绿色信息传递给消费者,而且必须在广告形式上与过程中贯彻绿色理念;选择具有"绿色"特性的载体;突出产品的绿色特性与绿色价值;广告本身要符合"绿色"特性,避免广告过多而形成光、声等感官污染,给消费者带来不快。

第二,争取在本行业中率先实施绿色营销战略或尽快达到行业领先水平,创立绿色品牌,从而占领有利的市场地位;同时要善于借助第三者力量,如政府、新闻媒体、环保研究机构等,树立企业绿色形象;要尽快使产品通过绿色认证,以获取进入绿色市场的"身份证"和挤入国际市场的"通行证"。

第三,选择绿色促销方式,如网络销售具有实时性、交互性、广泛性、非强迫性等特点,是一种"绿色化"的促销方式。

18.2 整 合 营 销

18.2.1 整合营销的内涵

菲利普·科特勒认为:企业所有部门为服务于顾客利益而共同工作时,其结果就是整合营销。整合营销发生在两个层次,一是不同的营销功能——销售力量、广告、产品管理、市场研究等——必须共同工作;二是营销部门必须和企业的其他部门相协调。

营销组合概念强调将市场营销中各种要素组合起来的重要性,营销整合则与之一脉相承,但更为强调各种要素之间的关联性,要求它们成为统一的有机体。在此基础上,整合营销更要求各种营销要素的作用力统一方向,形成合力,共同为现代企业的营销目标服务。

18.2.2 整合营销的形成

传统的大众营销,是为了向同质性高、无显著差异的消费者,销售大量制造的规范化的消费品。营销管理者认为,只要不断强调企业产品质量,并不断努力降低成本和价格,消费者就会购买。然而,大众取向的传媒和充斥市场的广告,未能持续圆满地解决销售困难。以满足消费者需求为中心的服务营销,在竞争日益激烈的条件下,逐步取代以企业生存和发展为中心的产品营销。需求导向的企业以目标市场的需求为出发点,力求比竞争者更加有效地满足消费者的需求和欲望。企业应通过真正了解消费者喜什么,又想要得到什么来战胜竞争对手。如果不知道顾客的需要是什么,就无法满足这些需要,但是,了解消费者真正的需求并非易事。企业面临的主要难题是,消费者在作出购买决定时,愈来愈依赖他们自以为重要、真实、正确无误的认识,而不是具体的、理性的思考。企业惟一的差异化特色,在于消费者相信什么是厂商、产品或劳务以及品牌所能提供的利益。存在于消费者心智网络中的价值,才是真正的营销价值。因此,要想有效地为满足顾客需求而开展营销,首先要进行有效的沟通。

整合营销观念改变了把营销活动作为企业经营管理的一项职能的观点,要求所有活动都整合和协调起来,努力为顾客的利益服务。同时,强调企业与市场之间互动的关系和影响,努力发现潜在市场和创造新市场。以注重企业、顾客、社会三方共同利益为中心的整合营销,具有整体性与动态性特征,企业把与消费者交流、对话、沟通放在特别重要的地位,是营销观念的变革和发展。

18.2.3 现代企业整合营销中的 4C 观念

20 世纪 90 年代以来,新的现实改变了世界局势,改变了现代企业经营获利的方式,而作为社会的细胞,家庭及每个家庭成员也都在改变。人们从传统家庭价值观的压力下解放出来,有更多的生活形态可以选择,家庭组成的变化,不仅意味着基本生活产品需求的增加,并且由于教育程度不断提高,人们更多地通过分析选择真正适合自己的产品,市场想要掀起某种消费热潮越来越难,消费者越来越具有个性。一方面,是产品的同质化日益增强,另一方面是消费者的个性化、多样化日益发展,于是日渐兴起的 4C 观念,强化了以消费者需求为中心的营销组合。

(1) 消费者(consumer),指消费者的需要和欲望。现代企业要把重视顾客放在第一位,强调创造顾客比开发产品更重要,满足消费者的需求和欲望比产品功能更重要。不能仅仅卖企业想制造的产品,而是要提供顾客确实想买的产品。

(2) 成本(cost),指消费者获得满足的成本,或是消费者满足自己的需要和欲望所肯付出的成本价格。这里的营销价格因素延伸为生产经营过程的全部成本。包括:现代企业的生产成本,即生产适合消费者需要的产品成本;消费者购物成本,不仅指购物的货币支出,还有时间耗费、体力和精力耗费以及风险承担。新的定价模式是:消费者支持的价格-适当的利润=成本上限。现代企业要想在消费者支持的价格限度内增加利润,就必须努力降低成本。

3. 便利(convenience),指购买的方便性。比之传统的营销渠道,新的观念更重视服务环节,在销售过程中,强调为顾客提供便利,让顾客既购买到产品,也购买到便利。在各种邮购、电话订购、代购代送方式出现后,消费者不一定去到商场或超市,在小区或坐在家里就能买到自己所需的产品。现代企业要深入了解不同的消费者有哪些不同的购买方式和偏好,把便利原则贯穿于营销活动的全过程;在售前及时向消费者提供充分的关于产品性能、质量、价格、使用方法和效果的准确信息,售货地点要提供自由挑选、方便停车、免费送货、咨询导购等服务,售后应重视信息反馈和追踪调查,及时处理和答复顾客意见,对有问题的产品主动退换。为方便顾客,很多现代企业已开设热线电话服务。

（4）沟通（communication），指与用户沟通。现代企业可以尝试多种营销策划与营销组合，如果未能收到理想的效果，说明现代企业与产品尚未完全被消费者接受。这时，不能依靠加强单向劝导顾客，要着眼于加强双向沟通，增进相互的理解，实现真正的适销对路，培养忠诚的顾客。

18.2.4　现代企业整合营销的实施

现代企业整合营销的实施是将营销计划转化为行动和任务的部署过程，也是将纸面上的计划、任务落实以实现预定目标的过程。整合营销计划具有更大的弹性空间和动力机制，其实施可以有更多的活力和更高的效率。

1. 影响现代企业整合营销实施的技能

（1）营销贯彻技能。为使营销计划贯彻实施快捷有效，必须运用分配、监控、组织和配合等技能。分配技能指营销各层面负责人对资源进行合理分配，使其在营销活动中优化配置的能力。监控技能指在各职能、规划和政策层面建立系统的营销计划结果的反馈系统并形成控制机制。组织技能指开发和利用可以依赖的有效的工作组织。配合技能指营销活动中各部门及成员要善于借助其他部门以至企业外部的力量有效实施预期的战略。

（2）营销诊断技能。营销实施的结果偏离预期目标，或是实施中遇到较大阻力时，需确定问题的症结所在并寻求对策。

（3）问题评估技能。营销实施中的问题，可能产生于营销决策，即营销政策的规定；可能产生于营销规划，即营销功能与资源的组合；也可能产生于行使营销功能方面，如广告代理、经销商。问题发现后，应评定问题所处的层面及解决问题所涉及的范围。

（4）评价实施结果技能。将营销活动整体的目标，分解成各阶段和各部门的目标，并对各分目标完成结果和进度及时进行评价，这是对营销活动实施有效控制和调整的前提。

2. 现代企业整合营销实施的过程

在现代企业整合营销实施过程中，涉及资源、人员、组织与管理等方面。

（1）资源的最佳配置和再生。实现资源最佳配置，既要利用内部资源运用主体的竞争，力求实现资源使用的最佳效益；又要利用最高管理层和各职能部门，达到组织资源共享，避免资源浪费。

（2）人员的选择、激励。人是实现整合营销目标的最能动、最活跃的因素，要组成有较高的合作能力和综合素质的非长期团队小组，保证圆满完成分目标；通过激励措施不断增强人员信心，调动人员积极性，促使创造性变革的产生。

（3）学习型组织。整合营销团队具有动态性特点，而组织又要求具有稳定性。要建立组织中人们所共同持有的意象或景象，即共同愿景，保持个人与团队目标和现代企业目标的高度一致并强化团队学习，创造出比个人能力总和更高的团队，形成开放思维，实现自我超越。

(4) 监督管理机制。高层管理务求使各种监管目标内在化,如通过共同愿景培养各成员、各团队自觉服务精神,通过激励培养塑造现代企业文化,通过团队中人员、职能设置强化团队自我管理能力。团队自身也承担了原有监管应承担的大量工作,在最高层的终端控制下,自觉为实现现代企业营销目标努力协调工作。

18.2.5　现代企业整合营销沟通

整合营销沟通(integrated marketing communications,IMC)也称整合营销传播。我国有学者将其内涵表述为"以消费者为核心重视企业行为和市场行为,综合协调地使用各种形式的传播方式,以统一的目标和统一的传播形象、传播一致的产品信息,实现与消费者的双向沟通,迅速树立产品品牌在消费者心目中的地位,建立产品与消费者长期密切的关系,更有效地达到广告传播和产品行销的目的"。现代企业整合营销沟通是指现代企业在经营活动过程中,以由外而内战略观点为基础,为了与利害关系者进行有效的沟通,以营销传播管理者为主体所展开的传播战略。即为了对消费者、从业人员、投资者、竞争对手等直接利害关系者和社区、大众媒体、政府、各种社会团体等间接利害关系者进行密切、有机的传播活动,营销传播管理者应该了解他们的需求,并反映到现代企业经营战略中去,应首先决定符合现代企业实情的各种传播手段和方法的优先次序,通过计划、调整、控制等管理过程,有效地、阶段性地整合诸多现代企业传播活动。合格的营销传播管理者应该具备多方面的能力,即对新事物的适应能力、传播能力、组织能力、创造能力和调查分析能力,还要有广博的知识和兴趣。

> **参阅资料**　正泰集团的整合营销策略
>
> 总部位于浙江温州的正泰集团公司(以下简称"正泰集团")主要生产家用电器、通信设施、成套设备及节能灯等产品。正泰集团在董事长南存辉的带领下,审时度势,抓住机遇,因势利导,果断决策,从整合营销的高度拓展市场。
>
> 一、填补市场空白
>
> (1) 区域扩展,是对目前还没有设置网点且市场开发潜力比较大的区域进行网点建设,其主攻方向是中西部市场和边陲城镇、边贸市场。
>
> (2) 商域扩展,主要是发挥现有营销网络的潜在能量,延伸正泰集团的扩大联合战略。
>
> (3) 领域扩展,是指销售领域的扩展。正泰集团生产规模上已有家用电器、通信设施、成套设备以及节能灯等产品,为营销网络增加了品种,扩大了销售领域。另外还加大了直销力度和公关力度。

二、规范营销运作

规范营销运作是提高企业综合营销力的重要一环。它是指用制度、标准等来规范营销网络的运行,改变过去靠感情联络、靠关系维系、凭良心办事的人情管理。首先对一定限额以下的经销点和销售公司实行限期整改措施。正泰集团成立销售中心,实行分片管理,同时在重点省份逐步建立省级总公司来保证整个营销网络的有序运作,使设在全国各地的销售网点以资本为纽带,实行连锁经营,逐步推行"六统一",即统一店名、统一标志、统一装饰、统一价格、统一进货、统一管理。

三、整顿营销网点

整顿营销网点旨在巩固制高点,它是指对现有的营销网点进行调整、提高、完善。总体目标是:规范形象、规范市场、规范内部管理机制,加大监控协调力度,增强营销综合实力。实施针对性的"支、帮、促、营、治"等方法,建立区域商务协商组织。在"六统一"的基础上,实施联合广告策略和价格协同策略。另外,对假冒产品予以有力打击。

在突出强化营销管理和加强营销队伍建设方面,通过系列培训和指导,健全机构,充实力量,提高营销人员的科技、法律知识与技能,转变营销人员的经营观念,完善营销人员的激励和约束机制,提高营销人员的整体素质,使单纯销售型向营销服务型转变,由被动跟随型向主动开拓型转变,由感情联络式的管理向制度制衡式管理转变。

四、挂牌售后服务

随着销售网络的壮大,销售区域的逐渐扩大,售后服务就成为管理的重要组成部分。然而,由于正泰集团开始时没有专门管理售后服务的常设机构,以及相应的制度,给需要服务的顾客带来许多不便,严重影响售后服务的质量,也影响正泰集团的形象。随着产品科技含量的提高,产品技术结构的复杂化,对帮助安装、调试及有关问题的咨询等售后服务的需求也越来越迫切。随着正泰集团的发展,要求建立完善的制度,保证售后服务的质量。因此,建立独立的、专职的售后服务中心就被提上日程。为了满足顾客的要求,正泰集团的质量控制部和销售中心经过较长时间的筹划,几经周折,终于解决了成立售后服务中心的场地、人员等问题。这样,正泰集团的售后服务中心挂牌成立了。

售后服务中心成立了,硬件设施建立起来了,但售后服务的质量很大程度上取决于软件建设,也就是如何以顾客为中心,一切为了顾客。这就要求正泰集团的管理者和员工,尤其是售后服务中心的员工,无论是思想上,还是行动上,都要深刻认识到售后服务的重要性,认真地执行正泰集团的服务内容,真正做到让顾客满意。与此同时,不仅要认识到这把利器的重要性,更要建立完善的售后服务设施和制度,为顾客提供一流的售后服务。由于售后服务人员站在与顾客接触交流的第一线,因此,还要提高售后服务人员的业务素质和技术水平,使他们热情地为顾客服务,让顾客真正感到满意,维护企业的形象。

资料来源:苑玉凤主编:《市场营销学原理与实例分析》,机械工业出版社2006年版。

18.3　关系营销

关系营销是以系统论为基本思想,将企业置身于社会经济大环境中来考察企业的市场营销活动,认为企业营销乃是一个与消费者、竞争者、供应者、分销商、政府机构和社会组织发生互动作用的过程。

现代企业的关系营销将建立与发展同所有利益相关者之间的关系作为现代企业营销的关键变量,把正确处理这些关系作为现代企业营销的核心。

18.3.1　现代企业关系营销的本质特征

(1) 信息沟通的双向性。社会学认为,关系是信息和情感交流的有机渠道,良好的关系即是渠道畅通,恶化的关系即是渠道阻滞,中断的关系则是渠道堵塞。交流应该是双向的,既可以由现代企业开始,也可以由营销对象开始。广泛的信息交流和信息共享,可以使现代企业赢得支持与合作。

(2) 战略过程的协同性。在竞争性的市场上,明智的现代企业营销管理者应强调与利益相关者建立长期的、彼此信任的、互利的关系。这可以是关系一方自愿或主动地调整自己的行为,即按照对方的要求;也可以是关系双方都调整自己的行为,以实现相互适应。各具优势的关系双方,互相取长补短,联合行动,协同动作去实现对各方都有益的共同目标,可以说是协调关系的最高形态。

(3) 营销活动的互利性。关系营销的基础,在于交易双方相互之间有利益上的互补。如果没有各自利益的实现和满足,双方就不会建立良好的关系。关系建立在互利的基础上,要求互相了解对方的利益要求,寻求双方利益的共同点,并努力使双方的共同利益得到实现。真正的关系营销是达到关系双方互利互惠的境界。

(4) 信息反馈的及时性。关系营销要求建立专门的部门,用以追踪各利益相关者的态度。关系营销应具备一个反馈的循环,连接关系双方,现代企业由此了解到环境的动态变化,根据合作方提供的信息,改进产品和技术。信息的及时反馈,使关系营销具有动态的应变性,有利于挖掘新的市场机会。

18.3.2　现代企业关系营销的流程系统

现代企业关系营销把一切内部和外部利益相关者纳入研究范围,用系统的方法考察现代企业所有活动及其相互关系,表现积极的一方被称为市场营销者,表现不积极的一方被称作目标公众。

现代企业与利益相关者结成休戚与共的关系。现代企业的发展要借助利益相关者的力量,而后者也要通过现代企业来谋求自身的利益。

(1) 现代企业内部关系。内部营销起源于把员工当作企业的市场。明智的现代企业高层领导,心中装有"两个上帝",一个"上帝"是顾客,另一个"上帝"是员工。现代企业要进行有效的营销,首先要有具备营销观念的员工,能够正确理解和实施现代企业的战略目标和营销组合策略,并能自觉地以顾客导向的方式工作。现代企业要尽力满足员工的合理要求,提高员工的满意度和忠诚度,为关系营销奠定良好基础。

(2) 现代企业与竞争者关系。现代企业所拥有的资源条件不尽相同,往往是各有所长,各有所短,为有效地通过资源共享实现发展目标,现代企业要善于与竞争对手和睦共处,并和有实力、有良好营销经验的竞争者进行联合。

(3) 现代企业与顾客关系。顾客是"上帝",是"财神",现代企业要实现盈利目标,必须依赖顾客。现代企业需要通过搜集和积累大量市场信息,预测目标市场购买潜力,采取适当方式与消费者沟通,变潜在顾客为现实顾客。同时,要致力于建立数据库或其他方式,密切与消费者的关系。对老顾客,要更多地提供产品的信息,定期举行联谊活动,加深情感信任,争取成为长期顾客,其花费的成本,肯定比寻求新顾客更为经济。

(4) 现代企业与供销商关系。因分工而产生的渠道成员之间的关系,是由协作而形成的共同利益关系。合作伙伴虽难免也存在矛盾,但相互依赖性更为明显。现代企业必须广泛建立与供应商、经销商之间的密切合作的伙伴关系,以便获得来自供销两个方面的有力支持。

(5) 现代企业与影响者关系。各种金融机构、新闻媒体、公共事业团体以及政府机构等,对现代企业营销活动都会产生重要的影响,现代企业必须以公共关系为主要手段争取他们的理解与支持。例如,社区是以地缘为纽带而连接和聚集的若干社会群体或组织之间的关系,构成现代企业关系营销中不可忽视的一环。现代企业需要社区提供完善的基础设施和有效率的工作,社区也希望现代企业为社区建设提供人、财、物的支持。

18.3.3 现代企业关系营销的主要目标

现代企业关系营销更为注意的是维系现有顾客,丧失老主顾无异于失去市场、失去利润的来源。有的现代企业推行"零顾客背离"计划,目标是让顾客没有离去的机会。这就要求及时掌握顾客的信息,随时与顾客保持联系,并追踪顾客动态。因此,仅仅维持较高的顾客满意度和忠诚度还不够,必须分析顾客产生满意度和忠诚度的根本原因。由于对现代企业行为绩效的感知和理解不同,表示满意的顾客,原因可能不同,只有找出顾客满意的真实原因,才能有针对性地采取措施来维系顾客。满意的顾客会对产品、品牌乃至公司保持忠诚,忠诚的顾客会重复购买某一产品,不为其他品牌所动摇,不仅会重复购买已买过的产品,而且会购买企业的其他产品;同时,顾客的口头宣传有助于树立现代企业的良好形象。此外,满意的顾客还会高度参与和介入现代企业的营销活动过程,为现代企业提供广泛的信息、意见和建议。

1. 组织设计

现代企业关系营销的管理,必须设置相应的机构。对内要协调处理部门之间、员工之间的关系,对外要向公众发布消息、征求意见、搜集信息、处理纠纷等。管理机构代表现代企业有计划、有准备、分步骤地开展各种关系营销活动,把现代企业领导者从烦琐事务中解脱出来,使各职能部门和机构各司其职,协调合作。

现代企业关系管理机构是营销部门与其他职能部门之间、企业与外部环境之间联系沟通和协调行动的专门机构。其主要作用是：收集信息资料，充当企业的耳目；综合评价各职能部门的决策活动，充当企业的决策参谋；协调内部关系，增强企业的凝聚力；向公众输送信息，促进企业与公众之间的理解和信任。

2. 资源配置

（1）人力资源调配。一方面实行部门间人员轮换，以多种方式促进现代企业内部关系的建立；另一方面从内部提升经理，可以加强现代企业观念并使其具有长远眼光。

（2）信息资源共享。在采用新技术和新知识的过程中，以多种方式分享信息资源。如利用电脑网络协调现代企业内部各部门及外部拥有多种知识与技能的人才的关系；制定政策或提供帮助以削减信息超载，提高电子邮件和语言信箱系统的工作效率；建立"知识库"或"回复网络"，并入更庞大的信息系统；组成临时"虚拟小组"，以完成自己或客户的交流项目。

3. 文化整合

关系各方环境的差异会造成建立关系的困难，使工作关系难以沟通和维持。跨文化之间的人们要相互理解和沟通，必须克服不同文化规范带来的交流障碍。文化的整合是关系双方能否真正协调运作的关键。合作伙伴的文化敏感性非常敏锐和灵活，能使合作双方共同有效地工作，并相互学习彼此的文化差异。

文化整合是现代企业市场营销中处理各种关系的高级形式。不同的现代企业有不同的企业文化。推动差别化战略的企业文化可能是鼓励创新、发挥个性及承担风险；而成本领先的企业文化则可能是节俭、纪律及注重细节。如果关系双方的文化相适应，将能强有力地巩固现代企业与各子市场系统的关系并建立竞争优势。

本章小结

进入 21 世纪，市场营销领域发生了迅速的变化，整合营销、关系营销、绿色营销、文化营销、网络营销等市场营销新进展日益引起学术界、企业界的高度关注。营销组合概念强调将市场营销中各种要素组合起来的重要性，营销整合则与之一脉相承，但更为强调各种要素之间的关联性，要求它们成为统一的有机体。在此基础上，整合营销更要求各种营销要素的作用力统一方向，形成合力，共同为现代企业的营销目标服务。关系营销有许多超越交易营销的优势，其核心内容是建立顾客忠诚。绿色营销倡导绿色文明，强调企业经济利益、消费者利益和环境利益的兼顾。分析影响绿色营销的企业内部和外部因素，对于成功地实施绿色营销至关重要。文化营销的实质性内涵在于核心价值观念的培养和塑造，以文化为媒介，通过策略的调试，达成与顾客及社会公众全新的利益共同体关系。网络营销则是以互联网为媒体开展营销活动的新兴营销策略。开展网络营销、电子商务，实现网络营销与传统营销的整合，是企业在信息技术日益发达的时代背景下的营销工作重点。

思考题

1. 绿色市场的开发主要应从哪些方面着手？
2. 现代企业怎样实施整合营销？
3. 关系营销的主要着重点何在？
4. 网络营销在当前有哪些领域应予推广？哪些方面可以应用？
5. 请你阐述知识营销的内涵和策略。

案例分析

碧生源的整合营销

教练颜值爆表，"五美"花式开撩；49天别墅封闭训练，微胖女神完成华丽蜕变……2016年夏天，最大减肥品牌碧生源携手阿里健康打造最HOT燃脂大赛《燃脂直播战》，自7月31起每周日晚8点在天猫和淘宝平台同步直播，斥千万基金打造燃脂女神。作为国内首次专业的减肥直播真人秀，碧生源探索出了"直播＋自制IP＋品牌诉求＋产品售卖"这一新的互联网营销模式，为减肥行业品牌营销提供了新思路。

一、碎片化传播＋占领移动端，引领健康体重管理潮流

《燃脂女神直播战》将减肥瘦身话题与当下最流行的直播形式相结合，"碎片化传播"与"占领移动端"双管齐下，引领年轻人中的健康体重管理潮流，通过垂直细分的资源聚合力，将内容和消费者整合在一起。

通过全民海选出了具有一定话题性的女神，加上高颜值教练的"助攻"，大量累积关注度，成功锁定目标人群：(1) 有减肥需求的人群，年轻女性为主；(2) 对于胖美女瘦身过程好奇的网友；(3) 对高颜值小鲜肉有浓烈兴趣的少女们；(4) 对于节目娱乐效果认可的普通观众。

品牌根据年轻人的喜好进一步完善产品线，添加了奶昔等新产品。同时，为了迎合年轻人的兴趣点，节目与年轻人玩在一起：倡导随时随地运用碎片时间，创造出适合移动端传播的大量素材，贴合年轻人的生活节奏，采取多样化的传播内容；采用大量剪辑视频、街头采访视频等将直播的精华及时传递出去；双微上更用丰富的海报、有趣的图文充分占据用户的碎片时间。

二、传递健康理念＋多维推广形式，堪称业界良心

作为集功能保健品研发、生产、销售，且专注于生产与经营的中国企业，碧生源将《燃脂女神直播战》作为推动品牌聚合、创新服务用户的一个良好契机，花式传递健康生活理念和科学燃脂模式，被不少微胖人士赞为"业界良心"。

那么如何把"健康体重管理"如此专业枯燥的内容传递出去？首先，碧生源打造了一个超级IP，用五位胖女孩的成功减肥案例承载。其次，通过比如泡泡燃脂课堂、燃脂

日报等微博微信栏目,用栏目化的内容将理念细化为日常生活的点点滴滴。最后,活动运用 KOL,利用"关爱八卦成长协会"的影响力,发布"捉拿夜食族"的活动信息,引爆话题,推转互动,持续发酵,维持话题热度。8 月 28 日,"关八"现身直播间,现场爆料,引爆关注。

三、适应年轻群体＋打造产品口碑,破解传播死穴

一切的品牌营销无论玩出什么花样,最终还是得回到品牌本身。碧生源注意分析年轻客户的心理,破解减肥产品传播的死穴,用用户体验打造产品口碑。年轻人更倾向于在互联网上主动搜索信息,在社交网络中与朋友分享购买体验和使用心得,燃脂瘦身对他们来说不再是为了美丽,而变成一种融合社交、娱乐、"自我宠爱"功能的体验。碧生源利用受众这一心理,以"五美"以及"忠粉"为中心点向外辐射,带动口碑传播。

然而,对于减肥产品来说,用户对广告的信任度低。碧生源通过直播形式,让观众能够亲眼见证"五美"的蜕变过程,积累了庞大的客户群体;通过与消费者交流互动以及大数据分析,深入研究消费者的各类需求,更多地站在消费者的角度去改善和创新;而上文所述"传播健康体重管理"理念,从实用性和感情性上拉近与客户的距离,也是碧生源口碑打造的一大"功臣",影响消费者的购物决策。

四、线上互动参与＋线下活动延伸,形成营销闭环

此次与阿里健康合作,碧生源在天猫、淘宝直播平台实现消费者观看互动与购物服务一体化的全新体验,线上线下相得益彰,形成宣传—内容—流量—成交的营销闭环,迅速占领 O2O 营销高地。

泛娱乐化时代的内容营销,趣味性很重要。在线上,通过节目设置的组队 PK、比拼大冒险、淘汰赛制等环节,增强节目的趣味性及吸引力;在线下,通过"活捉夜食族"等活动进行延伸,增强参与性,在潜移默化中给消费者上了一堂健康饮食课。

节目持续到第四周,燃脂直播战已在微博上吸引 1.5 亿阅读量,并吸引 8.7 万的网友讨论。天猫平台"红包雨"迅速秒杀完毕,斗鱼平台在线观看人数高达 7 万人,微博主话题阅读量轻松破亿。在其中一期与直播同时进行的红包雨中,1 万个天猫密令红包及 1 万张 10 元优惠券共计半小时发完。碧生源在直播时段推出的减肥茶限量秒杀活动也出现了"手慢无"的盛况,1000 盒减肥茶分四场进行,前三场皆是不到五分钟抢完。

直播＋自制 IP＋品牌诉求＋产品售卖这一新的互联网营销模式,对品牌而言,既增加了品牌曝光度,积聚了大量人气,又进一步改善了消费者对于碧生源减肥茶的印象;对消费者而言,既能与品牌进行互动,又学到了健康体重管理的干货知识。虽然《燃脂女神直播战》在粉丝的关注中已经落幕,但是,碧生源通过"减肥＋直播真人秀"玩转互联网营销的新篇,正在掀开。

资料来源:《和你一起玩 碧生源整合营销生态破局引路》,http://www.hizcn.com/Article.asp? id=1128734&Page=2,2017 年 11 月 2 日访问。

案例思考题

根据本案例,谈谈互联网环境下企业如何开展整合营销?

参考文献

1. 李强编著:《市场营销学教程》(修订版),东北财经出版社 2000 年版。
2. 何永祺等编著:《市场营销学》,东北财经出版社 2001 年版。
3. 郭建晖等主编:《市场营销学》,中国轻工业出版社 2001 年版。
4. 高媛等:《中小企业成败案例》,企业管理出版社 1999 年版。
5. 徐鼎亚:《市场营销学》(第二版),复旦大学出版社 2001 年版。
6. 〔美〕菲利普·科特勒:《营销管理——分析、计划和控制》(第九版),上海人民出版社 1999 年版。
7. 钱旭潮编著:《市场营销管理》,河海大学出版社 2002 年版。
8. 周梅华、薛云建编:《市场营销学教程》,中国矿业大学出版社 2002 年版。
9. 冯锡章编著:《国际市场营销》,西北工业大学出版社 1989 年版。
10. 杨保军:《中国原创营销企划实战范本解读》,经济出版社 2002 年版。
11. 吴健安主编:《市场营销学》,高等教育出版社 2000 年版。
12. 吴晓云编著:《工商管理市场营销案例精选》,天津大学出版社 2001 年版。
13. 裴容编著:《市场营销学精华读本》,民主与建设出版社 2001 年版。
14. 汤定娜、万后芬主编:《中国企业营销案例》,高等教育出版社 2000 年版。
15. 万后芬主编:《绿色营销》,高等教育出版社 2000 年版。
16. 罗文英等编著:《市场营销学策略与实训》,华东理工大学出版社 2004 年版。
17. 曹刚等主编:《国内外市场营销案例集》,武汉大学出版社 2002 年版。
18. 邱斌主编:《中外市场营销经典案例》,南京大学出版社 2001 年版。
19. 王方华主编:《市场营销学》,上海人民出版社 2003 年版。
20. 王丽娟:《文化解码现代企业成长》,科学出版社 2005 年版。
21. 徐立青:《现代企业国际化经营战略》,科学出版社 2005 年版。
22. 傅贤治:《中国民营企业发展报告》(No.1)(2004),社会科学文献出版社 2004 年版。
23. 傅贤治:《中国现代企业发展与预测》,中国财政经济出版社 2005 年版。
24. 耿锡润编著:《中小企业营销管理》,东北财经大学出版社 2002 年版。
25. 李家龙编:《中小企业市场营销》,清华大学出版社 2006 年版。
26. 孔淑红、徐有峰:《中小企业创新营销》,安徽人民出版社 2002 年版。